本书为国家社科基金重大项目"新时代我国农村贫困性质变化及2020年后反贫困政策研究"（19ZDA117）课题成果。

中国式现代化进程中的
农村转型发展理论与政策

The Theory and Policy of
Rural Transformation and Development
in the Chinese Path to Modernization

周力 等 著

中国社会科学出版社

图书在版编目（CIP）数据

中国式现代化进程中的农村转型发展理论与政策 / 周力等著. -- 北京：中国社会科学出版社，2024.12.
ISBN 978-7-5227-4189-5

Ⅰ.F323

中国国家版本馆 CIP 数据核字第 2024WH7528 号

出 版 人	赵剑英	
责任编辑	黄　　山	
责任校对	贾宇峰	
责任印制	李寡寡	
出　　版	中国社会科学出版社	
社　　址	北京鼓楼西大街甲 158 号	
邮　　编	100720	
网　　址	http://www.csspw.cn	
发 行 部	010-84083685	
门 市 部	010-84029450	
经　　销	新华书店及其他书店	
印刷装订	北京君升印刷有限公司	
版　　次	2024 年 12 月第 1 版	
印　　次	2024 年 12 月第 1 次印刷	
开　　本	710×1000　1/16	
印　　张	32	
字　　数	510 千字	
定　　价	178.00 元	

凡购买中国社会科学出版社图书，如有质量问题请与本社营销中心联系调换
电话：010-84083683
版权所有　侵权必究

本书编写人员

周　力　同济大学经济与管理学院
张　凡　南京农业大学金融学院
孙　杰　南京工程学院经济与管理学院
刘馨月　中国矿业大学经济管理学院

序　　言

癸卯冬至，我收到周力教授送来的《中国式现代化进程中的农村转型发展理论与政策》书稿，欣闻即将付梓。习近平总书记在党的十八大提出，"坚持共享发展，必须坚持发展为了人民、发展依靠人民、发展成果由人民共享。"党的十九大报告中指出，中国特色社会主义进入新时代，我国社会主要矛盾已经转化为人民日益增长的美好生活需要和不平衡不充分的发展之间的矛盾。党的二十大报告总结到："我们坚持精准扶贫、尽锐出战，打赢了人类历史上规模最大的脱贫攻坚战，全国八百三十二个贫困县全部摘帽，近一亿农村贫困人口实现脱贫，九百六十多万贫困人口实现易地搬迁，历史性地解决了绝对贫困问题，为全球减贫事业作出了重大贡献。"新时代以来，中国由脱贫攻坚转向乡村振兴，农户发展问题始终是"三农"工作的重中之重。

周力教授一直关注中国农村发展问题，心系农民，其主持了国家社会科学基金重大项目"新时代我国农村贫困性质变化及2020年后反贫困政策研究"，在"三农"领域发表了众多具有影响力的中英文高质量期刊文章，特别是关于农民贫困问题的研究获得了学界广泛认可。其所在学校也始终响应党和国家号召，充分发挥高校的智力优势，把科技和人才源源不断输送到农业农村，为脱贫攻坚和乡村振兴不断注入强劲动能，也为该书的形成提供了重要的支撑。

该书对农民发展问题作了较为深刻的探讨。一是中国式发展道路中以人为本的思想梳理了中国农业农村从乡土重生到渐进式变革，再到迈向现代化的历程、理念与目标，阐明在"以人民为中心"的新时代中国式现代化发展之路中，需要将农业与非农劳动生产率的趋同、农村与城市多维富裕的趋同、农民与市民人口素质的趋同，作为衡量中国式农业农村现代化的关键目标，并联式推进四化融合的中国式现代化。二是中国农民百年发展变化。结合 20 世纪 20—30 年代的卜凯农村调查数据以及其他近代农村调查资料，将其与我国现阶段相关数据进行对比，更加直观地展示了中国农民的发展变化。也采用了较新的数据，研判了"三权分置"等新近涉农政策对农村发展的影响。该书立足中国大地，并未盲从于西方的理论，尝试用中国式的知识体系阐述中国农村转型发展问题。

该书具有以下鲜明特点。第一，梳理总结中国式理论。该书不仅展示了中国农民百年发展变化，且立足新时代的发展需要，用中国式理论对中国农民问题进行了系统性的研究。第二，实证和实验证据丰富。周力教授团队立足于"将论文写在大地上"的思想，通过大量走访调查，形成了丰富的数据资料，并针对部分问题前沿性地使用干预实验和选择实验等方式进行研究，具有深厚的学术积累和创新性。

我非常高兴地看到有很多中青年学者在"三农"领域发展，立足于中国当前发展现状，把握中国发展迫切需要解决的问题，并不断开拓创新。希望该书的出版能够为研究乡村振兴的专家、学者和实际工作者带来启发，同时能够为实现中国乡村振兴，推动农民实现共同富裕提供借鉴，从而发挥此研究成果的最大价值。

沈坤荣
教育部长江学者特聘教授
南京大学教授、博士生导师
2024 年 1 月

前　　言

"农，天下之大业也。"我国作为农业大国，农业农村农民问题始终是关系国计民生的根本性问题。2020年，我国脱贫攻坚战取得历史性成就，由此揭开了我国反贫困治理从消除绝对贫困向乡村振兴的新阶段。新时期以来，我国农村地区基础设施显著改善，教育文化设施及服务水平提升，医疗卫生服务体系不断健全，农村居住条件明显改善。2022年10月，习近平总书记在党的二十大报告中再次以"乡村振兴"为主题对新时代新征程"三农"工作进行了全面系统部署，作出了"全面推进乡村振兴""加快建设农业强国""全方位夯实粮食安全根基"等一系列重要决策部署[①]，着力确保农业稳产增产、农民稳步增收、农村稳定安宁，为全面推进乡村振兴和加快建设农业强国提供有力支撑。2024年，党的二十届三中全会进一步提出，"城乡融合发展是中国式现代化的必然要求"，"必须统筹新型工业化、新型城镇化和乡村全面振兴，全面提高城乡规划、建设、治理融合水平，促进城乡要素平等交换、双向流动，缩小城乡差别，促进城乡共同繁荣发展"。

由于"大国小农"的基本国情，加上国际、自然、历史等多种因素的制约，在新时期，"三农"仍有许多难题需要攻克。习近平总书记指出："我们要坚持用大历史观来看待农业、农村、农民问题，

[①] 习近平：《高举中国特色社会主义伟大旗帜　为全面建设社会主义现代化国家而团结奋斗》，《求是》2022年第21期。

只有深刻理解了'三农'问题,才能更好理解我们这个党、这个国家、这个民族。"① 在粮食安全方面,百年变局叠加世纪疫情、地缘冲突等多重因素,中国粮食自给率和种植效益持续下滑,外部风险显著加剧,国内粮价稳定受到威胁,传统农业发展劲头不足。在农村发展方面,村庄空心化、农户空巢化、农民老龄化不断加剧,农村社会发展缺乏内生动力。此外,虽然城乡居民收入相对差距持续缩小,但是农村基础设施和公共服务等仍然均显著落后于城镇,实现共同富裕仍然面临不小的挑战。

共同富裕是新时代解决我国社会主要矛盾的重要抓手(刘培林等,2021)②,而实现共同富裕不仅仅是一个经济发展问题,更是一个关乎全国人民福祉的重大问题。随着我国实现从"乡土中国"向"城乡中国"的转变,共同富裕的难点和重点主要转向了城乡居民之间的共同富裕。改革开放以来,随着城镇化、工业化不断发展,我国农村劳动力开始了大规模的、频繁的跨区域流动迁移,在为我国经济持续增长提供强大动力的同时,造成了农村人才资源和人力资本的大量流失。确保广大农民收入更快增长是实现全民共同富裕的关键。毋庸置疑,同步实现农户的共同富裕,必然需要实现农业增效与农户增收的目标兼容。

本书立足于中国背景,尝试对我国农户发展的理论与经验进行科学总结。在全书的编排上,除总论之外,还涉及农户贫困、要素和多维增长三方面的内容。本书第一章梳理了中国农业农村从乡土重生到渐进式变革,再到迈向现代化的历程、理念与目标。第二章从扶贫政策出发,系统梳理了中国共产党减贫思想的百年历程和演进逻辑,并探讨了从脱贫攻坚到乡村振兴期间中国扶贫政策的重要贡献。第三章基于营养贫困陷阱、资产贫困陷阱与连片式贫困陷阱三个视角,验证中国贫困陷阱的存在性问题,试图从农户发展层面

---

① 习近平:《坚持把解决好"三农"问题作为全党工作重中之重 促进农业高质高效乡村宜居宜业农民富裕富足》,《人民日报》2020 年 12 月 30 日第 1 版。
② 刘培林、钱滔、黄先海、董雪兵:《共同富裕的内涵、实现路径与测度方法》,《管理世界》2021 年第 8 期。

探讨中国式现代化进程中农户破解贫困陷阱的微观机理与发展路径。第四章在识别相对贫困的基础上，提出适用于中国的相对贫困标准，进而探索农户相对贫困的成因、后果和解决之道。第五章聚焦农户收入流动性，以基础设施为切入点对农户收入展开分析，并讨论了不同类型基础设施对农村低收入群体福利的异质性影响。第六章从中国土地要素角度出发，剖析土地产权制度变革的农户增收效应及其影响机制。第七章剖析了"万企帮万村"政策下中国式资本下乡的形成机理及其富民效应。第八章对农户非农就业质量现状、非农就业行为影响因素，以及非农就业对农户发展的影响进行研究。第九章重点围绕耕地污染，探讨了农业绿色发展视角下的农户行为及政策优化问题。第十章主要基于成长型思维干预实验，讨论了欠发达地区儿童发展的影响因素，探索了阻断贫困代际传递的机理与路径。最后一章，论述了迈向农业强国进程中，由"大国小农"走向"大国富农"需要正确认识和把握的几点重大关系。

本书是关注于农村转型发展的发展经济学论著，旨在抛砖引玉，希望能帮助读者更深入地理解中国式现代化进程中农户微观层面的发展问题。本书可供发展经济学、农业经济学、资源环境经济学等领域的学者及研究生参阅，请大家批评指正，并且希冀广大读者更多思考中国式现代化进程中的农村转型发展问题。

目　　录

第一章　导论 …………………………………………………… (1)

　　第一节　中国式现代化的演进历程与发展成就 ……………… (2)
　　　　一　中国式现代化的演进历程 ……………………………… (2)
　　　　二　中国农业农村发展的成就与展望 ……………………… (4)
　　第二节　中国式农业农村现代化的基本路径 ………………… (8)
　　　　一　由汲取转向反哺的工农城乡关系变革 ………………… (8)
　　　　二　由保障功能转向要素功能的土地制度演进 …………… (9)
　　　　三　由严格限制转向全面融合的人口流动政策 ………… (10)
　　　　四　由统购统销转向统一大市场的商品市场化
　　　　　　改革 ……………………………………………………… (11)
　　　　五　由分权转向联动的财税政策变革 …………………… (12)
　　　　六　由无为而治转向党建引领的基层治理变革 ………… (13)
　　第三节　中国式农业农村现代化的新阶段发展目标 ………… (14)
　　　　一　以提升劳动生产率为目标的农业现代化 …………… (14)
　　　　二　以实现多维富裕为目标的农村现代化 ……………… (17)
　　　　三　以人口素质提升为目标的农民现代化 ……………… (18)
　　第四节　中国式农业农村现代化的新发展理念 ……………… (19)
　　　　一　以创新发展理念推动农业的高质量发展 …………… (20)
　　　　二　以协调发展理念增强农村发展内生动力 …………… (21)
　　　　三　以绿色发展理念建设宜居宜业美丽乡村 …………… (22)

1

四　以开放发展理念扩大农业农村发展空间………… (23)
　　五　以共享发展理念促进农村人民收入增长………… (24)

第二章　扶贫政策………………………………………… (26)

第一节　中国共产党扶贫政策演进…………………… (27)
　　一　中国共产党减贫政策的演进脉络与逻辑………… (27)
　　二　中国共产党建党百年的扶贫政策成效…………… (32)

第二节　精准扶贫政策与农村区域发展……………… (36)
　　一　县域经济差距的机理分析………………………… (37)
　　二　精准帮扶对县域人均收入增长的影响…………… (43)
　　三　精准帮扶、东西部协作与县域经济差距………… (58)

第三节　本章小结……………………………………… (64)

第三章　贫困陷阱………………………………………… (67)

第一节　营养贫困陷阱的理论构建及识别策略……… (68)
　　一　营养贫困陷阱的理论模型构建…………………… (69)
　　二　基于1929—1933年民国时期调查数据的营养贫困
　　　　陷阱检验…………………………………………… (83)

第二节　资产贫困陷阱的理论与经验………………… (89)
　　一　资产贫困陷阱的理论分析………………………… (91)
　　二　基于1989—2009年中国数据的资产贫困陷阱
　　　　检验………………………………………………… (98)

第三节　集中连片特困地区的资产贫困陷阱再检验… (107)
　　一　集中连片特困地区的资产贫困陷阱特殊性
　　　　分析………………………………………………… (109)
　　二　基于2005—2011年中国数据的连片式贫困
　　　　陷阱再检验………………………………………… (120)

第四节　本章小结……………………………………… (136)

第四章 相对贫困 (138)

第一节 相对贫困标准的识别 (138)
一 相对贫困标准的国际经验 (139)
二 相对贫困国际经验的借鉴与启示 (146)

第二节 农村集体经济组织发展对农户相对贫困的减贫效应研究 (148)
一 农村集体经济组织发展对农户相对贫困影响的机理分析 (149)
二 集体经济组织发展及其相对贫困减贫效应分析 (151)

第三节 城市最低工资标准对农民工相对贫困影响研究 (158)
一 城市最低工资标准对相对贫困的影响机理分析 (159)
二 城市最低工资标准对农民工相对贫困的影响分析 (161)

第四节 本章小结 (173)

第五章 农户收入流动性 (175)

第一节 农户收入流动性测度及其演变趋势 (176)
一 农户收入流动性的概念和测量 (176)
二 农户收入流动性的演变趋势 (179)
三 农户收入流动性的影响因素界定 (189)

第二节 基础设施对低收入农户收入流动性的影响研究 (190)
一 基础设施对低收入农户收入流动性的机理分析 (191)
二 基础设施对低收入农户收入流动性的实证分析 (194)

第三节 基础设施对低收入农户生产结构的影响分析 … (216)
　　一　基础设施对低收入农户生产结构的影响机制及
　　　　效果分析 ………………………………………… (217)
　　二　生产结构传导效应下基础设施对低收入农户收入
　　　　流动性的影响 …………………………………… (240)
第四节 基础设施传导机制的人力资本异质性分析 …… (245)
　　一　基础设施的人力资本效应分析 ………………… (246)
　　二　人力资本传导效应下基础设施对低收入农户
　　　　生产结构的影响分析 …………………………… (266)
第五节 本章小结 ………………………………………… (271)

第六章 农地产权改革 ………………………………… (274)

第一节 农地确权、地力投资与农户收入 …………… (275)
　　一　新一轮农地确权与耕地质量保护 ……………… (276)
　　二　新一轮农地确权与农户收入增长 ……………… (282)
第二节 农地"三权分置"政策的农户增收效应 ……… (301)
　　一　"三权分置"的农户行为响应机制及其增收
　　　　效应 ……………………………………………… (302)
　　二　农业新型经营主体和村集体经济的农户带动
　　　　效应 ……………………………………………… (314)
第三节 本章小结 ………………………………………… (321)

第七章 资本下乡 ……………………………………… (324)

第一节 中国资本下乡的制度背景与特征事实 ……… (325)
　　一　资本下乡的制度背景 …………………………… (325)
　　二　资本下乡的特征事实 …………………………… (327)
第二节 中国资本下乡的富民效应研究 ………………… (329)
　　一　资本下乡的驱动机制分析 ……………………… (329)
　　二　"万企帮万村"政策背景下资本下乡的富民效应
　　　　分析 ……………………………………………… (336)

第三节 本章小结 ……………………………………………（348）

第八章 非农就业 ……………………………………………（350）

第一节 非农就业质量的识别与描述 ……………………（351）
  一 非农就业质量的多维指标体系构建 ……………（351）
  二 中国农民工非农就业质量的多维测度及其
    描述 …………………………………………………（355）

第二节 资源约束条件下的非农就业行为研究 …………（362）
  一 资源约束条件下家庭内部非农就业决策的
    机理分析 ……………………………………………（362）
  二 基于饮用水可及性及质量安全视角下的非农
    就业行为研究 ………………………………………（363）

第三节 本章小结 ……………………………………………（374）

第九章 农业绿色生产 ………………………………………（376）

第一节 精准型耕地保护技术的农户采纳行为及其扩散
    政策研究 ……………………………………………（377）
  一 精准型耕地保护技术的农户采纳行为机理分析与
    实证检验 ……………………………………………（377）
  二 精准型耕地保护技术的政策效果研究 …………（387）

第二节 外源性耕地污染治理的生态补偿政策研究 ……（403）
  一 外源性耕地污染治理的农户生态补偿政策
    研究 …………………………………………………（403）
  二 实验设计、实证策略和数据 ……………………（405）

第三节 本章小结 ……………………………………………（415）

第十章 农村儿童发展 ………………………………………（418）

第一节 儿童认知能力提升 …………………………………（419）
  一 儿童学业表现的影响因素 ………………………（419）
  二 在线教育资源供给与儿童学业表现 ……………（423）

第二节　儿童非认知能力提升 …………………………… (435)
　　　　一　农村儿童成长型思维的随机对照实验研究 …… (435)
　　　　二　对照实验结果及对农村儿童成长型思维的
　　　　　　影响 ………………………………………………… (450)
　　第三节　本章小结 ………………………………………… (451)

第十一章　迈向农业强国 ……………………………………… (453)
　　第一节　农业生产要素市场化配置与政府调节 ………… (453)
　　　　一　劳动力 ………………………………………………… (453)
　　　　二　耕地 …………………………………………………… (454)
　　　　三　资本 …………………………………………………… (455)
　　第二节　渐进式农业生产率与跃进式新质生产力 ……… (456)
　　第三节　粮食量质安全与食物多元化供给 ……………… (458)
　　第四节　农业提质增效与农民农村共同富裕 …………… (460)
　　本章小结 …………………………………………………… (462)

参考文献 ………………………………………………………… (464)

后　　记 ………………………………………………………… (496)

第一章　导论

中国式现代化道路是中国共产党带领中国人民历经百年探索形成的，是独辟中国路径、重构中国目标、践行中国理念的中国特色社会主义现代化道路。习近平总书记强调"中国式现代化，是中国共产党领导的社会主义现代化，既有各国现代化的共同特征，更有基于自己国情的中国特色。"[1] 区别于西方资本主义国家的现代化，中国式现代化是社会主义现代化（胡鞍钢，2022）[2]。党的二十大指出，中国式现代化的本质要求是："坚持中国共产党领导，坚持中国特色社会主义，实现高质量发展，发展全过程人民民主，丰富人民精神世界，实现全体人民共同富裕，促进人与自然和谐共生，推动构建人类命运共同体，创造人类文明新形态。"

中国式现代化进程波澜壮阔，是不放弃农民，不以农业萎缩、乡村凋敝为代价的现代化过程。中国共产党自成立以来，始终把解决"三农"问题作为中国革命、建设和发展的头等大事。但是，"一定要看到，农业还是'四化同步'的短腿，农村还是全面建成小康社会的短板。中国要强，农业必须强；中国要美，农村必须美；

---

[1] 习近平：《高举中国特色社会主义伟大旗帜　为全面建设社会主义现代化国家而团结奋斗——在中国共产党第二十次全国代表大会上的报告》，http://www.gov.cn/xinwen/2022-10/25/content_5721685.htm，2022年10月25日。

[2] 胡鞍钢：《中国式现代化道路的特征的意义分析》，《山东大学学报》（哲学社会科学版）2022年第1期。

中国要富，农民必须富。"① 现阶段，中国社会中最大的发展不平衡，是城乡发展不平衡；最大的发展不充分，是农村发展不充分。处理好城乡工农关系事关国家现代化全局，需要将发展农业、繁荣农村、致富农民作为中国式现代化进程中全党工作的重中之重。

现阶段，中国学界尚未建立起一套能够反映中国式现代化进程中农业农村发展的现代化知识体系，特别是缺乏对于中国式现代化进程中农户发展的理论与经验总结。基于此，本书以中国式农业农村现代化为起点展开论述，以期为发展经济学中的农村转型理论独辟蹊径。

第一节 中国式现代化的演进历程与发展成就

一 中国式现代化的演进历程

1840年鸦片战争后，中国被迫踏上了现代化征程。无论是洋务派的"自强""求富"，维新派的"工业立国"，抑或是孙中山的"实业计划"，均重点围绕工业化开展。由于领导阶级局限性和帝国主义的阻挠，中国人民走向现代化的种种探索和试验最终功败垂成。人们逐渐认识到，唯有中国共产党才能在中华民族一盘散沙、任人宰割、饱受欺凌之际承担带领中国人民走向现代化的历史重任。

早在中华人民共和国成立以前，中国共产党高瞻远瞩，积极探索在新民主主义革命胜利后的现代化建设目标和路径。1945年4月，毛泽东在《论联合政府》中明确提出："中国工人阶级的任务，不但是为着建立新民主主义的国家而斗争，而且是为着中国的工业化和农业近代化而斗争。"

社会主义革命和建设时期，为了实现"四个现代化"的任务，以毛泽东同志为核心的领导集体，积极探索符合中国国情的现代化

---

① 习近平：《中央农村工作会议：中国人饭碗要端在自己手上》，《人民日报》2013年12月25日第1版。

道路。1953年6月，毛泽东同志在中央政治局扩大会议上提出"尽快地把我国建设成为一个具有现代工业、现代农业和现代科学文化的伟大的社会主义国家"的过渡时期总路线。1956年党的八大会议，将"四个现代化"写入了党章总纲，力求"使中国具有强大的现代化工业、现代化农业、现代化交通运输业和现代化国防"。1964年，党和政府制定了实现"四个现代化"的"两步走"战略，第一步为"建立一个独立的比较完整的工业体系和国民经济体系"，第二步为"全面实现农业、工业、国防和科学技术的现代化，使我国经济走在世界的前列"。1975年1月，周恩来同志在四届全国人大一次会议上重申了建设"四个现代化"的目标，并对"两步走"的时间作了明确规定。

改革开放后，以邓小平、江泽民和胡锦涛为核心的领导集体不断丰富中国式现代化的理论内涵，逐步充实中国式现代化的理论体系。1979年3月，邓小平同志首次提出了"中国式的现代化"这一全新概念[①]。同年12月，邓小平同志将中国式现代化的基本推进目标具象化为"小康"。此后，党和政府采取一系列政策加速"中国式现代化"进程。1987年，邓小平同志明确提出了"三步走"的概念和设想，在推进国家现代化的同时，实现人民生活水平从温饱到小康再到富裕的跨越（洪银兴，2022）[②]。

1991年，党的十三届八中全会首次提出"农村稳定和进步、农民小康与农业现代化"。继此之后，党的十五大提出了"两个一百年"的现代化奋斗目标。在"三步走"战略的前两步走完之际，党的十五大把第三步再分为三步，制定了21世纪前50年新的小"三步走"战略。直至党的十六届五中全会提出"建设社会主义新农村"的重要理念，标志着党和国家真正将"三农"融为一体进行战略规划设计。其后，党的十七大和十八大皆强调"坚持走中国特色新型农业现代化道路"，不断明确中国农业现代化发展方向。

[①] 1979年3月23日，邓小平同志于中央政治局讨论国家计委1979年计划和国民经济调整时，首次正式提出"中国式的现代化"这一概念。

[②] 洪银兴：《论中国式现代化的经济学维度》，《管理世界》2022年第4期。

党的十八大以来，以习近平同志为核心的党中央领导集体科学总结我们党带领人民革命、建设、改革的理论和实践经验，成功推进和拓展了中国式现代化。党的十八大指出："坚持走中国特色新型工业化、信息化、城镇化、农业现代化道路，推动信息化和工业化深度融合、工业化和城镇化良性互动、城镇化和农业现代化相互协调，促进工业化、信息化、城镇化、农业现代化同步发展。"2018年，中央一号文件强调："没有农业农村的现代化，就没有国家的现代化。"党中央把农村现代化与农业现代化并提，把农业农村现代化与国家现代化并提，标志着"三农"工作的重要性实现了全方位的时代性跃升。党的十九大报告提出"实施乡村振兴战略，坚持农业农村优先发展"。党的二十大报告在此基础上进一步强调"加快建设农业强国"。

二　中国农业农村发展的成就与展望

现阶段，我国农业农村发展已经实现飞跃，站到新的历史起点上。农业现代要素投入逐步增加，科技创新成果丰硕，产业结构不断优化。农村面貌发生了翻天覆地的变化，从1978年农村实行家庭联产承包责任制，包产到户、包干到户，20世纪80年代乡镇企业异军突起，2006年实行税费改革，取消农业税，2014年提出农村土地"三权"分置，优化农业资源配置，到2020年打赢脱贫攻坚战，农村发展欣欣向荣。

从农业现代化的角度来看，整体呈现如下特征。一是高标准农田建设稳步推进。截至2020年年底，我国已完成8亿亩高标准农田建设任务，在提高粮食产能、节本增效、保护农民种粮积极性等方面发挥了重要作用。二是农业技术和装备日臻完善。2021年，我国农业科技进步贡献率超过60%，农作物耕种收机械化率达到71%，农作物良种基本实现全覆盖，自主选育品种面积占95%以上[①]。三是

---

① 常钦、毕京津、高云才：《全国农业科技进步贡献率超60%，耕种收综合机械化率达71%农业现代化迈上新台阶》，《人民日报》2021年7月19日第1版。

农业信息化水平逐步提升。无人机、物联网、卫星通信、遥感摄影测量等技术在农业生产中得到广泛应用。同时，互联网技术不断推动农业产业信息化、数字化，水肥一体化智能灌溉、设施环境信息化监测、农业作业信息化、水肥药精准控制、"四情监测"和信息化增氧等信息技术应用广泛，智慧农业建设初见成效。与此同时，财政支农水平进一步加强。国家财政农林水事务支出由2007年的3404.70亿元增长到2021年的22146.19亿元，14年的时间增加了约6.51倍。

现阶段，我国农业发展成果颇丰。首先，农业综合产能不断提升。中国粮食产量实现快速增长，由2000年的46217.50万吨增长到2020年的66949.20万吨，20年的时间增长了44.86%。2004年以来，粮食生产稳定度连续17年保持在100%以上[①]。同期，水产品产量也实现连年提升，由2000年的3706.20万吨增长至2020年的6549.00万吨；肉蛋奶等畜禽产品产量也保持总体稳定。其次，我国农产品质量安全状况不断改善。2021年农产品质量安全例行监测合格率为97.6%[②]。最后，我国农业劳动生产率快速增长。由2000年的0.41万元/人增长至2021年的5.08万元/人，21年的时间增长了约12.39倍[③]。

中国农业发展虽然成就显赫，但从国际比较视角看仍存在一定差距。农业大而不强，土地产出率、劳动生产率和资源利用率低，国际竞争力相对较弱。根据FAO数据统计显示，2020年，中国配有灌溉设施的土地占农业用地的比重为14.18%，而日本、以色列、韩国的比重分别为55.01%、47.34%、43.64%，相差3.4倍左右。此外，我国高质量科技成果不足，科技创新能力无法适应农业高质量发展的要求。农业数字经济方面也仍有待提升，2019年中国农业数

[①] 粮食生产稳定度指本年度粮食产量与过去五年平均粮食产量的比值。根据统计年鉴，粮食除了包括稻谷、小麦、玉米、高粱、谷子、其他杂粮外，还包括薯类和大豆，是反映粮食生产稳定程度的指标。粮食生产稳定度=当年粮食产量/过去五年平均粮食产量×100%。

[②] 农业农村部新闻办公室：《2021年农产品质量安全例行监测合格率为97.6%》，农业农村部2021年12月28日。

[③] 本书的劳动生产率指劳均农林牧渔业增加值。

字经济占行业增加值比重为8.2%,而英国、德国占比超过20%[①]。

从农村现代化的角度来看,主要具备以下几个特征。一是基础设施建设不断完善。2021年年底,农村公路里程446.6万公里,其中,县道里程67.95万公里,乡道里程122.30万公里,村道里程256.35万公里。快递服务乡镇网点覆盖率达到98%。截至2020年底,全国已建成43957座农村水电站,水电发电量为2423.7亿千瓦时,占全国水电发电量的17.9%。农村自来水普及率为83%,集中供水率为88%,燃气普及率达35.08%,安装路灯道路长度为22640.3公里[②]。二是公共服务有所保障,形成幼有所育、学有所教、弱有所扶、病有所医、劳有所得、老有所养、住有所居的公共服务体系。例如,在教育方面,加大农村地区教育资源倾斜,尤其是拓宽农村普惠性学前教育供给渠道,同时注重教育质量提质增效,持续改善乡镇寄宿制学校办学硬件条件,加快发展面向乡村的网络教育等;在健康方面,加强城乡医院对口帮扶,带动乡村提升应对突发公共卫生事件的能力。三是人居环境焕然一新。全面实施脱贫攻坚农村危房改造以来,790万户、2568万贫困群众的危房得到改造[③]。2021年年末,全国农村实施生活垃圾收运处理的自然村占比超过90%,生活污水治理率达28%左右,农村卫生厕所普及率超过70%[④]。四是乡风文明建设成果突出。2020年,第六届全国文明村镇有1973个,全国共建成村级综合性文化服务中心575384个,2021年县及县以下文化和旅游事业费为626.52亿元,占全国的55.3%,

---

[①] 中共中央、国务院:《中共中央国务院关于实施乡村振兴战略的意见》,《人民日报》2018年2月5日第1版。

[②] 公路数据参见《2021年交通运输行业发展统计公报》,2022年5月25日;快递服务网点数据参见中华人民共和国交通运输部:《在加快建设交通强国新征程上建新功——2021年交通运输行业发展统计公报评读》,2022年5月25日;水电数据参见《2020年全国水利发展统计公报》,2022年2月9日;路灯和燃气数据参见中华人民共和国住房和城乡建设部编:《中国城乡建设统计年鉴2020》,中国统计出版社2020年版,第160—161页和第184—185页。

[③] 危房改造数据参见习近平《在全国脱贫攻坚总结表彰大会上的讲话(2021年2月25日)》。

[④] 农业农村部新闻办公室:《全国农村卫生厕所普及率超过70%》,农业农村部2022年6月2日。

较2020年提高了1.3个百分点①。此外,互联网要素还助力农村基层治理效能升级。2020年行政村"三务"综合公开水平高达72.1%,较2019年提升6.8个百分点,其中,党务公开水平、村务公开水平、财务公开水平分别为73.1%、72.8%、70.5%②。

我国农村发展取得了历史性成就,人民生活实现了从解决温饱到总体小康再到全面小康的巨大跨越。2020年脱贫攻坚战取得全面胜利,解决了绝对贫困这一困扰了中华民族几千年的历史性难题,7.7亿农村贫困人口也摆脱了贫困。人民群众的获得感、幸福感、安全感不断增强,2020年农民人均教育文化娱乐支出增加到1308.7元,其消费占比也由2011年的7.6%增加到2020年的9.5%③。

当前,农村发展进程中仍存在一些弱项与短板。一是生态环境与清洁能源普及有待进一步改善。2021年,在农村千吨万人集中式饮用水水源断面(点位)监测中,达标率仅为78%,而英国、法国等大多数发达国家已经实现了农村基本饮用水供给的全覆盖。2020年,中国使用清洁燃料和清洁技术烹饪的农村人口占农村总人口的比重为65.2%,而全球31个发达国家的比重均为100%④。二是养老保障供给不足。2020年,中国农村60岁以上人口为12135.62万人,但养老机构仅有2万多家,养老床位也只有194万多张。三是城乡收入差距仍比较大。2012—2021年,城乡居民人均可支配收入之比虽然逐年下降,但至2021年,全国城乡居民人均可支配收入仍存在2.5倍的差距。相比于发达国家,加拿大2006年城乡收入比仅在1左右,2015年美国城乡收入比也仅有1.33,英国2019年城乡收入比

---

① 文明村镇数量参见中华人民共和国中央人民政府《中央文明委关于表彰第六届全国文明城市、文明村镇、文明单位和第二届全国文明家庭、文明校园及新一届全国未成年人思想道德建设工作先进的决定》,2020年11月21日;村级综合服务中心和文旅事业费参见《2020—2021年文化和旅游发展统计公报》,2020—2021年。

② 农业农村部:《2021全国县域农业农村信息化发展水平评价报告》,2021年12月。

③ 农村居民人均教育文化娱乐支出参见国家统计局农村社会经济调查司编:《中国农村统计年鉴2012》,第275页;《中国农村统计年鉴2021》,第260页。

④ 参见世界银行公开数据库(https://data.worldbank.org.cn/)。

为1.03（李实等，2021）①。

第二节 中国式农业农村现代化的基本路径

现代化启程伊始，由于政治、经济、文化、人口规模、民族结构、资源禀赋等发展条件不同，中国农业农村转型的发展路径与众不同。在此过程中，从改革开放之初的家庭联产承包责任制到新时期的农地"三权分置"，无不是党和政府顺势而为的渐进性制度变革。本节将从工农城乡关系、土地制度、人口流动政策、商品市场化制度、涉农财税政策和基层治理六个方面系统梳理我国农业农村转型历程，并从中总结中国式发展路径。

一 由汲取转向反哺的工农城乡关系变革

通过工农产品价格"剪刀差"为工业化提供资本积累，是中华人民共和国成立之初的选择。由于资本极为匮乏，中华人民共和国成立初期，国家对农产品实行统购统销的策略，通过农业支持工业、农村支持城市的方式来推进工业化和城市化。工农产品价格的"剪刀差"有力支持了工业以及城市的发展，但也使得工农业差距逐渐扩大，农民生产积极性受挫。

20世纪90年代后，我国工业化进入中后期，初步具备了工业反哺农业、城市支持农村的基础和实力。工业化和城市化的发展为农村劳动力带来了大量的非农就业机会，增加了农民收入。同时，工业和服务业的发展带来了较多财政收入，使国家有足够的资金用于农业基础设施建设和农村公共服务供给，有助于财政在二次分配中向"三农"倾斜。

2008年，党的十七届三中全会审议通过了《中共中央关于推进农村改革发展若干重大问题的决定》，进一步要求贯彻工业反哺农

---

① 李实、陈基平、滕阳川：《共同富裕路上的乡村振兴：问题、挑战与建议》，《兰州大学学报》（社会科学版）2021年第3期。

业、城市支持农村和多予少取放活的方针。具体表现在扩大农业补贴范围、提高农业补贴标准、减轻农业税费、提高农产品收购价格，以减少农民负担；加大对农村基础设施和社会事业的投入；健全城乡社会保障制度，使在城镇稳定就业和居住的农民有序转为城镇居民。党的十九届五中全会提出，加快形成工农互促、城乡互补、协调发展、共同繁荣的新型工农城乡关系。

二 由保障功能转向要素功能的土地制度演进

中华人民共和国成立之后，国家积极引导农民以土地入股，创办农业生产合作社，对农业进行社会主义改造，实现了土地从农民个人私有到村集体所有的转变，深刻改变了农村的生产关系。改革开放之后，家庭联产承包责任制正式确立，集体统一经营和家庭分散经营实现了有机融合。在我国社会保障体系尚未健全的情况下，农户承包地很大程度上发挥了社会保障作用，"回乡种地"成为农民在面临负面收入冲击时的有效应对途径。自20世纪90年代以来，土地政策的一贯原则是维持农户承包地的稳定。1993年，党中央首次提出"土地承包期延长30年"，并提出"增人不减地、减人不减地"。2003年新修订的《农村土地承包法》严格限制承包地的调整。2018年，中央提出"第二轮承包地到期后再延包30年"。

21世纪以来，农村养老保险、医疗保险、失业保险以及最低生活保障制度得以完善，土地的保障功能逐步减弱。例如，2013年，新型农村合作医疗保险的覆盖率达到99%以上；2014年，城乡居民基本养老保险制度正式建立。随着我国多元化的社会保障体系充分覆盖农村各类群体，农民对于农地社会保障功能的依赖性逐渐减弱，国家也因此开始进行渐进式变革土地制度以发挥土地的生产要素功能。2003年《农村土地承包法》修订，土地承包经营权的流转正式写进法律。自此以后，土地政策开始规范并鼓励土地流转，推动适度规模经营。

党的十八大以来，习近平总书记对深化农村土地制度改革做出一系列重大决策部署，推动农村土地充分发挥其要素功能。首先，农地确权颁证顺利完成，通过"颁铁证"的方式，让农民吃下"定心丸"。其次，进一步推进土地承包权和经营权的分离，实施农村承包地"三权分置"改革，明晰了土地的产权属性，放活了土地的经营权，提高了土地生产能力。再次，引导土地经营权有序流转、发展农业适度规模经营，赋予农民对承包地的完整权利束（包括使用、收益、流转、抵押、担保），允许农民通过经营权入股方式参与产业化经营。最后，统筹推进"三块地"改革，完善农村土地产权流转交易制度。不难看出，新时期我国一系列土地政策是顺势而为的，推进了土地要素市场化。

三 由严格限制转向全面融合的人口流动政策

中华人民共和国成立初期，限制人口流动是维护社会稳定、恢复经济发展的现实需要。1949—1956年，国家通过"分配"的方式安排劳动者就业。1958年，《中华人民共和国户口登记条例》公布施行，标志着新中国户籍制度的形成。1981年国务院颁布《关于严格控制农村劳动力进城务工和农业人口转为非农业人口的通知》，对城镇单位从农村招工和农村学生在城镇学校就读做出了严格限制，并对已经流入城镇的农村人口进行遣返。

随着我国工业化、城市化水平的不断提高，人口由农村向城镇流动的趋势日渐明显。1984—1999年，随着改革开放的推进，城市劳动力需求急剧增加，党和国家开始对流动人口加强管理，引导农村人口有序向城镇流动。2000—2005年，人口流动政策的重点转变为流动人口提供多方面的服务。中共中央、国务院发布的《关于做好2002年农业和农村工作的意见》中针对农村流动人口提出"公平对待、合理引导、完善管理、搞好服务"的十六字方针。国家通过放松户籍限制、完善就业服务和规范企业用工制度等方式，开始为农民工提供部分公共服务与社会保障服务。

第七次全国人口普查数据显示，截至2020年，我国流动人口达3.75亿，较2010年增长了69.73%。受多方面因素影响，大量流动人口呈现出"钟摆式"流动、"青出老回"等特点。因此，党和国家同样顺势而为，积极建立服务型政府，不断完善公共财政制度体系，逐步缩小城乡与区域间的公共服务水平差距，让农村人口在医疗、教育、卫生、住房等多方面得到权益保障，于2020年总体实现了基本公共服务均等化的目标。国家发改委于2022年印发《"十四五"新型城镇化实施方案》，提出稳妥有序推进户籍制度改革，以"愿落尽落"为目标，按人口数量对放宽城市落户限制提出了不同的梯度要求，进一步推进了城镇化进程。

四 由统购统销转向统一大市场的商品市场化改革

经过改革开放以来的持续探索，我国农产品市场化改革取得斐然成就。一方面，改革开放击破了闭关锁国的禁锢，农产品市场由封闭转向开放。我国从废除农副产品统购统销制度，到逐步放开粮食蔬菜等农产品的流通，再到全面推进农产品市场经济建设，农产品市场化程度不断加深。迄今，我国农产品已形成稳定的多级、多种类的批发市场体系和流通格局。另一方面，党中央统筹利用"两个市场"的力量，积极探索农业粮食对外开放的新格局。加入WTO后，党中央对"引进来"和"走出去"两手抓，以培育强势农业集团和粮商为核心，创造我国农业粮食大国的新优势。以发展的姿态，大力推动农产品国际贸易秩序和国际粮食安全治理在全球范围内的公平化、合理化转型。

百年大变局下，国家聚焦于国内大循环，进一步建设国内统一大市场，将超大规模的国内市场优势转换为新的国际竞争优势。中央提出加快构建以国内大循环为主体、国内国际双循环相互促进的新发展格局。建设全国统一的大市场利于建设高标准市场体系，也有利于发挥超大规模市场优势。一方面，打通生产、分配、流通、消费各个环节，利于降低流通的成本，利于提高国内大循环效率；另一方面，让生产、分配、流通、消费更多依托国内市场，利于将我国市场规模和生产体系优势，转化为接轨国际生产分工和国际贸易交流的比较优势。可见，建立全国统一大市场，是新时期重塑我国国际合作和竞争新优势的关键策略。

五　由分权转向联动的财税政策变革

1994年，我国正式实行分税制改革，规范了中央和地方的关系，增强了中央财政调节经济发展和收入分配的能力。但是，由于地方财政收入大部分被集中于中央财政，农村地区的公共物品和公共服务供给能力持续下降。因此，中央开始对地方实施大量的转移支付补助以弥补地方的支出缺口，包括税收返还、体制补助、专项补助和过渡期转移支付补助等多种形式（周飞舟，2006）[①]。同时，中央还提出将"三农"、教育、社保等公共服务领域作为财政支出重点，中央的财政支农资金开始大幅度提升，农业基础建设投资快速增长，财政支持"三农"的方式由直接支持农产品生产经营为主向支持农产品生产经营和完善农业市场体系并重转变。

在"全国一盘棋"的指导思想下，针对欠发达地区的区域性财政帮扶政策逐步加强。一方面，国家通过纵向帮扶机制加强欠发达地区的发展能力建设，通过财政转移支付、税收优惠、金融服务、投资、产业政策等进行全方位的支持；另一方面，我国也构建了地区之间"先富带后富"的横向帮扶机制，形成以"东西部协作"、对口支援等为形式的跨区域结对帮扶。

随着经济发展所引起的社会经济关系改变，过去农业税收制度的缺陷和弊端也日益显现。我国在2000年展开农村税费改革，采取"多予、少取、放活"的方针渐进式降低税率，并于2006年在全国范围内废除农业税。农业税费改革有效减轻了农民税费负担，也同时催生了城乡公共服务均等化，促进了公共财政对"三农"全方位的覆盖，为实现农业农村现代化奠定了重要基础。

在我国一系列涉农财税政策变革下，农村公共投资不断增加，并且由以前的生产性投资向生活类基础设施投资和公共服务投资转变。中华人民共和国成立后，中国政府主要在农田水利基本建设、水土保持、农业科研及技术推广等方面投入了大量的资金，为提高

---

① 周飞舟：《分税制十年：制度及其影响》，《中国社会科学》2006年第6期。

农业生产力、保障农产品有效供给奠定了较好的物质基础。进入21世纪之后，农村基础设施建设、文化教育、医疗卫生等公共产品的供给持续增长，公共财政覆盖农村的范围逐步扩大。2021年，党和国家明确强调"全面推进乡村振兴加快农业农村现代化"，其中特别强调继续把公共基础设施建设的重点放在农村，包括继续发展公路畅通工程、供水保障工程等传统乡村基础设施，同时还涉及数字乡村、智慧农业等"新基建"工程。总体来说，在中国式现代化发展道路中，涉农财税政策由分权逐步向联动转变，农村公共投资不断增加，投资渠道逐步拓宽，投入格局呈现多元化趋势，引导了更多社会资本的进入，促进了我国农业农村现代化的发展。

六 由无为而治转向党建引领的基层治理变革

基层治理是国家治理的基石。中华人民共和国成立前，我国农村社会治理整体上实行的是半行政化的"简约治理"，以宗族和士绅等精英为中心，紧密联结国家、政党和乡村的利益（黄宗智，2008）[①]。中华人民共和国成立后，我国农村建立起人民公社、生产大队和行政等工作单位，这些单位成为农村社会实质的"代理政府"，承担着代表、应责、协调和连接的职能（张静，2015）[②]。改革开放以后，人民公社体制的解体与国家权力的后撤带来了乡村社会公共秩序和公共服务的"真空"。党的十八大以来，全国各地围绕基层治理体系和治理能力现代化开展实践创新，党建引领、政府主导、社会协同、公众参与、法治保障、科技支撑，自治、法治与德治相结合的基层治理体系初步形成。

从基层治理变迁的角度来看，村组治理被视为村民自治制度实践的一项历史遗产（印子，2020）[③]。村组治理在1998年和2010年

[①] 黄宗智：《集权的简约治理——中国以准官员和纠纷解决为主的半正式基层行政》，《开放时代》2008年第2期。
[②] 张静：《通道变迁：个体与公共组织的关联》，《学海》2015年第1期。
[③] 印子：《村组治理：功能定位、运作机理与优化路径》，《华南农业大学学报》（社会科学版）2020年第2期。

经历过两次调整,在此期间民主监督和民主管理得到了不断强化。中国共产党坚决维护人民群众在基层治理中的主体作用,在不断激发其内生动力的同时,创新多元社会组织协同治理模式,统筹社会资源,加强党建引领,助推基层治理"提质增效"。

在税费改革之后,随着种种以个体化、市场化为主要表征的富农惠农政策出台,本来作为村组主要收入来源的农业税费截留被取消,村组治理权力随着财力的弱化大为削减。为了使集体经济与基层治理之间形成良性互动,2015年农村集体产权制度改革在全国铺开,与此同时,部分地区开始探索政经分离改革。在此期间,基层党组织从组织、制度、文化三方面嵌入基层社会,在基层整合治理中充分发挥其政治优势、组织优势、群众优势和资源优势,夯实了党的农村执政基础,巩固了党的执政地位。

第三节 中国式农业农村现代化的新阶段发展目标

新征程需要确立新航标。习近平总书记在党的十八大提出以人民为中心的发展思想,提出"坚持共享发展,必须坚持发展为了人民、发展依靠人民、发展成果由人民共享"[1]。在此意义上,中国农业农村现代化不仅需要着眼于提升劳动者收入、农村居民多维富裕,还要不断提高农民的素质,促进人的全面发展。中国式农业农村现代化的政策目标,应当是以人民为中心的中国式现代化目标。

一 以提升劳动生产率为目标的农业现代化

改革开放之初,有大量文献讨论农业现代化应重视农业劳动生产率还是土地生产率的问题(方原,1980)[2]。也有学者针对科技进

---

[1] 中国共产党第十九届中央委员会:《中共中央关于制定国民经济和社会发展第十四个五年规划和二〇三五年远景目标的建议》,《人民日报》2020年11月4日第1版。
[2] 方原:《我国农业现代化的基本任务应是提高单位面积产量》,《经济研究》1980年第3期。

步贡献率的重要性展开讨论（张琢，1992）[①]。张福山等（1979）认为，（提升土地生产率的）农艺技术措施现代化和（提升农业劳动生产率的）农业机械化都是我国农业现代化的重要内容，它们两者不是对立的关系，更不是取舍的关系，而是有机结合，共同构成我国现代化的农机农艺技术体系[②]。章宗礼和顾振鸣（1980）认为中国式的农业现代化是综合发展道路，反映农业现代化的指标也应是综合性和多元性的，建议用土地生产率、劳动生产率和资金利用率三项指标来反映农业现代化[③]。柯炳生（2000）认为用劳动生产率、土地产出率、资源环境指标来表示农业现代化较为合适[④]。

随着实证分析技术的进步，越来越多的学者考虑用全要素生产率来衡量农业现代化水平。但是，全要素生产率的分析范式需要采用统一标准来判别农业现代化的"前沿面"，这是存在局限性的。一是农业现代化是一个动态的概念。从这个视角看，农业现代化过程，往往不是渐进式的生产率增长，而是阶梯式、跳跃式的生产率增长。然而由于生产技术条件发生了本质变化，两个时期的生产函数可能不可比，因此，采用全要素生产率并非合理的考察指标。二是现代化形成的经验过程难以复制。美国、欧洲、日本等国家和地区的土壤、气候、水环境与中国的截然不同，用相对静态的标准判断动态事物的发展水平以及用国际比较的方法研究不具有完全可比性的各国经济发展问题，是不可能完全严谨和绝对科学的（陈佳贵和黄群慧，2003）[⑤]。三是全要素生产率提升不等于生产效益提升。现代化如果单纯用全要素生产率来衡量，容易出现忽略价格、质量和效益的问题。在农业现代化过程中，不仅要增加农产品有效供给，更要

[①] 张琢：《中国现代化若干目标分析》，《中国社会科学》1992年第2期。
[②] 张福山、王松霈、张思骞：《把农业机械化摆在农业现代化的应有位置上》，《经济研究》1979年第11期。
[③] 章宗礼、顾振鸣：《中国式农业现代化的道路和指标》，《经济研究》1980年第12期。
[④] 柯炳生：《对推进我国基本实现农业现代化的几点认识》，《中国农村经济》2000年第9期。
[⑤] 陈佳贵、黄群慧：《工业现代化的标志、衡量指标及对中国工业的初步评价》，《中国社会科学》2003年第3期。

满足和引领人民日益增长的美好消费需求。习近平总书记强调,"质量就是效益,质量就是竞争力。在过去,搞农业主要是盯着产量,生产什么卖什么,卖不出去由国家来兜底,而走质量兴农之路,需要突出农业绿色化、优质化、特色化、品牌化。"① 由此可见,衡量农业现代化需要更能体现质量与效益的指标。

本书认为,提高农业劳动生产率并缩小与非农劳动生产率的差距,是中国式农业现代化的关键目标。现阶段,中国农业劳动生产率仍显著滞后于第二三产业。根据 2020 年的数据测算,中国三次产业的劳动生产率分别是:第一产业 4.39 万元/人;第二产业 17.84 万元/人;第三产业 15.47 万元/人。习近平总书记指出:"现代高效农业是农民致富的好路子。要沿着这个路子走下去,让农业经营有效益,让农业成为有奔头的产业。"② 马克思也曾经强调农业劳动生产率对社会发展的重要意义,他指出:"一切剩余价值的生产,从而一切资本的发展,按自然基础来说,实际上都是建立在农业劳动生产率的基础上的。"同时,马克思对提高农业劳动生产率对一切社会发展的重要意义作了同义的引申:"超过劳动者个人需要的农业劳动生产率,是一切社会的基础。"③ 此外,农业劳动生产率也具备国际可比性,有利于对比国际水平研判中国农业现代化发展现状。目前国家部委及地方设计的诸多农业现代化指标体系,罗列了大量指标,但由于指标间的投入产出关系不明确、独立性较差,许多指标不易测算、不易进行国际比较,使得农业现代化目标考核无所适从。

当然,以农业劳动生产率提升为关键目标,中国式农业现代化仍需兼顾资源环境等其他方面目标的实现。习近平总书记明确指出:"随着农业劳动力逐步转移、农业生态环境日趋严峻、全社会对农产品质量安全重视程度不断提高,我们应该走更加均衡的农业技术进步道路,在提高土地产出率、资源利用率、劳动生产率之间把握好

---

① 习近平:《论"三农"工作》,中央文献出版社 2022 年版,第 243 页。
② 习近平:《在江苏调研时的讲话》,《人民日报》2014 年 12 月 15 日第 1 版。
③ 《马克思恩格斯文集》(第 3 卷),人民出版社 2009 年版,第 888 页。

平衡关系。"①

二 以实现多维富裕为目标的农村现代化

目前，评价农村现代化水平通常考察城乡收入差距。例如，蔡昉和杨涛（2000）认为消费支出的比较忽略了储蓄的因素，导致不能完全反映实际购买力，因而人均收入通常是揭示城乡差距更好的指标②。《中共中央关于制定国民经济和社会发展第十四个五年规划和二〇三五年远景目标的建议》也提出，到2035年实现"城乡区域发展差距和居民生活水平差距显著缩小"的目标。

但是，收入或消费维度仅测度了农村现代化进程中私人物品的可获性程度，却忽略了社会保障、基础设施、公共服务等公共物品的获取水平，无法全面刻画农村现代化发展状况。现阶段，我国亟须建立多维富裕指标体系，并用于监测农村居民多维富裕状况。多维富裕既应该包括经济类指标，也应该包括非经济类指标。经济类指标需要关注收入水平与增速问题。需要强调的是，由于低收入群体对劳动报酬的依赖性较强，多维富裕需更加关注劳动力相比其他要素的收入分配水平，应该高度重视劳动密集型产业的发展，通过就近就业和劳务输出，多元化促进农民增收。从非经济指标来看，需要关注养老、医疗、教育等社会保障体系，与农村居民日常生产生活密切相关的基础设施，政务、文娱、体育等社会性公共服务，垃圾收集、污水处理、厕所革命等人居环境，乃至快递、家政、外卖等经济服务的可获性问题，最终形成一套体系完整、结构合理的多维富裕现代化指标体系。

当前，学界对于"富裕"的解读众说纷纭，本书认为实现富裕应当是一个绝对水平的满足。中国政府倡导实现共同富裕而非减少相对贫困，是有其合理性的。一方面，例如欧盟所界定的相对贫困

---

① 习近平：《中央农村工作会议：中国人饭碗要端在自己手上》，《人民日报》2013年12月25日第1版。
② 蔡昉、杨涛：《城乡收入差距的政治经济学》，《中国社会科学》2000年第4期。

（阈值设定为经平均加权后全国人均可支配收入中值的60%）是长期存在的，短期内仅有个体收入流动性（有人脱贫、也有人返贫），从根本上解决相对贫困问题非常困难，从而也较难评估帮扶政策的整体效果；另一方面，中国仍是发展中国家，用经济增长而非收入分配促进低收入群体发展仍应该是主要方式。从多维富裕的经济指标看，度量收入富裕，应当设立一条绝对水平的"富裕线"（与"绝对贫困线"的设立机理类似），收入的共同富裕，也不能简单等同于基尼系数所表征的收入差距缩小。当老百姓的收入水平整体迈过某一绝对水平的"富裕线"，即使伴随着基尼系数的扩大，也应该被视为共同富裕的过程。从多维富裕的非经济指标看，共同富裕体现在城乡基本均等化的供给水平，实现"城里有的、农村都有"的乡村建设体系，使得农民与市民共享发展成果。

三 以人口素质提升为目标的农民现代化

人的全面发展主要通过人口素质的全面提升体现出来，具体表现在较高的人口智力水平、良好的健康水平和文明的社会风尚等方面。长期以来，我国对农民现代化问题的研究是在西方现代化理论的引导下进行的。20世纪60年代，英克尔斯等人最早对人的现代化进行研究，构建了衡量现代化的"现代性量表"（风笑天，2004）[1]。此后，国内学者也开始对人的现代化问题进行规范的讨论。随着中国式现代化探索进程的深入，人口素质的范畴有了新的拓展。党的十九大以来，习近平总书记高度重视农民素质的提高，强调"要提高农民素质，培养造就新型农民队伍。培养有文化、懂技术、会经营的新型农民"[2]。

当然，提高农民现代化素质，实现的途径不仅仅在于农村内部

---

[1] 风笑天：《英克尔斯"现代人研究"的方法论启示》，《中国社会科学》2004年第1期。
[2] 习近平：《中央农村工作会议：中国人饭碗要端在自己手上》，《人民日报》2013年12月25日1版。

人力资本的提高（朱娅等，2011）[①]。乡土人才资源开发应该内外兼顾，不仅要激发本土乡贤创造的内生动力，更要鼓励、吸引乡村外部人才的"引进来、留得住、扎下根"，打破城乡人才流动壁垒。一部分在乡村内部解决，通过"乡缘"纽带，推动乡贤回归、激活乡贤资源、凝聚乡贤力量；另一部分则必须从乡村外部的社会各界力量中吸收。2018年中央一号文件进一步指出，为破解乡村振兴战略实施的人才瓶颈，需要扩大造就乡土人才的通道，广纳贤才，鼓励、动员社会各界投身乡村建设事业[②]。可见，提农民现代化素养不仅要培养本土人才，还要引导技术下乡、人才下乡，引导有现代化素质的农民返乡创业，在乡村形成各要素内源式发展的良性循环。

中国式农业农村现代化应该是农民与市民人口素质趋于缩小的过程。依靠各地政府部门创造吸引人才的沃土，提供政策支持，不断优化产业环境，因地制宜创新乡村人才引进制度。吸引具有现代企业经营理念与实操能力的农业经营管理人才，利用互联网开发销售渠道的电商人才等进村任职或创业。建立引导和鼓励高校毕业生到基层工作的长效机制，为建设高素质专业化"三农"工作干部队伍提供源头活水。

第四节 中国式农业农村现代化的新发展理念

高质量发展理念是行动的先导。在实现农业农村现代化过程中，必须遵循创新、协调、绿色、开放、共享的新发展理念的科学指引，推动乡村振兴，最终实现产业兴旺、生态宜居、乡风文明、治理有效、生活富裕。本节将梳理总结中国式农业农村现代化的新发展理念，分析其在乡村振兴中的引领作用。

---

① 朱娅、周力、应瑞瑶：《中国农村劳动力现代化素质的经济解释——基于结构方程模型的实证检验》，《中国科技论坛》2011年第1期。
② 中共中央、国务院：《关于实施乡村振兴战略的意见》，《人民日报》2018年2月5日第1版。

一 以创新发展理念推动农业的高质量发展

创新是引领发展的第一动力。我国农业农村现代化既要有效保障粮食等重要农产品的供给，又要实现农业质量效益和竞争力的稳步提高，迫切需要以创新理念为指引。习近平总书记指出，"看看世界上真正强大的国家、没有软肋的国家，都有能力解决自己的吃饭问题""这些国家之所以强，是同粮食生产能力强联系在一起的。"[①]保证重要农产品有效供给，对推进农业农村高质量发展具有重要意义。

保障粮食安全，稳步提升农业发展质量和竞争力需要依靠体制机制创新。习近平总书记高度重视粮食生产效率和效益问题，他强调："既要考虑如何保证粮食产量，也要考虑如何提高粮食生产效益、增加农民种粮收入，实现农民生产粮食和增加收入齐头并进，不让种粮农民在经济上吃亏，不让种粮大县在财政上吃亏。"[②] 粮食增产增收提效，不能仅仅依靠种粮补贴，还需要提升现代农业产业质量，更要注重农业科技创新与经营体系创新的协同驱动。体制机制创新则要积极探索适度规模经营的有效实现机制，进一步深化和完善农地"三权分置"，放活土地经营权，促进土地集约化、规模化经营；其次要加快形成新型农业社会化服务机制，推动农业企业、农民专业合作社、集体经济组织和农户之间的深度融合，发展农业全产业链的社会化服务体系，在种苗供应、代耕代种、病虫害统防统治、测土配方施肥、机耕机收、农产品深加工、品牌营销等重要环节发挥作用。现阶段，我国人均耕地面积较少，农业资源和环境约束压力较大，推动我国粮食安全的根本出路在于创新，实现"藏粮于地、藏粮于技"。

科技与人才则是现代农业发展的关键驱动力。首先，要推动技术突破和粮食作物品种升级，培育超级粮食作物品种和适于轮作套

[①] 习近平：《在中央农村工作会议上的讲话》，《人民日报》2013年12月23日第1版。

[②] 习近平：《在农村改革座谈会上的讲话》，《人民日报》2016年4月25日第1版。

种、易于机械化作业的优势良种,以种业科技创新提高粮食单产(黄祖辉等,2022)[①]。其次,要推进关键核心技术攻关,夯实农业设施装备条件,创制运用新型农机装备,以设备科技创新促进农业提质增效。最后,要加大对农业人才的投入,依托国家海外高层次人才创新创业基地,吸引国内外高层次农业科技创新人才,以人力资本创新推进人才兴粮战略。

二 以协调发展理念增强农村发展内生动力

协调是持续健康发展的内在要求。习近平总书记指出:"在现代化进程中,如何处理好工农关系、城乡关系,在一定程度上决定着现代化的成败""与快速推进的工业化、城镇化相比,农业农村发展步伐还跟不上,城乡要素交换不平等、基础设施和公共服务差距明显。"[②] 中共中央、国务院印发的《"十四五"推进农业农村现代化规划的通知》中明确指出"制约城乡要素双向流动和平等交换的障碍依然存在"。

在当前形势下,重点推进区域经济协调发展,增强农村发展的内生动力,需要协同发展理念的指引。由于不同地区的初始资源要素禀赋不同,发展基础存在显著差异,加之国家面向各地区的发展重点规划也有所不同,这就进一步造成农村区域发展的严重不平衡,尤其是中西部地区农村之间的经济水平差距较大。而其根本原因在于农业产业化水平低下。对于欠发达区域的农村而言,农业生产经营模式以家庭为单位,经营规模相当有限,面临着生产成本上升的巨大压力,这不仅阻碍着农业效益的提高,也不利于生产效率的提升。因此,加快农业跨区域协调发展,亟须建立健全农业产业化经营体系,以扩大经营规模。通过实现规模经济降低平均成本的同时,打出农业生产效率和质量双重进步的"组合拳"。

协调发展同样需要关注城乡融合发展。城乡融合发展的关键在

[①] 黄祖辉、李懿芸、毛晓红:《我国耕地"非农化""非粮化"的现状与对策》,《江淮论坛》2022年第4期。

[②] 习近平:《在中央农村工作会议上的讲话》,《人民日报》2017年12月28日第1版。

于推动城乡要素相互流动机制的完善。一是城乡人力资源的双向流动。改革开放以来，城乡人力资源流动以乡村的农业人口向城市非农就业转移为主。为了实现农业农村的现代化，下一步需要在健全农业转移人口市民化配套政策的基础上，推行乡村人才振兴计划，建立人才的引进、培养和激励机制，促进城乡人力资源的合作与交流。二是优化城乡土地资源配置。当前城乡统一的建设用地市场并不完善，下一步应当在继续规范城乡建设用地增减挂钩的基础上，盘活集体建设用地，开展全域土地综合整治，规范土地征收，将乡村土地资源优先用于保障乡村产业发展。三是引导社会资本投入农业和农村。引导社会资本下乡需要发挥政府的投入引领作用，地方政府应当持续改善乡村的营商环境，以市场化的方式撬动社会力量支持乡村产业发展，引导和鼓励工商资本投入现代农业。

三 以绿色发展理念建设宜居宜业美丽乡村

绿色是可持续发展的必要条件。我国农业农村现代化走的是节约资源、保护环境、绿色低碳的新型发展道路。然而，现实情况是耕地质量下降、重金属污染、化学投入品使用过度等问题已对农村资源环境造成压力，违背了绿色发展要求。因此，当下需要以绿色发展理念为指引，完善现代农业绿色发展机制，建设美丽生态宜居乡村。

我国出台一系列推动农业绿色发展的政策，旨在推动形成绿色生产方式，增加环境友好型和安全食品的供给和生产效率。2016年，中央一号文件首次明确指出，要从农业资源保护和高效利用、环境突出问题治理、农业生态保护和修复、食品安全治理等方面推动农业绿色发展。2017年协国办印发的《关于创新体制机制推进农业绿色发展的意见》为推进农业绿色发展提供了纲领性指导。2021年，《关于加快建立健全绿色低碳循环发展经济体系的指导意见》再次强调了畜禽粪污资源化、农膜污染治理、化肥农药减量等与农业绿色发展相关的举措。同年，农业农村部等六部门联合印发的《"十四五"全国农业绿色发展规划》，首次提出打造绿色低碳农业产业链。科学把握农业绿色发展与生态文明建设的关系，就是要增加优质、安全、特色农产品供给，促进农产品供给由主要满足"量"的需求向更加注重"质"的需求转变。例如，一些地方正在试点开展气候智慧型农业，其绿色低碳技术同样有利于农民增收。可见，保护和改善生态环境，可以实现生态价值和经济价值的内在统一，对于协调经济发展和生态环境保护的关系、推动经济社会高质量发展有着不可替代的作用。

绿水青山既是自然财富、生态财富，又是社会财富、经济财富，会随着经济社会发展凸显价值、不断增值。当下农村面临的生态环境和人居环境形势依然严峻，包括生态环境破坏、人地矛盾加剧、发展管控缺位和人居环境长效治理难（王军和曹姣，2022）[①]。具体来看，部分地区以无节制消耗自然资源、破坏生态环境为代价换取经济发展，导致经济发展与生态环境保护之间矛盾加剧；农药化肥过量施用等问题不仅对农产品质量和数量产生不利影响，也对农业生态系统造成极大威胁。因此，建设宜居宜业美丽乡村一要加强农业面源污染防治，重点推进化肥农药减量增效、循环利用废弃物和污染耕地治理；二要保护和修复农村生态系统，健全休耕轮作等自然资源休养生息制度；三要加强人居环境整治，积极解决厕所、污水、生活垃圾等问题，整体提升村容村貌。

四 以开放发展理念扩大农业农村发展空间

开放是繁荣发展的必由之路。农业是开放系统，农村是开放空间。农业农村优先发展必须在开放中注入发展活力，拓展发展空间。高质量农业是开放发展的农业。开放发展的农业，有利于更好地配置要素资源、增强主体竞争意识，加快高质量农业的发展。高质量农村是开放发展的农村。开放发展的农村，能够以开放的市场环境

[①] 王军、曹姣：《脱贫攻坚与乡村振兴有效衔接的现实困境与关键举措》，《农业经济问题》2022年第9期。

吸引要素集聚，优化乡村投资和营商环境，带动农村的发展。开放发展统筹国内国际两个市场两种资源，促进了农业农村服务和融入以国内大循环为主体、国内国际双循环相互促进的新发展格局。

对内而言，实现生产要素的合理流动和优化组合，需要打破市场壁垒。市场资源作为一项巨大优势，为构建新发展格局提供雄厚支撑。农业生产、分配、流通、消费的全过程应更多依托国内市场，形成完善的涉农产品内需体系。这一循环的载体是产业链，提高产业链韧性是促进以国内大循环为主体的国内国际双循环战略的途径（周曙东等，2021）①。

对外而言，加强国际合作可以促进农业产业升级，加速以中国为核心的亚太区域价值链融合发展。2020年11月15日，第四次《区域全面经济伙伴关系协定》（以下简称RCEP）签订，标志着全球规模最大的自由贸易协定正式达成。RCEP的签署一方面有利于加快生产要素的跨区域流动，缓解区域间、产业间的资源错配，在全球的宏观范围内助推产业链和供应链体系的畅通运作；另一方面为我国对外出口贸易提供产能动力和广阔空间。本书认为，中国应当主动对接"一带一路"建设，打造一批农业国际合作示范区，建设一批出口农产品示范基地。双循环格局下，构建开放的统一大市场，要处理好现代化过程中的区域协调发展关系，量力而行，减少区域间产业同构，从实际出发，因地制宜，梯次推进，探索各具特色的农业农村现代化实现道路。

五 以共享发展理念促进农村人民收入增长

共享是中国特色社会主义的本质要求。习近平总书记指出，要"让广大农民平等参与改革发展进程、共同享受改革发展成果"②。

---

① 周曙东、韩纪琴、葛继红、盛明伟：《以国内大循环为主体的国内国际双循环战略的理论探索》，《南京农业大学学报》（社会科学版）2021年第3期。

② 习近平：《在中共中央政治局第二十二次集体学习时发表的讲话》，《人民日报》2015年4月30日第1版。

农业农村现代化进程中,应当牢记共享发展理念,巩固脱贫攻坚成果,促进农民收入稳步增长,让农民共享农业农村现代化的红利。

农业农村现代化进程中,巩固拓展脱贫攻坚成果是底线任务。习近平总书记指出:"巩固拓展脱贫成果是全面实施乡村振兴的前提,也是促进农业农村现代化的基础。要建立防止返贫长效机制,切实维护和巩固脱贫攻坚战的伟大成就,稳步推进脱贫地区健康、长效发展。"[①] 巩固拓展脱贫攻坚成果要求继续做大蛋糕,实现农民收入的稳步提升。在做好农村低收入人口常态化帮扶的基础上,将过渡时期的工作重点放在如何激发内生发展动力上,让农民通过自身能力的积累实现生活质量的跨越式提升。巩固拓展脱贫攻坚成果也要求分好蛋糕,使得成果惠及更多的低收入群体。受新冠疫情的影响,收入增长疲软,巩固拓展脱贫攻坚成果对再分配提出了更高的要求,我国需要针对农村低收入人口展开及时监测与帮扶,降低规模性返贫风险。

当前中国农村居民的主要收入来自农业与农村,而农民要依靠20亿亩耕地上的有限农业收入致富,显然是不可能的。因此,需要发挥农业农村现代化对新时期低收入群体的促进作用,发展乡村特色产业,拓宽农民增收致富渠道。例如,直播带货等方式被引入农副产品销售,为更多低收入农户提供参与销售环节的新途径与新机会。在中国式现代化国家新征程,有效衔接小农户和现代农业发展至关重要。现代化不仅是生产力的现代化,更是生产关系的现代化。发展多种形式适度规模经营,培育新型农业经营主体,更要注重"包容性",要使得农户共享农业农村转型发展的成果。

[①] 习近平:《在参加十三届全国人大二次会议河南代表团审议时发表的讲话》,《河南日报》2019年3月10日第1版。

第二章 扶贫政策

解决贫困问题是实现中国式现代化的前提，农村的减贫历程是农业与农村发展的真实写照，中国共产党百年来取得的伟大减贫成就，深刻反映出我国"三农"工作的重要成绩。从中华人民共和国成立之日起，中国共产党就坚持以为中国人民谋幸福、为中华民族谋复兴为使命。从新民主主义时期的"土地革命"到新时代的"精准扶贫"，充分彰显了中国共产党的初心本色。2021年2月，习近平总书记在全国脱贫攻坚总结表彰大会上宣告，在中国共产党的带领下，我国9899万农村贫困人口全部脱贫，832个贫困县全部"摘帽"，12.8万个贫困村全部出列[1]，创造出经济发展与贫困治理的"中国奇迹"。回顾总结党领导人民摆脱贫困、迈向共同富裕的伟大征程，对于推进我国社会主义现代化建设具有重要意义。本章系统梳理并总结了中国共产党减贫思想的百年演变过程，剖析中国共产党减贫思想的阶段特征和演进逻辑，并结合了20世纪20—30年代的卜凯农村调查数据以及其他近代农村调查资料，将其与我国现阶段相关数据进行对比，更加直观地展示了中国共产党百年减贫的成效。

当前，我国社会主要矛盾已经转化为"人民日益增长的美好生活需要和不平衡不充分的发展之间的矛盾"，解决发展不平衡不充分问题、切实实现共同富裕，仍然任重道远。巩固拓展脱贫攻坚成果

---

[1] 习近平：《在全国脱贫攻坚总结表彰大会上发表的重要讲话》，《人民日报》2021年2月25日第1版。

有效衔接乡村振兴，对促进农业农村优先发展，推动农业农村现代化，开启全面建设社会主义现代化国家新征程具有重要意义。在区域平衡发展中兼顾效率和公平，使得欠发达县域获益更多以实现包容性增长，已成为学界和政府高度重视的议题。根据中共中央制定的"十四五"规划及2022年出台的《关于推进以县城为重要载体的城镇化建设的意见》，发展县域经济不仅关乎"提高农业质量效益和竞争力、实施乡村建设行动、推进以人为核心的新型城镇化"，更是全面推进乡村振兴的重要抓手。本章重点从县域经济收敛性视角出发，评估了以精准帮扶为代表的中央层面纵向帮扶政策的作用。基于我国约2000个县域的经济发展数据研究发现，我国县域间的经济增长存在收敛性，精准帮扶政策对于提升欠发达县域的经济增长速度具有积极影响。

第一节 中国共产党扶贫政策演进

一 中国共产党减贫政策的演进脉络与逻辑

（一）农村百年减贫思想的演进脉络

革命式减贫时期（1921—1949年）：以马克思主义理论为指导的减贫思想探索。帝国主义、官僚资本主义和封建主义对人民的剥削与压迫是当时贫困的根本来源。摆脱贫困必须从制度变革出发，由此，党的第一个纲领明确提出要消灭资产阶级私有制与阶级分化。通过领导无产阶级进行武装革命，中国共产党推翻了半殖民地半封建的腐朽剥削制度。此外，中国共产党准确把握到土地问题是贫困的根本问题，必须通过改变不合理的土地所有制来消除农民阶级的贫困。党以土地革命为主线，在解放地区推进实施"耕者有其田"[①]，使农民获得了能够自我生产以维持生计的生产资料。这些探

---

① 例如，1927年，中共中央"八七会议"确定了工农武装起义和土地革命的总方针。1947年正式颁发《中国土地法大纲》，明确提出"废除一切地主的土地所有权""全乡村人民均获得同等土地"。

索是对马克思主义理论的辩证理解与应用,为日后中国特色减贫思想的形成与发展指明了方向。

输血式减贫时期(1949—1978年):以制度为保障、以救济为手段的思想形成。中华人民共和国成立后,我国积贫积弱、百废待兴,落后的生产力水平造成了普遍生存型贫困。中国共产党继续将变革生产关系、消灭贫困的制度根源作为抓手。首先,中国共产党通过大力推进土改①,克服了造成贫富分化的制度瓶颈;其次,提出了"一化三改"的过渡时期总路线②,确立以社会主义公有制替代生产资料私有制。在经历了互助组、合作社及人民公社等形式的过渡后③,落后、小规模的个体生产转变为先进、大规模的合作生产。再次,针对集体中的贫困或特殊困难成员,初步建立了以农村"五保"、储备粮救济等为主的自上而下的社会保障体系④;最后,中国共产党构建了基础教育普及⑤、基本医疗卫生合作等体系⑥,以保障农民的生活质量。

改革式减贫时期(1978—1986年):以深化社会体制改革为路径的思想发展。为了充分调动生产积极性、释放生产关系活力,我国开始进入经济体制改革的新阶段。经济体制改革时期,中国共产党主要依托深化生产关系变革和促进整体生产力发展带动减贫。具体包括强调社会主义的按劳分配原则,建立社会主义市场经济体制。实践上,确立了以家庭联产承包责任制为代表的农业经营体制。农户自主经营、自负盈亏,生产积极性大幅提高。同时,通过农产品购销和流通体制打通了城乡贸易渠道,通过户籍

---

① 1950年,中央人民政府颁布《土地改革法》,明确规定农民拥有土地。
② "一化三改"的总路线于1952年提出,"一化"指实现社会主义工业化,"三改"指对农业、手工业和资本主义工商业进行社会主义改造。
③ 在互助组中,小农户可以用劳动力来简单生产资料,但生产资料仍归私人所有。在高级合作社和人民公社中,生产资料均归农民集体所有,统一经营、按劳分配,进一步促进了生产资料的公平分配。
④ "五保"指保吃、保穿、保烧(烧饭所需的燃料)、保教(儿童、少年的教育)、保葬,主要针对缺乏劳动力、生活无依靠的群体,储备粮救济则为遭遇天灾人祸的群体提供临时救济。
⑤ 包括构建了生产大队办小学、公社办初中、区委会办高中的集体办学体系。
⑥ 构建了以赤脚医生为服务主体、以公社卫生院、大队诊所为服务机构的基本医疗卫生体系。

制度改革促进农村剩余劳动力流动，使农村逐渐走向商品化与市场化的道路。

开发式减贫时期（1986—2012 年）：以培育内生动力为导向的思想完善。这一阶段，我国以培育内生动力为核心要义，高度重视劳动力培训、产业开发、基础设施建设及公共服务发展的作用，通过市场引导促进贫困地区利用本地资源发展生产，鼓励"自扶"与"他扶"的有机结合。针对区域贫富差距问题，自 20 世纪 80 年代中期起，我国开始实行有组织、有计划的大规模区域开发式减贫，并将减贫对象瞄准至"县"一级。设立专门的扶贫机构[1]，制订专项扶贫计划[2]，确立扶贫重点县及跨区域扶贫协作机制[3]，并安排专项资金来支持地区发展[4]，这标志着有组织、有规范、常规化的专项减贫行动正式拉开帷幕。进入 21 世纪后，我国剩余贫困人口减少且分布更为零散，为此，中国共产党将减贫瞄准对象从"县"转向"村"，并强调"授人以渔"的重要性[5]。

社会主义新时代（2012 年以后）：以精准扶贫为方略的思想创新。党的十八大以来，我国经济发展进入新常态且经济增长的益贫性减弱，收入位于底部的人口更难共享经济发展的红利。同时，由于贫困的分散性、多样性及复杂性，以区域为瞄准对象针对性不够。基于这一挑战，精准扶贫战略应运而生，该战略旨在扶持最难脱贫的群体。与粗放的开发扶贫相比，精准扶贫的目标更精确[6]、措施更多样[7]，更加重视个体的发展机会与能力提升。该时期的减贫标准从

---

[1] 1986 年国务院贫困地区经济开发领导小组及其办公室成立，地方各级政府也成立了扶贫机构。

[2] 代表性的扶贫计划包括 1994 年中共中央出台的扶贫纲领文件《国家八七扶贫攻坚计划》等。

[3] 1996 年，中国共产党确定 9 个东部省（市）和 4 个计划单列市与西部 10 个省（市）开展扶贫协作。

[4] 包括专项扶贫贷款、以工代赈资金和财政发展资金等。

[5] 具体措施以"一体两翼"为主，"一体"即整村推进，"两翼"即促进产业开发和劳动力转移。

[6] 2014 年，我国通过建档立卡制度识别出 2948 万户贫困户、8962 万贫困人口。

[7] 帮扶措施以"五个一批"为主，即发展生产脱贫一批、易地搬迁脱贫一批、生态补偿脱贫一批、发展教育脱贫一批、社会保障兜底一批。

多维视角出发①，拓展了长期以来以收入为目标的减贫理念。中国共产党还构建了层层落实、权责清晰的五级主体合力治贫体系②，创新性地搭建驻村工作队、"第一书记"、帮扶责任人等联结式帮扶制度，使各方人员共同奋斗在脱贫攻坚第一线。

（二）农村百年减贫思想的演进逻辑

1. 战略演进：从共享式增长到特惠式扶贫

长期以来，中国共产党坚持解放和发展生产力，获得了显著的经济增长成绩，并使得全体人民共享发展成果。但需要强调的是，党生产力发展所带动的减贫作用有别于新古典经济中的"涓滴效应"。在资本主义私有制度下，"涓滴效应"意味着自由市场是使增长成果惠及大众的渠道。然而，由于市场天然的逐利性以及资本积累的规模效应，增长成果向贫困人口涓滴的渠道往往被堵塞（盖凯程和周永昇，2020）③。党"发展为了人民"的理念从根本上保障了各群体在生产要素上平等使用、在市场经济上平等竞争、在法律权利上平等享有、在发展成果上平等受益。特惠式的减贫战略是引导发展成果在不同主体间"正向涓滴"的重要实现途径。在区域维度上，通过构建统筹平衡、市场一体化、互助合作的区域涓滴机制，有效缓解了区域间发展不平衡不充分的问题；在个体维度上，依托精准扶贫等政策方略，针对贫困群体建立了动态、灵活的定向涓滴机制，使生产或消费资源精准、高效地投入转移到特定人群上。通过共享型增长与特惠型扶贫的有机结合，我国实现了更具有亲贫性与包容性的经济增长。

2. 主体演进：从政府包揽到多方联动

中国共产党充分发挥了社会主义"集中力量办大事"的制度优越性，实现了减贫事业由政府包揽向多元主体高效联动的转变，最

---

① 以"两不愁，三保障"为政策目标，即不愁吃、不愁穿，义务教育、基本医疗和住房安全有保障。

② 包含中央、省、市、县、乡以及村五个级别的主体。

③ 盖凯程、周永昇：《所有制、涓滴效应与共享发展：一个政治经济学分析》，《政治经济学评论》2020年第6期。

终形成"政府—市场—社会"三方力量的减贫格局。政府主体在资源协调、组织动员和秩序管理等方面具有巨大优势，能够广泛调集各类人、财、物资源参与社会主义建设与贫困治理。市场主体在优化资源配置、提高资源使用效率等方面具备明显优势，通过对落后地区的优质资源进行市场化配置，产业扶贫、旅游扶贫、消费扶贫等开发模式相继形成，充分激发了本地内生脱贫动力。同时，政府与市场在减贫中能够形成良性互动。政府在基础设施与公共服务供给、社会保障体系构建以及市场秩序维护等方面发挥作用，为"造血式"减贫提供组织和管理保障。市场则在生产性扶贫资源配置等方面充分发挥"看不见的手"的作用，提高了政府扶贫资金的瞄准精度与利用效率。此外，公益机构、爱心人士等社会组织在特定领域的专业性技术与渠道上具备优势，能够成为解决政府职能限制与市场失灵的有效补充。

3. 目标演进：从物质兜底到多维赋能

百年来，中国共产党的减贫重点目标从满足生存温饱转向提高人民的综合福利，治贫理念相应从物质救济兜底转向个人多维赋能。从实现物质兜底向推进多维赋能的目标演进，既关系到贫困人口"愿不愿意脱贫"的问题，又关系到其"脱贫质量高不高"的问题。一方面，多维赋能是增强个人自我"造血"功能、提高减贫可持续性的重要途径。大力开展劳动技能培训并提供就业机会，同时注重构建劳动者均等享有的教育、医疗等基本公共服务体系，通过多维度帮扶解决因健康水平、就业技能等不足而导致的生产能力贫困；另一方面，能力不足是个人脱贫内生动力与积极性提高的重要制约因素，容易造成思想精神上"不愿脱贫"。中国共产党近年来进一步延伸了减贫内涵，强调超越物质层面的温饱生存与小康，在精神层面上切实增强人民的获得感、幸福感和安全感（周力和沈坤荣，2021）[①]。

[①] 周力、沈坤荣：《相对贫困与主观幸福感》，《农业经济问题》2021年第11期。

二 中国共产党建党百年的扶贫政策成效

(一) 收入水平提高，物质生活得到保障

1. 收入、消费与负债

收入水平是衡量生活贫富的首要指标，本部分将百年前后农村居民收入与同期维持农民基本生活所需的最低水平进行比对。关于 20 世纪 20—30 年代家庭平均所需的基本生存费用，学者们提供了不同标准，具有代表性的有，戴乐仁（1928）以四省九县物价资料为基础得出的 150 元水平[①]。根据调查，1922 年江苏省约八成农户年收入在界限以下[②]。根据全国土地委员 1934 年的 16 省农户调查，家庭年收入低于该界限的农户占比高达 68%[③]。可以看出，当时人民收入与生存保障能力极为低下。相比之下，按照 2020 年我国 4000 元的绝对贫困标准来看[④]，百年之后我国农村居民已全部达到满足基本生活的经济条件。

根据恩格尔定律，随着收入的提高，食物在总支出中的比重逐渐下降。根据表 2—1 所示，1921—1925 年间农户平均恩格尔系数达到 58.9%，食物、燃料、衣服、住房四项生存资料的支出占比超过 80%，用于满足医疗卫生、生活改善、个人嗜好等需要的其他消费所剩无几。曹幸穗（1996）根据 1938—1939 年的苏南调查数据也得出类似结论，食品消费约占生活开支的 3/5[⑤]。相比之下，百年以后我国的平均恩格尔系数下降至 29.6%，农村家庭消费结构由生存型消费向发展型、享受型消费扩展。

个体的当期收入还可以通过储蓄用于未来消费。根据边际消费倾向递减定律，随着收入增长，储蓄率提高、负债率降低。1929—

[①] 戴乐仁：《中国农村经济实况》，北平：农民运动研究会 1928 年版，第 33 页。
[②] 中国第二历史档案馆编：《中华民国史档案资料汇编第五辑第一编（财政经济七）》，江苏古籍出版社 1994 年版，第 34 页。
[③] 包括浙江、江苏、安徽、河北四省。
[④] 该标准根据包含一篮子生活必需品的综合消费价格指数得出，以 2010 年 2300 元的不变价格计算。
[⑤] 曹幸穗：《旧中国苏南农家经济研究》，中央编译出版社 1996 年版，第 95 页。

1933年，我国仅2%的农户有现款蓄藏，近40%的农户需要借款以满足生产或生活需要（卜凯，1937）。根据中央农业实验所的20省农户调查显示，1933年有负债的农户高达62%[①]。不仅如此，我国近代农民消费倾向呈现上升的趋势，1922—1932年农村居民的储蓄率就下降了约12%。而到了2020年，我国农村居民储蓄率已达到约20%，如表2—2所示[②]。

表2—1　　　1921—1925年与2020年农村家庭各项支出占总支出比例（%）

年份	食物	住房	衣着	医疗	其他
1921—1925	58.9	5.3	7.3	0.8	27.7
2020	29.6	25.2	6.5	8.9	29.9

资料来源：1921—1925年数据根据卜凯（1936）整理，2020年数据根据《中国农村统计年鉴（2021）》整理。样本地区均为卜凯调查所覆盖的浙江、江苏、河北、福建、安徽、河南、山西七省。

表2—2　　　1922—1932年与2020年农村家庭消费倾向

年份	1922—1925	1927—1929	1930—1931	1932	2020
消费倾向	0.834	1.053	0.927	0.953	0.8

资料来源：1922—1932年数据根据张东刚（2000）整理，2020年数据根据《中国统计年鉴（2021）》整理。

2. 教育与医疗

教育与健康状况的改善是提升贫困人口生产与增收能力的重要因素。百年来，我国人民的教育水平得到强化。根据表2—3所示，20世纪20年代我国农民受教育程度低下，超过一半的农村户主为文盲。而2018年农村户主的文盲率已下降至23.5%，受过教育的家庭户主平均受教育年限也增加至8.8年，小学及初中阶段的适龄青少年基本没有辍学现象。

[①] 许涤新：《农村破产中底农民生计问题》，《东方杂志》1935年第1期。
[②] 根据《中国统计年鉴（2020）》整理。

表 2—3　　1921—1925 年与 2018 年农村家庭受教育程度比较

年份	未受教育户主占比（%）	受教育户主平均教育年限（年）	7—16 岁青少年受教育者占比（%）
1921—1925	52.2	4.1	69.6
2018	23.5	8.8	99.2

资料来源：1921—1925 年数据根据卜凯（1936）整理，2018 年数据根据中国家庭追踪调查（CFPS）整理。样本地区均为卜凯调查所覆盖的浙江、江苏、河北、福建、安徽、河南、山西七省。

由于经济发展水平及农村公共卫生设施的落后，百年前我国农村居民的健康饱受各类疾病的威胁（余成普，2019）[①]。根据李景汉（2005）[②] 于 1930 年进行的华北定县农户调查，200 个村尚无医生与任何医疗设备，患有消化道、呼吸道、肺痨疾病的人数分别占 9.9%、2.6%、2.2%，极大影响了农民的生产劳动。百年来，我国农村的公共卫生事业取得了很大进步。2020 年，全国每个行政村都至少有一个卫生室或诊所[③]，农村建档立卡低收入人口的基本医疗保险参保率在 99.9% 以上[④]，村庄还会定期举办健康教育讲座以提高农民的健康意识[⑤]。

（二）生产条件改善，长期发展能力增强

1. 农业生产条件

生产性公共投资是改善生产条件与增强发展能力的重要减贫举措。20 世纪二三十年代，国民政府中的大量地方财政用于"养活庞大的官僚和国家经纪集团"，现代化生产建设没有得到重视。以交通运输为例，当时主要通过人畜力进行农产品运输，1929—1933 年全国平均仅 8% 的农户将农产品销售至本县以外的地区（卜凯，1936）[⑥]。百年来，用于生产性基础设施的公共投资大幅增加，扩展

[①] 余成普：《中国农村疾病谱的变迁及其解释框架》，《中国社会科学》2019 年第 9 期。
[②] 李景汉：《定县社会概况调查》，上海人民出版社 2005 年版，第 68—75 页。
[③] 根据《中国农村统计年鉴（2021）》整理。
[④] 国家医疗保障局：《2020 年全国医疗保障事业发展统计公报》，2021 年 6 月 8 日第 1 页。
[⑤] 根据笔者 2021 年在江苏 13 市实地调查情况。
[⑥] 卜凯：《中国农家经济》，山西人民出版社 2015 年版，第 45—52 页。

了销售区位，提高了农民的市场参与水平。同时，由于农业技术推广体系的建立，先进农技得到进一步传播，使农业生产效率显著提高。表2—4展现了百年来我国农业生产中资本对劳动力的替代情况，从该表可以看出，1921—1925年间，劳动力支出占农业生产总支出的65.2%。到了2020年，劳动力支出占比不到40%，机械投入以及肥料投入占比分别增加到16.3%与14.2%。由于农业生产条件的改善，农民能够通过销售更多农产品而获得收入，水稻、小麦、玉米三种主要粮食作物的商品化率分别从1921—1925年的15%、29%、19%上升至2020年的75.5%、88.1%、72.8%[①]。

表2—4　1921—1925年与2020年农业生产各要素投入占比（%）

年份	家庭用工	雇工	肥料	机械	土地	畜力	其他
1921—1925	47.0	18.2	3.4	—	3.9	3.1	24.4
2020	33.2	3.7	14.2	16.3	21.6	0.2	10.8

注：本表汇报的数值为各项支出占总支出的比例。1921—1925年的土地投入为地税；2020年的土地投入为流转地租金和自营地折租，机械投入为机械作业费和燃料动力费。其他投入包括农药、种子、农膜、灌溉、固定资产折旧等支出。由于卜凯调查中未汇报不同作物的投入结构，考虑到当时农民以粮食作物种植为主，故2020年的数据选取了三种粮食作物的平均值。
资料来源：1921—1925年数据根据卜凯（1936）整理，2020年数据根据《全国农产品成本收益资料汇编（2021）》整理。

2. 非农就业条件

农村居民的增收过程始终伴随着非农就业机会与条件的改善，这既来源于城镇化、工业化、经济体制改革等宏观因素带来的劳动力转移效应，也来源于特惠式扶贫中对于非农就业的推动。图2—1对比了百年来中国农村家庭的收入来源变化，可以看出百年前我国农村兼业化程度不高，农外收入仅占14%。即使在工商经济较为发达的苏南地区，农业收入也占据农户总收入来源的2/3（曹幸穗，1996）[②]。而到了2020年，农业生产经营收入已不再是主要收入来源，占比低于1/4。

[①] 农产品商品化率=出售产量/产品产量。1921—1925年数据根据卜凯（1936）整理，2020年数据根据《全国农产品成本收益资料汇编（2021）》整理。
[②] 曹幸穗：《旧中国苏南农家经济研究》，中央编译出版社1996年版，第123—134页。

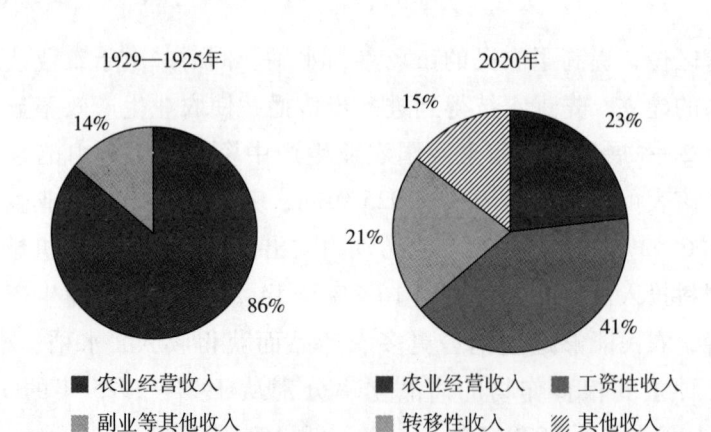

图 2—1　1921—1925 年与 2020 年农村家庭收入结构比较（%）

资料来源：1921—1925 年数据根据卜凯（1936）整理，2020 年数据根据《中国农村统计年鉴（2021）》整理。

第二节　精准扶贫政策与农村区域发展

在中国共产党建党百年的重要时刻，我国脱贫攻坚战取得了全面胜利，中华民族千百年来的绝对贫困问题得到历史性解决[1]。特别是 2013 年以来，党中央提出"精准扶贫精准脱贫"的重要思想[2]，全党全国以更大的决心和力度，遵从"六个精准"的基本方略（扶持对象、项目安排、资金使用、措施到户、因村派人、脱贫成效六方面精准），变大水漫灌为精准滴灌，打赢了脱贫攻坚收官战。现有研究主要关注于省、市层面的地区经济发展差距（例如，徐现祥和李郇，2004[3]；Herrerias 和 Ordoñez，2012[4]），鲜有研究针对县域层

---

[1] 现行标准下 9899 万农村贫困人口全部脱贫，832 个贫困县全部摘帽，12.8 万个贫困村全部出列。

[2] 精准帮扶的重要思想最早是在 2013 年 11 月，习近平到湖南湘西考察时首次做出了"实事求是、因地制宜、分类指导、精准扶贫"的重要指示。"精准帮扶"是粗放帮扶的对称，是指针对不同欠发达区域环境、不同低收入农户状况，运用科学有效程序对帮扶对象实施精确识别、精确帮扶、精确管理的治贫方式。

[3] 徐现祥、李郇：《中国城市经济增长的趋同分析》，《经济研究》2004 年第 5 期。

[4] Herrerias M. J., Ordoñez J., "New Evidence on the Role of Regional Clusters and Convergence in China（1952-2008）", *China Economic Review*, Vol. 23, No. 4, 2012.

面展开分析，而后者是不平衡不充分发展的重要表现之一。大量文献讨论了省、市层面地区经济增长的 σ 收敛、β 收敛与俱乐部收敛（例如，蔡昉和都阳，2000[①]；沈坤荣和马俊，2002[②]；刘树成和张晓晶，2007[③]；姚树洁等，2008[④]；潘文卿，2010[⑤]），但尚未有研究用数据验证县域经济的收敛性问题，更是缺乏帮扶政策视角的探究。因此，本节在县域层面讨论精准扶贫政策与农村区域发展的关系，重点关注精准帮扶对县域经济收敛性的影响。基于 2006—2019 年县域数据展开实证分析，重点回答如下问题：县域经济增长呈收敛趋势吗？精准帮扶政策在此过程中是否起到助推作用？以精准扶贫时期国家级贫困县政策为切入点剖析县域经济收敛问题，不仅有利于我国总结脱贫攻坚时期的县域发展经验，更有利于我国探索乡村振兴时期的县域帮扶政策。

一　县域经济差距的机理分析

在新古典增长理论中，有两个地区经济收敛概念。一是 β 收敛，它描述了初始人均收入与其后期增长率之间的反比关系。如果基期的欠发达地区比发达地区增长得更快，则欠发达地区就会在一定时期内赶上发达地区。二是 σ 收敛，它描述了地区间人均收入差距逐步缩小。β 收敛讨论了人均收入增长速度的地区差异，σ 收敛是讨论人均收入绝对水平的地区差异，β 收敛是 σ 收敛的必要而非充分条件，要使得不同地区间人均收入绝对水平趋于相同，必须保证欠发达地区有着比发达地区更快的人均收入增长速度（刘树成和张晓晶，

[①] 蔡昉、都阳：《中国地区经济增长的趋同与差异——对西部开发战略的启示》，《经济研究》2000 年第 10 期。

[②] 沈坤荣、马俊：《中国经济增长的"俱乐部收敛"特征及其成因研究》，《经济研究》2002 年第 1 期。

[③] 刘树成、张晓晶：《中国经济持续高增长的特点和地区间经济差异的缩小》，《经济研究》2007 年第 10 期。

[④] 姚树洁、Lei, C. K.、冯根福：《中国大陆、香港和澳门地区的收入收敛性》，《经济研究》2008 年第 10 期。

[⑤] 潘文卿：《中国区域经济差异与收敛》，《中国社会科学》2010 年第 1 期。

2007；姚树洁等，2008)①②。由此可见，β 收敛对缩小地区经济差距的作用是学界关注的重点。

在绝对 β 收敛的实证分析中，仅纳入基期人均收入进行回归（一般采用基期地区人均 GDP 表示），在不控制其他条件因素下即可呈现地区间经济收敛的现象。Baumol（1986）对 1870 年以来的 16 个较富裕国家进行了分析，发现明显的绝对 β 收敛特征③。然而，DeLong（1988）④ 认为 Baumol 的选样有偏，在包括了更广泛的样本后，DeLong 发现并不存在显著的绝对 β 收敛。与跨国数据相比，一个国家内不同地区间的文化习俗、经济制度等因素大体相近，而且劳动、资本、技术等要素的流动性更高，因此，采用地区数据展开检验可能发现明显的绝对 β 收敛。不少研究基于中国改革开放以来的数据展开实证分析。例如，徐现祥和李郇（2004）基于 216 个城市数据，研究发现我国城市间的绝对 β 趋同速度大致为 2%，这意味着，如果我国落后城市的人均 GDP 水平只有发达城市的一半，那么落后城市大致需要 35 年的时间来弥补该差距⑤。姚树洁等（2008）进而使用参数和非参数方法定量，分析了中国各省区市与香港、澳门地区在过去 40 多年间人均收入的收敛速度问题，结果表明，改革开放以来，如果考虑贸易和对外开放因素，中国各省区市、香港与澳门地区人均收入收敛速度则超过 2%⑥。

学界认为，不同偏好与技术的地区会具有不同的稳态人均收入，即欠发达地区并不一定比发达地区增长更快，它们的增长率

---

① 刘树成、张晓晶：《中国经济持续高增长的特点和地区间经济差异的缩小》，《经济研究》2007 年第 10 期。

② 姚树洁、Lei, C. K.、冯根福：《中国大陆、香港和澳门地区的收入收敛性》，《经济研究》2008 年第 10 期。

③ Baumol W., "Productivity, Convergence and Welfare: What the Long Run Data Show", *American Economic Review*, Vol. 76, 1986.

④ DeLong J. B., "Productivity Growth, Convergence, and Welfare: Comment", *American Economic Review*, Vol. 78, No. 5, 1988.

⑤ 徐现祥、李郇：《中国城市经济增长的趋同分析》，《经济研究》2004 年第 5 期。

⑥ 姚树洁、Lei, C. K.、冯根福：《中国大陆、香港和澳门地区的收入收敛性》，《经济研究》2008 年第 10 期。

是以其各自的稳态位置为条件的，学界称之为条件 β 收敛。此时，区域经济系统可能存在多重稳态，不同类型的地区收敛到不同的平衡点，它意味着各地区经济的增长率不但取决于初始的人均收入水平，而且取决于影响长期均衡的其他决定因素（例如，储蓄率、人口增长率、人力资本和制度变量等）。许多文献实证检验了条件 β 收敛，在控制（基期人均收入之外的）一系列其他影响因素后，初始人均收入和经济增长率之间仍存在负相关关系（Barro，1991）[1]。已有许多学者针对中国地区间的条件 β 收敛展开分析（例如，蔡昉和都阳，2000；林毅夫和刘明兴，2003；许召元和李善同，2006；姚先国和张海峰，2008；Lau，2010）[2][3][4][5][6]。上述文献的条件变量主要涉及固定资产投资率、人力资本、非农就业、市场化程度、产业结构、基础设施水平、财政支出、发明专利、外贸或外资依存度等。

此外，也有许多学者认为区位因素是重要的条件变量，这意味着条件收敛往往发生在那些具有同质性或相同经济稳态的经济体之内，这一现象进一步被称为"俱乐部收敛"。许多文献都采用纳入东西部虚拟变量或者分样本回归等方式对我国情况展开研究（沈坤荣和马俊，2002；潘文卿，2010；戴觅和茅锐，2015）[7][8][9]。例如，徐现祥和李郇（2004）研究发现，1989—1999 年间，我国城市间收敛

---

[1] Barro, R. J., "Economic Growth in a Cross Section of Countries", *The Quarterly Journal of Economics*, Vol. 106, 1991.

[2] 蔡昉、都阳：《中国地区经济增长的趋同与差异——对西部开发战略的启示》，《经济研究》2000 年第 10 期。

[3] 林毅夫、刘明兴：《中国的经济增长收敛与收入分配》，《世界经济》2003 年第 8 期。

[4] 许召元、李善同：《近年来中国地区差距的变化趋势》，《经济研究》2006 年第 7 期。

[5] 姚先国、张海峰：《教育、人力资本与地区经济差异》，《经济研究》2008 年第 5 期。

[6] Lau C. K. M., "New Evidence about Regional Income Divergence in China", *China Economic Review*, Vol. 21, No. 2, 2021.

[7] 沈坤荣、马俊：《中国经济增长的"俱乐部收敛"特征及其成因研究》，《经济研究》2002 年第 1 期。

[8] 潘文卿：《中国区域经济差异与收敛》，《中国社会科学》2010 年第 1 期。

[9] 戴觅、茅锐：《产业异质性、产业结构与中国省际经济收敛》，《管理世界》2015 年第 6 期。

速度不同，东部城市、沿海城市、省会城市和其他城市的收敛速度依次递增，分别为2.86%、3.01%、3.09%和3.77%。Herrerias和Ordoñez（2012）则基于1952—2008年省份数据，对中国省级经济增长的收敛性进行重新划分，共得到五大收敛俱乐部[1]。但是，此类研究主要讨论了俱乐部是否存在差异化的增长速度，未实证检验俱乐部之间是否存在收敛现象。

另有一些理论认为，区域间的经济增长差距可能呈扩大趋势。以Romer（1986）和Lucas（1988）为代表的内生增长理论认为，技术外部性、专业化分工等因素可以促使发达地区资本边际收益递增，从而导致地区经济差距扩大[2][3]。还有部分理论认为，发达区域与欠发达区域间的发展同时存在溢出效应与极化效应。一方面，随着先发地区对于其他地区产品和服务的需求增加，从而产生地区间的技术知识扩散，最终区域间的差距会因正向溢出效应而缩小（林毅夫，2002）[4]；另一方面，以Krugman（1991）[5]为代表的新经济地理学从规模报酬递增和运输成本等视角指出，发达地区由于更具投资吸引力，将出现产业集聚现象，两极分化现象开始显现，进而造成地区间持续的不平衡增长。部分针对中国的文献表明，我国地区间可能不存在新古典式的经济收敛（例如，马拴友和于红霞，2003；王志刚，2004）[6][7]。

上述研究都是讨论基于市场机制的β收敛效应，而鲜有文献讨论政府干预对地区经济差距收敛的影响。有观点认为，中国政府的地区发展战略及其相关政策，可能会造成地区经济发散（而非收

---

[1] Herrerias M. J., Ordoñez J., "New Evidence on the Role of Regional Clusters and Convergence in China (1952-2008)", *China Economic Review*, Vol. 23, No. 4, 2012.

[2] Romer P. M., "Increasing Returns Long-Run Growth", *Journal of Political Economy*, Vol 94, 1986.

[3] Lucas R., "On the Mechanics of Economic Development", *Journal of Monetary Economics*, Vol. 22, 1988.

[4] 林毅夫：《发展战略、自生能力和经济收敛》，《经济学（季刊）》2002年第1期。

[5] Krugman P., *Geography Trade*, MIT Press, 1991.

[6] 马拴友、于红霞：《转移支付与地区经济收敛》，《经济研究》2003年第3期。

[7] 王志刚：《质疑中国经济增长的条件收敛性》，《管理世界》2004年第3期。

敛)。如 Fleisher 和 Chen（1997）将中国地区差距的原因归结为中央政府的地区倾斜政策，认为中央政府对东部地区的优先投资是中西部地区落后于东部地区的根源[①]。Young（2000）认为地区性保护政策是地区差距拉大的关键，会使本地企业的资源配置状况偏离本地的比较优势[②]。由于存在要素市场扭曲、劳动力迁移障碍、政府政策偏向等问题，地区间也可能不呈现新古典增长理论假设的 β 收敛（戴觅和茅锐，2015）[③]。但是，中国政府具备集中力量办大事的政治优势，特别是在高质量发展的新时期，演进的政策工具理应存在促进区域经济收敛的积极效应，而现阶段学界对此讨论不足。有学者研究了政府干预对县域经济增长的影响。例如，马光荣等（2016）基于 1997—2009 年县级层面数据，研究发现国家级贫困县政策使得一般性转移支付和专项转移支付占 GDP 比重分别上升 3.6 个和 1.8 个百分点，两类转移支付资金对地方经济增长都有正向作用，后者效果更大[④]。遗憾的是，相关文献并未实证检验政策对县域经济收敛的影响。

作为城市经济与农村经济的关键结合点，县域的经济增长近年来成为国内学者关注的热点问题。相关研究围绕财政转移支付、行政等级划分（Jia et al., 2021）[⑤]、对口援建（Bulte et al., 2018）[⑥]等制度因素，对县域经济发展做出解释。但是，少有研究关注帮扶政策，尤其是"精准帮扶"的助推成效。一些文献讨论了帮扶政策

[①] Fleisher B. M., Chen J., "The Coast-Noncoast Income Gap, Productivity, Regional Economic Policy in China", *Journal of Comparative Economics*, Vol. 25, No. 2, 1997.

[②] Young A., "The Razor's Edge: Distortions and Incremental Reform in the People's Republic of China", *Quarterly Journal of Economics*, Vol. 115, No. 4, 2000.

[③] 戴觅、茅锐：《产业异质性、产业结构与中国省际经济收敛》，《管理世界》2015 年第 6 期。

[④] 马光荣、郭庆旺、刘畅：《财政转移支付结构与地区经济增长》，《中国社会科学》2016 年第 9 期。

[⑤] Jia J. X., Liang X., Ma G. R., "Political Hierarchy and Regional Economic Development: Evidence from a Spatial Discontinuity in China", *Journal of Public Economics*, Vol. 194, 2021.

[⑥] Bulte E H, Xu L, Zhang X, "Post-disaster Aid and Development of the Manufacturing Sector: Lessons from a Natural Experiment in China", *European Economic Review*, Vol. 101, No. 9, 2018.

对低收入群体的影响，例如，李芳华等（2020）[①] 基于贫困人口微观追踪数据研究发现，精准帮扶政策总体上增加了贫困户的劳动供给和收入。部分文献讨论了国家级贫困县政策的减贫成效，例如，张彬斌（2013）研究发现，国家扶贫重点县政策有效提高了农民收入水平[②]。Meng（2013）研究发现"八七扶贫计划"使得县域农村收入增加了约38%[③]。徐舒等（2020）研究发现，国家级贫困县政策缩小了贫困县内部收入差距。此类研究多数是基于农户微观层面的探讨，仅个别新近研究论述了国家级贫困县政策对县域经济增长的影响，例如，黄志平（2018）采用2005—2015年中国993个县的面板数据，研究发现国家级贫困县的设立对县域经济发展具有显著且持续的推动作用[④]。若将2013年设立辽宁扶贫改革试验区这一事件视作准自然实验，现有研究发现设立试验区显著促进了县域经济增长。然而，此类研究没有讨论对县域经济差距的影响，更是没有讨论精准帮扶政策与前期政策相比的效果异同[⑤]。从作用机制来看，相关文献主要从非农就业、人力资本、投资、产业结构、金融等视角展开中介效应检验（例如，Lü，2015）[⑥]，但是，这些作用机制在

[①] 李芳华、张阳阳、郑新业：《精准扶贫政策效果评估——基于贫困人口微观追踪数据》，《经济研究》2020年第8期。

[②] 张彬斌：《新时期政策扶贫、目标选择和农民增收》，《经济学（季刊）》2013年第3期。

[③] Meng L. S., "Evaluating China's Poverty Alleviation Program: a Regression Discontinuity Approach", *Journal of Public Economics*, Vol. 101, 2013.

[④] 黄志平：《国家级贫困县的设立推动了当地经济发展吗？——基于PSM—DID方法的实证研究》，《中国农村经济》2018年第5期。

[⑤] 我国长期以来实施粗放式的扶贫开发，处于收入分配底端的低收入人群难以享受帮扶政策的好处。精准帮扶对区域发展产生作用的途径和成效可能与过去的区域性帮扶政策类似，但不完全相同。区域开发式帮扶主要通过基础设施建设和公共服务完善等来提升地区整体的生产生活条件。而在精准帮扶中，地方政府的财政资源重点用于探索和建立低收入人口的受益机制：（1）产业发展方面，精准帮扶将低收入人群纳入现代产业链中，保证低收入人群在产权和收益分配中的比重，为区域发展注入内生动力；（2）精准帮扶还重点解决营养、健康和教育问题，通过人力资本提升推动地区发展；（3）在资金使用上，由于需因户、因人施策，因此对实际情况更为了解的地方政府在财政上被赋予了更多自主权，极大提高了帮扶资源的使用效率，对区域发展的积极作用被进一步释放。

[⑥] Lü X B, "Intergovernmental transfers and local education provision Evaluating China's 8-7 National Plan for Poverty Reduction", *China Economic Review*, Vol 33, 2015.

精准帮扶政策下对于县域经济收敛而言有何影响,尚无定论。

二 精准帮扶对县域人均收入增长的影响

(一) 模型设定

基准模型参照 Yang 等 (2016)[①] 和 Chambers 和 Dhongde (2016)[②] 的做法,将县域经济收敛性分析设定为 Barro 和 Sala-I-Martin X (1995)[③] 提出的经济增长 β 收敛形式:

$$\log\left(\frac{y_{i,j}}{y_{i,j-1}}\right) = \alpha + \beta \cdot \log(y_{i,j-1}) + \gamma \cdot \log\left(\frac{y_{i,j-1}}{y_{i,j-2}}\right) + \rho \cdot Z_{i,j-1} + \mu_i + \delta_j + \theta_{ij} \tag{1}$$

其中,i 指某县域,j 表示某年,y_{ij} 和 $y_{i(j-1)}$ 分别当期和滞后期的人均 GDP,θ_{ij} 表示随机干扰项。对于系数 β 来说,新古典经济增长理论预测其符号为负,即区域长期向着相同的稳态水平收敛,内生增长理论及新经济地理学则预测其符号为正。$\log\left(\frac{y_{i,j}}{y_{i,j-1}}\right)$ 表示经济增长率滞后期,将其纳入回归中以控制经济增长的"惯性"。考虑到样本内不同区县之间存在结构性差异,依据戴觅和茅锐 (2015) 的做法,在回归中加入中西部虚拟变量组以及其他控制变量 Z_{ij}。回归中还加入县固定效应 μ_i、时间固定效应 δ_j 和基期控制变量 $Z_{i,j-1}$。

进一步,纳入精准扶贫时期的国家级贫困县政策变量,作为精准帮扶政策的代理变量来考察其影响,设立如下模型:

$$\log(y_{ij}/y_{i,j-1}) = \alpha + \beta \cdot \log(y_{i,j-1}) + \delta \cdot TPA_i^{j,j-1} + \varphi \cdot TPA_i^{j,j-1} \cdot \log(y_{i,j-1}) + \theta \cdot Treat_i + \varphi \cdot Post_j + \gamma \cdot \log\left(\frac{y_{i,j-1}}{y_{i,j-2}}\right) + \rho \cdot$$

[①] Yang J., Zhang T. F., Sheng P. F., Shackman J. D., "Carbon Dioxide Emissions and Interregional Economic Convergence in China", *Economic Modelling*, Vol. 52, 2016.

[②] Chambers D., Dhongde S., "Convergence in Income Distributions: Evidence from a Panel of Countries", *Economic Modelling*, Vol. 59, 2016.

[③] Barro R. J., Sala-I-Martin X., *Economic Growth*, New York: McGrawHill, 1995.

$$Z_{i,j-1}+\mu_i+\delta_j+\theta_{ij} \tag{2}$$

模型（2）中，令 $TPA_i^{j,j-1}=1$ 表示 i 县在时期 $j-1$ 和时期 j 之间享受精准帮扶政策的国家级贫困县。精准帮扶可能加快初始落后县域的经济增长速度，因此，纳入政策与基期 GDP 的交互项：$TPA_i^{j,j-T} \cdot \log(y_{i,j-T})$。$Treat_i=1$ 表示 832 个属于精准扶贫时期的国家级贫困县，$Post_j=1$ 表示 2014 年精准帮扶政策实施之后。其他控制变量为 $Z_{i,j-1}$。纳入 $TPA_i^{j,j-1}$ 的基本假设为政策外生。相关文献表明，在控制国家级贫困县划分前的样本县农村人均纯收入后，特定地区被纳入政策覆盖范围可视为是外生的（徐舒等，2020)①。

（二）变量设定

（1）经济增速。采用县域当期人均 GDP 与滞后期人均 GDP 比值的对数来表示经济增速 $[\log(y_{ij}/y_{i,j-1})]$。

（2）精准帮扶。精准帮扶政策要求对帮扶对象实行精细化管理、对帮扶资源实行精确化配置、对帮扶对象实行精准化扶持，建立了全国建档立卡信息系统，确保帮扶资源真正用在帮扶对象上、真正用在欠发达地区。对于县域来讲，国家实施了贫困县重点帮扶政策。

1986 年起，国家陆续确定了 331 个国家重点扶持贫困县，之后国家扶贫开发重点县经历四次调整。第一次调整始于 1994 年，国家颁布实施《国家八七扶贫攻坚计划（1994—2000 年）》，确立贫困县 592 个；第二次调整为 2001 年，我国颁布实施《中国农村扶贫开发纲要（2001—2010 年）》，调出 33 个，调入 33 个，总数仍为 592 个；第三次调整为 2011 年，中央颁布实施《中国农村扶贫开发纲要（2011—2020 年）》，调出 38 个，调入 38 个，总数仍为 592 个。第四次调整发生于 2014 年，贫困县名单增加到 832 个。

精准扶贫时期的国家级贫困县政策（$TPA_i^{j,j-T}$）至少具备两方面

---

① 徐舒、王貂、杨汝岱：《国家级贫困县政策的收入分配效应》，《经济研究》2020 年第 4 期。

的精准性：一方面体现在针对"建档立卡贫困户"[①]的精准帮扶，基于"六个精准"的基本方略，解决好"扶持谁""谁来扶""怎么扶""如何退"等一系列问题，因村因户因人施策，因贫困原因施策，因贫困类型施策，精准滴灌，靶向治疗。精准扶贫时期，国家级贫困县建档立卡贫困户占人口比重显著高于其他县。据国务院《"十三五"脱贫攻坚规划》统计，2015年，我国建档立卡贫困人口共5630万，其中，63.4%分布于832个精准扶贫时期的国家级贫困县。可见，面向建档立卡户的精准帮扶政策主要作用于精准扶贫时期的国家级贫困县。另一方面，精准扶贫时期，针对国家级贫困县的财政政策也更加精准。"扶贫专项资金"直接下拨到县级政府，省市级政府不得截留与挪用[②]。2016年至2020年，连续5年每年新增中央财政专项扶贫资金200亿元，2020年达到1461亿元。精准扶贫时期的专项帮扶资金，主要用于支持建档立卡贫困户发展种植业、养殖业、民族手工业和乡村旅游业；承接来料加工订单；使用农业优良品种、采用先进实用农业生产技术等。

（3）其他控制变量。在条件收敛模型中，还控制了人口密度（$Popu_{ij}$）、固定资产（$Invest_{ij}$）、财政依存度（$Fiscal_{ij}$）、非农产业（$Nagr_{ij}$）、发明专利（$Patent_{ij}$）、金融信贷（$Credit_{ij}$）、居民储蓄（$Savings_{ij}$）等变量。值得一提的是，人口密度变量参考了刘修岩等

[①] 建档立卡贫困户是各省（自治区、直辖市）在已有工作基础上，坚持扶贫开发和农村最低生活保障制度有效衔接，按照县为单位、规模控制、分级负责、精准识别、动态管理的原则，对每个贫困户建档立卡，建设全国扶贫信息网络系统。专项帮扶措施要与贫困识别结果相衔接，深入分析致贫原因，逐村逐户制定帮扶措施，集中力量予以扶持，切实做到扶真贫、真扶贫，确保在规定时间内达到稳定脱贫目标。

[②] 帮扶专项资金直接下拨到县级政府主要经历了两个阶段的变化：《财政专项扶贫资金管理办法》2011年规定，"财政部采取提前下达预算等方式，将中央财政专项扶贫资金按一定比例提前下达各省（自治区、直辖市）财政厅（局）。""各地应根据扶贫开发工作的实际情况，逐步将项目审批权限下放到县级。"《中央财政专项扶贫资金管理办法》2017年进一步规定，"中央财政专项扶贫资金项目审批权限下放到县级"。与原《办法》相比，精准扶贫时期的新《办法》进一步改革资金管理方式，明确提出中央财政专项扶贫资金项目审批权限下放到县级。

(2016)的方法①,度量了真实的人口活动数据、而非户籍人口,这避免了由于使用户籍人口数据而低估劳动力流动性带来的偏差,如表2—5所示。

表2—5　　　　　　　　变量定义与描述统计

变量	变量说明	均值	标准差	样本量
$\log(y_{ij}/y_{i,j-1})$	人均GDP增长率	0.042	0.196	26000
$\log(y_{i,j-1})$	基期人均GDP对数（万元,2006年价格）	9.276	0.724	26000
$TPA_i^{j,j-1}$	1=在$j-1$和j年之间享受精准帮扶政策,0=其他	0.175	0.380	28000
$Treat_i$	1=精准扶贫时期国家贫困县,0=其他	0.379	0.485	28000
$Popu_{i,j-1}$	人口密度（百人/平方千米）	3.002	3.085	24428
$Invest_{i,j-1}$	固定资产投资额/GDP	0.706	0.351	21800
$Fiscal_{i,j-1}$	公共财政支出/GDP	0.265	0.221	25993
$Nagr_{i,j-1}$	二、三产业增加值/GDP	0.780	0.120	25999
$Patent_{i,j-1}$	专利授权数量/人口数量（个/万人）	3.730	11.062	25904
$Credit_{i,j-1}$	年末金融机构各项贷款余额/GDP	0.529	0.301	24194
$Save_{i,j-1}$	居民储蓄存款余额/GDP	0.650	0.292	25917

（三）数据来源

样本时间跨度为2006—2019年。以2006年为起始期,主要是因为2006年1月1日起废止农业税。研究所用县域经济数据主要来自历年《中国县（市）社会经济统计年鉴》和《中国县域统计年鉴》。对于样本期间内缺失的县域经济数据,采用国泰安经济金融数据库中的"中国县域经济研究数据库"进行补充,该数据库的原始数据来源于各省统计年鉴。精准扶贫时期的贫困县名单,以及后文使用的东西部协作名单来自于国家乡村振兴局。各县域的专利授权数量来自国家知识产权局的专利数据库。各县域的人口密度数据来自Land-

---

① 刘修岩、李松林、秦蒙:《开发时滞、市场不确定性与城市蔓延》,《经济研究》2016年第8期。

Scan 全球人口动态统计分析数据库，通过统一的国家基础地理信息系统 1∶400 万行政区矢量数据层，提取每个县行政区域内的常住人口数据，再除以行政区域面积，得到县域平均人口密度变量。

（四）β 收敛分析

表 2—6 报告了县域经济增长的绝对 β 收敛、俱乐部 β 收敛和条件 β 收敛的回归结果。如表 2—6 第 1 列所示，未引入任何固定效应和控制变量时，基期人均 GDP 对数值［即 log（$y_{i,j-1}$）］的估计参数为负，且在 1% 的水平上显著。这表明，2006—2019 年期间，我国县域间存在绝对 β 收敛。加入了中、西部虚拟变量组（第 2 列），结果表明，log（$y_{i,j-1}$）的估计参数同样为负且在 1% 的水平上显著，这意味着我国县域经济也存在俱乐部 β 收敛。第 3 列在第 1 列基础上加入一系列控制变量，结果同样表明，log（$y_{i,j-1}$）的估计参数为负且在 1% 的水平上显著，意味着也存在条件 β 收敛[①]。根据收敛系数 β，我们可以计算出每种条件下的收敛速度（λ），公式如（3）所示：

表 2—6　　　　　　　　β 收敛回归结果

	(1)	(2)	(3)	(4)	(5)	(6)	(7)
	因变量：年人均 GDP 增长率［log（$y_{i,j}/y_{i,j-1}$）］						
$\log(y_{i,j-1})$	-0.047*** (0.010)	-0.053*** (0.012)	-0.094*** (0.023)	-0.045*** (0.010)	-0.051*** (0.012)	-0.090*** (0.021)	-0.600*** (0.036)
$\log(y_{i,j-1}/y_{i,j-2})$	—	—	—	-0.156* (0.083)	-0.154* (0.082)	-0.164* (0.084)	0.024 (0.031)
$Popu_{i,j-1}$	—	—	-0.001 (0.001)	—	—	-0.001 (0.001)	-0.003* (0.002)
$Invest_{i,j-1}$	—	—	0.015* (0.007)	—	—	0.018** (0.008)	0.016 (0.010)
$Fiscal_{i,j-1}$	—	—	-0.105* (0.048)	—	—	-0.104** (0.041)	-0.115** (0.047)
$Nagr_{i,j-1}$	—	—	0.113* (0.060)	—	—	0.085 (0.051)	0.601*** (0.090)
$Patent_{i,j-1}$	—	—	0.001*** (0.000)	—	—	0.001*** (0.000)	-0.000 (0.000)

---

① 第 3 列样本量的差异来自控制变量的部分数据缺失。

续表

	(1)	(2)	(3)	(4)	(5)	(6)	(7)
因变量：年人均GDP增长率 [$\log(y_{i,j}/y_{i,j-1})$]							
$Credit_{i,j-1}$	—	—	0.022* (0.011)	—	—	0.020* (0.010)	-0.002 (0.014)
$Save_{i,j-1}$	—	—	-0.065** (0.022)	—	—	-0.068** (0.023)	-0.132*** (0.027)
常数项	0.452*** (0.091)	0.531*** (0.113)	0.867*** (0.187)	0.435*** (0.092)	0.514*** (0.112)	0.863*** (0.170)	5.206*** (0.318)
中西部虚拟变量	否	是	否	否	是	否	否
年份固定效应	否	否	否	否	否	否	是
县固定效应	否	否	否	否	否	否	是
样本量	26000	26000	20655	24000	24000	19319	19319
R^2	0.030	0.033	0.050	0.055	0.059	0.080	0.320

注：*表示在10%水平上显著、**表示在5%水平上显著、***表示在1%水平上显著。括号内为按照年份进行的聚类稳健标准误，为了克服长期时间波动的影响。

$$-\beta = -\frac{1-(1-\lambda)^T}{T} \tag{3}$$

当 $T=1$ 时，依据公式（3），β 和 λ 等价，绝对收敛、俱乐部收敛以及条件收敛的速度分别为-0.047、-0.053和-0.094。参照Yang等（2016）的方法[①]，表2—6第4、5、6列的回归加入了因变量的滞后一期 [$\log(y_{i,j-1}/y_{i,j-2})$]，此时回归结果与前面三列的回归结果基本一致。$\log(y_{i,j-1})$ 的估计参数为负且在1%的水平上显著。按照第4、5、6列的结果，县域经济的收敛速度分别为-0.045、-0.051和-0.090，与前三列估算的回归速度相似。前表2—6的第7列则在第6列的基础上加入了年份和县固定效应，结果仍然表明，$\log(y_{i,j-1})$ 的估计参数为负且在1%的水平上显著，县域经济趋于收敛。同时，参照戴觅和茅锐（2015）的方法[②]，使用2019年与2006

[①] Yang J., Zhang T. F., Sheng P. F., Shackman J. D., "Carbon Dioxide Emissions and Interregional Economic Convergence in China", *Economic Modelling*, Vol. 52, 2016.

[②] 戴觅、茅锐：《产业异质性、产业结构与中国省际经济收敛》，《管理世界》2015年第6期。

年差分的截面数据进行 β 收敛的检验，结果仍然是一致的。

表 2—7 报告了精准帮扶对县域经济收敛的助推作用。分析过程中删除 2013—2014 年的观测期样本，因为 2013 年处于精准扶贫时期之前，无法有效甄别出精准帮扶政策发挥的作用。结果表明，精准扶贫时期国家级贫困县政策（$TPA_i^{j,j-1}$）本身显著促进县域人均 GDP 增长率提升。交互项 $[TPA_i^{j,j-1} \cdot \log(y_{i,j-1})]$ 的系数显著为负，这意味着精准帮扶政策能够加快基期落后县域经济的 β 收敛速度，促进协调发展。

表 2—7　　　　　　精准帮扶对县域经济收敛的影响

	(1)	(2)	(3)	(4)	(5)	(6)	(7)
	因变量：年人均 GDP 增长率 $[\log(y_{i,j}/y_{i,j-1})]$							
$\log(y_{i,j-1})$	-0.050*** (0.014)	-0.052*** (0.014)	-0.095*** (0.023)	-0.047** (0.015)	-0.049** (0.016)	-0.087*** (0.022)	-0.599*** (0.039)
$TPA_i^{j,j-1}$	0.798** (0.319)	0.792** (0.319)	1.119** (0.392)	0.650* (0.297)	0.647* (0.296)	0.954** (0.356)	1.610*** (0.186)
$TPA_i^{j,j-1} * \log(y_{i,j-1})$	-0.086** (0.036)	-0.086** (0.036)	-0.121** (0.045)	-0.069* (0.033)	-0.069* (0.033)	-0.102** (0.040)	-0.175*** (0.021)
$Post_j$	-0.062*** (0.013)	-0.062*** (0.013)	-0.069*** (0.016)	-0.077*** (0.016)	-0.076*** (0.016)	-0.083*** (0.018)	—
$Treat_i$	-0.051** (0.017)	-0.047** (0.015)	-0.059** (0.021)	-0.051** (0.019)	-0.046** (0.018)	-0.056** (0.023)	
$\log(y_{i,j-1}/y_{i,j-2})$	—	—	—	-0.190* (0.085)	-0.189* (0.085)	-0.196** (0.086)	0.006 (0.034)
$Popu_{i,j-1}$	—	—	-0.003** (0.001)	—	—	-0.003** (0.001)	-0.002 (0.002)
$Invest_{i,j-1}$	—	—	0.016 (0.010)	—	—	0.017 (0.010)	0.006 (0.010)
$Fiscal_{i,j-1}$	—	—	-0.088 (0.050)	—	—	-0.090** (0.039)	-0.191*** (0.050)
$Nagr_{i,j-1}$	—	—	0.147** (0.060)	—	—	0.115* (0.053)	0.535*** (0.091)
$Patent_{i,j-1}$	—	—	0.001*** (0.000)	—	—	0.001*** (0.000)	0.0005 (0.000)
$Credit_{i,j-1}$	—	—	0.024 (0.014)	—	—	0.023 (0.014)	-0.011 (0.015)
$Save_{i,j-1}$	—	—	-0.062** (0.026)	—	—	-0.060* (0.028)	-0.195*** (0.031)

续表

	(1)	(2)	(3)	(4)	(5)	(6)	(7)
	因变量：年人均GDP增长率 [$\log(y_{i,j}/y_{i,j-1})$]						
常数项	0.531*** (0.136)	0.562*** (0.146)	0.875*** (0.197)	0.510*** (0.150)	0.541*** (0.160)	0.835*** (0.194)	5.316*** (0.350)
中西部虚拟变量	否	是	否	否	是	否	否
年份固定效应	否	否	否	否	否	否	是
县固定效应	否	否	否	否	否	否	是
样本量	24000	24000	18885	22000	22000	17549	17549
R^2	0.063	0.064	0.085	0.096	0.097	0.120	0.353

注：*表示在10%水平上显著、**表示在5%水平上显著、***表示在1%水平上显著。括号内为按照年份进行的聚类稳健标准误。

在进一步控制一系列条件变量后，收敛进一步加速。估计结果显示（见表2—7第7列），财政依存度下降，第二三产业占比提升，储蓄率降低，会促使县域经济增速提升。然而，滞后期的人口密度、固定资产投资、发明专利、金融信贷对县域经济增长的影响不显著。

（五）稳健性检验

为了探讨精准帮扶对县域经济收敛的影响结论的稳健性，基于表2—7第7列的回归模型展开了一系列稳健性检验，结果如表2—8所示。

表2—8　　精准帮扶对县域经济收敛影响的稳健性检验

	差分GMM	系统GMM	之前贫困县	脱贫摘帽	空间自回归	空间杜宾
	因变量：年人均GDP增长率 [$\log(y_{i,j}/y_{i,j-1})$]					
$\log(y_{i,j-1})$	-0.537*** (0.177)	-0.698*** (0.100)	-0.599*** (0.039)	-0.599*** (0.039)	-0.056*** (0.003)	-0.074*** (0.004)
$TPA_i^{j,j-1}$	9.322*** (2.694)	6.655*** (1.675)	1.598*** (0.188)	1.607*** (0.188)	0.417*** (0.079)	0.283*** (0.095)
$TPA_i^{j,j-1}$ * $\log(y_{i,j-1})$	-1.080*** (0.310)	-0.816*** (0.184)	-0.174*** (0.021)	-0.175*** (0.021)	-0.044*** (0.009)	-0.029*** (0.011)
$\log(y_{i,j-1}/y_{i,j-2})$	0.104* (0.058)	0.087** (0.037)	0.006 (0.034)	0.006 (0.034)	-0.148*** (0.009)	-0.147*** (0.009)
$NTPA_i^{j,j-1}$	—	—	-0.009 (0.010)	-0.007 (0.010)		

续表

	差分GMM	系统GMM	之前贫困县	脱贫摘帽	空间自回归	空间杜宾
因变量：年人均GDP增长率 [$\log(y_{i,j}/y_{i,j-1})$]						
$Quit_{ij}$	—	—	—	0.013 (0.013)	—	—
常数项	—	3.043 (1.989)	5.323*** (0.351)	5.319*** (0.351)	0.577*** (0.031)	0.462*** (0.036)
AR（2）检验Z值	−0.83	−0.57	—	—	—	—
Sargan检验卡方值	24.34	32.52	—	—	—	—
空间相关系数ρ	—	—	—	—	0.364*** (0.010)	0.369*** (0.010)
其他控制变量	是	是	是	是	是	是
年份固定效应	是	是	是	是	是	是
县固定效应	是	是	是	是	是	是
样本量	17549	17549	17549	17549	14087	14087
R^2	—	—	0.353	0.353	0.272	0.102

注：*表示在10%水平上显著、**表示在5%水平上显著、***表示在1%水平上显著。括号内为按照年份进行的聚类稳健标准误。

（1）采用差分GMM和系统GMM方法进行估计。在使用动态面板数据时，为了解决因变量滞后一期可能带来的内生性问题，既有研究常使用差分GMM和系统GMM方法进行回归。针对扰动项的二阶差分自相关的检验表明，AR（2）的Z值分别仅为−0.83和−0.57，在10%水平上接受了不存在二阶差分自相关的假设，符合模型的假设。其次，Sargan检验的卡方值分别为24.34和32.52，结果没有拒绝原假设，即使用$\log(y_{i,j-1}/y_{i,j-2})$的差分作为工具变量与扰动项不相关。

（2）加入非精准扶贫时期的国家级贫困县政策和脱贫摘帽动态变化。与徐舒等（2020）的思路不同[1]，将精准时期的国家级贫困县政策与之前的政策区分开来，将$TPA_i^{j,j-1}$与非精准扶贫时期的国家级贫困县（$NTPA_i^{j,j-1}$）政策展开对比分析和稳健性检验。$NTPA_i^{j,j-1}$是

---

[1] 徐舒、王貂、杨汝岱：《国家级贫困县政策的收入分配效应》，《经济研究》2020年第4期。

指 2006—2013 年期间该县是否在 j 年和 $j-1$ 年之间享受非精准扶贫时期国家级贫困县政策。研究结果表明，$NTPA_i^{j,j-1}$ 对人均 GDP 的增速没有显著的影响，而精准帮扶政策对县域经济收敛具有显著作用的结论仍然是稳健的。考虑到精准扶贫时期的国家级贫困县存在脱贫摘帽动态，基于国家乡村振兴局公布的 832 个国家贫困县历年"摘帽名单"，设计了贫困县退出变量（$Quit_{ij}$）并纳入模型中展开稳健性检验。在控制了贫困摘帽变量后，结果依然稳健。但研究发现，脱贫摘帽会促使经济增速下降，这表示在脱贫摘帽后的过渡期，需要重新审视"摘帽不摘责任、摘帽不摘政策、摘帽不摘帮扶、摘帽不摘监管"的摘帽效果，防范由于经济增长放缓而导致的大规模返贫问题。

（3）采用空间自回归模型和空间杜宾模型进行回归。不少文献都在考虑空间自相关情况下检验地区经济收敛性（潘文卿，2010；朱国忠等，2014）[①][②]。采用空间杜宾模型展开稳健性检验，使用各县域之间是否相邻来构建空间权重矩阵，结果与基准结果一致。

进一步更改不同观测期长度，并计算不同长度时期的经济增长率变量进行回归，回归结果见表 2—9 所示。具体地，令被解释变量分别为 $[\log(y_{ij}/y_{i,j-2})]/2$，$[\log(y_{ij}/y_{i,j-3})]/3$ 和 $[\log(y_{ij}/y_{i,j-4})]/4$，依据表 2—5 第 7 列和表 2—7 第 7 列的模型设置，分别进行了稳健性检验[③]。结果表明，不论观测期长度取任何值，精准帮扶政策对县域经济增速的助推作用和加快基期落后县域经济增长的结论仍然是稳健的。根据计算收敛速度（λ）公式（3），可以计算出，在存在精准帮扶政策的情况下（$TPA=1$），当 T 分别取值 2，3，4 时，收敛速

---

① 潘文卿：《中国区域经济差异与收敛》，《中国社会科学》2010 年第 1 期。
② 朱国忠、乔坤元、虞吉海：《中国各省经济增长是否收敛?》，《经济学（季刊）》2014 年第 3 期。
③ 本文使用样本的时间跨度皆不包括跨越政策节点的样本。当 $T=2$ 时，本文选择了代表性的观测样本，具体包含了 2006—2008 年、2008—2010 年、2010—2012 年、2014—2016 年、2016—2018 年的 5 组年均增长率样本；$T=3$ 时，代表性的观测样本包含了 2006—2009 年、2009—2012 年、2014—2017 年的 3 组年均增长率样本；$T=4$ 时，代表性的观测样本包含了 2006—2010 年、2014—2018 年的 2 组年均增长率样本。

度 λ 分别为-0.438、-0.317 和-0.207，即精准帮扶使得收敛速度加快了约 19%、32% 和 53%。

表 2—9　　　　稳健性检验：更换不同观测期

	(1)	(2)	(3)	(4)	(5)	(6)
因变量：年人均 GDP 增长率（$[\log(y_{i,j-T}/y_{i,j-2T})]/T$）
	$T=2$		$T=3$		$T=4$	
$\log(y_{i,j-T})$	-0.452*** (0.027)	-0.444*** (0.027)	-0.376*** (0.019)	-0.371*** (0.018)	-0.259*** (0.011)	-0.259*** (0.010)
$TPA_i^{j,j-T}$	—	0.834*** (0.118)	—	0.524*** (0.125)	—	0.215*** (0.052)
$TPA_i^{j,j-T} * \log(y_{i,j-T})$	—	-0.091*** (0.013)	—	-0.057*** (0.014)	—	-0.022*** (0.006)
$[\log(y_{i,j-T}/y_{i,j-2T})]/T$	-0.026 (0.021)	-0.020 (0.020)	0.012 (0.013)	0.011 (0.013)	0.036* (0.019)	0.035* (0.019)
常数项	4.094*** (0.250)	4.076*** (0.251)	3.560*** (0.184)	3.556*** (0.177)	2.314*** (0.105)	2.323*** (0.105)
其他控制变量	是	是	是	是	是	是
年份固定效应	是	是	是	是	是	是
县固定效应	是	是	是	是	是	是
样本量	8199	8199	5035	5035	3254	3254
R^2	0.512	0.525	0.720	0.728	0.791	0.792

注：*表示在 10% 水平上显著、**表示在 5% 水平上显著、***表示在 1% 水平上显著。括号内为按照年份进行的聚类稳健标准误。

（六）中介机制分析

为检验精准帮扶对县域经济收敛的作用机制，利用前述条件变量的当期值，进一步展开相关中介效应分析，估计结果见表 2—10 与表 2—11。因为重点关注收敛问题，我们主要讨论交互项 $TPA_i^{j,j-1} \cdot \log(y_{i,j-1})$ 的估计参数，以评估精准帮扶政策对基期落后县域经济增速的影响。

（1）要素流动机制。由表 2—10 列 1 中交互项 $TPA_i^{j,j-1} \cdot \log(y_{i,j-1})$ 的估计参数可以看出，对于基期人均 GDP 越低的县域，在精准帮扶政策影响下人口密度下降加快。这意味着，精准帮扶政策通过职业技能培训，鼓励劳动力从事非农产业，有序引导劳动力跨县流动。陆铭等（2019）认为，区域间人均收入收敛的关键在于劳动力流动，对于欠发达地区，因为自然资源（如土地、矿产、旅游资源等）是一定的，如果人口流出，则留守居民的人均资源拥有量会提高，进而人均收入会提高，实现经济协调发展[①]。然而，在表2—11 第（1）列中 $Popu_{i,j}$ 的估计参数表明，人口密度改变对县域经济增速的影响却不显著。

表 2—10　　　　　　　　　中介效应第一阶段结果

	(1)	(2)	(3)	(4)	(5)	(6)	(7)
	$Popu_{i,j}$	$Invest_{i,j}$	$Fiscal_{i,j}$	$Nagr_{i,j}$	$Patent_{i,j}$	$Credit_{i,j}$	$Save_{i,j}$
$\log(y_{i,j-1})$	-0.112* (0.058)	-0.105*** (0.021)	-0.097*** (0.009)	0.050*** (0.004)	-0.104 (0.308)	-0.109*** (0.014)	-0.171*** (0.016)
$TPA_i^{j,j-1}$	-1.706*** (0.660)	0.153 (0.188)	0.178** (0.083)	0.243*** (0.029)	-7.893*** (1.857)	0.376** (0.166)	0.432*** (0.103)
$TPA_i^{j,j-1} * \log(y_{i,j-1})$	0.190** (0.074)	-0.006 (0.021)	-0.015 (0.009)	-0.026*** (0.003)	0.520** (0.212)	-0.037** (0.019)	-0.044*** (0.012)
$\log(y_{i,j-1}/y_{i,j-2})$	0.020 (0.031)	0.074*** (0.017)	0.021*** (0.005)	-0.002 (0.002)	0.537*** (0.198)	0.014 (0.010)	0.030*** (0.009)
常数项	5.232*** (0.525)	1.415*** (0.194)	1.150*** (0.081)	0.297*** (0.039)	4.184 (2.787)	1.439*** (0.127)	2.201*** (0.146)
控制变量	否	否	否	否	否	否	否
年份固定效应	是	是	是	是	是	是	是
县固定效应	是	是	是	是	是	是	是
样本量	20690	17143	21992	22000	21920	177639	21931
R^2	0.940	0.671	0.908	0.920	0.813	0.750	0.869

注：*表示在10%水平上显著、**表示在5%水平上显著、***表示在1%水平上显著。括号内为按照年份进行的聚类稳健标准误。

表 2—11　　　　　　　　　中介效应第二阶段结果

	(1)	(2)	(3)	(4)	(5)	(6)	(7)
	因变量：两年间人均GDP增长率 [$\log(y_{i,j}/y_{i,j-1})$]							
$\log(y_{i,j-1})$	-0.431*** (0.026)	-0.549*** (0.038)	-0.480*** (0.025)	-0.491*** (0.026)	-0.420*** (0.025)	-0.470*** (0.029)	-0.507*** (0.029)

---

① 陆铭、李鹏飞、钟辉勇：《发展与平衡的新时代——新中国70年的空间政治经济学》，《管理世界》2019年第10期。

续表

	(1)	(2)	(3)	(4)	(5)	(6)	(7)
	因变量：两年间人均GDP增长率 [$\log(y_{i,j}/y_{i,j-1})$]						
$TPA_i^{j,j-1}$	1.274***	1.332***	1.329***	0.872***	1.230***	1.473***	1.417***
	(0.181)	(0.200)	(0.158)	(0.168)	(0.170)	(0.189)	(0.150)
$TPA_i^{j,j-1}*\log(y_{i,j-1})$	-0.139***	-0.145***	-0.142***	-0.095***	-0.133***	-0.160***	-0.152***
	(0.020)	(0.022)	(0.018)	(0.019)	(0.019)	(0.021)	(0.017)
$\log(y_{i,j-1}/y_{i,j-2})$	-0.035	-0.027	-0.026	-0.035	-0.040	-0.032	-0.023
	(0.028)	(0.040)	(0.027)	(0.027)	(0.028)	(0.030)	(0.027)
$Popu_{i,j}$	-0.001	—	—	—	—	—	—
	(0.003)						
$Invest_{i,j}$	—	-0.017	—	—	—	—	—
		(0.014)					
$Fiscal_{i,j}$	—	—	-0.615***	—	—	—	—
			(0.048)				
$Nagr_{i,j}$	—	—	—	1.411***	—	—	—
				(0.093)			
$Patent_{i,j}$	—	—	—	—	0.002***	—	—
					(0.000)		
$Credit_{i,j}$	—	—	—	—	—	-0.184***	—
						(0.015)	
$Save_{i,j}$	—	—	—	—	—	—	-0.483***
							(0.027)
常数项	4.005***	5.102***	4.610***	3.483***	3.896***	4.443***	5.010***
	(0.239)	(0.344)	(0.233)	(0.218)	(0.231)	(0.265)	(0.270)
控制变量	否	否	否	否	否	否	否
年份固定效应	是	是	是	是	是	是	是
县固定效应	是	是	是	是	是	是	是
样本量	20690	17143	21992	22000	21920	19763	21931
R^2	0.306	0.372	0.347	0.353	0.305	0.333	0.372
中介效应Z值	0.481	0.214	13.671***	-4.793***	-9.839***	5.467***	-9.832***

注：* 表示在10%水平上显著、** 表示在5%水平上显著、*** 表示在1%水平上显著。括号内为按照年份进行的聚类稳健标准误。

对于基期落后县域而言，精准帮扶政策下，也并未出现资本将从发达地区流向欠发达地区的趋势。这可能是因为，精准帮扶在"两不愁三保障"[①] 方面进行了大量非生产性的公共投资与公共服

---

① "两不愁"：不愁吃、不愁穿。"三保障"：义务教育、基本医疗和住房安全有保障。

务，进而对私人投资产生一定挤出效应。Bulte 等（2018）的研究也得出类似结论，他们以 2008 年汶川地震作为自然实验，研究发现省际对口援建的灾后援助帮扶政策导致了制造业的衰落，存在"荷兰病"现象[①]。由第二阶段的估计结果表明，投资对县域经济增速的影响也不显著。

（2）财政投入机制。精准帮扶对基期落后县域财政依存度没有显著影响，而后者下降会显著促进经济增长。精准扶贫时期国家级贫困县财政依存度下降，可能意味着财政效率的提升。进一步，利用非参数"数据包络分析"（Data Envelopment Analysis，DEA）方法核算出各县区政府财政支出的相对效率，DEA 效率得分基于规模报酬可变模型下的产出导向型进行核算。参考陈诗一和张军（2008）[②]的方法，投入指标仅包括人均一般公共预算支出；产出指标使用中小学教职工人数占总人口的比例和人均拥有的医疗机构床位数表示公共服务产出，以及人均 GDP 表示经济产出。这些指标通过除以各自平均值后简单加权平均，即得到县区综合产出。与预期一致，精准帮扶政策显著提升了财政效率、进而促进了县域经济收敛[③]。

（3）产业结构机制。研究表明，精准帮扶可以显著提升基期落后县域的二三产业占比，从而促进了县域经济收敛。精准帮扶主要通过实行发展生产、易地搬迁、生态补偿、发展教育、社会保障兜底"五个一批"促使低收入人口脱离贫困，其中，产业帮扶是首要手段。中央政府下拨的"扶贫专项资金"项目，对贫困县的产业帮扶项目也起到了促进作用。在产业帮扶项目中，有许多为第二三产

[①] Bulte E. H., Xu L., Zhang X., "Post-disaster Aid and Development of the Manufacturing Sector: Lessons from a Natural Experiment in China", *European Economic Review*, Vol. 101, No. 9, 2018.

[②] 陈诗一、张军：《中国地方政府财政支出效率研究：1978—2005》，《中国社会科学》2008 年第 4 期。

[③] 在补充的中介效应检验中，交互项 $[\log(y_{i(j-T)}) \cdot TPA_{ij}]$ 在财政效率方程中的估计参数为-0.054，在1%的水平上显著；财政效率在增长率方程中的估计参数为 0.047，也在1%的水平上显著。这意味着，精准帮扶政策促使基期落后县域的财政效率显著提升，进而促进了县域经济增长。

业项目（或者"接二连三"项目）。精准扶贫时期国家级贫困县借助各种有利的政策优惠，促使资源与要素由劳动生产率低的农业部门流向劳动生产率高的第二三产业，优化了要素配置效率进而促进了县域经济收敛。此外，精准帮扶显著提升了低收入群体的收入水平，这进而会通过消费升级引致产业结构变迁，进而对县域经济增长产生良性影响。

（4）技术进步机制。精准帮扶显著促使基期落后县域专利发明减少，这进而抑制了经济增长。可能的原因在于，欠发达地区主要采用技术引进（而非专利发明）以缩小地区经济差距（李光泗和徐翔，2008）[1]，精准帮扶政策可能抑制了本地原创的创新动力。

（5）信贷与储蓄机制。精准帮扶促使基期落后县域的金融贷款与储蓄率显著增加，但却对经济增速有抑制作用。可能的原因在于，虽然精准帮扶通过扶贫小额贷款、转移性支付等方式提升了农户的贷款与储蓄水平，但是，这些信贷与储蓄多数是生活用途的，而非生产性的，这可能对欠发达县域经济增长构成一定的负面影响。

综合看来，精准帮扶政策主要通过产业结构升级与财政效率提升等中介机制促进了欠发达县域经济收敛；要素流动性的传导机制不畅；精准帮扶还可能抑制技术进步与生产性投资，进而对落后县域经济增长构成负面影响。但总体而言，积极因素起主导作用。采用前表2—7列7的方程形式展开中介效应分析，估计结果基本稳健，在此回归中，虽然中介效应显著性下降，但结果仍显示精准帮扶政策促进县域经济收敛的主要机制在于产业结构升级。

我国县域经济增长存在绝对 β 收敛，控制东中西部虚拟变量后存在俱乐部 β 收敛，控制条件变量后存在条件 β 收敛。绝对 β 收敛、俱乐部 β 收敛以及条件 β 收敛分别对应的收敛速度为 -0.047、-0.053 及 -0.094，收敛速度逐步加快。精准扶贫时期的国家级贫困县政策不仅可以提升县域经济增速，而且可以加快县域经济收敛速度、助推县域经济协调发展。

---

[1] 李光泗、徐翔：《技术引进与地区经济收敛》，《经济学（季刊）》2008年第3期。

21世纪以来,中国要素市场配置错配与扭曲程度正逐步改善,劳动力、资本、技术、信息等要素呈现同时向发达地区集聚的趋势。基于分享、匹配和学习等机制,要素集聚促进发达地区规模经济、技术进步与内生性增长的同时,却未见地区经济差距发散的态势。由中介效应分析可知,精准帮扶政策虽然也存在创新挤出等负面机制,但是会通过产业结构升级、财政效率改善等正面机制促进基期落后县域经济收敛,综合而言,积极机制占主导作用。精准帮扶下中国县域经济收敛的机理,既不符合新古典增长理论中因资本向欠发达地区流动而收敛的假说机制,也不符合新经济地理学或内生增长理论中因资本向发达地区集聚而发散的假说机制。从经验结果看,产业政策与财税政策优化是我国实现脱贫攻坚与乡村振兴的关键。

三 精准帮扶、东西部协作与县域经济差距

（一）σ 收敛分析

β 收敛是 σ 收敛的必要而非充分条件,而 σ 收敛是当前政策（缩小经济差距、解决不平衡不充分发展问题）关注的焦点。基于图2—2中的泰尔指数可以看出,从2009年开始我国县域经济差距出

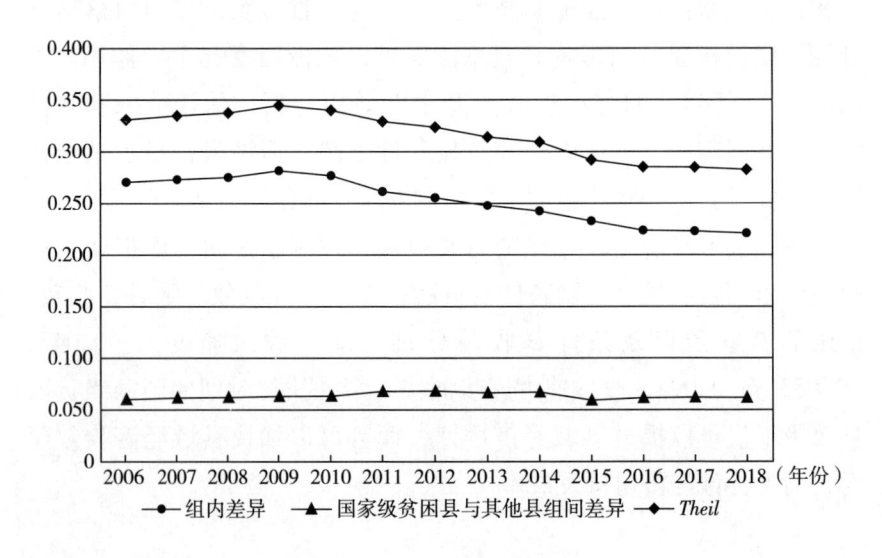

图2—2 泰尔指数分解

现缩小趋势，呈现 σ 收敛趋势。泰尔指数的分解结果可以看出，县域经济 σ 收敛主要是由俱乐部组内（贫困县组内、非贫困县组内）收敛所致，而组间差异基本不变。

由图 2—3 可以看出，近年来，精准扶贫时期的国家级贫困县与其他非贫困县的组内差异明显下降，且贫困县的组内差距下降更为明显（特别是在 2014 年之后）。这种现象印证了中国县域存在着明显的俱乐部收敛特征（俱乐部组内收敛、组间不收敛），而且，这种俱乐部收敛在精准扶贫时期的国家级贫困县内部更为明显。

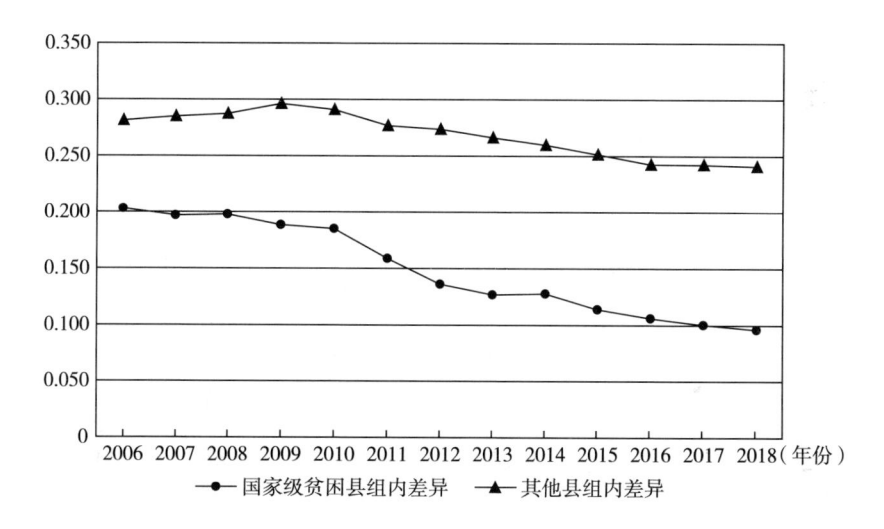

图 2—3 泰尔指数组内差异

采用再中心化影响函数（Recentered Influence Function，RIF）方法，进一步构建了县域人均 GDP 差距的分解回归方程。再中心化影响函数（RIF）是一种无条件回归，在研究经济差距研究领域已有应用（例如，黎蔺娴和边恕，2021）[①]。RIF 回归的系数能够近似估计每一个协变量（例如基尼系数或者泰尔指数）在分布变化中的偏效应，实现衡量解释变量对收入差距贡献的应用。本节重点关注精

---

① 黎蔺娴、边恕：《经济增长、收入分配与贫困，包容性增长的识别与分解》，《经济研究》2021 年第 2 期。

准帮扶政策（TPA_{ij}）对县域经济差距的影响。依据 Firpo 等（2018）对基尼系数分解的模型设定，采用当期的解释变量进行回归分解[①]。

由泰尔指数和基尼系数的分解回归可以发现（见表 2—12 第 1、2 列），精准帮扶政策可以显著促进所有县域的经济差距缩小（σ 收敛）。三套分位数分解回归进一步表明（见表 2—12 第 3、4、5 列），精准帮扶政策主要缩小了贫困县域（人均 GDP 的 10%分位数）与中等收入县域（人均 GDP 的 50%分位数）的经济差距。

表 2—12　　　　　　　　　σ 收敛分解回归

	(1) 泰尔指数	(2) 基尼系数	(3) 90/10 分位数	(4) 50/10 分位数	(5) 90/50 分位数
TPA_{ij}	-0.032*** (0.005)	-0.031*** (0.004)	-2.889*** (0.273)	-8.183*** (0.541)	-0.156*** (0.025)
$Popu_{ij}$	0.001 (0.002)	0.000 (0.001)	-0.021 (0.096)	-0.146 (0.190)	-0.000 (0.009)
$Invest_{ij}$	-0.060*** (0.006)	-0.045*** (0.004)	-3.771*** (0.301)	-7.200*** (0.596)	-0.299*** (0.028)
$Fiscal_{ij}$	-0.063*** (0.020)	-0.048*** (0.014)	-3.748*** (1.042)	-5.401*** (2.065)	-0.363*** (0.097)
$Nagr_{ij}$	-0.183*** (0.035)	-0.074*** (0.025)	-7.039*** (1.845)	-4.291 (3.655)	-0.663*** (0.172)
$Patent_{ij}$	0.003*** (0.000)	0.002*** (0.000)	0.138*** (0.012)	0.213*** (0.024)	0.015*** (0.001)
$Credit_{ij}$	0.017** (0.008)	0.008 (0.006)	0.160 (0.429)	-0.799 (0.849)	0.089** (0.040)
$Save_{ij}$	-0.042*** (0.012)	-0.005 (0.009)	-1.938*** (0.641)	-12.329*** (1.270)	0.126** (0.060)
常数项	0.250*** (0.030)	0.353*** (0.021)	13.948*** (1.567)	33.707*** (3.104)	1.062*** (0.146)
年份固定效应	是	是	是	是	是
县固定效应	是	是	是	是	是
样本量	20646	20646	20646	20646	20646
R^2	0.847	0.852	0.823	0.817	0.845

注：*表示在 10%水平上显著、**表示在 5%水平上显著、***表示在 1%水平上显著。括号内为按照年份进行的聚类稳健标准误。

[①] Firpo S. P., Nicole M. F., Thomas L., "Decomposing Wage Distributions Using Recentered Influence Function Regressions", *Econometrics*, Vol. 6, No. 2, 2018.

（二）俱乐部组间收敛分析

县域经济协调发展不仅要加强相对落后县域的经济建设发展能力，更要构建有效的区域一体化协调发展联动机制，促进欠发达县域与发达县域之间共享增长。基于此，本节原创性地基于东西部协作政策的准自然实验，采用县域匹配样本对协作县域双方之间的经济差距（俱乐部组间收敛）开展分析。

1996年5月，党中央为加快西部欠发达地区扶贫开发进程、缩小东西部发展差距，确定北京、上海、天津、辽宁、山东、江苏、浙江、福建、广东9个省市和大连、青岛、宁波、深圳4个计划单列市与西部10个省区开展帮扶协作。2016年7月，习近平总书记在银川主持召开东西部扶贫协作座谈会时重新部署了"十三五"东西部协作和对口支援工作，开启了东西部协作的新阶段。在精准扶贫时期新一轮的东西部协作中，中央安排东部267个经济较发达县与西部地区434个贫困县开展结对帮扶[①]。

新一轮结对帮扶有如下的"精准"特征：一方面，强调东西协作和对口支援要坚持实施精准扶贫、精准脱贫基本方略的要求；另一方面，开展五方面的东西帮扶——产业合作、组织劳务协作、人才支援、资金支持、社会参与，都要求精准聚焦建档立卡贫困人口。同时，建立了考核制度和督查巡查制度，将"精准"的东西协作纳入国家脱贫攻坚考核范围。

我们将精准扶贫时期的非国家级贫困县（$Treat_i = 0$）与国家级贫困县（$Treat_i = 1$）进行两两匹配。使用的样本包含2000个县，其中贫困县758个，非贫困县1242个，因此每一年贫困县样本和非贫困县两两匹配后，扩展为758×1242个配对样本，使用的样本时间跨度为2014—2019年，涵盖了新一轮的东西部协作之前和之后的区

[①] 黄承伟（2017）指出，精准扶贫时期的中西部协作资金支持明显增加，2016年东部各省市财政援助资金近30亿元，比2015年翻了一番，2017年投入资金额继续增加；人才支援不断强化，协作双方互派近千名优秀干部挂职锻炼，较2015年大幅增长，对帮扶协作地区教育、科技、医疗卫生等领域的人才支持力度也不断加大；社会帮扶积极推进，"万企帮万村"行动组织引导民营企业参与东西部协作，东部省市广泛动员企业、社会组织和个人到西部地区开展捐资助学、医疗救助、支农支教、志愿服务等帮扶活动，凝聚起强大合力。

间。配对样本两者经济增长率之差（$[\log(y_{r,j}/y_{r,j-1})]-[\log(y_{p,j}/y_{p,j-1})]$）作因变量。其中，下标 r 表示精准扶贫时期的非国家级贫困县，下标 p 表示国家级贫困县。核心解释变量 $TPA\_Pairing_{rp}^{j,j-1}$ 表示匹配县域当年是否为精准扶贫时期的东西部结对帮扶县①。这一结果可以用于比较贫困县与非贫困县之间经济增长率的差距是否会因结对帮扶政策而缩小。

检验发现，在新一轮东西部协作前，匹配县域经济增速差距符合平行趋势，即在 2015 年之前，参与东西部协作的配对县和未参与东西部协作的配对县在经济增速差距上没有显著差异。回归结果表明，精准扶贫时期的东西部协作对俱乐部组间收敛没有显著影响，即没有显著缩小协作双方的经济增长差距，如表 2—13 所示。有学者指出，精准扶贫时期新调整的东西部协作更多地考虑西部市县的脱贫需要和东部市县的经济实力，较少考虑协作地区间的资源优势互补等其他因素（吴国宝，2017）②。此外，东西部协作政策对组间资本差距的影响不显著，可能是由于西部地区总体的投资软硬环境要差于东部地区，"万企帮万村"等引资政策实效不佳，东西部协作难以撬动资本由援助县域向受助县域大规模流动。可见，在"十四五"期间，我国需要客观评估结对县域的比较优势，提高东西部协作的互补性。

表 2—13　　　　东西部协作对县域俱乐部组间收敛的影响

	(1)	(2)	(3)	(4)
	因变量：帮扶县与被帮扶县人均 GDP 增速之差：$[\log(y_{rj}/y_{r,j-1})]-[\log(y_{pj}/y_{p,j-1})]$			
$\log(y_{r,j-1})-\log(y_{p,j-1})$	-0.002*** (0.000)	-0.001*** (0.000)	-0.003*** (0.000)	-0.025*** (0.001)

① 模型中控制了县与县配对固定效应，以及年份固定效应，因此，没有纳入 $Treat\_TPA\_Pairing_{rp}$（1 表示匹配县在精准扶贫时期为结对帮扶县）和 $Post\_TPA\_Pairing_{rp}$（1 表示 2016 年及之后的中西部协作时期）。

② 吴国宝：《东西部扶贫协作困境及其破解》，《改革》2017 年第 8 期。

续表

	(1)	(2)	(3)	(4)
	因变量：帮扶县与被帮扶县人均GDP增速之差：$[\log(y_{rj}/y_{r,j-1})] - [\log(y_{pj}/y_{p,j-1})]$			
$TPA\_Pairing_{rp}^{j,j-1}$	—	0.402 (0.399)	0.114 (0.538)	-0.646 (0.797)
$TPA\_Pairing_{rp}^{j,j-1} \times$ $[\log(y_{r,j-1}) - \log(y_{p,j-1})]$	—	-0.022 (0.027)	-0.005 (0.036)	0.048 (0.054)
$\log(y_{r,j-1}/y_{r,j-2}) -$ $\log(y_{p,j-1}/y_{p,j-2})$	-0.346*** (0.001)	-0.344*** (0.001)	-0.282*** (0.001)	-0.712*** (0.001)
常数项	0.004** (0.002)	-0.060*** (0.002)	-0.000 (0.002)	0.279*** (0.017)
其他控制变量	否	否	是	是
年份固定效应	否	否	否	是
县固定效应	否	否	否	是
样本量	2451312	2451312	2096403	2096403
R^2	0.121	0.134	0.596	0.797

注：*表示在10%水平上显著、**表示在5%水平上显著、***表示在1%水平上显著。括号内为按照年份进行的聚类稳健标准误。

尽管精准帮扶政策对缩小县域经济差距（促进 σ 收敛）有重要推动作用，但其贡献局限于缩小贫困县内部的经济差距，而对缩小贫困县与非贫困县之间的经济差距（俱乐部组间收敛）作用式微。可见，欠发达县域帮扶政策亟待优化，这关乎不平衡不充分发展问题的解决。2021年发布的《中华人民共和国国民经济和社会发展第十四个五年规划和2035年远景目标纲要》指出："在西部地区脱贫县中集中支持一批乡村振兴重点帮扶县，从财政、金融、土地、人才、基础设施、公共服务等方面给予集中支持，增强其巩固脱贫成果及内生发展能力。"2022年中央一号文件进一步指出："在乡村振兴重点帮扶县实施一批补短板促发展项目。"为实现这些远景目标，我国应该依据欠发达县域的比较优势顺势而为，兼顾效率与公平，调整优化东西部协作结对帮扶关系和帮扶方式，强化产业合作与劳务协作，通过基础设施和重大项目投资，以先富帮后富，最终实现共同富裕目标。

第三节　本章小结

　　解决贫困问题是实现农业农村现代化、实现中华民族伟大复兴的现实基础。本章通过梳理中国共产党百年以来不同阶段的减贫思想及其丰富内涵，剖析其演进逻辑，从历史的角度寻找发展的启示。现实数据证明，中国共产党的减贫思想与减贫策略是成功的、伟大的、始终以人民为中心的。人民生活发生了质的提升，收入水平大幅提升，家庭消费结构转型升级，医疗、教育、养老福利不断改善。农业生产条件和非农就业条件得到了显著改善。习近平总书记指出，脱贫摘帽不是终点，而是新生活、新奋斗的起点。解决发展不平衡不充分问题、切实实现共同富裕，仍然任重道远。要持续推进脱贫攻坚与乡村振兴有效衔接，推动减贫战略和工作体系平稳转型，统筹纳入乡村振兴战略，建立长短结合、标本兼治的体制机制，从而实现乡村振兴与农业农村现代化。

　　对于低收入人口常态化帮扶机制的建设，要关注以下几个方面：第一，健全监测系统，提高低收入人口瞄准率，建立多途径监测申报制度。依托现有动态监测数据库，建立乡村振兴部门为主、行政村（社区）和社会组织参与、低收入人口自我申报相结合的监测申报制度，建设手机端申报平台，简化申报认证程序，将主动申报作为扩大监测范围、避免遗漏的重要途径。将大数据和专业核查相结合，在政府相关部门按正常途径组织对低收入人口监测的同时，可以发挥就业、学校、医院、消防等部门数据以及电商、用电等大数据的辅助作用，提高低收入人口动态监测的效率。第二，坚持精准施策，提高帮扶措施有效性。构建"多维贫困分析模型"，对困难对象家庭困难情况进行细分，至少应当包括经济、健康、就业、教育等多个指标，深度、多维分析低收入家庭致困或致贫的原因。根据风险产生原因，精准配套与其需求和特征相匹配的帮扶项目，避免因为"应帮未帮"而无法脱困，或者因为帮扶措施错配而形成福利依赖。对保障性帮扶需求较强的低收入人口，应持续跟踪帮扶直至风险彻底消除，确保其生活水准。更多地为有劳动能力的低收入人口提供产业、就业帮扶，引导其自主脱困。第三，完善保险体系，提高突发风险应对能力。综合发挥社会保险、农业政策保险、防贫保险、医疗保险和其他具有预防保护功能的政策的作用。借助公共政策和市场力量，对于因突发情况而陷入困境的群体，在自然灾害、疫情、意外、疾病等外部冲击发生之前及时进行预防；发生之后有效补救、恢复。从而增强低收入人口应对外部风险的能力，促进低收入人口生计结构的多样化。在完善保险体系的同时，也需完善具体保险的制度内容。例如，目前医疗保险制度存在"重覆盖、轻保障""重普惠、轻特惠"的现象，可以考虑给予特殊群体特殊优惠。

实现乡村振兴，推进农业农村现代化必须从农村内部寻找动力：第一，激活农民群体内生动力。要充分尊重农民意愿，切实发挥农民在乡村振兴中的主体作用，促进农民持续增收，使广大农民群众切实享受到释放自身内生性发展动力后的政策红利和收入红利，真正成为乡村振兴的最大受益者。要充分保障广大农民在乡村资源分配体系中的优先地位，进一步夯实农村基础设施，包括水、电、路完善，信息畅通、机械生产等，从根本上调动起广大农民群众谋事创业的内生性发展动力。要不断提升农业产业化规模化，大力扶持农民专业合作社、农业龙头企业等新型经营主体，创新生产模式与经营模式，不断提高农民参与市场竞争的意愿和能力，提升其在市场活动中的话语权。第二，以产业高质量发展促进提效增收。产业高质量发展是解决农村发展问题的重要条件，同时也是促进农业丰收、农民增收的必然要求。鼓励各地拓展农业多种功能，挖掘乡村多元价值，重点发展农产品加工、乡村休闲旅游、农村电商等产业；支持农业产业化龙头企业带动农民发展农产品初加工和精深加工，并通过完善联农带农机制，让农民合理分享全产业链增值收益；保护农民种粮积极性，发展适度规模经营，让种粮农民能获利、多得利。第三，推动乡村人才振兴。发展是第一要务，人才是第一资源，创新是第一动力。各地必须要在引进人才、留住人才、培养人才上下真功夫，出硬招实。首先，立足本地，鼓励当地人才返乡创业。

各级党委政府和组织部门要从思想上提高人力资源开发的意识，建立一套完备的人才回归制度，制定人才回流后的相关配套制度，解决人才回流后的后顾之忧。其次，建立机制，吸引人力资源向农村流动。要建立乡村人才奖励机制，对返乡创业予以政策上的便利与经济上的帮扶；提高人才待遇，给予其不低于劳动力市场平均薪资的报酬，并制定一套合理的技能型人才绩效考核方案，奖励和留住人才。

县域发展应当成为缓解区域发展不平衡的重要手段，针对不同县域的类型因地制宜、差异化发展。第一，对于农业主产区的重点帮扶县，应打通农产品销路，延伸产业链。一方面，要鼓励吸引资本、高技能人才等投入乡村产业。应推动位于农产品主产区内的县域打造农业全产业链，将产业链主体留在县内，带动农民共享产业增值收益。另一方面，还要在鼓励工商资本等进农村的同时，深入推进本地农产品出村进城。尤其应强调"新基建"赋能"新农业"，实现数字技术与商业及其关联产业深度融合。第二，对于生态功能区的重点帮扶县，应加大公共财政支持力度。要加大对位于国家重点生态功能区内县域财政支持力度，进一步增加相关预算规模，充分调动各地建设重点生态功能区的积极性，科学落实生态补偿工程制度。通过完善财政转移支付制度，补齐重点生态功能区的公共服务供给短板，发展绿色生态或旅游休闲产业，积极探索生态产品价值实现机制。第三，对于人口流出的重点帮扶县，应有序引导劳动力转移就业。对于大部分从事农业等资源依赖型行业的欠发达地区而言，由于当地产业发展的自然资源总量是有限的，人口流出反而可以提高留守人口人均资源拥有量。对此，应结合本县城镇化趋势，配合农村土地制度改革，并有序引导闲散农业劳动力向经济发展优势区域转移。对于本地留守人口，应加强教育帮扶与技能培训，改善人力资本水平。同时，还需要有序引导人口流出县转型发展，促进人口和公共服务资源集聚，如选择人口集中居住的方式。

第三章 贫困陷阱

上一章从扶贫政策出发，探讨了从脱贫攻坚到乡村振兴期间新时代中国帮扶政策。但是，缺乏从农户发展层面探讨摆脱贫困的微观机理。本章从发展经济学关注的"贫困陷阱"假说出发，采用中国不同时期的数据展开检验，以阐释中国式现代化进程中农户破解贫困陷阱的机理与成效。

营养贫困陷阱与资产贫困陷阱是贫困陷阱呈现的两类典型形态。营养贫困陷阱是指负面冲击引起食物消费水平过低时，引致农户劳动生产率下降，进而再降低其收入及其食物消费的恶性循环（Dasgupta 和 Ray，1986；Checkley 等，2000）[1]。资产贫困陷阱是指负面冲击引致农户资产水平低于门槛阈值时，缺乏足够的生产型资产导致长期收入下降，进而落入资产贫困陷阱的恶性循环（Carter 等，2007；Jakobsen，2012）[2]。本章第一、二节将从这两类贫困陷阱假说出发，分别展开论述。值得一提的是，资产贫困陷阱的存在性，往往与贫困户是否连片集中有高度关联，因此，本章第三节将基于中

---

[1] Checkley W., Epstein L. D., Gilman R. H., Figueroa D., Cama R. I., Patz J. A., et al., "Effects of El Nino and Ambient Temperature on Hospital Admissions for Diarrhoeal Diseases in Peruvian Children", *The Lancet*, Vol. 355, 2000.

Dasgupta P., RayD., "Inequality as a Determinant of Malnutrition and Unemployment: Theory", *Economic Journal*, Vol. 97, 1986.

[2] Carter M. R., LittleP. D., Mogues T., Negatu W., "Poverty Traps and Natural Disasters in Ethiopia and Honduras", *World development*, Vol. 35, 2007.

Jakobsen K. T., "In the Eye of the Storm-The Welfare Impacts of a Hurricane", *World Development*, Vol. 40, No. 12, 2012.

国集中连片特困地区的样本数据展开进一步分析。

第一节　营养贫困陷阱的理论构建及识别策略

营养贫困陷阱是贫困陷阱的重要形态之一。营养贫困陷阱是指食物资源本就匮乏的农户，在遭受持续性的负面冲击后，由于其农业收入减少，购买力水平降低，难以维持农户基本的营养摄入，农户的健康水平受到负面影响，免疫系统受到损害（Brown 和 Funk，2008；Tirado 等，2010）[1]。由于其劳动力水平降低，受到负面影响的农户无法维持原本的体力劳动，因此他们的收入水平也受到负面影响，并进一步减少其营养摄入水平，造成恶性循环（Hales et al.，2002；Patz et al.，2005；Kraay & McKenzie，2014）[2]。

虽已有诸多研究关注营养贫困陷阱，但关于营养贫困陷阱是否存在这个问题仍未达成统一的结论（Strauss & Thomas，1988）[3]。之所以尚未达成一致的结论，主要有以下两方面原因：一是缺乏相关数据以供实证检验，二是关于"陷阱"的时间问题尚未达成共识。陷阱是处于两代之间，还是多代延续，又或是仅持续几个月或几年？对于这个问题，已有研究尚未做出明确回答。尽管存在以上两方面困难，但研究不利冲击、农业生产力、工资收入及营养之间的关系仍然是有必要的。虽然不同问题的具体情况存在差异，持续时间及影响路径识别也会受到内生性问题的影响，但即便是冲击本身持续

---

[1] Brown M. E., Funk C. C., "Climate: Food Security under Climate Change", *Science*, Vol. 319, No. 5863, 2008.
Tirado, M. C., M. J. Cohen, N. Aberman, J. Meerman, and B. Thompson. "Addressing the challenges of climate change and biofuel production for food and nutrition security", *Food Research International*. Vol. 43, No. 7, 2010.

[2] Hales S., de Wet N., Macdonald J., Woodward A., "Potential Effect of Population and Climate Changes on Global Distribution of Dengue Fever: an Empirical Model", *Lancet*, Vol. 360, No. 9336, 2002.
Kraay, A., & McKenzie, D. "Do poverty traps exist? Assessing the evidence", *Journal of Economic Perspectives*, Vol. 28, No. 3, 2014.

[3] Strauss J., Thomas D., "Health, Nutrition and Economic Development", *Journal of Economic Literature*, Vol. 36, 1998.

的时间较短，相关实证经验也有利于加深对营养贫困陷阱的认知。

基于此，本节利用中国在民国时期气候及军事冲突数据，结合金陵大学卜凯教授在 1929 年至 1933 年间在中国农村进行的调研数据，分析了中华人民共和国成立前，气候冲击及军事冲突对中国农村农业生产力、工资收入和营养摄入水平的影响。民国时期，中国农户遭受着苛政、灾荒、军事冲突等一系列不利冲击。聚焦该段历史，不仅为理解营养、工资收入及农业生产力之间固有的内生性提供了不同的见解，也为了解中国农民当时面临的困难提供不同的视角。此外，为保证实证结果的科学性，本节不仅利用现代的统计方法对卜凯数据进行重新评估，而且利用卜凯数据及同时期的新闻报道构建工具变量以解决选择性偏误和内生性问题。

本节的实证结果表明，我国民国时期存在营养贫困陷阱，当时的相关案例及数据也对这一结论进行了佐证。此外，本节发现滞后期的气候冲击（如洪水或干旱）对农户的营养摄入水平产生显著的不利影响。与预期相反的是，本节的实证分析结果表明军事冲突与营养摄入水平之间缺乏显著的相关关系。这一结果可能是由于卜凯调查规避了发生军事冲突的地区，或是军事冲突影响的持续时间较为短暂所致。

一 营养贫困陷阱的理论模型构建

（一）理论分析框架

为验证民国时期是否存在营养贫困陷阱，本节借鉴 Ravallion （1988）的研究，构建理论分析框架。[①] 本节基于福利函数 $Y=\emptyset(x, \eta)$ 展开分析，函数中的 x 是指土地，$\eta \in (\eta^-, \eta^+)$ 是外生冲击。本文假设 η 值越高，福利越好，即 $Y'(\eta) \geq 0$。福利函数可以进一步用食物的间接效用函数 z_f 表示，该函数用 $g(h_f, x, \eta)$ 表示，其中土地和农业劳动力 h_f 指代农户的投入。总的家庭劳动可以划分

[①] Ravallion, M., "Expected poverty under risk-induced welfare variability", *The Economic Journal*, Vol. 98, No. 393, 1988.

为农业和非农业用途。农业劳动的平均产出产量为 θ，农业劳动生产的食物 $z_f=\theta h_f$；非农劳动赚取的工资为 w，工资可以转化为购买或以实物形式支付的食物数量，即 $z_0=wh_0$。

1. 没有冲击的情况

$Y=\emptyset(x,\eta)=\mathrm{Max}(U(z,h):z_f=g(h_f,x,\eta))$

Subject to

$h_f+h_0 \leq h$

$z_f+z_o \leq Z$

$z_f+z_o \geq Z_{\min}$ （3—1）

其中 Z 是农民食物消费的最高水平。用拉格朗日乘数法求解：

$\mathrm{Max} U = g(h_f,x,\eta)+\lambda_h(h-h_f-h_o)+\lambda_z(z-z_f-z_o)+\lambda_{\min}(z_f+z_o-Z_{\min})$

（3—2）

在正常的劳动力市场下，假设现行的工资等于投入额外一单位劳动力的边际产品价值。定义平均生产力为 $\theta=g(x)/h_f$，家庭劳动力的影子价格为 λ_h，可获得食物的影子价格为 λ_z，营养约束的影子价格为 $\lambda_{\min}$，式（3—2）的一阶条件如下：

$\dfrac{\partial U(\ )}{\partial h_f}=\dfrac{\partial g(\ )}{\partial h_f}-\lambda_h-\dfrac{g(\ )}{h_f}\lambda_z+\dfrac{g(\ )}{h_f}\lambda_{\min}=0$

$\dfrac{\partial g(\ )}{\partial h_f}=\lambda_h+\dfrac{g(\ )}{h_f}(\lambda_z-\lambda_{\min})$ （3—3）

$\dfrac{\partial U(\ )}{\partial h_o}=-\lambda_h-w\lambda_z+w\lambda_{\min}=0$

$\lambda_h=w(\lambda_{\min}-\lambda_z)$ （3—4）

由式（3—3）可知，一般条件是不断投入农业劳动力进行耕作，直到劳动力的边际生产力等于食物—劳动的边际效用加上食物边际效用加权的平均产出。随着食物供应的增加，边际效用增加，但在营养约束附近，$Z_{\min}$ 的提高会使效用减少。同样，从式（3—4）中可以看出，随着最低营养需求增加带来的影子价格提高，非农劳动的边际效用变得更有价值，而随着食物供应的增加其价值减少。

为进一步刻画这些条件，本书首先假设劳动力未被约束，且可

获得的食物超过最低营养需求。此时，在 Khun-Tucker 条件下，影子价格为零，因此，从式（3—3）中可得

$$\lambda_z = \frac{\left(\frac{\partial g(\ )}{\partial h_f}\right)}{\left(\frac{g(\ )}{h_f}\right)} = \frac{\partial g(\ )}{\partial h_f} \frac{h_f}{g(\ )} = \varepsilon \tag{3—5}$$

该式表示食物劳动弹性，即当家庭中农业劳动投入增加1%时，食物产出增加的百分比。对于严格凹的生产函数，随着劳动力投入增加，边际产出比平均产出下降得更快，因此，食物劳动弹性通常很小。式（3—5）说明的是，食物效用随着劳动效率的提高而增加。

随后，本书假设劳动约束是有约束力的，即家庭中没有足够的劳动力；或不论边际生产力如何，都投入所有劳动力。此时，

$$\frac{\partial g(\ )}{\partial h_f} + w\lambda_z - \frac{g(\ )}{h_f}\lambda_z = 0 \tag{3—6}$$

整理可得，

$$\lambda_z = \frac{\frac{\partial g(\ )}{\partial h_f}}{\left(\frac{g(\ )}{h_f} - w\right)} \tag{3—7}$$

此处，食物的影子价格取决于劳动力平均产出、边际产出与现行工资之间的关系。影子价格随着边际产出和工资的增加而增加，但随着平均产出增加而减少。因为在凹（或拟凹）生产函数下，边际产出和平均产出一起变化，所以很难进一步分析。但如果假设 $w = \partial g(\ )/\partial h_f$，即工资等于或接近于农业劳动力的边际产出，则

$$\lambda_z = \frac{\frac{\partial g(\ )}{\partial h_f}}{\left(\frac{g(\ )}{h_f} - \frac{\partial g(\ )}{\partial h_f}\right)} \tag{3—8}$$

分子分母同时除以平均产出，整理后可得

$$\lambda_z = \frac{\varepsilon}{(1-\varepsilon)} \tag{3—9}$$

进一步求导得

$$\frac{\partial \lambda_z}{\partial \varepsilon} = \frac{1}{(1-\varepsilon)^2} > 0 \tag{3—10}$$

根据定义，$\partial g(\ )/h_f > \partial g(\ )/\partial h_f \Rightarrow \varepsilon < 1$，在严格的凹函数中，农业劳动生产力缺乏弹性，且随着劳动边际产出相对于劳动平均产出的上升（下降）弹性增大（减小）。换句话说，食物的边际效用随着农业劳动生产力弹性的增大而增加。这意味着食物劳动生产力较高的农户更不可能陷入营养贫困陷阱。在其他条件相同的情况下，营养匮乏的劳动力可能导致劳动弹性更低，所以影子价格会更低。最后，将式（3—9）代入 $\lambda_h = -w\lambda_z$。

$$\lambda_h = -w \frac{\varepsilon}{(1-\varepsilon)} \tag{3—11}$$

因此，家庭劳动力的影子价格（边际效用）随着工资和劳动生产力降低。式（3—11）还意味着工资市场可以替代较低的农业劳动生产力。对公式（3—11）进行微分

$$\Delta \lambda_h = -\left(\frac{\varepsilon}{(1-\varepsilon)}\Delta w + \frac{w}{(1-\varepsilon)^2}\Delta \varepsilon\right) \tag{3—12}$$

这意味着农业劳动生产力和工资沿着等效用曲线进行相互替代，其形式为

$$\frac{\Delta \varepsilon}{\Delta w} = -\frac{(1-\varepsilon)\varepsilon}{w} < 0 \tag{3—13}$$

即随着工资的提高，家庭可以承受劳动生产力的下降，因为来自农业劳动的食物和来自工资的食物互为替代品。

2. 受到冲击的情况

不利冲击在营养约束边界 $Z_{\min}$ 处增加了一个非凸性。去掉营养约束的边界，会得到以下等式：

$$z_f + z_o = Z_{\min} + \eta^+ - \eta^- \tag{3—14}$$

其中 η^+ 是一个正偏差，η^- 是一个负偏差，两者相互排斥，$\eta^+ \cap \eta^-$。本节关注的 $\eta^- = Max(Z_{\min} - z, 0)$。因此，

$$\eta^- = Z_{\min} - \theta(\eta)h_f - w(\eta)h_o \geq 0 \tag{3—15}$$

随着不利冲击加剧,平均产出下降($\lambda_h \geq 0$),η^-增加。同时冲击也会影响工资市场($w_\eta \geq 0$)。劳动生产力的降低会增加劳动力供应,而相关行业(包括雇佣劳动力的商业农场)的劳动力需求会下降,因此工资也会减少。如果冲击导致生产函数向下扭曲,所有农户的边际(和平均)生产力都会下降。这将减少农场生产的食物总量,提高食物的影子价格。由于所有农户的边际生产力以一定比例下降,市场工资也将下降。食物的影子价格因生产力的下降而上升,劳动力的影子价格也会上升,促进了农业劳动对工资劳动的替代。若此推断成立,则可预判生产力与工资存在正向关系。如果非农工资与农业生产力不相关,或工资在短期内是粘性的,该预判则可能不成立。

结合式(3—14),可以将式(3—1)转化为

$$Y = \emptyset(x, \eta) = \text{Max}(U(z, h): z_f = g(h_f, x, \eta))$$

Subject to

$$h_f + h_0 \leq h$$

$$z_f + z_o \leq Z$$

$$z_f + z_o = Z_{\min} + \eta^+ - \eta^- \tag{3—16}$$

这意味着三个内生变量之间的关系与不考虑冲击时一致。

如果营养—生产力假说存在,那么平均生产力和边际产力一样。例如,假设平均生产力随着营养的下降而下降,但边际生产力保持不变(即生产函数垂直向下移动);影子价格提高,增加了额外一单位食物的边际效用。那么,农户会重新分配劳动力,生产力下降带来的效用降低可以通过进入工资市场来抵消,用来自农业劳动的食物代替来自工资的食物。

上述模型的核心是劳动、生产力和营养的内在联系,这是营养贫困陷阱的三个要素。当劳动力存在约束时,农户可以选择雇用家庭劳动力从事农业生产,或者从事非农工作,获取食物工资。食物的效用价值取决于各个农户的特征。当平均生产力和劳动力市场的食物工资较低时,家庭的食物劳动弹性越小,效用就越低。劳动力在食物生产中的价值越缺乏弹性,家庭就越有可能被困于营养贫困

陷阱。如果食物工资超过劳动生产力,农户可以通过进入工资市场来改善困境。

外生冲击也会带来这样的影响。在这种情况下,无论在农业中投入多少努力,都会带来生产函数的扭曲和劳动力弹性的降低。从长远来看,如果工资市场与外生冲击的相关性较弱或不相关,这种情况会得以缓解,但由于劳动力供应的增加和相关行业劳动力需求的减少,两者的相关性可能很强。本节中的三大要素是高度相关和内生的,且以不同平均生产力、劳动力市场多样化与专业化程度为区分的多种均衡可以同时存在。由此,可以用劳动—食物弹性区分陷入和未陷入贫困陷阱的农户,弹性较高的农场可能拥有更先进的技术和更高质量的劳动力、投入等。这些农场也可能有更多的粮食储备,由此缓解了营养约束 Z_{min}。

(二)实证模型

如前文所述,营养贫困陷阱中的生产力、营养、工资具有高度的相关性,理论框架如图3—1所示。

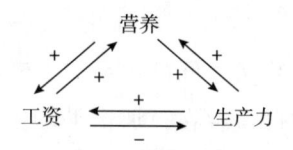

图3—1 营养贫困陷阱的结构示意图

据此本节预测,改善食物消费(营养)会提高生产力,而生产力的提高会改善营养摄入水平。[①] 更高的生产力会增加工资收入[②],但如果工资收入超过农业边际劳动生产力,那生产力就可能下降[③]。

[①] 根据式(3—10),$\dfrac{\partial \lambda_z}{\partial \varepsilon} > 0$

[②] 根据 $w \approx \dfrac{\partial g}{\partial h_f}$

[③] 根据式(3—13),$\dfrac{\Delta \varepsilon}{\Delta w} < 0$

最后，分析表明，营养对工资的影响是正向的，因为农民会寻求不同收入形式，负面冲击会提高农户对工资的需求，由此提高劳动力的供应，降低工资水平；正面的冲击将减少农户对工资的依赖，减少劳动力供应，提高工资水平。

基于上述对营养贫困陷阱的基本理论分析，本节试图检验以下假设。

假设1：生产力与工资呈正相关。随着农业生产力的提高，边际生产力上升，并进一步减少劳动力供应，提高工资水平。

假设2：工资水平的增加会降低农业生产力。该假设可由式（2—13）直接得到。

假设3：工资水平对营养摄入有正向影响。农户通过消耗更多数量或者更有营养的食物来改善营养状况。

假设4：营养对工资有正向影响。两者关系高度内生。基于营养贫困陷阱的假设，获取更多的食物能量，提高生产力，进而提高工资。

假设5：营养对生产力有正向影响。

假设6：生产力对营养有正向影响。这是由式（3—10）中生产弹性增加推导得到的。

为了检验这些假设并解决内生性问题，本节采用工具变量（IV）及三阶段最小二乘法（3SLS）进行分析。联立方程组（3—17）包括农业生产力（P）、农场工资（W）和营养摄入（N）的三个等式，利用工具变量IV_p、IV_w和IV_n识别每个等式。除了利用军事冲突和气候冲击的二元变量，本节还考虑了其他控制变量（Z），并用省份虚拟变量和调查时间虚拟变量控制固定效应与随机效应。表3—1总结了3SLS中使用的所有内生、外生、IV和控制变量。

表3—1　　　　　　　　变量

变量名	定义	均值	方差
Endogenous variables			
Productivity	正常产量与最佳产量之比	0.878	0.066

续表

变量名	定义	均值	方差
Wage	日工资×26天或年工资（银圆）	1.909	4.590
Calories	每日每名成年男性单位的卡路里摄入量（10^3 cal）	3.282	0.761

Climate shock

变量名	定义	均值	方差
Drought	经历重大干旱=1，否则=0	0.026	0.161
Drought（-1）	在前一年经历重大干旱=1，否则=0	0.046	0.211
Flood	经历特大洪水=1，否则=0	0.040	0.196
Flood（-1）	在前一年经历特大洪水=1，否则=0	0.113	0.317

Man-made shock

变量名	定义	均值	方差
Communism	存在共产党活动但没有战争=1，没有共产党活动=0	0.099	0.300
Conflict	存在镇压共产主义的武装冲突、盗匪军阀斗争或内战=1，否则=0	0.048	0.214
Northern war	经历北方战争=1，否则=0	0.106	0.309

IV for productivity

变量名	定义	均值	方差
Land	县总耕地面积（10^2平方公里）	7.703	5.259
Irrigation	灌溉土地占所有土地的比例	0.430	0.214
Fertilizer	施用的动物粪便量（吨每公顷）	7.538	7.209
Privatization	私有土地占所有土地的比例	0.943	0.092
Fragmentation	地块数（块）	4.010	2.900
Multiple-crop	播种面积占耕地面积的比例	1.492	0.375
Credit	用于生产目的的农业信贷（银圆）	19.540	21.189
Tax	农民向县政府缴纳的税款（银圆每公顷）	7.180	4.081

IV forwage

变量名	定义	均值	方差
Sick	一年中病假日与总劳动日的比率（%）	0.935	3.357
Density	人口与作物面积的比率（100人每平方公里）	5.740	3.444

IV for nutrition

变量名	定义	均值	方差
Temple	寺庙专用土地占比（%）	1.714	6.250
Great Famine	经历1928年大饥荒=1，否则=0	0.726	0.447

Labor supply

变量名	定义	均值	方差
Manual power	人力劳动投入（100天每公顷）	7.529	7.923
Animal power	每个农场参与劳作的动物数量（头）	0.779	0.686

续表

变量名	定义	均值	方差
Demographic characteristics			
Male	男性完成的农活的百分比（%）	80.264	12.418
Child	儿童完成的农活的百分比（%）	6.869	3.429
Immigration	迁徙=1，否则=0	0.036	0.186
Population increase	全村人口增长=1，否则=0	0.208	0.407
Agricultural Product Price			
Lagged Price Index	农民面对的调查商品的上一年价格指数（1926=100）	124.726	35.849
Geomorphology			
Mountain	是=1，否=0	0.315	0.466
Plain	是=1，否=0	0.417	0.494
plateau	是=1，否=0	0.060	0.237
Basin	是=1，否=0	0.042	0.200

$$\begin{cases} P = \alpha_0 + \alpha_1 \cdot W + \alpha_2 \cdot N + \alpha_3 \cdot Shock + \alpha_4 \cdot IV_p + \alpha_5 \cdot Z + \varepsilon \\ W = \beta_0 + \beta_1 \cdot P + \beta_2 \cdot N + \beta_3 \cdot Shock + \beta_4 \cdot IV_w + \beta_5 \cdot Z + \mu \\ N = \gamma_0 + \gamma_1 \cdot P + \gamma_2 \cdot W + \gamma_3 \cdot Shock + \gamma_4 \cdot IV_n + \gamma_5 \cdot Z + \pi \end{cases} \quad (3\text{—}17)$$

当面临不利冲击（如：干旱、洪水或军事冲突）时，缺乏食物的农户收入水平降低，他们被迫减少高营养食物的消费，以维持短期温饱。低水平的营养摄入引致家庭劳动力的健康状况恶化，无法承担重体力工作。而低生产力又导致了低收入以及低水平的营养摄入，最终导致农户陷入营养贫困陷阱。

（三）卜凯调查数据

本节的数据来自卜凯教授于1929年至1933年在中国各地进行的农户调查。该调查是同时期范围最广的调研，旨在帮助国家制定农业政策，确定农业改良地点，分析跨地区引进作物和耕作制度的可能性，并比较不同农业地区之间的差异性。

卜凯数据来自于22个省的168个乡镇或县级地区。该调研在每个乡镇或县级地区随机选择100个家庭。虽然卜凯在分层抽样时尽量确保随机，但最终数据还是要取决于当地是否有合适的调查员，以及政治条件是否允许。例如，卜凯指出，当时的江西省南部地区并没有被国民政府控制，所以无法展开调查。此外，Esherick（1981）和Barclay等（1975）也提到卜凯的调研更倾向于选取生活条件更富裕的家庭和政治条件更稳定的地区[①]。由于样本的选择偏差，本书的实证结果显示，我们设置的冲击变量并没有广泛地影响农业生产力、工资或营养。另一个潜在偏误来自农民在详细访谈中提供的数据的准确性。但尽管如此，我们将卜凯的结果与同期的其他数据进行对比后，发现卜凯的数据还是能够代表当时的农户状况。

（四）识别策略

1. 内生性和IV的选择

本节利用3SLS模型框架，把生产力、工资和营养三个关键变量分别作为内生变量，探究生产力、工资和营养之间的关系。由于无法确定生产力、工资及营养如何相互作用，也无法确定是否涉及其他未观察到的因素，OLS回归无法提供一致的参数估计，因此本节采用3SLS模型识别因果效应。

已有诸多研究关注了外生冲击和经济之间的关系。例如，Miguel等（2004）发现经济增长和冲突之间存在负相关关系[②]。为解决因果识别时冲击和经济增长之间潜在的内生性问题，该研究将降雨量作为低灌溉农业地区收入增长的工具变量。Maystadt和Ecker（2014）发现干旱使冲突（索马里内战）发生的可能性增加了62%[③]。本节认为单一的工具变量不足以解决1929—1933年中国农村条件下的选择性偏误问题，因此本节根据调查期间报道的灾难和冲突创建了一系列的变量，包括干旱和饥荒、洪水、内战、盗匪活动、打击共产主义的军事行动、日本军国主义（包括对满洲的吞并行动和在上海的中日

[①] Barclay G. W., Coale A. J., Stoto M. A., et. al. "A Reassessment of the Demography of Traditional Rural China", *Population Index*, Vol 42, No 4, 1975.

Esherick J. W., "Number Games: A Note on Land Distribution in Prerevolutionary China", *Modern China*, Vol. 7, No. 4, 1981.

[②] Miguel E., Satyanath S., Sergenti E., "Economic Shocks and Civil Conflict: An Instrumental Variables Approach", *Journal of political Economy*, Vol. 112, No. 4, 2004.

[③] Maystadt J. F., Ecker O., "Extreme Weather and Civil War: Does Drought Fuel Conflict in Somalia through Livestock Price Shocks?", *American Journal of Agricultural Economics*, Vol. 96, No. 4, 2014.

战争）等。

2. 排他性约束

统计分析中，使用冲突和灾难作为工具变量捕捉内生关系存在较大挑战，因为这些因素可能通过多种复杂途径影响因变量，而这些途径往往难以完全隔离和排除。例如，将干旱作为生产的工具变量看似合理，因为干旱可能导致劳动力过剩和工资降低，从而因低工资和低生产率导致食物短缺。然而，干旱、疾病和营养之间的直接联系也可能对生产产生不同影响。以 1929 的中国饥荒为例，据报道，饥荒地区大约三分之一的死亡是由于虱子传播的斑疹伤寒导致[1]。据预测，1928—1929 年饥荒过去后，有 200 万人死亡，意味着在这些受灾地区，劳动力将减少，工资反而上升。因此，冲突和灾难作为工具变量可能难以全面控制所有影响路径，在解决内生性问题时需谨慎评估其适用性。

同理，虽然冲突变量也可以作为工资的工具变量，但其影响路径较为复杂。一方面，冲突可能导致农民退出劳动力市场，从而减少劳动力供给，推高市场对劳动力的需求和工资水平；另一方面，农民也可能离开农场，进入劳动力市场寻找工作，从而对工资水平产生下行压力。例如，1931 年蒋介石的南京政府与陕西和山西军阀之间的内战，通过多种途径影响了生产力、工资和营养。内战期间，由于铁路和货运列车被控制，华北平原及其他地区的农产品运输中断。在作物过剩的地区，粮食供应充足导致价格大幅下降（Work，1949）；而在高需求地区，粮食短缺引发了饥荒（Sen，1981）。此外，冲突可能促使农民调整种植策略：在作物过剩的地区，农民可能种植更易于当地销售的作物；而在缺粮的地区，农民可能选择种植更具抗风险能力的作物。因此，冲突对经济变量的影响路径多样且复杂，在分析内生性问题时需谨慎考虑其适用性和多重效应。

综上所述，军事冲突和气候灾难的影响路径并不唯一，如果把这些变量作为工具变量，可能违反了排他性约束。基于这些原因，

---

[1] Snow, Edgar. "Saving 250, 000 Lives", China Weekly Review. August 3, 1929: 418-424.

本节选择将军事冲突和气候灾难变量直接纳入每一个方程,并直接使用第二阶段的结构系数来确定它们的影响。

(五) 变量选择

1. 内生变量

本节的变量如表3—1所示。三个内生变量反映了生产力、工资和营养摄入水平之间的关系。生产力用正常作物产量与最佳产量的比率衡量,即上一次收获时的产量(公斤)与农民所述的最佳产量的比率。该变量是一个相对量,它反映了当前条件下的偏差。工资基于每年工作260天进行计算。营养是利用卡路里摄入量进行衡量,将受访家庭的消费情况换算为每个成年男性每日的卡路里摄入量。

2. 气候灾难与军事冲突变量

为创建有效的控制变量,我们搜集了1928年至1933年年底的媒体报道,以 China Weekly Review 为主[①],我们详细地记录了报道中大大小小的干旱、饥荒、水灾、军阀混战、南京国民政府与陕西和山西的军阀间内战、国民党对军阀、共产党及盗匪的军事行动、日本对满洲的军事行动以及1931年的上海事变。

3. 工具变量

生产力方程中共有八个工具变量,包括土地、灌溉、肥料、私有化、土地细碎化、复种作物、信贷和向县政府支付的税款。这些工具变量将直接影响生产力,同时作为工资和营养方程的外生冲击。例如,土地私有化可以通过增加对土地投资的激励来影响农业生产力(Feder 等,1992)[②]。增加对土地的投资可以减少农民对从事雇佣劳动的需要,减少了劳动力供给,从而提高工资。而私有化程度较低的土地(即租赁比例较高的土地)生产率较低,可获取的食物较少,造成营养失衡。同样,土地细碎化可能不利于规模经济,进

---

① 从 China Weekly Review 获取史料的优势在于,可以从该记者和编辑的其他报道找到对特定问题连续深入的探讨。此外,虽然记录的新闻可能并不完整,但我们认为中国农村面临的灾难主要集中在1929年和1933年之间。

② Feder G., Lau L. J., Lin J. Y., Luo X, "The Determinants of Farm Investment and Residential Construction in Post-Reform China", *Economic Development and Cultural Change*, Vol. 41, No. 1, 1992.

而导致农业劳动力供应的增加和家庭粮食供应的减少。

工资的工具变量包含一年中病假日与总劳动日的比率，以及人口与作物面积的比率（单位为 100 人每平方公里）。病假的比例会影响到个人的工资，但与生产力或营养无关。

营养的两个工具变量是寺庙（寺庙土地的百分比）和 1928—1929 年是否发生大饥荒。寺庙变量是一个宗教性的指标。在中国农村，信徒主要信奉佛教和道教。在印度，佛教、耆那教和印度教的大多数信徒都严格遵循素食（Jha 等，2009）[1]。同样，中国佛教和道教的信徒也都是素食主义者。将是否发生大饥荒作为工具变量主要是依据永久性收入假说，即过去的冲击会对消费产生持久影响（Friedman，1957）[2]。作为永久性收入假说的理论模型之一，Blanchard 和 Mankiw（1988）构建的生命周期模型指出风险可以影响消费[3]。

4. 控制变量

劳动力供给。劳动力是三个方程的控制变量，因为它同时影响生产力、工资和营养。此外，畜力也被包括其中，因为它可以替代人力。在 1929—1933 年的中国，参与劳作的动物（如牛）是中国农民最重要的资产之一，它们被用来耕地、灌溉和运输货物。

人口统计特征。该变量可能同时影响生产力、工资和营养。卜凯的调查数据记录了男性、女性和儿童从事农业工作的百分比，在回归中女性变量被省略。此外，控制变量还包括迁徙和人口增长。人口增长和从低生产力地区迁移到高生产力地区的净迁移可能与农业生产力和营养有关。为捕捉这些潜在的不可观测的影响，本节纳入一个二元工具变量以捕捉人口增长[4]。

---

[1] Jha R., Gaiha R., Sharma A., "Calorie and Micronutrient Deprivation and Poverty Nutrition Traps in Rural India", *World Development*, Vol. 37, No. 5, 2009.

[2] Friedman M., "Introduction to 'A Theory of the Consumption Function'", *NBER Chapters*, 1957.

[3] Blanchard O. J., Mankiw N. G., "Consumption: Beyond Certainty Equivalence", *American Economic Review*, Vol. 78, No. 2, 1988.

[4] 虽然无法获得有关人口变化的详细数据，但卜凯的调查中会询问过去的几十年里，村庄的人口是增加还是减少。人口数据来自《中国土地利用》。如果调查区域的人口增加，变量赋值为 1，否则为 0。

滞后期价格指数。因变量（生产力、工资、卡路里摄入）也可能影响农产品价格。本节使用滞后价格变量来解决内生性问题。如果某县的数据是在1930年收集的，则使用该县1929年农民面对的产品价格指数作为该县的滞后价格变量（1926年=100）。

地形。本节用5个虚拟变量来表示受调查地区的地形是山地、平原、高原、盆地还是丘陵，并将其作为控制变量。回归中省略了丘陵变量。

省份固定效应。本节的样本涵盖了22个省[①]。估计时以福建为参照组，控制了其他21个虚拟变量。

调查时间虚拟变量。从1929年第一季度到1933年第四季度，样本涵盖了20个季度。回归以1929年第一季度为参照组，控制了19个调查时间虚拟变量。

对于上述提到的冲突和灾难，本节的识别策略是将事件、时间和地点与卜凯调查中提供的日期进行比对。但由于调查日期不像新闻报道一样详细，仍然可能存在偏误。例如，某个县的调查时间可能在1月1日到5月30日之间，甚至在1月1日到12月31日之间。即使事件发生在同一年，也无法确认其发生在实际调查日期之前还是之后。本节通过两种方式来解决这种偏误：第一，将调查按时间顺序分为不同时段，每三个月为一个时段，从1929年1月1日到1929年3月31日开始，基于此，可以识别特定3个月内报道的事件，以及与随后3个月重叠的报道事件；第二，纳入部分灾难的滞后效应，例如1931年的洪水，以捕捉事件的长期影响。

此外，卜凯数据还可能存在时间偏误。在调查中，卜凯要求受访者报告最近的收成。如果调查发生在1月，那么农民可能会基于前一个秋季收成（可能是玉米）报告生产力和其他指标。但如果在6月，农民的回答可能基于前一个月收获的冬小麦。虽然工具变量和冲击变量可以解决大部分的偏误问题，但本节还使用时间和区域变

[①] 包括福建、广西、广东、安徽、浙江、湖南、江西、贵州、云南、甘肃、宁夏、山西、陕西、绥远、青海、四川、河南、河北、江苏、辽宁、山东和湖北。

量以捕捉未观测到的随机效应和固定效应，从而在较高程度上消除不可观测的偏误。

二 基于1929—1933年民国时期调查数据的营养贫困陷阱检验

（一）3SLS—IV 模型结果

研究结果显示，无论控制其他变量与否，关键变量的结果都较为稳健。本节的研究结果发现，以正常产量与历史最高产量之比衡量的农业生产力受到工资增长的负面影响，以及卡路里的正向影响。负的工资效应表明了雇佣劳动和农业劳动之间的替代关系，即随着工资的提高，投入农业生产力中的劳动力就会减少，这就解释了农业生产力的部分差异。卡路里和生产力之间的正向关系表明，食物消费和耕作所需的能量之间有直接联系。本节还发现卡路里和工资之间存在显著的正向关系，表明营养摄入较好的农民工资水平较高，也可能是由于营养摄入较好的农民选择了务农，减少了劳动力供应，进而提高了工资。这一结果还表明，无法进入工资市场的家庭，其卡路里摄入较少，这支持了内卷的观点。假设2、假设3、假设4和假设5都得到了验证。

但有趣的是，生产力—工资关系并不显著。本节假设由于劳动的边际产出增加，生产力的提高会导致工资的提高。但在没有包含控制变量的模型中，生产力对工资却产生了负向影响，包含控制变量的模型中，生产力对工资的影响不显著。

生产力和卡路里摄入量间的关系仅在没有控制其他变量的模型中显著。在考虑灾难和军事冲突时其并不显著，这可能是由于农户的囤粮行为。重视粮食安全的农民会留出固定数量的谷物，以此满足下一次收获前的需求。例如，Fei（1962）指出："为维持正常生活，农户一般需要一定量的食物，因此食物消费量相对恒定。"[1]

对于自然冲击而言，本节的结果表明，在干旱时期接受调查的

---

[1] Fei X. *Peasant Life in China: A Field Study of Country Life in the Yangtze Valley*. Foreign Language Teaching and Research Press, 1962, P. 125.

家庭农业生产力较低。虽然干旱对工资的影响是负向的,但并不显著,洪水对工资的影响也不显著。这个结果虽然出乎意料,但也具有合理性,因为在干旱和1931年大洪水期间,有大规模的救灾工作。1931年洪水的救灾工作由卜凯团队领导,他们向农户提供食物和种子,且一部分救灾工作通过以工换粮开展,利用口粮代替农民重建堤坝的工资。滞后干旱变量识别了严重干旱后的一年中家庭受到的影响,其对工资有积极影响,但对卡路里摄入有消极影响。综合结果表明,在干旱之后的时期,农民更关心重建与开垦,而对雇佣劳动的兴趣较小。此外,受干旱影响地区的大规模移民和死亡可能会减少劳动力供应,从而相应地增加工资。

军事冲突对工资、营养和生产力都没有影响。但是在中国共产党活跃的地区,存在积极的工资效应。这可能是因为共产党纲领包括消除对工人的剥削,特别是地主的剥削,并在共产党控制地区重新分配了土地。而在其他冲突地区,国民党、土匪或地方军阀则抑制了工资。原因之一可能是军队行军主要依赖铁路,其对铁路的征用扰乱了贸易交通,导致区域总产出和劳动力需求减少。但需要注意的是,卜凯的调查通常避开了被共产党、军阀或土匪控制或可能发生彻底冲突的地区。因此,这些变量最多只能捕捉系统性影响,它们并未对农业生产力或营养产生广泛影响。对此的另一种解释是中国农民极具韧性和恢复力。如1932年发生的一件事情即可作为佐证。到1932年3月上旬,日军的军事活动已经扩展到距离上海约45公里的地区,深入农田。尽管许多农民被炸弹和刺刀杀害,但记者注意到:"在庞大的军队席卷该地后,农民依旧在耕种田地,在屠杀后,日本军队会烧毁未被炸弹摧毁的外围建筑,此时的农民、村民依旧在进行一些零散的工作。[①]"

人口增长和迁徙对营养有积极影响,尽管迁徙的系数并不显著。一个可能的原因是人口变量是长期的。丰富的资源是人口增

[①] *China Weekly Review*. Anonymous Editorial. "In the Wake of Chinese Conquest" March 12, 1932, p. 45.

长的主要原因之一，人们倾向于迁移到食物来源较多的地区。例如，由于中国东北的自然资源较为丰富，1929 年有超过 74.2 万人从山东移民到东北。因此，在移民或人口增加的地区，营养摄入状况更好。

本节的研究结果支持营养贫困陷阱存在的所需条件，而案例数据也表明，在中国农业经济的大部分地区，营养贫困陷阱可能存在。相关案例数据如下：(1) 营养，所有样本的平均摄入量为 3282 卡路里/天，标准偏差为 761，假设营养摄入遵循正态分布，约 26.3% 的人摄入量低于 2800 卡路里/天（标准摄入量），而由于每个受调查的村庄或县内的方差更大，因此这部分人的实际占比可能更高；(2) 生活水平，生活水平由许多因素决定，以往研究表明，旱涝、冲突、内战、土匪、疾病等外生因素对人们的生活质量有很大影响，此外，由于人口密度较大，我国人均农场规模很小，这也影响了人均产量和生活水平，如表3—2所示。

表 3—2　　　　　　　　　估计结果

	（Ⅰ）没有控制变量的模型			（Ⅱ）包含控制变量的模型		
	生产力	工资	卡路里	生产力	工资	卡路里
Endogenous variable						
Productivity	—	-29.343***	5.939**	—	-17.332	1.871
Wage	-0.025***	—	0.237**	-0.007***	—	0.069*
Calories	0.079*	3.440***	—	0.055**	3.194**	—
Climate shock						
Drought	—	—	—	-0.085**	-3.873	0.512
Drought (-1)	—	—	—	0.057*	3.876*	-0.739***
Flood	—	—	—	0.015	0.464	0.142
Flood (-1)	—	—	—	-0.018	2.484	-0.441**
Man-made shock						
Communism	—	—	—	-0.014	1.371	0.203
Conflict	—	—	—	0.004	-0.452	-0.099
Northern war	—	—	—	0.011	-1.427	0.144

续表

	（Ⅰ）没有控制变量的模型			（Ⅱ）包含控制变量的模型		
	生产力	工资	卡路里	生产力	工资	卡路里
IV for productivity						
Land	-0.0003	—	—	-0.002	—	—
Land²	0.00003	—	—	0.0001	—	—
Irrigation	0.027	—	—	0.039	—	—
Fertilizer	-0.0001	—	—	-0.001*	—	—
Privatization	-0.027	—	—	0.003	—	—
Fragmentation	-0.149	—	—	-0.348**	—	—
Multiple-crop	0.0002	—	—	0.0003**	—	—
Credit	-0.0001	—	—	-0.001*	—	—
Tax	-0.001	—	—	-0.001	—	—
IV for wage						
Sick	—	-0.034	—	—	0.144	—
Density	—	-0.010	—	—	-0.254**	—
IV for calories						
Temple	—	—	0.001	—	—	0.016*
Lagged Famine	—	—	0.039	—	—	1.996***
Labor supply						
Manual power	—	—	—	-0.0001	-0.042	0.001
Animal power	—	—	—	-0.009	-0.850	0.029
Demographic characteristics						
Male	—	—	—	0.001	-0.016	0.004
Child	—	—	—	0.004**	0.345**	-0.040
Immigration	—	—	—	-0.044	-1.692	0.354
Population Increase	—	—	—	-0.017	-1.387	0.321**
Agricultural Product Price						
LaggedPrice Index	—	—	—	0.0003	-0.014	-1.710
Geomorphology						
Mountain	—	—	—	0.016	1.281-	-0.090
Plain	—	—	—	-0.004	-0.099	0.294*
plateau	—	—	—	-0.042	-2.216	0.149

续表

	（Ⅰ）没有控制变量的模型			（Ⅱ）包含控制变量的模型		
	生产力	工资	卡路里	生产力	工资	卡路里
Basin	—	—	—	0.004	-0.327	0.049
Province fix effect	未控制	未控制	未控制	已控制	已控制	已控制
Survey random effect	未控制	未控制	未控制	已控制	已控制	已控制
Constant	1.082***	-35.045***	8.013***	0.775***	23.527**	-1.747
Chi^2	31.9***	28.36***	7.96*	170.12***	109.91***	240.29***
Observations	168	168	168	168	168	168

注：*表示在10%水平上显著、**表示在5%水平上显著、***表示在1%水平上显著。

（二）稳健性检验

1. 微量元素回归

为了更详细地分析营养贫困陷阱，本节还进行了一系列的稳健性检验。本节用蛋白质、钙、磷和铁等微量营养素来代替营养方程中的卡路里，检验结果如表3—3所示。除了关注能量摄入，研究营养贫困陷阱对微量营养素缺乏的影响也很重要。例如，Horton和Ross（2003）发现，发展中国家的铁缺乏与成人的低劳动生产率有关[1]。Lukaski（2004）认为，微量营养素（如维生素B_1、维生素B_2、维生素A和铁）的缺乏会对生产力和身体机能产生深远的影响，例如，硫胺素（维生素B_1）的缺乏会导致虚弱、耐力下降、肌肉萎缩和体重下降[2]。在一项相关的研究中，Jha等（2009）展示了微量营养素（胡萝卜素、核黄素铁、硫胺素）缺乏对营养贫困陷阱的影响[3]。通过不同的微量营养素检验营养贫困陷阱，结果显示除了铁以外，其他营养素包括蛋白质、钙和磷都显示出内生的因果关系。这进一步证明了在中国的民国时期满足了营养贫困陷阱存在的所需条件。

---

[1] Horton S., Ross J. "The Economics of Iron Deficiency", *Food Policy*, Vol. 28, No. 1, 2003.

[2] Lukaski H., "Vitamin and Mineral Status: Effects on Physical Performance", *Nutrition*, Vol. 20, 2004.

[3] Jha R., Gaiha R., Sharma A., "Calorie and Micronutrient Deprivation and Poverty Nutrition Traps in Rural India", *World Development*, Vol. 37, No. 5, 2009.

表 3—3　　　控制固定效应与随机效应的微量营养素回归

		生产力	工资	营养
（Ⅲ）Protein model	生产力	—	-8.523	47.570
	工资	-0.010***	—	2.362*
	营养	0.003**	0.166***	—
（Ⅳ）Calcium model	生产力	—	-6.748	0.205
	工资	-0.011***	—	0.006*
	营养	0.432***	24.247***	—
（Ⅴ）Phosphorus model	生产力	—	-8.760	-1.165
	工资	-0.013**	—	0.073**
	营养	0.096***	4.371***	—
（Ⅵ）Iron model	生产力	—	-3.408	0.040*
	工资	-0.008***	—	-0.0002
	营养	5.120**	160.669*	—

注：*表示在10%水平上显著、**表示在5%水平上显著、***表示在1%水平上显著。

2. 对数函数回归

本节通过将关键因变量转化为对数形式来检验主要模型，即把主要模型从水平的绝对度量改为相对度量，内生变量的系数可以被解释为弹性。因此，从表3—4来看，卡路里摄入量增加1%会使工资率增加0.868%，工资增加1%会使卡路里摄入量增加0.196%。卡路里摄入量增加1%，生产力增加0.140%。灾难和冲突变量和此前结果一样，具有混合效应。在控制其他变量的模型中，干旱减少了工资，但增加了卡路里摄入。干旱在发生一年后，对卡路里摄入量呈负向影响，同样地，洪水在发生后一年也具有负效应，卡路里摄入量因此下降。

表 3—4　　　对数方程估计结果

	（Ⅶ）包含随机及固定效应的模型		
	Log（生产力）	Log（工资）	Log（卡路里）
Endogenous variable			
Log（Productivity）	—	-1.011	0.349

续表

	（Ⅶ）包含随机及固定效应的模型		
	Log（生产力）	Log（工资）	Log（卡路里）
Log（*Wage rate*）	-0.086***	—	0.196*
Log（*Calories*）	0.140*	0.868**	—
Climate shock			
Drought	-0.108***	-0.509**	0.208*
Drought (-1)	0.030	0.113	-0.188**
Flood	0.007	0.016	0.084
Flood (-1)	-0.016	0.241*	-0.138**
Man-made shock			
Communism	-0.008	0.066	0.080
Conflict	0.003	-0.014	-0.032
Northern war	0.025	-0.017	0.016
IVs	yes	yes	yes
Control variables	yes	yes	yes
Constant	-0.290**	-0.151	0.344
*Chi*²	170.53***	143.08***	226.17***
Observations	168	168	168

注：*表示在10%水平上显著、**表示在5%水平上显著、***表示在1%水平上显著。

第二节 资产贫困陷阱的理论与经验

除食物消费外，家庭资产动态亦是了解中国农村贫困的重要途径。资产贫困理论指出，农户应对风险的措施（如变卖牲畜、农具及土地）可能会引致福利的长期波动，进而导致贫困陷阱（Jakobsen，2012）[1]。发展初期，中国农村正规信贷市场并不完善，农村社会保障体系亦不健全，当农户面临收入冲击时，可能会落入贫困陷

---

[1] Jakobsen K. T. , "In the Eye of the Storm—The Welfare Impacts of a Hurricane", *World Development*, Vol. 40, No. 12, 2012.

阱（Enfors 和 Gordon，2008）[①]。基于此，本节拟利用中国农村长期面板数据分析资产贫困陷阱的相关问题。

虽然已有诸多研究聚焦于资产贫困陷阱，但资产贫困陷阱是否存在却尚未达成共识。Micawber 门槛值是识别资产贫困陷阱是否存在的重要依据。Adato（2006）的研究发现，南非国家的 Micawber 门槛值约是贫困线的 2 倍，当资产指数在贫困线的 90% 左右时，会引致资产向低水平均衡收敛，家庭落入资产贫困陷阱[②]。但 Giesbert 和 Schindler（2012）的研究却表明，莫桑比克并未存在资产贫困陷阱[③]。总体而言，因各国实际情况存在差异，已有关于多重均衡资产贫困陷阱的研究并未存在普遍规律。

农户选择资产平滑而非消费平滑可能是引致资产贫困陷阱不存在的重要原因。虽然有研究认为，在发展中国家，当农村家庭收入面临巨大波动时，为实现家庭效用最大化，农户会倾向于出售资产以平滑消费（Zimmerman & Carter，2003；Kazianga & Udry，2006）[④]。但亦有诸多研究表明，农户更倾向于减少消费、平滑资产，以确保家庭未来的消费（Fafchamps et al.，1998；Ersado et al.，2003）[⑤]。如 Kumar 等（2013）在对中国和印度农民的比较中发现，当存在信

[①] Enfors E. I., Gordon L. J., "Dealing with Drought: the Challenge of Using Water System Technologies to Break Dryland Poverty Traps", *Global Environmental Change*, Vol. 18, No. 4, 2008.

[②] Adato M., Carter M. R. and May, J., "Exploring Poverty Traps and Social Exclusion in South Africa Using Qualitative and Quantitative Data", *Journal of Development Studies*, Vol. 42, 2006.

[③] Giesbert L., Schindler K., "Assets, Shocks, and Poverty Traps in Rural Mozambique". *World Development*, Vol. 40, No. 8, 2012.

[④] Kazianga H., Udry C., "Consumption Smoothing? Livestock, Insurance and Drought in Rural Burkina Faso", *Journal of Development Economics*, Vol. 79, 2006.

Zimmerman F. J., Carter M. R., "Asset Smoothing, Consumption Smoothing and the Reproduction for Inequality Under Risk and Subsistence Constraints", *Journal of Development Economics*, Vol. 71, 2003.

[⑤] Ersado L., Alderman H., Alwang J., "Changes in Consumption and Saving Behavior before and after Economic Shocks: Evidence from Zimbabwe", *Economic Development and Cultural Change*, Vol. 52, 2003.

Fafchamps, M., C. Udry and K. Czukas, "Drought and saving in West Africa: are livestock a buffer stock?" *Journal of Development Economics*, Vol. 55, 1998.

贷约束时，农户会减少消费以保护资产，即当不利冲击可能会导致资产进一步损失时，农户会采取措施以确保其资产高于阈值[1]。

为进一步刻画中国的贫困陷阱状况，在前一节营养贫困陷阱的基础之上，本节亦对资产贫困陷阱加以分析。本节借鉴 Adato 等（2006）的方法，采用资产指数进行分析，本节分别构建了固定型资产指数、生产资产指数、消费资产指数三类资产指数，并利用这三类指数研究农户家庭的资产动态变化[2]。研究发现，当家庭落入营养贫困陷阱时，该家庭落入资产贫困陷阱的概率将会提高。这是因为，营养贫困陷阱会导致人力资本降低，进而导致资产贫困陷阱。

一 资产贫困陷阱的理论分析

（一）识别策略、排他性限制以及模型结构

基于贫困陷阱理论，本节假定资产增长受到初始资产水平以及其他因素的影响，包括资产动态性、热量摄入、农业收入以及家庭特征、村特征、气候条件等。方程（3—18）至（3—20）是使用平衡性的分位数据。由于存在内生性的问题，因此同时对热量消费、农业收入以及资产增长进行估计。

$$\Delta asset = \theta_0 + \theta_1 \cdot calorie + \theta_2 \cdot incagr + \theta_3 \cdot incnonagr + \theta_4 \cdot asset_{-1} + \theta_5 \cdot asset_{-1}^2 + \theta_6 \cdot asset_{-1}^3 + \theta_7 \cdot asset_{-1}^4 + \theta_8 \cdot Drink + \theta_9 \cdot Environment + \theta_{10} \cdot Lignting + \theta_{11} \cdot Borrow + \theta_{12} \cdot Gift + \theta_{13} \cdot Gender + \theta_{14} \cdot Age + \theta_{15} \cdot Educ + \theta_{16} \cdot BMI + \theta_{17} \cdot Size + \theta_{18} \cdot Heat + \theta_{19} \cdot Rain + \theta_{20} \cdot Drought + Quintiledummy + \varepsilon_1 \quad (3-18)$$

$$calorie = \emptyset_0 + \emptyset_1 \cdot \delta asset + \emptyset_2 \cdot incagr + \emptyset_3 \cdot incnonagr + \emptyset_4 \cdot Dacute +$$

---

[1] Kumar C. S., Turvey C. G., Kropp J. D., "The Impact of Credit Constraints on Farm Households: Survey Results from India and China", *Applied Economic Perspectives and Policy*, Vol. 35, No. 3, 2013.

[2] Adato M., Carter M. R. and May, J., "Exploring Poverty Traps and Social Exclusion in South Africa Using Qualitative and Quantitative Data", *Journal of Development Studies*, Vol. 42, 2006.

$$\varnothing_5 \cdot Dblood + \varnothing_6 \cdot Ddiabetes + \varnothing_7 \cdot Dbone + \varnothing_8 \cdot Pgrain + \varnothing_9 \cdot Pmeat + \varnothing_{10} \cdot Paquatic + \varnothing_{11} \cdot Pvegetable + \varnothing_{12} \cdot Borrow + \varnothing_{13} \cdot Gift + \varnothing_{14} \cdot Insure + \varnothing_{15} \cdot Hcare + \varnothing_{16} \cdot Gender + \varnothing_{17} \cdot Educ + \varnothing_{18} \cdot BMI + \varnothing_{19} \cdot Age + \varnothing_{20} \cdot Size + \varnothing_{21} \cdot Heat + \varnothing_{22} \cdot Rain + \varnothing_{23} \cdot Drought + Quintiledummy + \varepsilon_2 \quad (3-19)$$

$$Incagr = \chi_0 + \chi_1 \cdot \Delta asset + \chi_2 \cdot calorie + \chi_3 \cdot incnonagr + \chi_4 \cdot asset_{-1} + \chi_5 \cdot labor + \chi_6 \cdot Wgarden + \chi_7 \cdot Wfarm + \chi_8 \cdot Wlicestock + \chi_9 \cdot Wfish + \chi_{10} \cdot Dacute + \chi_{11} \cdot Dblood + \chi_{12} \cdot Ddiabetes + \chi_{13} \cdot Dbone + \chi_{14} \cdot Pgrain + \chi_{15} \cdot Pmeat + \chi_{16} \cdot Paquatic + \chi_{17} \cdot Pvegetable + \chi_{18} \cdot Gender + \chi_{19} \cdot Age + \chi_{20} \cdot Educ + \chi_{21} \cdot BMI + \chi_{22} \cdot Size + \chi_{23} \cdot Heat + \chi_{24} \cdot Rain + \chi_{25} \cdot Drought + Quintiledummy + \varepsilon_3 \quad (3-20)$$

变量定义见表3—5，对固定型、生产型以及消费型资产分别进行3阶段回归。为了反映资产的动态特征，假设资产增长率（$\Delta Asset$）是其滞后一期的一元四次多项式 [$f(Asset_{-1}) = \theta_1 Asset_{t-1}^1 + \theta_2 Asset_{t-1}^2 + \theta_3 Asset_{t-1}^3 + \theta_4 Asset_{t-1}^4$]（Giesbert & Schinder，2012）[1]。资产动态性与资产贫困陷阱由农业收入与资产价值的内生关系产生，而营养贫困陷阱则是由于农业收入与资产的内生关系而产生。较低的资产价值导致较低的收入，并反过来导致较低的热量摄入。同样地，较低的热量摄入会影响农业生产率以及农业收入，从而导致较低的资产价值。原假设是：以上任何机制都是无效的，若拒绝原假设则说明可能存在资产贫困陷阱、营养贫困陷阱或者两者都存在。因此，资产价值、农业收入与热量摄入这三者之间的内生关系是不可避免的。

本节纳入了许多变量来控制内生性。商品价格包括在农业收入方程和热量方程中，但不包括在资产方程中。价格对资产的传导过程只能通过收入（产出价格）与消费（食物价格）两种渠道。第一种情况用产出价格弹性来反映，第二种情况用热量消费来反映，这

---

[1] Giesbert L., Schindler K., "Assets, Shocks, and Poverty Traps in Rural Mozambique". *World Development*, Vol. 40, No. 8, 2012.

两种是不同的概念。因此，在资产方程中排除商品价格是合理的，否则会导致重复计算。同样地，在热量和农业收入方程中包括了 *Dacute*、*Dblood*、*Ddiabetes*、*Dbone* 这几个反映疾病情况的变量，但是资产方程中没有，因为它们只通过这些机制影响资产。因此，资产方程满足排他性假设。在热量方程和农业收入方程中的健康变量也没有线性关系，健康对热量摄入的影响与健康对农业收入的影响机制是完全不同的。在三个方程中，反映不同经济状况的控制变量是相同的。借贷变量只有在资产以及热量方程中出现，因为非正式的贷出主要是为了消费以及资产购买而很少是为了非农生产（Turvey et al.，2010）[①]。礼金支出主要反映了社会地位的外部性，Brown 等（2011）指出相比于较低的家庭收入，中国农村的家庭的礼金支出特别高。气候变量作为外生变量可以反映地区的热量以及降水[②]。通过包括其他外生变量，能够更好地分离和识别气候冲击，因为已有广泛的研究认为气候冲击会对资产贫困陷阱和营养贫困陷阱具有重要影响。

最后，分位数变量（*Quintiledummy*）是识别不同资产组间家庭暂时性冲击的变量。其反映资产动态性的理论机制可以通过图 2—2 反映。本节将相对贫困群体定义为最低分位数的群体，在动态系统中，其资产变化路径是明晰的。举例来说，初始点为分位数 1（*Quintile₁*），然后经过 c、d 最后到 i，说明该家庭一直处于贫困陷阱中。另外一个家庭其资产可能是经历 1、b、e、i 的过程，即虽有短暂提升，但没有摆脱陷阱。或者直接摆脱贫困陷阱（1，d，f，g，h），或者先陷入后摆脱（5，c，d，h）。在任何时刻的稳定状态定义为 $\Delta w_t = 0$，而未来的稳定状态定义为 $\{\Delta w_{t+n} \mid \Delta w_t \neq 0\} = 0$。所谓贫困陷阱，意味着在任何给定的时间，其状态都低于一个门槛值。$\{\Delta w_t \mid \Delta w_{t-n} <=> 0, w_t < w_t^p\} = 0$。正如图 3—2 中所看到的，有很多路线都

[①] Turvey C. G., Kong R., Huo X., "Borrowing amongst Friends: the Economics of Informal Credit in Rural China", *China Agricultural Economic Review*, Vol. 2, No. 2, 2010.

[②] Brown P. H., Bulte E., Zhang X., "Positional Spending and Status Seeking in Rural China", Journal of *Development Economics*, Vol. 96, 2011.

会导致家庭陷入贫困陷阱。这种现象无论是随机性的产生还是存在自我强化的非线性动态,都会产生路径动态。

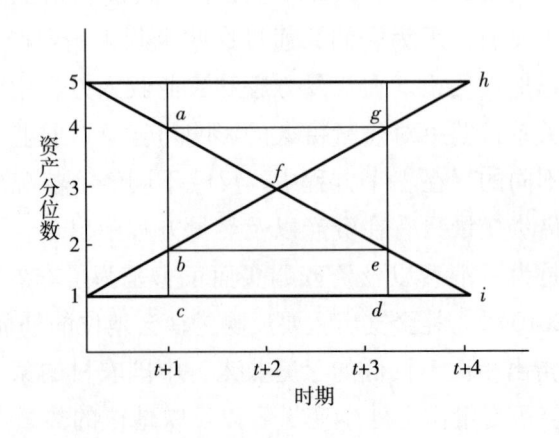

图 3—2 暂时性的资产动态

该图显示了随着时间推移可能出现的动态资产路径的性质。众多的路径表明,基于资产的贫困陷阱可能以多种形式出现,但也可能是过渡性的,给人一种贫困陷阱的感觉。

本节区分出每个家庭的资产动态路径,利用面板数据控制暂时性的冲击。因此,部分识别策略要求识别出路径演变是由于共同的系统性因素还是由于关键解释变量。为此,本节利用平衡面板数据,分析在1989年被识别为相对贫困群体家庭的转换路径。基于1989年家庭的综合指数,对样本家庭五等分,每个等份有256个家庭,第五等份的家庭数是255。在第二轮的调查年(1991年),再次将1279个家庭五等分,并生成5个等份虚拟变量 $Quintile_1^{1991}$、$Quintile_2^{1991}$、$Quintile_3^{1991}$、$Quintile_4^{1991}$、$Quintile_5^{1991}$,以此类推,每轮产生5个变量。每个等份虚拟变量都反映了年份效应,方程中不再包括年份固定效应。

(二)数据

本节数据来自《中国健康与营养调查》,共8轮(1989、1991、1993、1997、2000、2004、2006、2009),包含21767个观察值,来

自 9 个省份，其中农村家庭每轮大概 2269—2949 个，并不是所有家庭都参与了每轮的调查，本文共识别到 1279 个家庭（10232 个观察值）连续地参加了所有 8 轮调查，进而形成了一个平衡面板数据，以此减少了由于样本磨损导致的样本抽样偏差。样本磨损通常是许多经济、环境冲击的内生性因素（Jalan & Ravallion, 2002）[①]。省份的气候数据来自于《中国统计年鉴》。基于资产列表，生成 4 种不同的资产指数：综合资产指数、固定型资产指数、生产性资产指数、消费性资产指数，如表 2—5 所示。

（三）稳健性检验

针对模型的主要结果（方程 3—18 至 3—19），Hausman 检验拒绝了原假设，针对综合资产指数、固定型资产指数、生产性资产指数、消费性资产指数，χ^2 值分别为 370.76（$p = 0.0604$），23.54（$p = 0.0235$），106.33（$p <= 0.001$），323.34（$p <= 0.001$）。固定效应的 R^2 高于随机效应模型的 R^2。总体来说，估计系数是显著的，综合指数模型的 $R^2 = 0.256$，固定型资产指数模型的 $R^2 = 0.151$，生产型指数模型的 $R^2 = 0.138$，消费型指数模型的 R^2 为 0.222。

为了检验稳健性和排他性约束，本节将所有控制变量均纳入方程中，并进行 3 阶段回归（比如，资产的滞后期以及其四项多项式，金融变量、非农收入、劳动投入、健康状况、食物价格、家庭基本特征、气候变量）。同时，本节分别回归了固定效应以及随机效应的非限制性模型。此外，还用年份和交叉效应来代替五等份虚拟变量。交叉固定效应包括了 38 个县的虚拟变量（共 39 个县）由 Hausman 检验来决定是用固定效应还是随机效应。结果表明，用五等份虚拟变量来替代年份固定效应是适合的。最终的结果表明，无论是 Hausman 检验、稳健性检验还是非限制性模型，其模型结果是一致的，三个方程在理论上是合理的，满足了排他性约束，并得到了具有一致性的结果。

[①] Jalan J., Ravallion M., "Does Piped Water Reduce Diarrhea for Children in Rural India?", *Journal of econometrics*, Vol. 112, No. 1, 2003.

表 3—5　　变量描述

变量	变量描述	均值				
		分位点 1	分位点 2	分位点 3	分位点 4	分位点 5
Asset index						
Asset	综合资产指数(APLU，资产贫困县单位)	1.991	2.092	2.166	2.254	2.437
Assetfix	固定型资产指数（APLU）	1.755	1.808	1.843	1.887	1.959
Assetprod	生产性资产指数（APLU）	1.731	1.819	1.802	1.876	1.919
Assetcons	消费性资产指数（APLU）	2.027	1.994	2.069	2.029	2.094
Fixed asset						
Land	人均耕地面积（亩）	0.864	0.973	0.785	1.104	1.330
House	人均住房价值，2009 年价格(10^3 元)	12.310	11.995	16.075	13.912	15.716
Productive asset						
Material	人均农业原料投入价值，如化肥、农药、种子等，2009 年价格（10^3 元）	0.421	0.548	0.489	0.610	0.790
Tractor	拖拉机与手扶拖拉机人均价值，2009 年价格（10^3 元）	0.136	0.110	0.118	0.216	0.232
Irrigation	灌溉设备人均价值，2009 年价格（10^3 元）	0.013	0.012	0.009	0.025	0.018
Thresher	电力脱粒机人均价值，2009 年价格（10^3 元）	0.005	0.009	0.008	0.014	0.019
Pumps	水泵人均价值，2009 年价格（10^3 元）	0.007	0.012	0.009	0.013	0.012
Consumption asset						
Tricycles	三轮车人均价值，2009 年价格（10^3 元）	0.036	0.039	0.024	0.043	0.041
Bikes	自行车人均价值，2009 年价格（10^3 元）	0.088	0.088	0.128	0.132	0.089
Motorcycles	摩托车人均价值，2009 年价格（10^3 元）	0.236	0.248	0.187	0.297	0.275
Cars	汽车人均价值，2009 年价格（10^3 元）	0.489	0.419	0.296	0.449	0.634
VCR	VCR 人均价值，2009 年价格（10^3 元）	0.017	0.006	0.012	0.011	0.015
BWTV	黑白电视机人均价值，2009 年价格（10^3 元）	0.048	0.043	0.045	0.044	0.043
CTV	彩色电视机人均价值，2009 年价格（10^3 元）	0.276	0.262	0.351	0.281	0.328
Washing	洗衣机人均价值，2009 年价格（10^3 元）	0.070	0.061	0.082	0.059	0.078
Refrigerator	冰箱人均价值，2009 年价格（10^3 元）	0.111	0.087	0.141	0.093	0.131
Airconditioner	空调人均价值，2009 年价格（10^3 元）	0.083	0.057	0.085	0.055	0.082
Sewingn	缝纫机人均价值，2009 年价格（10^3 元）	0.023	0.023	0.023	0.026	0.025
Efan	电扇人均价值，2009 年价格（10^3 元）	0.050	0.048	0.058	0.062	0.053
Camera	相机人均价值，2009 年价格（10^3 元）	0.010	0.006	0.011	0.010	0.016
Computer	电脑人均价值，2009 年价格（10^3 元）	0.037	0.024	0.059	0.034	0.060

续表

变量	变量描述	均值 分位点1	分位点2	分位点3	分位点4	分位点5
Telephone	电话人均价值，2009年价格(10^3元)	0.039	0.033	0.047	0.032	0.040
VCD	VCD或DVD人均价值，2009年价格(10^3元)	0.025	0.023	0.029	0.027	0.025
Cellphone	手机人均价值，2009年价格(10^3元)	0.088	0.088	0.094	0.116	0.107
Consumption						
Calorie	每个成年人3天平均卡路里摄入量(Kg)	2.561	2.608	2.611	2.591	2.588
Income						
Incagr	家庭成人人均农业收入，2009年价格(10^3元)	2.312	2.569	2.253	2.724	2.905
Incononagr	家庭成人人均非农收入，2009年价格(10^3元)	4.014	3.820	4.683	3.810	4.289
Household feature						
Gender	家庭成人中的男性比例（%）	0.490	0.487	0.491	0.480	0.487
Age	成人平均年龄（岁）	43.609	42.940	42.862	43.240	42.186
Educ	成人接受正规教育的平均年数成人平均正式教育（年）	5.765	5.725	6.140	5.865	6.020
BMI	体质指数，体重/身高^2（kg/m^2）	22.158	21.962	22.295	22.256	22.184
Size	家庭规模	4.150	4.134	4.193	4.178	4.109
Labor	家庭成人人均农业劳动投入(10^3小时)	0.623	0.711	0.588	0.687	0.720
Community feature						
Drink	家庭获取饮用水的方式：4=入室自来水，3=院内自来水，2=院内井水，1=其他	2.732	2.716	2.965	2.727	2.801
Environment	厕所种类：7=冲水，室内；6=没有冲水，室内；5=冲水，屋外，公共厕所；4=没有冲水，屋外，公共厕所；3=水泥露天；2=土露天；1=其他；0=没有厕所	3.638	3.564	4.032	3.493	3.705
Lighting	1=电力照明，0=other.	0.980	0.972	0.977	0.971	0.966
Price index						
Pgrain	粮食累计价格指数	0.554	0.554	0.551	0.555	0.553
Pmeat	肉蛋禽累计价格指数	0.541	0.543	0.545	0.545	0.545
Paquatic	水产品累计价格指数	0.661	0.665	0.659	0.660	0.658
Pvegetable	蔬菜累计价格指数	0.452	0.453	0.450	0.449	0.452
Work dummy						
Wgarden	虚拟变量，1=参加园艺，0=不参加园艺	0.727	0.745	0.657	0.671	0.684

续表

变量	变量描述	均值					
		分位点1	分位点2	分位点3	分位点4	分位点5
Wfarm	虚拟变量，1=参与耕种，0=不参与耕种	0.751	0.791	0.620	0.758	0.696
Wlivestock	虚拟变量，1=饲养畜禽，0=不饲养畜禽	0.640	0.697	0.545	0.610	0.585
Wfish	虚拟变量，1=参与水产品生产，0=不参与水产品生产	0.032	0.041	0.036	0.042	0.045
Disease dummy						
Dacute	在过去的4周内，成年产妇是否患有急性疾病？1=是，0=否。	0.188	0.194	0.221	0.208	0.178
Dblood	成年劳动力是否有高血压？1=是，0=否。	0.099	0.101	0.120	0.102	0.094
Ddiabetes	成年劳动力是否患糖尿病？1=是，0=否。	0.014	0.013	0.019	0.019	0.014
Dbone	成年劳工是否曾骨折？1=是，0=否。	0.057	0.040	0.055	0.044	0.050
Hcare	是否参与医疗保健活动？1=参与，0=没有参与。	0.006	0.010	0.009	0.012	0.011
Credit & Insurance						
Borrow	人均从非家庭成员（朋友或亲戚）处借到的钱（10^3元）	0.282	0.276	0.287	0.353	0.256
Gift	从非家庭成员处收到礼物的人均价值（10^3元）	0.068	0.053	0.062	0.057	0.057
Insure	健康保险的人均参与率（%）	0.198	0.202	0.184	0.193	0.174
Climate condition						
Heat	年平均温度（℃）	16.591	16.940	16.817	16.729	16.843
Rain	年均降雨量（10^3mm）	1.076	1.106	1.118	1.053	1.102
Drought	干旱占播种面积的比例（%）	6.196	6.248	6.090	6.376	6.309

二 基于1989—2009年中国数据的资产贫困陷阱检验

本节用三个因变量（资产、卡路里和农业净收入的变化）估计一个3SLS方程系统。这个系统针对五个资产等份中的三个不同的资产指数（固定型资产、生产性资产和消费性资产）分别进行估计。本节总共运行了15个3SLS模型，估计了45个方程，结果如表3—6至表3—8所示。

表 3—6　资产指数回归（3SLS）：方程 1，$\Delta Asset$ 作为因变量

	固定型资产指数					生产性资产指数					消费性资产指数				
	分位点1	分位点2	分位点3	分位点4	分位点5	分位点1	分位点2	分位点3	分位点4	分位点5	分位点1	分位点2	分位点3	分位点4	分位点5
Calorie	−0.186**	−0.039	0.102	0.132	0.165*	0.208**	0.263***	0.073	0.168	0.597***	−0.101	−0.472***	−0.467***	−0.349***	−0.560***
Incagr	0.005	−0.012	−0.006	−0.026***	−0.036***	0.047***	0.054***	0.062***	0.062***	0.032***	−0.072***	−0.033**	−0.028	0.027	−0.060***
Incnonagr	−0.002	−0.0002	0.000	−0.006***	−0.003*	−0.001	−0.002***	−0.002*	0.0003	−0.007***	0.019***	0.006***	0.027***	0.023***	0.026***
$Asset_{-1}$	0.826	−1.183	0.804	0.285	−1.191	−1.948***	−2.642***	−2.671***	−0.692*	−2.397***	−0.634***	−0.920***	−1.227***	−1.183***	−1.283***
$Asset_{-1}^2$	−0.888	0.474	−0.700	−0.404	0.597	0.687	1.264*	1.042*	−0.161	0.872***	−0.171***	−0.027	0.044	0.132	0.152***
$Asset_{-1}^3$	0.267	−0.110	0.159	0.104	−0.149	−0.182	−0.360*	−0.217	0.062	−0.193***	0.037***	0.011	0.010	−0.022	−0.020*
$Asset_{-1}^4$	−0.027	0.006	−0.011	−0.009	0.011	0.018	0.036**	0.014	−0.007	0.015	−0.002***	−0.001	−0.001*	0.002	0.001**
Drink	−0.006	0.009	−0.007	−0.001	0.004	−0.011	−0.008	−0.009	−0.021**	−0.005	−0.006***	−0.002	0.012	−0.010	−0.009
Environment	0.019***	0.022***	0.003	0.019***	−0.004	−0.015***	−0.020***	−0.011***	−0.003	−0.019***	0.038***	0.024**	0.019*	0.030***	0.035***
Lighting	0.0003	−0.036	0.103	−0.059	0.040	−0.084	−0.040	−0.008	0.079	−0.040	−0.054	0.009	−0.230	−0.147	−0.045
Borrow	−0.001	0.012*	0.013**	0.020***	0.037***	−0.006	−0.003	0.004	−0.001	0.015*	−0.006	−0.016	0.015	−0.002	−0.022
Gift	0.051	0.161***	0.279***	0.040	0.132**	−0.052	0.001	0.020	−0.047	0.107***	0.241***	−0.088	−0.170	0.076	−0.236***
Heat	0.003	−0.005	−0.006	0.0004	−0.003	0.003	0.010**	0.005	0.013**	0.019***	0.001	−0.001	0.004	0.005	−0.019
Rain	−0.029	−0.050	0.017	−0.055	0.057	−0.069	−0.142**	−0.147**	−0.144**	−0.103**	0.211**	0.012	0.018	0.024	0.160
Drought	−0.004	−0.002	0.0001	−0.003	0.0003	−0.001	−0.001	−0.003	−0.002	−0.003	0.008	−0.001	0.004	0.001	0.004
Observations	0.972	1.780**	−0.231	0.508	0.769	1.788***	1.810***	2.646***	1.015***	0.909	0.768	2.254***	2.810***	2.273***	3.987***
Chi^2	1213.3***	1615.8***	1206.7***	1079.4***	1150.2***	1486.5***	1458.1***	1317.7***	977.0***	1050.3***	2555.6***	2497.4***	1902.9***	2066.2***	2101.5***

注：①省略了五分位虚拟变量和控制变量（如性别、年龄、BMI、体型、教育）的结果。②*表示在10%水平上显著，**表示在5%水平上显著，***表示在1%水平上显著。

表 3—7　资产指数回归（3SLS）：方程 2 卡路里作为因变量

	固定型资产指数					生产性资产指数					消费性资产指数				
	分位点 1	分位点 2	分位点 3	分位点 4	分位点 5	分位点 1	分位点 2	分位点 3	分位点 4	分位点 5	分位点 1	分位点 2	分位点 3	分位点 4	分位点 5
ΔAsset	-0.617***	-0.213**	0.245	0.262**	0.148	-0.077	-0.015	0.039	0.011	0.081	0.048	-0.013	0.020	-0.036	-0.006
Incagr	0.047***	0.052***	0.071***	0.084***	0.066***	0.050***	0.055***	0.071***	0.073***	0.065***	0.056***	0.050***	0.073***	0.082***	0.059***
Incnonagr	0.004	0.003*	0.004	0.004	0.004	0.006**	0.003*	0.004	0.002	0.004	0.006*	0.003*	0.004	0.004	0.003
Dacute	-0.035	-0.026	-0.056	-0.020	-0.056	-0.055	-0.023	-0.065	-0.021	-0.017	-0.051	-0.023	-0.078	-0.007	-0.053
Dblood	0.073	0.076	-0.167**	0.221***	-0.023	0.035	0.045	-0.153**	0.170**	0.015	0.076	0.046	-0.152***	0.201***	-0.022
Ddiabetes	-0.095	-0.107	0.085	-0.081	-0.152	-0.249	-0.079	0.147	-0.054	0.113	-0.273	-0.032	0.234	-0.113	-0.022
Dbone	0.070	0.075	0.070	0.005	-0.048	0.001	0.099	0.077	0.013	-0.053	0.042	0.083	0.098	0.029	-0.021
Pgrain	0.045	2.730***	0.836***	3.467***	1.874***	0.297	2.429***	0.696*	3.987***	1.399**	0.449**	2.728***	-0.219	3.406***	2.298**
Pmeat	-1.947**	-1.488**	-0.897	-0.062	1.368**	-1.391*	-1.317*	-1.813*	-0.730	0.224	-1.724**	-1.254**	-2.114**	-0.774	0.926
Paquatic	0.467	0.303	0.771	1.055**	0.649*	0.547	0.361	0.625	0.988**	0.785**	0.582	0.374	0.718	1.121**	0.860**
Pvegetable	0.761	-0.204	-2.438**	-1.213*	-0.758	0.711	-0.452	-2.198**	-1.076	-0.782	0.332	-0.708	-1.771**	-0.963	-1.034
Borrow	-0.021	0.005	0.022	0.002	0.000	-0.022	0.007	0.029	0.004	-0.008	-0.021	0.007	0.028	0.002	0.005
Gift	-0.080	-0.242***	-0.206	-0.024	-0.070	-0.133	-0.318***	-0.115	0.016	-0.099	-0.121	-0.292***	-0.141	-0.020	-0.087
Insure	0.036	-0.008	0.244***	0.046	0.034	-0.060	0.012	0.253***	0.063	0.010	0.044	0.009	0.271***	0.068	0.060
Hcare	0.279*	0.384*	-0.329	0.036	0.229	0.325	0.258	-0.340	0.044	0.293*	0.239	0.330*	-0.245	0.069	0.328*
Heat	0.034***	-0.012	-0.002	-0.024**	-0.045***	0.026**	-0.015	0.006	-0.020	-0.039**	0.028**	-0.017	0.009	-0.018	-0.046**
Rain	-0.086	0.092	-0.010	0.274**	0.156	-0.040	0.106	-0.033	0.270**	0.133	-0.056	0.134	-0.079	0.235**	0.194*
Drought	-0.006	0.0002	-0.004	0.006	0.008*	-0.003	0.001	-0.006	0.004	0.006	-0.005	0.002	-0.007	0.005	0.009*
Observations	2.634***	3.003***	3.632***	1.269***	2.491***	2.096***	2.951***	3.912***	1.448***	2.815***	2.213***	2.950***	4.036***	1.444***	2.557***
Chi²	212.8***	318.9***	158.7***	310.9***	327.6***	198.2***	312.3***	156.7***	304.5***	321.5***	200.0***	310.4***	158.4***	295.3***	327.7***

注：①省略了五分位虚拟变量和控制变量（如性别、年龄、教育、BMI、体型）的结果。②*表示在10%水平上显著，**表示在5%水平上显著，***表示在1%水平上显著。

表3—8　资产指数回归（3SLS）方程3农业收入作为因变量

	固定型资产指数					生产性资产指数					消费性资产指数				
	分位点1	分位点2	分位点3	分位点4	分位点5	分位点1	分位点2	分位点3	分位点4	分位点5	分位点1	分位点2	分位点3	分位点4	分位点5
ΔAsset	-6.998***	-0.666	2.052*	-2.318	4.867***	-0.922***	5.141***	5.996***	4.619	6.115***	-0.922***	-1.555	-0.779*	-0.482	-3.172***
Calorie	-1.868*	-0.993	0.764	4.511***	2.649**	1.093	-4.035***	-0.517	1.936	-3.292**	1.093	-2.546**	0.140	5.304**	-0.716
Incnonagri	-0.072***	-0.006	-0.024***	-0.067***	-0.050**	-0.041***	0.015**	0.004	-0.036	0.009	-0.041***	0.006	0.002	-0.047	0.050
Assetlag	-2.404***	-0.459	1.119**	-0.232	1.207**	-0.727***	5.022***	4.726***	3.911	5.930***	-0.727***	-1.303	-0.791*	-0.684	-2.880***
Labor	0.960***	0.585***	0.673***	0.353**	0.813***	0.811***	0.581***	0.451***	0.549***	0.633***	0.811***	0.648***	0.685***	0.381***	0.632***
Wgarden	1.519***	1.635***	1.618***	1.134***	1.697***	1.275***	0.845***	0.793***	0.010	0.824***	1.275***	1.466***	1.481***	0.917***	1.089***
Wfarm	1.299***	1.679***	1.235***	0.982**	1.062***	0.990***	1.348***	0.747***	1.243*	0.999***	0.990***	1.780***	1.253***	0.598***	0.985***
Wlivestock	-0.301	0.212	-0.109	-0.125	0.264	-0.226	0.297	0.099	0.502	0.224	-0.226	0.224	-0.067	0.181	0.143
Wfish	0.927**	0.892**	1.098***	0.361	0.117	0.908***	0.577**	0.784***	0.239	0.136	0.908***	0.856**	1.058***	0.162	-0.020
Dacute	-0.164	-0.522***	-0.208	-0.243	-0.080	-0.022	-0.440**	-0.197	-0.204	-0.200	-0.022	-0.618***	-0.216	-0.153	-0.167
Dblood	0.072	0.028	0.331	-1.761***	-0.408	0.049	0.051	0.060	-0.703**	-0.356	0.049	-0.018	0.213	-1.647***	-0.318
Ddiabetes	-0.928***	-0.343	-1.343***	0.968	0.537	-0.082	-0.398	-0.831**	0.049	-0.642	-0.082	-0.262	-1.336***	0.942	-0.052
Dbone	-0.458	0.014	-0.240	-0.083	-0.046	-0.418	0.115	-0.146	-0.041	-0.115	-0.418	-0.024	-0.210	-0.185	-0.087
Pgrain	6.350*	3.369	2.588	-12.427***	-9.633***	4.092	8.090***	3.008	-16.360*	-2.501	4.092	7.009	3.408	-18.654***	-4.936
Pmeat	-2.152	2.265	-0.519	-0.421	-6.726	2.009	0.695	-0.184	5.043	-0.655	2.009	1.977	0.755	5.262	-1.896
Paquatic	-3.878**	-1.891	-2.920**	-7.039***	-8.165***	-4.021***	-0.924	-1.236	-3.569*	-4.798***	-4.021***	-1.388	-2.476**	-8.329**	-5.933***
Pvegetable	-3.459	-2.734	-1.496	1.481	-2.007	-3.860	-3.215	-2.863	3.063	-2.376	-3.860	-4.551	-3.289	-0.066	-3.100
Heat	-0.014	-0.150***	-0.057	0.014	0.150*	-0.101***	-0.208***	-0.089***	-0.103	-0.125**	-0.101***	-0.169***	-0.087***	-0.001	-0.023
Rain	1.435***	1.003**	1.135***	-0.616	-0.144	1.559***	2.165***	1.865***	0.682	1.672***	1.559***	1.337***	1.317***	-0.694	1.149***
Drought	-0.028	0.022	0.025	-0.038	-0.040	0.011	0.033	0.032	-0.005	0.014	0.011	0.027	0.028	-0.031	-0.003
Constant	10.951***	2.438	-4.855***	-1.832	-6.264	-2.432	0.403	-8.708***	-7.755	-0.167	-2.432	6.586*	-0.015	-3.244	11.721***
Chi²	656.2***	853.5***	1050.4***	398.2***	727.9***	1123.1***	830.1***	1079.1***	663.8***	937.4***	1123.1***	755.1***	1050.8***	392.1***	651.3***
Observations	1792	1792	1792	1792	1785	1792	1792	1792	1792	1785	1792	1792	1792	1792	1785

注：①省略了五分位虚拟变量和控制变量（如性别、年龄、教育、BMI、体型）的结果。②*表示在10%水平上显著，**表示在5%水平上显著，***表示在1%水平上显著。

（一）资产动态

表3—6显示了资产增长、热量摄入和农业收入之间的替代关系。第一，热量摄入和农业净收入之间因果关系。农业净收入的增加改善了所有五分位数的卡路里摄入；卡路里对农业净收入的影响是混合的，受制于资产指数的选择，因此没有发现效率—工资假说或基于收入的贫困营养陷阱假说的有力证据。

第二，本节可以观察到卡路里和资产增长之间的因果关系，并发现在较低的五分之一人口中，卡路里和固定型资产投资之间存在交互替代的关系。此外，热量会排挤最后五分之一人口的消费性资产投资，但会挤入生产性资产投资（特别是在贫穷的五分之一人口）。

第三，农业收入与资产增长之间内生关系。一方面，农业收入的增加会促进所有五分位数的生产性资产投资，但会减少固定型和消费性资产投资，特别是对小康家庭；另一方面，资产增长对农业净收入的影响是混合的；也就是说，生产性资产投资有利于农业收入，但消费性资产投资会损害农业净收入。此外，固定型资产投资会减少最贫困家庭的农业收入，但会增加最富裕家庭的收入。

第四，农业收入比非农业收入具有更有利的热量效应。例如，在固定型资产指数模型的热量摄入方程中，农业收入的系数在1%的水平上是显著的，高于非农业收入的系数。这与Babatunde和Qaim（2010）不同，他们认为非农业收入与农业收入具有相同的边际效应[1]。本节的发现意味着，依赖农业生产和自然资源的农村家庭，可能会出现农业收入和卡路里在气候冲击下同时减少的情况，加剧农村和非农村家庭在资产、储蓄、生产力等方面的差距。

（二）贫困陷阱评估

四度多项式函数并未表明存在基于多重均衡的贫困陷阱的有力证据。因为初始资产及其四度多项式扩展在所有模型中并非都显著。初始固定型资产并不影响未来的固定型资产投资。较低初始生产性

---

[1] Babatunde R. O., Qaim, M., "Impact of off-farm income on food security and nutrition in Nigeria", *Food Policy*, Vol. 35, 2010.

资产禀赋的贫困家庭对生产性资产的投资总是高于有较高初始生产性资产禀赋的富裕家庭。系统性资产动态的唯一证据是消费性资产，而且只限于第1和第5等份。使用表3—6的多项式结果，本节在图3—3中说明了这两种动态，将资产的初始变化为标准化为1。对于较低的五分位数家庭，资产收益不断减少，资产不断被侵蚀，但对于第五分位数，资产收益不断增加，增长了1.7的初始规模（在X尺度上），此后不断减少；另一方面，在较低五分位数的资产动态中，没有发现存在一个可以让消费型资产发生逆转的底部，这表明可能存在着贫困陷阱。此外，本节的研究结果表明：

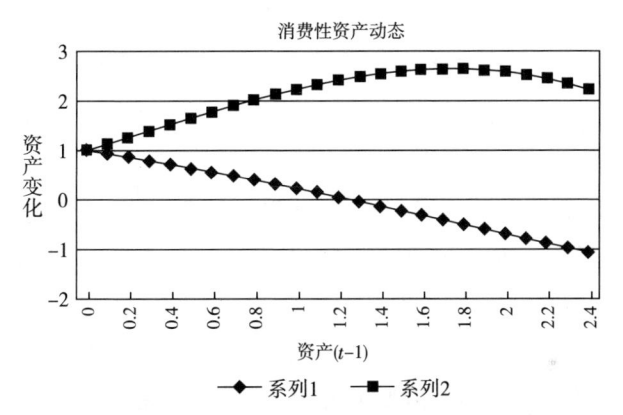

图3—3 消费资产动态贫困（第一和第五分位数，来自表3—5)

（1）在固定型资产指数模型中，所有五分位数都有一个或两个正实数根，其中唯一或较低的正实数根也在2个APLU左右，即第一五分位数为2.124 APLU，第二五分位数为1.876和12.247 APLU，第三五分位数为2.306 APLU，第四五分位数为2.121 APLU，第五五分位数为2.511和8.078 APLU。

（2）在生产性资产指数模型中，总是有两个正实数根，其中较低的正实数根在2个APLU左右，即第一五分位数为1.681和6.400APLU，第二五分位数为1.765和5.897APLU，第三五分位数为1.611和10.233APLU，第四五分位数为2.417APLU，第五五分位数为2.530和7.587APLU。

（3）在消费性资产指数模型中，有一个或两个正的实数根，其中较低的实数根总是在 2 个 APLU 以上，即第一个五分位数为 2.455APLU，第二个五分位数为 2.970APLU，第三个五分位数为 2.342APLU，第四个五分位数为 2.261 和 10.877APLU，第五个五分位数为 1.911 和 17.835 APLUs。

扩展的非限制性模型检验结果表明，估计的均衡点是稳健的。总地来说，没有证据表明中国农村家庭存在分行贫困陷阱（Barrett 和 Swallow，2006）[1]。卖出消费型资产可以把穷人拉出单一的贫困陷阱（大约 2 个 APLU），随着时间的推移，拥有超过 6 个 APLU 或生产性资产的穷人可能会变为富人。

（三）过渡性资产动态

通过在每个方程中加入虚拟变量以捕捉每个家庭的综合资产组合随时间的过渡性变化。图 3—4 显示了 1989 年处于第五五分位数和第一五分位数的家庭在 1991 年和 2009 年的消费性资产的变化。从 1989 年的第一五分位数上升到 1991 年的第五五分位数，消费性资产增加 0.743。而从 1989 年的第五五分位数下降到 1991 年的第一五分位数，消费性资产减少 0.507。从 1989 年的第一五分位数，上升到 2009 年的第五五分位数，消费性资产增加 3.591。从 1989 年的第五五分位数，下降到 2009 年的第一五分位数，消费性资产增加 1.283。而若从 1989 年到 2009 年始终处于第一五分位数，则消费性资产减少 0.366。

图 3—5 显示了 1989 年最低的五分位数组的所有三个资产类别的固定效应变化。消费性资产的综合资产指数要远大于生产型和固定型资产指数。在 2009 年依旧停留在第一五分位数的家庭，其消费性资产下降了 0.366，而固定型资产增长了 0.328，生产性资产小幅增长了 0.033。但是对那些从第一五分位数上升到第五五分位数的家庭来说，消费性资产增加了 3.591，是固定型资产增长（1.178）的 3 倍，是生产性资产的 10 倍。这是结果中反复体现的模式，即陷入相对贫困的家庭减少的消费性资产多于生产性和固定型资产，而脱

---

[1] Barrett C. B., Swallow B. M., "Fractal Poverty Traps", *World development*, Vol. 34, 2006.

离相对贫困的家庭积累的消费性资产多于固定型或生产性资产。

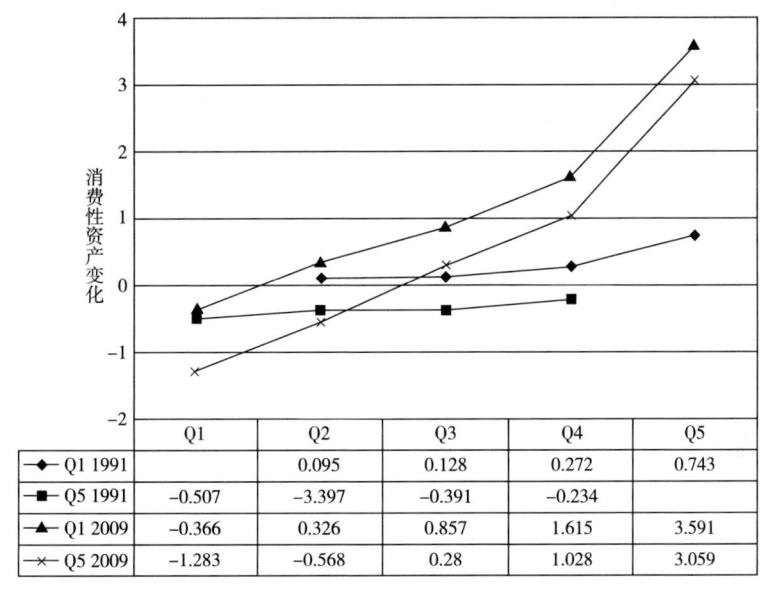

	Q1	Q2	Q3	Q4	Q5
◆ Q1 1991		0.095	0.128	0.272	0.743
■ Q5 1991	−0.507	−3.397	−0.391	−0.234	
▲ Q1 2009	−0.366	0.326	0.857	1.615	3.591
× Q5 2009	−1.283	−0.568	0.28	1.028	3.059

图 3—4 消费性资产的过渡性变化

注：该图是由每个家庭的综合资产五分位数的虚拟变量得到的。它显示了一个家庭从 1989 年的综合资产五分位数 1 和 5 过渡到 1991 年和 2009 年的较高或较低五分位数的程度。

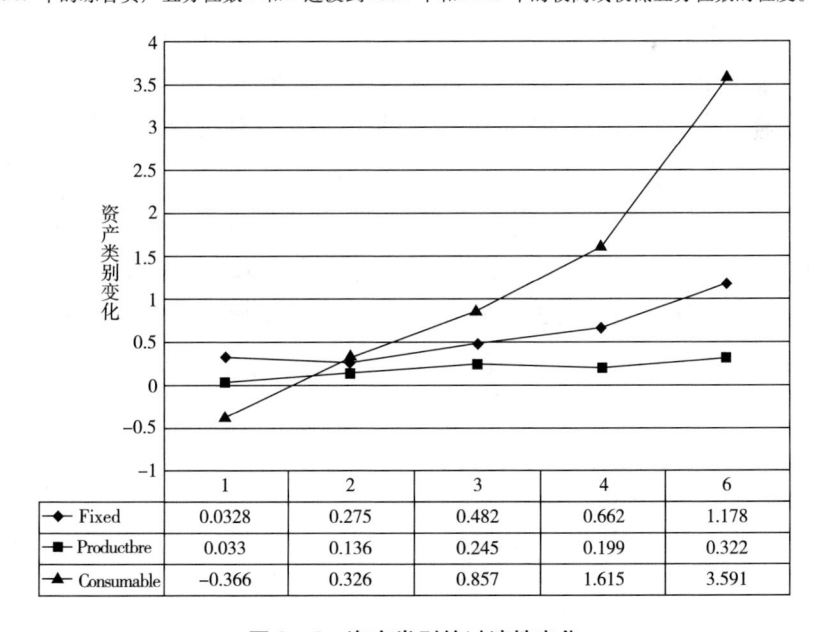

	1	2	3	4	6
◆ Fixed	0.0328	0.275	0.482	0.662	1.178
■ Productbre	0.033	0.136	0.245	0.199	0.322
▲ Consumable	−0.366	0.326	0.857	1.615	3.591

图 3—5 资产类别的过渡性变化

尽管理论上认为贫困家庭没有能力平滑消费（例如，Jalan 和 Ravallion，1999），但发现表明，中国农村的贫困家庭通过降低出售消费性资产，可以平滑消费和生产性资产[①]。这与先前国际上的研究有着明显的不同，此前的研究认为农户会通过破坏消费的稳定性来保护生产性资产（例如，Hoddinott，2006）[②]。基于此，贫困家庭采取的适应措施不一定会把他们推向更脆弱和边缘化的状态，相反，他们发现牺牲可消费资产是可行的，这样他们最终可能会向拥有足够生产性资产和食品消费的富裕家庭靠拢。

该图是基于1989年最低综合资产五分位数家庭的动态资产变化和2009年他们各自的五分位数等级。该图显示，留在最贫穷的五分位数的家庭放弃的消费性资产（-0.366）多于固定资产型或生产性资产，但那些上升到富裕五分位数的家庭积累消费性资产的比率（3.591）明显高于固定型资产（1.178）或生产性资产（0.322）。

（四）气候变化的影响

本节研究了气候冲击对资产动态系统的影响。结果表明，变暖和干燥等温和的气候趋势对生产性资产增长有显著影响，但干旱等极端气候冲击则没有。在生产性资产增长方程中，在最后4个五分位数中（第一个五分位数除外），热量的增加或降雨量的减少将导致生产性资产增长的增加。例如，在最富裕的五分之一人口中，年温度增加1℃或年降水量减少103毫米将导致生产性资产指数分别增加0.019和0.103 APLU。本节还发现，年降水量减少103毫米将导致消费性资产指数下降0.211 APLU，这表明干燥的天气将促使最贫穷的家庭出售他们的消费性资产。另外，热量摄入只受温度的影响（不受降水或干旱的影响）。然而，温度对热量摄入的影响是混合的，也就是说，变暖会促进最贫穷的五分位数的家庭的卡路里摄入量增

[①] Jalan J., Ravallion M., "Are the Poor Less Well Insured? Evidence on Vulnerability to Income Risk in Rural China", *Journal of Development Economics*, Vol. 58, No. 1, 1999.

[②] Hoddinott J., "Shocks and Their Consequences Across and Within Households in Rural Zimbabwe", The *Journal of Development Studies*, Vol. 42, No. 2, 2006.

加，但会抑制富裕五分位数的家庭的卡路里摄入。此外，变暖和干燥会大大减少农业净收入（特别是对贫困家庭），但干旱不会。对于贫困家庭来说，农业净收入在温和的气候变化下非常脆弱，但对极端气候冲击并不敏感。为了应对气候变化（尤其是降雨量的减少），贫困家庭会出售消费性资产，但会平滑固定型和生产性资产。同时，他们会平滑甚至增加粮食消费。

相反，对于富人家庭来说，他们的农业净收入不太容易受到气候冲击，这可能是由于他们有更强的适应能力。为了应对气候变化，富裕家庭倾向于增加生产性资产投资，而增加粮食消费。

（五）非正式借贷及赠予的影响

考虑到金融失败的假说，表3—5显示了借款、赠与和资产增长之间的复杂因果关系。本节发现，借款和赠予可以明显促进固定型资产投资（除了第一个五分位数）；但是，借款和赠予只增加了最富有家庭的生产性资产增长，而不是穷人家庭或中等家庭的；借款对消费性资产具有明显影响；赠与往往促进最贫穷家庭的消费性资产投资，但抑制了最富有家庭的。总地来说，非正规金融，如借款和赠与，并没有增加穷人的生产性资产（如灌溉机）和固定型资产（如土地），而赠与的唯一贡献是穷人的消费性资产积累。相反，对富人家庭来说，借贷和赠与的钱被用来改善生产性或固定型资产（如房子）。随着财富的增长，非正规金融似乎减少了富人的投资，特别是在消费性资产方面。另外，间接传导机制也发挥着重要作用，例如，肉价的上涨会减少最贫困家庭的热量摄入，这进一步导致固定型资产增长的减少和生产性资产增长的增加。

第三节　集中连片特困地区的资产贫困陷阱再检验

区域连片性可能是资产贫困陷阱不存在的主要原因。虽然已有研究指出，消费平滑是农户应对不利冲击的主要措施之一（Mendelsohn 等，1994；Zhou 和 Turvey，2014）[①]，但当贫困地区呈现连片式特征时，农户可能由于无法变卖资产而被迫减少消费，从而呈现出并未落入资产贫困陷阱的情况。具体而言，当一个地区的所有农户均处于贫困状态时，变卖资产可能并不能找到合适的买家。这是由于连片式的贫困地区可能遭受到协同风险（如干旱或洪水），所有贫困农户都面临不利的冲击，无法找到农户来购买资产。Fafchamps（1992）也指出，对于收入协方差较高或普遍贫困的地区，出售资产并不能作为应对不利冲击的主要措施[②]。此外，由于相对落后地区的基础设施建设较为滞后，运输成本及获取信息的成本较为高昂，因此集中连片贫困地区的资产市场发展一般也较为缓慢，从而进一步限制了资产出售的可能性。在此背景下，减少食物消费可能是农户应对不利冲击的主要策略。

上一节基于全国数据的实证分析结果表明，中国并未存在贫困陷阱，但这可能是由于贫困区呈连片式特征。基于此，本节利用中国数据，进一步分析贫困区呈现连片式特征对农户应对措施的影响。2011年，中国政府公布了14个集中连片特困地区的名单，本节将该名单与中国农业农村部2005—2011年农村固定观察点收集的数据相匹配，并结合气象数据，分析贫困地区连片式与否是否会对资产贫困陷阱存在与否的结论产生影响。

本节的研究结果表明，当贫困地区呈现连片式特征时，农户由于无法减少资产，而被迫选择资产平滑，从而得出资产贫困陷阱不存在的结论。因此，在考虑资产贫困陷阱时，应纳入贫困地区空间地理特征的影响。

[①] Mendelsohn R., Nordhaus W. D., Shaw D., "The Impact of Global Warming on Agriculture: a Ricardian Analysis", *The American Economic Review*, Vol. 84, 1994.

Zhou, L, and C. G. Turvey, "Climate risk, income dynamics and nutrition intake in rural china", *China Agricultural Economic Review*, Vol. 7, No. 2, 2015.

[②] Fafchamps, M. "Solidarity networks in preindustrial societies: Rational peasants with a moral economy", *Economic Development and Cultural Change*, Vol. 41, 1992.

一　集中连片特困地区的资产贫困陷阱特殊性分析

（一）文献综述

农户在面对不利冲击时，可采取多种措施以应对风险（Binswanger 和 McIntire，1987）[1]。通过梳理已有文献，本节将这些措施归纳为以下几类：（1）婚姻；（2）变卖资产；（3）减少消费。首先是婚姻，Caldwell 等（1986）通过印度的数据发现，姻亲是家庭应对不利冲击时主要的收入来源[2]。其次，消费平滑和资产平滑也是两种关键的应对策略。Ghosh 和 Ostry（1995）发现消费平滑假设对于大多数国家而言都是成立的[3]。但 Kazianga 和 Udry（2006）的研究则佐证了资产平滑的存在[4]。最后，不同家庭成员对收入冲击的反应可能存在差异性。如 Hoddinott（2006）表明，在 1994—1995 年津巴布韦农村地区经历干旱之后，女性的健康指数呈下降趋势[5]。

已有诸多研究聚焦于资产平滑和消费平滑这两种应对措施，并对两者进行了比较。这些研究表明，财富水平和户主的教育水平可能是农户应对策略存在差异的主要原因。就财富水平方面而言，Carter 等（2007）发现较富裕家庭更倾向于减少资产以应对冲击（即消费平滑），而较贫穷家庭则更倾向于减少消费以保护资产（即资产平滑）[6]。Carter 和 Lybbert（2012）基于西非数据发现，当家庭

---

[1] Binswanger H. P., McIntire J., "Behavioral and Material Determinants of Production Relations in Land-Abundant Tropical Agriculture", *Economic Development and Cultural Change*, Vol. 36, 1987.

[2] Caldwell, J. C., P. H. Reddy and P. Caldwell, "Periodic high risk as a cause of fertility decline in a changing rural environment: Survival strategies in the 1980—1983 South Indian drought", *Economic Development and Cultural Change*, Vol. 34, 1986.

[3] Ghosh A. R., Ostry J. D., "The Current Account in Developing Countries: a Perspective from the Consumption-Smoothing Approach", *The World Bank Economic Review*, Vol. 9, 1995.

[4] Kazianga H., Udry C., "Consumption Smoothing? Livestock, Insurance and Drought in Rural Burkina Faso", *Journal of Development Economics*, Vol. 79, 2006.

[5] Hoddinott J., "Shocks and Their Consequences Across and Within Households in Rural Zimbabwe", The *Journal of Development Studies*, Vol. 42, No. 2, 2006.

[6] Carter M. R., Little P. D., Mogues T., Negatu W., "Poverty Traps and Natural Disasters in Ethiopia and Honduras", *World development*, Vol. 35, 2007.

收入高于某门槛值时,该家庭可以免受气候冲击的影响①。相似地,Zimmerman 和 Carter（2003）认为,较贫穷的家庭更倾向于减少消费以应对不利冲击。② 就受教育程度而言,Khan 等（2015）表明,家庭决策者的受教育程度越高,获得信贷的机会越高,减少资产的可能性越低③。

虽然已有诸多研究分析了农户应对措施不同的原因,但鲜有研究关注贫困地区空间地理特征对农户选择的影响。受 Jalan 和 Ravallion（2002）提出的地理贫困陷阱假说的启发,本节聚焦于贫困陷阱的空间性质,从崭新的视角来探讨中国农民应对灾害措施的选择问题④。Verpoorten（2009）的研究发现,战争时期,卢旺达的家庭由于资产贬值无法销售资产,只能被迫选择减少消费⑤。因此,可以推断,当某个地区的所有群体均处于贫困状态时（如连片贫困地区）,农户可能无法选择减少资产,而是被迫选择减少实物消费,并引致人们落入营养型贫困陷阱。基于此,本节进一步区分了非连片贫困地区和连片贫困地区,在第二节基础上分析这两个地区在面对不利冲击时的应对行为。

（二）研究方法

1. 计量模型设定

本节首先探讨连片贫困地区和非连片贫困地区在应对外生气候冲击时的资产动态。本节的目标是测试这两类地区的资产在多大程度上受到气候冲击的影响。正如 Adato 等（2006）所讨论的,如果

---

① Carter M. R., LybbertT. J., "Consumption Versus Asset Smoothing: Testing the Implications of Poverty Trap Theory in Burkina Faso", *Journal of Development Economics*, Vol. 99, 2012.

② Zimmerman F. J., Carter M. R., "Asset Smoothing, Consumption Smoothing and the Reproduction for Inequality Under Risk and Subsistence Constraints", *Journal of Development Economics*, Vol. 71, 2003.

③ Khan F., Bedi A. S., Sparrow R., "Sickness and Death: Economic Consequences and Coping Strategies of the Urban Poor in Bangladesh", *World Development*, Vol. 72, 2015.

④ Jalan J., RavallionM., "Geographic Poverty Traps? a Micro Model of Consumption Growth in Rural China", *Journal of Applied Econometrics*, Vol. 17, 2002.

⑤ Verpoorten M., "Household Coping in War-And Peacetime: Cattle Sales in Rwa, 1991 - 2001", *Journal of Development Economics*, Vol. 88, 2009.

存在贫困陷阱,资产积累轨迹应该在关键的资产阈值上方和下方分叉[1]。为了捕捉这种资产动态,本节将资产增长 $\Delta \hat{L}$ 定义为滞后资产水平 L_{-1} 及四次多项式展开式。

$[f(\hat{L}_{-1}) = \alpha_1 \cdot \hat{L}_{-1} + \alpha_2 \cdot \hat{L}_{-1}^2 + \alpha_3 \cdot \hat{L}_{-1}^3 + \alpha_4 \cdot \hat{L}_{-1}^4]$ 考虑到分布的非线性,资产的四次多项展开式被包括在内。式(3—21)中,t 时刻 c 村的气候冲击为 $Shock_{ct}$。家户特征(Z)和村庄特征(V)也考虑在其中。此外,本研究控制了家庭固定效应(μ)和时间固定效应(λ),ε_{ct} 是误差项。

$$\Delta \hat{L}_{ict} = \alpha_0 + \alpha_1 \cdot \hat{L}_{-1ict} + \alpha_2 \cdot \hat{L}_{-1ict}^2 + \alpha_3 \cdot \hat{L}_{-1ict}^3 + \alpha_4 \cdot \hat{L}_{-1ict}^4 + \alpha_5 \cdot shock_{ct} + \alpha_6 \cdot Z_{ict} + \alpha_7 \cdot V_{ct} + \mu_{ic} + \lambda_t + \varepsilon_{ict} \quad (3—21)$$

在相关研究中,参数估计、非参数估计和半参数估计技术都得到了广泛的应用(McKay 和 Perge,2013)[2]。在本节的分析中,本节使用参数估计技术来捕捉家庭行为。此外,为了分析应对气候冲击所采取的方法,使用公式(3—22)。Y_{ict} 是指居住在 c 村的农户 i 在 t 时刻的变量。其中,Y_{ict} 分别表示食品消费、生产性资产支出、乡镇内非农就业的时间、所在乡镇外非农就业的时间。

$$Y_{ict} = \beta_0 + \beta_1 \cdot shock_{ct} + \beta_2 \cdot L_{-1ict} + \beta_3 \cdot Z_{ict} + \beta_4 \cdot V_{ct} + \mu_{ic} + \lambda_t + \varepsilon_{ict} \quad (3—22)$$

2. 数据来源

本节使用的面板数据来自中国农业农村部全国农村固定观察点调查。这项调查正式开始于 1986 年,自启动以来几乎每年都会开展。该调查覆盖了中国 31 个省(自治区、直辖市)(除香港、澳门和台湾)355 个村庄的 2.3 万户家庭。家户调查问卷包括家庭成员、劳动力、土地以及其他社会经济因素等 400 多个变量。为了尽量减少样本损耗率,调查采用了农村固定观察点调查体系的方法。该系

---

[1] Adato M., Carter M. R. and May, J., "Exploring Poverty Traps and Social Exclusion in South Africa Using Qualitative and Quantitative Data", *Journal of Development Studies*, Vol. 42, 2006.

[2] McKay A., E. Perge, "How Strong is the Evidence for the Existence of Poverty Traps? a Multicountry Assessment", *The Journal of Development Studies*, Vol. 49, 2013.

统与印度尼西亚家庭生活调查（Thomas et al., 2001）和卡盖拉健康与发展调查中使用的方法相似①。对于诸如家庭合并或分裂的变化，调查不仅包括那些保留原先家庭编号的成员，而且还通过赋予样本新编号来跟踪那些流动的家庭成员。该系统减小了仅记录原始家庭编号的选择偏差。

其他数据来自于中国气象局主办的"中国气象数据共享服务网"。本节获取了自 1951 年以来对全国基本或基准气象站和自动气象观测站进行逐日观测的数据。数据包括平均温度、平均最高温度、平均最低温度、极端最高温度、极端最低温度、平均蒸汽压、平均相对湿度和最低相对湿度。

除了这个数据库，本节还获取了 1991 年至 2011 年间每 10 天发布一次的农业灾害报告数据。这些报告包括灾害名称和日期，以及灾害影响的程度。数据集包含每种灾害的详细类别，例如干旱和洪水。它还提供了每种灾害的严重级别，如轻微、中度和严重。中国气象局为每种灾害类型提供了定义。以干旱为例，降水异常百分比是重要指标之一。该指数可以按月、季度或年度来定义。第 i 年的比值定义为（第 i 年降水量-年平均降水量）/年平均降水量。年平均值的定义是过去 30 年的平均值。根据 2006 年发布的中国国家标准，一个月内降水异常比大于-60 且小于-40，定义为轻微干旱；如果降水异常百分比大于-80 且小于-60，则定义为中度干旱；如果降水异常百分比大于-95 且小于-80，则定义为重度干旱。

3. 样本

为了分析贫困地区的家庭行为，本节将样本分成三组。对于集中连片贫困区，本节使用了由国务院扶贫开发办公室发布的中国连片贫困地区名单。由于自然（生态环境差）、历史（以前的贫困地区或革命战争地区）、民族（少数民族集中地区）、宗教或社会原

---

① McKay A., E. Perge, "How Strong is the Evidence for the Existence of Poverty Traps? a Multicountry Assessment", *The Journal of Development Studies*, Vol. 49, 2013.

因，传统扶贫方式和短期扶贫在连片贫困地区不太可能奏效。中国政府已经出台相关政策，把这些地区作为扶贫开发的重中之重。从自然地理因素来看，这些地区包括青藏高原、沙漠化地区以及其他自然条件恶劣的地区。总体来看，这些地区基础设施薄弱，公共服务和产业发展不足，社会稳定问题令人担忧。

本节共计识别出包含 680 个县的 14 个连片贫困地区，包括大兴安岭南麓片区、燕山—太行山片区、吕梁山片区、六盘山片区、大别山片区、罗霄山片区、秦巴山片区、武陵山片区、乌蒙山片区、滇桂黔石漠化片区、滇西边境片区、四省藏区、新疆南疆三地州和西藏自治区。

非连片贫困地区是指该地区是国家重点扶贫县，但没有出现在连片贫困地区的名单中。区域是否相邻是连片贫困地区和非连片贫困地区之间的主要区别。连片贫困地区中的家庭更容易遭受协同气候风险。此外，连片贫困地区中相对较弱的基础设施抑制了跨地理边界的资产市场整合，因此家庭资产市场往往很薄弱。因此，在一次重大冲击之后，尽管连片贫困地区中的家庭可能希望出售资产以应对冲击，但正如上文所述，他们不得不转向减少消费。t 检验结果进一步表明，在 2005 年，在连片贫困地区和非连片贫困地区中，家庭资产指数和户主教育水平没有显著差异，这表明这些因素可能无法解释连片贫困地区和非贫困地区之间可能存在的不同的家庭应对策略。据此，本节将非连片贫困地区作为连片贫困地区的对照组，分析区域连续性对家庭应对冲击方式的影响。非贫困地区是指既没有被列入国家重点扶贫县，也没有被列入连片贫困地区的县。在本节数据集中的 355 个样本县中，77 个县（2729 户）位于连片贫困地区，20 个县（854 户）位于非连片贫困地区，258 个县（21417 户）位于非贫困地区。

4. 变量

计量分析包括反映户主、家庭、当地产业结构、群体和气候冲击特征的变量。变量的选择主要依赖于以往关于贫困陷阱（Thomas 和 Gaspart，2015），以及中国语境下的贫困决定因素（You，2014；

Ward，2016）的文献①。一些变量取自原始数据，如户主年龄、户主的教育程度和家庭规模，其他变量的构建如下所述。

（1）资产指数。为了得到式（2—21）中的因变量资产增长 $\Delta \hat{L}$ 和滞后资产指数 $\hat{L}_{-1}$，本节先参照 Adato 等（2006）估计资产指数 $\hat{L}$②。如式（2—23）所示，通过生计回归可以构建资产指数为家庭生计 L 的预测值，基于在 t 时刻对家庭生计的边际贡献对资产赋予权重（$Asset_j$，$j=1, 2, \cdots, 21$）得出。家庭特定资产指数是由估计系数拟合的值。资产指数可以用资产贫困线单位来解释。生计 L_{ict} 定义为 t 时期居住在 c 村的 i 户人均净收入除以《中国农村贫困监测报告》给出的中国收入贫困线。低于一个资产贫困线单位的资产指数表示收入低于贫困线。

$$L_{ict} = \gamma_0 + \gamma_1 \cdot \ln Asset_{1ict} + \cdots + \gamma_{21} \cdot \ln Asset_{2lict} + \gamma_{22} \cdot (\ln Asset_{1ict})^2 + \cdots + \gamma_{42} \cdot (\ln Asset_{2lict})^2 + \gamma_{43} \cdot (\ln Asset_{1ict} \cdot \ln Asset_{2lict}) + \gamma_{44} \cdot (\ln Asset_{1ict} \cdot \ln Asset_{3it}) + \cdots + \gamma_{252} \cdot (\ln Asset_{20ict} \cdot \ln Asset_{21ict}) + \mu_{ict} \quad (3-23)$$

在构建资产指数 $\hat{L}$ 时，本节将土地、牲畜和其他实物资产（如珠宝）考虑在内（Naschold，2012）③。全国农村固定观察点的调查问卷提供了若干关键信息。首先，它包括一个家庭在既定年份拥有和出售的总资产和生产性资产。其次，它包含了一个家庭可能拥有的各种类型资产的详细清单。问卷清楚地标注了被归类为生产性资产的资产类型。

本节还考虑了二次项形式以及资产变量之间的交互项。所有资

---

① Thomas A. C., Gaspart F., "Does Poverty Trap Rural Malagasy Households?", *World Development*, Vol. 67, 2015.

Ward P. S., "Transient Poverty, Poverty Dynamics, and Vulnerability to Poverty: An Empirical Analysis Using a Balanced Panel from Rural China", *World Development*, Vol. 78, 2016.

You J., "Risk, Under-Investment in Agricultural Assets and Dynamic Asset Poverty in Rural China", *China Economic Review*, Vol. 29, 2014.

② Adato M., Carter M. R. and May, J., "Exploring Poverty Traps and Social Exclusion in South Africa Using Qualitative and Quantitative Data", *Journal of Development Studies*, Vol. 42, 2006.

③ Naschold F., "'The Poor Stay Poor': Household Asset Poverty Traps in Rural Semi-Arid India", *World Development*, Vol. 40, 2012.

产变量都转换为家庭人均水平项，然后使用以下表达式在 0 到 1 之间进行归一化：

$$(Asset - Asset_{min})/(Asset_{max} - Asset_{min}) \qquad (3—24)$$

为了避免失去零值的观察结果（例如，$Asset_{11}$ 为 0 表示家庭没有彩电），本节没有通过植入参数化方法，而是参考 Giesbert 和 Schindler（2012）的方法，在取自然对数之前用一个微小的正数（0.001）替换零①。这个微小的数字比任何观测值都小，以减少该方法引入的任何偏差。本节还用反双曲函数对数据进行了变换，结果没有变化。表 3—9 列出了所有的资产变量。

表 3—9　　　　　　　资产指数、资产和资产销售

变量	描述	非连片贫困地区均值	连片贫困地区均值
Asset index			
$\hat{L}_{-1}$	资产指数	5.927	5.713
$\hat{L}_{-1}^2$	资产指数的一阶差分	0.008	0.004
Fixedasset			
$Asset_1$	家庭人均耕地面积（亩）*	0.628	0.499
$Asset_2$	房屋或公寓的人均面积（m²）	36.828	33.204
Productive asset			
$Asset_3$	人均役畜数（头）	0.462	0.543
$Asset_4$	人均种畜、产品畜数量（头）	3.534	1.921
$Asset_5$	人均大中型铁器、木器农具数量（件）	0.528	0.551
$Asset_6$	人均农林业牧渔生产机具数（台）	0.449	0.502
$Asset_7$	人均工业机械件数（台）	3.307	1.867
$Asset_8$	人均生产运输车辆数量（辆）	1.172	1.390
$Asset_9$	人均生产空间大小（m²）	4.741	6.330
Consumption asset			
$Asset_{10}$	人均自行车数量（辆）	0.402	0.362
$Asset_{11}$	人均彩电数量（台）	0.343	0.307

① Giesbert L., Schindler K., "Assets, Shocks, and Poverty Traps in Rural Mozambique". *World Development*, Vol. 40, No. 8, 2012.

续表

变量	描述	非连片贫困地区均值	连片贫困地区均值
$Asset_{12}$	人均洗衣机数量（台）	0.319	0.296
$Asset_{13}$	人均电风扇数量（台）	0.457	0.376
$Asset_{14}$	人均冰箱数量（台）	0.377	0.337
$Asset_{15}$	人均家具件数（件）	1.592	1.156
$Asset_{16}$	人均相机数量（台）	0.486	0.394
$Asset_{17}$	人均摩托车数量（辆）	0.311	0.299
$Asset_{18}$	人均固定电话和移动电话数量（部）	0.758	0.702
$Asset_{19}$	人均空调数量（台）	0.343	0.301
$Asset_{20}$	人均电脑数量（台）	0.311	0.293
$Asset_{21}$	人均汽车数量（辆）	0.299	0.286

注：本表所有人均信息均指家庭成人人均当量。

（2）应对方式。除资产增长 $\Delta \hat{L}$ 外，按照公式（3—22）将实际的生产性资产支出值作为因变量（生产性资产支出）。本节还将食品消费（粮食消费）和非农就业（乡镇内非农就业和乡镇外非农就业）作为气象灾害应对策略的衡量指标。由于数据有限，本节选择中国的主食，也就是谷物（如大米和小麦）来反映食物消费情况。从农村固定观察点调查数据库获得的非农就业数据自 2003 年以来一直可用，但 2004 年的数据包含了大量缺失信息，这进一步限制了本节在 2005—2011 年的研究。为了计算非农就业，首先本节将每个家庭在乡镇内外的非农工作时间相加，然后除以该家庭的工作人数。所有相关变量见表 3—10。

（3）气候冲击。气候冲击对家庭福利有显著的负面影响（Krishna，2007）[1]。因此，本节使用气象灾害作为典型协同冲击的指标。原始数据库只提供基准气象站的数据和各气象站的经纬度数据。首先根据经纬度将气象数据与全国农村固定观察点调查中的每个村庄进行了匹配，并选择了最近的气象站。在此基础上，将气候冲击定义为一个村庄每年发生的气候灾害总数。

---

[1] Krishna A., "For Reducing Poverty Faster: Target Reasons before People", *World development*, Vol. 35, 2007.

表 3—10　　　　　　　　　　变量均值

变量	定义	非连片贫困地区	连片贫困地区	来源
Lagged Asset Index				
$\hat{L}_{-1}$	滞后资产指数	5.918	5.712	间接来源于全国农村固定观察点调查和世界银行
$\hat{L}_{-1}^2$	滞后资产指数平方	37.097	34.237	
$\hat{L}_{-1}^3$	滞后资产指数立方	245.431	215.303	
$\hat{L}_{-1}^4$	滞后资产指数四次方	1723.769	1430.219	
Expenditure of productive asset	年人均生产性资产购买支出，以 2004 年为基年折算（元）	998.234	119.699	
Food consumption				
Grain crop consumption	年人均粮食购买量（kg）	198.875	212.019	间接来源于全国农村固定观察点调查
Non-farm labor				
Non-farm employment within local town	年人均乡镇内非农劳动（工日）	52.077	50.497	间接来源于全国农村固定观察点调查
Non-farm employment outside local town	年人均乡镇外非农劳动（工日）	122.548	112.837	
Weather shock				
Shock	年总气象灾害数量	4.333	2.526	间接来源于中国气象数据共享服务网
Householder and household characteristics				
Age	户主年龄（岁）	52.193	52.314	间接来源于全国农村固定观察点调查
Edu	户主受教育年限（年）	6.809	6.291	
Net Income	人均年净收入，以 2004 年为基年折算（元）	4906.643	3933.681	
Size	家庭人数（人）	3.858	4.216	
Elder	60 岁以上人口在家庭中占比(%)	19.218	18.091	
Child	16 岁以下人口在家庭中占比(%)	12.676	15.640	
Female	家庭中女性占比（%）	45.630	46.524	
Disabled	家庭中残疾人占比（%）	2.526	2.278	
Credit	年人均借入资金总额，以 2004 年为基年折算（元）	388.065	375.108	间接来源于全国农村固定观察点调查和《中国统计年鉴》
Relief	年人均政府救济金，以 2004 年为基年折算（元）	239.837	351.536	
Insurance	年人均缴纳保险费，以 2004 年为基年折算（元）	167.135	149.247	

续表

变量	定义	非连片贫困地区	连片贫困地区	来源
Farming and income structure				
Grain crops sales	粮食作物销售占全部农产品销售的比重（%）	34.0748	25.096	间接来源于全国农村固定观察点调查
Cash crops sales	经济作物销售占全部农产品销售的比重（%）	14.551	23.181	
Livestock	畜产品销售占全部农产品销售的比重（%）	1.274	22.600	
Aquatic	水产品销售占全部农产品销售的比重（%）	2.368	5.458	
Forest products	林产品（木材除外）销售占全部农产品销售的比重（%）	0.315	0.153	
Price index				
Food consumer price index	食品消费价格指数	1.297	1.297	间接来源于《中国统计年鉴》
Community and natural characteristics				
Distance	从村庄到非贫困县的距离（km）	38.799	70.842	间接来源于谷歌地图
Village's non-farm employment	村庄每年人均非农劳动小时数均值	40.354	41.120	间接来源于全国农村固定观察点调查
Degree days	气温日指数	2405.804	2482.562	间接来源于中国气象数据共享服务网

（4）家庭和其他变量。年龄已被证明显著影响资产积累，以及户主的受教育水平。因此，本节从全国农村固定观察点调查中获得户主的年龄和受教育程度。大量研究表明，家庭特征对资产积累也有很强的影响，尤其是家庭规模、家庭结构和社会资本（Hoang et al.，2014）[①]。因此，本节纳入了一些家庭特征变量，如表3—10所示。值得一提的是，除家庭规模外，其他家庭特征变量都不能直接从原始数据中获得，必须进行构建。例如，为了得到家庭中儿童

---

① Hoang T. X., Cong S. P., Ulubaşoğlu M. A.,"Non-Farm Activity, Household Expenditure, and Poverty Reduction in Rural Vietnam: 2002-2008", *World Development*, Vol. 64, 2014.

的比例，先计算一个家庭中小于16岁的人数，然后除以家庭规模。本节采用类似的方法推导出其他变量。此外，省累计物价指数将收入、信贷、保险、救济金等所有货币变量转换为2005年价格。这些货币变量也换算成人均水平。

农业和收入结构对家庭福利也有影响。Thomas 和 Gaspart（2015）认为，畜产品（牛奶、鸡蛋等）和经济作物（棉花、糖等）占比越高的农户摆脱贫困的可能性越大[1]。因此，本节构造了相似的变量。

群体和自然特征对家庭致贫的概率有影响（Krishna，2007；Ward，2016）[2]。研究人员认为，群体层面的信息增加了找到工作的机会或降低了找工作的成本（Nguyen & Winters，2011）[3]。因此，当一个村庄有更多的劳动力离开家乡去外地找临时工作时，可能会促进额外的劳动力外流。因此，本节生成了一个村级指标变量，即该村每年人均非农业劳动时间的平均值。食品价格也可能对家庭的应对方式产生直接影响。因此，本节选择食品价格指数作为控制变量。《中国统计年鉴》提供了一个年度食品价格指数，本节将其转换为累计指标（基于2004年）。

度日变量利用"中国气象数据共享服务网"的数据间接构建，可以测度自然气候条件。度日天数被定义为生长季节中高于较低阈值和低于较高阈值的度数的天数之和（Schlenker et al.，2007）[4]。本节遵循这个定义，使用8℃到32℃之间的天数，其中8℃和32℃分别

---

[1] Thomas A. C., Gaspart F., "Does Poverty Trap Rural Malagasy Households?", *World Development*, Vol. 67, 2015.

[2] Krishna A., "For Reducing Poverty Faster: Target Reasons before People", *World Development*, Vol. 35, 2007.
Ward P. S., "Transient Poverty, Poverty Dynamics, and Vulnerability to Poverty: An Empirical Analysis Using a Balanced Panel from Rural China", *World Development*, Vol. 78, 2016.

[3] Nguyen M. C. and P. Winters, "The Impact of Migration on Food Consumption Patterns: the Case of Vietnam", *Food Policy*, Vol. 36, 2011.

[4] Schlenker W., Hanemann W. M., Fisher A. C., "Water Availability, Degree Days, and the Potential Impact of Climate Change on Irrigated Agriculture in California", *Climatic Change*, Vol. 81, 2007.

是下限和上限。用 t 表示一天的实际温度，根据表达式（3—25）计算 8℃—32℃ 的天数，然后对生长季节的所有天数求和。

$$\begin{cases} 24 & if\ t>32 \\ t-8 & if\ 8<t\leqslant 32 \\ 0 & if\ t\leqslant 8 \end{cases} \quad (3-25)$$

二 基于 2005—2011 年中国数据的连片式贫困陷阱再检验

（一）实证分析结果

所有模型均采用村级聚类标准误进行估计。本节也考虑了村庄内部的空间相关性，但这些模型未能收敛。利用综合资产指数估算气象灾害对非连片贫困地区资产增长的影响见表 3—11 第（1）列。与预期一致的是，不利的气候冲击（如干旱）对非连片贫困地区家庭的总资产积累产生了显著的负面影响。气象灾害的显著负系数（-0.011）意味着，在其他因素不变的情况下，冲击变量每增加 1%，家庭资产增长就会减少 0.011%。这一结果表明，非连片贫困地区农户可能通过减少资产来平滑消费以应对冲击。如前所述，平滑消费的可能动机是最大化效用。也就是说，家庭认为平均消费的效用大于可变消费的平均效用。这与之前的研究结果一致，即灾害（干旱）对家庭资产增长有负面影响。

表 3—11　　　　气候冲击对总资产的影响

	非连片贫困地区	连片贫困地区
	(1)	(2)
Lagged asset index		
$\hat{L}_{-1}$	-0.415***	-1.095***
	(0.074)	(0.041)
$\hat{L}_{-1}^2$	-0.011	0.011
	(0.018)	(0.010)
$\hat{L}_{-1}^3$	-0.005**	-0.0002
	(0.002)	(0.001)
$\hat{L}_{-1}^4$	0.0003***	4.32e-06
	(5.78e-05)	(4.44e-05)

续表

	非连片贫困地区 （1）	连片贫困地区 （2）
Weather shocks		
Shock	-0.011*** (0.004)	0.003 (0.002)
Householder characteristics	是	是
Household characteristics	是	是
Farming and Industrial structure	是	是
Community and natural characteristics	是	是
Price index	是	是
Household fixed-effect	是	是
Year fixed-effect	是	是
Constant	5.727*** (0.279)	8.000*** (0.134)
Observations	5124	16374
Number of Households	854	2729
Corr (u_i, xb)	-0.808	-0.711
R-sq within	0.433	0.604
R-sq between	0.010	0.049
R-sq overall	0.126	0.293

注：*表示在10%水平上显著、**表示在5%水平上显著、***表示在1%水平上显著。

与非连片贫困地区不同的是，连片贫困地区的气候冲击系数不显著。由于地理邻近性是非连片贫困地区和连片贫困地区之间的主要差异，本节可以推断受限市场可能是家庭行为差异的主要原因。对于遭受重大灾难的连片贫困地区来说，连片贫困地区内部的所有市场都会受到影响。此外，连片贫困地区往往有较差的基础设施（Ding，2014），这抑制了这些连片贫困地区市场与连片贫困地区之外的市场的整合，导致薄弱的家庭资产市场[1]。如前所述，在相对较大的连片贫困地区，所有群体都在经历贫困。他们变卖资产的尝试可能既不能吸引合适的买家，也不会产生任何实质性的回报。Faf-champs 和 Gavian（1997）发现，在收入冲击之后，一个家庭的资产

---

[1] Ding J., "Comparative Analysis on Poverty Degree of China's 11 Contiguous Destitute Areas: with View of Comprehensive Development Index", *Scientia Geographica Sinica*, Vol. 34, 2014.

价格会暴跌,因为许多家庭可能会试图同时出售类似的资产。因此,家庭不能够或不愿意变卖资产①。因此,居住在连片贫困地区中的家庭可能无法通过变卖资产来应对气候冲击。这支持了本节的发现,即一场气象灾害可能不足以导致连片贫困地区中家庭资产的变化。本节随后指出,在连片贫困地区中,家庭所采用的应对气候冲击的机制与非连片贫困地区中家庭所采用的机制有很大的不同。

与第二节相似,本节根据表 3—9 所示将资产指数划分为三类,进一步考察了气候冲击对资产增长的影响,连片贫困地区家庭的结果见表 3—12 第(2)、(4)、(6)列。这些发现与使用全样本的发现相似。气候冲击变量的系数不显著,说明不利气候冲击对资产积累没有影响。这些结果表明,在连片贫困地区的家庭主要选择减少消费而不是变卖资产来应对气候所带来的气候冲击。

表 3—12　　　　　　　　　不同类型资型的结果

	固定型资产		生产性资产		消费性资产	
	非连片贫困地区	连片贫困地区	非连片贫困地区	连片贫困地区	非连片贫困地区	连片贫困地区
	(1)	(2)	(3)	(4)	(5)	(6)
Fixed lagged asset index						
$\hat{L}_{-1}$	−2.311 (1.567)	0.484*** (0.066)	—	—	—	—
$\hat{L}_{-1}^2$	0.221 (0.325)	0.638 (0.929)	—	—	—	—
$\hat{L}_{-1}^3$	−0.014 (0.027)	−0.191 (0.165)	—	—	—	—
$\hat{L}_{-1}^4$	0.0004 (0.001)	0.002 (0.001)	—	—	—	—
Productive lagged asset index						
$\hat{L}_{-1}$	—	—	0.157 (0.744)	4.201 (4.935)	—	—
$\hat{L}_{-1}^2$	—	—	−0.401** (0.193)	−1.304 (1.485)	—	—

---

① Fafchamps M., Gavian S., "The Determinants of Livestock Prices in Niger", *Journal of African Economies*, Vol. 6, No. 2, 1997.

续表

	固定型资产		生产性资产		消费性资产	
	非连片贫困地区	连片贫困地区	非连片贫困地区	连片贫困地区	非连片贫困地区	连片贫困地区
	(1)	(2)	(3)	(4)	(5)	(6)
$\hat{L}_{-1}^3$	—	—	0.049** (0.021)	0.140 (0.191)	—	—
$\hat{L}_{-1}^4$	—	—	−0.002** (0.001)	−0.006 (0.009)	—	—

Consumption lagged asset index

$\hat{L}_{-1}$	—	—	—	—	−2.867*** (1.040)	50.784 (41.356)
$\hat{L}_{-1}^2$	—	—	—	—	0.393** (0.190)	−12.962 (10.404)
$\hat{L}_{-1}^3$	—	—	—	—	−0.031** (0.015)	1.433 (1.148)
$\hat{L}_{-1}^4$	—	—	—	—	0.001** (0.0004)	−0.059 (0.047)

Weather shocks

Shock	−0.035 (0.347)	0.001 (0.029)	−0.002** (0.001)	0.022 (0.019)	−0.006** (0.003)	−0.040 (0.037)
Householder characteristics	是	是	是	是	是	是
Household characteristics	是	是	是	是	是	是
Farming and Industrial structure	是	是	是	是	是	是
Community and natural characteristics	是	是	是	是	是	是
Price index	是	是	是	是	是	是
Household fixed-effect	是	是	是	是	是	是
Year fixed-effect	是	是	是	是	是	是
Constant	−28.157 (29.060)	−13.509* (7.555)	29.286*** (7.412)	−0.286 (5.976)	10.565*** (2.069)	−63.235 (60.806)
Observations	5124	16374	5124	16374	5124	16374
Number of Households	854	2729	854	2729	854	2729
Corr (u_i, xb)	−1.0000	−0.9996	−0.9999	−0.9120	−0.9092	−0.9994
R-sq within	0.8119	0.5099	0.9983	0.8310	0.3039	0.3947
R-sq between	0.0862	0.0214	0.0374	0.0248	0.0116	0.0039

续表

	固定型资产		生产性资产		消费性资产	
	非连片贫困地区	连片贫困地区	非连片贫困地区	连片贫困地区	非连片贫困地区	连片贫困地区
	(1)	(2)	(3)	(4)	(5)	(6)
R-sq overall	0.0316	0.1870	0.0050	0.0433	0.0434	0.0843

注：*表示在10%水平上显著、**表示在5%水平上显著、***表示在1%水平上显著。

与连片贫困地区家庭的结果相反，非连片贫困地区居民的生产性资产和消费性资产的气候冲击变量的系数显著为负［见表3—12，列（3）和列（5）］。相比之下，气候冲击对固定型资产的变化没有显著影响［见表3—12，第（1）列］。这些结果表明，非连片贫困地区的家庭主要通过减少生产性和消费性资产来应对冲击。此外，大多数发现家庭变卖资产证据的研究都以牲畜为具体例子（Fafchamps et al.，1998）[①]。出售固定型资产的可能性相对较低可以解释气候冲击变量对固定型资产的系数不显著的原因。

表3—11还估计了非连片贫困地区和连片贫困地区（前四个变量）的资产指数变化。初始资产指数（$\hat{L}_{-1}$）的系数显著为负（-0.415和-1.095），说明前期资产指数越高，当期资产指数变化越小。这一发现为资产增长的趋同提供了证据（McKay和Perge，2013）[②]。这些高阶资产度量的重要性是本节关注的焦点，因为模型的非线性设定允许多重均衡贫困陷阱的表示（Giesbert和Schindler，2012）[③]。与预期一致，非连片贫困地区中基线资产的多项式展开是显著的，高阶多项式展开联合为零的零假设被显著拒绝。然而，与非连片贫困地区不同的是，连片贫困地区中基线资产的第四个多项式展开是不显著的。因此，本节不能拒绝零假设，即高阶多项式展

[①] Fafchamps M., C. Udry and K. Czukas, "Drought and saving in West Africa: are livestock a buffer stock?" *Journal of Development Economics*, Vol. 55, 1998.

[②] McKay A., E. Perge, "How Strong is the Evidence for the Existence of Poverty Traps? a Multicountry Assessment", *The Journal of Development Studies*, Vol. 49, 2013.

[③] Giesbert L., Schindler K., "Assets, Shocks, and Poverty Traps in Rural Mozambique". *World Development*, Vol. 40, No. 8, 2012.

开是联合为零。

表3—13报告了公式（3—22）的相关结果。在两个粮食消费模型中，气候冲击变量显著为负［表3—13第（1）和第（2）列］。此外，对组间（非连片贫困地区与连片贫困地区）系数差异的检验支持了非连片贫困地区的系数大于连片贫困地区的假设[①]。具体而言，在第（1）列中，冲击变量的显著负系数（-1.559）表明，在保持所有其他因素不变的情况下，一个额外的气候冲击事件将使非连片贫困地区的人均粮食消费量减少1.559kg。同样，在第（2）列中，冲击变量的系数意味着额外的气候冲击事件将使连片贫困地区家庭的粮食消费量减少1.612kg。这一结果表明，减少食物消费的方式在非连片贫困地区和连片贫困地区中均被采用。更重要的是，居住在连片贫困地区的家庭比居住在非连片贫困地区的家庭更倾向于减少消费。这一结果表明，气候冲击对连片贫困地区农户粮食消费的影响比非连片贫困地区的农户更大。一个可能的原因是，非连片贫困地区家庭有更多的渠道来应对冲击。表3—13的其余部分可以提供关于这一假设的见解。

本节首先用一个家庭出售的总资产和生产性资产的数量作为因变量。然而，这些模型并不显著。表3—13中的第（3）列和第（4）列显示了气候冲击对生产性资产支出的影响。本节发现气候冲击系数对于非连片贫困地区是显著负的。相比之下，同样的系数对于连片贫困地区是不显著的。这一结果表明，减少资产投资是非连片贫困地区中家庭应对气候冲击的另一种方法，而在连片贫困地区中家庭则并非如此。结果表明，在其他因素不变的情况下，当每年增加1次气候冲击时，非连片贫困地区的人均生产性资产支出将减少87.320元。这些结果表明，为应对气候冲击，中国农村家庭将减少对额外生产性资产的投资，而不是出售生产性资产。描述性分析也证实了这些结果。本节的数据显示，在2005年至2011年间，只有非

---

① 具体来说，我们使用交互项来检验不同组间系数的差异。首先，我们将非连片贫困地区和连片贫困地区两组合并，并将非连片贫困地区表示为虚拟变量。其次，我们在模型中加入了交互项。所关心的交互项系数为0.0533，p值=0.026，表明系数差异显著。

表 3—13　气候冲击对应对方式的影响

	粮食消费		生产性资产购买支出		乡镇内非农就业		乡镇外非农就业	
	非连片贫困地区	连片贫困地区	非连片贫困地区	连片贫困地区	非连片贫困地区	连片贫困地区	非连片贫困地区	连片贫困地区
	(1)	(2)	(3)	(4)	(5)	(6)	(7)	(8)
Weather shocks Shock	-1.559** (0.738)	-1.612*** (0.601)	-87.32*** (8.064)	-5.431 (4.389)	-2.132*** (0.253)	0.787*** (0.145)	0.642** (0.312)	-0.217 (0.194)
Householder characteristics	是	是	是	是	是	是	是	是
Household characteristics	是	是	是	是	是	是	是	是
Farming and Industrial structure	是	是	是	是	是	是	是	是
Community and natural characteristics	是	是	是	是	是	是	是	是
Price index	是	是	是	是	是	是	是	是
Household fixed-effect	是	是	是	是	是	是	是	是
Year fixed-effect	是	是	是	是	是	是	是	是
Constant	306.8*** (101.5)	432.2*** (30.40)	-458.2 (493.0)	-498.8** (225.8)	42.65*** (15.49)	32.45*** (7.480)	124.4*** (19.05)	138.0*** (9.957)
Observations	5124	16374	5124	16374	5124	16374	5124	16374
Number of Households	854	2729	854	2729	854	2729	854	2729
Corr (u_i, xb)	-0.162	-0.306	-0.404	0.011	-0.091	0.021	0.013	0.131
R-sq within	0.027	0.023	0.241	0.077	0.080	0.061	0.117	0.102
R-sq between	0.074	0.015	0.320	0.123	0.019	0.089	0.154	0.136
R-sq overall	0.037	0.013	0.237	0.089	0.037	0.078	0.102	0.102

注：* 表示在10%水平上显著，** 表示在5%水平上显著，*** 表示在1%水平上显著。

连片贫困地区8.28%的家庭和连片贫困地区5.52%的家庭出售了生产性资产。与非连片贫困地区不同的是，在连片贫困地区中，气候冲击对生产性资产支出的影响不显著。家庭购买生产性资产的比例较低可能是冲击系数不显著的主要原因之一。

本节进一步研究了气候冲击对非农就业的影响，首先根据就业地点是否在所在县将非农就业分为两类。表3—13第（5）列和第（6）列显示了气象灾害对本县农业就业的影响。具体来说，气象灾害的系数在非连片贫困地区中显著为负（-2.132），而在连片贫困地区中显著为正（0.787）。结果表明，额外的气候冲击使本县的人均非农劳动天数减少了2.132天，而使本县以外的人均非农劳动天数增加了0.642天。尽管一些研究表明，家庭通常会增加非农劳动时间以赚取更多收入来使家庭摆脱困境（例如Ward，2016），但是研究结果表明，农村家庭会将其在县内的非农就业时间与家中的农业就业进行交换，以应对气候冲击[1]。

与非连片贫困地区的结果不同，连片贫困地区的结果表明，气候冲击对县内的非农就业有显著的正向影响，但对本县以外的非农就业没有影响。无论如何，这些发现证实了连片贫困地区家庭可能会通过非农就业来减轻对资产增长的不利影响，但这种非农就业地点往往位于他们住所附近的乡镇内。

本节使用皮尔逊卡方检验来分析两种应对方式（消费平滑与资产平滑）之间的关系。此外，本节制作了一个双向频率计数表，以呈现更具体的信息[2]。将生产性资产购置支出和粮食消费支出分为减少、不变和增加三类。应对方式之间的关系结果如表3—14和

---

[1] Ward P. S., "Transient Poverty, Poverty Dynamics, and Vulnerability to Poverty: An Empirical Analysis Using a Balanced Panel from Rural China", *World Development*, Vol. 78, 2016.

[2] 从面板数据中可以看出，家庭可能多次遭受灾害的打击，面对不同的灾害所采取的应对策略也可能不同。因此，我们只展示家庭如何应对第一次灾害。为了检验结果的稳健性，我们还分析了家庭在遭遇最近一次灾害时的应对策略，以及他们在面对灾害时最可能采取的应对策略，也就是最常用的方法。所有的结果都是稳健的。

表 3—15 所示①。每个单元格顶部的数字是频率计数。第二个数字是行百分比，它们的行总和是 100%。第三个数字是列百分比，它们的列总和是 100%②。和预期相符，结果表明，非连片贫困地区农户的粮食消费基本保持不变，生产性资产支出减少。然而，连片贫困地区的家庭大多维持生产性资产支出，减少粮食消费。皮尔逊卡方检验的结果在表 3—14 和表 3—15 的底部，它拒绝了双向表的行和列是独立的零假设。这一结果表明，资产平滑和消费平滑是相关的。

表 3—14　非连片贫困区应对灾害措施之间的关系（第一次受灾）

粮食消费 \ 生产性资产购买	减少	不变	增加	合计
减少	7 8.33 1.43	70 83.33 38.67	7 8.33 33.33	84 100.00 12.16
不变	479 83.74 97.96	87 15.21 48.07	6 1.05 28.57	572 100.00 82.78
增加	3 8.57 0.61	24 68.57 13.26	8 22.86 38.10	35 100.00 5.07
合计	489 70.77 100.00	181 26.19 100.00	21 3.04 100.00	691 100.00 100.00

注：$Pearson\ chi^2\ (4) = 294.4841\ Pr = 0.0000$。

---

① 除去未受灾害影响的观测样本后，非连片贫困地区有 691 户，连片贫困地区有 2427 户。

② 例如，在表 3—14 中，非连片贫困地区共有 479 户农户保持其粮食消费不变，但减少了对生产性资产的购买。这些家庭占所有粮食消费保持不变的家庭的 83.74%，占所有减少生产性资产购买的家庭的 97.96%。

表 3—15　连片贫困区应对灾害措施之间的关系（第一次受灾）

粮食消费 \ 生产性资产购买	减少	不变	增加	合计
减少	195	1875	10	2080
	9.38	90.14	0.48	100.00
	39.24	98.89	29.41	85.70
不变	226	17	21	264
	85.61	6.44	7.95	100.00
	45.47	0.90	61.76	10.88
增加	76	4	3	83
	91.57	4.82	3.61	100.00
	15.29	0.21	8.82	3.42
合计	497	1896	34	2427
	20.48	78.12	1.40	100.00
	100.00	100.00	100.00	100.00

注：$Pearson\ chi^2\ (4) = 1.2e+03\ Pr = 0.0000$。

（二）稳健性检验

然后，本节对结果进行了一系列稳健性检验。首先，本节探究了气候冲击对不同收入水平的家庭的影响[①]。财富水平不同的家庭对收入冲击的反应不同。考虑到样本中人均年收入中位数为 3400 元，本节定义了两个子样本：（1）人均年净收入低于 3400 元的家庭；（2）人均年净收入高于 3400 元的家庭。表 3—16 和表 3—17 展示了这些结果。对于非连片贫困地区，结果与使用全样本得到的结果相似。不利气候冲击对总资产积累和生产性资产购买支出有显著的

---

① 除了家庭收入的差异外，工作和社会网络等因素也可能是影响应对策略差异的关键因素。但是，由于数据的限制，本书没有探讨这些其他因素的作用。未来对这些问题的研究可能会富有成果。

负向影响,但对粮食消费没有影响。这些结果表明,非连片贫困地区的家庭主要通过减少生产性资产投资,而不是减少粮食消费来应对收入冲击。与全样本中非连片贫困地区的结果不同,人均年

表 3—16　　气候冲击对总资产的影响(分为子样本)

	3400 元以下		3400 元以上	
	非连片贫困地区	连片贫困地区	非连片贫困地区	连片贫困地区
	(1)	(2)	(3)	(4)
Lagged asset index				
$\hat{L}_{-1}$	−0.422***	−1.033***	0.503***	−1.364***
	(0.124)	(0.040)	(0.167)	(0.131)
$\hat{L}_{-1}^2$	0.002	0.004	−0.135***	0.002
	(0.048)	(0.010)	(0.030)	(0.036)
$\hat{L}_{-1}^3$	−0.007	−0.0004	0.002	0.007
	(0.007)	(0.001)	(0.003)	(0.004)
$\hat{L}_{-1}^4$	0.0004	4.67e−05	0.0001*	−0.0004**
	(0.0004)	(4.76e−05)	(7.93e−05)	(0.000172)
Weather shocks				
Shock	−0.010*	0.006**	−0.013**	−0.002
	(0.006)	(0.003)	(0.006)	(0.003)
Householder characteristics	是	是	是	是
Household characteristics	是	是	是	是
Farming and Industrial structure	是	是	是	是
Community and natural characteristics	是	是	是	是
Price index	是	是	是	是
Household fixed-effect	是	是	是	是
Year fixed-effect	是	是	是	是
Constant	5.473***	7.708***	3.440***	9.378***
	(0.354)	(0.291)	(0.548)	(0.270)
Observations	2402	8139	2722	8235
Corr (u_i, xb)	−0.782	−0.702	−0.763	−0.695
R-sq within	0.508	0.638	0.489	0.619
R-sq between	0.086	0.146	0.023	0.132
R-sq overall	0.137	0.286	0.130	0.302

注:*表示在10%水平上显著、**表示在5%水平上显著、***表示在1%水平上显著。

表3—17　气候冲击对应对方式的影响（分为子样本）

		粮食消费		生产性资产购买支出		乡镇内非农就业		乡镇外非农就业	
		非连片贫困地区	连片贫困地区	非连片贫困地区	连片贫困地区	非连片贫困地区	连片贫困地区	非连片贫困地区	连片贫困地区
		(1)	(2)	(3)	(4)	(5)	(6)	(7)	(8)
Weather shocks									
3400元以下	Shock	-1.806	-2.217**	-88.73***	-10.96	13.46***	5.887***	-0.0536	-0.621
		(1.523)	(0.986)	(3.409)	(11.45)	(2.253)	(0.998)	(0.461)	(0.575)
	Householder characteristics	是	是	是	是	是	是	是	是
	Household characteristics	是	是	是	是	是	是	是	是
	Farming and Industrial structure	是	是	是	是	是	是	是	是
	Community and natural characteristics	是	是	是	是	是	是	是	是
	Price index	是	是	是	是	是	是	是	是
	Household fixed-effect	是	是	是	是	是	是	是	是
	Year fixed-effect	是	是	是	是	是	是	是	是
	Constant	412.6**	291.6***	568.3***	84.92	-7.738	21.98*	108.1***	151.3***
		(175.1)	(51.44)	(192.1)	(130.2)	(23.68)	(11.32)	(26.05)	(29.38)
	Observations	2402	8139	2402	8139	2402	8139	2402	8139
	Corr (u_i, xb)	-0.471	-0.158	-0.227	0.056	-0.086	0.022	0.045	0.127
	R-sq within	0.017	0.014	0.367	0.011	0.068	0.058	0.274	0.284
	R-sq between	0.0004	0.007	0.431	0.076	0.006	0.044	0.090	0.147
	R-sq overall	0.0000	0.008	0.477	0.023	0.010	0.049	0.156	0.173

续表

		粮食消费		生产性资产购买支出		乡镇内非农就业		乡镇外非农就业	
		非连片贫困地区	连片贫困地区	非连片贫困地区	连片贫困地区	非连片贫困地区	连片贫困地区	非连片贫困地区	连片贫困地区
		(1)	(2)	(3)	(4)	(5)	(6)	(7)	(8)
Weather shocks 3400元以上	Shock	-1.071 (1.067)	-0.660 (0.826)	-85.64*** (17.21)	-12.99 (9.588)	-2.549*** (0.390)	0.301 (0.234)	1.746** (0.698)	0.330 (0.303)
	Householder characteristics	是	是	是	是	是	是	是	是
	Household characteristics	是	是	是	是	是	是	是	是
	Farming and Industrial structure	是	是	是	是	是	是	是	是
	Community and natural characteristics	是	是	是	是	是	是	是	是
	Price index	是	是	是	是	是	是	是	是
	Household fixed-effect	是	是	是	是	是	是	是	是
	Year fixed-effect	是	是	是	是	是	是	是	是
	Constant	155.5 (178.1)	473.3*** (41.77)	-1192 (1108)	-745.7 (687.3)	39.05 (25.13)	48.43*** (12.04)	111.3*** (41.95)	139.0*** (15.61)
	Observations	2722	8235	2722	8235	2722	8235	2722	8235
	Corr (u_i, xb)	-0.201	-0.217	-0.408	-0.061	-0.179	-0.016	0.020	0.092
	R-sq within	0.038	0.029	0.264	0.101	0.115	0.060	0.060	0.043
	R-sq between	0.098	0.020	0.252	0.059	0.055	0.067	0.056	0.062
	R-sq overall	0.055	0.023	0.237	0.095	0.052	0.074	0.068	0.048

注：* 表示在10%水平上显著，** 表示在5%水平上显著，*** 表示在1%水平上显著。

收入低于3400元的家庭增加了其所在县内的非农劳动时间。对于连片贫困地区，结果与预期一致。气候冲击对生产性资产投资没有显著影响，但对食品消费有负面影响。这证实了本节的假设，即处于连片贫困地区中的家庭由于无法调整其资产积累，可能不得不减少食品消费。基于前述类似的原因，对于人均年收入低于3400元的家庭，气候冲击对其非农就业决策没有影响。对比发现，气候冲击对位于连片贫困地区较低收入的农户的粮食消费的影响系数显著且为负，但对于更高收入的农户则不显著［表3—17，第（2）列］。这一结果表明，低收入家庭更有可能减少食物摄入。

其次，生活在连片贫困地区中的家庭可以进一步分为生活在连片贫困地区的中心区域（即被其他连片贫困地区包围）或生活在非贫困地区附近。第二种家庭可以把资产卖给邻近较富裕的地区。因此，本节将距离纳入交互项来检验应对方式是否对家庭距离非贫困地区的远近敏感。本节还将气候冲击变量与距离变量进行交互。结果表明，随着与非贫困地区的距离增加，非贫困地区农户在当地县域的就业时间缩短，生产性资产投资增加；与非连片贫困地区的家庭相比，连片贫困地区的家庭减少了对生产性资产的投资，增加了他们在当地县域的非农就业时间。这些结果表明，在遭受气候冲击后，连片贫困地区核心区域的家庭更倾向于改变就业前景，从事非农就业。表3—18和表3—19展示了这些结果。所有稳健性检验结果与主要研究结果一致。

表3—18　　　　　　　气候冲击对全资产的影响
（加入到非贫困地区距离的交互项）

	非连片贫困地区	连片贫困地区
	(1)	(2)
Lagged asset index		
$\hat{L}_{-1}$	−0.414***	−1.093***
	(0.074)	(0.041)

续表

	非连片贫困地区 (1)	连片贫困地区 (2)
$\hat{L}_{-1}^2$	−0.011 (0.018)	0.010 (0.010)
$\hat{L}_{-1}^3$	−0.004** (0.002)	−9.28e-05 (0.001)
$\hat{L}_{-1}^4$	0.0003*** (5.78e-05)	−3.03e-07 (4.44e-05)
Shock	−0.002 (0.009)	0.020*** (0.004)
Shock ∗ Distance	−0.0002 (0.0002)	−0.0002*** (4.77e-05)
Householder characteristics	是	是
Household characteristics	是	是
Farming and Industrial structure	是	是
Community and natural characteristics	是	是
Price index	是	是
Household fixed-effect	是	是
Year fixed-effect	是	是
Constant	5.708*** (0.280)	7.984*** (0.134)
Observations	5124	16374
Number of Households	854	2729
Corr (u_i, xb)	−0.809	−0.711
R-sq within	0.433	0.605
R-sq between	0.010	0.049
R-sq overall	0.125	0.293

注：*表示在10%水平上显著、**表示在5%水平上显著、***表示在1%水平上显著。

表3—19 气候冲击对应对方式的影响（加入与非贫困地区距离的交互项）

	粮食消费		生产性资产购买支出		乡镇内非农就业		乡镇外非农就业	
	非连片贫困地区	连片贫困地区	非连片贫困地区	连片贫困地区	非连片贫困地区	连片贫困地区	非连片贫困地区	连片贫困地区
	(1)	(2)	(3)	(4)	(5)	(6)	(7)	(8)
Weather shocks								
Shock	−0.052	−5.691***	−135.9***	11.13	−1.234**	−0.875***	−0.178	−0.104
	(1.748)	(1.150)	(19.08)	(8.497)	(0.600)	(0.281)	(0.737)	(0.375)
Shock * Distance	−0.034	0.056***	1.101***	−0.223**	−0.020*	0.022***	0.019	−0.002
	(0.036)	(0.0135)	(0.392)	(0.098)	(0.012)	(0.003)	(0.015)	(0.004)
Householder characteristics	是	是	是	是	是	是	是	是
Household characteristics	是	是	是	是	是	是	是	是
Farming and Industrial structure	是	是	是	是	是	是	是	是
Community and natural characteristics	是	是	是	是	是	是	是	是
Price index	是	是	是	是	是	是	是	是
Household fixed-effect	是	是	是	是	是	是	是	是
Year fixed-effect	是	是	是	是	是	是	是	是
Constant	316.9***	436.4***	−361.9	−508.6**	40.87***	33.44***	126.1***	137.9***
	(102.1)	(30.40)	(493.8)	(225.8)	(15.53)	(7.469)	(19.10)	(9.959)
Observations	5124	16374	5124	16374	5124	16374	5124	16374
Number of Households	854	2729	854	2729	854	2729	854	2729
Corr (u_i, xb)	−0.184	−0.327	−0.404	0.002	−0.116	0.039	0.112	0.132
R-sq within	0.027	0.025	0.242	0.078	0.080	0.064	0.117	0.102
R-sq between	0.064	0.011	0.338	0.117	0.011	0.098	0.126	0.138
R-sq overall	0.033	0.011	0.244	0.088	0.029	0.085	0.093	0.103

注：* 表示在10%水平上显著，** 表示在5%水平上显著，*** 表示在1%水平上显著。

第四节　本章小结

贫困陷阱理论对精准扶贫策略的设计具有重要参考价值，但中国的贫困问题有其独特的历史背景和复杂性，中国农户贫困陷阱是否存在仍具有一定的争议。本章利用中国不同时期的数据检验"贫困陷阱"假说，以阐释中国式现代化进程中农户破解贫困陷阱的机理与成效。

首先，本章利用1929—1933年的历史数据，分析了气候冲击和军事冲突对农业生产力、工资及营养摄入水平的影响，以检验中国在民国时期是否存在营养贫困陷阱。研究结果证实中国民国时期存在营养贫困陷阱。

其次，本章基于1989—2009年的中国数据，研究资产、营养与贫困之间的关系，验证资产贫困陷阱存在的可能性。本章的实证分析结果表明，该时期的中国并不存在多重均衡的资产贫困陷阱。

最后，为回答区域连片性是否是影响资产贫困陷阱存在与否的关键因素，本章基于集中连片贫困区名单及中国2005—2011年数据展开进一步研究。本章通过实证分析发现，在遭受不利冲击时，倾向于变卖生产型资产，非连片贫困区农户，故可能落入资产贫困陷阱。但连片贫困区农户由于缺少资产售卖市场，被迫减少消费，因此这些农户更可能落入营养贫困陷阱而非资产贫困陷阱。

我国的农村绝对贫困问题虽已全面消除，但并不意味着减贫事业的终结。一方面，需要巩固拓展脱贫攻坚的成果，防止大规模返贫。本章的研究结果表明，不利冲击（如气候灾害）将会影响农户的食物消费及资产积累状况，带来返贫风险，因此相关重点工作需从治理贫困向防治贫困转变，特别是针对生态脆弱区，要继续展开针对性帮扶，实现与乡村振兴的有效衔接。另一方面，需重视相对贫困问题，构建解决相对贫困的长效机制。我国在治理绝对贫困时的诸多经验依然适用于相对贫困的治理。本章的研究发现，长期的人力资本及非农就业机会均是缓解不利冲击的有效途径。因此，促进欠发达地区农户的内源化发展，激发相对贫困主体的内生动力，对于解决相对贫困问题至关重要。

第四章　相对贫困

前文从贫困陷阱理论出发，基于营养贫困陷阱、资产贫困陷阱和连片式贫困陷阱三个维度探讨了中国农村贫困问题。2020年，脱贫攻坚目标任务如期完成，困扰中华民族几千年的绝对贫困问题得到历史性解决。然而，绝对贫困的解决并非扶贫工作的终点。当前解决相对贫困问题，成为新时代中国反贫困政策设计中的新议题。党的十九大报告明确指出，社会主要矛盾已经转变为人民日益增长的美好生活需要和不平衡不充分的发展之间的矛盾。党的十九届四中全会提出，建立解决相对贫困的长效机制。因此，对于相对贫困的研究刻不容缓。

本章主要从相对贫困视角出发，首先是识别相对贫困。在此基础上，提出适用于中国的相对贫困标准。进而将研究的重点聚焦于农村，探索农村居民相对贫困的成因及解决之道。本章也进一步分析了农民工的相对贫困问题，并基于最低工资标准这一社会保障制度，检验城市地区的城乡劳动力相对贫困差异性。

第一节　相对贫困标准的识别

避免收入差距扩大和解决相对贫困，已成为今后中国农村工作的新目标。建立解决相对贫困的长效机制，首先要解决识别相对贫困的问题。绝对贫困关注生存，即个人收入无法获取足够营养，基本生存条件不达标；相对贫困更侧重社会包容概念，即个人收入无法为其从事正常社会生活提供保障。《1981年世界发展报告》指出，当某些人/家庭/群体没有足够资源获取社会公认的条件（例如生活条件，参加某些活动的机会），就被认为是贫困状态。换言之，相对贫困指在特定的社会生产生活方式下，个人或家庭掌握的资源虽然能够满足生存条件，但无法使其达到甚至高于社会平均水平，仅能维持相对低水平状态。

相对贫困的识别标准一般是中位收入或平均收入的固定比例。Fuchs（1967）提议将美国贫困线定为收入中位数的50%[①]，虽然该方案没被采用，但已成为OECD、欧盟统计局常见的官方方法。此外，还有学者提出了弱相对贫困线（weakly relative poverty line）（Ravallion和Chen，2011）[②]。

基于此，本章梳理了国际相对贫困线划定经验，并结合学界研究，为中国相对贫困标准识别提出政策建议。

一 相对贫困标准的国际经验

大部分国家使用绝对贫困线，但也有一些国家采用相对贫困标准。OECD统计了这些国家的相对贫困发生率，如图4—1所示。哥斯达黎加最高（19.9%），相对贫困发生率在15%及以上的有9个国家，日本、韩国、美国、以色列皆在其中。

上述统计数据显示，较多国家具有较高的相对贫困发生率。例如，日本15.7%的人口生活在相对贫困之中。2019年，日本厚生劳动省数据显示，日本家庭人均收入中位数为437万日元，低于该值一半的家庭被认为处于相对贫困状态。现实中，多数国家并未依据相对贫困率设定相应政策，仅将其作为一个统计指标。

欧盟国家较多使用官方设定的相对贫困标准。根据《欧洲2020战略》和欧盟统计局的做法，大多数欧盟国家把经平均加权后的可

[①] Fuchs V., "Redefining Poverty and Redistributing Income", *The Public Interest*, Vol. 14, No. 8, 1967.

[②] Ravallion M., Chen S., "Weakly Relative Poverty", *Review of economics and statistics*, Vol. 93, No. 4, 2011.

支配收入低于贫困风险线的家庭定义为相对贫困状态。下面以欧美贫困线为例展开具体说明。

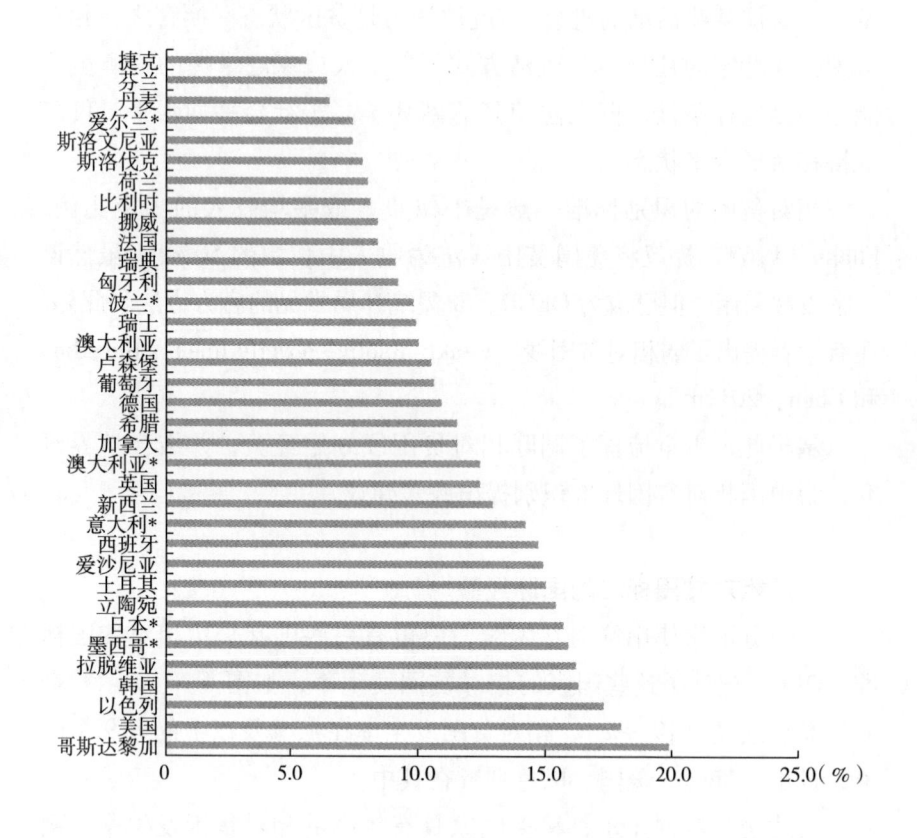

图 4—1　2019 年 OECD 国家相对贫困发生率

注：①相对贫困数据来自 OECD；②上标 * 表示 2018 年数据。

（一）欧盟相对贫困

1. 欧盟相对贫困标准识别

欧盟统计局把相对贫困发生率称为"贫困风险率"，相对贫困标准是经平均加权后全国人均可支配收入中位数的 60%。贫困风险率没有采用共同的欧盟阈值，而是根据每个成员国的实际情况来度量。家庭可支配收入包括工资性收入、经营性收入、财产性收入和转移性收入等，即各个家庭成员扣除所缴纳税款后的货币收入总和。其中，养老金被算作收入（在社会转移之前），而非社会转移。为反映家庭规模和结构的差异性，欧盟统计局将人均可支配收入除以"等效成年人"数量。具体做法是，家庭中第一个成年人赋予权重为1.0，对之后的每一个14岁及以上的家庭成员赋予0.5的权重、对每一个14岁以下的家庭成员赋予0.3的权重。基于该方法，得出每个家庭成员的等价可支配收入。需要注意的是，欧盟的贫困风险率是衡量低收入水平的相对标准，而不是绝对的财富水平。

2. 相对贫困的测算

2010年，欧盟的贫困风险率为16.5%；2011—2013年间变化幅度不大；高峰阶段为2014—2016年，分别为17.0%、17.2%和17.3%；2020年则下降至16.7%。

欧盟国家的贫困风险率具有地区异质性。许多国家20%以上人口面临着相对贫困风险，包括了保加利亚（23.8%）、拉脱维亚（22.6%）、西班牙（21.0%）、罗马尼亚（23.4%）、北马其顿（21.8%）、土耳其（23.0%）、黑山（22.6%）、阿尔巴尼亚（21.8%）、塞尔维亚（21.7%）、立陶宛（20.9%）、爱沙尼亚（20.7%）和意大利（20.0%）。具有较低相对贫困风险率的国家为捷克（9.5%）、斯洛伐克（11.4%）和丹麦（12.1%），如图4—2所示。

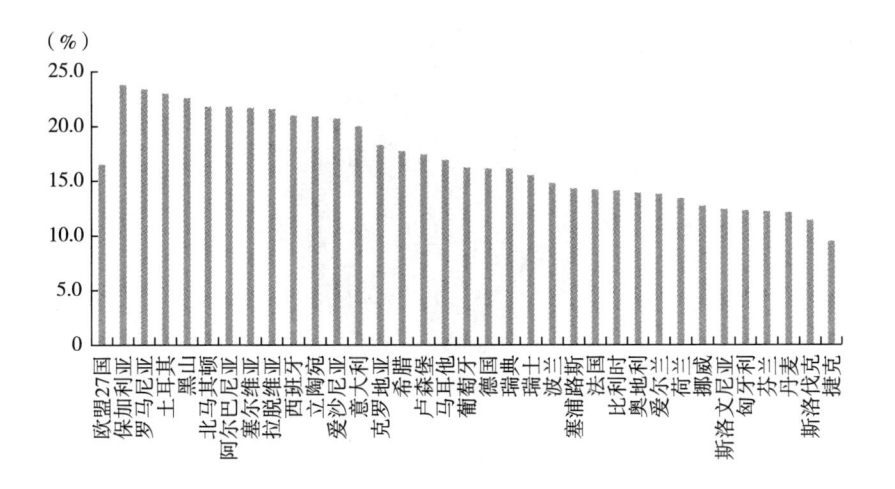

图4—2 2020年欧洲国家贫困风险率

贫困风险率测算可以显示个人层面的异质性，主要表现为：

（1）男性贫困风险率低于女性。2020年，欧盟各国男性贫困风险率（社会转移后）为15.9%，女性为17.5%。男女之间的贫困风险率在以下国家差距较大，分别是立陶宛（4.7%）、拉脱维亚（4.6%）、捷克（4.5%）、保加利亚（4.1%）和爱沙尼亚（3.4%）。

（2）2020年，欧盟各国中约16.0%的退休人员面临贫困风险。退休人员的贫困风险率在保加利亚（37.1%）、立陶宛（39.5%）、爱沙尼亚（48.8%）和拉脱维亚（46.5%）较高，大概是欧盟平均水平的2倍。

（3）独居者面临贫困风险概率较大。2020年，欧盟18.8%的独居者面临贫困风险。家庭人口越多风险越小，两个及以上成年人家庭的贫困风险率为7.1%。

3. 反贫困措施

社会保障体制在欧盟较为成熟，其包括老年（退休）和遗属（寡妇和鳏夫）养恤金、住房津贴、病残津贴、与家庭有关的福利、失业救济金、与教育有关的福利、反社会排斥等方面。社会转移支付包括中央、州或地方机构单位提供的社会救助，如图4—3所示。

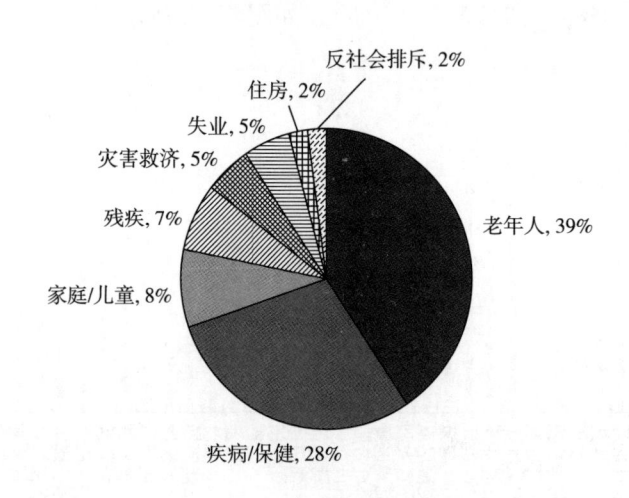

图4—3　欧盟社会保障制度

社会保障体系效果在欧盟各国间存在地区差异。例如，在社会转移之后，芬兰、丹麦和挪威一半以上的贫困风险人口通过该社会保障跨过相对贫困线；而对另一些国家，社会转移并未产生很好的作用，经社会转移而跨过相对贫困线的比例没超过6%，具体国家如下：土耳其（2.1%）、北马其顿（3.7%）、希腊（3.8%）、罗马尼亚（4.7%）、意大利（4.9%）、斯洛伐克（5.1%）、葡萄牙（5.3%）、保加利亚（5.8%）和塞尔维亚（5.9%）。

（二）美国相对贫困

1. 美国贫困线的划定

联邦政府在40多年前制定了美国的贫困线。其标准是一个家庭为获得基本的食物、住房以及其他基本品的最低收入，且每年都会根据通货膨胀适度调整门槛。其前提假设是，两个或更多的人住在一个家庭中更为经济，因为可分担费用。美国贫困线基于绝对收入，随家庭规模进行调整，每新增一人，按0.3511的权重进行加权。

人口普查局把确定家庭贫困状况的收入定义为"货币收入"，包含经营性、工资性、财产性的年收入、社会保障和失业金，但不包括大多数福利，例如食物券计划（SNAP）、所得税抵免（EITC）和住房援助。2020年，美国贫困线为年收入26200美元（以一个四口之家为例）。贫困线如表4—1所示，夏威夷和阿拉斯加的指数更高。

表4—1　　　　　　　美国家庭贫困线　　　　　　单位：美元

家庭规模	48个州和特区	夏威夷	阿拉斯加
1人家庭	12760	14680	15950
2人家庭	17240	19830	21550
3人家庭	21720	24980	27150
4人家庭	26200	30130	32750
5人家庭	30680	35280	38350
6人家庭	35160	40430	43950
7人家庭	39640	45580	49550
8人家庭	44120	50730	55150
每增1人	4480	5150	5600

2. 贫困测算

据美国人口普查局报告，2020 年 11.4% 的美国人口属于贫困人口。但是人口普查局未报告社会福利如何提高个人或家庭收入水平，这是因为报告中的收入不包括社会福利，而社会福利对低收入美国人摆脱贫困具有重要作用。

2020 年，美国分类群体的贫困情况如下：

（1）大约六分之一的儿童处于贫困状态。其中，许多孩子来自单亲家庭，这种家庭结构容易导致儿童贫困。

（2）种族间的贫困发生率差距较大。黑人贫困率最高，达到 19.5%，而非西班牙裔白人远低于黑人。黑人和西班牙裔群体的贫困率是非西班牙裔白人的两倍以上。

（3）全职工作的成年人贫困率很低，仅 1.6%。在 18 岁至 64 岁工作年龄的成年人中，有 4534 万美国人没有工作，占劳动适龄人口的 22.9%，但占贫困劳动适龄成年人的 63.2%。

（4）劳动适龄成年人有残疾的达 1456 万，占总劳动力的 7.4%。其贫困率为 25%。

（5）城市居民的贫困率略低于农村居民。现实中，来自城市地区的低收入美国人比农村地区人口的贫困率更高。

（6）24.7% 的 25 岁以上没有高中文凭的成年人处于贫困状态。教育是摆脱贫困的有效途径，大学毕业的成年人中只有 4.0% 处于贫困状态。

3. 基于绝对贫困线调整的相对贫困

据估计，实际生活在贫困中的美国人口可能不到 3%。这一数字通过三种方式得出：

（1）赤贫者调查

据人口普查局统计，个人或家庭年收入低于 2500 美元的大约有 3%。若不参加福利项目，或者福利项目的参与没有使他们跨过贫困线，那么生活在贫困中的人口达 3%。

（2）消费贫困测度

有三个原因解释消费贫困率低：（a）人口普查一般低估收入，

但消费报告得更准确。(b) 收入中不包括社会安全网的净福利。SNAP 不包括在收入中，而在消费中。(c) 多年通货膨胀使以收入为衡量基础的贫困线被高估。

(3) 无家可归人口统计

无家可归者容易陷入贫困，约 55 万人是官方统计的无家可归者，占总人口的 1.5%。

根据上述三点推测，可能不到 3% 的美国人口实际生活在贫困中。因为社会安全网政策产生了巨大影响，使 8.8% 的贫困者摆脱了赤贫。

美国贫困户实际上是处于相对贫困，而非绝对贫困。人口普查局显示，93% 的贫困家庭有微波炉并对住房感到满意；人均居住面积大于一个房间家庭占 81%；在家电拥有情况上，贫困家庭冰箱拥有率最高，达 98%，贫困家庭有壁炉的占 97%，有电视的占 96%。因此，多数处于贫困的美国人实际上并不贫困，实际上生活在赤贫中的人口约 3%，美国的贫困线实际上是一个相对贫困线。

4. 反贫困措施

如表 4—2 所示，13 项大型福利计划为贫困美国人提供福利支持。所得税抵免、食物券计划和住房援助为美国人提供保障，助力摆脱贫困。然而，也有许多美国人没有参加福利计划，可能是受教育水平低、残疾、酗酒、吸毒成瘾、精神疾病等导致的。因此，虽然美国的福利计划项目很多、支出较大，但也存在忽略最需要关注的贫困人群的问题。

表 4—2　　　　　　　联邦政府社会安全网开支（亿美元）

项目	明细
所得税抵免	儿童税抵免、所得税抵免。现金支付给不缴纳所得税的工薪家庭
食物券计划	借记卡被分发给穷人买食物
住房援助	HUD 住房计划，包括租金券、公共住房和社区发展计划
附加保障收入	现金支付给残疾人、盲人或 65 岁以上的老人
助学金	学校向学生提供助学金
临时援助	为有需要的家庭提供临时援助。现金支持低收入家庭，将他们从福利院转移到工作岗位

续表

项目	明细
儿童营养	学校午餐、早餐和课后食物计划
学前教育	学前教育计划
妇幼营养补助计划	高蛋白食品,供孕妇和5岁以下儿童食用
就业培训	为成人、青年和老年人提供各种计划和就业支持
低收入家庭能源援助计划	为低收入家庭住宅供暖或制冷提供援助
儿童照料	儿童保育和课后计划
电话补贴	包括手机在内的电话补贴

资料来源:根据美国人口普查局数据整理而得。

2020年,联邦、州和地方政府在贫困项目上的总开支约1万亿美元,但贫困率仍相当稳定,处于11%—15%之间。说明美国财政支出增加,但减少的贫困人口数量有限。可能是因为这些独立项目没有总体规划,缺乏统一协调,例如以实物利益为中心的复杂系统忽略了许多最需要的人。在福利制度设计上存在低效问题。此外,许多美国贫困人口并非一贫如洗,在实物福利上花费了数万亿美元为许多人带来舒适和容易的生活,反而会助长依赖性。

二 相对贫困国际经验的借鉴与启示

对于相对贫困的识别,学界围绕几个问题进行了讨论:(1)采用中位数还是均值?均值易受极端值影响,极端收入增加会促使均值上升,直接提高以均值为衡量方式的相对贫困标准;与之相反,以中位数方法测度的相对贫困标准比较稳健。(2)取中位数或均值的多少比例?OECD是收入中位数50%,欧盟是收入中位数60%,学者推荐中位数的比例在30%—60%之间(李永友和沈坤荣,2007;孙久文和夏添,2019)[1][2]。Brian(2002)认为,只要最终的相对贫

---

[1] 李永友、沈坤荣:《财政支出结构、相对贫困与经济增长》,《管理世界》2007年第11期。

[2] 孙久文、夏添:《中国扶贫战略与2020年后相对贫困线划定——基于理论、政策和数据的分析》,《中国农村经济》2019年第10期。

困发生率接近，50%和45%的比例并无差异[1]。整体而言，比例取值范围比较主观，并无严格的学理性。（3）参照谁？学者主要采用两种方法估算参照系收入。一是主观法，以邻居、朋友、同学或同事作为参照，但参照对象一般是受访者的主观判断，具有一定的系统性误差[2]；另一类是回归法，将性别、教育、年龄、地区等变量回归计算的拟合值作为参照收入（Clark & Oswald，1996）[3]。这两种方式需要较强的经济学或心理学假设，适合学术研究，但无法用于划定官方相对贫困线。（4）家庭规模是否要加权处理？美国的贫困线以绝对收入为基础，并根据家庭规模进行调整，每新增一人，皆按0.35权重进行加权（后文称之为"等比例加权"）[4]；Jeon等（2017）研究韩国相对贫困线时，采用家庭人口平方根的方式加权（后文称之为"平方根加权"）[5]。官方或学术标准大多考虑家庭规模经济，即用家庭收入除以"等效家庭规模"。

基于上述研究，本章提出了中国相对贫困标准：根据家庭规模加权，家庭中第一个成年人赋予权重为1.0，对之后的每一个14岁及以上的家庭成员赋予0.5的权重、每一个14岁以下的家庭成员赋予0.3的权重。基于该方法，等效家庭规模加权的人均家庭可支配收入低于其全国人均收入中位数的40%，被称为相对贫困。此外，也可根据城乡差异可划分出城镇相对贫困和农村相对贫困线。根据CFPS数据测算，若按全国统一标准，2018年则有21.1%的农村人口处于相对贫困之中，而城市仅有3.4%；若按分城乡标准，根据户籍分类统计的相对贫困发生率发生了一定改变，2018年，16.2%的农

---

[1] Brian E., "Beware the Median", *Social Policy Research Center Newsletter*, No. 82, 2002.

[2] Chen X., "Relative Deprivation and Individual Well-being", *IZA World of Labor*, No. 140, 2015, pp. 1-10.

[3] Clark A. E., Oswald A. J., "Satisfaction and Comparison Income", *Journal of public economics*, Vol. 61, No. 3, 1996.

[4] 参见 https://aspe.hhs.gov/poverty-guidelines.

[5] Jeon B., Noguchi H., Kwon S., et al., "Disability, Poverty, and Role of the Basic Livelihood Security System on Health Services Utilization among the Elderly in South Korea", *Social Science & Medicine*, Vol. 178, 2017.

村人口处于相对贫困之中，而城市则有 10.2%。

第二节　农村集体经济组织发展对农户相对贫困的减贫效应研究

在识别相对贫困的基础上，本节将相对贫困的研究重点集中在农村，考虑到与农村居民最为密切的农村集体经济的益贫性，尝试分析村集体经济组织发展对于解决农村居民相对贫困的影响，找出农村相对贫困的解决之道。

2020 年脱贫攻坚战全面收官，在绝对贫困得到基本解决后，我国的扶贫重心将逐渐转向相对贫困，工作方式转变为常态化推进。相对贫困具有典型的区域性和地方性特征（邢成举和李小云，2019）[①]，借助对收入相对差距的衡量，可以较好地表征社会财富或收入在不同阶层与群体间的分配情况，更加契合我国当前不平衡不充分的社会主要矛盾。农村集体经济组织所承载的富民目标，旨在减少农民与农民之间、农民与市民之间的收入差异，可以理解为解决相对贫困问题在我国国情语境下的中国式表达。换句话说，由于我国相对贫困人口仍集中在农村，发展农村集体经济对于解决相对贫困和实现共同富裕问题是一脉相承。

农村集体经济是中国农村经济制度的重要组成部分，充分发挥农村集体经济组织的优势有助于为中国的减贫事业创造更多可能。尤其在进入以解决相对贫困问题为主的扶贫新阶段后，存在相对贫困问题的地方主要是集体经济薄弱的农村，通过发展集体经济组织，壮大集体经济或可成为解决相对贫困问题的切入点。基于此，本节评估农村集体经济组织发展对减少相对贫困的实际效果，补充学界关于村集体经济发展的减贫效应研究，同时为我国下一阶段的扶贫工作提供决策参考。

[①] 邢成举、李小云：《相对贫困与新时代贫困治理机制的构建》，《改革》2019 年第 12 期。

一　农村集体经济组织发展对农户相对贫困影响的机理分析

（一）农村集体经济组织与扶贫

很多经济薄弱地区的贫困群众自身能力弱、占有资源少、谈判势力不足，无法靠自身的力量摆脱贫困，而集体经济在组织层面的优势，有利于提升农户的组织化程度，解决一家一户难以解决的问题，帮助贫困户更好地对接大市场，有效实现农户脱贫，已有部分研究对此加以论证。如赵春雨（2017）发现，农村集体经济组织以初次收益按劳分配、按股分红，二次分配向特困户倾斜实现了精准扶贫[1]。对于深度贫困地区，西藏那曲让贫困群众以要素入股和劳动方式参与到集体合作经营中，并通过转变草原畜牧业发展方式，实现了牧民就近就便就业，提高了牧民收入，缩小了区域发展差距（高飞和向德平，2018）[2]。与此同时，有集体企业的样本村，农民外出就业比例明显减少，而随着集体经济资产种类增加，农民之间的收入差距缩小，农民的幸福感得到提高（钱存阳等，2015）[3]。此外，不少贫困地区将国家财政支持项目建设资金转为集体股金，探索土地增值中集体权益的实现形式，让贫困户参与集体所得分配（郑有贵，2018）[4]。

归纳来看，农村集体经济组织在扶贫中有三个方面的优势。一是保障效应。农村集体经济组织对贫困群体的脱贫作用体现为"货币化"和"非货币化"两种特征，既能够让农民参与产业发展的一次收入分配，也可以享受分红等二次收入分配，在得到收入保障的同时，也能够获得生存和心理安全的直接或间接保障。二是激励效

---

[1] 赵春雨：《贫困地区土地流转与扶贫中集体经济组织发展——山西省余化乡扶贫实践探索》，《农业经济问题》2017年第8期。

[2] 高飞、向德平：《找回集体：西藏治理深度贫困的经验与启示》，《中国农业大学学报》（社会科学版）2018年第5期。

[3] 钱存阳、易荣华、刘家鹏、张华：《城镇化改造中集体经济对失地农民保障作用研究——基于浙江9个地区的调查数据》，《农业经济问题》2015年第1期。

[4] 郑有贵：《由脱贫向振兴转变的实现路径及制度选择》，《宁夏社会科学》2018年第1期。

应。发展农村集体经济组织有利于激发困难群众的内生动力,增强集体意识,解决村与个体的精神贫困问题,同时作为中介有利于让国家政策平稳落实到农户上,有利于结合政策动力和群众内生动力,解决物质贫困问题(张慧鹏,2017)①。三是组织效应。发展农村集体经济组织能够解决资源分配中存在的各类精英俘获问题,通过将农民组织起来增加贫困户的机会,在发展农村集体经济组织中形成合理的利益机制,有利于解决脱贫严重依赖外部资源输入而缺乏自我发展能力的问题。

(二)农村集体经济组织与相对贫困

过往研究认可了农村集体经济组织发展在帮助贫困农户脱贫方面的作用,但仍以案例分析为主,缺乏对集体经济减贫效应的定量评估。在相对贫困的识别和治理问题上,国内多数学者更倾向于将某一客观相对贫困线作为我国下一阶段的扶贫标准,这从政策制定和执行成本的角度出发具有合理性,但从我国更加注重提升人民群众幸福感和获得感的政策导向看,人民群众对自身经济状况的主观感受理应得到更多关注,因此有必要对主观相对贫困进行观察和讨论。本节将从客观相对贫困和主观相对贫困两个方面,定量评估农村集体经济组织发展的减贫效应,具有一定的前瞻性。客观相对贫困相较于当前的绝对贫困,不仅仅意味着贫困标准线的提高,也为贫困识别增加了动态调整机制。但客观相对贫困的本质仍是以收入为核心对贫困进行识别,按照以往学者所发现的农村集体经济组织在扶贫中的作用机制和优势,可以设想其对客观相对贫困可以发挥重要的遏制作用。而于主观相对贫困,一般的思考逻辑是若集体经济可以改善农户的客观相对贫困,其主观相对贫困也应随之减弱。实践中,农村集体经济组织发展壮大是否会表现出对客观和主观相对贫困的正面影响,本章将尝试对此加以验证。

---

① 张慧鹏:《集体经济与精准扶贫:兼论塘约道路的启示》,《马克思主义研究》2017年第6期。

二 集体经济组织发展及其相对贫困减贫效应分析

（一）数据和模型

1. 数据来源

本章使用的数据来自中国家庭追踪调查（CFPS）。样本覆盖全国 25 个省 162 个县 635 个村庄（社区），目标样本规模为 16000 户，调查对象包含样本家户中的全部家庭成员。CFPS 在 2010 年和 2014 年有对村庄（社区）的系统调查，涵盖了村庄经济发展、社会保障、财务状况等诸多方面①。由于本章的研究对象为农村家庭，因此仅保留具有农村户籍的样本。2010 年调查了 327 个农村样本，在此基础上，2014 年追踪了 304 个村庄。

2. 模型设定和关键变量描述

本章利用 CFPS2010 和 CFPS2014 两期数据构建了面板数据模型，来分析集体经济组织发展对农户相对贫困的影响，具体模型如下：

$$RP_{it}=\beta_0+\beta_1 \cdot RCE_{it}+\beta_2 \cdot X_{it}+\mu_t+\varepsilon_{it} \quad (4—1)$$

其中，RP_{it} 表示农户 i 第 t 年的相对贫困状况。RCE_{it} 表示农户 i 所在村庄在第 t 年的农村集体经济组织发展情况。X_{it} 表示第 i 个农户随时间变化的相关控制变量，μ_t 表示年份固定效应。

对相对贫困状况（RP_{it}）的衡量包括客观相对贫困和主观相对贫困两个维度。本节简化了上一节关于客观相对贫困的衡量方法，以当年收入中位数的 40% 作为客观相对贫困的标准，低于该标准则表示处于客观相对贫困。对于主观相对贫困的衡量，突出农户在居住地的主观感受。本章以 CFPS 问卷中的被访农户对个人收入在居住地地位的评价作为判断主观相对贫困的标准。评价在最低分时，则表示处于主观相对贫困。按照上述标准划分出的农村主观和客观相对贫困发生率均在 20% 以上。

---

① CFPS 对农村集体经济的统计只更新到 2014 年，但从农村集体经济的实际发展看，选择 2010 年和 2014 年的数据进行分析并不影响其对当下的启示意义。

衡量农村集体经济组织发展（RCE_{it}）最直观的指标是农村集体经济收入。有两种方案：一种是根据村是否有集体经济收入设置0—1变量，另一种是直接用农村集体经济收入金额。鉴于我国农村有很多是属于"空壳村"或"薄弱村"，考量集体收入从无到有更具有现实意义。因此，选择前一种指标衡量集体经济收入。经过统计，没有集体经济收入的样本村超过75%。2014年村均集体收入从2010年的56.1万元下降到32.4万元，降幅超过40%。此外，村庄财政支出中，2010年和2014年用于投资农村集体经济组织的比例均不足10%，且投资额下降近90%。这与一些学者的观察基本一致，例如，王娜和胡联（2018）发现，2006—2015年，我国农村集体经济组织经营收入的比重由54%下降到34.8%，但是补助收入却有了显著上升，从7.3%升到了21.1%[1]，说明集体经济自身发展能力不足，对各种补助依赖性增强。

表4—3　　　　　　　　变量描述统计

变量名	变量设定	均值	标准差	最小值	最大值
客观相对贫困	虚拟变量，1=收入中位数40%为门槛的客观相对贫困	0.23	0.42	0	1
主观相对贫困	虚拟变量，1=个人收入在居住地地位评分为1	0.25	0.44	0	1
村集体经济	虚拟变量，1=村庄有集体经济收入	0.23	0.42	0	1
村转移支付	连续变量，村财政支出中发给村民的金额	0.66	1.42	0	8.78
村公共服务	连续变量，村财政支出中的公共服务开销	1.18	1.84	0	9.21
村教育投资	连续变量，村财政支出中的教育投资	0.33	1.10	0	9.21
村生产投资	连续变量，村财政支出中的生产投资	0.50	1.20	0	9.09
教育贫困	虚拟变量，1=16岁及以上者初中没毕业，或7—16岁者辍学	0.51	0.50	0	1

---

[1] 王娜、胡联：《新时代农村集体经济的内在价值思考》，《当代经济研究》2018年第10期。

续表

变量名	变量设定	均值	标准差	最小值	最大值
营养贫困	虚拟变量，1＝BMI 指数低于偏瘦门槛（不同性别与年龄段的偏瘦门槛来自《中国居民膳食指南 2016》）	0.13	0.34	0	1
健康贫困	虚拟变量，1＝身体不健康	0.10	0.30	0	1
厕所贫困	虚拟变量，1＝家里没有厕所，0＝家里有厕所	0.11	0.31	0	1
饮水贫困	虚拟变量，1＝非清洁水源，0＝自来水/矿泉水/纯净水/过滤水	0.47	0.50	0	1
住房贫困	虚拟变量，1＝没有房产，0＝完全产权/部分产权	0.11	0.32	0	1
贫富不公	虚拟变量，1＝因贫富差距而受到不公正对待	0.15	0.36	0	1
非农就业	虚拟变量，1＝从事非农就业，0＝否	0.28	0.45	0	1
城市移民	虚拟变量，1＝农村户籍，居住地在城市，0＝农村户籍，居住地在农村	0.31	0.46	0	1

(二) 实证分析

1. 基准结果

基准回归分别估计了客观相对贫困和主观相对贫困的结果，采用面板 Probit 模型进行实证分析，如表 4—4 所示。第（1）列和第（3）列只放入了村财政支出和农户个体及家庭特征两类控制变量，结果发现，村集体经济组织发展对客观相对贫困和主观相对贫困在 1% 的统计水平上显著，但影响方向完全相反，表现出减轻客观相对贫困，但加强主观相对贫困的特点。将全部控制变量都放入回归方程后，估计参数结果并未发生改变。如第（2）列和第（4）列所示。农村集体经济组织发展对农户主、客观相对贫困稳健的双向影响，反映了集体经济在提高农民绝对收入，摆脱以收入为衡量标准的客观相对贫困方面的正向作用，说明集体经济组织追求共同富裕的目标在实际中得到了一定体现，并且呈现益贫性的特点，与理论预期相符；但是对主观相对贫困却具有完全相反的作用，集体经济组织发展反而恶化农民主观相对贫困，这种内在冲突背后的机制需要进一步探究。

表 4—4　　　　农村集体经济组织对农户相对贫困的影响

	客观相对贫困		主观相对贫困	
	（1）	（2）	（3）	（4）
村集体经济	-0.17***	-0.10***	0.06***	0.07***
村转移支付	-0.02***	-0.004	-0.008	-0.001
村公共服务	-0.04***	-0.04***	0.01**	0.01**
村教育投资	0.01	0.02	-0.003	-0.01
村生产投资	-0.05***	-0.03***	-0.04***	-0.02**
教育贫困	—	0.23***	—	0.09***
营养贫困	—	0.13***	—	0.16***
健康贫困	—	0.17***	—	0.46***
厕所贫困	—	0.24***	—	-0.04
饮水贫困	—	0.11***	—	0.06***
住房贫困	—	0.24***	—	0.11***
贫富不公	—	0.08***	—	0.29***
非农就业	—	-0.76***	—	-0.410**
城市移民	—	-0.14***	—	0.12***
常数项	-0.94***	-0.84***	0.56***	0.68***
个体随机效应	yes	yes	yes	yes
年份固定效应	yes	yes	yes	yes
样本量	40832	37461	36084	34421
卡方值	1608.00***	2415.61***	1537.85***	1941.17***

注：①*表示在10%水平上显著、**表示在5%水平上显著、***表示在1%水平上显著；②因篇幅问题，未列控制变量结果，下同。

　　本节进一步分析农村集体经济组织影响农户相对贫困的中介机制。第（2）列和第（4）列分别呈现了多维贫困、贫富不公经历、非农就业和城市移民三组变量对客观和主观相对贫困的影响。一是对于多维贫困，教育贫困、营养贫困、健康贫困、厕所贫困、饮水贫困和住房贫困均在1%的显著水平上正向影响客观相对贫困，而除厕所贫困之外的5个多维贫困度量指标也均在1%的显著水平上正向影响主观相对贫困,说明多维贫困对客观和主观相对贫困都有显著的不利影响。二是对于贫富不公经历,其对客观和主观相对贫困的影响都在1%的水平上显著为正,意味着贫富不公经历不仅会客观上影响农户的收入,更会对农户的主观贫困感受造成负面作用。三是对于非农就业和城市移民,农户参与非农就业所带来的收入提升对其摆脱主、客观相对贫困都有突出的促进作用;但是否成为城市移民对两类贫困的影响则表现出差异性,一方面是帮助农民摆脱客观相对贫困,而另一方面却让农户陷入更深的主观相对贫困。这集中暴露出了农村流动人口的相对贫困问题(杨舸,2017),虽然农村流动人口的收入提高,有助于解决客观相对贫困,但其长期居住地却由农村变为城市,这改变了主观评价自己的参照系,也因在医疗、住房、就业等方面与城市户籍人口间存在明显差距而强化了他们的相对剥夺感。农村集体经济组织发展对客观和主观相对贫困的不同影响可通过多维贫困、贫富不公经历、非农就业和城市移民等中介机制得到解释。

2. 中介机制分析

本节分别将多维贫困、贫富不公经历、非农就业和城市移民作为被解释变量,采用面板 Probit 模型进行实证检验,以揭示农村集体经济组织发展对客观和主观相对贫困的作用机理,如表4—5。

表4—5　　　　　　　　　机制分析

	(1)	(2)	(3)	(4)	(5)
	教育贫困	营养贫困	健康贫困	厕所贫困	饮水贫困
村集体经济	−0.31***	0.01	−0.12***	−0.07***	−0.34***
控制变量	yes	yes	yes	yes	yes
个体随机效应	yes	yes	yes	yes	yes
年份固定效应	yes	yes	yes	yes	yes
样本量	43744	43767	43745	43367	43767
卡方值	5110.6***	1000.7***	1411.0***	868.6***	1870.9***

续表

	(6)	(7)	(8)	(9)	—
	住房贫困	贫富不公	非农就业	城市移民	
村集体经济	-0.21***	0.04**	0.25***	0.72***	—
控制变量	yes	yes	yes	yes	—
个体随机效应	yes	yes	yes	yes	—
年份固定效应	yes	yes	yes	yes	—
样本量	42070	43767	43767	41625	—
卡方值	1039.1***	808.8***	2726.4***	1478.8***	—

注：*表示在10%水平上显著、**表示在5%水平上显著、***表示在1%水平上显著。

首先，农村集体经济组织发展对农户多维贫困有着显著的减贫作用。村集体掌握可支配的资金资源，可逐步供给村民所需的公共品，解决国家财政难以完全覆盖农村公共品供给的难题，同时也能实现对村民的动员（陈义媛，2019）[1]。此外，发展农村集体经济组织能够推动治理体系的优化，促进收入合理分配，在涵养乡风民风、引导村民合作、促进社区和谐方面发挥积极作用（吕方等，2019）。因此，农村集体经济组织的发展可以通过消除多维贫困助力农户摆脱主客观相对贫困。

其次，农村集体经济组织发展在农户贫富不公的经历上表现出了显著的正向影响。由于部分地方少数人长期掌控集体资产，未向集体组织成员公开信息，加之合同签订的不规范现象，导致许多侵占集体资产的问题至今未得到解决，使老百姓利益受损。在集体收入的分配上，村庄内部仍然时常出现分歧，农村集体经济组织收益分配纠纷在农村也十分普遍，这就导致农村集体经济组织有可能因为上述问题的存在而导致农户遭遇贫富不公，进而对农户的主观相对贫困造成不利影响。

最后，农村集体经济组织的发展对推动农户参与非农就业和促进农户进城移民有显著正向作用。这一结果和我国农村集体经济

---

[1] 陈义媛：《公共品供给与村民的动员机制》，《华南农业大学学报》（社会科学版）2019年第4期。

"去劳动化"趋势紧密相关（蓝宇蕴，2017）[1]。为适应市场竞争需要，农村集体经济组织在农村市场经济中越来越表现出农业集约化经营或者非农化生产的特点，这与以前以吸纳劳动力为特点的传统农村集体经济组织运行模式不同，导致多数集体经济组织成员被"排斥"，并将本村劳动力挤出。农村集体经济组织市场化发展不仅导致本村劳动力更多地到村外进行非农就业，也推动更多农户进城。因此，农村集体经济组织发展可通过促使农户参与非农就业进而摆脱相对贫困，但同时也刺激农户进城恶化其主观相对贫困。

中介机制分析结果使得农村集体经济组织发展对相对贫困的逆向影响有了合理解释。农村集体经济组织发展通过改变农户多维贫困，使其更多参与非农就业，提高收入，最终提高摆脱客观相对贫困的概率；但农村集体经济组织发展所带来的贫富不公经历和产生的农户进城居住事实，则可能恶化农户主观相对贫困。

3. 稳健性检验

为进一步检验基准结果稳健性，本部分采用不同指标衡量被解释变量和核心解释变量，结果如表4—6所示。其中，对于客观相对

表4—6　　　　　　　　　稳健性检验

	客观相对贫困			主观相对贫困			
	(1)	(2)	(3)	(4)	(5)	(6)	(7)
	因变量：农村收入中位数40%	自变量：村集体经济收入的对数值	自变量：村集体经济投资虚拟变量	因变量：收入地位较低	因变量：综合地位非常低	自变量：村集体经济收入的对数值	自变量：村集体经济投资虚拟变量
村集体经济	-0.10***	-0.05***	-0.04	0.05**	0.08***	0.02***	0.12***
控制变量	yes	yes	yes	yes	yes	yes	yes
个体随机效应	yes	yes	yes	yes	yes	yes	yes
年份固定效应	yes	yes	yes	yes	yes	yes	yes
样本量	37461	37461	37461	34421	37711	34421	34421
卡方值	2235.5***	2418.1***	2409.2***	1893.0***	548.5***	1940.9***	1936.6***

注：*表示在10%水平上显著、**表示在5%水平上显著、***表示在1%水平上显著。

---

[1] 蓝宇蕴：《非农集体经济及其"社会性"建构》，《中国社会科学》2017年第8期。

贫困变量，替换为农村样本收入中位数的 40%，农村集体经济组织的估计参数在 1% 的显著性水平上为负；对主观相对贫困变量，采用提高农户自评主观相对贫困的门槛和换农户对自己居住地评价两种形式，农村集体经济组织发展均展现出积极的作用。在集体经济发展的衡量方面，采用村集体经济收入对数值或者村集体经济投资的虚拟变量，均未改变集体经济对主客观相对贫困的影响方向，只有客观相对贫困的估计系数不再显著。总之，估计结果还是比较稳健的。

第三节 城市最低工资标准对农民工相对贫困影响研究

对于农村居民相对贫困的研究不能仅仅关注居住在农村的居民的问题，同时还要考虑到农村劳动力不断流入城市的现实。本节进一步分析流向城市的农民工面临的相对贫困问题，并基于最低工资标准这一社会保障制度分析城市地区的城乡劳动力相对贫困差异性。

许多文献对最低工资的收入分配效应做了研究。最低工资标准对收入分配的影响并没有绝对的定论（段志民和郝枫，2019）[1]。在买方垄断的劳动力市场中，若初始设定的最低工资标准较低，提高最低工资标准会缩小劳动力收入差距（叶静怡和杨洋，2015；邸俊鹏和韩清，2015）[2][3]。但在自由竞争性的劳动力市场中，最低工资标准的提高则可能给劳动力就业带来负面影响。已有研究主要关注不同收入阶层劳动力间的收入分配效应，但较少关注城乡劳动力的收入分配效应问题。本节利用 2010—2018 年 CFPS 数据，分析最低工资标准提升对中国城乡劳动力相对贫困的影响，揭示农民工的相对贫困状况。

---

[1] 段志民、郝枫：《最低工资政策的城镇家庭收入分配效应研究》，《统计研究》2019 第 7 期。
[2] 叶静怡、杨洋：《最低工资标准及其执行差异：违规率与违规深度》，《经济学动态》2015 年第 8 期。
[3] 邸俊鹏、韩清：《最低工资标准提升的收入效应研究》，《数量经济技术经济研究》2015 年第 7 期。

1994年，最低工资政策在全国开始实施，且具体标准由省、自治区、直辖市人民政府制定。2004年实施的《最低工资规定》促进了最低工资制度发展与进步。该规定确定了最低工资标准调整方案，每两年至少调整一次，且不同行政区域可设定适用于当地的最低工资标准。同时，由于不同地区最低工资标准调整的幅度与时间存在差异，这对考察最低工资标准对城乡劳动力相对贫困的影响提供了重要的外生变异来源。

本节的边际贡献在于：（1）基于主客观相对贫困的双重视角，分析最低工资的影响。（2）从城乡户籍劳动力的视角，分析最低工资标准对不同劳动力相对贫困的影响，揭示城乡劳动力相对贫困差异性，为最低工资标准的调整提供了理论依据。本节的研究不仅对解决相对贫困具有积极意义，还为政府制定适宜的最低工资标准提供参考。

一 城市最低工资标准对相对贫困的影响机理分析

实施《最低工资规定》以来，最低工资制度已成为调节劳动者收入分配的重要工具。最低工资标准对劳动力尤其是不同户口类型劳动力的影响主要通过收入效应、就业挤出效应等机制。

（一）收入效应

最低工资标准的提升会提高劳动力收入水平（罗小兰和丛树海，2009）[1]。但由于中国的"二元市场"结构，最低工资标准提升会拉大城乡户籍劳动力的差异。当前，劳动力市场上存在大量非正规部门，以农民工群体为主体的农村户籍劳动力由于人力资本较低、竞争力不足，往往处于劳动力市场的底层，从事非正规部门工作，且非正规部门不受最低工资标准约束（向攀等，2016）[2]；但本地城市

---

[1] 罗小兰、丛树海：《基于攀比效应的中国企业最低工资标准对其他工资水平的影响》，《统计研究》2009年第6期。

[2] 向攀、赵达、谢识予：《最低工资对正规部门、非正规部门工资和就业的影响》，《数量经济技术经济研究》2016年第10期。

户籍劳动力大多在正规部门就业（宁光杰和段乐乐，2017）①。最低工资标准提高则显著提高城市低收入群体的工资水平（章元等，2019）②，进而降低城镇内部的客观相对贫困。因此，最低工资标准的调整有助于降低城镇劳动力相对贫困发生率，但不影响农民工相对贫困。

收入是劳动力主观相对贫困的重要影响因素③。相较于绝对收入，相对收入与主观相对贫困有着密切的联系（Easterlin et al.，2008）④。与社会参照群体相对照，个人相对收入水平直接影响了主观相对贫困状态，而绝对收入不会影响主观相对贫困（王艳萍，2017）⑤。上文所述，最低工资标准提高不会影响农民工的收入，但会增加城市低收入劳动力的收入。最低工资的收入分配效应则必然会影响劳动力的生活满意度。对于城市居民，收入提升直接增加其生活满意度。而对于农民工来说，自身状况并未得到显著改变，反而陷入主观相对贫困中。

（二）就业挤出效应

当劳动力市场处于完全竞争时，最低工资标准提高会对就业产生挤出效应。因为最低工资标准的提高，直接增加了企业成本，为节省成本，企业减少雇工（Alaniz，2011；张世伟和贾朋，2014）⑥⑦。这一变化最先冲击到城市低技能行业，而这些行业存在大量农民工群

---

① 宁光杰、段乐乐：《流动人口的创业选择与收入——户籍的作用及改革启示》，《经济学（季刊）》2017年第2期。

② 章元、程郁、沈可：《新〈劳动合同法〉与简单劳动力成本——来自城市劳动力市场和中关村企业的双重证据》，《江苏社会科学》2019年第3期。

③ 当前学术界主要采用收入指标（如，人均可支配收入）来衡量相对贫困状态，有关收入与贫困之间的关系就不再赘述。

④ Easterlin R. A., Plagnol A. C., "Life Satisfaction and Economic Conditions in East and West Germany Pre-And Post-Unification", *Journal of Economic Behavior & Organization*, Vol. 68, No. 3, 2008.

⑤ 王艳萍：《幸福经济学研究新进展》，《经济学动态》2017年第10期。

⑥ Alaniz E., Gindling T. H., Terrell K., "The Impact of Minimum Wages on Wages, Work and Poverty in Nicaragua", *Labour Economics*, No. 18, 2011.

⑦ 张世伟、贾朋：《最低工资标准调整的收入分配效应》，《数量经济技术经济研究》2014年第3期。

体。若企业裁员，该群体则会进入非正规部门就业甚至不得不返乡谋生。第二，最低工资标准的调整，使边际生产力低于新定最低工资的城市低收入群体的劳动力被挤出了最低工资政策覆盖的部门，促使其在非正规部门寻找工作机会（李后建等，2018）[①]。大量城市户籍的低技能劳动力涌入非正规部门，直接把农民工挤出，导致该群体不得不流回农村。因此，最低工资标准提高对农民工就业具有负向冲击，但是对拥有城镇户籍的低技能劳动力就业影响较小（丁守海，2010）[②]。

就业冲击最终反映在相对贫困状态上。就业带来了收入、社会关系和社会尊重，就业质量变差甚至失去工作则会降低生活满意度（周绍杰等，2015）[③]。因此，失业会消极影响劳动力客观相对贫困和主观相对贫困状态。

二 城市最低工资标准对农民工相对贫困的影响分析

（一）模型、变量与数据

1. 模型设定

本节选择Probit模型进行估计，构建如下模型进行分析：

$$proverty_{it} = \alpha + \beta \ln age_{it} + \lambda X_{it} + \mu_j + \nu_t + \varepsilon_{it} \quad (4—2)$$

$$proverty_{it} = \alpha + \beta_1 \ln age_{it} + \beta_2 \ln wage_{it} \cdot urban_{it} + \beta_3 urban_{it} + \lambda X_{it} + \mu_j + \nu_t + \varepsilon_{it} \quad (4—3)$$

其中，被解释变量是相对贫困状态，用$proverty_{it}$来表示；解释变量是省级最低工资水平，用$\ln wage_{it}$表示；$urban_{it}$表示户口类型；X_{it}表示包括个人特征、社会经济特征在内的控制变量；μ_j表示省份固定效应；ν_t为时间固定效应；ε_{it}为随机扰动项。

[①] 李后建、秦杰、张剑：《最低工资标准如何影响企业雇佣结构》，《产业经济研究》2018年第1期。

[②] 丁守海：《最低工资管制的就业效应分析——兼论〈劳动合同法〉的交互影响》，《中国社会科学》2010年第1期。

[③] 周绍杰、王洪川、苏杨：《中国人如何能有更高水平的幸福感——基于中国民生指数调查》，《管理世界》2015年第6期。

2. 变量

客观相对贫困。本节依旧采用简化的客观相对贫困标准，用人均纯收入中位数的40%作为相对贫困标准（相对贫困线）。若人均纯收入小于相对贫困线，记为1；否则为0。

主观相对贫困。本节根据CFPS中关于生活满意度的问题，将很不满意和较为不满意赋值为1，表示主观相对贫困，反之为0。

最低工资。一般采取小时和月最低工资作为最低工资标准。各省份所辖市根据当地发展情况可设定多个档次标准，本节采用月最低工资标准最高一档，以2010年为基期，通过CPI进行平减，并将获得的实际值进行对数化处理。

本节从个人特征、家庭特征和宏观经济特征三个方面选择控制变量。表4—7给出了各变量的描述性统计。

表4—7　　　　　　　　　描述性统计分析

变量	变量的定义	平均值	标准差
客观相对贫困_4	若人均纯收入小于人均纯收入中位数的40%，记为1；否则为0	0.172	0.377
客观相对贫困_6	若人均纯收入小于人均纯收入中位数的60%，记为1；否则为0	0.283	0.451
主观相对贫困_满意度	若生活满意度得分小于等于2，记为1；否则为0	0.120	0.325
主观相对贫困_收入地位	若自评收入得分小于等于2，记为1；否则为0	0.226	0.418
最低工资	最低工资（2010年价格，元）的对数	6.981	0.274
性别	男性=1；女性=0	0.502	0.500
年龄	个人实际年龄，岁	37.908	21.687
婚姻状况	已婚=1；未婚=0	0.763	0.425
健康水平	不健康=1；一般=2；比较健康=3；很健康=4；非常健康=5	3.210	1.286
受教育年限	个人实际的受教育程度，年	7.291	4.843
家庭规模	家庭实际人口数量，人	4.522	2.018
少年抚养比	儿童数量占家庭人口数量的比重，%	15.744	16.851
劳动力占比	劳动力数量占家庭人口的比重，%	0.601	0.240

续表

变量	变量的定义	平均值	标准差
经济增长水平	各省份人均实际 GDP（2010 年价格，元）的对数	10.527	0.442
社会保障支出占比	各省份社会保障支出占财政支出的比重，%	0.258	0.176
户口类型	城市户口=1；农村户口=0	0.470	0.499

3. 数据来源

本节采用中国家庭追踪调查（CFPS），研究 16—60 岁的在城市的农村户籍劳动力和城市户籍劳动力。采用 2010—2018 年的 5 轮全国数据，最低工资数据来源于 Wind 资讯数据库，其他数据来源于各年《中国统计年鉴》。

（二）实证分析

1. 基准结果

本节首先分析了最低工资标准对相对贫困的影响［见表 4—9 的第（1）列和第（2）列］。其中，第（1）列和第（2）列分别汇报了最低工资对于客观和主观相对贫困的影响。结果显示，最低工资的估计系数均不显著，表明最低工资标准的提高无法降低劳动力客观和主观相对贫困的发生概率。

《最低工资规定》要求，各地要综合考虑当地各个因素，例如最低收入、就业状况、生活和经济发展水平等，然后调整最低工资标准。这可能产生反向因果关系。具体而言，当相对贫困状况改善时，经济增长的同时会促进消费，进而影响地方最低工资标准的制定。因此，由于可能存在的双向因果关系，本节采用工具变量法解决潜在的内生性问题。

选择两类工具变量：（1）各地区平均工资的 40%（段志民和郝枫，2019）[1]。中央政府明确规定，各地最低工资标准不得低于当地平均工资的 40%。地方政府无法推翻该规定，产生较强外生性，因

---

[1] 段志民、郝枫：《最低工资政策的城镇家庭收入分配效应研究》，《统计研究》2019 年第 7 期。

此利用各地区平均工资的40%作为工具变量,(2)最低工资的滞后一期(刘贯春等,2017)①。上一期与当期最低工资标准紧密相关,但和当期相对贫困状况无关,这些工具变量满足了相关性以及与误差项不相关的假设。

表4—8第(3)—(6)列用 ivprobit 模型深入分析最低工资标准与相对贫困之间的关系,第(3)列和第(4)列汇报了以平均工资的40%作为工具变量的回归结果;第(5)列和第(6)列汇报了以最低工资的滞后期作为工具变量的回归结果。内生性检验的 P 值均大于0.1,说明工具变量结果和初步结果并无显著差异,Probit 估计结果更有效率。

表4—8　　　　　　　　　最低工资与相对贫困

	普通回归		工具变量回归			
	客观相对贫困	主观相对贫困	客观相对贫困	主观相对贫困	客观相对贫困	主观相对贫困
最低工资	-0.0444 (0.1954)	-0.0089 (0.1105)	-0.3686 (0.8157)	0.1739 (0.6136)	0.0216 (0.5291)	0.3422 (0.2957)
性别	0.0501*** (0.0093)	0.1650*** (0.0111)	0.0500*** (0.0093)	0.1650*** (0.0111)	0.0502*** (0.0093)	0.1650*** (0.0111)
年龄	-0.0018** (0.0009)	-0.0027*** (0.0007)	-0.0018** (0.0009)	-0.0028*** (0.0007)	-0.0018** (0.0009)	-0.0028*** (0.0007)
受教育年限	-0.0528*** (0.0031)	-0.0218*** (0.0020)	-0.0528*** (0.0031)	-0.0218*** (0.0020)	-0.0528*** (0.0031)	-0.0218*** (0.0020)
是否结婚	-0.2323*** (0.0190)	-0.1359*** (0.0196)	-0.2324*** (0.0191)	-0.1358*** (0.0196)	-0.2322*** (0.0190)	-0.1357*** (0.0196)
健康水平	-0.0418*** (0.0070)	-0.2043*** (0.0068)	-0.0418*** (0.0070)	-0.2043*** (0.0068)	-0.0418*** (0.0070)	-0.2043*** (0.0068)
家庭规模	0.0272*** (0.0074)	-0.0345*** (0.0045)	0.0273*** (0.0074)	-0.0346*** (0.0045)	0.0271*** (0.0074)	-0.0346*** (0.0045)
儿童抚养比	0.0014** (0.0006)	0.0009** (0.0004)	0.0014** (0.0006)	0.0009** (0.0004)	0.0014** (0.0006)	0.0009** (0.0004)
劳动力占比	-0.7557*** (0.0443)	-0.1752*** (0.0290)	-0.7546*** (0.0440)	-0.1757*** (0.0290)	-0.7559*** (0.0443)	-0.1760*** (0.0290)

---

①　刘贯春、陈登科、丰超:《最低工资标准的资源错配效应及其作用机制分析》,《中国工业经济》2017年第7期。

续表

	普通回归		工具变量回归			
	客观相对贫困	主观相对贫困	客观相对贫困	主观相对贫困	客观相对贫困	主观相对贫困
经济增长水平	0.0414 (0.1444)	0.0557 (0.0702)	0.0794 (0.1815)	0.0332 (0.1005)	0.0343 (0.1622)	0.0206 (0.0777)
社会保障支出占比	0.2553 (0.4328)	0.5360* (0.2913)	0.2808 (0.4364)	0.5257* (0.2932)	0.2494 (0.4290)	0.4946* (0.2915)
户口类型	-0.2659*** (0.0308)	0.0291 (0.0211)	-0.2656*** (0.0309)	0.0288 (0.0211)	-0.2659*** (0.0307)	0.0285 (0.0212)
常数项	0.1190 (2.2007)	-0.1940 (1.0323)	1.8702 (4.6253)	-1.1687 (3.4094)	-0.2444 (3.2667)	-2.1576 (1.7935)
省份固定效应	yes	yes	yes	yes	yes	yes
时间固定效应	yes	yes	yes	yes	yes	yes
第一阶段回归结果						
平均工资的40%	—	—	0.4699*** (0.1186)	0.4196*** (0.1165)		
最低工资滞后期	—	—			0.4680*** (0.0516)	0.4801*** (0.0500)
控制变量	yes	yes	yes	yes	yes	yes
常数项	yes	yes	yes	yes	yes	yes
省份固定效应	yes	yes	yes	yes	yes	yes
时间固定效应	yes	yes	yes	yes	yes	yes
内生性检验	—	—	0.18 0.6716	0.10 0.7560	0.02 0.8903	1.71 0.1908
N	123990	122323	123990	122323	123990	122323
Pseudo R^2	0.0802	0.0704	—	—	—	—

注：*表示在10%水平上显著、**表示在5%水平上显著、***表示在1%水平上显著。括号内是聚类到县级层面的稳健标准误，下同。

表4—9中的最低工资估计系数不显著并不意味着最低工资标准不影响人的相对贫困。由于本节样本中包含了城乡户籍的劳动者，城市户籍的劳动者多在正规部门就业，而农村户籍的劳动者多集中于非正规部门，劳动力就业市场中大多数是农民工（CFPS数据显示，农村户籍的劳动力占比高达53%），这导致最低工资的平均效应更多地受农民工影响。因此，本节进一步区分城市户籍的劳动力和农村户

籍的劳动力，分析最低工资标准对于城乡户籍劳动力的影响。在表4—9第（1）—（2）列基础上，加入最低工资与户口类型的交互项。

表4—9汇报了最低工资标准对于城乡户籍劳动力相对贫困影响的估计结果。其中，第（1）列汇报了对城乡户籍劳动力客观相对贫困的估计结果；第（2）列汇报了对城乡户籍劳动力主观相对贫困的估计结果。结果显示，在客观相对贫困方程中，交互项系数在1%的水平上显著为负，说明相比较于农民工，最低工资标准的提升更有利于降低城市户籍劳动力客观相对贫困的发生概率。在主观相对贫困方程中，交互项系数在1%的水平上显著为负，说明相比较于农民工，最低工资标准的提升更有利于降低城市户籍劳动力的主观相对贫困发生概率。综上，最低工资标准的提升，有利于降低城市户籍劳动力相对贫困的发生概率，但对农民工无显著影响。

表4—9　　　　　　　最低工资、城乡户籍与相对贫困

	（1）	（2）
	客观相对贫困	主观相对贫困
最低工资	-0.0092	0.0564
	(0.1957)	(0.1116)
最低工资*户口类型	-0.1999***	-0.2563***
	(0.0700)	(0.0556)
户口类型	1.1296**	1.8085***
	(0.4881)	(0.3857)
控制变量	yes	yes
常数项	-0.0831	-0.5212
	(2.1709)	(1.0340)
省份固定效应	yes	yes
时间固定效应	yes	yes
N	123990	122323
Pseudo R^2	0.0805	0.0709

注：*表示在10%水平上显著、**表示在5%水平上显著、***表示在1%水平上显著。

最低工资标准的提升更可能使城市户籍劳动力摆脱客观相对贫困。这可能由于劳动力市场出现的"二元市场"结构所致。大量非

正规部门出现在劳动力市场中，且不受最低工资制度约束（向攀等，2016）[①]。农民工等农村低收入群体处于劳动力市场的底层，从事着非正规就业；而城市户籍的低技能劳动力多在正规部门就业。最低工资标准的提高更容易影响城市劳动力。

2. 稳健性检验

上述研究表明，最低工资标准提升更易降低城市户籍劳动力相对贫困发生率，但对农民工无显著影响。然而，上述实证分析仍可能存在问题。(1) 回归结果可能因模型不同而不同；(2) 回归结果可能受关键变量度量方法和数据结构影响。为此，表4—9展现了一系列稳健性检验结果。(1) 更换回归模型。相对于Probit模型，Logit模型具有更好的协变量平衡性（章元等，2018）[②]，本节采用Logit模型进行检验。(2) 更换自变量。设定人均纯收入中位数的60%为客观相对贫困标准。主观相对贫困采用自我收入地位的评估，用CFPS问卷中关于个人收入地位问题，选择1和2的都被设置为主观相对贫困，否则就是非主观相对贫困。(3) 平衡面板数据。平衡面板数据有利于追踪个体在面对最低工资标准变化时，劳动者相对贫困状态的变化趋势。

表4—10　　　　　　　　稳健性检验

	(1)	(2)	(3)	(4)	(5)	(6)
	更换回归模型		更换自变量		平衡面板数据	
最低工资	-0.1265 (0.1376)	0.1751 (0.1496)	0.0696 (0.1613)	-0.0605 (0.1241)	0.0579 (0.2049)	-0.0039 (0.1380)
最低工资*户口类型	-0.5543*** (0.0881)	-0.4615*** (0.0866)	-0.2511*** (0.0702)	-0.1067* (0.0629)	-0.3211*** (0.0889)	-0.2749*** (0.0687)
控制变量	yes	yes	yes	yes	yes	yes
常数项	yes	yes	yes	yes	yes	yes

① 向攀、赵达、谢识予：《最低工资对正规部门、非正规部门工资和就业的影响》，《数量经济技术经济研究》2016年第10期。

② 章元、程郁、佘国满：《政府补贴能否促进高新技术企业的自主创新？——来自中关村的证据》，《金融研究》2018年第10期。

续表

	（1）	（2）	（3）	（4）	（5）	（6）
	更换回归模型		更换自变量		平衡面板数据	
个体固定效应	yes	yes	—	—	—	—
省份固定效应	—	—	yes	yes	yes	yes
时间固定效应	yes	yes	yes	yes	yes	yes
N	47030	40972	145091	127863	69751	69408
$Pseudo\ R^2$	0.0496	0.1050	0.0787	0.0623	0.0748	0.0738

注：* 表示在10%水平上显著、** 表示在5%水平上显著、*** 表示在1%水平上显著。

表4—11汇报了稳健性检验结果。其中，第（1）列和第（2）列汇报了更变回归方法的估计结果；第（3）列和第（4）列汇报了更换因变量的估计结果；第（5）列和第（6）列汇报了平衡面板数据的回归结果。从上述回归结果可见，最低工资与户口类型交互项的估计系数显著性和方向均没有发生明显变化，结果比较稳健。(4)联合回归。主观和客观相对贫困存在联系。当模型不存在内生性问题时，使OLS估计被解释变量是二值变量或者非负的离散整数变量的方程时，所得的估计量是一致的。表4—11是用Mvreg模型对客观和主观相对贫困的稳健性估计结果。结果表明，所有模型 chi² (1) 估计值均大于200，通过1%的显著性检验。这说明客观相对贫困和主观相对贫困并非相互独立，而是存在相关性。Mvreg回归结果与基准结果一致。因此，Mvreg模型与单独OLS模型回归结果在最低工资与户口类型交互项的方向上并无变化，但鉴于似然比检验显著为正，以后在考虑主客观相对贫困时，需要采用联合估计。

表4—11　　　　最低工资与相对贫困的Mvreg估计结果

	（1）	（2）	（3）	（4）
	客观相对贫困	主观相对贫困	客观相对贫困	主观相对贫困
最低工资	−0.0195 (0.0153)	−0.0071 (0.0147)	−0.0134 (0.0154)	0.0049 (0.0148)
最低工资 * 户口类型	—	—	−0.0255 *** (0.0073)	−0.0496 *** (0.0070)

第四章 相对贫困

续表

	(1)	(2)	(3)	(4)
	客观相对贫困	主观相对贫困	客观相对贫困	主观相对贫困
控制变量	yes	yes	yes	yes
常数项	0.3865** (0.1506)	0.2117 (0.1450)	0.3465** (0.1510)	0.1338 (0.1454)
个体固定效应	yes	yes	yes	yes
时间固定效应	yes	yes	yes	yes
N	117793		117793	
R^2	0.0654		0.0655	
B—P检验	chi^2(1)=241.8***		chi^2(1)=239.695***	

注：*表示在10%水平上显著、**表示在5%水平上显著、***表示在1%水平上显著。

表4—12汇报了联合估计结果。从回归结果明显看出，交互项（最低工资与户口类型）系数的方向和显著性与基准结果一致，进一步说明了相较于农民工，最低工资标准的提升更有利于城市劳动力摆脱客观和主观相对贫困。

3. 机制检验

由前文可知，最低工资可能通过收入效应和就业挤出效应影响相对贫困。本章借助公式（4—3）对上述传导途径进行识别检验。具体的公式为：

$$NAE_{it} = \alpha_2 + \gamma_1 \ln age_{it} + \gamma_2 \ln wage_{it} \cdot urban_{it} + \gamma_3 urban_{it} + \lambda_2 X_{it} + \mu_i + \nu_t + \varepsilon_{it} \quad (4—4)$$

其中，NAE_{it}是最低工资影响劳动者相对贫困的机制，收入效应中采用工资性收入变量，就业挤出效应中采用是否就业变量；ln$wage_{it}$表示最低工资标准；$urban_{it}$表示居民的户口，城市户籍为1，否则为0。回归结果见表4—12所示。

表4—12   机制检验

	(1)	(2)
	收入效应	就业挤出效应
最低工资	−0.8919*** (0.2764)	−0.0785 (0.0787)

续表

	（1）	（2）
	收入效应	就业挤出效应
最低工资 * 户口类型	0.9904***	0.2960**
	(0.1551)	(0.1220)
工资性收入	—	—
控制变量	yes	yes
常数项	−16.8965***	−3.1371***
	(2.9194)	(0.9376)
个体固定效应	yes	yes
时间固定效应	yes	yes
N	130137	130137
R^2	0.0295	0.0979

注：*表示在10%水平上显著、**表示在5%水平上显著、***表示在1%水平上显著。

表4—13报告了机制分析结果。其中，第（1）列、第（2）列分别汇报了收入效应、就业挤出效应的估计结果。收入效应估计结果中，最低工资与户口类型交互项系数显著为正。说明相比较于农村劳动力，最低工资标准的提高对城市劳动力工资提高具有显著促进作用[①]。对工资水平低于最低工资标准的劳动者，标准上调会提高其工资水平，这被称为最低工资标准的截断效应。最低工资标准提高低收入劳动力的工资，助其摆脱客观相对贫困，增强幸福感，降低主观相对贫困可能性。不过，最低工资对非正规就业的劳动力工资无影响，仅仅影响正规就业的劳动力工资。当前，农民工多从事着非正规的就业，这导致最低工资标准提高对农民工并不产生收入效应，也就导致其无法摆脱主观和客观相对贫困的窘境。因此，收入效应可以被认为是导致最低工资城乡收入分配效应作用甚微的主要原因之一。

除收入效应，最低工资还通过就业挤出效应影响劳动力的相对贫困。表4—13第（2）列展示了就业挤出效应回归结果，交互项系

---

① 第（1）列的回归结果就是基准回归结果，前文已详细介绍，这里就不再赘述。

数在5%的水平上显著为正①。最低工资标准提高有利于提升城市劳动者的就业率，但也会导致城市劳动力挤占农民工相对稀少的正规就业机会，降低了其就业率。最低工资标准提升导致城市低技能劳动力供给增加，且多集中在劳动密集型行业，巨大工作压力必然减弱农民工的主观相对贫困。农民工大多在非正规部门就业，最低工资标准的提升致使原来分布在正规部门的劳动力挤压了一部分非正规部门的就业。因此，最低工资上涨对农民工的就业产生冲击，最终导致其陷入相对贫困困境。同理，就业挤出效应也是导致最低工资城乡收入分配效应作用甚微的主要原因之一。

4. 异质性分析

最低工资对于劳动者相对贫困的影响是否呈现出区域特征，需要进一步深究。同时，不同农户也存在一定的特征异质性。基于此，本节分析区域效应和个体特征对于最低工资减贫效应的影响。在二维交互项的基础上引入特征变量进行交互，回归结果如表4—13所示。

表4—13　　　　　　　　异质性结果分析

	客观相对贫困	主观相对贫困	客观相对贫困	主观相对贫困	客观相对贫困	主观相对贫困
	地区异质性		性别异质性		受教育水平异质性	
最低工资	-0.0253 (0.1971)	0.0388 (0.1120)	-0.0093 (0.1957)	0.0557 (0.1116)	-0.0209 (0.1958)	0.0510 (0.1119)
最低工资*户口类型	-0.1376* (0.0738)	-0.2150*** (0.0526)	-0.1961*** (0.0701)	-0.2530*** (0.0556)	-0.1492** (0.0695)	-0.2403*** (0.0576)
最低工资*户口类型*西部	-0.0171* (0.0098)	-0.0121** (0.0060)	—	—	—	—
西部	-0.4899 (0.3464)	-0.3443 (0.2976)	—	—	—	—
最低工资*户口类型*性别	—	—	-0.0062*** (0.0019)	-0.0047 (0.0031)	—	—
性别	0.0506*** (0.0094)	0.1661*** (0.0111)	0.0672*** (0.0108)	0.1815*** (0.0145)	0.0476*** (0.0095)	0.1647*** (0.0112)

---

① 在没有加入最低工资与户口类型交互项的方程中，最低工资的估计系数为正，但没有通过显著性检验。

续表

	客观相对贫困	主观相对贫困	客观相对贫困	主观相对贫困	客观相对贫困	主观相对贫困
	地区异质性		性别异质性		受教育水平异质性	
最低工资*户口类型*受教育年限	—	—	—	—	-0.0024*** (0.0006)	-0.0008 (0.0005)
受教育年限	-0.0531*** (0.0031)	-0.0222*** (0.0020)	-0.0531*** (0.0031)	-0.0222*** (0.0020)	-0.0463*** (0.0041)	-0.0195*** (0.0027)
控制变量	yes	yes	yes	yes	yes	yes
常数项	0.1029 (2.1943)	-0.3368 (1.0518)	-0.0855 (2.1720)	-0.5222 (1.0343)	0.0007 (2.1695)	-0.4882 (1.0343)
个体固定效应	yes	yes	yes	yes	yes	yes
时间固定效应	yes	yes	yes	yes	yes	yes
N	123990	122323	123990	122323	123990	122323
R^2	0.0808	0.0711	0.0805	0.0710	0.0811	0.0710

注：*表示在10%水平上显著、**表示在5%水平上显著、***表示在1%水平上显著。

表4—14是异质性分析结果。其中，第（1）列和第（2）列汇报了地区异质性的结果；第（3）列和第（4）列汇报了性别异质性的结果；第（5）列和第（6）列汇报了受教育水平的结果。在地区异质性结果中，三维交互项在客观相对贫困和主观相对贫困中均显著为负，说明对于西部地区城市户籍劳动力而言，最低工资标准提高对其降低相对贫困发生率更为明显。因为西部地区最低工资标准提升带来的收入效应和就业挤出效应更明显。在性别异质性中，三维交互项系数在客观相对贫困中显著为负，但在主观相对贫困中并不显著，说明在城市男性户籍劳动力中，最低工资标准提高对降低其客观相对贫困发生概率更明显，而对降低其主观相对贫困发生概率并不存在性别差异。劳动力市场中男性占大多数，最低工资提高对城市男性劳动力收入影响更大。在受教育水平异质性中，三维交互项系数在客观相对贫困中显著为负，但在主观相对贫困中并不显著，说明在城市高教育水平户籍劳动力中，最低工资标准的上升对降低其客观相对贫困发生概率更为明显，而对降低城市户籍劳动力的主观相对贫困发生概率不存在受教育水平层面的异质性。最低工资标准的提升增加了高学历劳动力的报酬回报率。

第四节 本章小结

解决相对贫困不能一蹴而就，需要长期的、多方面的共同努力，建立解决相对贫困的长效机制刻不容缓。本章在梳理欧盟、美国等解决相对贫困实践基础上，结合学界研究，确定了中国的相对贫困标准，即根据家庭规模加权，家庭中第一个成年人赋予权重为1.0，对之后的每一个14岁及以上的家庭成员赋予0.5的权重、每一个14岁以下的家庭成员赋予0.3的权重。基于此计算的等效家庭规模加权的人均家庭可支配收入低于其全国人均收入中位数的40%，可视为相对贫困。同时可根据城乡差异，划分出城镇相对贫困线和农村相对贫困线。当然，不同情形下，不同研究对相对贫困标准的设定也存在差异性，例如加权方式不一、比例标准不一等。相对贫困的识别标准并非一成不变，本章对此做了一定的探讨。

在我国全面实施乡村振兴战略背景下，农村集体经济组织具有提高集体成员收入水平、平衡集体成员收入分配、提供集体成员公益性服务等方面的优势。本章从农村集体经济组织为切入点，探讨了其与相对贫困的关系，研究发现农村集体经济组织发展在一定程度上具有益贫性，但同时农村集体经济组织在收益创造和分配过程中产生的问题可能会加剧农户在本村的贫富不公经历，也可能推动农户向城市流动，加深居民在当地的相对剥夺感，形成主观相对贫困。

城乡劳动人口的相对贫困也存在显著差异性。本章从解决相对贫困的社会保障制度——最低工资标准出发，比较了城乡劳动力相对贫困的差异。相比农村户籍劳动力来说，最低工资标准提高产生的收入效应和就业挤出效应更有利于城市户籍劳动力，更能够使其摆脱客观相对贫困和主观相对贫困，这也暗示着以城市群体为参照系的农民工在城市就业面临着相对贫困困境。

对相对贫困本质认识的不断深化，是中国式现代化进程中解决农民发展问题的基础。建立解决相对贫困的长效机制要求政府治理能力及时转变，围绕相对贫困阶段的农民发展现状，因时而变，因地制宜，促进农民发展，实现农民的现代化。

第五章　农户收入流动性

前文从静态的角度讨论农村低收入群体如何摆脱相对贫困,但是,长期看来,从动态角度讨论低收入群体的收入阶层变动情况也意义重大。本章从收入流动性的视角展开论述,朱诗娥等(2018)认为,如果收入差距非常大,但是收入流动性非常好,处于收入底层的家庭有上升途径,较大的收入差距并不一定会带来严重的社会问题;相反,如果收入差距大,并且收入流动性也较差,阶层固化非常严重,低收入阶层难以通过自身努力实现阶层跃迁,社会矛盾将会不断被激发[1]。因此,采用收入流动性作为结果变量展开研究,可以进一步完善农户收入动态的相关文献。

本章以基础设施为切入点展开分析。基础设施作为公共投资的重要组成部分,理应成为加速低收入群体收入增长,破解新时期社会主要矛盾的重要政策选择[2]。当前,农村公共投资存在重硬件基础设施建设、轻软件基础设施建设的倾向。在政治锦标赛体制下,政府官员出于政绩考虑,往往热衷于投资一些看得见的"硬"基础设施,如农村公路设施、电网改造、防洪防涝等公共基础设施;但是,对于农村医疗和教育等"软"基础设施投资不足。在这样的制度设计下,有必要针对分类基础设施对于低收入群体的影响展开深入分析。

---

[1] 朱诗娥、杨汝岱、吴比:《中国农村家庭收入流动:1986—2017年》,《管理世界》2018年第10期。

[2] 习近平总记在党的十九大报告中明确指出:"中国特色社会主义进入新时代,我国社会主要矛盾已经转化为人民日益增长的美好生活需要和不平衡不充分的发展之间的矛盾。"

第一节 农户收入流动性测度及其演变趋势

一 农户收入流动性的概念和测量

(一) 农户收入流动性的概念

流动性最初只是社会学的一个概念，常用来描述社会阶层发生了怎样的变化（Prais, 1955）[1]。社会学中的流动性是一个较为丰富的概念，可以从职业、阶层等不同方面进行理解。20世纪70年代，流动性这一概念被运用于经济学研究之中，与之相关的研究体系逐渐形成。收入流动性就是以动态化的方式描述收入分配结构的规律性变化，即个体、家庭在某一时间段内收入发生了怎样的动态改变（Fields & Ok, 1999）[2]。在对收入流动性进行定义时，学界主要存在如下两种主流观点。

1. 相对收入流动性

当前社会面临的实际问题是收入不均衡长期存在且得不到妥善解决。个体在多大程度上会被限定于某个收入群体之中，或是其有多大的可能上升成为高收入群体受到越来越多人的关注，这就涉及相对收入流动性问题。相对收入流动性，需要先要把所有居民划分成不同的阶层，划分依据为收入水平。然后为同一阶层的人设定相应的衡量指标，以此确定跨期收入中该个体或者群体的分布情况（Shorrocks, 1978）[3]。相对收入流动性是一个宽泛的概念，要想对其做出精确的概念界定，需要同时关注如下几点。

非时间依赖的收入流动性。收入流动性，就是个体或者家庭在当前或未来的收入不会发生较为明显的改变，可以凭经验对后期收

---

[1] Prais S. J., "Measuring Social Mobility", *Journal of the Royal Statistical Society. Series A (General)*, Vol. 118, No. 1, 1955.

[2] Fields G. S., Ok E. A., "Measuring Movement of Incomes", *Economica*, Vol. 66, No. 264, 1999.

[3] Shorrocks A., "Income Inequality and Income Mobility", *Journal of Economic Theory*, Vol. 19, No. 2, 1978.

入进行预测。如果这种流动性不会对时间要素形成依赖，意味着在当前或未来的收入与过去一段时间相比，关联度并不大。从当前对非时间依赖的收入流动性研究看，主要包括两个部分：一要考虑代际收入流动性，分析子代收入是否会受到父代收入的影响，在进行测算时会选择弹性系数。二要对代内收入流动进行分析，为了准确地把握住过去收入是否会对当前与未来收入造成影响，可以选择收入流动矩阵、相关系数法这两种方法进行测算。如果在全社会中，多数个体的过去收入与当期收入之间不存在明显联系，说明收入机会公平性在这样的社会中得到了体现。

收入位置变动的收入流动性。Schumpeter（1955）在进行相对收入流动性研究时，提出了一个形象的"宾馆模型"[①]。在他看来，收入就是有着多层结构的大型宾馆，如果每个楼层房间的质量及其他条件都不会发生改变，但越往上的楼层质量越好、设施越完善。可以说，最为简陋的就是地下室，质量稍好的是一楼、二楼等，到了顶层房间可以享受到"五星级"待遇。于是，房客们会根据自己的收入为自己挑选入住楼层。经过一段时间后（通常是五年或者十年），对这些入住房客进行分析，发现有些原来选择较为靠下楼层的房客会重新做出选择，相当一部分都调到了高楼层，有些甚至住进了"五星级"房间；与此同时，有些之前选择了最顶层的房客，尽管他们曾享受过"五星级"待遇，却因为种种原因选择了低层次的楼房，有些人甚至沦落到住地下室。这种变化的发生，意味着收入在不同的人群中发生了流动。通常而言，如果社会收入流动性比较强，人们的社会地位会发生快速改变，低收入者付出努力之后能上升到新层次，这意味着穷人不会永远贫穷，也没有哪个人会一直富下去。

结合"宾馆模型"可知，在研究个体在两个不同时间段内收入的改变时，要把其在整体中的排序位置当成考虑的重点。收入份额发生改变之后，收入流动性意味着在不同的时间段内，个体份额有

[①] Schumpeter, "Imperialism and Social Classes", *Social Service Review*, Vol. 25, No. 2, 1955.

了一定程度的改变。即使收入位次仍固定不变，但其收入份额也存在着改变的可能。从这一点看，收入位置流动性就是指在不同的时间段之内，某一群体在收入排序位置中的位次发生了改变。这里所说的位置可以用不同的方式表述，例如位次、五分位数等。位置流动性的发生，就是指在收入分布之中位次发生了改变，即以不同的方式排序。

2. 绝对收入流动性

对这种流动性进行分析，把侧重点落在个体收入变化与基期之间的联系，不会在自身与其他人的收入中进行对比。通过考察了解个体收入波动的趋势，把绝对收入流动性划分为无方向、有方向两种类型。在一个社会之中，如果每个人的收入水平都没有丝毫改变，流动性为0，当收入水平提高之后，社会福利也会得到改善，这样的改变往往不能准确地描述与体现，由于收入增长率不会封顶，绝对收入流动性也不能确定最高值，但这种流动性的存在，使得研究视角更为宽泛。

（二）农户收入流动性的测量

收入流动矩阵。收入流动矩阵是进行收入流动分析的基础工具，表示从基期到末期居民收入分组的变化，即某个收入分组的居民有多大比重进入其他组或维持不变。具体形式如下：

$$P = \begin{bmatrix} P_{1,1} & P_{1,2} & P_{1,3} & \cdots \\ P_{2,1} & P_{2,2} & P_{2,3} & \cdots \\ P_{3,1} & P_{3,2} & P_{3,3} & \cdots \\ \cdots & \cdots & \cdots & \cdots \end{bmatrix} \tag{5—1}$$

其中，收入流动矩阵 P 的各元素定义为 $P_{i,j}$，表示初始年位于第 i 收入分组的个体，在分析的最后一个年份，始终保持在第 j 收入分组概率，每一行中所有元素相加之后都能得到1。具体进行解释，在运用收入流动矩阵时，先要把每个年份的样本数据划分为 n 等份，划分的依据就是收入高低，这样能对每个样本在调查第一年与最后一年的位置做出合理描述。在此基础上，对第一年中每一个收入分组之中的人数到最后一年时发生的改变，重新确定比重。接下来，把基期各个收入分组的计算结果排列成矩阵，这就是收入流动矩阵。这种方法适用于不同的研究目的，可以在五等分、十等分中做出选择，本文选择了前一种方法分组，即以各个家庭样本收入值的高低，将其划分为五个组。

Shorrocks 指数。通过这项指数，能体现出一个社会整体上收入流动性的强弱，公式如下：

$$M(P) = \frac{n - tr(P)}{n - 1} \tag{5—2}$$

其中，n 为分组数，$tr(P)$ 代表收入流动矩阵 P 的迹，实际上就是收入流动矩阵处于对角线位置上每个元素相加的结果，该指标高，收入流动性就比较强。

平均流动指数。平均流动指数在对收入流动概率予以加权平均时，把收入流动幅度当成重点内容，公式如下：

$$AMI = \frac{1}{n}\{\sum_{j=1}^{n}\sum_{i=1}^{n}|i-j|p_{ij}\} \tag{5—3}$$

其中，n 为收入分组数，p_{ij} 是指在矩阵中基期第 i 收入分组的人末期处于第 j 收入分组的概率。这项指标越高，表明从整体上看，社会收入流动性越强。

二 农户收入流动性的演变趋势

（一）低收入群体收入水平分析

此处主要对农村居民收入现状进行分析。参照国家统计局的做法[1]，本章按照农村居民人均纯收入五等分分组，分别为低收入组（D1）、中等偏下收入组（D2）、中等收入组（D3）、中等偏上收入组（D4）和高收入组（D5）[2]。表5—1汇报了1991—2015年我国农村居民不同收入组人均纯收入的取值范围。

从表5—1可以看出，不同收入群体在不同的调查年度人均纯收

---

[1] 在计算中，所有价值指标均使用了农村消费价格指数（1991年为基年）进行平减。
[2] 每组各占总人口数的20%。

入取值范围增长速度不一致。中高收入群体的收入增长速度较低收入群体来说更快,这说明农户收入增长是发散的,也就意味我国农村内部不同收入群体间的收入差距正在逐步扩大。

表5—1　　　　农村地区不同收入组人均纯收入的取值范围

	1991	2000	2015
低收入组（D1）	(0, 328.4]	(0, 505.6]	(0, 1053.8]
中等偏下收入组（D2）	(328.4, 501.5]	(505.6, 916.6]	(1053.8, 2264.9]
中等收入组（D3）	(501.5, 726]	(916.6, 1468.5]	(2264.9, 4021.8]
中等偏上收入组（D4）	(726, 1114.1]	(1468.5, 2318.9]	(4021.8, 7004.8]
高收入组（D5）	(1114.1, 5981]	(2318.9, 19578.7]	(7004.8, 106070.1]

数据来源：作者根据CHNS数据整理所得。

对于一个发展机会相对均等的国家来说,经济发展水平理应与居民收入水平同步增长。根据CHNS数据测算(见表5—2),中国人均GDP从1991年到2000年期间大约提升了85%,从2000年到2015年大约上升了72%。根据CHNS数据测算,处于不同收入群体的农村居民的收入的增长量并不均等。从表5—2展示的结果可以看出,高收入组农村居民的收入实现了较快的增长,而低收入群体的收入增长较慢。具体来说,从1991年到2000年,农村低收入组居民人均收入中位数仅上升了45.9%,而农村高收入组人均收入中位数上升了119.6%;从2000年到2015年,农村低收入组人均收入中位数上升了80.3%,而农村高收入组人均收入中位数则上升了228.5%。平均收入的变动趋势和人均收入中位数变动类似,这里就不再赘述。从人均收入中位数和平均收入的变动幅度可以看出,在每个阶段,农村高收入组居民的收入增长率均高于农村低收入组居民。从图5—1可见,不同收入群体人均纯收入均有一定程度的上升,但是不同收入群体间人均纯收入的增长速度不尽相同。高收入群体人均纯收入的增长幅度最大,1991年高收入群体的人均纯收入为1666.14元,而2015年其收入上升到12655.66元,上升幅度为659.68%。而低收入群体人均纯收入的增长速度最慢,1991年低收入群体的人均纯收入为213.77元,而2015年其收入上升到559.52元,上涨幅度仅为

161.55%。从这两组数字的对比可以发现,低收入群体人均纯收入的上涨幅度乏力,而高收入群体人均纯收入的增长势头良好。

表 5—2   1991—2015 年农村地区不同收入群体及其增长情况

	低收入组（D1）			高收入组（D5）			所有人		
	1991	2000	2015	1991	2000	2015	1991	2000	2015
中位数收入(元)	226.5	330.55	595.9	1441.2	3164.54	10395.96	608.5	1201.96	3024.25
中位数收入变化(%)	—	45.9	80.3	—	119.6	228.5	—	97.5	151.6
平均收入(元)	211.13	314.01	568.35	1657.47	3919.33	12895.47	760.27	1594.72	4718.11
平均收入变化(%)	—	48.7	81.0	—	136.5	229.0	—	109.8	195.9
人均 GDP(元)	—	—	—	—	—	—	1912	3531.62	6075.53
人均 GDP 变化(%)	—	—	—	—	—	—	—	85	72

数据来源：根据 CHNS 数据整理所得。

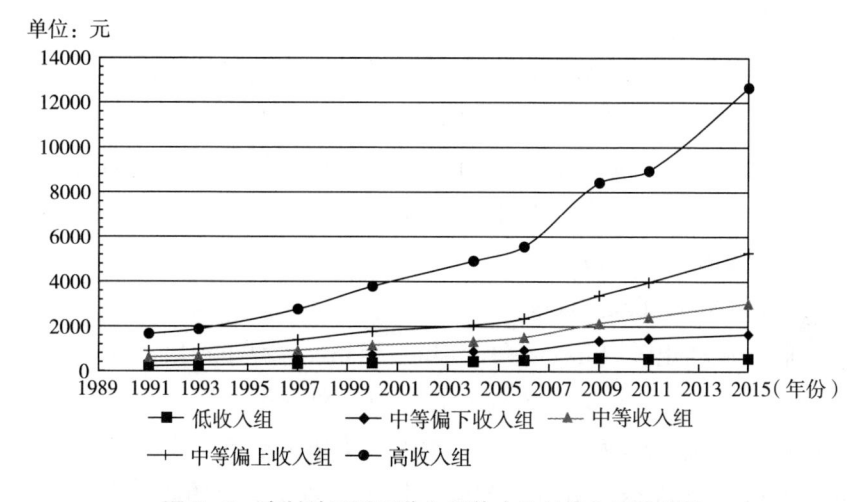

图 5—1   农村地区不同收入群体人均纯收入变动趋势

资料来源：作者根据 CHNS 数据自己整理所得。

前文表明,高收入群体和低收入群体间人均纯收入比表明我国农村地区的收入差距可能呈现出扩大的趋势。为了精确地反映农村地区的收入差距,本章用基尼系数、泰尔指数和 GE（$a=0$）指数表征我国农村地区的收入差距问题[①]。从基尼系数、泰尔系数或者 GE

---

① GE（$a=0$）指数,又叫泰尔零阶指数或对数偏差均值指数。

($a=0$) 指数的趋势来看，我国农村地区收入差距呈波动上升的态势，这说明我国农村地区的收入差距进一步扩大，如图5—2所示。

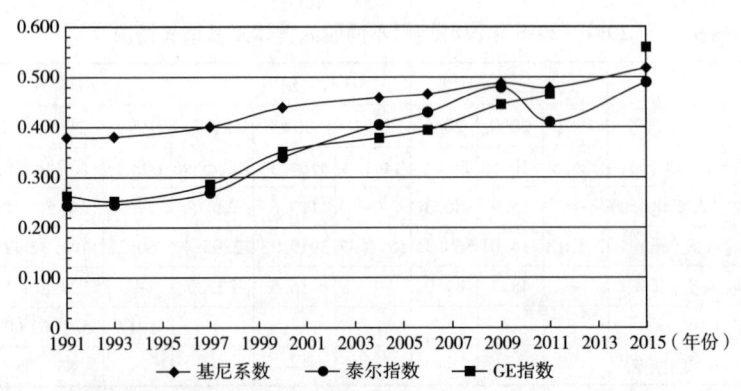

图5—2　1991—2015年农村地区内部收入差距变动趋势图

资料来源：作者根据CHNS数据自行整理所得。

综上所述，统计数据表明我国农村居民不同组别之间存在相当大的收入差距。但若想要科学地认识农村居民收入差距，还需借助于其他分析方法，如收入流动性。因为直接分析农村居民的收入差距，可能对我们正确认识收入差距的真相产生误导（章奇等，2007[1]；朱诗娥等，2018[2]）。

（二）农户收入流动性

收入流动矩阵（Income Transition Matrix）源于一阶马尔可夫随机过程的研究，是研究收入流动性的基础性工具。Prais（1955）最早使用收入流动矩阵分析收入流动性，为收入流动性公理化分析奠定了基础[3]。Atkinson等（1992）总结了一般意义上的收入流动矩阵为双随机矩阵：$P(x, y) = [P_{ij}(x, y)] \in R_+^{m \times n}$。其中$P_{ij}(x, y)$表

---

[1] 章奇、米建伟、黄季焜：《收入流动性和收入分配：来自中国农村的经验证据》，《经济研究》2007年第11期。

[2] 朱诗娥、杨汝岱、吴比：《中国农村家庭收入流动：1986—2017年》，《管理世界》2018年第10期。

[3] Prais S. J., "Measuring Social Mobility", *Journal of the Royal Statistical Society. Series A (General)*, Vol. 118, No. 1, 1955.

[4] Atkinson A. B., Bourguignon F., et al., *Empirical Studies of Earnings Mobility*, Taylor & Francis, 1992.

示个人或者群体基期的第 i 类收入的概率,其中 m 是收入的等级划分数,通常用到五分位数或者十分位数。收入流动矩阵的每一个元素都是一个概率,且均介于 0 与 1 之间。由于是双随机矩阵,所以收入流动矩阵中的每一行与每一列加起来都等于 1。主对角线上的元素表示前后两期个人或者群体收入位置没有变化的比例,比例越小说明收入流动性越大。假设个人或者群体转移概率满足一阶马尔可夫过程,即 $t+1$ 期收入只与 t 期收入有关,而与其他各期无关。基于这一思路,本章首先计算了 1991—2015 年的收入流动矩阵。本章将每一期样本按照农村家庭人均纯收入等分为 5 个组(各占全样本的 20%,分别称为低收入组、中等偏下收入组、中等收入组、中等偏上收入组、高收入组),以便得到每个家庭所处的收入分组,再来考察下一期该家庭所处收入分组的变化。由于 CHNS 并不是连续追踪,本章按照追踪年度将样本分为以下几组,即 1991—1993 年、1993—1997 年、1997—2000 年、2000—2004 年、2004—2006 年、2006—2009 年、2009—2011 年、2011—2015 年。每组的样本量为 959 个。此外,为了考察长期的收入流动性,本章将 1991—2015 年分为一个组,样本数同样为 959 个,即 1991 年所有调查家庭中有 959 个家庭在 2015 年仍然在追踪样本中。收入流动矩阵见表 5—3 所示。

表 5—3　　　　　　　主要年份农户收入流动矩阵

		各收入位置样本数量					样本总数	各收入位置样本比例(%)				
		1	2	3	4	5		1	2	3	4	5
1993 年收入位置												
1991 年收入位置	1	84	44	35	23	5	191	43.98	23.04	18.32	12.04	2.62
	2	43	55	37	37	20	192	22.40	28.65	19.27	19.27	10.42
	3	29	39	49	34	41	192	15.10	20.31	25.52	17.71	21.35
	4	22	35	42	55	38	192	11.46	18.23	21.88	28.65	19.79
	5	13	19	29	43	88	192	6.77	9.90	15.10	22.40	45.83

续表

		各收入位置样本数量				样本总数	各收入位置样本比例（%）				
		1	2	3	4	5		1	2	3	4	5

1997 年收入位置

1993年收入位置	1	88	49	36	12	6	191	46.07	25.65	18.85	6.28	3.14
	2	37	58	50	34	13	192	19.27	30.21	26.04	17.71	6.77
	3	26	39	45	57	25	192	13.54	20.31	23.44	29.69	13.02
	4	25	30	39	47	51	192	13.02	15.63	20.31	24.48	26.56
	5	15	16	22	42	97	192	7.81	8.33	11.46	21.88	50.52

2000 年收入位置

1997年收入位置	1	86	55	29	20	1	191	45.03	28.80	15.18	10.47	0.52
	2	40	59	54	30	9	192	20.83	30.73	28.13	15.63	4.69
	3	27	37	50	48	30	192	14.06	19.27	26.04	25.00	15.63
	4	26	25	40	55	46	192	13.54	13.02	20.83	28.65	23.96
	5	12	16	19	39	106	192	6.25	8.33	9.90	20.31	55.21

2004 年收入位置

2000年收入位置	1	77	64	35	12	3	191	40.31	33.51	18.32	6.28	1.57
	2	48	48	53	30	13	192	25.00	25.00	27.60	15.63	6.77
	3	31	34	44	58	25	192	16.15	17.71	22.92	30.21	13.02
	4	20	26	39	49	58	192	10.42	13.54	20.31	25.52	30.21
	5	15	20	21	43	93	192	7.81	10.42	10.94	22.40	48.44

2006 年收入位置

2004年收入位置	1	88	57	33	11	2	191	46.07	29.64	17.28	5.76	1.05
	2	37	51	52	38	14	192	19.27	26.56	27.08	19.79	7.29
	3	35	38	54	42	23	192	18.23	19.79	28.13	21.88	11.98
	4	19	34	9	59	51	192	9.90	17.71	15.10	30.73	26.56
	5	12	12	24	42	102	192	6.25	6.25	12.50	21.88	53.13

2009 年收入位置

2006年收入位置	1	94	52	31	11	3	191	49.21	27.23	16.23	5.76	1.57
	2	45	61	44	33	9	192	23.44	31.77	22.92	17.19	4.69
	3	27	46	50	41	28	192	14.06	23.96	26.04	21.35	14.58
	4	14	19	45	63	51	192	7.29	9.90	23.44	32.81	26.56
	5	11	14	22	44	101	192	5.73	7.29	11.46	22.92	52.60

续表

		各收入位置样本数量					样本总数	各收入位置样本比例（%）				
		1	2	3	4	5		1	2	3	4	5
2011 年收入位置												
2009 年收入位置	1	103	46	31	11	0	191	53.93	24.08	16.23	5.76	0
	2	39	63	45	38	7	192	20.31	32.81	23.44	19.79	3.65
	3	24	40	66	40	22	192	12.50	20.83	34.33	20.83	11.46
	4	13	29	33	62	55	192	6.77	15.10	17.19	32.29	28.65
	5	12	14	17	41	108	192	6.25	7.29	8.85	21.35	56.25
2015 年收入位置												
2011 年收入位置	1	102	47	32	9	1	191	53.40	24.61	16.75	4.71	0.53
	2	48	46	40	35	23	192	25.00	23.96	20.83	18.23	11.98
	3	24	47	53	46	22	192	12.50	24.48	27.60	23.96	11.46
	4	12	32	47	48	53	192	6.25	16.67	24.48	25.00	27.60
	5	5	20	20	54	93	192	2.60	10.42	10.42	28.13	48.44
2015 年收入位置												
1991 年收入位置	1	47	40	41	35	28	191	24.61	20.94	21.47	18.32	14.66
	2	33	41	47	32	39	192	17.19	21.35	24.48	16.67	20.31
	3	36	39	36	38	43	192	18.75	20.31	18.75	19.79	22.40
	4	49	43	35	42	33	192	25.52	1719	18.23	21.88	17.19
	5	26	39	33	45	49	192	13.54	20.31	17.19	23.44	25.52

数据来源：作者根据 CHNS 整理所得。

表5—3报告了各个时间段的农户收入流动矩阵，为了更为直观的分析，本节还报告了样本数量和样本比例。以1991—1993年时间段为例，1991年处于低收入组的农户中，到1993年仍有43.98%的农户处于低收入组，有23.04%跃迁到中等偏下收入组，有18.32%跃迁到中等收入组，有12.04%跃迁到中等偏上收入组，有2.62%跃迁到高收入组。仿照上文的做法，本节用同样的方法对其他年份的收入流动性进行描述如表5—3所示。从各个时间阶段收入流动性的矩阵来看，我国农村居民的收入流动性不足，存在一定程度的阶层固化问题。首先看对角线的阶层不变比例，低收入组中有40%—

54%的比例在若干年后仍然处于低收入组行列，高收入组中有45%—57%的比例在若干年后还是位于高收入组行列；中间3个组的阶层不变，比例大约为20%—30%，侧面反映出中间收入群体的收入流动性较强。再从分组看，低收入组的收入流动性最差，8个阶段的数据均显示，在若干年之后大约70%—80%低收入组农户依然处于低收入组或者较低收入组，只有20%—30%的农户跃迁到更高收入群体。与之相对应，高收入组的向下流动概率较小，约75%的比例在若干年之后仍然位于高收入组或者较高收入组。最后，从1991—2015年较长时期内的收入流动性数据可以观察到，长期收入流动性相比短期收入流动性来说更高。此外，从长期的收入流动性来看，农村地区大约有25%的农户处于长期贫困当中。

收入流动矩阵难以直观展现农村居民收入流动性的变动趋势。本节在收入流动矩阵的基础上寻找更为简单明了表现收入流动性的指标，比较常用的指标有Shorrocks指数和平均流动指数。具体指标计算前文已有介绍，这里就不再赘述。

图5—3汇报了Shorrocks指数的计算结果。从图5—3的变动趋势可以看出，Shorrocks指数整体上呈现出波动下降的趋势，但是不同的时间段具有不同的特征。具体来说，1991—2000年期间，Shorrocks指数在不断下降，这说明这段时期我国农村居民的收入流动性在不断下降；2000—2004年期间，Shorrocks指数呈现出上升趋势，这说明这段时期我国农村内部的收入流动性一直在上升；2004—2011年期间，Shorrocks指数又处于下降阶段，相应的农村内部的收入流动性在不断下降。2011年之后，Shorrocks指数出现大幅上升，这表明我国农村内部的收入流动性在不断反弹。

图5—4汇报了平均流动指数的计算结果。从图5—4可以看出，平均流动指数的变动趋势与Shorrocks指数的变动趋势类似。1991—2000年期间和2004—2011年期间，我国农村内部的收入流动性呈现出下降的趋势，而2004—2006年期间和2011年之后，我国农村内部的收入流动性呈现出上升的趋势。

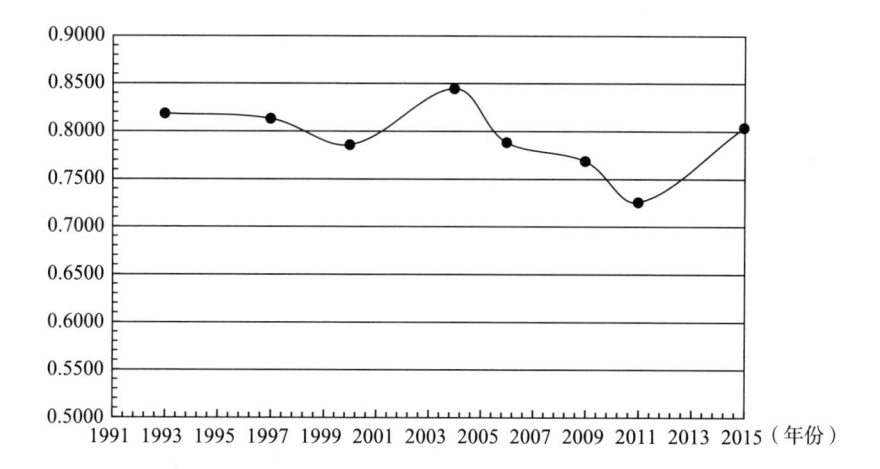

图 5—3　Shorrocks 指数的年份趋势

资料来源：根据 CHNS 数据整理所得。

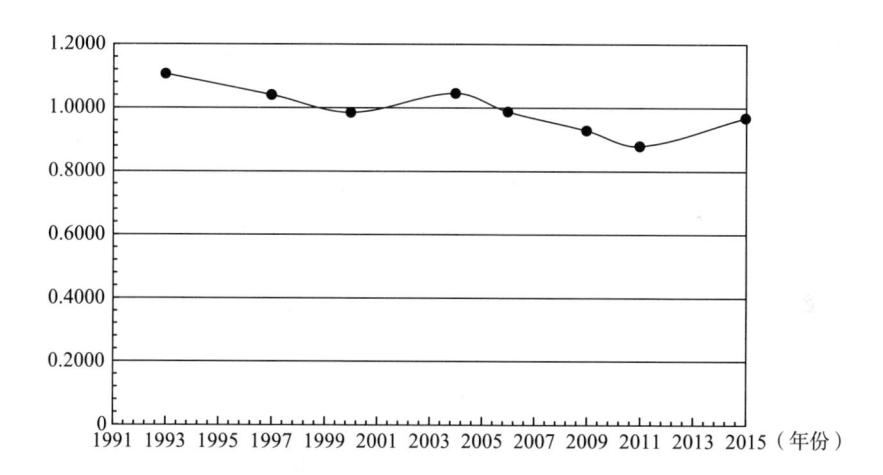

图 5—4　平均流动指数的年份趋势

资料来源：根据 CHNS 数据整理所得。

综上所述，无论是以 Shorrocks 指数还是以平均流动指数度量的农村居民收入流动性，均表明在中国农村居民收入差距持续扩大的基础上，农村居民的收入流动性却在缩小，这一问题需要引起足够的重视。

除此之外，本章仿照章奇等（2007）的研究，统计了不同收入组的农户收入流动性从 1991—2015 年的变化轨迹①。图 5—5 说明了 1991—2015 年期间,我国农村内部各收入组如何从一个收入组向另一个收入组转移的长期流动性趋势。计算结果表明:(1)中等偏上收入组向高收入组转移的累积比例为 7.81%,这说明了随着时间的推移,中等偏上收入组转移到高收入组的概率提升了 7.81 个百分点。(2)高收入组农户具有强烈的向上流动的趋势②,1991—2015 年,高收入组农户保留在本组的概率大约上升了 2.61 个百分点。这说明,随着时间的推移,高收入组农户保持收入领先的能力越来越强。(3)1991—2015 年,中等偏下收入组农户向上转移到其他收入组的概率增加了 2.08 个百分点。(4)中等收入组的向上流动的概率出现

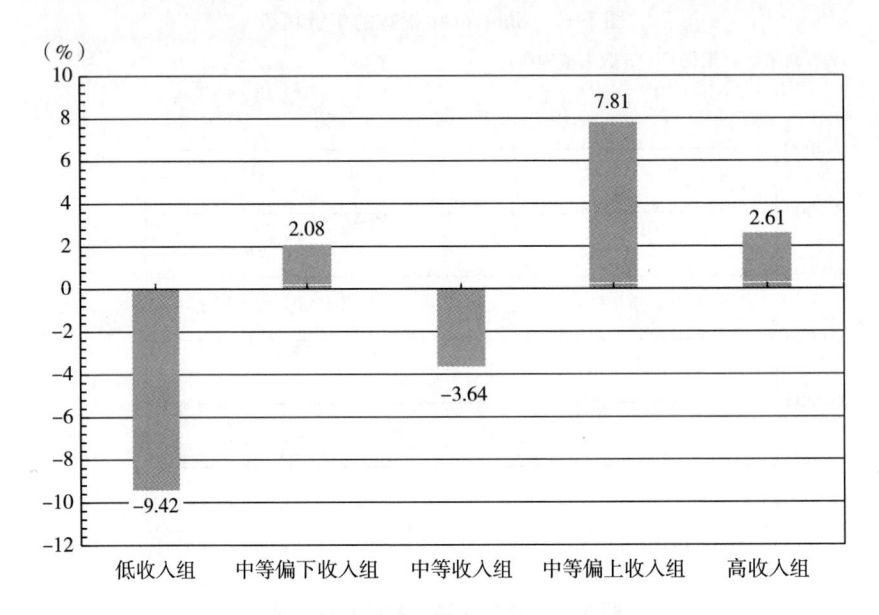

图 5—5　1991—2015 年中国农村居民收入流动性向上转移的变化

数据来源:根据 CHNS 数据整理所得。

---

① 章奇、米建伟、黄季焜:《收入流动性和收入分配:来自中国农村的经验证据》,《经济研究》2007 年第 11 期。

② 由于高收入阶层已经是最高收入组,对于该组群体来说,无法计算其"向上流动性"。基于此,本研究仿照 Hertz(2006)和章奇等(2007)的处理方式,将从初始阶段到末期一直处于高收入阶层的人口占该组总人口的比例用以表示高收入阶层保持收入领先的能力。但是,实际上该比例不能直接被视为高收入阶层的向上流动性。

一定下滑。1991—2015年期间，中等收入组向更高收入阶层转移的概率下降了3.64%。（5）低收入组向上流动的概率下降幅度最大，即1991—2015年期间，我国农村低收入群体向更高收入阶层转移的概率下降了9.42个百分点。从农户收入流动性的动态变化趋势可以看出，不同收入组之间的差距较为明显，我国农村地区低收入阶层和中等收入阶层的收入流动性较差，存在一定程度的阶层固化现象。

三 农户收入流动性的影响因素界定

众多学者结合宏观经济增长、劳动力市场发展和收入分配演变，从家庭收入特征、劳动力就业特征、人口结构特征、人力资本特征以及户主特征等方面考察农村家庭收入流动性的影响因素（Shi et al., 2010[1]；Huang et al., 2016[2]；杨穗，2016[3]）。教育水平被认为是解释微观主体收入流动性差异的核心，较高教育水平的个体往往被赋予更多的机会，从而能更好地实现收入水平的向上流动（王正位等，2016)[4]。家庭抚养人口比例下降有助于提高农村居民收入向上的流动性（谭灵芝和孙奎立，2017)[5]。非农就业机会所带来的非农收入对农户家庭收入地位的变动起到了至关重要作用，如果农民能够发挥其从事非农经济活动的比较优势，则收入发生向上流动的可能性就会更大（章奇等，2007)[6]。除此之外，收入流动性还与政

---

[1] Shi X., Nuetah J. A., Xin X., "Household Income Mobility in Rural China: 1989-2006", *Economic Modelling*, Vol. 27, No. 5, 2010.

[2] Huang Y., Li J., Gu Z., "Rural Household Income Mobility in the People's Commune Period: The Case of Dongbeili Production Team in Shanxi Province", *China Agricultural Economic Review*, No. 4, 2016.

[3] 杨穗：《中国农村家庭的收入流动与不平等》，《中国农村经济》2016年第2期。

[4] 王正位、邓颖惠、廖理：《知识改变命运：金融知识与微观收入流动性》，《金融研究》2016年第12期。

[5] 谭灵芝、孙奎立：《民族地区代际收入流动及其影响因素——基于南疆地区的实证研究》，《中国人口科学》2017年第1期。

[6] 章奇、米建伟、黄季焜：《收入流动性和收入分配：来自中国农村的经验证据》，《经济研究》2007年第11期。

府宏观政策息息相关（Ding & Wang，2008）[①]。Goldthorpe（2013）指出教育政策是提高收入流动性最重要的工具[②]。张玉梅和陈志钢（2015）基于贵州省3个行政村进行的4轮农户追踪调查数据，分析了惠农政策对农村居民收入流动性的影响，研究发现，惠农政策有助于增强农村居民收入流动性[③]。崔景华和谢远涛（2017）认为税收负担是影响城镇居民绝对和相对收入流动的主要原因之一，但其作用程度受到各地区家庭人口结构的影响[④]。张子豪和谭燕芝（2018）发现，社会保险的覆盖面与全面性均在收入流动性中发挥着正向激励作用，可以在较大程度上防止居民收入阶层的倒退，承担着兜底保障的功效[⑤]。

毫无疑问，已有研究对于认识我国农村居民的收入流动性提供了较为深入的分析。然而，现有文献忽视公共投资尤其是基础设施对农户收入流动性的影响。此外，现有学者主要关注收入流动性的整体变动情况，对于不同阶层群体的收入流动性鲜有涉及。

第二节　基础设施对低收入农户收入流动性的影响研究

党的十八大以来，伴随着新农村战略的推进，我国农村基础设施建设取得了巨大的成就。突飞猛进的农村基础设施建设带来的经济效应吸引了众多学者的研究关注。如，基础设施有利于降低劳动力流动成本，提高劳动力交易效率，从而有助于提高非农就业机会

---

① Ding, N. and Wang, Y., "Household income mobility in China and its decomposition", *China Economic Review*, No. 3, 2008.

② Goldthorpe, John. H., "Understanding-and Misunderstanding-Social Mobility in Britain: The Entry of the Economists, the Confusion of Politicians and the Limits of Educational Policy", *Journal of Social Policy*, Vol. 42, No. 3, 2013.

③ 张玉梅、陈志钢：《惠农政策对贫困地区农村居民收入流动的影响——基于贵州3个行政村农户的追踪调查分析》，《中国农村经济》2015年第7期。

④ 崔景华、谢远涛：《城镇居民区域收入流动、税收负担及收入分配动态均衡》，《财经研究》2017年第8期。

⑤ 张子豪、谭燕芝：《社会保险与收入流动性》，《经济与管理研究》2018年第8期。

（Fan 和 Zhang，2004）[1]。此外，基础设施还在减少消费成本、降低人口出行成本和产品运输成本、促进与外界的信息交流等方面有重要作用（Fan 等，2008[2]；谢申祥等，2018[3]）。一般来说，基础设施属于公共物品或者准公共物品，这就决定了其本身就有改善收入分配、缩小农村收入差距的功能（张勋和万广华，2016）[4]。然而，现有文献均忽视了基础设施对于低收入群体的影响，尤其忽略了基础设施对农村低收入群体福利（如：绝对收入、相对贫困和收入流动性）的真实影响。因此，准确评价基础设施对于低收入群体的收入效应具有重大的理论和现实意义。

一 基础设施对低收入农户收入流动性的机理分析

根据弗里德曼的持久收入理论，第 i 组群体在 t 时间的收入 W_{it} 通常由两部分构成：持久收入 X_{it} 和暂时收入 U_{it}，即：

$$W_{it} = X_{it} + U_{it} \tag{5—4}$$

式（5—4）中，持久性收入 X_{it} 为一生中包含的预期收入的收入平均值，不随时间的变化产生剧烈波动，受家庭特征（如非农就业、农业收入结构等）影响的暂时性收入 U_{it} 则反映了无法预料到的收入。

上述模型无法反映初期和末期收入之间的关系，无法刻画收入流动性的本质。因此，本章参照 Atkinson（1992）的做法[5]，进一步引入 Galton 均值自回归模型：

$$W_{it} = \beta W_{it-1} + U_{it} \tag{5—5}$$

---

[1] Fan S., Zhang X.,"Infrastructure and Regional Economic Development in Rural China", *China Economic Review*, Vol. 15, No. 2, 2004.

[2] Fan S., Gulati A., Thorat S.,"Investment, subsidies, and pro-poor growth in rural India", *Agricultural Economics*, No. 39, 2008.

[3] 谢申祥、刘生龙、李强：《基础设施的可获得性与农村减贫——来自中国微观数据的经验分析》，《中国农村经济》2018 年第 5 期。

[4] 张勋、万广华：《中国的农村基础设施促进了包容性增长吗?》，《经济研究》2016 年第 10 期。

[5] Atkinson A. B., Bourguignon F., et al., *Empirical Studies of Earnings Mobility*, Taylor & Francis, 1992.

借鉴崔景华和谢远涛（2017）的做法[①]，本章放宽模型（5—5）中"无序列相关性"这一假设，将暂时性收入 U_{it} 设定为一阶自回归过程的随机项：

$$V_{it}=\alpha V_{it-1}+U_{it} \tag{5—6}$$

利用 V_{it} 代表式（5—5）的随机项，可得 $W_{it}=\beta W_{it-1}+V_{it}$，并放宽式（5—4）中的假设条件，重新定义 t 期和 $t-1$ 期的个体收入模型：

$$W_{it}=X_{it}+V_{it} \tag{5—7}$$

$$W_{it-1}=X_{it-1}+V_{it-1} \tag{5—8}$$

通过以上步骤，本章构造了一个当期的收入模型，进一步，本章在式（5—5）的两侧同时减去固定收入的滞后项 W_{it-1}，记为：

$$mobility_{it}=W_{it}-W_{it-1} \tag{5—9}$$

用式（5—9）替换 U_{it}，可得：

$$mobility_{it}=(\beta-1)W_{it-1}+(\beta-1-\alpha)V_{it-1}+V_{it} \tag{5—10}$$

式（5—10）表明，收入流动性受到一定比例的 $t-1$ 期持久性收入与 t 期暂时性收入的变动情况。

为了分析基础设施发展对于不同阶层收入流动性的影响，本章基于 Solow 生产函数模型构造包含私有资本、公共资本两类资本的 C—D 收入增长模型。其中，公共资本可以分为公路设施和非公路设施的公共资本，私人资本指人力资本。人口依据收入水平划分为不同的收入群体。具体的 C—D 收入增长模型为：

$$W_{it}=A_t K_{Tt}^{\alpha} K_{Et}^{\beta} H_{it}^{\gamma} L_{it}^{1-\alpha-\beta-\gamma} \tag{5—11}$$

其中，W_{it} 表示第 i 组收入群体 t 时刻的收入；A_t 表示当前的技术水平；K_{Tt} 表示区域内 t 时期的交通基础设施水平；K_{Et} 为区域内其他公共投资水平，主要包括医疗设施和教育设施；H_{it} 为区域内 t 时刻人力资本水平；L_{it} 为区域内 t 时刻的人口规模；α、β、γ、$1-\alpha-\beta-\gamma$ 分别表示不同变量的产出弹性，且弹性之和小于 1。

为了得到人均收入水平，对式（5—11）除以区域内总人口规模

[①] 崔景华、谢远涛：《城镇居民区域收入流动、税收负担及收入分配动态均衡》，《财经研究》2017 年第 8 期。

(L_{it})，可得：

$$W_{it}=A_t K_{Tt}^{\alpha} K_{Et}^{\beta} h_{it}^{\gamma} l_{it}^{1-\alpha-\beta-\gamma} \tag{5—12}$$

其中，W_{it} 为第 i 组收入群体的人均收入水平，k_{Tt} 为区域 t 时期的人均交通基础设施水平；k_{Et} 表示区域内 t 时刻人均其他公共投资水平；h_{it} 为区域 t 时期的人力资本水平；l_{it} 为区域内 t 时期的人均劳动投入。

对式（5—12）取对数，并对时间 t 取导数，可得产出增长率：

$$\hat{w}_{it}=a+\alpha\cdot\hat{k}_{Tt}+\beta\cdot\hat{k}_{Et}+\gamma\cdot\hat{h}_{it}+(1-\alpha-\beta-\gamma)\cdot\hat{l}_{it} \tag{5—13}$$

传统意义上的公路设施的收入弹性为：

$$\partial w_{it}/\partial k_{Tt}=\alpha \tag{5—14}$$

事实上，公路设施对于农户收入流动性的影响主要取决于农户对公路设施的有效需求和利用程度，而农户对于公路设施的有效需求和利用程度取决于自身人力资本等因素（张勋和万广华，2016）[①]。假定农户均是农村公路设施的最终消费者，因此，不同阶层的家庭对农村公路设施使用效率不一样。修正的交通收入弹性为：

$$\partial w_{it}/\partial k(h_{it}、z_{it})_{Tt}=\alpha k'(h_{it}、z_{it})_{Tt} \tag{5—15}$$

根据式（5—15）可知，人力资本等因素的差异导致了交通基础设施的边际效应存在差异，可能会影响那些由交通基础设施使用而引致的收入分配。对于中等收入组以及中等以上收入组来说，在外工作且经常往返村庄，或从事交通、运输行业的农户对村庄交通基础设施的使用次数更多，依赖程度更高，从而受益也更大（万海远等，2015）[②]。对于低收入组以及较低收入组来说，由于人力资本等条件的限制，对交通基础设施的利用效率低，对于收入提高的作用有限。

而传统意义上的其他基础设施的收入弹性为：

$$\partial w_{it}/\partial k_{Et}=\beta \tag{5—16}$$

事实上，医疗设施和教育设施通过提升农户的人力资本进而提

[①] 张勋、万广华：《中国的农村基础设施促进了包容性增长吗？》，《经济研究》2016 年第 10 期。

[②] 万海远、田志磊、徐琰超：《中国农村财政与村庄收入分配》，《管理世界》2015 年第 11 期。

高农户的收入流动性。低收入群体由于初始人力资本禀赋较低，医疗设施和教育设施的改善对其边际效用较高，低收入群体可以利用这些设施提升自己的人力资本积累，从而最终提升了收入流动性。

农户在面对基础设施改善时，通常有如下应对策略：一是非农就业。基础设施通过降低劳动力流动成本，提高了劳动力人力资本等机制，作用于其非农就业（Fan 和 Zhang，2004）[①]。二是农业生产结构调整。基础设施的改善，能够降低农产品的生产地与消费地间的时间距离和经济距离，提高生产结构调整所需要的能力和技术，从而加速了农户生产结构的调整（Jacoby，2000）[②]。

不同的基础设施对农户效用不一样。公路设施的作用发挥取决于农户的利用程度，由于不同阶层的人力资本禀赋和后期的人力资本积累不同，导致其从公路设施的发展中获益不同。低收入群体由于人力资本禀赋较低，并且公路设施发展对于低收入群体人力资本的积累速度较慢，导致公路设施发展对于低收入群体的非农就业和农业生产结构的影响较小。最终，公路设施发展对低收入群体收入流动性的影响较小。灌溉设施属于农业生产型基础设施，医疗设施和教育设施属于农村发展型基础设施，这两者均具有普惠性，低收入群体可以利用其改善自身人力资本，长期来看，这可以对其非农就业和农业生产结构产生较大影响，最终提升了低收入群体的收入流动性。

二 基础设施对低收入农户收入流动性的实证分析

（一）研究设计

1. 变量设定

绝对收入。本节用农村居民人均纯收入来表示绝对收入。为了消除通货膨胀等因素的影响，本节采用消费价格指数（1991 年 =

[①] Fan S., Zhang X., "Infrastructure and Regional Economic Development in Rural China", *China Economic Review*, Vol. 15, No. 2, 2004.

[②] Jacoby H. G., "Access to Markets and the Benefits of Rural Roads", *Economic Journal*, Vol. 110, No. 465, 2000.

100)进行平减,最后对于所得真实收入进行对数化处理。从图5—6可见,我国农村居民人均纯收入呈现出稳步上升的态势。

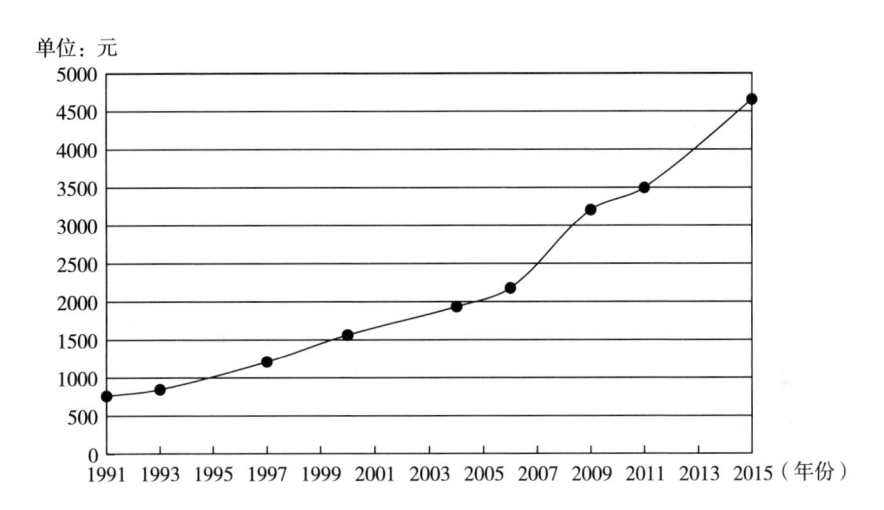

图5—6 我国农村居民人均纯收入变动趋势图①

数据来源:作者根据CHNS数据整理所得。

相对贫困。一般来说,相对贫困标准设定为国内居民收入或中等收入的恒定比例。本章仿照欧盟统计局的做法,将农村居民收入中位数的60%作为相对贫困标准。若农户的收入小于相对贫困标准则取值为1,否则取值为0。从图5—7可见,我国农村地区相对贫困发生率整体上呈现出逐年上升的态势,这说明我国农村内部的收入差距在进一步扩大。

收入流动性。本章将农户按照收入水平等分为5组,农户跨组跃迁的程度记为$Mobility_{it}$的取值。比如,农户上一期处于低收入组,若本期处于中等偏下收入组,$Mobility_{it}$取值为1,若农户本期处于中等收入组,则$Mobility_{it}$取值为2,以此类推;反之,农户上一期处于高收入组,若本期处于中等偏上收入组,$Mobility_{it}$取值为-1,若本期处于中等收入组,$Mobility_{it}$取值为-2,以此类推。

---

① 值得注意的是,这里的收入数据经过消费价格指数平减后。

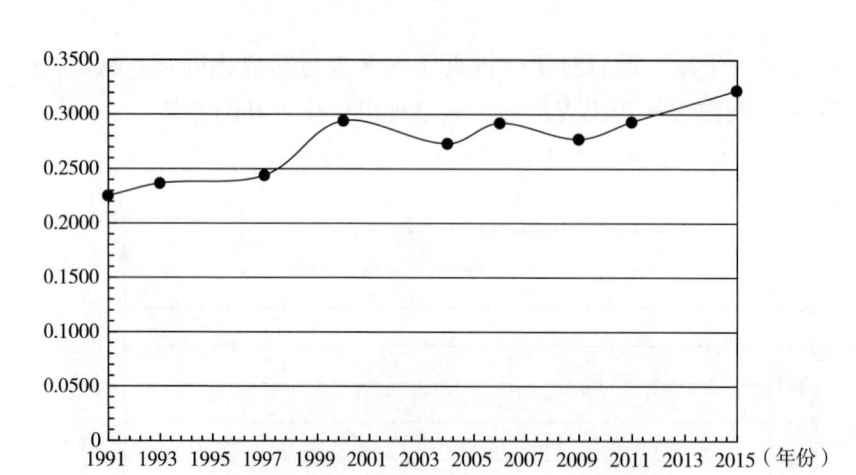

图 5—7　我国农村相对贫困发生率变动趋势图

数据来源：作者根据 CHNS 数据整理所得。

基础设施。本章的基础设施，指的是为社会生产和居民生产生活提供基本公共服务的物质工程设施，用以保证国家（地区）社会经济活动或者居民生产生活正常进行的公共服务系统。总体上，公路设施（公交站或者长途汽车站）、灌溉设施、医疗设施和教育设施是农村低收入群体在日常生活中需求最高的公共服务设施[①]。据许婧雪等（2019）研究可知，上述四类基础设施占据了农村居民日常需求及访问总量的 70%—80%，是低收入群体日常生活中最主要也是最基本的需求[②]。综合考虑数据的可得性和基础设施的基本内涵，选择公路设施、灌溉设施、医疗设施和教育设施表示当地的基础设施。其中，本章选择该村是否有公共汽车站或长途汽车站来表示公路设施（郭晨和张卫东，2018[③]；王丽艳等，2019[④]）；用可灌溉面积占

[①]　铁路设施、电力设施也是重要的基础设施。但是由于 CHNS 数据中关于铁路设施的度量比较粗糙，不适合作为核心自变量；而电力设施的普及率已经相当高，村级层面的差异性减少，最终会导致其显著性水平降低。

[②]　许婧雪、张文忠、谌丽、湛东升：《基于弱势群体需求的北京服务设施可达性集成研究》，《人文地理》2019 年第 2 期。

[③]　郭晨、张卫东：《产业结构升级背景下新型城镇化建设对区域经济发展质量的影响——基于 PSM—DID 经验证据》，《产业经济研究》2018 年第 5 期。

[④]　王丽艳、季奕、王咿瑾：《城市创意人才居住选址偏好研究——基于天津市微观调查与大数据的实证分析》，《管理学刊》2019 年第 5 期。

比表示农村灌溉设施（骆永民等，2020）[①]，具体的度量方式为可灌溉面积与耕地总面积的比值；对于医疗设施，本章选择人均医生数予以表示（宋月萍和谭琳，2006[②]；夏怡然和陆铭，2015[③]），具体的度量方式为医生数量除以该村人口数量。教育设施用该村是否有初级中学予以表示（郭晨和张卫东，2018）[②]。考虑到基础设施作用发挥具有一定时滞性（程敏和裴新杰，2017[④]；谢呈阳和王明辉，2020[⑤]），其对于农户非农就业或者农业生产结构调整的影响不是瞬间开始的，故而本文的实证部分对基础设施变量的滞后一期值进行计量分析。从图5—8可见，我国农村地区的基础设施发展状况正处于逐年改善的阶段。

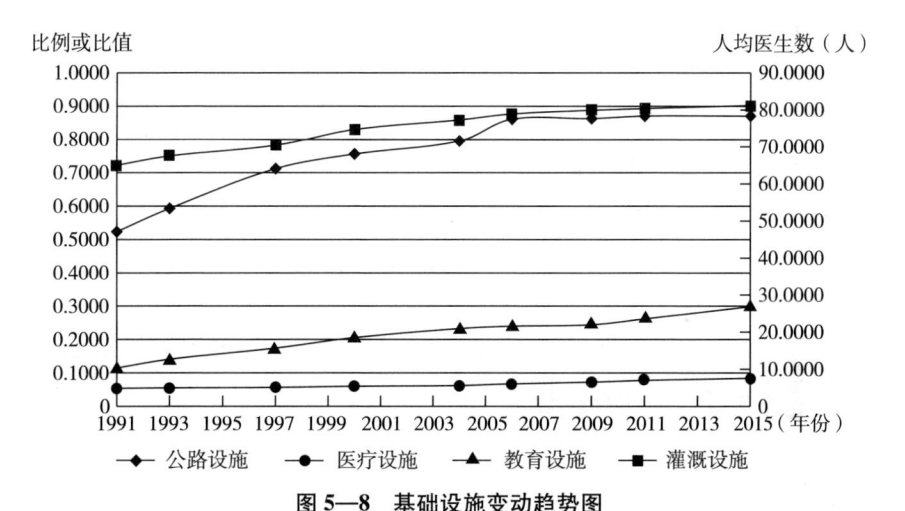

图5—8　基础设施变动趋势图

数据来源：作者根据CHNS数据整理所得。

---

① 骆永民、骆熙、汪卢俊：《农村基础设施、工农业劳动生产率差距与非农就业》，《管理世界》2020年第12期。

② 宋月萍、谭琳：《卫生医疗资源的可及性与农村儿童的健康问题》，《中国人口科学》2006年第6期。

③ 夏怡然、陆铭：《城市间的"孟母三迁"——公共服务影响劳动力流向的经验研究》，《管理世界》2015年第10期。

④ 程敏、裴新杰：《我国地级及以上城市基础设施投入效率的时空差异研究——基于DEA和Malmquist指数模型》，《管理评论》2017年第6期。

⑤ 谢呈阳、王明辉：《交通基础设施对工业活动空间分布的影响研究》，《管理世界》2020年第12期。

控制变量。在农户研究文献中，人口结构特征被认为是最具影响力的因素（章奇等，2007）[①]。因此，本章采用家庭劳动力占比、少年抚养比和家庭规模表示家庭人口结构特征。家庭劳动力占比用16岁以上60岁以下非学生数量占家庭人口规模的比例予以表示；少年抚养比用16岁以下人口数量占比予以表征；家庭规模用家庭人口数量来表示。除了人口特征外，本章还考虑户主特征可能产生的影响。户主是家庭决策的主导者，户主的基本生理限制源于年龄、性别，认知限制源于受教育程度。因此，本章主要考虑户主的年龄、性别以及受教育程度对于家庭收入的影响。此外，控制变量还包括人均房屋面积、人均耕地面积、开发区、村庄农业劳动力占比、铁路设施和电力设施。耕地面积是低收入群体的收入流动性要大于高收入群体的重要来源。房屋作为中国农村居民家庭财产最主要的构成部分，房屋的面积可以从侧面反映农户的收入。附近有开发区，农户非农收入提升的可能性就越大。村庄农业劳动力占比，该指标反映了村庄的社会资本；如果农业劳动力占比较高，说明该村庄以农业生产为主，反之则说明该村庄以非农就业为主。铁路设施和电力设施反映村庄对外交通和基本生活方面的便利性。医疗保险反映了该村的社会保障程度，本章选择是否有医疗保险来表示。表5—4汇报了各变量的描述性统计。

表5—4　　　　　　　　各变量的描述性统计

变量	定义	均值	标准差
绝对收入	农户实际人均纯收入（元）的对数	7.145	1.029
相对贫困	农户是否处于相对贫困状态（是=1；否=0）	0.273	0.446
收入流动性	农户收入地位的跃迁值	0.000	1.181
公路设施	村庄是否有公共汽车站或长途汽车站（是=1；否=0）	0.761	0.427
灌溉设施	可灌溉面积占总面积的比重，%	75.053	26.974

[①] 章奇、米建伟、黄季焜：《收入流动性和收入分配：来自中国农村的经验证据》，《经济研究》2007年第11期。

续表

变量	定义	均值	标准差
医疗设施	医生数量除以总人口数量	0.064	0.247
教育设施	村庄是否有初中（是=1；否=0）	0.212	0.409
年龄	户主的当年实际年龄，岁	53.607	12.617
年龄的平方	户主当年实际年龄的平方，岁	3032.84	1384.57
户主受教育程度	户主实际受教育水平，年	6.575	3.582
家庭劳动力占比	劳动力人口占家庭总人口的比重，%	67.442	22.455
少年抚养比	16岁以下人口占家庭总人口的比重，%	15.429	17.951
家庭规模	家庭人口规模，人	5.718	2.483
人均耕地面积	农户人均耕地面积，亩/人	0.934	1.085
人均房屋面积	农户家庭人均房屋面积，m^2/人	29.334	20.122
开发区	附近是否有开发区（是=1；否=0）	0.362	0.481
农业劳动力比重	村庄内农业劳动力占劳动力的比重，%	50.515	29.735
铁路设施	村委会方圆5公里之内是否有火车站（是=1；否=0）	0.055	0.229
电力设施	村庄是否通电（是=1；否=0）	0.994	0.077
医疗保险	是否有医疗保险（是=1；否=0）	0.633	0.482
公路设施工具变量	明朝道路密度与分税制改革年份交互项	0.143	0.350
灌溉设施工具变量	1949年河流密度与分税制改革年份交互项	14.225	31.199
医疗设施工具变量	1978年医学院校数量与分税制改革年份交互项	0.277	0.448
教育设施工具变量	明朝书院数量与分税制改革年份交互项	0.033	0.180

2. 计量模型

本章关心的主要问题是，基础设施的发展对低收入群体收入流动性的长期影响。如果基础设施的再分配功能有效，基础设施的发展不仅能够促使农户收入流动性的提升，而且对低收入组群体的作用明显高于其他收入组群体。因此，本章仿照张勋和万广华（2016）的研究①，决策方程可以表示为：

$$y_{it} = \alpha + \theta \cdot X_{it} + \mu_i + v_t + \varepsilon_{it} \tag{5—17}$$

---

① 张勋、万广华：《中国的农村基础设施促进了包容性增长吗?》，《经济研究》2016年第10期。

其中，y_{it} 为本章的核心解释变量，表示农户收入流动性；α 是常数项，X_{it} 表示影响农户非农就业和农业生产结构调整的一系列控制变量；μ_i 为个体固定效应，v_t 为时间固定效应，ε_{it} 为随机扰动项。为了评估基础设施发展是否提升了收入流动性，本章在式（5—17）的基础上引入基础设施发展，具体的公式为：

$$y_{it} = \alpha + \beta \cdot infrastructure_{it} + \theta \cdot X_{it} + \mu_i + v_t + \varepsilon_{it} \qquad (5—18)$$

一般而言，基础设施（$infrastructure_{it}$）通常设定为虚拟变量。当基础设施可获得时，虚拟变量取值为 1，否则为 0。然而，式（5—18）只能评估基础设施发展的非农就业效应以及生产结构调整效应。为了进一步分析基础设施是否促进了低收入群体的非农就业以及农业生产结构调整，本章在式（5—18）的基础上引入了基期低收入组（D_{i1991}）与基础设施（$infrastructure_{it}$）的交互项，具体形式为：

$$y_{it} = \alpha + \beta \cdot infrastructure_{it} + \gamma \cdot D_{i1991} + \Phi \cdot D_{i1991} \cdot infrastructure_{it} + \theta \cdot X_{it} + \mu_i + v_t + \varepsilon_{it} \qquad (5—19)$$

显然，当基础设施不可获得时，即 $infrastructure_{it} = 0$ 时，目标变量的值为：

$$E(y_{it} | infrastructure_{it} = 0) = \alpha + \gamma \cdot D_{i1991} + \theta \cdot X_{it} \qquad (5—20)$$

当基础设施（$infrastructure_{it}$）可获时，即 $infrastructure_{it} = 1$ 时，目标变量的值为：

$$E(y_{it} | infrastructure_{it} = 1) = \alpha + \beta + \gamma \cdot D_{i1991} + \Phi D_{i1991} + \theta \cdot X_{it} \qquad (5—21)$$

因此，基础设施发展（$infrastructure_{it}$）对非农就业和农业生产结构（y_{it}）的影响为：

$$E_{infrastructure} = E(y_{it} | infrastructure_{it} = 1) - E(y_{it} | infrastructure_{it} = 0) = \beta + \Phi \cdot D_{i1991} \qquad (5—22)$$

根据式（5—22），基础设施的发展（$infrastructure_{it}$）对目标变量可以分为两个部分：（1）β 衡量了其他条件不变的情况下，基础设施发展（$infrastructure_{it}$）对于目标变量（y_{it}）的影响。（2）$\Phi \cdot D_{i1991}$ 衡量基期低收入组通过基础设施的发展作用于非农就业以及农业生产结构调整（y_{it}）的异质性影响。若 $\Phi > 0$，说明基期低收入组可以从基础设施发展中获益更多；若 $\Phi < 0$，基期低收入群体相比其他收入

组来说，从基础设施发展中获益更小。此外，本章在模型中控制了省份固定效应与年份固定效应的交互项，用来控制省份层面随时间变化的不可观测对农户收入流动性的影响（例如，省份层面逐年变动的经济增长水平可能会影响农户收入流动性）。控制省份与时间交互项固定效应的优势在于，此时我们识别交通基础设施的系数所用的变异（Variation）是来自同一年同一个省内部不同村庄之间，这样识别出来的估计系数比不控制省份与时间交互项固定效应时更加准确（Wang，2013[①]；陈思霞和卢盛峰，2014[②]）。

3. 估计方法

由于农户的绝对收入是连续变量，因此在绝对收入方程中，选择最小二乘法（OLS）估计基础设施发展的收入效应。而相对贫困是离散变量，即若农户处于相对贫困状态，则赋值为 1，反之为 0。由于相对贫困的有限选择性，不适合采用普通线性模型的回归方法，通常采用 Logit 模型或 Probit 模型进行回归（梁俊伟和代中强，2015）[③]。由于 Logit 模型和 Probit 模型在系数估计方面没有显著的区别（骆永民等，2020）[④]，并且 Probit 模型在工具变量回归中，有着更为成熟的估算程序。因此，本章选择 Probit 模型进行估计。

此外，作为被解释变量的收入流动性是一组分类的离散变量。该变量取正值越大，则说明其收入地位上升的幅度越大；反之若负值越大，说明其收入地位下降的幅度越大。这种分类数据之间存在内在的排序性质，属于排序数据，因此有序 Probit 模型或者有序 Logit 模型应该是比较合适的估计方法。考虑到 Logit 模型相对于 Probit 模型具有更好的协变量平衡性，本章采用有序 Logit 模型估算

[①] Wang J., "The Economic Impact of Special Economic Zones: Evidence from Chinese Municipalities", *Journal of Development Economics*, Vol. 101, No. 1, 2013.

[②] 陈思霞、卢盛峰：《分权增加了民生性财政支出吗？——来自中国"省直管县"的自然实验》，《经济学（季刊）》2014 年第 4 期。

[③] 梁俊伟、代中强：《发展中国家对华反倾销动因：基于宏微观的视角》，《世界经济》2015 年第 11 期。

[④] 骆永民、骆熙、汪卢俊：《农村基础设施、工农业劳动生产率差距与非农就业》，《管理世界》2020 年第 12 期。

基础设施改善对于农村低收入群体收入流动性的概率方程。具体表现形式为：

$$y_i^* = x_i\beta + \varepsilon_i \tag{5—23}$$

其中，y_i^* 为实际观测到的 y_i 表示收入流动性，取值范围为 [-4, 4]，x_i 为可能影响农户收入流动性的各种潜在因素，ε_i 为随机扰动项。y_i 的选择规则为：

$$y_i = \begin{cases} 0, & \text{若 } y_i^* \leq r_0 \\ 1, & \text{若 } r_0 < y_i^* \leq r_1 \\ 2, & \text{若 } r_1 < y_i^* \leq r_2 \\ \cdots\cdots \\ J, & \text{若 } r_{J-1} \leq y_i^* \end{cases} \tag{5—24}$$

式（5—24）中，$r_0 < r_1 < r_2 < \cdots < r_{J-1}$ 为待估参数，称为切点。y_i 为收入流动性的离散变量，取值范围 [-4, 4]。具体的计量模型形式设定如下：

$$Mobility_{it} = \alpha_0 + \beta_1 \cdot infrastructure_{it} + \beta_2 \cdot infrastructure_{it} \cdot D_{i1991} + \beta_3 D_{i1991} + \beta_4 \cdot \Delta X_{it} + \beta_5 \cdot X_i + \eta_t + v_t + \varepsilon_{it} \tag{5—25}$$

其中，$Mobility_{it}$ 表示收入流动性，ΔX_{it} 是随时间变动的控制变量，X_{it} 不随时间变动的控制变量，其他变量与前文相同。值得注意的是，由于同村样本之间可能存在一定的相关性或相似性，本章采用了聚类到村级层面稳健标准差（Clustering Robust Standard Errors）的处理方式，以消除序列相关和异方差等问题的影响[①]。此外，本章在模型中控制了省份固定效应与年份固定效应的交互项，用来控制省份层面随时间变化的不可观测对农户收入流动性的影响（例如，省份层面逐年变动的经济增长水平可能会影响农户收入流动性）。

（二）实证分析

1. 基准回归结果

从绝对收入方程来看［见表5—5的第（1）列］，公路设施单

---

① 普通标准差假设扰动项式独立同分布的，但事实上由于序列相关和异方差等问题的综合效果，会导致其值偏小。

独项的估计系数显著为正，公路设施与农村低收入群体虚拟变量交互项的估计系数为负，但未通过显著性检验。这说明公路设施能够促使高收入农户收入水平的提升，但是其对农村居民绝对收入的影响在低收入家庭和中高收入家庭间没有显著差异。即公路设施不能实现农户收入的包容性增长。灌溉设施的估计系数并没有通过显著性检验，但是灌溉设施与农村低收入群体的估计系数显著为正，这说明灌溉基础设施对农村居民绝对收入的提升作用在低收入家庭中表现得更为突出。医疗设施的估计系数没有通过显著性检验，而医疗设施与农村低收入群体虚拟变量交互项、教育设施的估计系数没有通过显著性检验，但是教育设施与低收入群体虚拟变量交互项的估计系数均为正，并且通过1%的显著性检验，这说明医疗设施、教育设施的发展对农村居民绝对收入的提升作用在低收入家庭中表现更为突出。

表5—5 基准回归结果

	（1）绝对收入	（2）相对贫困	（3）收入流动性
公路设施$_{it-1}$	0.0952** (0.0473)	-0.0275 (0.0769)	0.0624 (0.0531)
公路设施$_{it-1}$ * 低收入群体$_{i1991}$	-0.1068 (0.0718)	0.1257 (0.1243)	-0.2212*** (0.0656)
灌溉设施$_{it-1}$	0.0017 (0.0010)	-0.0015 (0.0016)	-0.0011 (0.0020)
灌溉设施$_{it-1}$ * 低收入群体$_{i1991}$	0.0033** (0.0014)	-0.0058*** (0.0021)	0.0066* (0.0037)
医疗设施$_{it-1}$	0.0679 (0.0723)	-0.0016 (0.0820)	-0.2243 (0.2334)
医疗设施$_{it-1}$ * 低收入群体$_{i1991}$	0.2261*** (0.0680)	-0.3133*** (0.1167)	0.0766* (0.0440)
教育设施$_{it-1}$	0.0575 (0.0552)	-0.0145 (0.0892)	0.1537** (0.0663)
教育设施$_{it-1}$ * 低收入群体$_{i1991}$	0.3077*** (0.0903)	-0.3682*** (0.1293)	0.1035*** (0.0370)
低收入群体$_{i1991}$	-0.3506*** (0.1121)	0.6182*** (0.1747)	0.2988*** (0.0549)

续表

	(1) 绝对收入	(2) 相对贫困	(3) 收入流动性
户主年龄$_{it}$	-0.0068 (0.0091)	0.0089 (0.0147)	-0.0039 (0.0056)
户主年龄平方$_{it}$	0.0001 (0.0001)	-0.0001 (0.0001)	0.0000 (0.0000)
户主受教育水平$_{it}$	0.0313*** (0.0055)	-0.0446*** (0.0075)	0.0077 (0.0068)
劳动力占比$_{it}$	0.0082*** (0.0007)	-0.0109*** (0.0011)	0.0044*** (0.0008)
少年抚养比$_{it}$	-0.0018 (0.0934)	0.0107 (0.1406)	-0.0295 (0.1196)
家庭规模$_{it}$	-0.0177** (0.0075)	0.0319*** (0.0113)	-0.0289*** (0.0089)
人均房屋面积$_{it}$	0.0026*** (0.0008)	-0.0029** (0.0013)	0.0010 (0.0007)
人均耕地面积$_{it}$	0.0206 (0.0138)	-0.0143 (0.0202)	0.0292** (0.0116)
开发区$_{it}$	0.0057 (0.0326)	-0.0967* (0.0526)	-0.0084 (0.0369)
村庄农业劳动力占比$_{it}$	-0.0025*** (0.0008)	0.0031** (0.0012)	-0.0003 (0.0006)
铁路设施$_{it}$	-0.0837 (0.0668)	0.0624 (0.0872)	0.3539*** (0.1002)
电力设施$_{it}$	0.3732*** (0.1409)	-0.4576*** (0.1738)	0.0640 (0.1898)
医疗保险$_{it}$	0.0352 (0.0699)	-0.2567** (0.1237)	-0.0036 (0.0648)
常数项	5.8493*** (0.3610)	-0.0712 (0.5504)	—
社区固定效应	控制	控制	控制
时间固定效应	控制	控制	控制
省份—时间固定效应	控制	控制	控制
N	7672	7672	7672
R^2	0.3973	0.1463	0.0145

注：括号内是聚类到村级层面的标准误，*表示在10%水平上显著、**表示在5%水平上显著、***表示在1%水平上显著。

从相对收入方程来看，公路设施独立项、公路基础设施与农村低收入群体虚拟变量交互项的估计系数均未通过显著性检验,这说明公路基础设施对于降低农村高收入农户处于相对贫困的概率没有显著影响,并且其对于降低农村居民陷于相对贫困的概率在低收入家庭与中高收入家庭间并无显著性差异。灌溉设施独立项、医疗设施独立项以及教育设施独立项的估计系数均为负,且均未通过显著性检验,灌溉设施与农村低收入群体交互项、医疗设施与农村低收入群体交互项和教育设施与农村低收入群体交互项的估计系数均显著为负,这说明灌溉设施、医疗设施及教育设施的发展对于降低农村居民处于相对贫困的概率在低收入家庭中表现得较为突出。

从收入流动性方程来看[1],公路设施独立项的估计系数不显著,但是公路设施与农村低收入群体虚拟变量交互项的估计系数为负,且通过了1%的显著性检验,这说明公路设施对收入流动性的提升作用在低收入家庭中表现得较弱。灌溉设施独立项的估计系数没有通过显著性检验,但是,灌溉设施与农村低收入群体的估计系数显著为正,这说明灌溉设施降低收入流动性的作用主要是由于低收入群体产生。医疗设施与教育设施的独立项均为正,且医疗设施与农村低收入群体交互项、教育设施与农村低收入群体交互项的估计系数也显著为正,这说明医疗设施和教育设施的发展对于农村居民收入流动性的提升作用在农村低收入群体中表现得更加突出。这可能是因为,医疗设施和教育设施能够促使低收入群体获益更多,从而增加了低收入群体收入流动性向上流动的概率。

综上所述,公路设施对于农村居民提高绝对收入以及摆脱相对贫困的影响没有群体间的差异性,并且公路基础设施对收入流动性的提升作用在低收入家庭中表现的较弱,这说明公路设施并不能实现农村的包容性增长。而灌溉设施、医疗设施和教育设施对于农村低收入群体提升绝对收入、降低相对贫困发生率以及提高收入流动

---

[1] 收入流动性表示从 t 期到第 $t+1$ 时期的收入变化,用于反映农户收入地位在考察期内收入地位的变动及变动幅度。因此,在收入流动性方程中,为了和因变量的度量方式保持一致,连续性的解释变量需要用两期数据差分。后面回归结果中,为了结果展示的便利性,没有区分(实际上,收入流动性方程中,相关解释变量已做差分处理)。

性的作用相对其他收入群体来说较大,这意味着其能够缩小低收入群体与中高收入群体间的差距,最终实现包容性增长。上述事实出现的原因可能在于,以公路设施为代表的硬基础设施取决于人们对其的利用程度,农村低收入阶层由于自身禀赋方面的缺陷,对公路设施的利用程度较低,无法利用其改善自己的福利状况。灌溉设施是影响农户作物种植的重要因素之一。其改善有利于增加以农业收入为主的农村低收入群体的收入水平。以医疗设施和教育设施为主的农村福利性基础设施的改善,解决了农村低收入群体"看病难""上学难"等难题,最终提高了低收入群体的能力。

值得注意的是,相比于医疗设施,教育设施对于农村低收入群体福利效应的提升作用更为明显。这与程名望等(2014)的研究有所不同,其认为从收入差距缩小的视角来看,农户健康人力资本积累比农户教育人力资本积累的作用更为显著[①]。可能的原因在于,当前农村低收入群体不再是绝对贫困群体,困扰低收入群体福利提升不再是健康问题,而是能力不足引起的发展机遇较少。因此,教育设施的完善可以提高低收入群体的可行能力,以便获得发展机会。

2. 内生性处理

前文的回归结果有助于我们认识不同类型基础设施对于农村低收入群体福利的影响,然而由于基础设施的内生性,致使回归结果可能展示的是相关关系,并不是因果关系。内生性可能来源于遗漏变量和互为因果。首先是遗漏解释变量的问题。一些无法观测的因素或者可观测到但 CHNS 数据库无法度量的因素(如,自然条件、气候、文化以及风俗习惯等)不仅可以影响基础设施建设还可以影响农村居民收入水平,这些因素的缺失可能导致回归结果是有偏的。其次是双向因果关系。这是内生性产生的最主要原因,基础设施建设可以直接影响农村居民的收入水平,反过来农户的收入水平也可以影响基础设施的获得。如:(1)人均收入水平较高的村,其基础

---

① 程名望、Jin Yanhong、盖庆恩、史清华:《农村减贫:应该更关注教育还是健康?——基于收入增长和差距缩小双重视角的实证》,《经济研究》2014 年第 11 期。

设施的建设也比较完善（谢申祥等，2018）[1]，毕竟在早前的时候，大多数基础设施的建设依靠村民的集资，在这种情况下农户的收入水平与基础设施建设直接相关。（2）基础设施的改善可能是搬迁所致，易地搬迁或者举家迁移一般是由于收入提高之后才得以实现的。这种情况下农户收入水平与基础设施的可获性直接相关。

基于此，本章将采用工具变量估计方法解决基础设施可能存在的内生性问题。对于农村公路基础设施的内生性，本章参照 Möller 和 Zierer（2018）的研究，选择历史上基础设施建设构造工具变量进行识别[2]。具体而言，本章选择的工具变量为明朝道路密度（1587年）。明朝道路密度用各地区单位面积上的公路长度予以表示。总体来看，明朝道路密度满足相关性和外生性两个条件：（1）为了出行安全，古代道路的修建通常会选择地形平坦地质条件较好的地区；而现代化的道路同样会坚持同样的选址原则，甚至有些地区的道路会在原有道路的基础上进行完善，因此古代道路与现代道路应该高度相关。（2）古代道路大多因为军事或者商贾活动而修建，不会考虑农户的收入水平，并且古代道路的修建与现代农户的收入水平无关。

对于灌溉设施的内生性，本章选择1949年的河网密度（河网密度=流经该地区的河流长度/该地区行政区划的面积）来表示各地区的水系密度。同样1949年的河网密度满足相关性和外生性两个条件：（1）水系具有一定的稳定性，现在的河流长度与过去的河流长度高度相关。并且，集中的水系密度可以保证农作物的灌溉率。因此，从这个角度来说两者满足一定的相关性。（2）某一地区的水系长度由特定的自然条件（如，气候、地形等）形成，并且1949年的河流密度年代久远，这两者均与农户收入水平没有直接的关系。从这个角度出发，1949年的河流密度满足工具变量的外生性条件。

对于医疗设施的内生性，本章选择1978年医学公办本科院校来

---

[1] 谢申祥、刘生龙、李强：《基础设施的可获得性与农村减贫——来自中国微观数据的经验分析》，《中国农村经济》2018年第5期。
[2] Möller J., Zierer M., "Autobahns and Jobs: a Regional Study Using Historical Instrumental Variables", *Journal of Urban Economics*, Vol. 103, 2018.

作为医疗设施的工具变量。其合理性在于：(1) 现有文献表明，医学院校作为各地方医疗人才的培养基地，其数量可能会影响医疗人才的培养规模。当医学院校数量增加时，毕业的医生数量可能就越多，人均医生数量就越多。一般来说，地区现在的医学院校资源与过去息息相关。因此，从这个意义上来说，这两者满足相关性条件。(2) 医学院校作为一种准公共产品，在资源配置过程中，会不同程度受到政府政策的影响；而政策因素在制定过程中会受到当地人口因素、经济因素、社会因素等影响，不受现在农村居民收入水平的影响。因此，1978年医学院校数量相对于当下的人均医生数量是严格外生的。

对于教育设施的内生性，本章选择明朝时期（1368—1644年）各地区先后出现的书院总和作为教育设施的工具变量。其合理性在于：(1) 书院作为古代教书育人的场所，代表了某一地区的办学水平。地区的书院数量越多，表示该地区的办学水平越高。文化具有传承性，某地区明朝时期书院数量较多，反映了该地区办学条件比较优越，越有可能增加现代教育设施的可获性。因此，两者具有工具变量所要求的相关性。(2) 书院是民间教育组织，其古代书院的修建与现在农户的收入水平没有必然的联系。

值得注意的是，本章针对各类基础设施选择的工具变量均不随时间变化，在进行面板工具变量估计时，本章仿照 Acemoglu 等 (2005)[①]、洪占卿和郭峰 (2012)[②] 的处理方式，将明朝的道路密度、1949年的河网密度、1978年的医学院校数量、明朝的书院数量分别乘以时间虚拟变量，使得工具变量随时间变化。对于时间虚拟变量设定，本章以分税制改革为分界点，1994年及以后的年份赋值为1，1994年之前赋值为0。本章依据分税制改革设置的虚拟变量具有一定的合理性：分税制改革增强了我国的财政汲取能力，在充裕

[①] Acemoglu D., Johnson S., Robinson J., "The Rise of Europe: Atlantic Trade, Institutional Change, and Economic Growth", *The American Economic Review*, Vol. 95, No. 3, 2005.

[②] 洪占卿、郭峰：《国际贸易水平、省际贸易潜力和经济波动》，《世界经济》2012年第10期。

的财政实力支持下,我国举国体制的优势发挥得淋漓极致。因此,分税制改革为我国大规模地进行基础设施建设提供了便利条件(蔡晓慧和茹玉骢,2016)[①]。此外,分税制改革与农户当前的收入水平没有直接联系,因而历史变量与分税制改革时间交互项作为基础设施的工具变量,严格来说是外生的。为了解决基础设施与低收入群体交互项的内生性问题,本章仿照Ding等(2018)[②]和张建清等(2019)[③]的研究,即使用基础设施工具变量替代原交乘项中的基础设施后,用新的交乘项作为原交乘项的工具变量。

表5—6报告了2SLS回归结果。回归结果显示,第一阶段回归的F值均大于10,并且通过了1%的显著性水平检验,这说明本文所选择的工具变量并不存在弱工具变量问题。第二阶段的回归结果表明,以公路设施为代表的农村硬基础设施对于农村居民提高绝对收入以及降低相对贫困发生率的影响没有群体间的差异性,并且公路基础设施对收入流动性的提升作用在低收入家庭中表现得较弱,这说明公路设施并未实现农村地区的包容性增长。而灌溉设施、医疗设施和教育设施的发展对于农村低收入群体提升绝对收入、降低相对贫困发生率以及提高收入流动性的作用相对其他收入群体来说较大。从回归结果来看,工具变量估计结果与基准模型估计结果大致相同,这也说明了本章的结论具有一定的稳健性。

表5—6　　　　　　　　工具变量回归结果

	(1)	(2)	(3)
	绝对收入	相对贫困	收入流动性
公路设施$_{it-1}$	0.0124 (0.5545)	0.2908 (1.0441)	0.5895* (0.3082)

[①] 蔡晓慧、茹玉骢:《地方政府基础设施投资会抑制企业技术创新吗?——基于中国制造业企业数据的经验研究》,《管理世界》2016年第11期。

[②] Ding H., Fan H., Lin S., "Connect to Trade", *Journal of International Economics*, Vol. 110, 2018.

[③] 张建清、龚恩泽、孙元元:《长江经济带环境规制与制造业全要素生产率》,《科学学研究》2019年第9期。

续表

	（1）	（2）	（3）
	绝对收入	相对贫困	收入流动性
公路设施$_{it-1}$ * 低收入群体$_{i1991}$	-0.0593 (0.3479)	-0.0575 (0.6385)	-0.2080*** (0.0640)
灌溉设施$_{it-1}$	0.0018 (0.0013)	-0.0018 (0.0021)	-0.0016 (0.0020)
灌溉设施$_{it-1}$ * 低收入群体$_{i1991}$	0.0033** (0.0014)	-0.0059*** (0.0021)	0.0077** (0.0037)
医疗设施$_{it-1}$	0.0739 (0.0856)	-0.0249 (0.1165)	-0.1666 (0.2355)
医疗设施$_{it-1}$ * 低收入群体$_{i1991}$	0.2179*** (0.0826)	-0.2803* (0.1529)	0.0794* (0.0447)
教育设施$_{it-1}$	0.0794 (0.1599)	-0.0984 (0.2973)	0.1684** (0.0659)
教育设施$_{it-1}$ * 低收入群体$_{i1991}$	0.3036*** (0.0942)	-0.3508** (0.1443)	0.0935** (0.0380)
低收入群体$_{i1991}$	-0.3833 (0.2545)	0.7419* (0.4227)	0.2950*** (0.0532)
控制变量	控制	控制	控制
常数项	7.5695*** (0.3958)	-0.0266 (0.5724)	—
社区固定效应	控制	控制	控制
时间固定效应	控制	控制	控制
省份—时间固定效应	控制	控制	控制
第一阶段回归结果			
F值（Wald值）	103.59	1091.34	101.85
P值	0.0000	0.0000	0.0000
社区固定效应	控制	控制	控制
时间固定效应	控制	控制	控制
省份—时间固定效应	控制	控制	控制
N	7672	7672	7672

注：括号内是聚类到村级层面的标准误，* 表示在10%水平上显著、** 表示在5%水平上显著、*** 表示在1%水平上显著。

3. 稳健性检验

为了增加上述结论的稳健性，以收入流动性为被解释变量展开以下稳健性检验。（1）更换低收入群体的度量方式。本章仿照张翼

(2017)的研究,将低收入群体定义为农村居民人均纯收入中位数的一定比例①。为了跟本章因变量一致,此处将农村低收入群体定义为农村居民人均纯收入中位数的60%。具体的回归结果见表5—7的第(1)列。(2)更换回归样本。在上文的估计样本中,本章使用了江苏、山东、河南、湖北、湖南、广西和贵州等地样本。为了增强结论的稳健性,本章删除贵州的样本,具体回归结果见表5—7的第(2)列。(3)更换回归方法。上文采用有序Probit模型估计基础设施与农村低收入群体福利间的因果关系,此处本章仿照朱诗娥等(2018)的做法,采用最小二乘法进行估计②。具体的回归结果见表5—7的第(3)列。

表5—7　　　　　　　　稳健性检验

	(1) 更换低收入群体	(2) 更换回归样本	(3) 更换回归方法
公路设施$_{it-1}$	0.0358 (0.0252)	0.0229 (0.0345)	0.0755 (0.0601)
公路设施$_{it-1}$ * 低收入群体$_{i1991}$	-0.1345*** (0.0409)	-0.1918** (0.0807)	-0.2507*** (0.0768)
灌溉设施$_{it-1}$	-0.0012 (0.0018)	0.0000 (0.0026)	-0.0015 (0.0022)
灌溉设施$_{it-1}$ * 低收入群体$_{i1991}$	0.0055* (0.0033)	0.0158*** (0.0058)	0.0075* (0.0042)
医疗设施$_{it-1}$	-0.0896*** (0.0343)	-0.1139*** (0.0220)	-0.2649 (0.2535)
医疗设施$_{it-1}$ * 低收入群体$_{i1991}$	0.0983** (0.0442)	0.1039*** (0.0305)	0.0875* (0.0482)
教育设施$_{it-1}$	0.0363 (0.0250)	0.0572 (0.0352)	0.1775** (0.0735)
教育设施$_{it-1}$ * 低收入群体$_{i1991}$	0.1636*** (0.0438)	0.1095** (0.0499)	0.1200*** (0.0425)
低收入群体$_{i1991}$	0.2895*** (0.0347)	0.2572*** (0.0619)	0.3302*** (0.0643)
控制变量	控制	控制	控制

---

① 张翼:《社会保险与中等收入群体的扩大》,《河北学刊》2017年第5期。
② 朱诗娥、杨汝岱、吴比:《中国农村家庭收入流动:1986—2017年》,《管理世界》2018年第10期。

续表

	（1）	（2）	（3）
	更换低收入群体	更换回归样本	更换回归方法
常数项	有	有	有
社区固定效应	控制	控制	控制
时间固定效应	控制	控制	控制
省份—时间固定效应	控制	控制	控制
N	7672	6184	7672
R^2/Pseudo R^2	0.0132	0.0132	0.3900

注：括号内是聚类到村级层面的标准误，*表示在10%水平上显著、**表示在5%水平上显著、***表示在1%水平上显著。

表5—7报告了稳健性检验的回归结果。从回归结果来看：系数估计结果基本与基准回归模型的回归结果类似。

（三）拓展性分析

1. 时间效应分析

本章使用数据的样本区间跨度大（1991—2015年），难以分析不同阶段基础设施建设对于农村低收入群体收入流动性的影响。基于以上考虑，本章将样本区间以2004年为界，划分为1991—2004年，2004—2015年。之所以以2004年作为时间的划分点，是因为2004年左右中国实行了大量的惠农政策。如，2003年开始，国家对种粮农民实行直接补贴及农资综合补贴；从2004年开始，中国政府开始实行减征或免征农业税；同年，中国开始实行农村"村村通"工程。"村村通"是国家一个系统工程，其包含有：公路、电力、生活和饮用水、电话网、有线电视网、互联网等等。具体的回归结果如表5—8所示。

表5—8 基础设施对农村低收入群体收入流动性的时间效应分析

	（1）	（2）
	1991—2004	2004—2015
公路设施$_{it-1}$	0.0589	0.2733*
	(0.0884)	(0.1494)

续表

	(1)	(2)
	1991—2004	2004—2015
公路设施$_{it-1}$ * 低收入群体$_{i1991}$	-0.1267 (0.0963)	-0.1391 (0.1247)
灌溉设施$_{it-1}$	0.0022 (0.0024)	-0.0083* (0.0047)
灌溉设施$_{it-1}$ * 低收入群体$_{i1991}$	0.0033 (0.0049)	0.0102* (0.0060)
医疗设施$_{it-1}$	-0.6159 (0.6776)	-1.0224 (1.0552)
医疗设施$_{it-1}$ * 低收入群体$_{i1991}$	0.1903 (0.2307)	0.0173*** (0.0035)
教育设施$_{it-1}$	0.2746** (0.1132)	0.0527 (0.1071)
教育设施$_{it-1}$ * 低收入群体$_{i1991}$	0.1565* (0.0848)	0.1126* (0.0597)
低收入群体$_{i1991}$	0.3718*** (0.0772)	0.0433 (0.1090)
控制变量	控制	控制
常数项	有	有
社区固定效应	控制	控制
时间固定效应	控制	控制
省份—时间固定效应	控制	控制
N	3836	3836
R^2/Pseudo R^2	0.0163	0.0189

注：括号内是聚类到村级层面的标准误，*表示在10%水平上显著、**表示在5%水平上显著、***表示在1%水平上显著。

表5—8汇报了不同时间段基础设施对于农村低收入群体收入流动性的影响。其中，第（1）列报告了1991—2004年期间，基础设施对于农村低收入群体收入流动性的影响；第（2）列报告了2004—2015年期间基础设施对于农村低收入群体收入流动性的影响。回归结果显示，1991—2004年期间，公路设施对农村居民收入流动性的影响在不同家庭中并没有显著差异（且公路设施的估计系数也没有通过统计检验），公路设施没有实现农村居民收入流动性的提升；2004—2015年期间，公路设施对农村居民收入流动性的影响在

不同家庭中并没有显著差异（且公路设施的估计系数通过10%统计检验），这说明公路设施并没有促使农村居民收入流动性实现包容性增长。可能的原因在于，2004年"村村通"工程实施后，提升了农户公路设施的可获得性。1991—2004年期间，灌溉设施对农村居民收入流动性的影响在不同家庭中并没有显著差异（且灌溉设施的估计系数也没有通过统计检验），灌溉设施没有实现农村居民收入流动性的提升；2004—2015年期间，灌溉设施对农村居民收入流动性的影响在不同家庭中并没有显著差异（且灌溉设施的估计系数通过10%统计检验），这说明灌溉设施并没有促使农村居民收入流动性实现包容性增长。可能的原因在于，随着时间的推移，灌溉设施可获得性越来越好。1991—2004年期间，医疗设施对于农村居民收入流动性的提升在不同群体中并没有显著差异，且灌溉设施的独立项也不显著，这表明医疗设施并不能提升农村居民收入流动性；而2004—2015年期间，医疗设施对于农村居民收入流动性的提升作用在低收入群体中表现得更加突出（医疗设施的估计系数不显著），这表明医疗设施对于农村居民收入流动性的提升作用在低收入群体中表现得更加突出。可能的原因在于，2010年医疗卫生体制改革后，农村的医疗设施有了极大的改善，农村低收入群体的健康水平得以提升，为其收入流动性的提升提供了条件。教育设施对农村居民收入流动性的影响在低收入家庭中表现得更加突出，这说明教育设施并没有促使农村居民收入流动性实现包容性增长。可能的原因在于，1998年教育扩招之后，激发了农户上学的积极性，教育设施的完善为农户受教育水平的提升创造了物质条件。

2. 地区异质性分析

我国幅员辽阔，基础设施也呈现出一定的差异性。基于以上思考，本章将样本划分为东、中、西三个样本[①]，以便分析基础设施对

---

① 东部地区（11个）：北京、天津、河北、辽宁、上海、江苏、浙江、福建、广东、山东、海南；中部地区（8个）：广西、吉林、黑龙江、安徽、江西、河南、湖北、湖南；西部地区（12个）：四川、重庆、贵州、云南、西藏、陕西、甘肃、青海、宁夏、新疆、山西、内蒙古。

于农村低收入群体福利的地区异质性。具体的回归结果如表5—9所示。结果显示：（1）对于东部地区和中部地区而言，公路设施对于农村居民收入流动性的提高没有群体间的差异性；灌溉设施和教育设施的发展更有利于农村低收入群体收入流动性的提升；医疗设施的改进对于农村居民收入流动性的提高没有群体间的差异性，这可能与东中部地区医疗设施比较完善有关。（2）对于西部地区而言，公路设施对于农村居民收入流动性的提升同样没有群体间的差异性；而灌溉设施对于农村居民提升收入流动性的作用没有群体间的差异性，这可能与西部地区地势有关，西部地区以山区为主，灌溉设施改善并不能提高农作物的收益；医疗设施、教育设施的完善更有利于农村低收入群体提高收入流动性，这可能是因为西部地区医疗设施比较稀缺，当其得以改善时，就会产生显著的促进作用。

表5—9 基础设施对于农村低收入群体收入流动性的地区异质性分析

	（1）	（2）	（3）
	东部	中部	西部
公路设施$_{it-1}$	−5.1692 (4.5269)	0.3372 (0.2552)	0.0589 (0.0944)
公路设施$_{it-1}$ * 低收入群体$_{i1991}$	−0.1360 (0.1981)	−0.1562 (0.1383)	−0.1267 (0.0895)
灌溉设施$_{it-1}$	−1.3887 (1.2449)	0.0008 (0.0051)	0.0022 (0.0026)
灌溉设施$_{it-1}$ * 低收入群体$_{i1991}$	0.0300** (0.0141)	0.0142* (0.0079)	0.0033 (0.0053)
医疗设施$_{it-1}$	−37.2570 (32.7552)	2.7841 (7.9575)	−0.6159 (0.6468)
医疗设施$_{it-1}$ * 低收入群体$_{i1991}$	0.6907 (0.4279)	0.2704 (0.1908)	0.1903* (0.1021)
教育设施$_{it-1}$	0.9035*** (0.1891)	0.3380 (0.2118)	0.2746** (0.1171)
教育设施$_{it-1}$ * 低收入群体$_{i1991}$	0.4263** (0.1831)	0.3869*** (0.1061)	0.1565** (0.0656)
低收入群体$_{i1991}$	0.8800*** (0.1694)	0.5445*** (0.1138)	0.3718*** (0.0713)
控制变量	控制	控制	控制

续表

	（1）	（2）	（3）
	东部	中部	西部
常数项	有	有	有
社区固定效应	控制	控制	控制
时间固定效应	控制	控制	控制
省份—时间固定效应	控制	控制	控制
N	959	1918	3836
$R^2/Pseudo\ R^2$	0.1054	0.0393	0.0194

注：括号内是聚类到村级层面的标准误，* 表示在10%水平上显著、** 表示在5%水平上显著、*** 表示在1%水平上显著。

第三节 基础设施对低收入农户生产结构的影响分析

根据前文的理论模型可知，个体或者群体的收入流动性取决于个人或者群体前一期的持久性收入，以及本期暂时性收入的影响。已有研究发现，非农就业和农业生产结构是影响农户收入流动性的重要因素（章奇等，2007①；严斌剑等，2014②；朱诗娥等，2018③）。非农收入占比的提高更有助于农民摆脱收入陷阱，改善自己的相对收入地位，最终提高收入流动性（Shi 等，2010④；杨穗和李实，2017⑤）。农业生产结构的调整有利于增加农户农业种植收入，进而改善自身所处的相对位置。据此可以判断，基础设施对于非农就业以及农业生产结构的影响可能是基础设施发展作用于农户收入流动性的重要因素。

---

① 章奇、米建伟、黄季焜：《收入流动性和收入分配：来自中国农村的经验证据》，《经济研究》2007年第11期。

② 严斌剑、周应恒、于晓华：《中国农村人均家庭收入流动性研究：1986—2010年》，《经济学（季刊）》2014年第3期。

③ 朱诗娥、杨汝岱、吴比：《中国农村家庭收入流动：1986—2017年》，《管理世界》2018年第10期。

④ Shi X., Nuetah J. A., Xin X., "Household Income Mobility in Rural China: 1989-2006", *Economic Modelling*, Vol. 27, No. 5, 2010.

⑤ 杨穗、李实：《转型时期中国居民家庭收入流动性的演变》，《世界经济》2017年第11期。

然而以往的研究均假定农户是均质的，即基础设施的发展对于所有农户非农就业和农业生产结构的影响是没有显著差异的。现实中，农户自身禀赋之间存在显著的异质性，不同类型的农户在面对基础设施改善时所获得非农就业以及农业生产结构调整的概率不同，因此，基础设施建设可能对于不同农户具有异质性影响。基于以上思考，本章利用1991—2015年的CHNS数据，实证分析基础设施对不同收入群体农户非农就业以及农业生产结构的影响。本节的主要目的是检验非农就业和农业生产结构调整是否是基础设施发展对农户收入流动性的主要作用机制。

一 基础设施对低收入农户生产结构的影响机制及效果分析

（一）基础设施对低收入农户生产结构的影响机制

1. 基础设施对农户非农就业影响

非农就业的作用已被大量文献所证明（Gibson和Olivia，2010[①]；骆永民等，2020[②]）。如减少贫困、农户收入来源多样化和国家经济发展等。农村基础设施对非农就业影响的研究主要遵循三种理论，即两部门理论、预期收益理论和收入多样理论等。由于工业部门生产资料的可再生性扩大了其生产规模，致使其工资标准和边际生产效率远高于农业部门（Lewis，1954）[③]。此外，传统行业使用的低廉劳动力恰好具有完全的价格弹性，并且工业部门拥有较高的劳动生产率和劳动报酬水平，吸引了大量传统部门劳动力进入。可预期的收益是劳动力流转的根本原因（Benziger，1996[④]；Dong，2000[⑤]）。

[①] Gibson J., Olivia S., "The Effect of Infrastructure Access and Quality on Non-Farm Enterprises in Rural Indonesia", *World Development*, Vol. 38, No. 5, 2010.

[②] 骆永民、骆熙、汪卢俊：《农村基础设施、工农业劳动生产率差距与非农就业》，《管理世界》2020年第12期。

[③] Lewis W. A., "Economic Development with Unlimited Supplies of Labor", *Manchester School*, Vol. 22, No. 2, 1954.

[④] Benziger V., "Urban Access and Rural Productivity Growth in Post-Mao China", *Economic Development and Cultural Change*, Vol. 44, No. 3, 1996.

[⑤] Dong X., "Public Investment, Social Services and Productivity of Chinese Household Farms", *Journal of Development Studies*, Vol. 36, No. 3, 2000.

可预期收益不仅取决于两部门实际的差异,还包括传统部门劳动力进城务工所能获取的劳动报酬和可能将要面临的失业风险之间的权衡。此外,Ellis(2000)[1] 和 Reardon 等(2011)[2] 指出,家庭会尽可能倾向于将收入多元化,避免由于单一家庭收入来源丧失而产生的生计风险。作为多样化手段之一的非农就业,对于居民是个规避风险的合理选择。

许多学者围绕基础设施与农村居民非农就业间的关系做了积极的探索,相关研究也取得了较为丰富的成果。如,Gibson 和 Olivia(2010)则基于4000份印度尼西亚的农户调研数据发现,道路和电力这两类主要基础设施是影响非农企业就业吸收和收入提高的重要因素[3]。且从长期的发展战略来看,提高农村基础设施的质量和可及性对于农户和企业都是有好处的。骆永民等(2020)研究了农村基础设施对非农就业的综合影响,发现诊所等改善农民生活条件的基础设施阻碍农民从事非农就业,道路、灌溉等具有提升劳动力交易效率和促进农业生产作用的基础设施能促进非农就业[4]。

(1)交通基础设施

交通作为社会先行资本,是基础设施的重要组成部分(张学良,2012)[5]。其与非农就业的关系是学术界研究的重点。一般说来,农民的非农就业活动主要有两种:"离土不离乡"和"离土又离乡"。前者指的是在当地非农行业进行就业或者自我雇佣从事非农活动;后者是指外出离乡进行非农就业。Escobal(2001)对过去十年秘鲁农村地区的研究表明,秘鲁农村地区的收入呈现出多样化的态势,

---

[1] Ellis F., "The Determinants of Rural Livelihood Diversification in Developing Countries", *Journal of Agricultural Economics*, Vol. 51, No. 2, 2000.

[2] Reardon T., Berdegué J., Barrett C. B., Stamoulis K, "Household Income Diversification into Rural Nonfarm Activities", *Social Science Electronic Publishing*, Vol. 25, No. 9, 2011.

[3] Gibson J., Olivia S., "The Effect of Infrastructure Access and Quality on Non-Farm Enterprises in Rural Indonesia", *World Development*, Vol. 38, No. 5, 2010.

[4] 骆永民、骆熙、汪卢俊:《农村基础设施、工农业劳动生产率差距与非农就业》,《管理世界》2020年第12期。

[5] 张学良:《中国交通基础设施促进了区域经济增长吗——兼论交通基础设施的空间溢出效应》,《中国社会科学》2012年第3期。

其中农村家庭净收入的51%来自非农活动，而道路的修建有助于增加农村家庭自营职业以及在非农业部门的就业机会[1]。然而更多的研究认为，交通设施的改善增加了农户外出就业的概率。如，Winters（2009）研究发现完善的农村交通基础设施能帮助农村释放劳动力，使农户向非农岗位转移，从而增加农民收入[2]。Haggblade（2010）发现，由于道路连通了不同地区，使得劳动力流动更加便利，加强了农村地区贫困人口与不断增长的非农就业机会的联系。国内学者相关的研究也较为丰富[3]。邱元等（2015）基于五省调研数据，通过构建多元Logit方程发现，乡村道路建设的完善有利于促成农村劳动人口从传统农业部门向非农部门转移[4]。罗斯炫等（2018）的研究也发现道路的建设促使众多当地村民从农业部门转向非农部门[5]。李斌等（2019）在前人研究的基础上，讨论了不同交通设施对于劳动力非农就业方向的影响；其运用空间自回归模型发现，普通公路基础设施更多地促进了农村剩余人口的城乡流动，而铁路基础设施则促使农村剩余劳动力实现了跨地区的流动[6]。

除了外出就业外，交通设施也可以促使劳动力的本地就业。道路的密度以及农村电信基础设施综合改善程度能够推动地方经济的增长，创造出更多非农就业的机会（高颖和李善同，2006）[7]。Gachassin等（2010）则利用喀麦隆案例考察了公路修建对当地居民就

---

[1] Escobal J., "The Determinants of Non-farm Income diversification in Rural Peru", *World Development*, Vol. 29, No. 3, 2001.

[2] Winters P., Davis B., Carletto G., et al, "Assets, Activities and Rural Income Generation: Evidence from a Multicountry Analysis", *World Development*, Vol. 37, No. 9, 2009.

[3] Haggblade S., Hazell P., Reardon T, "The Rural Non-Farm Economy: Prospects for Growth and Poverty Reduction", *World Development*, Vol. 38, No. 10, 2010.

[4] 邱元、叶春辉、朱奇彪、米松华、黄莉莉：《我国农村劳动力非农就业影响因素研究——以全国5省大样本调研数据为例》，《浙江农业学报》2015年第2期。

[5] 罗斯炫、何可、张俊飚：《修路能否促进农业增长？——基于农机跨区作业视角的分析》，《中国农村经济》2018年第6期。

[6] 李斌、尤笠、李拓：《交通基础设施、FDI与农村剩余劳动力转移》，《首都经济贸易大学学报》2019年第1期。

[7] 高颖、李善同：《基于CGE模型对中国基础设施建设的减贫效应分析》，《数量经济技术经济研究》2006年第6期。

业的影响,发现公路修建可以增加居民非农活动机会[1]。邓蒙芝等(2011)利用5个省区2000名农民的调研数据,分析了公路对农村居民非农就业活动的影响,发现乡村的道路建设能够增加从事非农就业的劳动力比例,并且拥有较好道路条件的农村并未促使农民"离农又离乡",而是推动农村劳动力直接在本村、本乡镇或县区进行非农就业活动[2]。肖挺(2016)研究发现,交通设施的发展促使本地产业的发展,从而带动劳动力的本地就业[3]。

然而,还有一些研究认为交通基础设施并不利于农民从事非农就业。然而这种不利影响主要集中于当地非农部门的就业。例如,Berdegue等(2001)对智利调查研究发现,低劣的农村土路对于当地传统行业尤其是酿酒行业的非农就业活动具有积极保护作用,而便捷优质的农村公路建设促使当地传统部门非农就业模式的快速瓦解[4]。Start(2010)也指出,农村交通基础设施的发展虽然有利于农村剩余劳动力"走出去",与此同时,其也会促使城市部门具有竞争力的商品"引进来",进而会加剧损害农村本就脆弱行业部门的非农就业[5]。然而,这种交通基础设施阻碍本地非农就业的效应在亚洲地区并不显著(Haggblade et al.,2009)[6]。因为亚洲农村的非农就业大多不是农村家庭中的非农自雇活动,而是主要集中在城市的工业和服务业。此外,农村交通基础设施的发展可能阻碍了农户向城市部门就业的意愿。许恒周等(2013)基于天津的调研数据发现,日

---

[1] Gachassin M. Najman B. Raballand, G., "The impact of roads on poverty eduction: a case study of cameroon", *Policy Research Working Paper*, Vol. 111, No. 7, 2010.

[2] 邓蒙芝、罗仁福、张林秀:《道路基础设施建设与农村劳动力非农就业——基于5省2000个农户的调查》,《农业技术经济》2011年第2期。

[3] 肖挺:《中国城市交通基础设施建设对本地就业的影响》,《中国人口科学》2016年第4期。

[4] Berdegue J., A., Ramirez E., Reardon T., et al., "Rural Nonfarm Employment and Incomes in Chile", *World Development*, Vol. 29, No. 3, 2001.

[5] Start D., "The Rise and Fall of the Rural Non-farm Economy: Poverty Impacts and Policy Options", *Development Policy Review*, Vol. 19, No. 4, 2010.

[6] Haggblade S., HazellP. B. R., ReardonT., "Transforming the Rural Nonfarm Economy-Opportunities and Threats in the Developing World", *American Journal of Agricultural Economics*, Vol. 92, No. 5, 2009.

益完善的农村交通基础设施对于农村剩余劳动力向城市迁移以及外出非农就业的影响逐渐下降[1]。

(2) 教育基础设施

关于教育投入对非农就业的影响也有文献研究。徐月娥等(2015)基于2009—2011年CHNS数据,实证发现了文化教育水平的提升促进了农业劳动人口从事非农活动[2]。魏下海和黄乾(2011)也证实了农村劳动力受教育水平的提升,能够促使其更多地投入非农活动中,且教育的影响在各省市间存在异质性[3]。教育的作用在城市相邻区域仅次于市场因素,但如果在远离城市的地区,其作用最为突出(陈宗胜等,2006)[4]。农村劳动力教育水平的提高离不开教育基础设施的投资,教育基础设施对农民非农就业的作用存在着滞后性。郭庆然等(2018)研究得出,当期教育支出并不影响各地区农村劳动力的非农就业,但滞后期的教育支出对全国、中部地区和西部地区的农民非农就业均具有促进作用,不过对东部地区农民非农就业没有显著影响[5]。此外,除了有激励非农就业的作用外,教育类基础设施还能通过发挥照管儿童功能,进一步解放农村劳动力,尤其是促进女性劳动者从事非农活动(熊瑞祥和李辉文,2017)[6]。

(3) 医疗卫生基础设施

医疗卫生基础设施通过影响健康人力资本水平,间接影响劳动力对非农活动的选择。由于农村缺乏相对便捷的公共医疗设施,一方面导致家庭劳动力需要分出精力照顾老弱病幼,另一方面使劳动

---

[1] 许恒周、殷红春、石淑芹:《代际差异视角下农民工乡城迁移与宅基地退出影响因素分析——基于推拉理论的实证研究》,《中国人口·资源与环境》2013年第8期。

[2] 徐月娥、苏群、陈杰:《教育对农村劳动力非农就业的影响——来自中国农村的数据分析》,《江苏农业科学》2015年第10期。

[3] 魏下海、黄乾:《教育水平对农户就业行为和收入影响的实证分析——来自中国1546个农户的微观数据调查》,《统计与信息论坛》2011年第4期。

[4] 陈宗胜、周云波、任国强:《影响农村三种非农就业途径的主要因素研究——对天津市农村社会的实证分析》,《财经研究》2006年第5期。

[5] 郭庆然、丁翠翠、陈政、陈晓亮:《教育支出、科技投入对农村劳动力非农就业的影响》,《华东经济管理》2018年第9期。

[6] 熊瑞祥、李辉文:《儿童照管、公共服务与农村已婚女性非农就业——来自CFPS数据的证据》,《经济学(季刊)》2017年第1期。

力自身健康水平受影响,最终对劳动力非农就业产生不利影响。在个人健康层面,苑会娜(2009)[①]、张川川(2011)[②]研究表明,农村劳动力的健康水平与其非农劳动时间和收入存在正向影响,健康人力资本水平越高,则可以有更多的非农劳动时间,进而带来更高的非农就业收入。医疗卫生基础设施对农户非农就业的影响存在异质性,该影响在女性劳动人口与年长劳动人口上表现得较明显(于大川和赵小仕,2016)[③]。从影响程度上看,健康支出和教育支出对农村居民的非农就业状况存在着长期稳定且均衡的关系,其中,健康投资的作用要大于教育投资(陈国生等,2015)[④]。农村劳动力健康水平除了对外出就业起到影响外,也决定了农村家庭内部劳动力的非农劳动时间配置,发挥着"配置"和"效率"双重作用(孙顶强和冯紫曦,2015)[⑤]。

(4)生产类基础设施

灌溉设施、公路设施等农业生产类基础设施的完善是劳动力转移的前提基础。灌溉设施和公路设施在农业生产发挥着资本、劳动力、生产投入要素之间的互补效应或替代效应,以降低农业生产、流通和销售成本,解放农村劳动力,促使农村居民向非农产业转移。良好的农田水利设施有助于应对气象灾害,如洪涝、干旱等,也能节省农民灌溉时间,实现劳动力的替代。张朝华(2010)从农业需求出发,发现非农活动人数越多,农业人数越少,则导致户主对于农田水利设施具有迫切需求,优良的水利灌溉设施是对流失劳动力

[①] 苑会娜:《进城农民工的健康与收入——来自北京市农民工调查的证据》,《管理世界》2009年第5期。

[②] 张川川:《健康变化对劳动供给和收入影响的实证分析》,《经济评论》2011年第4期。

[③] 于大川、赵小仕:《人力资本能否促进农村劳动力的非农就业参与——基于CHNS面板数据的实证分析》,《农业经济》2016年第7期。

[④] 陈国生、倪长雨、张亨溢:《人力资本投资与农村非农就业关系的实证研究——以湖南省为例》,《经济地理》2015年第5期。

[⑤] 孙顶强、冯紫曦:《健康对我国农村家庭非农就业的影响:效率效应与配置效应——以江苏省灌南县和新沂市为例》,《农业经济问题》2015年第8期。

的代替①。孙欣等（2018）对山西省左权县的研究表明，灌溉和农业机械化发展得越好的地方，当地农民越愿意选择从事农业活动，而不是外出去务工②。此外，石智雷和杨云彦（2012）对湖北和河南两省调查发现，灌溉设施的改进并未显著影响农村居民非农就业活动以及务工农民回流③。

农业机械对农业劳动力也存在替代效应，农业机械化发展成了农村劳动力非农就业的契机（罗明忠等，2021）④。理论上，机械替代劳动促使农村劳动力被释放，增加从事非农活动的收入（李谷成等，2018）⑤。在中国农业机械发展历程中，农机的推行使得农村剩余劳动力获得进一步解放，促进农村青壮年劳动力向非农化转移（焦长权和董磊明，2018）⑥。刘同山（2016）也发现农业机械化提高农村居民放弃农地、进入城市务工的概率⑦。农业机械替代劳动要素的过程为农村劳动力非农就业创造了机会，加速了工业化和城镇化进程（孙学涛，2021）⑧。

前文文献综述部分详细论述了基础设施对于农村非农就业的影响。然而，既有文献均将农村劳动力视为同质的个体，并未考虑不同群体之间的异质性。随着农村社会的分化，农户异质性程度逐年加大。不同资源禀赋的农户，往往对农村公共品提供的效果会有明

---

① 张朝华：《农户农业基础设施需求及其影响因素——来自广东的证据》，《经济问题》2010年第12期。

② 孙欣、毕如田、刘慧芳、丁一、宁芳：《贫困山区耕地细碎化对农户生计策略的影响——以左权县清漳河流域87个村为例》，《中国土地科学》2018年第2期。

③ 石智雷、杨云彦：《家庭禀赋、家庭决策与农村迁移劳动力回流》，《社会学研究》2012年第3期。

④ 罗明忠、邱海兰、陈小知：《农机投资对农村女性劳动力非农就业转移影响及其异质性》，《经济与管理评论》2021年第2期。

⑤ 李谷成、李烨阳、周晓时：《农业机械化、劳动力转移与农民收入增长——孰因孰果？》，《中国农村经济》2018年第11期。

⑥ 焦长权、董磊明：《从"过密化"到"机械化"：中国农业机械化革命的历程、动力和影响（1980—2015年）》，《管理世界》2018年第10期。

⑦ 刘同山：《农业机械化、非农就业与农民的承包地退出意愿》，《中国人口·资源与环境》2016年第6期。

⑧ 孙学涛：《农业机械化能否缩小城乡收入差距？》，《首都经济贸易大学学报》2021年第1期。

显不同的感受和评价（朱玉春等，2011）[①]。家庭的非农就业水平取决于家庭拥有的资源总量、资源的使用强度（韩菡和钟甫宁，2011）[②]。在农村基础设施非排他性和非竞争性特征下，农户自身资源的数量在一定程度上决定家庭基础设施的利用程度。值得注意的是，农村基础设施是否对农户福利（如非农就业、农业生产结构以及人力资本积累）发挥出巨大作用取决于基础设施使用效率的高低（骆永民和樊丽明，2012）[③]。

2. 基础设施对农业结构调整影响

在农业结构调整的研究中，基础设施同样也发挥着举足轻重的作用。农村公路的改善使得运输成本和时间成本减少，增加了土地利用价值，并且帮助农村劳动力更为便捷地获取非农就业的岗位，因而导致了农村劳动力转移到非农部门，农村劳动力供给减少和机会成本增加，农业要素投入结构和种植结构不可避免地会发生变化（Jacoby，2000）[④]。如，董晓霞等（2006）基于北京的调研发现，公路基础设施的优化确实减少了农业地理位置对农业生产空间结构选择依赖，使得农业结构按需分配[⑤]。然而，由于北京是中国首都，各方面资源配置具有优势，不具有代表性。吴清华等（2015）基于1995—2013年的省际面板数据发现，交通基础设施的发展尤其是等外公路的发展对于粮食作物的种植有着显著的影响[⑥]。此外，公路基础设施的发展能促进经济增长，存在着地区外溢效应（刘生龙和郑

[①] 朱玉春、唐娟莉、罗丹：《农村公共品供给效果评估：来自农户收入差距的响应》，《管理世界》2011年第9期。

[②] 韩菡、钟甫宁：《劳动力流出后"剩余土地"流向对于当地农民收入分配的影响》，《中国农村经济》2011年第4期。

[③] 骆永民、樊丽明：《中国农村基础设施增收效应的空间特征——基于空间相关性和空间异质性的实证研究》，《管理世界》2012年第5期。

[④] Jacoby H. G., "Access to Markets and the Benefits of Rural Roads", *Economic Journal*, Vol. 110, No. 465, 2000.

[⑤] 董晓霞、黄季焜、Scott Rozelle、王红林：《地理区位、交通基础设施与种植业结构调整研究》，《管理世界》2006年第9期。

[⑥] 吴清华、李谷成、周晓时、冯中朝：《基础设施、农业区位与种植业结构调整——基于1995—2013年省际面板数据的实证》，《农业技术经济》2015年第3期。

世林，2013）①，这在一定程度上使得种植结构发生变化。双琰和王钊（2018）从不同等级公路基础设施的视角出发，讨论交通基础设施对农业生产经营结构的影响，研究发现农业生产经营结构中的要素受到不同等级的公路设施的影响，且影响存在异质性，其中，低等级公路更能促进粮食作物的集中生产，提高粮食产品的集中度，而中高等级公路则更显著地影响经济作物种植面积②。种植结构直接受到灌溉设施产权改革的影响（马培衢，2009）③。向青和黄季焜（2000）认为，地下水灌溉设施产权的非集体化提高了农户灌溉投入分散程度，无法发挥集体的规模效应，从而增加农业生产成本，促使单位收益更高的经济作物栽种面积扩大、单位收益较低的粮食作物栽种面积缩小④。

教育和医疗卫生基础设施对农业结构调整的作用主要通过人力资本水平传导。国外学者的研究表明，农业的发展除了科技支持外，教育投入对加速农业结构演进同样重要（赵大伟，2012）⑤。农村教育推动农业结构调整升级的过程实质上体现了单一型农业向多元化的高效农业转变，也反映了原本低水平的劳动密集型农业向高水平的智慧农业的转变（龙方，2000）⑥。劳动力受教育水平直接会影响农民学习和采用先进技术的能力，进而有助于农户调整农业结构以获取更高收入（王志敏和曲玮，2016⑦；孔荣和王欣，2013⑧）。孙

---

① 刘生龙、郑世林：《交通基础设施跨区域的溢出效应研究——来自中国省级面板数据的实证证据》，《产业经济研究》2013年第4期。
② 双琰、王钊：《公路交通设施投资对农业生产经营结构效应的实证检验》，《统计与决策》2018年第10期。
③ 马培衢：《关于农业基础建设制度变迁内在机理的制度分析——基于徐闻县的案例调查》，《中国农村观察》2009年第1期。
④ 向青、黄季焜：《地下水灌溉系统产权演变和种植业结构调整研究——以河北省为实证的研究》，《管理世界》2000年第5期。
⑤ 赵大伟：《中国绿色农业发展的动力机制及制度变迁研究》，《农业经济问题》2012年第11期。
⑥ 龙方：《论政府在农业结构调整中的责任》，《农业经济问题》2000年第9期。
⑦ 王志敏、曲玮：《贫困地区农户家庭风险抵御能力实证分析——以甘肃省陇南市、定西市为例》，《西北人口》2016年第1期。
⑧ 孔荣、王欣：《关于农民工收入质量内涵的思考》，《农业经济问题》2013年第6期。

长忠（2009）认为，农业结构优化调整的过程需要发展农村的远程职业教育，在农业技术培训中使农民掌握新知识、新技能，适应农村产业结构的优化升级[①]。此外，医疗卫生投入作为提升健康人力资本的重要途径，具有十分重要的意义（杨亚平和李琳琳，2018）[②]。短期内，有效的医疗卫生投入有利于提高居民健康水平；长期来看，不仅会积累地区人力资本数量，还会提升质量（陈浩和丁江涛，2010）[③]，最终有利于实现农业产业结构的优化升级。陈东和程建英（2011）认为，政府医疗卫生投入会对农村医疗卫生的供给效率产生显著的影响，而农村医疗卫生的供给效率也会反映到农业生产上[④]。

3. 基础设施对于低收入群体非农就业的影响

当面对交通基础设施改善时，能否实现所有农户的非农就业，还是要结合自身的可行能力去决定。对于中等及以上收入群体来说，其交通基础设施的利用率较高。由于中等及以上收入群体人力资本、家庭劳动禀赋等方面的优势，其非农就业的概率较大。而低收入家庭由于人力资本和家庭劳动力禀赋等方面的劣势，其外出非农就业的机会成本较高。因此，对于这类群体而言，交通设施的利用率较低（张建等，2017[⑤]；文洪星和韩青，2018[⑥]），非农就业也偏低。综上所述，交通发展增加了中高收入家庭的非农就业机会，而对低收入家庭影响不大。

由于农村低收入群体大多从事农业生产，灌溉设施的改善能够替代农业生产中的劳动力投入，增加了农村剩余劳动力。由于低收

[①] 孙长忠：《试论农村远程职业教育功能定位与发展策略》，《中国电化教育》2009年第9期。

[②] 杨亚平、李琳琳：《对非援助会减轻腐败对投资的"摩擦效应"吗——兼论"一带一路"倡议下中非经贸合作策略》，《财贸经济》2018年第3期。

[③] 陈浩、丁江涛：《卫生投入结构、健康发展与经济增长》，《公共管理学报》2010年第2期。

[④] 陈东、程建英：《我国农村医疗卫生的政府供给效率——基于随机生产边界模型的分析》，《山东大学学报》（哲学社会科学版）2011年第1期。

[⑤] 张建、冯淑怡、诸培新：《政府干预农地流转市场会加剧农村内部收入差距吗？——基于江苏省四个县的调研》，《公共管理学报》2017年第1期。

[⑥] 文洪星、韩青：《非农就业如何影响农村居民家庭消费——基于总量与结构视角》，《中国农村观察》2018年第3期。

入群体的人力资本较低，难以外出寻找工作机会；在农户理性的假设下，其更偏向于家庭附近的零工。而中高收入家庭从事农业生产的比例较低，灌溉设施的改善并不会影响其非农就业。值得注意的是，中高收入家庭中包含一部分新型经营主体（家庭农场主或者专业大户）。对于新型经营主体而言，灌溉设施的改善仅仅减少了雇工数量，并不会促使其非农就业。综上来说，灌溉设施的发展对于农村居民非农就业的影响在低收入家庭中表现得更加突出。

教育和健康一般被视为人力资本的代理变量，其对于农村劳动力参与非农就业发挥着重大作用（王广慧和张世伟，2008[①]；展进涛等，2012[②]；魏众，2004[③]；廖宇航，2019[④]）。农村地区医疗设施和教育设施的改善为农村地区人力资本的积累提供了条件。具体表现在以下两个方面：第一，医疗设施和教育设施的发展提高了农村低收入劳动力的人力资本水平（由于低收入群体初始人力资本禀赋较低，医疗设施和教育设施的发展，对于低收入群体产生的边际效用更大。而中等及以上收入群体初始人力资本禀赋较高，这些设施的发展对其边际效用较小），增加了低收入群体在劳动力市场上的议价能力，提高了非农就业的概率。第二，教育设施发展由于医疗设施和教育设施大部分属于农村福利型基础设施，一般来说，这些基础设施的准入门槛比较低，具有普惠性质。因此，低收入群体有能力通过医疗设施和教育设施改善自身的人力资本积累。可见，医疗设施和教育设施的发展有利于低收入群体提高人力资本积累，最终提高非农就业水平。

4. 基础设施对于低收入群体农业生产结构的影响

根据《全国农产品成本收益资料汇编》的资料显示，果蔬种植

[①] 王广慧、张世伟：《教育对农村劳动力流动和收入的影响》，《中国农村经济》2008年第9期。

[②] 展进涛、巫建华、陈超：《劳动力流动、收入梯度与农户家庭收入差距——基于江苏省金湖县1089个农户样本的微观分析》，《农业经济问题》2012年第12期。

[③] 魏众：《健康对非农就业及其工资决定的影响》，《经济研究》2004年第2期。

[④] 廖宇航：《健康风险冲击对劳动参与的影响——一个反事实的因果分析》，《人口与经济》2019年第4期。

的每亩收益高于粮食作物。因此，农户可以通过交通条件的改善增加果蔬等经济作物的收入而获得更高的土地生产率。与传统粮食作物相比，果蔬等经济作物通常需要更多的资金和技术支持。由于低收入群体在财富、人力资本、获取市场信息以及种植技术等方面的能力较弱（韩菡和钟甫宁，2011）[1]，公路设施发展后，其农业结构调整的概率较低。而高收入群体由于资金和技术获取能力较强，加上公路设施发展后，增加了富人的土地转入（程令国等，2016）[2]，最终促使农业结构调整以及规模化种植。综上所述，公路设施的发展对于农村低收入群体农业生产结构调整的作用较小。

灌溉设施的发展节约了农业生产成本、提高了农业生产率，进而促使农户农业生产结构的调整。对于高收入群体而言，从事农业生产的概率较低，灌溉设施的改善对其影响甚微。对于低收入家庭而言，灌溉设施的改善，使得他们在经济利益的驱动下更愿意调整农业生产结构，从而获得更多的收入。因此，灌溉设施的改善对于农村居民农业生产结构调整效应（主要指的是高附加值产品产值提升）在低收入家庭中表现得更加突出。

5. 特征性事实

在进行严谨的实证研究之前，本文首先通过特征性事实获得一些初步证据。本章绘制了我国农村居民不同收入群体非农就业收入占比、高值农业占比的时间趋势图，如图5—9、图5—10所示，通过简单的趋势图发现不同群体非农就业、高值农业占比与不同收入群体绝对收入乃至流入流动性的相关关系。

图5—9汇报了我国农村居民不同收入组非农就业水平时间变动趋势。从图5—9可以发现，不同群体非农就业收入增长速度的差异，可能致使不同群体收入流动性存在一定的异质性。因此，要想分析基础设施对于农村低收入家庭收入流动性的影响，则必须先分

---

[1] 韩菡、钟甫宁：《劳动力流出后"剩余土地"流向对于当地农民收入分配的影响》，《中国农村经济》2011年第4期。
[2] 程令国、张晔、刘志彪：《农地确权促进了中国农村土地的流转吗?》，《管理世界》2016年第1期。

析基础设施对于农村不同群体非农就业的影响。

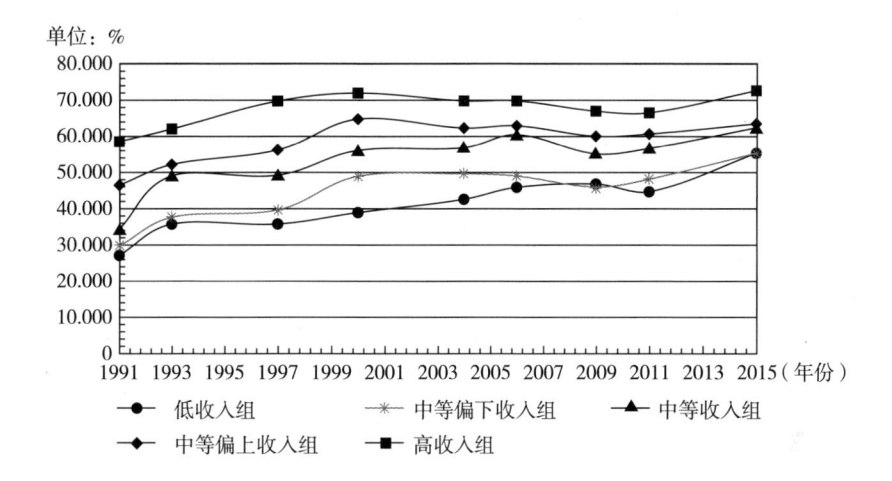

图 5—9　农村居民不同收入组非农就业收入占比时间变动趋势图

数据来源：根据 CHNS 数据整理所得。

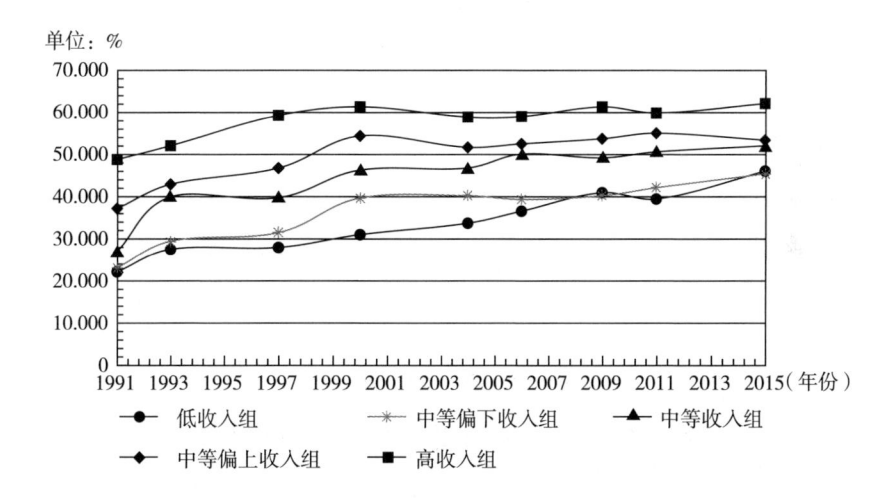

图 5—10　农村居民不同收入组生产结构时间变动趋势图

数据来源：作者根据 CHNS 数据整理所得。

图 5—10 汇报了我国农村居民不同收入组高值农业占比时间变动趋势。从图 5—10 可以发现，不同群体高值农业占比增长速度的差异，可能致使不同群体收入流动性存在一定的异质性。因此，要

想分析基础设施对于农村低收入家庭收入流动性的影响，则必须先分析基础设施对于农村不同群体农业生产结构调整的影响。

（二）计量检验

1. 识别策略

（1）变量设定

非农就业。本章采用"非农收入占家庭总收入比例"来度量农村居民的非农就业（李明艳，2011[①]；张锦华等，2016[②]；陈奕山等，2017[③]）。从图5—11可以看出，我国农村居民的非农就业水平整体上呈现出向上增长的态势，在2009—2011年期间出现一定的向下波动的态势，这可能是2008年全球金融危机致使大量工厂倒闭，就业机会减少。

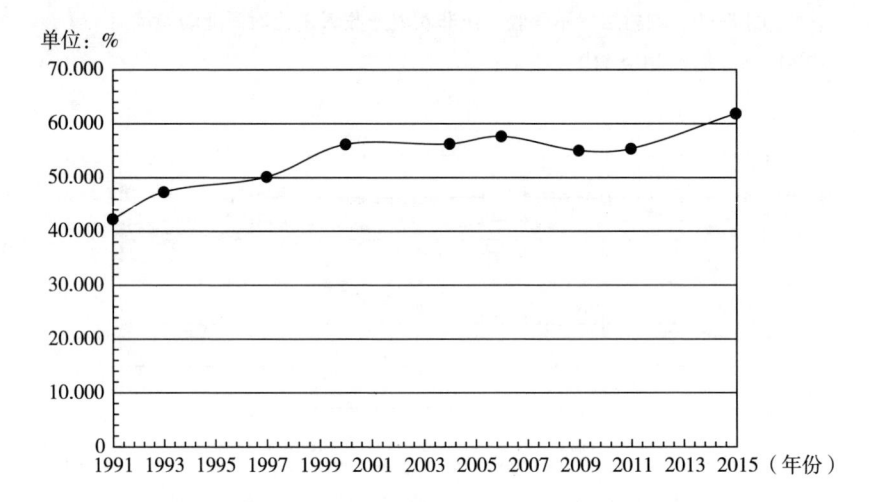

图5—11 农村居民非农就业收入占比年份趋势图

资料来源：根据CHNS数据自己绘制所得。

[①] 李明艳：《劳动力转移对区域农地利用效率的影响——基于省级面板数据的计量分析》，《中国土地科学》2011年第1期。

[②] 张锦华、刘进、许庆：《新型农村合作医疗制度、土地流转与农地滞留》，《管理世界》2016年第1期。

[③] 陈奕山、钟甫宁、纪月清：《为什么土地流转中存在零租金？——人情租视角的实证分析》，《中国农村观察》2017年第4期。

农业生产结构。农业生产结构是一定地域（或农业企业）范围农业内部各生产部门的组成及其相互关系。种植业是整个农业生产中最大最重要的生产部门。其生产结构是指各种农作物生产的比例关系，其中主要是指粮食作物和经济作物的比例关系。从图5-12可知，我国农村居民高值农业占比呈上升趋势。本节仿照包宗顺等（2009）的研究，选取高附加值农业收入占农业总收入的比重表示农户生产结构①。值得注意的是，这里的高附加值农业指的是包括蔬菜、水果、养殖业和渔业在内的农业。

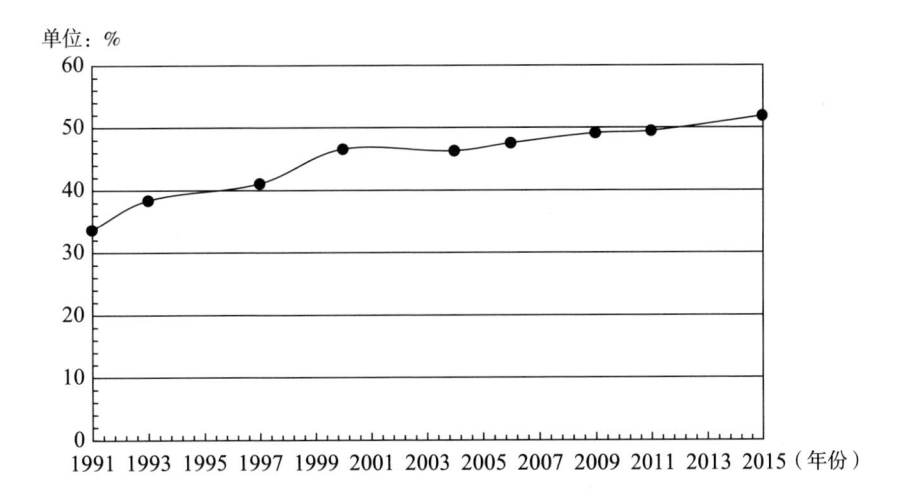

图5—12 我国农村居民高值农业占比时间趋势图

资料来源：根据CHNS数据自己绘制所得。

基础设施。基础设施的度量方式与前文相同，这里不再赘述。

控制变量。控制变量的选择与前文相同，这里不再赘述。

各变量的描述性统计如表5—10所示。

（2）模型

本章意在分析基础设施与农户生产结构之间的关系，主要借助于以下模型进行分析：

---

① 包宗顺、徐志明、高珊、周春芳：《农村土地流转的区域差异与影响因素——以江苏省为例》，《中国农村经济》2009年第4期。

表 5—10　　　　　　　　各变量描述性统计

变量	定义	均值	标准差
非农就业	非农收入占总收入的比重，%	53.563	35.553
农业生产结构	高附加值农业收入占农业总收入的比重，%	38.973	29.697
公路设施	村庄是否有公共汽车站或长途汽车站（是=1；否=0）	0.761	0.427
灌溉设施	可灌溉面积占总面积的比重，%	75.053	26.974
医疗设施	医生数量除以总人口数量	0.064	0.247
教育设施	村庄是否有初中（是=1；否=0）	0.212	0.409
年龄	户主的当年实际年龄，岁	53.607	12.617
年龄的平方	户主当年实际年龄的平方，岁	3032.84	1384.57
户主受教育程度	户主实际受教育水平，年	6.575	3.582
家庭劳动力占比	劳动力人口占家庭总人口的比重，%	67.442	22.455
少年抚养比	16岁以下人口占家庭总人口的比重，%	15.429	17.951
家庭规模	家庭人口规模，人	5.718	2.483
人均耕地面积	农户人均耕地面积，亩/人	0.934	1.085
人均房屋面积	农户家庭人均房屋面积，m^2/人	29.334	20.122
开发区	附近有没有开发区（是=1；否=0）	0.362	0.481
农业劳动力比重	村庄内农业劳动力占劳动力的比重，%	50.515	29.735
铁路设施	村委会方圆5公里之内是否有火车站（是=1；否=0）	0.055	0.229
电力设施	村庄是否通电（是=1；否=0）	0.994	0.077
医疗保险	是否有医疗保险（是=1；否=0）	0.633	0.482
公路设施工具变量	明朝道路密度与分税制改革年份交互项	0.143	0.350
灌溉设施工具变量	1949年河流密度与分税制改革年份交互项	14.225	31.199
医疗设施工具变量	1978年医学院校数量与分税制改革年份交互项	0.277	0.448
教育设施工具变量	明朝书院数量与分税制改革年份交互项	0.033	0.180

数据来源：作者根据 CHNS 数据整理所得。

$$Str_{it} = \alpha_0 + \beta_1 \cdot infrastructure_{it} + \beta_2 \cdot infrastructure_{it} \cdot D_{i1991} + \beta_3 D_{i1991} + \beta_4 \cdot X_i + \eta_j + v_t + \varepsilon_{it} \tag{5—26}$$

其中，被解释变量 Str_{it} 表示农户的生产结构，主要包括非农就业和农业生产结构调整；其余变量与前文相同，这里不再赘述。

2. 实证分析

（1）基准结果

表5—11汇报了基础设施发展对于农村低收入家庭非农就业以

及农业生产结构的影响。其中，第（1）列和第（2）列展示了基础设施发展对于农村低收入家庭非农就业的影响；第（3）列和第（4）列报告了基础设施发展对于农村低收入家庭农业生产结构的影响。值得注意的是，第（1）列和第（3）列展示了没有控制省份与时间交互效应的回归结果。从拟合优度（R^2）来看，控制省份与时间交互效应的方程明显高于没有控制省份与时间交互效应的方程，故而本章基于表 5—11 中的第（2）列和第（4）列展开分析。

表 5—11　　　　　　　　　　基准回归结果

	非农就业		农业生产结构	
	（1）	（2）	（3）	（4）
公路设施$_{it-1}$	4.8507*** (1.6880)	4.6142*** (1.7667)	7.3060*** (2.6133)	5.6243** (2.6894)
公路设施$_{it-1}$ * 低收入群体$_{i1991}$	−3.8522 (2.4868)	−3.2884 (2.4935)	−1.5021 (2.9075)	−1.0160 (2.9091)
灌溉设施$_{it-1}$	0.0073 (0.0313)	0.0029 (0.0318)	−0.0653 (0.0492)	−0.0717 (0.0492)
灌溉设施$_{it-1}$ * 低收入群体$_{i1991}$	0.0835* (0.0464)	0.0953** (0.0466)	0.1338** (0.0614)	0.1387** (0.0625)
医疗设施$_{it-1}$	2.8250 (4.4731)	3.7445 (4.6662)	5.8704 (5.6098)	5.8983 (5.3922)
医疗设施$_{it-1}$ * 低收入群体$_{i1991}$	8.8735* (4.5296)	8.1730* (4.8489)	8.1372* (4.3551)	7.4172* (4.3625)
教育设施$_{it-1}$	5.3405*** (1.8195)	5.7231*** (1.8816)	−1.2906 (2.3570)	−1.0141 (2.3943)
教育设施$_{it-1}$ * 低收入群体$_{i1991}$	9.2433** (3.6061)	8.2727** (3.6404)	12.4392*** (4.3601)	12.7019*** (4.3458)
低收入群体$_{i1991}$	−1.9902 (4.0586)	−2.9476 (4.0617)	−2.7630 (5.0387)	−3.4234 (5.1615)
户主年龄$_{it}$	−0.9976*** (0.3165)	−1.0345*** (0.3207)	0.2654 (0.3754)	0.2613 (0.3484)
户主年龄平方$_{it}$	0.0103*** (0.0028)	0.0105*** (0.0028)	−0.0022 (0.0033)	−0.0021 (0.0031)
户主受教育水平$_{it}$	0.5831*** (0.1816)	0.5677*** (0.1806)	0.4005** (0.1659)	0.4392*** (0.1628)
劳动力占比$_{it}$	0.0324 (0.0260)	0.0292 (0.0261)	−0.0316 (0.0208)	−0.0282 (0.0198)

续表

	非农就业		农业生产结构	
	（1）	（2）	（3）	（4）
少年抚养比$_{it}$	-4.2812 (3.5826)	-3.9426 (3.5750)	-3.0123 (3.3475)	-2.0740 (3.2932)
家庭规模$_{it}$	-0.5627** (0.2519)	-0.5725** (0.2532)	0.0423 (0.1993)	0.0612 (0.2002)
人均房屋面积$_{it}$	0.0523** (0.0244)	0.0475* (0.0244)	0.0421** (0.0206)	0.0426* (0.0219)
人均耕地面积$_{it}$	-3.4679*** (0.5137)	-3.5508*** (0.5062)	-2.1176*** (0.4624)	-2.1728*** (0.4429)
开发区$_{it}$	-1.1532 (0.9633)	-1.3166 (0.9957)	-0.1990 (1.3888)	-0.9806 (1.4863)
村庄农业劳动力占比$_{it}$	-0.3955*** (0.0222)	-0.4223*** (0.0228)	-0.1751*** (0.0320)	-0.1787*** (0.0345)
铁路设施$_{it}$	5.1483* (2.7151)	4.3562 (2.7039)	7.0253** (2.9033)	7.4952** (2.9723)
电力设施$_{it}$	2.6117 (6.3729)	6.0506 (6.5247)	8.4346 (5.8458)	10.6853 (6.4395)
医疗保险$_{it}$	3.6398** (1.8517)	1.3000 (2.0971)	5.3059 (4.2873)	6.3224 (4.9527)
常数项	83.0526*** (12.1276)	86.4259*** (12.2699)	25.7240** (11.7743)	15.3056 (11.9498)
社区固定效应	控制	控制	控制	控制
时间固定效应	控制	控制	控制	控制
省份—时间固定效应	无	控制	无	控制
N	7672	7672	7672	7672
R^2	0.2342	0.2492	0.3315	0.3463

注：括号内是聚类到村级层面的标准误，*表示在10%水平上显著、**表示在5%水平上显著、***表示在1%水平上显著。

第（2）列结果显示，公路设施单独项的估计系数显著为正，但公路设施与基期低收入群体交互项的估计系数为负，但未通过显著性检验，这说明公路设施能够提升农户非农就业水平，但是其对农村居民非农就业的影响并不存在群体之间的差异性，即公路设施的发展并不能有效地缩小农村居民内部的非农就业差距。灌溉设施的独立项不显著、灌溉设施与基期低收入群体交互项的估计系数显著为正，这说明灌溉设施的发展对农村居民非农就业提升作用在低收入群体中表现得更加突出。医疗设施和教育设施的独立项不显著,医疗设施与低收入群体交互项估计系数、教育设施与低收入群体交互项估计系数均显著为正,这说明医疗设施以及教育设施的发展对于农村低收入家庭非农就业的提升作用要比其他收入家庭要高。总之,以灌溉设施为代表的生产性基础设施、以医疗设施和教育设施为代表的福利性基础设施的发展更有利于农村低收入家庭福利增长,从而实现包容性增长。

第(4)列回归结果显示,公路设施单独项的估计系数显著为正,但公路设施与基期低收入组群体交互项的估计系数为负,但未通过显著性检验,这说明公路设施能够提升农户高附加值农业收入占比,但是其对农村居民生产结构的调整并不存在群体之间的差异性。灌溉设施的独立项不显著、灌溉设施与基期低收入群体交互项的估计系数显著为正,这说明灌溉设施的发展对农村居民高附加值农业收入占比的提升作用在低收入群体中表现得更加突出。医疗设施、教育设施的独立项并不显著,但是医疗设施与低收入群体交互项估计系数、教育设施与低收入群体交互项估计系数均显著为正,这说明医疗设施以及教育设施的发展对于农村高附加值农业收入占比的提升作用要比其他收入家庭要高。

(2) 内生性分析

本章仿照前一章的做法,选择明朝道路密度作为公路设施的工具变量、选择各地区的水系密度作为灌溉设施的工具变量、选择医学院校作为医疗设施的工具变量、选择明朝书院数量作为教育设施的工具变量。具体的回归结果如表5—12所示。

表5—12　　　　　　　　工具变量回归结果

	(1)	(2)
	非农就业	农业生产结构
公路设施$_{it-1}$	−10.5318	4.3203
	(18.9092)	(14.1718)
公路设施$_{it-1}$ * 低收入群体$_{i1991}$	4.4892	−0.3464
	(9.8898)	(7.4121)

续表

	(1) 非农就业	(2) 农业生产结构
灌溉设施$_{it-1}$	0.0205 (0.0311)	−0.0702*** (0.0233)
灌溉设施$_{it-1}$ * 低收入群体$_{i1991}$	0.0987*** (0.0336)	0.1390*** (0.0252)
医疗设施$_{it-1}$	5.3184 (3.4171)	6.0338** (2.5610)
医疗设施$_{it-1}$ * 低收入群体$_{i1991}$	7.0902** (3.2432)	7.3240*** (2.4306)
教育设施$_{it-1}$	9.7806* (5.2215)	−0.6648 (3.9133)
教育设施$_{it-1}$ * 低收入群体$_{i1991}$	7.4604*** (2.6835)	12.6319*** (2.0112)
低收入群体$_{i1991}$	−7.7806 (6.7211)	−3.8395 (5.0373)
控制变量	控制	控制
常数项	83.8817*** (12.6072)	52.5801*** (9.4487)
社区固定效应	控制	控制
时间固定效应	控制	控制
省份—时间固定效应	控制	控制
第一阶段回归结果		
F 值（Wald 值）	100.28	
P 值	0.0000	
社区固定效应	控制	控制
时间固定效应	控制	控制
省份—时间固定效应	控制	控制
N	7672	7672

注：括号内是聚类到村级层面的标准误，* 表示在10%水平上显著、** 表示在5%水平上显著、*** 表示在1%水平上显著。

表5—12汇报了工具变量的回归结果。回归结果显示，第一阶段回归的F值均大于10，并且通过了1%的显著性水平检验，这说明本文所选择的工具变量并不存在弱工具变量问题。第二阶段的回归

结果表明，农村公路设施的发展对于农村居民非农就业水平以及高附加值农业占比的提升没有群体间的差异性，并且公路基础设施对收入流动性的提升作用在低收入家庭中表现的较弱，这说明公路设施并未实现农村的包容性增长。而灌溉设施、医疗设施和教育设施对于农村低收入群体提升非农就业或者高附加值农业占比的作用相对其他收入群体较大，从而实现了农村的包容性增长。从回归结果来看，工具变量估计结果与基准模型估计结果大致相同，这也说明了本章的结论具有一定的稳健性。

（3）稳健性检验

本节基于表5—12工具变量的回归结果展开一系列稳健性检验。更换低收入群体的度量方式。本节仿照张翼（2017）的研究，将低收入群体定义为农村居民人均纯收入中位数的一定比例[①]。为了跟本文因变量一致，此处将农村低收入群体定义为农村居民人均纯收入中位数的60%。具体的回归结果见表5—13的第（1）列和第（3）列。（2）城市与时间交互效应。许多不可观测的因素是由于城市层面产生的。因此，本节控制城市固定效应与年份固定效应交互项，用来控制城市层面随时间变化的不可观测因素。具体的回归结果见表5—14的第（3）列和第（4）列。（3）被解释变量的滞后一期。无论是非农就业还是农业生产结构的调整均具有一定惯性，前一期的发展水平必然对当前产生积极的作用。基于此，本章引入被解释变量的滞后一期。具体的回归模型见表5—14的第（5）列和第（6）列。

表5—13　　　　　　　　　　稳健性检验

	更换低收入群体度量		城市与时间交互效应		被解释变量滞后一期	
	非农就业	生产结构	非农就业	生产结构	非农就业	生产结构
被解释变量滞后期	—	—	—	—	0.4066*** (0.0108)	0.7852*** (0.0075)
公路设施$_{it-1}$	5.1980*** (1.2415)	5.8348*** (0.9403)	6.3442*** (1.2623)	6.7214*** (0.9625)	2.2898** (1.1200)	0.3559 (0.5929)

---

① 张翼：《社会保险与中等收入群体的扩大》，《河北学刊》2017年第5期。

续表

	更换低收入群体度量		城市与时间交互效应		被解释变量滞后一期	
	非农就业	生产结构	非农就业	生产结构	非农就业	生产结构
公路设施$_{it-1}$ * 低收入群体$_{i1991}$	−3.9989 ** (1.8979)	−1.7001 (1.4375)	−4.2953 ** (1.9568)	−1.7144 (1.4921)	0.7690 (1.8128)	1.1092 (0.9564)
灌溉设施$_{it-1}$	−0.0011 (0.0223)	−0.0731 *** (0.0169)	0.0094 (0.0231)	−0.0796 *** (0.0176)	0.0020 (0.0203)	−0.0181 * (0.0107)
灌溉设施$_{it-1}$ * 低收入群体$_{i1991}$	0.0746 ** (0.0326)	0.1116 *** (0.0247)	0.0766 ** (0.0326)	0.1291 *** (0.0249)	0.0671 ** (0.0305)	0.0347 ** (0.0161)
医疗设施$_{it-1}$	4.1921 (2.8566)	6.7811 *** (2.1636)	2.6917 (2.8014)	4.7949 ** (2.1361)	0.4402 (2.5602)	−4.4902 *** (1.3554)
医疗设施$_{it-1}$ * 低收入群体$_{i1991}$	8.1113 ** (3.4139)	7.4987 *** (2.5858)	7.4867 ** (2.9471)	7.0372 *** (2.2472)	7.6924 *** (2.6966)	10.7641 *** (1.4248)
教育设施$_{it-1}$	4.1364 *** (1.2740)	−0.8706 (0.9649)	4.5740 *** (1.3216)	−2.1386 (1.5077)	4.1768 *** (1.1966)	−0.2375 (0.6317)
教育设施$_{it-1}$ * 低收入群体$_{i1991}$	8.3776 *** (2.2732)	10.926 *** (1.7218)	8.2141 *** (2.4464)	11.945 *** (1.8654)	3.9307 * (2.2753)	2.6403 ** (1.2042)
低收入群体$_{i1991}$	−1.0311 (2.9573)	−1.6863 (2.2399)	−0.5397 (2.9364)	−2.6603 (2.2390)	−4.7716 * (2.7310)	−1.1249 (1.4424)
控制变量	控制	控制	控制	控制	控制	控制
常数项	有	有	有	有	有	有
社区固定效应	控制	控制	控制	控制	控制	控制
时间固定效应	控制	控制	控制	控制	控制	控制
省份—时间 固定效应	控制	控制	无	无	控制	控制
城市—时间 固定效应	无	无	控制	控制	无	无
N	7672	7672	7672	7672	7672	7672
R^2	0.2484	0.3407	0.2937	0.3721	0.3676	0.7302

注：括号内是聚类到村级层面的标准误，*表示在10%水平上显著、**表示在5%水平上显著、***表示在1%水平上显著。

表5—13报告了稳健性检验的回归结果。稳健性检验结果进一步验证了上文的研究结论：灌溉设施、医疗设施、教育设施能够促使农村低收入群体获益更多，从而增加了低收入群体非农就业、高附加值农业占比的概率；而公路设施的改善无法使得低收入群体获得更多的收入，无法实现益贫性增长。

（4）时间效应分析

本章使用数据的样本区间跨度大（1991—2015年），难以分析不同阶段基础设施建设对于农村低收入群体收入流动性的影响。基于以上考虑，本节将样本区间以2004年为界，划分为1991—2004年和2004—2015年两个时间段。回归结果如表5—14所示。

表5—14 时间效应分析

	非农就业		农业生产结构	
	1991—2004	2004—2015	1991—2004	2004—2015
公路设施$_{it-1}$	5.1425***	5.9135**	8.1247***	4.7258**
	(1.9491)	(2.9736)	(1.6791)	(2.2664)
公路设施$_{it-1}$ * 低收入群体$_{i1991}$	-1.2786	-4.5980	-5.5600**	1.4755
	(2.7369)	(4.1416)	(2.3074)	(2.7893)
灌溉设施$_{it-1}$	-0.0101	0.0357	-0.0389	-0.1224***
	(0.0374)	(0.0472)	(0.0365)	(0.0331)
灌溉设施$_{it-1}$ * 低收入群体$_{i1991}$	0.0978*	0.1152*	0.0630	0.1319***
	(0.0500)	(0.0640)	(0.0477)	(0.0498)
医疗设施$_{it-1}$	1.2577	2.0083	9.8705*	-3.0152
	(6.2219)	(4.7036)	(5.4964)	(2.9138)
医疗设施$_{it-1}$ * 低收入群体$_{i1991}$	12.6443**	8.9143**	7.0197	19.3713***
	(6.2165)	(4.4729)	(5.5700)	(2.6962)
教育设施$_{it-1}$	4.6625**	6.2394**	-1.4654	-1.4380
	(2.2230)	(2.4431)	(2.1473)	(1.7419)
教育设施$_{it-1}$ * 低收入群体$_{i1991}$	7.5219*	9.1506**	10.9734***	12.8014***
	(4.1978)	(4.2517)	(4.0732)	(2.6232)
低收入群体$_{i1991}$	0.0567	-7.6867	1.8018	-1.8754
	(4.2638)	(6.6055)	(3.8037)	(5.0054)
控制变量	控制	控制	控制	控制
常数项	有	有	有	有
社区固定效应	控制	控制	控制	控制
时间固定效应	控制	控制	控制	控制
省份—时间固定效应	控制	控制	控制	控制
N	3836	3836	3836	3836
R^2	0.2971	0.2299	0.4044	0.2579

注：括号内是聚类到村级层面的标准误，*表示在10%水平上显著、**表示在5%水平上显著、***表示在1%水平上显著。

表5—14汇报了不同时间段基础设施建设对于农村居民非农就业、农业生产结构的影响。其中，第（1）列和第（2）列汇报了基础设施建设对于非农就业的影响；第（3）列和第（4）列汇报了基础设施建设对于农业生产结构的影响。回归结果显示，对于非农就业而言，基础设施建设产生的影响在1991—2004年和2004—2015年两个期间是相似的。公路设施对于农村居民非农就业的影响在不同群体之间并没有显著的差异（但公路设施的估计系数显著为正），即公路设施并不能促使农村居民非农就业的包容性增长；灌溉设施、医疗设施和教育设施对于农村居民非农就业的影响在低收入家庭中表现得更加突出，即其能够促使农户非农就业的包容性增长。这可能跟2004年后，农村地区灌溉设施、医疗设施和教育设施等基础设施的完善密切相关。对于农业生产结构方程而言，基础设施产生的作用在不同时间段有所差异。公路设施对于农村居民高附加值农业占比的影响在1991—2004年期间低收入家庭中表现得更加突出，而在2004—2015年不同收入群体中并没有显著性差异。这可能由于公路设施的完善，其于农村低收入家庭的弱势作用会随着低收入家庭适应性行为而变化。灌溉设施对于农村居民高附加值农业占比的影响在1991—2004年期间的不同收入群体间无显著性差别，而在2004—2015年的低收入家庭中表现得更加突出。医疗设施对于农村居民高附加值农业占比的影响在1991—2004年期间的不同收入群体间无显著性差别，而在2004—2015年的低收入家庭中表现得更加突出。灌溉设施对于农村居民高附加值农业占比的影响在两个时间段的低收入家庭中表现得更加突出。

二 生产结构传导效应下基础设施对低收入农户收入流动性的影响

上文实证分析了基础设施发展对于非农就业以及农业生产结构的影响。而非农就业和农业生产结构调整是否是基础设施发展影响农户收入流动性的作用途径尚未得到实证上的检验。随着城镇化推进和农村劳动力持续外流，以外出务工为核心的工资性收入已经成为农户收入的重要组成部分（程名望等，2016）[①]。根据《中国统计年鉴 2020》测算，2019 年非农收入占农村家庭总收入的比重为 42.78%。在收入分配格局日益严峻的现在，对于发展中国家尤其是中国来说，促进非农就业的包容性增长对于提高农户收入流动性具有重要的作用。此外，随着经济一体化进程的加快、市场的发展以及交通基础设施的改善，最终使得农产品的生产地与消费地间的时间距离和经济距离较地理距离大为缩短，促使农户生产结构的调整（Jacoby，2000）[②]。一般来说，种植经济作物的收益要大于种植粮食作物的收益。据农业农村部以及相关学者的测算所得，一亩地种植蔬菜所获得的收益是粮食作物的 5 倍，而水产养殖和花卉种植的收益更大，大约是粮食作物的 7 倍（王颜齐和郭翔宇，2014[③]；杨玉珍，2017[④]）。

本章采用中介效应模型实证检验非农就业和农业生产结构调整是否是影响农户收入流动性的机制，具体模型如下：

$$Mobility_{it} = \alpha_0 + \beta_1 infrastructure_{it} + \beta_2 \Delta X_{it} + \beta_3 X_i + \eta_j + v_t + \varepsilon_{it} \quad (5—26)$$

$$M_{it} = \alpha_0 + \gamma_1 infrastructure_{it} + \gamma_2 \Delta X_{it} + \gamma_3 X_i + \eta_j + v_t + \varepsilon_{it} \quad (5—27)$$

$$Mobility_{it} = \alpha_0 + \theta_1 infrastructure_{it} + \theta_2 M_{it} + \theta_2 \Delta X_{it} + \theta_3 X_i + \eta_j + v_t + \varepsilon_{it} \quad (5—28)$$

其中，$Mobility_{it}$ 为本章的被解释变量，表示农户收入的流动性；$infrastructure_{it}$ 为本章核心的解释变量，表示地区基础设施发展情况，主要包括公路设施、灌溉设施、医疗设施和教育设施；ΔX_{it} 用于反映随时间变化而发生变化的控制变量；X_i 表示不随时间变化而变化的控制变量；M_{it} 为潜在的中介变量，包括非农就业、农业结构调

[①] 程名望、Jin Yanhong、盖庆恩、史清华：《中国农户收入不平等及其决定因素——基于微观农户数据的回归分解》，载《经济学（季刊）》2016 年第 3 期。

[②] Jacoby H. G., "Access to Markets and the Benefits of Rural Roads", *Economic Journal*, Vol. 110, No. 465, 2000.

[③] 王颜齐、郭翔宇：《土地承包经营权流转外部性问题探索——基于土地发展权的讨论》，载《学术交流》2014 年第 7 期。

[④] 杨玉珍：《农业供给侧结构性改革下传统农区政策性土地流转纠偏》，载《南京农业大学学报》（社会科学版）2017 年第 5 期。

整,其中非农就业用非农收入占总收入比重来表示,农业生产结构调整用高附加值农业收入占农业总收入比重予以表示;η_j 表示社区固定效应;v_t 表示时间固定效应;ε_{it} 表示随机误差项。根据中介效应模型的原理,若系数 β_1、γ_1、θ_2 均显著,并且系数 θ_1 较 β_1 变小或显著程度下降,则表明存在中介效应(值得注意的是,为了采用同一模型使得模型间的系数便于比较,此处采用普通最小二乘法进行分析)。具体的回归结果如表 5—15 所示。

表 5—15　　　　以非农就业为中介机制的回归结果

	(1)	(2)	(3)
	收入流动性	非农就业	收入流动性
公路设施$_{it-1}$	0.0755 (0.0601)	4.6142*** (1.7667)	0.0794 (0.0593)
公路设施$_{it-1}$ * 低收入群体$_{i1991}$	-0.2507*** (0.0768)	-3.2884 (2.4935)	-0.2229*** (0.0784)
灌溉设施$_{it-1}$	-0.0015 (0.0022)	0.0029 (0.0318)	-0.0014 (0.0022)
灌溉设施$_{it-1}$ * 低收入群体$_{i1991}$	0.0075* (0.0042)	0.0953** (0.0466)	0.0078* (0.0041)
医疗设施$_{it-1}$	-0.2649 (0.2535)	3.7445 (4.6662)	-0.2988 (0.2548)
医疗设施$_{it-1}$ * 低收入群体$_{i1991}$	0.0875* (0.0482)	8.1730* (4.8489)	0.1672*** (0.0506)
教育设施$_{it-1}$	0.1775** (0.0735)	5.7231*** (1.8816)	0.1690** (0.0739)
教育设施$_{it-1}$ * 低收入群体$_{i1991}$	0.1200*** (0.0425)	8.2727** (3.6404)	0.0853* (0.0450)
低收入群体$_{i1991}$	0.3302*** (0.0643)	-2.9476 (4.0617)	0.3007*** (0.0653)
非农就业$_{it}$	—	—	0.0038*** (0.0005)
控制变量	控制	控制	控制
常数项	有	有	有
社区固定效应	控制	控制	控制
时间固定效应	控制	控制	控制
省份—时间固定效应	控制	控制	控制

续表

	（1）	（2）	（3）
	收入流动性	非农就业	收入流动性
城市—时间固定效应	无	无	无
N	7672	7672	7672
R^2	0.3900	0.2492	0.3592

注：括号内是聚类到村级层面的标准误，*表示在10%水平上显著、**表示在5%水平上显著、***表示在1%水平上显著。

表5—15汇报了以非农就业为中介变量的中介效应回归结果。结果显示，第（1）列和第（2）列中基础设施与低收入群体交互项的估计系数在统计上显著，第（3）列中非农就业的估计系数通过了1%的显著性检验，并且基础设施与低收入群体交互项估计系数的大小以及显著性相较于第（1）列明显变小，据此可以判定非农就业是除公路设施之外其他基础设施影响农户收入流动性的中介变量。从上述中介效应模型可见，公路设施对于农村低收入群体非农就业的影响与其他收入组相比并无明显差异，即基础设施的发展无法使得低收入群体从中获取更多的非农收入。据此，可以判定公路设施无法更有利于农村低收入群体非农就业，从而导致低收入群体收入流动性无法提升。而灌溉设施、医疗设施和教育设施可以使得农村低收入群体获得更多的非农收入，非农收入的提升促使其有能力改变自己的收入群体，从而促使其收入流动性提升。

基础设施的发展不仅可以通过非农就业影响农户收入流动性，还可以通过农业生产结构调整影响农户收入流动性。表5—16报告了以农业生产结构调整为中介变量的中介效应估计结果。结果显示，第（1）列和第（2）列中基础设施与低收入群体交互项的估计系数在统计上显著，第（3）列中农业生产结构的估计系数通过了1%的显著性检验，并且基础设施与低收入群体交互项估计系数的大小以及显著性相较于第（1）列明显变小，据此可以判定农业生产结构是基础设施影响农户收入流动性的中介变量。换言之，公路设施对于农村低收入群体农业生产结构调整的影响相对有限，即基础设施的发展无法使得低收入群体从中获取更多的农业收入，而其他收入群体可以从公路设施中获取更多的农业收入。据此，可以判定公路设施对于低收入群体农业生产结构调整的影响较小，从而导致低收入群体收入流动性无法提升。同理可得，灌溉设施、医疗设施和教育设施的发展可以使得农村低收入群体获得更多的机会调整农业生产结构，高附加值产品的种植促使低收入群体有能力改变自己的收入群体，从而促使其收入流动性提升。

表 5—16　　　以农业生产结构为中介变量的回归结果

	（1）收入流动性	（2）农业生产结构	（3）收入流动性
公路设施$_{it-1}$	0.0755 (0.0601)	5.6243** (2.6894)	0.0815 (0.0594)
公路设施$_{it-1}$ * 低收入群体$_{i1991}$	−0.2507*** (0.0768)	−1.0160 (2.9091)	−0.2314*** (0.0781)
灌溉设施$_{it-1}$	−0.0015 (0.0022)	−0.0717 (0.0492)	−0.0014 (0.0022)
灌溉设施$_{it-1}$ * 低收入群体$_{i1991}$	0.0075* (0.0042)	0.1387** (0.0625)	0.0078* (0.0041)
医疗设施$_{it-1}$	−0.2649 (0.2535)	5.8983 (5.3922)	−0.2786 (0.2531)
医疗设施$_{it-1}$ * 低收入群体$_{i1991}$	0.0875* (0.0482)	7.4172* (4.3625)	0.1588*** (0.0513)
教育设施$_{it-1}$	0.1775** (0.0735)	−1.0141 (2.3943)	0.1724** (0.0739)
教育设施$_{it-1}$ * 低收入群体$_{i1991}$	0.1200*** (0.0425)	12.7019*** (4.3458)	0.0910** (0.0445)
低收入群体$_{i1991}$	0.3302*** (0.0643)	−3.4234 (5.1615)	0.3075*** (0.0652)
非农就业$_{it}$	—	—	0.0033*** (0.0004)
控制变量	控制	控制	控制
常数项	有	有	有
社区固定效应	控制	控制	控制
时间固定效应	控制	控制	控制
省份—时间固定效应	控制	控制	控制

续表

	(1)	(2)	(3)
	收入流动性	农业生产结构	收入流动性
城市—时间固定效应	无	无	无
N	7672	7672	7672
R^2	0.3900	0.3463	0.3618

注：括号内是聚类到村级层面的标准误，* 表示在10%水平上显著、** 表示在5%水平上显著、*** 表示在1%水平上显著。

第四节 基础设施传导机制的人力资本异质性分析

前一部分的研究结果表明，非农就业和农业生产结构调整是基础设施发展影响农户收入流动性的主要途径。然而，上文并没有分析基础设施发展对低收入群体的非农就业以及农业生产结构调整产生影响的原因。基于此，本章主要从人力资本角度探究基础设施发展对于低收入群体的非农就业以及农业生产结构异质性影响。对这个问题的回答有助于完善基础设施发展对于农户收入福利影响的分析框架。

基础设施对扶贫的作用效果取决于地区农户初期人力资本禀赋，人力资本高的农户可以更好地利用基础设施进行非农就业或者农业生产结构调整。而人力资本较低的农户，对基础设施的利用效率低，收益率也相对较低，这有可能加深了农户处于低收入群体的持续时间（周强和张全红，2017）[1]。此外，低收入农户利用基础设施进行人力资本积累的能力比较弱，因此很难参与非农就业或优化农业生产结构。本章主要是从人力资本视角解释基础设施对于低收入群体非农就业以及农业生产结构影响较小的原因。

---

[1] 周强、张全红：《中国家庭长期多维贫困状态转化及教育因素研究》，《数量经济技术经济研究》2017年第4期。

一 基础设施的人力资本效应分析

(一) 基础设施与农户人力资本

基础设施是人力资本积累的重要原因。首先,大量的基础设施建设会直接影响农户人力资本的累积。部分文献证实了教育基础设施的减贫效应,认为教育可以通过人力资本积累等渠道对减贫产生影响,即通过成人教育或技能培训发挥减贫作用。除了教育以外,卫生基础设施提高贫困人口收入的作用同样显著,且这一减贫效应也表现出空间上的异质性。Jalan 和 Ravallion (2003) 基于印度数据的研究发现,自来水设施对农村儿童健康和家庭贫困均具有显著的影响[①]。对于农村的贫困家庭,自来水基础设施的可获得性意味着更低的儿童痢疾发生率,而健康人力资本有助于家庭摆脱贫困。谢申祥等 (2018) 基于中国家庭跟踪调查数据的研究也得到了类似的结论[②]。

其次,农村人力资本的地区差异,会导致基础设施增收效应和收入分配效应产生差异。那些拥有更高受教育水平的农民,应当能够从非农产业的发展中获得更高的收入。基础设施能否对经济发展发挥出巨大作用,从很大程度上取决于基础设施的使用效率高低,而使用效率又从很大程度上取决于使用者受教育水平的高低。以信息基础设施为例,受教育水平较高的人群往往拥有更复杂的社交网络、更广泛的信息来源渠道、更宽泛的就业空间,故而人力资本水平较高的农村地区往往能够更频繁、有效地使用手机、互联网等信息设施,从而从相同基础设施投入中获得更高的边际收益。根据中国农村受教育水平的年龄分布特征,拥有较高文化程度的农民往往比较年轻,他们更倾向于外出务工,留守的基本上是受教育水平不高的老人、妇女和儿童,如果更多的农村基础设施投入那些拥有较

[①] Jacoby H. G., "Access to Markets and the Benefits of Rural Roads", *Economic Journal*, Vol. 110, No. 465, 2000.

[②] 谢申祥、刘生龙、李强:《基础设施的可获得性与农村减贫——来自中国微观数据的经验分析》,《中国农村经济》2018 年第 5 期。

高文化程度、较多年轻人的省份，则反而可能出现农村基础设施投资和人力资本并不"匹配"的情形，从而造成基础设施投资边际收益反而更低的结果。所以，随着人力资本水平的提高，农村基础设施的边际收入是增加还是降低并不确定，后文的实证分析中将给出最终的结论。

（二）人力资本对于收入流动性的影响

现有文献指出，人力资本投资是增加收入流动性、缩小农村收入差距的重要因素（章奇等，2007[①]；程名望等，2013[②]；朱诗娥等，2018[③]）。一方面，由于工资性收入、经营性收入等主要取决于家庭劳动力的数量与质量，人力资本投资作为改善劳动力质量的重要手段，能够使得那些能力较强的劳动者在市场竞争中表现出较高的工作效率，容易获取更好的就业机会和更高的收入，从而提升家庭收入向上流动的概率（黄宏伟和胡浩钰，2019)[④]，我们称之为人力资本的禀赋效应。另一方面，人们进行人力资本投资的主要目的是希望获取相应的经济回报，随着经济社会的发展，我国农村人力资本的收入水平会"水涨船高"，这对家庭收入流动性产生直接影响，我们称之为人力资本报酬效应。

（三）基础设施、初始人力资本禀赋与农户生产结构

1. 描述性统计

前文的分析可得，基础设施可通过多种渠道影响农户非农就业或者农业生产结构的调整。但基础设施究竟产生多大的影响，取决于人们的利用程度。具体来说，具有较高受教育程度的农村劳动者往往可以更高效地利用交通、灌溉等基础设施，进而提升自己的收

[①] 章奇、米建伟、黄季焜：《收入流动性和收入分配：来自中国农村的经验证据》，《经济研究》2007年第11期。

[②] 程名望、史清华、潘烜：《城镇适应性、技能型收益、精神收益与农村劳动力转移——基于2291份调查问卷的实证分析》，《公共管理学报》2013年第1期。

[③] 朱诗娥、杨汝岱、吴比：《中国农村家庭收入流动：1986~2017年》，《管理世界》2018年第10期。

[④] 黄宏伟、胡浩钰：《人力资本投资与农村家庭收入流动性》，《当代财经》2019年第12期。

入水平。从这个角度来看，基础设施对于不同群体非农就业或者生产结构的影响，可能是农户间人力资本禀赋引起的。

从表5—17可以看出，对于低收入群体来说，由于其受教育程度、健康水平等人力资本积累过于薄弱，使其没有足够的机会或能力提高自身的收入水平，从而陷入低收入群体。对于高收入群体来说，由于其受教育程度、健康程度等人力资本的累积水平较高，使其拥有足够的能力或者机会来提高自身的收入，从而处于高收入组。人力资本禀赋的不同可能是农村居民阶层分化的主要原因。值得注意的是，这里的人力资本仅指户主人力资本禀赋。之所以选择户主，是因为户主是家庭经营活动的决策者；无论是家庭的非农就业还是农业生产结构的转变，户主都发挥着重要的作用。此外，户主的受教育水平具有一定的稳定性，其一般难以通过技校或者夜校提升自身的文化水平。我们将户主的人力资本禀赋定义为初始人力资本禀赋。基于以上考虑，本节选择通过户主初始人力资本禀赋分析农村居民对基础设施的利用程度。

表5—17 不同收入群体初始人力资本禀赋概述

收入群体	户主教育人力资本禀赋（年）	户主健康人力资本禀赋（差=1；一般=2；较好=3；好=4）
低收入群体	4.95	2.75
中等偏下收入群体	5.20	2.76
中等收入群体	5.53	2.81
中等偏上收入群体	6.02	2.87
高收入群体	6.11	3.01

资料来源：作者根据CHNS数据整理所得。

2. 计量模型设计

本节尝试引入基础设施发展与初期人力资本禀赋交互项来解释基础设施发展对于低收入群体非农就业以及农业生产结构影响。具体的模型为：

$$y_{it} = \alpha + \beta_1 infrastructure_{it} + \beta_2 infrastructure_{it} \cdot initial_i + \beta_3 initial_i + \beta_4 Z_{it} +$$

$$\mu_i + v_t + \varepsilon_{it} \tag{5—29}$$

其中，y_{it} 为本节的被解释变量，表示农户非农就业水平以及农业生产结构；$infrastructure_{it}$ 表示农村基础设施，主要包括公路设施、灌溉设施、医疗设施和教育设施；$initial_i$ 表示农户人力资本禀赋，主要包括教育人力资本禀赋和健康人力资本禀赋；$infrastructure_{it} \cdot initial_i$ 表示人力资本禀赋对基础设施的调节效应；Z_{it} 为本节的一系列控制变量；μ_i 为个体固定效应，v_t 是时间固定效应；ε_{it} 为随机误差项。

此外，本节在模型中控制了省份固定效应与年份固定效应的交互项，用来控制省份层面随时间变化的不可观测变量对农户收入流动性的影响（例如，省份层面逐年变动的经济增长水平可能会影响农户收入流动性）。

被解释变量。本节的被解释变量主要包括非农就业和农业生产结构调整。其中非农就业采用非农收入占家庭总收入比例予以表示，农业生产结构选取高附加值农业收入（蔬菜、水果、养殖业和渔业）占农业总收入的比重来表示。

基础设施。综合考虑数据的可得性和基础设施的基本内涵，选择公路设施、灌溉设施、医疗设施和教育设施表示当地的基础设施。具体的度量方式与上文相同。

控制变量与前文相同，这里不再赘述。

各变量定义及描述性统计如表 5—18 所示。

表 5—18　　　　　　　　各变量描述性统计

变量	定义	均值	标准差
非农就业	非农收入占总收入的比重，%	53.563	35.553
农业生产结构	高附加值农业收入占农业总收入的比重，%	38.973	29.697
公路设施	村庄是否有公共汽车站或长途汽车站（是=1；否=0）	0.761	0.427
灌溉设施	可灌溉面积占总面积的比重，%	75.053	26.974
医疗设施	医生数量除以总人口数量	0.064	0.247
教育设施	村庄是否有初中（是=1；否=0）	0.212	0.409

续表

变量	定义	均值	标准差
年龄	户主的当年实际年龄,岁	53.607	12.617
年龄的平方	户主当年实际年龄的平方,岁	3032.84	1384.57
户主受教育程度	户主实际受教育水平,年	6.575	3.582
户主健康程度	户主的自评健康(1=差;2=一般;3=好;4=很好)	2.670	0.758
家庭劳动力占比	劳动力人口占家庭总人口的比重的变化,%	67.442	22.455
少年抚养比	16岁以下人口占家庭总人口的比重变化,%	15.429	17.951
家庭规模	家庭人口规模的变化,人	5.718	2.483
人均耕地面积	农户人均耕地面积的变化,亩/人	29.334	20.122
人均房屋面积	农户家庭人均房屋面积的变化,m²/人	0.934	1.085
开发区	附近有没有开发区(是=1;否=0)	0.362	0.481
农业劳动力比重	村庄内农业劳动力占劳动力的比重,%	50.515	29.735
铁路设施	村委会方圆5公里之内是否有火车站(是=1;否=0)	0.055	0.229
电力设施	村庄是否通电(是=1;否=0)	0.994	0.077
医疗保险	是否有医疗保险(是=1;否=0)	0.633	0.482

3. 实证分析

表5—19汇报了初始人力资本禀赋对基础设施收益的调节效应。其中,第(1)列和第(2)列汇报了被解释变量为非农就业的回归结果,第(3)列和第(4)列汇报了被解释变量为农业生产结构的回归结果。第(1)列和第(3)列展示了教育人力资本对于基础设施收益率的调节效应,第(2)列和第(4)列汇报了健康人力资本对于基础设施收益率的调节作用。

表5—19 初始人力资本禀赋对基础设施收益的调节效应回归结果

	非农就业		农业生产结构	
	(1)	(2)	(3)	(4)
公路设施$_{it}$	3.4091*	0.7002	8.4540***	0.0448
	(1.8584)	(4.7535)	(1.4288)	(3.6885)
公路设施$_{it}$ * 户主受教育水平$_{it}$	0.5180**	—	-0.2368	—
	(0.2444)		(0.1879)	

续表

	非农就业		农业生产结构	
	（1）	（2）	（3）	（4）
公路设施$_{it}$ * 户主健康水平$_{it}$	—	2.1000 (1.6448)	—	2.5487** (1.2763)
灌溉设施$_{it}$	-0.0544* (0.0280)	-0.1378* (0.0712)	0.0581*** (0.0216)	0.1060* (0.0552)
灌溉设施$_{it}$ * 户主受教育水平$_{it}$	0.0016 (0.0037)	—	-0.0061** (0.0028)	—
灌溉设施$_{it}$ * 户主健康水平$_{it}$	—	0.0158 (0.0257)	—	-0.0070 (0.0199)
医疗设施$_{it}$	6.4018 (4.7293)	5.3263 (9.4143)	11.4841*** (3.6359)	1.8023 (7.3052)
医疗设施$_{it}$ * 户主受教育水平$_{it}$	0.3171 (0.5363)	—	0.0200 (0.4123)	—
医疗设施$_{it}$ * 户主健康水平$_{it}$	—	1.8274 (3.3638)	—	3.4417 (2.6102)
教育设施$_{it}$	9.8445*** (2.1495)	0.3289 (5.1887)	6.1150*** (1.6525)	-3.9934 (4.0263)
教育设施$_{it}$ * 户主受教育水平$_{it}$	-0.3383 (0.2561)	—	-0.6493*** (0.1969)	—
教育设施$_{it}$ * 户主健康水平$_{it}$	—	2.4822 (1.7655)	—	1.8671 (1.3700)
户主受教育水平$_{it}$	0.1706 (0.3577)	—	1.2035*** (0.2750)	—
户主健康水平$_{it}$	—	-1.9745 (2.4352)	—	-0.5824 (1.8896)
控制变量	控制	控制	控制	控制
常数项	94.8778*** (9.9001)	114.4170*** (15.8227)	5.0558 (7.6114)	61.2464*** (12.2778)
社区固定效应	控制	控制	控制	控制
时间固定效应	控制	控制	控制	控制
省份—时间固定效应	控制	控制	控制	控制
N	7672	3338	7672	3338
R^2	0.2310	0.2651	0.3093	0.3024

注：括号内是聚类到村级层面的标准误，*表示在10%水平上显著、**表示在5%水平上显著、***表示在1%水平上显著。

回归结果显示，在非农就业方程中，公路设施与户主受教育水平交互项的估计系数为正，并通过了显著性检验，这意味着受教育水平越高的家庭从公路设施的发展中获益越多。由于低收入群体的教育人力资本禀赋较低，致使其对公路设施的利用程度较低，使得低收入群体从公路基础设施的发展中获益比较低，这说明受教育水平的高低是公路设施对不同收入群体造成异质性影响的主要原因。公路设施与健康水平交互项估计系数为正，但未通过显著性检验，这说明公路设施对于农户就业的影响在不同健康水平的家庭之间并没有差异性。此外，在非农就业方程中，灌溉设施与户主受教育水平交互项、灌溉设施与户主健康水平交互项、医疗设施与户主受教育水平交互项、医疗设施与户主健康水平交互项、教育设施与户主受教育水平交互项、教育设施与户主健康水平交互项的估计系数均没有通过显著性检验，这说明灌溉设施、医疗设施以及教育设施对农村居民非农就业的影响并没有在不同受教育群体、不同健康群体之间有明显的差异性。

在农业生产结构调整方案中，灌溉设施与户主受教育程度交互项的估计系数显著为负，这说明相比于低受教育水平的家庭来说，灌溉设施的发展对于中高收入家庭来说要小。即灌溉设施的发展使得低收入家庭更有可能调整生产结构，提升高附加值产品的种植。教育设施与户主受教育程度交互项的估计系数显著为负，这说明相比于低受教育水平的家庭来说，教育设施的发展对于中高收入家庭来说要小。即教育设施的发展使得低收入家庭更有可能调整生产结构，提升高附加值产品的种植。公路设施与户主健康水平交互项的估计系数为正，并且通过了5%的显著性检验，这说明教育水平越高的家庭越容易从公路设施的建设中获得高附加值农业收入占比的提升。即由于健康水平的差异，公路设施更有利于中高收入家庭农业生产结构的调整，而对低收入家庭农业生产结构的调整影响不大。

综上所述，由于低收入群体初始的教育人力资本和健康人力资本水平较低，致使其只能从事自家父辈传承下来的农产品生产，缺乏新的耕种技术，无法经营能够带来较高收益的高附加值农业，或者缺少相应的外出从事非农就业的基本技能。因此，在农村公路设施发展后，低收入群体缺乏足够的能力进行非农就业或者农业生产结构调整。而灌溉设施和教育设施的发展，使得低收入群体有更多的可能性调整农业生产结构。

（四）基础设施发展对于农户人力资本积累的影响

教育和健康所代表的人力资本是影响农村地区居民收入水平的重要因素（程名望等，2014）[①]。人力资本禀赋不仅可以决定基础设施的利用程度，反过来基础设施也可以促使农户人力资本的积累。本节主要探讨基础设施对于农村人力资本积累尤其是低收入家庭人力资本的影响及作用机理。

1. 模型设定

本节的主要目的在于从微观角度探讨基础设施对于农户人力资本积累的影响。其计量模型如下：

$$hc_{it} = \alpha + \beta_1 infrastructure_{it} + \beta_2 Z_{it} + \eta_i + v_t + \varepsilon_{it} \quad (5\text{—}30)$$

其中，被解释变量 hc_{it}，表示农户人力资本积累，主要包括教育人力资本和健康人力资本；$infrastructure_{it}$ 是本节的核心解释变量，用以表示地区基础设施发展水平，主要包括公路设施、灌溉设施、医疗设施和教育设施；Z_{it} 表示包括户主特征、家庭特征和村庄特征在内的控制变量向量；i 表示不同的农户家庭；t 表示 CHNS 不同的调查年度；η_i 表示个体固定效应；v_t 表示时间固定效应；ε_{it} 为随机误差项。

式（5—31）分析了基础设施发展对于农户教育人力资本和健康人力资本的影响，但是并未分析基础设施发展对于低收入农户人力资本积累的影响。本节主要运用 1991—2015 年 CHNS 数据分析基础设施发展对于低收入农户人力资本积累的影响，以便解释基础设施发展对低收入农户非农就业和农业生产结构的影响。具体模型如下：

$$hc_{it} = \alpha_0 + \beta_1 infrastructure_{it} + \beta_2 infrastructure_{it} \cdot D_{i1991} + \beta_3 D_{i1991} + \beta_4 Z_{it} + \eta_j + v_t + \varepsilon_{it} \quad (5\text{—}31)$$

其中，被解释变量 hc_{it} 为农户人力资本积累，包括教育人力资本积

[①] 程名望、Jin Yanhong、盖庆恩、史清华：《农村减贫：应该更关注教育还是健康？——基于收入增长和差距缩小双重视角的实证》，《经济研究》2014 年第 11 期。

累和健康人力资本积累。核心解释变量为基础设施（$infrastructure_{it}$），包括公路设施、医疗设施和教育设施。为了考察基础设施对不同阶层农户人力资本积累的长期影响，引入了基期收入分组变量（D_{i1991}）；若$D_{i1991}=1$，表示该农户处于基期低收入群体，若$D1_{i1991}=0$，则表示该农户基期非低收入群体。统一用基期的收入分组变量一方面可以较好地避免农户收入分组与农户人力资本积累之间的内生性，另一方面可以同时对不同收入群体的农户进行不同时期的组内比较和同一时期的组间比较。本章引入了基础设施与D_{i1991}的交互项（$infrastructure_{it} \cdot D_{i1991}$），交互项可进一步分析基础设施发展后，组内不同群体之间人力资本积累的差异。其他变量含义与式（5—31）相同。

显然，当基础设施不可获得时，即$infrastructure_{it}=0$时，目标变量的值为：

$$E(hc_{it}|infrastructure_{it}=0)=\alpha+\gamma \cdot D_{i1991}+\theta \cdot X_{it} \qquad (5—32)$$

当基础设施可获得时，即$infrastructure_{it}=1$时，目标变量的值为：

$$E(hc_{it}|infrastructure_{it}=1)=\alpha+\beta+\gamma \cdot D_{i1991}+\Phi D_{i1991}+\theta \cdot X_{it} \qquad (5—33)$$

因此，基础设施（$infrastructure_{it}$）对农户人力资本积累（hc_{it}）的影响为：

$$E_{infrastructure}=E(hc_{it}|infrastructure_{it}=1)-E(hc_{it}|infrastructure_{it}=0)= \\ \beta+\Phi \cdot D_{i1991} \qquad (5—34)$$

根据式（5—34），基础设施的发展（$infrastructure_{it}$）对目标变量可以分为两个部分：（1）β衡量了其他条件不变的情况下，基础设施发展（$infrastructure_{it}$）对于目标变量（hc_{it}）的影响。（2）$\Phi \cdot D_{i1991}$衡量基期低收入组通过基础设施的发展作用于农户人力资本积累（hc_{it}）的异质性影响。若$\Phi>0$，说明基期低收入组可以从基础设施发展中获益更多；若$\Phi<0$，基期低收入群体相比其他收入组来说，从基础设施发展中获益更小。

2. 变量选取

人力资本积累。人力资本主要包括教育人力资本和健康人力资本。其中，教育人力资本积累反映的是一定时间点的人力资本状况，同时，其又是人力资本动态累积的结果（周京奎等，2019）[①]。因此，本节选择家庭劳动力平均受教育年限来表示教育人力资本的积累（程名望等，2016[②]，周京奎等，2019[③]）。对于健康人力资本，本章仿照连玉君等（2015）的研究，将选择自评健康处于好或者很好状态下的家庭成员人数占家庭总人数的比重[④]。受访者的自评健康虽然易受当时心理因素的影响，但是也有明显的优势。受访者自评健康是受访者对目前身体状况综合判断，包含疾病的严重程度、健康稳定性和遗传病史等众多因素。综上所述，自评健康可以较为全面地反映农村居民的身体健康情况。

基础设施。综合考虑数据的可获得性和基础设施的基本内涵，选择公路设施、灌溉设施、医疗设施和教育设施表示当地的基础设施。具体的度量方式与上文相同。

控制变量与前文相同，这里不再赘述。

各变量定义及描述性统计如表5—20所示。

表5—20　　　　　　各变量定义及描述性统计

变量	定义	均值	标准差
人均受教育水平	家庭劳动力平均受教育年限，年	6.313	2.784
健康状况良好占比	自评健康处于好或者很好状态下的家庭人数占比，%	0.629	0.231
公路设施	村庄是否有公共汽车站或长途汽车站（是=1；否=0）	0.761	0.427
灌溉设施	可灌溉面积占总面积的比重，%	75.053	26.974
医疗设施	医生数量除以总人口数量	0.064	0.247

[①] 周京奎、王贵东、黄征学：《生产率进步影响农村人力资本积累吗？——基于微观数据的研究》，《经济研究》2019年第1期。

[②] 程名望、Jin Yanhong、盖庆恩、史清华：《中国农户收入不平等及其决定因素——基于微观农户数据的回归分解》，《经济学（季刊）》2016年第3期。

[③] 周京奎、王贵东、黄征学：《生产率进步影响农村人力资本积累吗？——基于微观数据的研究》，《经济研究》2019年第1期。

[④] 连玉君、黎文素、黄必红：《子女外出务工对父母健康和生活满意度影响研究》，《经济学（季刊）》2015年第1期。

续表

变量	定义	均值	标准差
教育设施	村庄是否有初中（是=1；否=0）	0.212	0.409
年龄	户主的当年实际年龄，岁	53.607	12.617
年龄的平方	户主当年实际年龄的平方，岁	3032.84	1384.57
户主受教育程度	户主实际受教育水平，年	6.575	3.582
家庭劳动力占比	劳动力人口占家庭总人口的比重，%	67.442	22.455
少年抚养比	16岁以下人口占家庭总人口的比重，%	15.429	17.951
家庭规模	家庭人口规模，人	5.718	2.483
人均耕地面积	农户人均耕地面积，亩/人	0.934	1.085
人均房屋面积	农户家庭人均房屋面积，m^2/人	29.334	20.122
开发区	附近有没有开发区（是=1；否=0）	0.362	0.481
农业劳动力比重	村庄内农业劳动力占劳动力的比重，%	50.515	29.735
铁路设施	村委会方圆5公里之内是否有火车站（是=1；否=0）	0.055	0.229
电力设施	村庄是否通电（是=1；否=0）	0.994	0.077
医疗保险	是否有医疗保险（是=1；否=0）	0.633	0.482
公路设施工具变量	明朝道路密度与分税制改革年份交互项	0.143	0.350
灌溉设施工具变量	1949年河流密度与分税制改革年份交互项	14.225	31.199
医疗设施工具变量	1978年医学院校数量与分税制改革年份交互项	0.277	0.448
教育设施工具变量	明朝书院数量与分税制改革年份交互项	0.033	0.180

3. 基准回归结果

表5—21汇报了基础设施对于农户人力资本积累的估计结果。第（1）列回归结果显示，公路设施的估计系数均为正，且通过了显著性检验，表明随着农村公路设施的改善，农村家庭倾向于进行家庭教育人力资本投资，进而提升教育人力资本的积累。公路设施的发展不仅会通过收入效应作用于人力资本积累，还可以增加父母对于子女的陪伴。随着劳动力就近就业的趋势越发明显，农村劳动力可以利用公路基础设施往返于家庭与工作场所之间，从而在工作之余有时间照顾和教育子女，最终实现人力资本的积累。灌溉设施的估计系数显著为正，这说明灌溉设施的发展对于农户教育人力资本积累具有积极的作用。这可能是由于灌溉设施的发展促使了农户非

农就业或者农业生产结构调整，提高了农户收入，最终提高了教育人力资本的积累。医疗设施的估计系数显著为正，这表明医疗设施的发展可以显著促使农村居民教育人力资本的提升。医疗设施的发展提升了农村居民的健康水平，增强了农村居民的体魄，为受教育水平的提高创造了条件。教育设施的估计系数同样显著为正，这表明教育设施的发展促使农村居民教育人力资本的提升。教育设施的发展，提升了农村居民受教育的机会，进而促使教育人力资本的提升。

表 5—21　　　　　　　　　普通模型回归结果

	教育人力资本		健康人力资本	
	(1)	(2)	(3)	(4)
公路设施$_{it-1}$	0.1976** (0.0883)	0.3029*** (0.0896)	0.0248** (0.0106)	−0.0158 (0.0141)
公路设施$_{it-1}$ * 低收入群体$_{i1991}$	—	−0.4119*** (0.1432)	—	0.1640*** (0.0300)
灌溉设施$_{it-1}$	0.0062*** (0.0016)	0.0053*** (0.0016)	−0.0001 (0.0002)	0.0001 (0.0003)
灌溉设施$_{it-1}$ * 低收入群体$_{i1991}$	—	0.0027 (0.0024)	—	−0.0005 (0.0005)
医疗设施$_{it-1}$	0.5432*** (0.1464)	0.2943* (0.1676)	0.0687*** (0.0204)	0.0429 (0.0271)
医疗设施$_{it-1}$ * 低收入群体$_{i1991}$	—	0.3085* (0.1726)	—	0.0678*** (0.0212)
教育设施$_{it-1}$	0.3277*** (0.0941)	0.2413** (0.0964)	−0.0053 (0.0125)	−0.0016 (0.0155)
教育设施$_{it-1}$ * 低收入群体$_{i1991}$	—	0.4384** (0.1734)	—	0.0156 (0.0325)
低收入群体$_{i1991}$	—	−0.2693 (0.2088)	—	0.0269 (0.0390)
户主年龄$_{it}$	−0.2759*** (0.0193)	−0.2744*** (0.0217)	0.0069** (0.0030)	0.0057 (0.0037)
户主年龄平方$_{it}$	0.0024*** (0.0002)	0.0024*** (0.0002)	−0.0001** (0.0000)	−0.0000 (0.0000)
户主受教育水平$_{it}$	0.3621*** (0.0086)	0.3586*** (0.0101)	0.0026** (0.0011)	0.0038** (0.0019)
劳动力占比$_{it}$	0.0005 (0.0016)	0.0004 (0.0016)	0.0017*** (0.0002)	0.0017*** (0.0003)

续表

	教育人力资本		健康人力资本	
	（1）	（2）	（3）	（4）
少年抚养比$_{it}$	-0.3271 (0.2263)	-0.3015 (0.2220)	-0.0595** (0.0285)	-0.0689* (0.0380)
家庭规模$_{it}$	0.0137 (0.0143)	0.0166 (0.0156)	-0.0123*** (0.0023)	-0.0152*** (0.0029)
人均房屋面积$_{it}$	-0.0006 (0.0016)	-0.0007 (0.0016)	0.0020*** (0.0003)	0.0018*** (0.0003)
人均耕地面积$_{it}$	-0.0873*** (0.0265)	-0.0876*** (0.0262)	0.0081** (0.0035)	0.0085*** (0.0032)
开发区$_{it}$	-0.0201 (0.0901)	-0.0180 (0.0886)	-0.0024 (0.0120)	0.0009 (0.0092)
村庄农业劳动力占比$_{it}$	-0.0133*** (0.0012)	-0.0128*** (0.0012)	-0.0001 (0.0002)	-0.0004* (0.0002)
铁路设施$_{it}$	0.3242** (0.1519)	0.3564** (0.1579)	-0.0209 (0.0211)	-0.0355 (0.0275)
电力设施$_{it}$	-0.4936 (0.4061)	-0.5062 (0.3291)	0.0058 (0.0435)	0.0073 (0.0410)
医疗保险$_{it}$	-0.0088 (0.1657)	-0.0317 (0.1338)	-0.0562*** (0.0185)	-0.0514** (0.0239)
常数项	12.1542*** (0.7817)	12.2225*** (0.7406)	0.3535*** (0.0998)	0.3798*** (0.1251)
社区固定效应	控制	控制	控制	控制
时间固定效应	控制	控制	控制	控制
省份—时间固定效应	无	控制	无	控制
N	7672	7672	3836	3836
R^2	0.3789	0.3816	0.2546	0.3014

注：括号内是聚类到村级层面的标准误，*表示在10%水平上显著、**表示在5%水平上显著、***表示在1%水平上显著。

第（2）列回归结果显示，公路设施的估计系数显著为正，但是，公路设施与低收入群体交互项的估计系数显著为负，这表明公路设施对于农村居民教育人力资本的提升作用在低收入家庭中表现得更加微弱。公路设施更为有利于农村中高收入家庭教育人力资本的提升。这是因为，公路设施的作用效果取决于农户的利用程度，而低收入群体没有足够的能力进行教育人力资本再投资，致使其人力资本积累的速度相对于中等收入群体较为缓慢。而医疗设施和教育设施属于农村社会发展型基础设施，并且其具有福利性质，低收入群体可以从上述基础设施中提升自身素质。灌溉设施的估计系数显著为正，但是灌溉设施与低收入群体交互项的估计系数没有通过显著性检验，这说明灌溉设施对于农村居民教育人力资本的提升作用并不存在群体之间的异质性。灌溉设施的改善体现了生产性基础设施的改善，其具有普惠的特性，对于农村群众来说是均质的。医疗设施的估计系数显著为正，并且医疗设施与低收入群体交互项的估计系数也显著为正，这说明相对于中等收入及以上家庭，医疗设施的发展对农村低收入家庭的效用更大。教育设施的估计系数显著为正，并且教育设施与低收入群体交互项的估计系数也显著为正，这说明相对于中等及以上家庭，教育设施的发展对农村低收入家庭的效用更大。由此可见，医疗设施和教育设施属于农村福利型基础设施，并且其具有福利性质，低收入群体可以从上述基础设施中提升自身素质；此外，由于低收入群体受教育水平较低，医疗设施和教育设施对于低收入群体的边际效用更大，从而低收入群体从中获得教育人力资本提升的可能性更大。

第（3）列的回归结果显示，公路设施和医疗设施的估计系数显著为正，这说明公路设施和医疗设施的发展可以显著促使农村居民健康人力资本的提升。公路设施和医疗设施的发展，缩短了农村居民与医疗机构的时间距离和地理距离，极大提升了农户医疗机构的可获性，最终提升家庭的健康人力资本水平。灌溉设施和教育设施的估计系数均没有通过显著性检验，这说明灌溉设施和教育设施的发展对于农村居民健康人力资本的积累无显著关系。因为灌溉设施和教育设施无法直接影响农户医疗资源的获得，对农户的健康人力资本的积累影响不明显。

第（4）列汇报了基础设施对于农村低收入家庭健康人力资本积累的影响。结果显示，再加入公路设施与低收入群体交互项之后，交互项的估计系数显著为正，公路设施的估计系数不再显著，这说明交互项解释了一部分低收入家庭相较于中高收入家庭更容易从公路设施的发展中获得健康人力资本的提升。这是因为公路设施的发展,一方面缩短了农户与医疗机构的时间距离,提升了医疗服务获得的便利性;另一方面公路设施的发展便于医生下乡,定期维护农户健康水平。再加入医疗设施与低收入群体交互项之后,医疗设施估计系数的显著性相对于第(3)列来说明显降低,这说明交互项解释了一部分低收入家庭相较于中高收入家庭更容易从医疗设施的发展中获得健康人力资本的提升。医疗设施的普及,增加了农村低收入家庭医疗服务的可获性。加之农村医疗机构的惠民性,极大缓解了低收入家庭的流动性约束。这两点共同促使医疗设施的发展更有利于农村低收入家庭健康人力资本的提升。

4. 内生性分析

本章选择明朝道路密度作为公路设施的工具变量、选择各地区的水系密度作为灌溉设施的工具变量、选择医学院校数量作为医疗设施的工具变量、选择明朝书院数量作为教育设施的工具变量。具体的回归结果如表5—22所示。

表5—22　　　　　　　　　　工具变量回归结果

	(1) 教育人力资本	(2) 健康人力资本
公路设施$_{it-1}$	0.5247 (0.5888)	-0.0060 (0.0857)
公路设施$_{it-1}$ * 低收入群体$_{i1991}$	-0.3537** (0.1577)	0.1299** (0.0516)
灌溉设施$_{it-1}$	0.0018 (0.0025)	-0.0002 (0.0002)
灌溉设施$_{it-1}$ * 低收入群体$_{i1991}$	0.0028 (0.0034)	0.0004 (0.0004)
医疗设施$_{it-1}$	0.6833** (0.2841)	0.0603** (0.0295)
医疗设施$_{it-1}$ * 低收入群体$_{i1991}$	0.0452 (0.2009)	0.0765*** (0.0263)
教育设施$_{it-1}$	0.2912** (0.1433)	-0.0084 (0.0178)
教育设施$_{it-1}$ * 低收入群体$_{i1991}$	0.0642 (0.2265)	0.0608** (0.0243)

续表

	(1)	(2)
	教育人力资本	健康人力资本
低收入群体$_{i1991}$	−0.2995 (0.2996)	−0.0224 (0.0364)
控制变量	控制	控制
常数项	11.3610*** (0.7560)	0.6324*** (0.0814)
社区固定效应	控制	控制
时间固定效应	控制	控制
省份—时间固定效应	控制	控制
第一阶段回归结果		
F 值（$Wald$ 值）	9412	
P 值	0.0000	
社区固定效应	控制	控制
时间固定效应	控制	控制
省份—时间固定效应	控制	控制
N	7672	3836

注：括号内是聚类到村级层面的标准误，*表示在10%水平上显著、**表示在5%水平上显著、***表示在1%水平上显著。

回归结果显示，第一阶段回归的 F 值均大于10，并且通过了1%的显著性水平检验，这说明本章所选择的工具变量并不存在弱工具变量问题。第二阶段的回归结果表明，在教育人力资本方程中，公路设施的估计系数显著为正，但是，公路设施与低收入群体交互项的估计系数显著为负，这表明公路设施对于农村居民教育人力资本的提升作用在低收入家庭中表现得更加微弱；教育设施的估计系数显著为正，并且教育设施与低收入群体交互项的估计系数也显著为正，这说明相对于中等及以上家庭，教育设施的发展对农村低收入家庭的效用更大。在健康人力资本模型中，再加入公路设施与低收入群体交互项之后，交互项的估计系数显著为正，公路设施的估计系数不显著，这说明交互项解释了一部分低收入家庭相较于中高收入家庭更容易从公路设施的发展中获得健康人力资本的提升。再加入医疗设施与低收入群体交互项之后，医疗设施估计系数的不再显著，这说明交互项解释了一部分低收入家庭相较于中高收入家庭更容易从医疗设施的发展中获得健康人力资本的提升。上述结果跟基准结果相同，这从侧面也说明本节的结论具有一定的稳定性。

5. 稳健性检验

为了增强本节结论的稳健性，本章基于表5—22的工具变量回归结果展开稳健性检验。具体的稳健性检验方法为：

（1）更换低收入群体度量方式

前文的分析中，按照国家统计局的做法，将农村居民划分为五等份，将低收入组定义为基准组。为了增加研究结论的稳健性，本章仿照张翼（2017）的研究，将低收入群体定义为农村居民人均纯收入中位数的一定比例[①]。为了跟本章因变量一致，此处将农村低收入群体定义为农村居民人均纯收入中位数的60%。值得注意的是，这里的低收入群体指的是初始年份的低收入群体。具体的回归结果见表5—23的第（1）列和第（2）列。回归结果显示，公路设施与低收入群体交互项、灌溉设施与低收入群体交互项、医疗设施与低收入群体交互项以及教育设施与低收入群体交互项估计系数的方向、显著性均与前文一致，这说明本章的研究结论具有一定的稳健性。

表5—23　　　　　　　稳健性检验回归结果

	更换低收入群体度量		变换数据		联合回归	
	教育	健康	教育	健康	教育	健康
公路设施$_{it-1}$	0.228**	-0.019	0.361***	-0.011	0.065	-0.011
	(0.091)	(0.015)	(0.092)	(0.012)	(0.112)	(0.010)
公路设施$_{it-1}$ * 低收入群体$_{i1991}$	-0.499***	0.166***	-0.457***	0.160***	-0.255	0.165***
	(0.143)	(0.029)	(0.153)	(0.020)	(0.188)	(0.017)
灌溉设施$_{it-1}$	0.007***	0.000	0.005***	-0.000	0.006**	0.000
	(0.002)	(0.000)	(0.002)	(0.000)	(0.002)	(0.000)
灌溉设施$_{it-1}$ * 低收入群体$_{i1991}$	-0.000	-0.001	-0.001	-0.000	0.002	-0.001*
	(0.002)	(0.000)	(0.003)	(0.000)	(0.003)	(0.000)

---

① 张翼：《社会保险与中等收入群体的扩大》，《河北学刊》2017年第5期。

续表

	更换低收入群体度量		变换数据		联合回归	
	教育	健康	教育	健康	教育	健康
医疗设施$_{it-1}$	0.503*** (0.151)	0.048 (0.030)	0.064 (0.175)	0.034 (0.033)	0.525* (0.304)	0.042 (0.028)
医疗设施$_{it-1}$ * 低收入群体$_{i1991}$	0.554* (0.313)	0.075*** (0.028)	0.374** (0.172)	0.090** (0.035)	0.043 (0.338)	0.076** (0.031)
教育设施$_{it-1}$	0.268*** (0.092)	0.001 (0.015)	0.233** (0.097)	−0.004 (0.012)	0.150 (0.129)	−0.003 (0.012)
教育设施$_{it-1}$ * 低收入群体$_{i1991}$	0.607*** (0.159)	0.006 (0.029)	0.367** (0.178)	0.032 (0.023)	0.451* (0.240)	0.019 (0.022)
低收入群体$_{i1991}$	−0.013 (0.220)	0.011 (0.041)	0.093 (0.237)	−0.028 (0.034)	−0.266 (0.279)	0.023 (0.026)
控制变量	控制	控制	控制	控制	控制	控制
常数项	有	有	有	有	有	有
社区固定效应	控制	控制	控制	控制	控制	控制
时间固定效应	控制	控制	控制	控制	控制	控制
省份—时间固定效应	控制	控制	无	无	控制	控制
城市—时间固定效应	无	无	控制	控制	无	无
B—P检验	—		—		1.959	
P值	—		—		0.1616	
N	7672	3836	6184	3092	3836	
R^2	0.3686	0.2970	0.3919	0.3151	0.4238	

注：括号内是聚类到村级层面的标准误，*表示在10%水平上显著、**表示在5%水平上显著、***表示在1%水平上显著。

（2）变换数据

在上文的估计样本中，本章使用了江苏、山东、河南、湖北、湖南、广西和贵州等地样本。为了增强结论的稳健性，本章删除贵州的样本，具体回归结果见表5—23的第（3）列和第（4）列。回归结果显示，核心变量的结果与基准结果基本类型，说明本章的研究结论具有一定的稳健性。

（3）联合回归

由于教育人力资本和健康人力资本之间具有一定的相关性。前文的回归模型中，均假定教育人力资本和健康人力资本之间相互独立,这样回归结果可能是有偏、无效的。基于此,本章利用本文用 Mvreg 模型对教育人力资本和健康人力资本回归结果进行稳健性检验。回归结果见表 5—23 的第(5)列和第(6)列。结果显示,模型 chi^2(1)估计值为 1.959,并且没有通过显著性检验(p 值为 0.1616),这说明教育人力资本和健康人力资本并不存在相关性,侧面说明了前文的回归系数是无偏、有效的。

6. 拓展性分析

本章使用数据的样本区间跨度大(1991—2015 年),难以分析不同阶段基础设施建设对于农村人力资本积累的影响。基于以上考虑,本章将样本区间以 2004 年为界,划分为 1991—2004 年,2004—2015 年。

表 5—24 汇报了不同时间段基础设施对农村居民人力资本的回归结果。其中,第(1)列和第(2)列汇报了以教育人力资本为被解释变量的回归结果;第(3)列和第(4)列汇报了以健康人力资本为被解释变量的回归结果。结果显示,公路设施对于农村居民人力资本积累的影响在两个时间段中表现比较类似,即公路设施对于农村居民教育人力资本的影响在低收入家庭中表现得更加微弱,而对于农村居民健康人力资本的影响在低收入家庭中表现得更加突出。灌溉设施对于农村居民人力资本积累在两个时间段均没有显著影响。1991—2004 年期间,医疗设施对农村居民教育人力资本积累、健康人力资本积累的影响在不同群体之间并没有显著性区别,即医疗设施并未促使农村居民的人力资本积累;而 2004—2015 年期间,医疗设施对农村居民教育人力资本积累、健康人力资本积累的影响在低收入家庭中表现得更加突出。可能的原因在于,2009 年,新医改方案正式公布,提出要把基本医疗卫生制度作为公共产品向全民提供,基层医疗卫生服务体系建设明显加强,这一做法明显提升了农村居民尤其是农村低收入家庭医疗服务的可获得性。由于基层医疗卫生服务体系建设具有滞后性,所以其对于农村低收入家庭的作用在 2004 年以后逐步显现。1991—2004 年,教育设施对农村居民教育人力资本积累的影响在不同收入群体之间未有显著性区别,并且教育

设施的估计系数未通过显著性检验，这说明教育设施的发展对农村低收入群体没有显著性影响。2004—2015年期间，教育设施对农村居民教育人力资本积累的影响在不同农村低收入家庭中表现得更加突出。可能的原因是，2010年，国务院办公厅发布了《关于开展国家教育体制改革试点的通知》，极大推动了农村地区教育体制的改革，促进了农村地区教育事业的发展。两个时间段中，教育设施对于农村居民健康人力资本积累的影响在不同收入群体之间并没有显著性区别，且教育设施的估计系数并未通过显著性检验，这说明教育设施的发展不能显著促进农村居民健康人力资本的积累。

表5—24　不同时间段基础设施对于农村居民人力资本的影响

	教育人力资本		健康人力资本	
	1991—2004	2004—2015	1997—2004	2004—2006
公路设施$_{it-1}$	0.0942 (0.1040)	0.5995*** (0.1663)	−0.0153 (0.0162)	0.0026 (0.0250)
公路设施$_{it-1}$ * 低收入群体$_{i1991}$	−0.3103* (0.1654)	−0.6408** (0.2703)	0.1189*** (0.0274)	0.2694*** (0.0392)
灌溉设施$_{it-1}$	0.0028 (0.0019)	0.0074*** (0.0027)	0.0003 (0.0004)	−0.0003 (0.0005)
灌溉设施$_{it-1}$ * 低收入群体$_{i1991}$	0.0031 (0.0030)	0.0024 (0.0041)	−0.0005 (0.0005)	−0.0003 (0.0006)
医疗设施$_{it-1}$	0.3097 (0.2237)	0.2025 (0.2466)	0.0371 (0.0535)	0.0580 (0.0515)
医疗设施$_{it-1}$ * 低收入群体$_{i1991}$	0.1070 (0.1746)	0.5221* (0.2700)	0.0669 (0.0548)	0.1004* (0.0607)
教育设施$_{it-1}$	0.3465*** (0.1303)	0.1428 (0.1395)	0.0046 (0.0204)	−0.0234 (0.0229)
教育设施$_{it-1}$ * 低收入群体$_{i1991}$	0.1898 (0.2503)	0.5988** (0.2340)	0.0004 (0.0343)	0.0356 (0.0407)
低收入群体$_{i1991}$	−0.3272 (0.2350)	−0.1028 (0.4226)	0.0240 (0.0392)	0.1059* (0.0626)
控制变量	控制	控制	控制	控制
常数项	有	有	有	有
社区固定效应	控制	控制	控制	控制
时间固定效应	控制	控制	控制	控制
省份—时间固定效应	控制	控制	控制	控制

续表

	教育人力资本		健康人力资本	
	1991—2004	2004—2015	1997—2004	2004—2006
N	3836	3836	2877	959
R^2	0.4790	0.3228	0.2422	0.3918

注：括号内是聚类到村级层面的标准误，*表示在10%水平上显著、**表示在5%水平上显著、***表示在1%水平上显著。

二 人力资本传导效应下基础设施对低收入农户生产结构的影响分析

（一）机理分析

前文分析了基础设施对于人力资本积累的影响，但是人力资本积累对于农户生产结构的影响前文并未讨论。从现有文献来看，受教育水平的提高是农户非农就业水平提高的重要因素。具体作用体现在以下三个方面：第一，受教育水平提高了农村劳动力非农就业机会的获得（何仁伟等，2017）[①]。第二，受教育水平增加了农村劳动力从事非农就业的概率。第三，受教育水平会通过就业区位、从业时间和行业类别等途径影响着农村劳动力从事非农就业的选择能力。除受教育水平外，劳动力的健康水平也是影响农村劳动力非农就业的重要因素。如，魏众（2004）研究发现，农村劳动力的健康水平对其非农就业机会的获得具有重要影响[②]；孙顶强和冯紫曦（2015）的研究进一步发现，劳动力自身健康水平的提高，不仅可以影响自己的非农就业水平，还将产生配置效应，对家庭其他成员的非农就业水平产生重要影响[③]。

人力资本还是影响农户生产结构转型的重要因素。赵雪雁等（2016）的研究结果显示，农村地区成年劳动力受教育水平越提升对

[①] 何仁伟、李光勤、刘邵权、徐定德、李立娜：《可持续生计视角下中国农村贫困治理研究综述》，《中国人口·资源与环境》2017年第11期。

[②] 魏众：《健康对非农就业及其工资决定的影响》，《经济研究》2004年第2期。

[③] 孙顶强、冯紫曦：《健康对我国农村家庭非农就业的影响：效率效应与配置效应——以江苏省灌南县和新沂市为例》，《农业经济问题》2015年第8期。

农业生产结构策略调整具有正向影响，即劳动力受教育水平的提升，农户生产结构调整的概率就越大[①]。祝华军等（2018）的研究表明，受教育水平的不足制约了农户生产结构的调整[②]。

（二）实证分析

现有研究对于我们分析人力资本与农业生产结构调整之间的关系具有重要的指导意义。然而，鲜有研究将基础设施建设、人力资本积累与农户生产结构放在同一框架中进行分析。基于此，本章运用中介效应模型分析基础设施建设、人力资本与农户生产结构的关系。具体模型为：

$$M_{it} = \alpha_0 + \beta_1 infrastructure_{it} + \beta_2 X_i + \eta_j + v_t + \Phi_p \cdot v_t + \varepsilon_{it} \quad (5—35)$$

$$hc_{it} = \alpha_0 + \gamma_1 infrastructure_{it} + \gamma_2 X_i + \eta_j + v_t + \Phi_p \cdot v_t + \varepsilon_{it} \quad (5—36)$$

$$M_{it} = \alpha_0 + \theta_1 infrastructure_{it} + \theta_2 hc_{it} + \theta_2 X_i + \eta_j + v_t + \Phi_p \cdot v_t + \varepsilon_{it} \quad (5—37)$$

其中，M_{it} 为被解释变量，表示农户生产结构，其主要包括农户非农就业和农户生产结构调整。$infrastructure_{it}$ 为本章核心的解释变量，表示地区基础设施发展情况，主要包括公路设施、灌溉设施、医疗设施和教育设施。hc_{it-1} 为潜在的中介变量，表示人力资本积累，主要包括教育人力资本和健康人力资本，其中非农就业用非农收入占总收入比重来表示，农业生产结构调整用高附加值农业收入占农业总收入比重予以表示；值得注意的是，为了防止农户人力资本积累与农户生产结构之间潜在的内生性，本节对于农户人力资本积累进行滞后一期处理。η_j 表示社区固定效应；v_t 表示时间固定效应；$\Phi_p \cdot v_t$ 表示省份固定效应与时间固定效应的交互项，用以控制省级层面随时间变动因素对于非农就业和农业生产结构调整的影响；ε_{it} 表示随机误差项。根据中介效应模型的原理，若系数 β_1、γ_1、θ_2 均显著，并且系数 θ_1 较 β_1 变小或显著程度下降，则表明存在中介效应。具体的回归结果如表 5—25 和表 5—26 所示。

[①] 赵雪雁、刘春芳、严江平：《高寒生态脆弱区农户的社会网络及其风险分担效果——以甘南高原为例》，《农业经济问题》2016 年第 6 期。

[②] 祝华军、楼江、田志宏：《农业种植结构调整：政策响应、相对收益与农机服务——来自湖北省 541 户农民玉米种植面积调整的实证》，《农业技术经济》2018 年第 1 期。

表 5—25　　　　以教育人力资本为中介变量的回归结果

	以教育人力资本为中介变量				
	非农就业	农业生产结构	教育人力资本	非农就业	农业生产结构
公路设施$_{it-1}$	4.6142*** (1.7667)	5.6243*** (1.5786)	0.3029*** (0.0896)	4.0411** (1.7165)	5.4015*** (1.5602)
公路设施$_{it-1}$ * 低收入群体$_{i1991}$	−3.2884 (2.4935)	−1.0160 (1.8447)	−0.4119*** (0.1432)	−2.5158 (2.4936)	−0.7156 (1.8347)
灌溉设施$_{it-1}$	0.0029 (0.0318)	−0.0717** (0.0285)	0.0053*** (0.0016)	−0.0090 (0.0306)	−0.0764*** (0.0281)
灌溉设施$_{it-1}$ * 低收入群体$_{i1991}$	0.0953** (0.0466)	0.1387*** (0.0389)	0.0027 (0.0024)	0.0876* (0.0455)	0.1357*** (0.0384)
医疗设施$_{it-1}$	3.7445 (4.6662)	5.8983* (3.5048)	0.2943* (0.1676)	2.9459 (4.6169)	5.5877 (3.4898)
医疗设施$_{it-1}$ * 低收入群体$_{i1991}$	8.1730* (4.8489)	7.4172** (3.3688)	0.3085* (0.1726)	7.7884 (4.8243)	7.2676** (3.3536)
教育设施$_{it-1}$	5.7231*** (1.8816)	−1.0141 (1.4819)	0.2413** (0.0964)	5.2389*** (1.8462)	−1.2024 (1.4637)
教育设施$_{it-1}$ * 低收入群体$_{i1991}$	8.2727** (3.6404)	12.7019*** (2.7659)	0.4384** (0.1734)	7.3036** (3.6651)	12.3250*** (2.7651)
低收入群体$_{i1991}$	−2.9476 (4.0617)	−3.4234 (3.3737)	−0.2693 (0.2088)	−2.0584 (3.9760)	−3.0777 (3.3317)
中介变量$_{it}$	— —	— —	— —	2.1785*** (0.2200)	0.8471*** (0.1825)
控制变量	控制	控制	控制	控制	控制
常数项	有	有	有	有	有
社区固定效应	控制	控制	控制	控制	控制
时间固定效应	控制	控制	控制	控制	控制
省份—时间固定效应	控制	控制	控制	控制	控制
N	7672	7672	7672	7672	7672
R^2	0.2492	0.3463	0.3816	0.2665	0.3502

注：括号内是聚类到村级层面的标准误，*表示在10%水平上显著、**表示在5%水平上显著、***表示在1%水平上显著。

表 5—26　　　　以健康人力资本为中介变量的回归结果

	以健康人力资本为中介变量				
	非农就业	农业生产结构	教育人力资本	非农就业	农业生产结构
公路设施$_{it-1}$	4.6142*** (1.7667)	5.6243*** (1.5786)	−0.0167 (0.0108)	5.1690** (2.3429)	2.1770 (4.0452)

续表

	以健康人力资本为中介变量				
	非农就业	农业生产结构	教育人力资本	非农就业	农业生产结构
公路设施$_{it-1}$ * 低收入群体$_{i1991}$	-3.2884 (2.4935)	-1.0160 (1.8447)	0.1684*** (0.0180)	-4.8135 (3.7329)	-4.3406 (3.9485)
灌溉设施$_{it-1}$	0.0029 (0.0318)	-0.0717** (0.0285)	0.0001 (0.0002)	-0.0179 (0.0427)	-0.1297 (0.1087)
灌溉设施$_{it-1}$ * 低收入群体$_{i1991}$	0.0953** (0.0466)	0.1387*** (0.0389)	-0.0005 (0.0003)	0.0121 (0.0591)	0.1148 (0.0719)
医疗设施$_{it-1}$	3.7445 (4.6662)	5.8983* (3.5048)	0.0443 (0.0313)	4.4692 (9.4380)	23.2437 (25.9318)
医疗设施$_{it-1}$ * 低收入群体$_{i1991}$	8.1730* (4.8489)	7.4172** (3.3688)	0.0727** (0.0341)	9.7743 (10.1688)	5.8356 (4.1581)
教育设施$_{it-1}$	5.7231*** (1.8816)	-1.0141 (1.4819)	-0.0010 (0.0122)	2.5746 (2.4160)	-5.7977 (4.2145)
教育设施$_{it-1}$ * 低收入群体$_{i1991}$	8.2727** (3.6404)	12.7019*** (2.7659)	0.0146 (0.0222)	8.9126** (4.4964)	11.6026* (6.0784)
低收入群体$_{i1991}$	-2.9476 (4.0617)	-3.4234 (3.3737)	0.0217 (0.0264)	4.6012 (5.6199)	-0.1101 (6.3908)
中介变量$_{it}$	—	—	—	3.2849 (3.1469)	4.0726* (2.2131)
控制变量	控制	控制	控制	控制	控制
常数项	有	有	有	有	有
社区固定效应	控制	控制	控制	控制	控制
时间固定效应	控制	控制	控制	控制	控制
省份—时间固定效应	控制	控制	控制	控制	控制
N	7672	7672	3836	2877	2877
R^2	0.2492	0.3463	0.3022	0.2779	0.3016

注：括号内是聚类到村级层面的标准误，*表示在10%水平上显著、**表示在5%水平上显著、***表示在1%水平上显著。

表5—25汇报了以教育人力资本为中介变量的回归结果。结果显示，医疗设施与低收入群体交互项、教育设施与低收入群体交互项以及中介变量（教育人力资本）的估计系数均通过了显著性检验，并且第（4）列和第（5）列中估计系数要比第（1）列和第（2）列的估计系数要小，据此可以判定教育人力资本是基础设施影响农户生产结构的重要机制。农村医疗设施和教育设施的发展，提供了更

多可供低收入群体学习的机会,这提升了低收入群体教育人力资本积累的速度,最终形成"低收入→较高教育人力资本再投资能力→较高教育人力资本形成效率→非农就业/农业生产结构较快发展"的良性循环。上述回归结果还可以发现,第(1)列中公路设施与低收入群体交互项的估计系数没有通过显著性检验,这说明公路设施对农村居民非农就业的提升作用在不同群体之间并没有显著性的差别。可能的原因是,非农就业岗位准入门槛较高,农村低收入家庭因人力资本缺乏、非农就业能力薄弱,在劳动力市场上处于弱势地位。并且公路设施对于农村居民教育人力资本的积累在低收入家庭中表现得更加微弱,致使其人力资本积累的速度相对于中等及以上收入群体较为缓慢,陷入"低收入→低教育人力资本再投资能力→低教育人力资本形成效率→低收入"的恶性循环(王竹林,2010)[①]。因此,低收入群体人力资本积累缓慢,导致了公路设施对其非农就业和农业生产结构调整的影响低于其他收入群体。灌溉设施具有普惠性,其改善对于农村群众来说是均质的,灌溉设施发展对农村不同收入群体教育人力资本积累的影响并没有显著性差异。因此,灌溉设施对于农户生产结构的作用更多的是直接作用。即灌溉设施的改善替代了农业生产中的劳动力,增加农村富余劳动力,最终促进了农村劳动力的非农就业(骆永民和樊丽明,2020)[②]。此外,灌溉设施改善,增加农作物灌溉的便利性,提升了农户生产结构调整的概率。

表5—26汇报了以健康人力资本为中介变量的回归结果。结果显示,在农业生产结构调整模型中,医疗设施与低收入群体交互项、教育设施与低收入群体交互项的估计系数以及中介变量(健康人力资本)的估计系数均通过了显著性检验,并且第(5)列中相关变量的估计系数要比第(2)列要小,据此可以判断健康人力资本是基

[①] 王竹林:《农民工市民化的资本困境及其缓解出路》,《农业经济问题》2010年第2期。

[②] 骆永民、樊丽明:《中国农村基础设施增收效应的空间特征——基于空间相关性和空间异质性的实证研究》,《管理世界》2012年第5期。

础设施影响农业生产结构调整的中介变量。以医疗设施和教育设施为主的福利性基础设施的发展，改善农户的身体状况，为农业生产结构的调整提供了健康劳动力。而灌溉设施的改善直接增加了低收入家庭灌溉的便利性，从而促使农业生产结构的转型。依据同样的原则可知，健康人力资本并不是基础设施影响低收入家庭非农就业的中介变量，即基础设施的发展影响农户非农就业包容性增长的途径并不是健康人力资本。这是因为受教育水平是影响农户非农就业的最重要的因素，单纯通过健康人力资本的改善促使农户非农就业提升效率甚微。

从上述中介效应模型中可以发现，公路设施无法更有效地提升农村低收入群体的人力资本，从而致使其劳动力要素呈现出代际固化的特征，加剧了非农就业和农业生产结构调整的分配失衡，产生明显的"天花板效应"。而医疗设施和教育设施缓解了机会不均等现象对低收入家庭人力资本积累的负面影响（傅强和朱浩，2013）[①]，有利于他们在劳动力市场或者农业结构调整中获益。而灌溉设施通过改善作物的灌溉条件直接影响农户生产结构。

第五节 本章小结

本章以农户收入流动性为例，分析基础设施对不同收入群体的影响。研究发现，与其他收入群体相比，公路设施无法促使农村低收入群体获益更多，而灌溉设施、医疗设施和教育设施让农村低收入群体获益更多。换言之，公路设施并不能实现包容性增长，而灌溉设施、医疗设施和教育设施更有利于实现包容性增长。此外，教育设施对于降低低收入群体相对贫困发生概率的边际影响更大，有利于缩小低收入群体与其他收入群体之间的收入差距。这说明，当前提高低收入群体的受教育水平更有利于实现农村社会的包容性

[①] 傅强、朱浩：《中央政府主导下的地方政府竞争机制——解释中国经济增长的制度视角》，《公共管理学报》2013年第1期。

增长。

与其他收入群体相比,公路设施的发展对于低收入群体非农就业提升以及农业生产结构调整的作用比较微弱。换言之,公路设施的发展具有"马太效应",其更有利于对农村居民非农就业和农业生产结构调整产生积极作用,而在低收入家庭中表现得较弱。灌溉设施、医疗设施和教育设施的发展对于农村居民非农就业、农业生产结构的作用在低收入家庭中表现得更加突出。此外,中介效应模型表明,基础设施对于农村不同群体相对贫困状态的影响在一定程度上受到农户非农就业以及农业生产结构调整的影响。

基础设施的作用发挥在一定程度上取决于农户的利用程度,而初始人力资本禀赋是决定农户利用程度的主要原因。教育人力资本和健康人力资本较高的农户可以从公路设施的发展中获得更多的收益,这表明公路设施具有"锁定效应",人力资本较高农户更容易获益。由于灌溉设施、医疗设施和教育设施的可获得性提高,低收入可以更加便利地利用这些基础设施实现家庭收益的提升。

除了初始人力资本禀赋外,基础设施还通过人力资本积累影响低收入群体的收益。公路设施无法提升低收入群体的人力资本,从而致使其劳动力要素呈现出代际固化的特征,加剧了非农就业和农业生产结构调整的分配失衡,产生明显的"天花板效应"。而灌溉设施、医疗设施和教育设施可以有效地缓解机会不均等和群分现象对低收入家庭人力资本积累的负面影响,这有利于他们在劳动力市场或者农业结构调整中获益。

党的二十大擘画了以中国式现代化全面推进中华民族伟大复兴的宏伟蓝图,强调加快基础设施建设。中国式财政分权以及基于政绩考核的政治激励,使得农村公共投资结构偏向基础建设(如,道路、邮电等)等对 GDP 贡献较快的领域,而忽视见效较慢的教育和社会救助事业。这种财政支出结构造成了农村低收入群体难以享受如交通基础设施发展带来的福利。随着乡村振兴战略和农业农村现代化进程的进行,应实时调整农村公共投资结构,坚持农村公共投资与实现农业农村现代化目标紧密联系在一起。特别是从农户收入流动性的视角看，政府应该优化财政支出结构，增加对农业生产条件（如，灌溉水利设施）、科教文卫、养老、医疗等基本公共服务的财政支持力度，并提高贫困地区尤其是农村贫困地区的公共服务水平，体现公共服务的均等化。

第六章　农地产权改革

前文从中国农村减贫经验的角度出发，分别探讨了农户如何跨越贫困陷阱、摆脱相对贫困和实现收入阶层向上流动三个方面的问题。本章将从中国农村土地要素角度出发，剖析农业农村要素市场制度变革的影响。

当今中国最大的问题仍然是农民问题，而农民最大的问题则是土地问题。改革开放以来，我国农村土地要素市场的变革沿着两个方向进行：第一是稳定和强化农户承包权；第二是激活土地经营权市场化流转。改革开放以来，在经过包干到户、包干到组的过渡后，逐步确立了分田到户，最终确立了家庭联产承包责任制。自此以后，中国的土地政策一直强调农户承包权的稳定，通过不得调地等政策，建立了农户稳定的产权预期。2007年后，为适应物权保护的需要，以农村土地登记颁证为重要内容的农地确权工作逐步展开。2017年年末，中央进一步提出，第二轮承包期结束后再延长30年，进一步稳定农户的承包权。

然而，以土地均分为特点的分田到户，不可避免地面临着土地细碎化难题，加上大量的非农就业，我国农村出现了土地利用效率低下、甚至部分地区出现了土地撂荒等难题。在此背景下，中国的土地政策开始注重于培育土地流转市场，保护土地经营者的利益，以期促进现代农业的发展。2014年中央一号文件提出"三权分置"的农村土地制度改革思路后，"坚持农村土地集体所有权，稳定农户承包权，放活土地经营权"已成为新时期深化农村土地制度改革的基本方向。

"三权分置"是一项顶层制度设计，存在政策放开、政策确立、法律明晰三个关键时间点。政策上允许土地流转，其实质就是促使承包权与经营权相分离。从这个角度看，"三权分置"的政策放开时间点，可以追溯至1984年中共中央一号文件——"鼓励土地逐步向种田能手集中"。"三权分置"的政策确立时间点为2014年。当年11月，中共中央办公厅、国务院办公厅印发的《关于引导农村土地经营权有序流转发展农业适度规模经营的意见》指出："坚持农村土地集体所有，实现所有权、承包权、经营权"三权分置"，引导土地经营权有序流转"。"三权分置"的法律明晰时间点为2019年。当年1月1日，新修订实施的《中华人民共和国农村土地承包法》单独设立了土地经营权，实现了"三权分置"从政策向法律的演进。

中国对农村土地制度的改革是对生产关系的调整，最终目的是实现农村居民的包容性增长，实现农村持续繁荣和农民幸福生活。目前，现有研究已经对我国农地产权制度变革进行了大量的探讨，但较少有研究系统地将农地确权、"三权分置"纳入同一个分析框架来探究土地产权制度改革的农户增收效应。本章重点探究我国的农地产权制度变革是否能够实现农户收入包容性增长，促进农村居民，尤其是低收入人群收入增加。第一节探讨了农地确权、地力投资和农户收入的关系；第二节则重点分析了"三权分置"改革对农户的增收效应及其作用机制。

第一节 农地确权、地力投资与农户收入

2013年的中央一号文件提出，用5年时间基本完成农村承包地确权登记颁证工作。自此以后，新一轮农地确权进入快速推进阶段。现有研究多指出，农地确权能够有利于农户承包关系稳定，能够促进农地投资，最终增加农户收入。然而，基于基本特征事实的统计后发现，新一轮农地确权对于农户地力投资和耕地质量保护的影响却并不全是积极的。具体表现在：农业生产依然依赖大量的化肥施

用,导致耕地质量下降;测土配方肥施用的成本较高,农户参与意愿较低。这导致我国土壤有机质含量较低,普遍低于欧美等发达国家。根据中国国家统计局的数据显示,2020年,中国化肥的施用强度是日本的1.4倍、美国的2.7倍。农地确权后,中国化肥施用强度依然居高不下的原因可能在于农户本身的"风险偏好效应"和农地承包经营权的"抵押品效应"。因此,本节第一部分将基于地块调查的详细数据,实证检验技术组合与政策组合背景下,新一轮农地确权对耕地质量保护行为影响的"风险偏好效应"与"抵押品效应"。

当前,学界针对农地确权的收入效应展开了一些讨论,但仍存在如下局限性:第一,有关农地确权的文献很多,但是现有文献对农户收入的影响和机制还存在一定的争论,并且忽视了与农地确权过程中同步发生的以"三权分置"为核心的土地产权制度改革的作用。第二,针对"三权分置"的政策阐释论文很多,但是,鲜有研究展开实证分析;虽然相关文献讨论"三权分置"有助于强化集体土地所有权,但是,没有研究实证检验"三权分置"下农地确权对集体经济收入的影响及后者对农户收入影响的进一步传导效应。因此,本节的第二部分,将基于农地确权和"三权分置"的交互效应展开分析,实证探索集体与农户之间、农户内部的不平衡发展问题,重点分析农户和集体的增收效应及其机制。

一 新一轮农地确权与耕地质量保护

(一) 问题的提出

有关农地确权的政策影响已经被大量研究关注。现有研究对农地确权与耕地质量保护行为的关系也进行了探讨。从耕地质量保护行为的科学分类来看,可以分为两类,第一是养分平衡行为,第二是有机质提增行为。其中,养分平衡行为可以进一步细化为:化肥减量和配方肥施用;有机质提增行为可以进一步划分为:有机肥施用和秸秆还田。针对这四种具体的耕地质量保护行为,本节将关注于农地确权颁证是如何影响它们的,并探究其中的作用机制。

(二) 农地确权对耕地质量保护的影响机理

现有研究多指出，农地确权能够提高农地产权安全性，进而促进耕地质量保护。新一轮的农地确权有利于农户的承包地投资收益形成稳定性预期，进而增加对耕地质量保护的投资。有学者认为，农户增加耕地质量保护行为是因为"禀赋效应"，即农户在承包地确权的情况下，会增加对承包地的"感情投射"。但本节认为，耕地质量保护行为（例如农户进行秸秆还田或施用）可以视为一种以谋求经济利益为目标的、带有一定风险的、长期的生产性投资行为，并不单单是出于规避风险的"禀赋效应"。因此，本节认为，新一轮农地确权颁证会促使"风险偏好型"农户在承包地上增加耕地质量保护行为。

新一轮农地确权后，部分地区开始试点展开土地经营权抵押贷款。对于转入土地的农户来说，农户可以通过抵押获得扩大生产所需的贷款，尤其是正规银行贷款。农地确权后，农户获得的经营权抵押贷款会有部分被用于投资到耕地保护行为当中。因为通过耕地保护行为，农户可以确保抵押物价值，即经营耕地的未来价值不出现减少。本节认为，新一轮的农地确权颁证能够提高农户的信贷可得性、减少信贷配给，从而增加农户的耕地质量保护行为。因此，本节提出如下研究假说：

经营权抵押贷款可获性会促使确权地区农户增加其获有经营权耕地的质量保护行为。

但从另一个角度来看，部分学者认为，农地确权后会产生"控制权偏好"问题，反而抑制农户的耕地质量保护行为，尤其是抑制对于转入地的耕地质量保护行为。控制权偏好问题的具体表现为：农地在经过流转后，转入耕地的农业经营者并不会像有承包权的农户一样有相同的激励谨慎使用农地，反而会采取掠夺性经营行为。对于有承包权的农户来说，土地流转发生时更倾向于提高土地租金，并设定一定的条件和门槛，例如签订正式和短期契约，支付方式上以短期支付为主。有研究指出，确权村庄的农户土地租金率比未确权村庄显著高约43%。因此，本节提出如下的假说：

农地确权会提高土地租金,进一步挤出农户对转入地的质量保护行为。

(三) 数据来源与研究方法

1. 数据来源。为了研究新一轮确权与耕地质量保护行为的影响,本节采用2017年年底针对中国湖南、江苏、江西三个省份的入户调查数据展开分析。这三个省份均是中国的水稻主产省份,而且呈现出不同的经济发展水平。三个省份不仅农户的耕地质量保护行为上有较大的差异,还在地区层面上有新一轮农地确权颁证推进工作时间上的差异。本节根据随机抽样的原则,按照每个省份的县级行政单位随机抽样,最终获得有效问卷722份。

2. 计量模型设计和变量的设定。本节考察养分平衡的两大代表性行为:化肥($Chemical_i$)与配方肥($Formula_i$)施用。除了受到农地确权($right$)影响之外,还受到地块特征(Z_{i_lot})、户主特征(Z_{head})、家庭特征(Z_{hh})、其他政策(Z_{policy})、地区差异(Z_{region})、风险态度[包括风险偏好(Z_a)、损失规避(Z_b)、概率权重(Z_c)]等因素的影响。回归方程如下式所示:

$$Chemical_i = \alpha_0 + \alpha_1 Right + \alpha_2 Z_{i\_lot} + \alpha_3 Z_{head} + \alpha_4 Z_{hh} + \alpha_5 Z_{policy} + \alpha_6 Z_{region} + \alpha_6 Right \cdot Z_a + \alpha_7 Right \cdot Z_b + \alpha_8 Right \cdot Z_c + u_1 \quad (6-1)$$

$$Formula_i = \beta_0 + \beta_1 Right + \beta_2 Z_{i\_lot} + \beta_3 Z_{head} + \beta_4 Z_{hh} + \beta_5 Z_{policy} + \beta_6 Z_{region} + \beta_6 Right \cdot Z_a + \beta_7 Right \cdot Z_b + \beta_8 Right \cdot Z_c + u_1 \quad (6-2)$$

化肥和配方肥的施用以折纯量(kg/km^2)来度量。入户调研时,调研队员使用手机拍摄化肥或者配方肥的袋子,并记录下氮磷钾成分。采用"有机肥""秸秆还田"分别用有机肥施用量(kg/hm^2)与秸秆还田量(kg/hm^2)来表示。

核心解释变量为农户是否获得新一轮确权颁证证书。为了规避内生性问题,本节采用样本县的"乡村人口变化率"(%)与"地方财政支出变化率"(%)作为工具变量进行处理。

控制变量第一类包括地块特征,主要纳入"地块面积""地块坡度""地块距离""地块肥力"四个变量。第二类是户主特征,主要包括户主年龄、受教育年限、健康程度。第三类为风险态度,主要采用实验经济学方法测度农民的风险态度,并计算出农户的"风险偏好"程度(σ)、"幸运事件"兴趣(α)和"损失规避"程度(λ)。第四类为家庭特征,主要包括人均经营耕地规模、村干部与科技示范户、家庭总收入越高、农户非农收入比例、合作社参与。第五类包括其他的替代政策。变量设定及其描述统计如表6—1所示。我们的样本中有大约60%的农地获有相应的新一轮确权证。

表6—1　　　　　　　　变量设定及其描述统计

变量	定义	承包地		转入地	
$Chemical_{0i}$	化肥施用量 kg/hm²	399.15	209.78	383.10	192.37
$Chemical_{1i}$	配方肥施用量 kg/hm²	28.20	84.98	41.55	101.70
$Formula_{0i}$	有机肥施用量 kg/hm²	27.38	342.15	69.90	879.53
$Formula_{1i}$	秸秆还田量 kg/hm²	5134.43	3083.93	5667.38	2887.65
$Land\_cert_i$	是否拿到新一轮确权证(0—1)	0.57	0.50	0.65	0.48

(四)实证结果

如表6—2所示,在控制了技术组合关系的情况下,采用Ⅳ—mvtobit方法的估计结果表明:农地确权显著减少了农户对自有土地的化肥施用量,增加了有机肥的施用量。即农户会通过调整化肥施用结构来实现自由耕地的质量保护。对于转入土地来说,农户只会减少化肥施用,不愿意投资更多的有机肥。

表6—2　　　　　　确权颁证对耕地质量回归的初步回归

项目	承包地				转入地			
	养分平衡		有机质提升		养分平衡		有机质提升	
	化肥	配方肥	有机肥	秸秆还田	化肥	配方肥	有机肥	秸秆还田
$Land\_cert_i$	-37.58***	56.46***	1535.26*	-579.18***	-28.20**	4.96	1098.64	-319.22
控制变量	是	是	是	是	是	是	是	是
常数项	87.96***	-72.99**	229.73	1402.36***	75.19***	-47.18	786.48	1442.15***
ρ	-0.76***		0.09		-0.54***		-0.19	

续表

项目	承包地				转入地			
	养分平衡		有机质提升		养分平衡		有机质提升	
	化肥	配方肥	有机肥	秸秆还田	化肥	配方肥	有机肥	秸秆还田
Wald Chi²	302.13***		340.23***		143.33***		160.79***	
样本量	694		694		276		276	

注：*表示在10%水平上显著、**表示在5%水平上显著、***表示在1%水平上显著。

本节认为农户的耕地质量保护行为存在"风险偏好效应"。如表6—3所示，对于风险偏好型农户来说，新一轮的农地确权后，其会在自有耕地上施用更多的有机肥。但是，农户并不会明显增加施用配方肥，也不会明显改变秸秆还田行为。农户的"禀赋效应"并不存在，即损失规避型农户并不会显著提高自己的耕地质量保护行为。因此，本节的研究结论认为，耕地质量保护行为，尤其是施用有机肥等行为，更多会被农户视为一种有风险的地力投资行为。农户往往是出于经济利益和风险的考量来选择是否进行耕地质量保护。

表6—3　　　　　确权、风险态度与耕地质量保护

项目	承包地				转入地			
	养分平衡		有机质提升		养分平衡		有机质提升	
	化肥	配方肥	有机肥	秸秆还田	化肥	配方肥	有机肥	秸秆还田
$Land\_cert_i$	-19.06	24.62	1223.39	81.20	-16.68	-25.86	1732.90	70.93
$Land\_cert_i * \sigma$	-3.20	-6.17	629.42**	-47.72	1.97	-4.01	774.22	-58.84
$Land\_cert_i * \alpha$	-0.22	-1.41	31.82	4.29	0.07	-1.74	13.05	-1.94
$Land\_cert_i * \lambda$	-8.51	21.83	-961.82	-100.54	3.24	18.26	2791.31	-48.13
控制变量	是	是	是	是	是	是	是	是
常数项	84.02***	56.69**	112.05	1124.51***	69.34***	-52.25	1765.90	-288.74
ρ	-0.77***		0.01		-0.54***		0.08	
Wald Chi²	311.67***		455.45***		142.04***		208.31***	
样本量	694		694		276		276	

注：*表示在10%水平上显著、**表示在5%水平上显著、***表示在1%水平上显著。

为了检验"抵押品效应",我们纳入了"抵押"变量,以反映农户是否获取了农地经营权抵押贷款。考虑到该贷款具有内生性,因此,本节同样用工具变量进行处理,结果如表6—4所示。本节的研究发现,"抵押品效应"是存在的。参与抵押贷款的农户更多会在农地确权后进行耕地质量保护行为,具体体现在:在自有耕地和转入耕地上多施用有机肥。

表6—4　　　　确权、土地经营权抵押与耕地质量保护

项目	承包地				转入地			
	养分平衡		有机质提升		养分平衡		有机质提升	
	化肥	配方肥	有机肥	秸秆还田	化肥	配方肥	有机肥	秸秆还田
$Land\_cert_i$	-36.86***	34.99	1242.38	192.25	-33.91**	-49.48	957.04	-17.73
$Land\_cert_i * Credit_i$	-5.45	8.85	3146.23*	-736.85	21.61	32.70	3959.31**	-82.27
控制变量	是	是	是	是	是	是	是	是
常数项	87.51***	-72.99**	229.73	1537.51**	76.05***	-48.38	684.57	-1301.77
ρ	-0.77***		0.07		-0.53***		-0.22	
Wald Chi^2	311.70***		459.35***		146.09***		218.51***	
样本量	694		694		276		276	

注:*表示在10%水平上显著、**表示在5%水平上显著、***表示在1%水平上显著。

本节还尝试考察了新一轮农地确权对农户土地租金的影响。结果表明,农地确权并不会改变农户的土地租赁行为。基于调研数据的转入地样本的分析结果表明,新一轮农地确权后,农地的租金、租约签署方式、租约期限和支付方式都没有明显的改变,这进一步表明,农地确权可能并没有很强的"禀赋效应",如表6—5所示。

表6—5　　　　土地确权对土地租赁的影响

	土地租金	口头租约	租约期限	支付方式
$Land\_cert_i$	-38.04	-0.22	-0.10	-0.53
控制变量	是	是	是	是
模型	OLS	PROBIT	OLS	Ologit
调整 R^2	0.59	0.27	0.12	0.07

续表

	土地租金	口头租约	租约期限	支付方式
F 值	56.46***		5.99***	
Chi^2		99.95***		14.78**

注：*表示在10%水平上显著、**表示在5%水平上显著、***表示在1%水平上显著。

二 新一轮农地确权与农户收入增长

（一）问题的提出

农地确权是"三权分置"的前提条件，没有明晰土地产权的"三权分置"是"无米之炊"；"三权分置"是农地确权的深化实践，没有"三权分置"，农地确权则"尚欠东风"，无法激活土地产权制度改革的持久活力。作为土地要素市场化改革的基础，农地确权是否促进农村包容性增长，特别是能否增加拥有所有权的村集体与拥有承包经营权的小农户收入？其收入效应在"三权分置"改革实施前后是否有明显差异？本部分将针对以上问题进行分析。

从集体视角看，农村集体经济长期处于"空壳化"状态，农地确权一定程度上会弱化集体的土地处分权，而"三权分置"却可能挽回集体经济边缘化的颓势。农地确权后，一方面，农户在承包地上的排他性权利增强，但村组公共物品的供给易陷入"集体行动的困境"，进而导致公共物品缺乏、影响农地产出。另一方面，农地确权颁证会增加农户的禀赋效应（罗必良，2017）[1]，继续增强对承包地的分散占有，弱化了村集体调度农地的权力，导致土地细碎化问题更难克服，连片规模经营更难实现。党的十八大以来，国家通过修订相关法律法规及推进相关改革进一步盘活各类土地资源壮大村集体经济。特别是在"三权分置"下，村集体经济组织推动土地流转，在有些地方还发展了土地股份合作社，从而促进了集体经济收入增长。

从农户视角看，农地确权增强了农地的产权强度，"三权分置"

---

[1] 罗必良：《科斯定理：反思与拓展——兼论中国农地流转制度改革与选择》，《经济研究》2017年第11期。

后农户收入呈现出持续上升的趋势。一般认为，农地确权后，农地产权能够得到强化，进而促进农地流转与农村劳动力转移到效率更高的非农部门，最终增加农户收入（许恒周等，2020；李江一等，2021）[1]。但目前学界对农地确权能否真正减少承包地有关矛盾纠纷、促进土地流转和非农就业仍有争论。首先，现实中农户多与村集体签订承包合同，有底册数据可查，共识基础的存在很少引致地权归属纷争（刘远风和伍飘宇，2018）[2]。相反，由于农地确权在实施过程中存在"不稳定"因素，反而会诱发潜在土地纠纷（纪月清等，2021），进而降低农户的稳定预期，抑制土地流转[3]。罗必良和张露（2020）则认为，农地确权后会产生"禀赋效应"，内生出农地流转的交易成本[4]。并且，农地确权并没有真正完善土地要素市场，因此作用有限。进一步挖掘农地确权的政策红利的关键在于"三权分置"改革，包括推动农业要素市场发育、盘活农地经营权、实现农地与服务的规模经营。

探索农村地区共同富裕路径是"着力解决发展不平衡不充分问题和人民群众急难愁盼问题"是重大议题之一。伴随着"三权分置"改革，农地确权对集体经济、农户收入及其差距的有怎么样的影响？影响机制如何？相关研究亟待开展。本部分原创性地探索"三权分置"改革背景下的农地确权进展过程中，集体与农户之间、农户内部的包容性增长问题。本研究将重点考察农地确权与"三权分置"的交互效应，进而评估中国共产党重要制度创新对农村包容性增长的影响。

（二）文献综述与机理分析

从村集体角度来看，集体经济具有一定的社会功能，往往被视

---

[1] 许恒周、牛坤在、王大哲：《农地确权的收入效应》，《中国人口·资源与环境》2020年第10期。李江一、仇童伟、李涵：《农地确权影响农户收入的内在机制检验——基于中国家庭金融调查的面板证据》，《南京农业大学学报》（社会科学版）2021年第4期。

[2] 刘远风、伍飘宇：《三权分置下"确权悖论"的制度破解》，《经济学家》2018年第5期。

[3] 纪月清、杨宗耀、方晨亮、王亚楠：《从预期到落地：承包地确权如何影响农户土地转出决策？》，《中国农村经济》2021年第7期。

[4] 罗必良、张露：《中国农地确权：一个可能被过高预期的政策》，《中国经济问题》2020年第5期。

为为农户谋福利的"工具"。刘愿（2008）以南海农村股份合作经济为例，发现教育开支、救助和五保户供养、合作医疗保险和养老保险在内的公共福利开支占村集体股份合作组织开支的32.1%，干部报酬和办公经费两项占总支出的34.5%，可见集体经济组织负担沉重[①]。然而，农地确权却可能由于一些历史问题的存在，诱发农户与集体之间的矛盾。

首先，农地确权本身在测绘工作中，无法兼顾到"打折田""农户免费种植预留地"和"农户自行开垦整理土地"的历史问题，导致农地确权的实测面积与农户承包合同登记面积并不一致，这会引起村集体和农户之间的争议。其次，农地确权强化了农户对特定地块的占有权利，但一定程度上弱化了村集体的土地处分权。农地确权会激发农民对具体地块感情投射，强化禀赋效应。实践中，村组道路和小型水利设施修建等集体投资难度会加大，因为需要与所经农地的多个农户达成一致，造成"集体行动的困境"。例如，根据笔者在江苏省泰州市的实地调查发现，某村在2015年开展农地确权之前，原计划将田间小路改造为硬化道路（田间小路属于集体所有），但在农地确权后，部分农户认为应当从田间小路改造中获得补偿，造成了改造计划搁浅。事实上，这种现象并非个例。张沁岚等（2014）针对广东省佛山市和东莞市1664个农户的调查也发现，不少农户将"三权分置"前的农地确权视为土地改革之后的又一次分地运动，半数以上认为应当确权到户，借此重新厘清与集体组织的关系，确保自己合法的土地权益；超过20%的现有股东希望在确权之后收回自有土地[②]。可见，"三权分置"前农地确权给村集体经济（特别是土地股份经济）带来的更多是挑战，农地确权所强化的承包权甚至可能会抑制村集体经济发展。

"三权分置"后，村集体所有权得到落实。例如，"三权分置"

---

① 刘愿：《农民从土地股份制得到什么？——以南海农村股份经济为例》，《管理世界》2008年第1期。

② 张沁岚、杨炳成、文晓巍、饶炯：《土地股份合作制背景下推进承包经营权确权的农户意愿、难点与对策——以广东省为例》，《农业经济问题》2014年第35期。

改革后，不少地区鼓励村集体作为土地流转的中介组织，并收取适量的管理费用。这一做法也最终被写入 2021 年实行的《农村土地经营权流转管理办法》。"三权分置"下土地流转给村集体后再经由村集体发包，一方面可降低交易成本，克服分散的农户直接同新经营者谈判时的弱势地位，防止其利益受损；另一方面，土地经过集体统一规划、整理后积累土地资本，土地实现增值，也可增加承包地的流转收入（洪银兴和王荣，2019）[1]。李宁和汪险生（2018）在针对上海松江的家庭农场经营模式的案例研究中发现，"三权分置"后，村集体首先通过组织土地流转到村集体，再在村内部遴选农户进行适度规模经营，为构建良好的农业社会化服务体系进行全方位的配套支持，引导了农业生产分工、实现了村集体经济的壮大[2]。"三权分置"以来，各地方政府还积极引导以农村集体经济组织为载体，通过农民将土地承包权量化为股权的"确权确股"方式，组建农村土地股份合作社。以土地股份合作社方式，入股新型经营主体发展现代农业，创新农村土地经营新机制，推动了集体经济的发展。因此，总结而言，"三权分置"后的农地确权，通过"确权确股"方式，村集体不仅能够获得土地升值的租金和土地流转的管理费用，还能通过土地入股方式增加经营性收入。综上，本部分认为："三权分置"前，农地确权对村集体经济收入没有明显的提升；"三权分置"后，农地确权增加村集体经济收入。

从农户角度来看，农地确权存在着"定争止纷悖论"。现有研究多认为，农地确权能解决农地面积不准、边界模糊的问题，因此促进农户的土地流转和非农就业，最终提高农户的收入。但事实上，农地确权存在的问题较为复杂。一方面，农地确权可以解决一些由于历史条件限制导致的既有土地争议和纠纷。但另一方面，农地确权强化村民的土地预期，诱发了一些潜在的土地之争，即权属争议和纠

---

[1] 洪银兴、王荣：《农地"三权分置"背景下的土地流转研究》，《管理世界》2019 年第 10 期。

[2] 李宁、汪险生：《"三权分置"改革下的农地集体所有权落实——基于集体经济组织治理案例的理论思考》，《经济学家》2018 年第 8 期。

纷在确权时期会增加或由原来的搁置状态重新显现。尽管有明确规定，农地确权过程不得借机调整和收回承包地，但实际确权进程中依然存在土地调整，且并非个案。根据叶剑平等（2018）的研究[①]，12.3%的村庄在确权期间调整过承包地，多达27.3%的受访者表示村里多数村民对农地确权结果存在异议。笔者通过对江苏省泰州市的实地调研发现，农地确权确实会引发潜在的争议。首先是农户存在不信任第三方机构测量结果的现象。其次，第二轮承包时（1994年左右），由于需要缴纳农业税，部分农户由于长期外出务工，也不愿意种植，由其他村民口头约定代种和代缴农业税。2015年展开新一轮确权时，原本放弃耕地的在外村民回来主张要地，引起的矛盾甚至诉诸法庭。目前，少数研究直接检验了农地确权的收入效应，总体上都认为农地确权能够促进农户收入增加，但对于收入增加的机制和来源的解释却并不一致。有研究认为，农地确权后，农户收入的增长主要是因为促进农户非农就业，带来工资性收入的增加（许恒周等，2020；高帆和赵祥慧，2021），土地流转的作用并不明显[②]。但李哲和李梦娜（2018）的研究指出，农地确权仅仅是通过促进农户的土地转出，增加了财产性收入，对工资性收入并无显著的影响[③]。因此，农地确权对收入的影响机制需要进一步的探究。相关研究讨论了农地确权对土地流转、非农就业、农业投资、信贷约束等方面的影响，同样存在着不一致的观点：

（1）土地流转。主流观点认为农地确权能够有效保障农民的土地权益、降低交易成本，促进农户农地流转（程令国等，2016；

[①] 叶剑平、丰雷、蒋妍、郎昱、罗伊·普罗斯特曼：《中国农村土地使用权调查研究——17省份调查结果及政策建议》，《管理世界》2016年第3期。

[②] 许恒周、牛坤在、王大哲：《农地确权的收入效应》，《中国人口·资源与环境》2020年第10期。

高帆、赵祥慧：《我国农地确权如何影响农户收入及其差距变动——基于CHFS数据的实证研究》，《学术研究》2021年第3期。

[③] 李哲、李梦娜：《新一轮农地确权影响农户收入吗？——基于CHARLS的实证分析》，《经济问题探索》2018年第8期。

Chen et al., 2021；Chari et al., 2021①)。但以罗必良为代表的部分学者提出农地确权在提升农户产权强度的同时，有可能因强化的"禀赋效应"而抑制土地流转。也有研究表明（纪月清等，2021）②，农地确权本身就具有不稳定的因素，并阶段性地降低农户的稳定预期，部分农户会担心村庄借机进行土地调整或担心确认的地块数及"四至"与实际不符而失去部分土地，反而减少土地流转。

（2）非农就业。农户稳定的土地产权，促进了农民的非农就业（Janvry et al., 2015；李江一，2020）③，而且，农地确权后增加的非农业劳动参与者主要来源于农村闲置劳动力。但有文献将非农就业视为土地经营权流转的重要外部条件（朱冬亮，2020）④。吴一恒等（2018）则指出，只有进城能够获得稳定工作的农户，才会放弃土地经营权⑤。

（3）农户投资。稳定的土地产权可能会有利于农业投资，特别能够促进与特定地块相连的农业长期投资（黄季焜和冀县卿，

---

① 程令国、张晔、刘志彪：《农地确权促进了中国农村土地的流转吗？》，《管理世界》2016年第1期。

Chen C., Restuccia D., Santaeulalia-Llopis R., "The Effects of Land Markets on Resource Allocation and Agricultural Productivity", *Review of Economic Dynamics*, Vol. 88, 2021.

Chari A., Liu E. M., Wang S., Wang Y., "Property Rights, Land Misallocation and Agricultural Efficiency in China", *Review of Economic Studies*, Vol. 88, 2021.

② 纪月清、杨宗耀、方晨亮、王亚楠：《从预期到落地：承包地确权如何影响农户土地转出决策？》，《中国农村经济》2021年第7期，第24—43页。

③ Janvry A. D., Emerick K., Gonzalez-Navarro M., Sadoulet E., "Delinking Land Rights from Land Use: Certification and Migration in Mexico", *American Economic Review*, Vol. 105, No. 10, 2015.

李江一：《农地确权对农民非农业劳动参与的影响》，《经济科学》第1期，第113—126页。

④ 朱冬亮：《农民与土地渐行渐远——土地流转与"三权分置"制度实践》，《中国社会科学》2020年第7期。

⑤ 吴一恒、徐砾、马贤磊：《农地"三权分置"制度实施潜在风险与完善措施——基于产权配置与产权公共域视角》，《中国农村经济》2018年第8期。

2012)①。孙琳琳等（2020）研究发现②，在领取土地确权证书后，相较于未确权的农户，确权农户的（与特定地块不相连）农机投资也提升 20% 左右。但也有研究表明（杨宗耀和纪月清，2022），从地权稳定性角度来看，农地确权推广过程中土地调整或权属界定争议引致的地权不稳可能会抑制农地投资③。

（4）农户信贷。由于农业用地价值低和土地规模较小，有学者认为农地确权不影响农户贷款可获性（钟甫宁和纪月清，2009）④。但是，也有研究认为新一轮农地确权赋予了土地承包经营权的抵押担保权能，解决了农民的标准抵押品不足的问题，缓解信贷约束，进而改善生计（肖诗顺、高锋，2010）⑤。

本部分认为，农地确权促进农户的收入增加是有条件的，主要取决于土地要素市场的完善和非农就业机会的增加。"三权分置"改革实质上是对农村土地要素市场的完善，客观上提升农地的生产潜力。"三权分置"改革鼓励农村土地经营权以入股、合作、抵押等多种方式参与经营，赋予了土地经营权更为完整的资本属性和更为丰富的市场功能。"三权分置"改革能够带来土地交易范围的扩大，从纵向来看，流转对象不再局限于集体经济组织成员，鼓励资本下乡流转和经营土地；从横向来看，新的产权属性带来了新的市场（例如经营权抵押市场、城乡建设用地增减挂钩市场）。现代化经营的新型农业经营主体获得更多土地并从事农业生产，伴随着农业资本的追加投入，机械化和自动化得以提升。规模化经营不仅可以通过农业生产效率提升的方式来增加农业产量，通过职业化经营、市场议

---

① 黄季焜、冀县卿：《农地使用权确权与农户对农地的长期投资》，《管理世界》2012 年第 9 期。

② 孙琳琳、杨浩、郑海涛：《土地确权对中国农户资本投资的影响——基于异质性农户模型的微观分析》，《经济研究》2020 年第 11 期。

③ 杨宗耀、纪月清：《地权稳定性与农户土地投资：基于确权政策预期与落地影响差异的讨论》，《中国土地科学》2022 年第 6 期。

④ 钟甫宁、纪月清：《土地产权、非农就业机会与农户农业生产投资》，《经济研究》2009 年第 12 期。

⑤ 肖诗顺、高锋：《农村金融机构农户贷款模式研究——基于农村土地产权的视角》，《农业经济问题》2010 年第 4 期。

价力量增加等方式提升农产品价格,还能够通过将现代农业产业链(生鲜品牌、冷链物流等)介入到农业生产过程中,增加农产品的附加值。还有观点表明,"三权分置"的现实逻辑是包容性增长(肖卫东、梁春梅,2016)[①]。在"三权分置"下,农户承包权均等地赋予了集体经济组织成员,保证其对农村土地的拥有,解决了其流转土地经营权的后顾之忧,从而促使其财产性收入增长和土地财产权益维护。周力和沈坤荣(2022)的研究指出,"三权分置"改革一方面通过工商资本下乡促进农户收入增加,另一方面会通过增加农户耕地转出租金和非农就业促进农户收入[②]。综上,本部分认为:"三权分置"前,农地确权对农户收入没有明显的影响;"三权分置"后,农地确权能够明显增加农户收入。

(三)实证策略、变量设定与数据来源

1. 计量模型设定

由于农地确权是村层面统一推进的,且确权有一个进程,并非一蹴而就,本部分采用村庄确权率作为关键解释变量。本部分关心"三权分置"改革背景下,农地确权的作用。"三权分置"作为一项政策改革,2014年由中央正式提出,但地方政府对这一改革的落实和执行时间节点有先后之分,本部分参照 Chari 等(2021)的做法[③],利用"渐进倍差法"来识别。本部分通过检索关于"三权分置"改革政策的地方法规,来确定每一个村庄所在的地级市开始进行"三权分置"改革的时间节点。本部分重点关注对村集体经济收入和农户收入的影响,因此对于村层面设立如下回归模型(6—3)和(6—4)。

$$lnincome_{vt} = \alpha_0 + \alpha_1 \cdot tenure_{vt} + \alpha_2 \cdot tenure_{vt} \cdot reform_{vt} + \alpha_3 \cdot reform_{vt} + \alpha_4 \cdot treat_v + \alpha_5 \cdot post_t + \alpha_6 \cdot Z_{vt} + \mu_t + \omega_v + \varepsilon_{vt} \quad (6—3)$$

---

① 肖卫东、梁春梅:《农村土地"三权分置"的内涵、基本要义及权利关系》,《中国农村经济》2016年第11期。

② 周力、沈坤荣:《中国式农地产权制度改革的农户增收效应——来自"三权分置"的经验证据》2022年第5期。

③ Chari, A., Liu, E., Wang, S., and Wang, Y., "Property Rights, Land Misallocation, and Agricultural Efficiency in China", *Review of Economic Studies* Vol. 88, 2021, pp. 1831–1862.

$$lnincome_{it} = \beta_0 + \beta_1 \cdot tenure_{vt} + \beta_2 \cdot tenure_{vt} \cdot reform_{vt} + \beta_3 \cdot reform_{vt} +$$
$$\beta_4 \cdot treat_v + \beta_5 \cdot post_t + \beta_6 \cdot Z_{vt} + \beta_7 \cdot Z_{it} + \mu_t + \omega_i + \varepsilon_{it}$$
(6—4)

上式中，$lnincome_{vt}$ 表示第 t 年 v 村集体经济人均收入的对数值，$lnincome_{it}$ 表示第 t 年 i 户总收入的对数值，$tenure_{vt}$ 表示第 t 年 v 村土地确权率，$reform_{vt}$ 表示 v 村所在地级市于第 t 年是否开展了"三权分置"改革，$treat_v$ 则表示 v 村在样本期内是否实行过"三权分置"，$post_t$ 表示"三权分置"政策时点之后（被年份固定效应所控制）。此外，我们还纳入了影响村集体经济收入的村庄层面控制变量（Z_{vt}）。本部分在回归模型（6—3）中控制了年份固定效应 μ_t 和村庄固定效应 ω_v，ε_{vt} 为残差。在回归模型（6—4）中控制了年份固定效应 μ_t 和农户固定效应 ω_i，ε_{it} 为残差。

在本研究中，农地确权可能存在内生性问题。对于农地确权而言，尽管相关文献表明，村庄层面的农地确权在很大程度上可以被视为一个政策性的外生变量，无须采用工具变量法。但是，也可能存在遗漏变量（例如，村庄区位）同时作用于村庄确权和农户收入，导致村庄确权与模型残差相关联，从而带来内生性问题。因此，本部分采用工具变量法展开分析。本部分参考孙琳琳等（2020）的思路[1]，选取了所在市是否为确权试点乘以地级市其余县域农户的确权比例作为农地确权的工具变量进行分析。

2. 变量的定义

被解释变量 $income_{vt}$ 表示为村集体经济人均收入。考虑到农村集体收入是农村公共服务的重要资金来源，影响农户收入的应是集体经济人均（总）收入水平，因此，本部分选取了村集体经济的人均（总）收入作为集体经济的代理变量。在农户收入方程中，被解释变量 $income_{it}$ 表示为农户总收入。所有收入相关的变量都剔除了累计价格指数，按 2010 年价格计算。样本期间内，村集体经济人均收入约

---

[1] 孙琳琳、杨浩、郑海涛：《土地确权对中国农户资本投资的影响——基于异质性农户模型的微观分析》，《经济研究》2020 年第 11 期。

为 0.957 万元/人；农户的总收入约为 3.63 万元/人。

核心解释变量农地确权 $tenure_{vt}$。本部分讨论的农地确权限定于 2008 年开始试点并全面推广的新一轮确权颁证，我们采用村确权率来表示村层面的农地确权进展。本部分认为，由于新一轮农地确权具有"整村推进"的特征，使用村庄确权率合理有效。在样本期间内，村庄的农户确权率约为 46.6%。核心解释变量"三权分置" $reform_{vt}$，本部分采用虚拟变量方式度量，样本均值为 0.205，表示样本期内有 20% 的村庄（所在地级市）当年实施"三权分置"政策。

在集体经济收入方程中，本部分纳入了反映经济发展水平的控制变量。其中，$agdp_{vt}$ 表示为村庄所在地级市的人均 GDP，单位为万元，按 2010 年价格计算；$population_{vt}$ 表示为村庄所在地级市的人口增长率（‰）；$nonfarm_{vt}$ 表示为村非农就业人数占劳动力人数的比例（%），以表示非农就业的社会网络与机会；$enterprise_{vt}$ 表示为本村行政范围内是否有企业，0—1 虚拟变量。$subsidy_{vt}$ 表示为村庄粮食直补标准（元/亩），按 2010 年价格计算；$irrigation_{vt}$ 表示为村庄是否有水利设施（0—1 虚拟变量）；$road_{vt}$ 表示为村庄道路硬化比例（%）；$bank_{vt}$ 表示为村庄是否有信用社（0—1 虚拟变量）。

在农户收入方程中，纳入重要的农户特征变量。其中，$size_{it}$ 表示家庭人口数量；$gender_{it}$ 表示户主性别的虚拟变量，男性为 1、女性为 0；age_{it} 表示户主年龄，为连续变量，单位：岁，在农户收入方程中，我们还控制了户主年龄的平方项 age_{it}^2；$marriage_{it}$ 表示户主婚姻的虚拟变量，已婚为 1，其他为 0；户主学历为虚拟变量组，以小学及以下为基准，设置了初中（$edu2_{it}$）、高中（$edu3_{it}$）、大学及以上（$edu4_{it}$）3 个虚拟变量；户主健康状况也为虚拟变量组，以非常不健康为基准，设置了不太健康（$health2_{it}$）、一般健康（$health3_{it}$）、比较健康（$health4_{it}$）、非常健康（$health5_{it}$）4 个虚拟变量；$children_{it}$ 表示为农户家庭中 14 岁以下儿童人口占家庭总人口的比重（%）；$elderly_{it}$ 表示为农户家庭中 60 岁以上老年人口占家庭总人口的比重（%）。

表 6—6　　　　　　　　样本的描述性统计

变量名称	变量含义	均值	标准差
$income_{vt}$	村集体经济人均收入（万元/人，2010 年价格）	0.957	8.713
$income_{it}$	农户总收入（万元，2010 年价格）	3.630	6.914
$reform_{vt}$	村庄当年是否实施"三权分置"（0—1 虚拟变量）	0.205	0.404
$treat_v$	村庄在样本期内是否实行过"三权分置"（0—1 虚拟变量）	0.813	0.390
$tenure_{it}$	农户是否获得《土地承包经营权证书》（0—1 虚拟变量）	0.470	0.499
$tenure_{vt}$	村庄的农户确权率（%）	0.466	0.325
$size_{it}$	家庭人口数量（人）	2.906	1.575
$gender_{it}$	户主性别（0=女，1=男）	0.837	0.370
age_{it}	户主年龄（岁）	54.295	12.895
$marriage_{it}$	户主婚否（0—1 虚拟变量）	0.894	0.308
$edu2_{it}$	初中（0—1 虚拟变量，基准为小学）	0.364	0.481
$edu3_{it}$	高中（0—1 虚拟变量，基准为小学）	0.104	0.305
$edu4_{it}$	大学以上（0—1 虚拟变量，基准为小学）	0.023	0.151
$health2_{it}$	身体较差（0—1 虚拟变量，基准为身体非常差）	0.159	0.366
$health3_{it}$	身体一般（0—1 虚拟变量，基准为身体非常差）	0.257	0.437
$health4_{it}$	身体较好（0—1 虚拟变量，基准为身体非常差）	0.368	0.482
$health5_{it}$	身体非常好（0—1 虚拟变量，基准为身体非常差）	0.191	0.393
$children_{it}$	家中儿童占比（%）	0.119	0.187
$elderly_{it}$	家中老人占比（%）	0.235	0.362
$agdp_{vt}$	村庄所在城市的人均 GDP（万元，2010 年价格）	4.881	3.989
$population_{vt}$	村庄所在城市的人口自然增长率（‰）	7.754	4.945
$nonfarm_{vt}$	村庄非农就业劳动人口占比（%）	0.548	0.236
$enterprise_{vt}$	村庄是否有企业（0—1 虚拟变量）	0.393	0.488
$subsidy_{vt}$	村庄粮食直补标准（元/亩，2010 年价格）	68.340	94.933
$irrigation_{vt}$	村庄是否有水利设施（0—1 虚拟变量）	0.432	0.495
$road_{vt}$	村庄道路硬化比例（%）	0.635	0.376
$bank_{vt}$	村庄是否有信用社（0—1 虚拟变量）	0.172	0.377

4. 数据来源

本部分数据来源于中国劳动力动态调查（CLDS）数据库。根据研究需要，本部分在筛选后，最终得到591份村层面样本，以及共19785份农户样本组成的三期非平衡面板数据。样本具有较好的全国代表性。变量处理以及样本筛选流程如下：（1）依据数据库中已有变量构造了所需变量并对含有缺失值的变量进行合理补充，例如农户家庭成员人数变量依据该农户各成员编码计数得到；（2）删除城镇地区的样本，仅保留农村地区样本；（3）对于无法有效补齐的存在样本缺失的变量，例如村集体经济收入、农户总收入等，后面的回归中进行了删除。此外，我们还使用了《中国城市统计年鉴》和《中国人口和就业统计年鉴》的数据来衡量区域层面的经济发展水平。

"三权分置"的地方法规文件，来自于北大法宝数据库（https://www.pkulaw.com）。本部分在北大法宝法律法规数据库中，分别检索了来自每个地级市的地方性法规文件。在检索过程中，本部分选定如下4个关键词："三权分置"、经营权分置、所有权分置和承包权分置，然后根据地方性法规文件的标题和全文进行关键字检索和下载整理。按照民政部规定的地级市四位行政编码，本部分确定了每个地级市开始发布有关"三权分置"地方法规的时间节点。

（四）实证分析结果

1. 收入影响的实证结果

表6—7展示了"三权分置"下农地确权的收入效应结果，第1、2列的因变量为集体经济收入，第3、4列的因变量为农户收入。其中，第1、3列采用双向固定效应模型，第2、4列采用了工具变量法。[①] 研究发现，从对集体经济收入的影响来看，单独农地确权（$tenure_{vt}$）及"三权分置"（$reform_{vt}$）的偏效应皆不显著，这意味着未实施"三权分置"的农地确权对村集体经济都不构成影响。但是，"三权分置"改革实施后的农地确权（$reform_{vt} \cdot tenure_{vt}$）对村集体经济收入的影响显著为正。"三权分置"后，经济发达地区大多采取

---

① 工具变量通过了不可识别检验、过度识别检验，以及弱工具变量检验，工具变量估计是有效的。Hausman检验认为基准DID估计和2SLS结果没有显著差异，说明基准DID的内生问题并不严重，进一步证实了模型估计结果的稳健性。工具变量的第一阶段结果见附录。

"确权确股"这一"虚拟确权"方式流转土地,以打破各农户承包地之间的地界。在"虚拟确权"模式下,集体土地所有权被激活,土地整理后流转,额外增加小部分土地面积和配套的基础设施,发达地区的集体经济组织在此过程中收取一定的管理费用,并通过提供社会化服务提升了经营收益。

表6—7 "三权分置"下农地确权的收入效应

	因变量:$lnincome_{vt}$ 集体经济收入对数		因变量:$lnincome_{it}$ 农户收入对数	
	(1)	(2)	(3)	(4)
	固定效应	工具变量	固定效应	工具变量
$tenure_{vt}$	−0.791 (1.277)	1.030 (8.652)	0.042 (0.163)	1.914* (1.027)
$reform_{vt}$	−0.478 (0.979)	−2.781 (2.150)	−0.089 (0.142)	−0.998*** (0.386)
$tenure_{vt}*reform_{vt}$	2.511* (1.329)	6.852* (3.814)	0.412** (0.190)	1.929*** (0.638)
$treat_v$	−0.681 (0.661)	−0.818 (0.703)	0.012 (0.091)	−0.017 (0.098)
$lnincome_{vt}$	—	—	−0.001 (0.007)	−0.005 (0.007)
$size_{it}$	—	—	0.073*** (0.024)	0.087*** (0.025)
$gender_{it}$	—	—	0.158* (0.084)	0.167** (0.085)
age_{it}	—	—	0.039* (0.023)	0.033 (0.024)
age_{it}^2	—	—	−0.0004** (0.0004)	−0.0004* (0.0002)
$marriage_{it}$	—	—	0.231 (0.175)	0.237 (0.178)
$edu2_{it}$	—	—	−0.035 (0.076)	−0.027 (0.077)
$edu3_{it}$	—	—	0.034 (0.133)	0.028 (0.135)
$edu4_{it}$	—	—	0.251 (0.249)	0.265 (0.253)
$health2_{it}$	—	—	0.613*** (0.156)	0.579*** (0.159)

续表

	因变量：$lnincome_{vt}$ 集体经济收入对数		因变量：$lnincome_{it}$ 农户收入对数	
	（1）	（2）	（3）	（4）
	固定效应	工具变量	固定效应	工具变量
$health3_{it}$	—	—	0.852*** (0.156)	0.824*** (0.159)
$health4_{it}$	—	—	0.882*** (0.158)	0.892*** (0.161)
$health5_{it}$	—	—	0.891*** (0.165)	0.897*** (0.168)
$children_{it}$	—	—	−0.100 (0.211)	−0.188 (0.217)
$elderly_{it}$	—	—	−0.555*** (0.136)	−0.584*** (0.139)
$lnagdp_{vt}$	0.116 (0.463)	0.550 (0.580)	0.094 (0.062)	0.153** (0.072)
$population_{vt}$	−0.091* (0.054)	−0.097 (0.065)	0.002 (0.007)	−0.011 (0.008)
$nonfarm_{vt}$	2.772* (1.628)	2.770 (1.753)	0.345 (0.232)	0.004 (0.066)
$enterprise_{vt}$	0.236 (0.481)	0.334 (0.511)	−0.023 (0.063)	0.489** (0.249)
$lnsubsidy_{vt}$	0.082 (0.117)	0.054 (0.125)	−0.007 (0.016)	−0.010 (0.016)
$irrigation_{vt}$	−0.254 (0.585)	−0.465 (0.755)	0.115** (0.057)	0.147** (0.060)
$road_{vt}$	0.706 (0.437)	0.666 (0.453)	0.024 (0.079)	−0.157 (0.111)
$bank_{vt}$	−0.154 (0.594)	−0.262 (0.735)	0.178** (0.080)	0.056 (0.101)
常数项	2.453* (1.441)	1.419 (3.484)	7.175*** (0.672)	6.590*** (0.728)
R-squared	0.600	0.018	0.755	0.028
样本量	591	591	19785	19785

注：*表示在10%水平上显著、**表示在5%水平上显著、***表示在1%水平上显著。

从对农户收入的影响结果来看，单独的农地确权和"三权分置"的估计参数在双向固定效应模型中都不显著，但采用工具变量法之后的估计结果表明，未实施农地确权的"三权分置"政策会促使农户收入下降。从农地确权和"三权分置"的协同效应来看，"三权分置"改革实施后的农地确权促进农户收入显著增长。总体来看，农地确权能否发挥收入的提升作用取决于"三权分置"改革是否开展。"三权分置"改革实施前,农地确权对村集体和农户收入的影响均不显著,但"三权分置"改革实施后,农地确权则显著提升了村集体和农户的收入。此外,研究发现村集体经济收入($lnincome_{vt}$)对农户收入的影响不显著,这可能是因为村集体经济收入主要用于经营支出、管理费用、村干部报酬等,对农户收入作用有限。

2. 稳健性检验

本部分开展了一系列稳健性检验。首先,考虑到"三权分置"政策效果存在滞后性,从中央政策的发布实施,再到地方政府研讨实施方案,最后到农户实践政策,整个过程需要较长的时间。尤其是农户的实践阶段,虽然"三权分置"政策在2014年已经提出,但关于"三权分置"中土地经营权的规定仍然模糊不清,中央提出"可转让、可抵押"经营权,未得到法律的承认。部分土地经营者并不清楚自己到底享有什么权利,以及如何得到法律承认和保障。对现实中出现的土地承包户和土地经营者之间的法律争执,地方部门对于如何处理无从把握。这可能导致农户对"三权分置"政策持观望态度。因此,我们删除了"三权分置"初期的2015年数据,仅保留2013年和2017年的数据,在工具变量法的基础上展开稳健性检验,研究发现(见表6—8第1、4列)核心自变量的估计结果与表6—7相一致。

表6—8　　　　　　　稳健性检验

	因变量: $lnincome_{vt}$ 集体经济收入对数			因变量: $lnincome_{it}$ 农户收入对数		
	(1)	(2)	(3)	(4)	(5)	(6)
	删除2015	Tobit模型	其他控制	删除2015	Tobit模型	其他控制
$tenure_{vt}$	−13.664 (8.911)	−0.943 (0.580)	1.705 (9.041)	−4.671 (3.723)	0.042 (0.063)	1.729* (1.028)
$reform_{vt}$	−3.353* (1.728)	−1.131 (0.874)	−3.341 (2.207)	−0.884** (0.358)	−0.349*** (0.094)	−1.021*** (0.393)
$tenure_{vt} * reform_{vt}$	5.341*** (1.987)	3.652*** (1.170)	8.027** (3.935)	0.994*** (0.379)	0.680*** (0.127)	1.978*** (0.652)
$treat_v$	−0.047 (0.865)	−0.654 (0.436)	−1.098 (0.717)	−0.108 (0.184)	−0.039 (0.049)	−0.026 (0.099)

续表

	因变量: $lnincome_{vt}$ 集体经济收入对数			因变量: $lnincome_{it}$ 农户收入对数		
	(1)	(2)	(3)	(4)	(5)	(6)
	删除2015	Tobit 模型	其他控制	删除2015	Tobit 模型	其他控制
$lnincome_{vt}$	—	—	—	−0.057 (0.051)	0.012 (0.015)	−0.006 (0.008)
$village\_democracy$	—	—	−0.910 (1.598)	—	—	0.157 (0.209)
$financial\_disclosure$	—	—	1.407** (0.660)	—	—	0.097 (0.087)
$pension\_insurance$	—	—	−1.680 (2.332)	—	—	0.041 (0.274)
$health\_insurance$	—	—	−0.042 (1.556)	—	—	−0.048 (0.201)
$R\text{-}squared$	0.051	—	0.063	0.026	—	0.067
样本量	591	591	591	19785	19785	19785

注：*表示在10%水平上显著、**表示在5%水平上显著、***表示在1%水平上显著。括号内为聚类稳健标准误。

其次，本部分为了解决因变量可能存在的零值问题，采用Tobit模型进行回归，回归结果与表6—7一致。最后，实证分析中进一步控制了一些影响集体经济收入或农户收入的特征变量。例如，乡村治理水平可能会影响集体经济和农户收入水平，朱冬亮（2020）指出，新型经营主体必须借助地方政府和村干部力量以降低土地流转的成本，村干部与村集体往往通过土地流转这个关键环节对接和"俘获"外部输入的资源，这弱化甚至排斥了普通小农对接外部资源的机会。可见，如果村庄民主程度较高，越可能抑制"三权分置"下农地确权对农户收入的负面影响。此外，逐步完善的社会保障制度有助于替代土地的生活保障与保险功能，保护低收入群体的收入和生活质量。因此，本部分进一步控制了村庄民主（村庄层面的主动参与村庄选举投票的农户比率，%）、财务公开（村庄每年财务公开的频率）、养老保险（新型农村社会养老保险，%）和医疗保险（村庄新型农村合作医疗与城乡居民合作医疗保险的覆盖率，%）4

个控制变量,来控制乡村治理和社会保障特征。研究发现除了财务公开会显著提升村集体经济收入之外,其他变量的估计参数皆不显著。在控制这些变量之后,估计结果与主结果相一致。

3. 影响机制分析

为了考察"三权分置"下农地确权对集体经济收入影响的作用机制,本部分考查的村庄层面的机制变量包括:村土地流转给企业面积的对数($lnland\_Firm_{vt}$),村土地流转给村内农户面积的对数($lnland\_HH_{vt}$),以及村庄集体排灌支出的对数($irrigation_{vt}$)。结果表明,"三权分置"前的农地确权对这些村庄层面的机制变量没有显著影响。而"三权分置"后的农地确权,显著增加了村土地流转给企业的面积,减少了村土地流转给村内农户面积,与此同时,村集体增加了对排灌这一农业生产的公共支出。这一结果表明,"三权分置"后的农地确权促进了土地流转给以企业为代表的新型经营主体,并且村集体充当提供农业生产公共服务的角色。

本部分考察"三权分置"下农地确权对农户收入影响的作用机制。因为数据限制,本部分考察了文献综述讨论的部分机制。机制变量包括:土地转入($lnland_{it}$),表示为农户转入耕地面积(亩)的对数值(因为 CLDS 数据中,没有土地转出数据,因此,我们采用土地转入来表示农业经营规模的变化);农户非农就业($nonfarm_{it}$),表示为农户非农就业人数占家庭劳动力人数的比例。机械投资($lnmach_{it}$),表示为农户投入到农业生产的拖拉机和大型农业机械的价值(万元,2010 年价格)的对数值。结果表明,"三权分置"实施之前的农地确权对农户的土地转入、非农就业、农业机械投资均无显著的影响;"三权分置"实施后的农地确权,会促使土地转入减少、非农就业增加,农机投入减少。本部分认为,综合看来,"三权分置"下的农地确权促使承包户退出农业生产、增加非农活动,并且随着规模化经营和新型经营主体的发展,农业社会化服务体系变得更加发达,"三权分置"下的农地确权往往促使社会化服务外包,挤出了农户私人投资。

表 6—9　"三权分置"下农地确权收入效应的机制分析

	$lnland\_Firm_{vt}$	$lnland\_HH_{vt}$	$lnirrigation_{vt}$	$lnland_{it}$	$nonfarm_{it}$	$lnmach_{it}$
$tenure_{vt}$	0.253	1.278	0.116	0.225	0.012	−0.266
	(0.725)	(1.169)	(0.159)	(0.217)	(0.156)	(0.226)
$reform_{vt}$	−0.439**	0.401*	0.286**	−0.257***	0.165***	0.120***
	(0.216)	(0.213)	(0.120)	(0.091)	(0.056)	(0.045)
$tenure_{vt} * reform_{vt}$	0.662*	−0.684*	0.319*	−0.396***	0.498***	−0.252***
	(0.390)	(0.350)	(0.163)	(0.093)	(0.153)	(0.075)
$treat_v$	−0.023	0.093	0.018	−0.011	0.034**	0.018
	(0.066)	(0.112)	(0.083)	(0.022)	(0.015)	(0.012)
控制变量	是	是	是	是	是	是
年份固定效应	是	是	是	是	是	是
个体固定效应	是	是	是	是	是	是
样本量	591	591	591	19785	19785	19785
R 平方	0.0559	0.0559	0.0717	0.0662	0.0662	0.0662

注：*表示在10%水平上显著、**表示在5%水平上显著、***表示在1%水平上显著。

4. 异质性分析

从地区异质性视角看，"三权分置"下的农地确权对东部地区集体经济的正向影响明显，可促使收入上升23%，而中西部地区作用式微。这是因为集体经济收入来源主要靠城市化、工业化进程中土地的出租、出让或开发，东部经济发达地区对搞活土地经营权有更强烈的需求，更易于盘活经营权、进而惠及集体经济。土地流转过程中，村集体经济组织充当中介组织，并抽取部分作为公共使用，这意味着东部地区盘活经营权对集体经济获取更多农业用地出租收入更加有利。此外，村集体土地及其相关资源快速流向潜在利润更高的非农产业，并转型为非农化的集体经济。而东部地区的非农产业相对更加发达，这也为"三权分置"下农地确权促进集体经济发展创造了条件。相比之下，中西部地区，由于城市化与工业化进程相对落后，原本"空壳化"的集体经济仍然难以盘活，农村集体经济持续弱化和边缘化的趋势没有改变。整体而言，在"三权分置"下集体经济发展在区域间的"马太效应"可能日益加剧。

与集体经济影响不同的是，"三权分置"下农地确权主要促使了中西部地区农户的收入增长。表6—10第4、6列的估计结果表明，"三权分置"下农户确权与村庄确权主要促使了中西部地区农户收入增长3.482%与3.822%，对于东部地区农户收入而言影响不显著。本部分基于基期是否有转入土地将农户区分为基期纯承包户和基期转入户，"三权分置"下村庄确权会显著促使基期纯承包户和基期转入户的收入同时上升。

表6—10 "三权分置"下农地确权对收入影响的异质性分析

	因变量：$lnincome_{vt}$ 集体经济收入对数		因变量：$lnincome_{it}$ 农户收入对数			
	(1)	(2)	(3)	(4)	(5)	(6)
	东部	中西部	东部	中西部	纯承包户	转入户
$tenure_{vt}$	28.292 (42.778)	-11.347 (9.294)	-1.660 (1.136)	3.403** (1.665)	2.083** (1.033)	-3.811 (3.115)
$reform_{vt}$	-8.367 (6.935)	1.284 (4.026)	-0.125 (0.654)	-1.721*** (0.476)	-0.754* (0.426)	-1.387 (0.925)
$reform_{vt}*tenure_{vt}$	23.036* (13.278)	0.363 (6.489)	0.594 (1.010)	3.822*** (0.920)	1.484** (0.712)	2.972** (1.360)
$treat_v$	0.633 (3.390)	-1.353 (0.845)	-0.151 (0.146)	0.000 (0.146)	-0.036 (0.105)	-0.076 (0.346)
$lnincome_{vt}$	—	—	-0.042** (0.019)	-0.002 (0.009)	-0.000 (0.008)	-0.031 (0.020)
控制变量	是	是	是	是	是	是
时间固定效应	是	是	是	是	是	是
个体固定效应	是	是	是	是	是	是
R-squared	0.018	0.018	0.028	0.028	0.0567	0.0567
样本量	237	354	8107	11678	17712	2073

注：*表示在10%水平上显著、**表示在5%水平上显著、***表示在1%水平上显著。

5. 拓展分析

本部分进一步分析了"三权分置"下的农地确权对农户收入差距和共同富裕的影响。估计结果发现，"三权分置"下的村庄确权有利于农户收入差距缩小和农户达到共同富裕，如表6—11所示。可能的原因在于，由异质性分析发现，无论是纯承包户还是转入户，都可以在农地产权改革中受益,"三权分置"下的农地确权能够促进农村的包容性增长。

表6—11 "三权分置"下农地确权对农户收入差距的影响

	农户收入差距		是否共同富裕	
	(1)	(2)	(3)	(4)
	基尼系数	泰尔指数	固定效应	工具变量
$tenure_{vt}$	−0.287 (0.377)	−0.074 (0.926)	0.030 (0.034)	0.057 (0.108)
$reform_{vt}$	0.148 (0.122)	0.336 (0.302)	−0.028 (0.025)	−0.081 (0.065)
$tenure_{vt} * reform_{vt}$	−0.358* (0.210)	−0.722* (0.352)	0.049* (0.030)	0.297* (0.132)
$treat_v$	0.053 (0.034)	0.150* (0.084)	0.017 (0.016)	0.019 (0.017)
$lnincome_{vt}$	0.004* (0.003)	0.010 (0.006)	0.0001 (0.001)	−0.0001 (0.001)
时间固定效应	是	是	是	是
个体固定效应	是	是	是	是
Observations	13,314	13,314	20,501	20,501
R-squared	0.533	0.539	0.751	0.426

注:*表示在10%水平上显著、**表示在5%水平上显著、***表示在1%水平上显著。

第二节 农地"三权分置"政策的农户增收效应

农地"三权分置",是中国共产党建党百年以来的一次重大制度创新。"三权分置"开辟了中国农业农村现代化的新路径,夯实了乡村振兴的基石。自党的十八大以来,中国全面总结地方土地流转的实践经验,于2014年确立了农地所有权、承包权、经营权"三权分置"的农村土地产权制度。2019年修订的《中华人民共和国农村土地承包法》进一步从法律意义上明晰了"三权分置"的法律效力。农地"三权分置",实现了由农地集体所有权和农户土地承包经营权的"两权分离"向"三权分置"的转变,标志着土地经营权的引入,这是对中国特色土地产权制度的进一步丰富。

本节首先研究了"三权分置"政策的农户行为响应机制和增收效应,在此基础上,继续探究了"三权分置"对于经营权主体(新型农业经营主体)和所有权主体(村集体经济组织)的影响,并进一步着重探讨了新型农业经营主体和村集体经济对农户收入的带动作用。从农户视角看,"三权分置"促使农户耕地转出租金提升、农业投资增加、农业生产率提高、本地非农就业增加,进而促进了农户收入增长。从关联主体作用带动效应来看,"三权分置"主要通过工商资本下乡和集体经济发展促进农户增收。在农业农村现代化进程中,我国应统筹推进要素市场化配置、农村集体产权制度、农业经营体制等改革,在"三权"主体协同发展中探索农民同步实现共同富裕的道路。

一 "三权分置"的农户行为响应机制及其增收效应

(一)问题的提出

当前我国农村居民整体收入水平较低。尽管精准扶贫等战略消除了现行扶贫标准下的绝对贫困,但在消除绝对贫困后,仍有较大规模农村居民的经济状况处于低收入水平。现有研究多从收入分配制度、财政政策、稳定就业等角度展开分析我国农村居民收入影响因素和路径,但鲜有研究从土地要素市场的角度出发,实证检验农村土地产权制度改革对农户收入的影响及其影响机制。事实上,土地作为大部分农民获得生存和就业保障的基础,盘活农村土地资源,撬动其他要素支持乡村发展,是促进农民增收的重要途径。

自2014年"三权分置"政策确立以来,对于拥有土地承包经营权的农户而言,"三权分置"所引致的收入效应尚缺乏论证。2016年10月中共中央办公厅、国务院办公厅发布《关于完善农村土地所有权承包权经营权分置办法的意见》,首次规定所有权、承包权、经营权"三权"主体有其相应的占有、使用、收益和处分的权利和权能,这意味着"三权"主体都可以参与土地经营收益分配的协商博弈。

"三权分置"改革的主旨，在于提升所有权、承包权和经营权三方主体的权益，重点让农民成为真正的受益者，实质是对农村土地要素市场制度的完善。但有学者担忧，"三权分置"下，村集体所有权实践实体化、农户承包权实践股份化资产化、经营权实践地位市场化，进而显现出村集体所有权和新型农业经营主体经营权地位强化、农户承包权地位弱化的新态势（朱冬亮，2020）[1]。因此，本部分从农户的行为响应机制入手，利用大样本数据，研究"三权分置"后农户的行为相应及其增收效应。

（二）相关文献综述和机理分析

早期文献主要讨论了土地流转的收入效应。随着研究进展，一些研究开始关注农地确权对于土地流转的影响，但这类研究并未把研究链条延伸至收入。有学者认为，土地流转对租出户与租入户的收入影响不同。例如，李庆海等（2014）的实证研究表明，租出户的收入效应更高[2]。他们基于2003—2009年817个样本农户的面板数据、利用多重内生处理效应模型的两阶段估计对农户土地租赁行为的福利效应进行估计，结论表明租入土地使农户的纯收入提高了6.79%，租出土地使农户的纯收入增加了8.03%。

主流观点认为农地确权能够有效保障农民的土地权益、降低交易成本，促进农户农地流转。但也有可能因强化的"禀赋效应"而抑制土地流转。"禀赋效应"的作用机制在于，农地确权有可能诱致土地流转租金大幅提升、进而抑制土地流转。程令国等（2016）研究发现：与非确权村相比，确权村的农户的土地租金率显著高出约43%；而在村庄层面上，确权村的土地租金率甚至高出70.5%—77.8%[3]。另有学者给出了政策渐进影响的判断，王士海和王秀丽

---

[1] 朱冬亮：《农民与土地渐行渐远——土地流转与"三权分置"制度实践》，《中国社会科学》2020年第7期。

[2] 李庆海、李锐、王兆华：《农户土地租赁行为及其福利效果》，《经济学（季刊）》2011年第1期。

[3] 程令国、张晔、刘志彪：《农地确权促进了中国农村土地的流转吗？》，《管理世界》2016年第1期。

(2015)指出农地确权对土地流转的影响在短期内难以体现[①],至少有43%的受访农户没有感受到土地确权对其流转出土地意愿有影响;不过,长期来看,更加愿意流出土地的人会不断增加。

"三权分置"改革下,是否会有较为稳定的土地流转和合约性的土地流转,进而能够增加转入户的长期投资?学界普遍认为,不完整产权下农户土地投资积极性受挫,降低了土地边际生产率,可能会以"掠夺式"方式经营土地。例如,俞海等基于20世纪80年代初期和2000年的吉林、黑龙江、北京、河北、江苏和浙江的土壤实验数据发现,和没有土地流转的样本相比(控制其他因素),有土地流转样本的土壤有机质含量平均下降1.94克/千克。邵亮亮等(2011)基于2000年和2009年河北、辽宁、陕西、浙江、四川和湖北6省的入户调研发现,在施用有机肥决策上,农户在转入地上施用的概率要比在自家地上施用的概率平均低20%[②]。这些都反映了农户因产权不稳定,从而减少了投资,最终造成土壤长期肥力的损耗。

稳定的土地产权可能会有利于农业投资。黄季焜和冀县卿(2012)针对有机肥施用的实证研究、姚洋(1998)通过对绿肥施用的实证研究,充分证明稳定的土地产权对土地投入有重大的影响作用,特别能够促进与特定地块相连的农业长期投资[③]。但是,农地确权对于与特定地块不相连的农业投资影响而言,Feder等人(1992)对东北的实证研究[④]、应瑞瑶等(2018)基于2010—2015年农业部农村固定观察点搭载问卷面板数据研究,都发现农地产权稳

---

① 王士海、王秀丽:《农村土地承包经营权确权强化了农户的禀赋效应吗?——基于山东省117个县(市、区)农户的实证研究》,《农业经济问题》2018年第5期。

② 邵亮亮、黄季焜、Rozelle Scott、徐志刚:《中国农地流转市场的发展及其对农户投资的影响》,《经济学(季刊)》2011年7月。

③ 黄季焜、冀县卿:《农地使用权确权与农户对农地的长期投资》,《管理世界》2012年第9期。

姚洋:《农地制度与农业绩效的实证研究》,《中国农村观察》1998年第6期。

④ Feder G., Lau L. J., Lin J. Y., Luo X., "The Determinants of Farm Investment and Residential Construction in Post-Reform China", *Economic Development and Cultural Change*, Vol. 41, No. 1, 1992.

定性对农业机械投资并无显著影响[①]。另有学者指出地权稳定性对中国农地投资影响不大。例如，钟甫宁和纪月清（2009）基于2006年江苏、黑龙江和新疆的农户调查，研究发现地权的稳定性对农户农业投资总量并没有显著的直接影响；如果没有非农就业机会，土地产权并不会扩大农户的土地经营规模并刺激农业投资[②]。综合看来，土地确权对不同类型的农户投资构成了差异化影响，其对农户收入的进一步中介效应是不确定的。

农户在劳动力与土地两个要素市场上往往是联合决策的，非农就业一般与土地的租出概率呈正相关、与土地的租入概率呈负相关。黄宇虹、樊纲治（2017）认为农地确权赋予农户稳定的土地产权，降低了土地与低效率农业生产劳动力的捆绑，实现了农村剩余劳动力的彻底解放，促进了农民的非农就业[③]。许庆等利用2011年"中国健康与养老追踪调查"（CHARLS）数据研究结果表明，农地确权明显增加流转面积，而且激励了劳动力外出就业。在一项新近的研究中，李江一利用中国家庭金融调查（CHFS）面板数据，采用双重差分模型（DID）研究发现，农地确权可使参与非农业劳动的农民数量增加约6.5%，而且，农地确权后增加的非农业劳动参与者主要来源于农村闲置劳动力。另有研究发现，农地确权所伴随的农地转出过程可提高农户的人力资本（非农培训比例），促进职业分层和职业声望，从而达到减贫增收的效果。本部分认为，土地确权会通过非农就业进一步促使总收入上升。

对于"三权分置"下的土地转入主体的变化，如果说是规模化的新型经营主体，则土地的规模经济会更大、技术效率会提高更快。"三权分置"下，规模化的新型经营主体，容易获得土地经营权抵押

[①] 应瑞瑶、何在中、周南、张龙耀：《农地确权、产权状态与农业长期投资—基于新一轮确权改革的再检验》，《中国农村观察》2018年第3期。

[②] 钟甫宁、纪月清：《土地产权、非农就业机会与农户农业生产投资》，《经济研究》2009年第12期。

[③] 黄宇虹、樊纲治：《土地经营权流转与农业家庭负债状况》，《金融研究》2017年第12期。

贷款，扩大规模，技术革新，收入更快增长。依靠土地流转市场和村级中介组织的土地流转对农户收入的影响是否会有所不同？依靠土地流转市场和村级中介组织的土地流转对能否通过土地租金增加，使得租出户获得更高的收入？

总结而言，"三权分置"变革后，农户土地流转行为、农地投资、信贷获取和农业生产率都会发生改变。农户的土地流转结构会更多转向新型经营主体，并且从事非农就业。"三权分置"对会改善农户的地力投资，提高农户的劳动生产率。

（三）数据来源、模型设定和变量定义

1. 数据来源

本节主要使用了农业农村部的全国农村固定观察点数据、浙大卡特企研中国涉农研究数据库（CCAD）和"三权分置"的地方法规文件。此外，本节还使用了《中国统计年鉴》《中国城市统计年鉴》和《中国人口和就业统计年鉴》的数据来衡量区域层面的经济发展水平。

"三权分置"作为一项政策改革，2014 年由中央正式提出、2019 年在法律上予以明晰。"三权分置"在地方执行时间节点上有先后之分，本节通过北大法宝数据库检索关于"三权分置"改革政策的省级实施政策，来确定每一个村庄所在的省份开始进行"三权分置"改革的时间节点。自 2014 年"三权分置"政策确立伊始，全国有 17 个省市陆续出台了"三权分置"政策文件（2014 年之前没有任何有关"三权分置"的政策文件）。本节参照 Chari et al. (2021) 的做法，利用"渐进倍差法"来识别"三权分置"的因果效应，设立如下回归模型（6—5）和（6—6）。

$$lnhh\_inc_{it} = \alpha_0 + \alpha_1 \cdot policy_{it} + \alpha_2 \cdot Z_{it} + \mu_t + \omega_i + \varepsilon_{it} \tag{6—5}$$

式中，$lnhh\_inc_{it}$ 表示农户 i 第 t 年的家庭总收入对数值（2010 年价格），$policy_{it}$ 表示农户 i 所在省份于 2014 年"三权分置"政策确立后的第 t 年，是否出台具体实施法规（0—1 虚拟变量）。此外，我们还纳入了影响农户家庭总收入的各类控制变量（Z_{it}）。本节在回归模型中控制了年份固定效应 μ_t 和农户固定效应 ω_i，ε_{it} 为残差。

为了进一步检验"三权分置"立法效应(即2019年《中华人民共和国农村土地承包法》修订),本节将law_t(2019年虚拟变量)与$policy_{it}$的交互项纳入模型中,其估计参数表示"三权分置"政策在法律明晰后的滞后影响。

$$lnhh\_inc_{it}=\beta_0+\beta_1 \cdot policy_{it}+\beta_2 \cdot policy_{it} \cdot law_t+\beta_3 \cdot Z_{it}+\mu_t+\omega_i+\varepsilon_{it}$$
(6—6)

2. 变量定义

所有收入相关的变量都剔除了累计价格指数。变量$lnhh\_inc_{it}$表示为农户家庭总收入对数值,样本期间内,按2010年价格计算,农户的总收入约为5.55万元。在农户收入方程中,本节纳入重要的农户特征变量。其中,$labor_{it}$表示农户劳动力人数;$capital_{it}$表示农户生产性资产原值(2010年价格),包括了役畜、大中型铁木农具、农林牧渔机械、工业机械、运输机械、生产用房、设施农业固定资产等;$land_{it}$表示农户经营的耕地面积;$gender_{it}$表示户主性别,男性为1、女性为0;age_{it}表示户主年龄,为连续变量,我们还控制了户主年龄的平方项age_{it}^2;户主健康为虚拟变量组,丧失劳动力为基准,设置了差($health1_{it}$)、中($health2_{it}$)、良($health3_{it}$)、优($health4_{it}$)4个健康虚拟变量;edu_{it}为户主受教育年限;$skill_{it}$为户主是否受过农业技术教育或培训(0—1虚拟变量)。

本节还纳入了反映村庄控制变量以及农户所在省份的特征变量,为避免此类控制变量的内生性问题,我们都采用滞后期变量的方式纳入模型。$vil\_inc_{v(t-1)}$表示滞后1期的村庄人均纯收入(元,2010年价格);$infra_{v(t-1)}$表示滞后1期的村庄亩均生产性投资(元/亩,2010年价格),包括了农田基本建设、电网的建设与改造、农村田间道路修建、植树造林生态环境建设、小水利工程修建等;$road_{v(t-1)}$表示滞后1期的村庄离公路干线距离(公里);$str_{v(t-1)}$表示滞后1期的村庄农林牧渔业产值占比(%)。$agdp_{p(t-1)}$表示滞后1期的村庄所在省份的人均GDP(元,2010年价格);$fiscal_{p(t-1)}$表示滞后1期的村庄所在省份的农业财政支出占GDP比重(%);$road_{p(t-1)}$表示滞后 1 期的村庄所在省份的公路密度（千米/平方公里）；$str_{p(t-1)}$ 表示滞后 1 期的村庄所在省份的第一产业产值占比（%）。

表 6—12　　　　　　　　　农户样本的描述性统计

变量名称	变量含义	均值	标准差
hh_inc_{it}	农户家庭总收入（元，2010 年价格）	55509.681	53253.763
$policy_{it}$	农户 i 所在省份于"三权分置"政策确立后的第 t 年，出台具体的实施政策（0—1 虚拟变量）	0.242	0.429
law_t	2019 年=1，其他=0	0.062	0.231
$labor_{it}$	家庭劳动力人数（人）	2.382	1.262
$capital_{it}$	家庭生产性资产（元，2010 年价格）	8500.011	22110.032
$land_{it}$	家庭耕地经营面积（亩）	7.395	20.965
$gender_{it}$	户主性别（0=女，1=男）	0.923	0.265
age_{it}	户主年龄（岁）	56.860	11.213
$health4_{it}$	户主健康程度优（0—1 虚拟变量，基准为丧失劳动力）	0.485	0.499
$health3_{it}$	户主健康程度良（0—1 虚拟变量，基准为丧失劳动力）	0.304	0.460
$health2_{it}$	户主健康程度中（0—1 虚拟变量，基准为丧失劳动力）	0.122	0.327
$health1_{it}$	户主健康程度差（0—1 虚拟变量，基准为丧失劳动力）	0.062	0.240
edu_{it}	户主文化程度（在校几年）	6.889	2.573
$skill_{it}$	户主是否受过农业技术教育或培训（0—1 虚拟变量）	0.046	0.210
$vil\_inc_{v(t-1)}$	滞后 1 期的村庄人均纯收入（元，2010 年价格）	11045.371	16365.462
$infra_{v(t-1)}$	滞后 1 期的村庄亩均生产性投资（元/亩，2010 年价格）	15361.482	78556.187
$road_{v(t-1)}$	滞后 1 期的村庄离公路干线距离（公里）	3.072	10.465
$str_{v(t-1)}$	滞后 1 期的村庄农林牧渔业产值占比（%）	46.908	28.514
$agdp_{p(t-1)}$	滞后 1 期的村庄所在省份的人均 GDP（元，2010 年价格）	38032.842	16001.579
$fiscal_{p(t-1)}$	滞后 1 期的村庄所在省份的农业财政支出占 GDP 比重（%）	2.956	1.822
$road_{p(t-1)}$	滞后 1 期的村庄所在省份的公路密度（千米/平方公里）	0.912	0.419
$str_{p(t-1)}$	滞后 1 期的村庄所在省份的第一产业产值占比（%）	10.504	4.496

(四) 实证结果

表6—13展示了"三权分置"对农户收入影响的回归结果，因变量为农户家庭总收入的对数值，所有模型都控制了年份和农户固定效应。第（1）列仅纳入核心自变量$policy_{it}$，研究发现，"三权分置"政策确立可促使农户收入增长1.9%，约为1054元/户。客观看来，"三权分置"的农户增收效应虽然显著，但相比户均5.5万元的收入而言，增收幅度仍是比较有限的。第（2）列额外纳入$policy_{it} \cdot law_t$，研究发现，控制了立法时间与政策交互项之后，政策的偏效应（$policy_{it}$的估计参数）有所下降，而"三权分置"法律明晰可以促使农户收入增长2.1%。第3、4、5列分别控制了农户、农村、省份特征变量，估计结果基本稳健。总体看来，"三权分置"的政策确立对农户收入有一定的积极影响，而且该效应在2019年《中华人民共和国农村土地承包法》修订之后有所加强。

表6—13 "三权分置"对农户收入的影响基准结果

	（1）政策效应	（2）政策效应与立法强化效应	（3）控制农户特征	（4）控制农户与村庄特征	（5）控制农户、村庄与省份特征
$policy_{it}$	0.019*** (0.004)	0.018*** (0.004)	0.016*** (0.004)	0.016*** (0.004)	0.012*** (0.004)
$policy_{it} * law_t$	—	0.021*** (0.007)	0.018** (0.007)	0.020*** (0.007)	0.020*** (0.007)
$lnlabor_{it}$	—	—	0.039*** (0.002)	0.038*** (0.002)	0.038*** (0.002)
$lncapital_{it}$	—	—	0.039*** (0.002)	0.039*** (0.002)	0.039*** (0.002)
$lnland_{it}$	—	—	0.086*** (0.002)	0.086*** (0.002)	0.085*** (0.002)
$gender_{it}$	—	—	0.117*** (0.009)	0.116*** (0.009)	0.116*** (0.009)
age_{it}	—	—	0.023*** (0.001)	0.023*** (0.001)	0.024*** (0.001)
age^2_{it}	—	—	-0.0001*** (0.000)	-0.0001*** (0.000)	-0.0001*** (0.000)

续表

	（1）	（2）	（3）	（4）	（5）
	政策效应	政策效应与立法强化效应	控制农户特征	控制农户与村庄特征	控制农户、村庄与省份特征
$health1_{it}$	—	—	-0.026 (0.021)	-0.026 (0.021)	-0.027 (0.021)
$health2_{it}$	—	—	-0.011 (0.010)	-0.012 (0.010)	-0.012 (0.010)
$health3_{it}$	—	—	0.011 (0.010)	0.008 (0.010)	0.008 (0.010)
$health4_{it}$	—	—	0.051*** (0.010)	0.049*** (0.010)	0.043*** (0.010)
edu_{it}	—	—	0.006*** (0.001)	0.006*** (0.001)	0.006*** (0.001)
$skill_{it}$	—	—	0.052*** (0.008)	0.052*** (0.008)	0.049*** (0.008)
$\ln vil\_inc_{v(t-1)}$	—	—	—	0.025*** (0.002)	0.020*** (0.002)
$\ln infra_{v(t-1)}$	—	—	—	0.002*** (0.000)	0.002*** (0.000)
$road_{v(t-1)}$	—	—	—	0.001 (0.001)	0.001 (0.001)
$str_{v(t-1)}$	—	—	—	0.010 (0.007)	0.010 (0.007)
$\ln agdp_{p(t-1)}$	—	—	—	—	0.118*** (0.004)
$fiscal_{p(t-1)}$	—	—	—	—	-0.019*** (0.003)
$road_{p(t-1)}$	—	—	—	—	0.033 (0.027)
$str_{p(t-1)}$	—	—	—	—	0.009*** (0.001)
常数项	10.349*** (0.003)	10.349*** (0.003)	9.116*** (0.039)	8.946*** (0.044)	8.708*** (0.054)
年份固定效应	是	是	是	是	是
个体固定效应	是	是	是	是	是
样本量	166081	166081	166081	166081	166081
R^2	0.754	0.754	0.775	0.775	0.777

注：*表示在10%水平上显著、**表示在5%水平上显著、***表示在1%水平上显著。

为了进一步考察"三权分置"对农户收入影响的微观作用机制，本节从耕地、投资、信贷、生产率、非农就业 5 个方面展开细致分析，详见表 6—14 所示。

表 6—14　　　　　　　农户行为机制检验回归结果

	(1)		(2)		(3)	
Panel A. 耕地	$\ln s\_in_{it}$	$\ln hh\_inc_{it}$	$\ln s\_out_{it}$	$\ln hh\_inc_{it}$	$\ln s\_out\_n_{it}$	$\ln hh\_inc_{it}$
$policy_{it}$	-0.009**	0.011***	-0.015	0.012***	0.012***	0.011**
$policy_{it} * law_t$	-0.053***	0.022***	-0.068	0.023***	0.025***	0.016**
中介变量	—	0.041***	—	0.042***	—	0.064***
样本量	166081	166081	166081	166081	166081	166081
R^2	0.615	0.777	0.692	0.778	0.422	0.777
Panel B. 投资	$\ln k\_agr_{it}$	$\ln hh\_inc_{it}$	$\ln f\_agr\_fix_{it}$	$\ln hh\_inc_{it}$	$\ln k\_agr\_move_{it}$	$\ln hh\_inc_{it}$
$policy_{it}$	-0.026	0.011***	-0.013	0.011***	-0.021	0.011***
$policy_{it} * law_t$	1.159***	0.010	0.959***	0.013*	0.523***	0.016**
中介变量	—	0.008***	—	0.008***	—	0.008***
样本量	166081	166081	166081	166081	166081	166081
R^2	0.780	0.777	0.764	0.777	0.773	0.777
Panel C. 信贷	$\ln loan_{it}$	$\ln hh\_inc_{it}$	$\ln loan\_prod_{it}$	$\ln hh\_inc_{it}$	$\ln loan\_live_{it}$	$\ln hh\_inc_{it}$
$policy_{it}$	0.011	0.011**	0.028**	0.011**	-0.020	0.011***
$policy_{it} * law_t$	-0.050	0.020***	-0.017	0.020***	-0.054*	0.020***
中介变量	—	0.008***	—	0.013***	—	0.005
样本量	166081	166081	166081	166081	166081	166081
R^2	0.339	0.777	0.389	0.777	0.314	0.777
Panel D. 生产率	TFP_{it}	$\ln hh\_inc_{it}$	$\ln s\_output_{it}$	$\ln hh\_inc_{it}$	$\ln l\_output_{it}$	$\ln hh\_inc_{it}$
$policy_{it}$	0.035**	0.016***	0.080***	0.020***	0.025**	0.011**
$policy_{it} * law_t$	0.116***	0.004	0.094***	0.013*	0.089***	0.013*
中介变量	—	0.003***	—	0.032***	—	0.015***
样本量	138258	138258	116389	116389	169711	169711
R^2	0.795	0.793	0.558	0.769	0.708	0.777

续表

Panel E. 劳动力	(1)		(2)		(3)	
	lnl_agr_{it}	$lnhh\_inc_{it}$	lnl_na_{it}	$lnhh\_inc_{it}$	$lnl\_na\_local_{it}$	$lnhh\_inc_{it}$
$policy_{it}$	-0.069***	0.012***	0.138***	0.018***	0.152***	0.011***
$policy_{it} * law_t$	-0.031	0.020***	0.112***	0.016**	0.147***	0.016**
中介变量	—	0.004***	—	0.048***	—	0.039***
样本量	166081	166081	166081	166081	166081	166081
R^2	0.727	0.777	0.777	0.786	0.667	0.784

注：*表示在10%水平上显著、**表示在5%水平上显著、***表示在1%水平上显著。

（1）我们采用农户转入耕地面积对数值（lns_in_{it}）、农户转出耕地面积对数值（lns_out_{it}）以及农户转给企业或合作社的耕地面积对数值（$lns\_out\_new_{it}$）作为耕地要素中介变量。研究发现，"三权分置"（政策或立法）会显著减少农户转入面积，而非增加转出面积。可能的原因在于，"三权分置"政策确立前，土地要素流动性较为充分，多数农户已经将耕地转出；在"三权分置"政策确立后，转出户只是调整了转出对象、转出面积没有变化。与此同时，"三权分置"也促使转入户减少转入面积。需要补充的是，样本中的转入户基本是小农户（户均经营面积6.12亩）。整体来看，"三权分置"后，耕地通过转出户调整流转对象、转入户减少转入面积这两个途径，逐步向新型农业经营主体集中。本节做了进一步拓展分析，从转出对象来看，"三权分置"后农户更倾向将耕地转给新型农业经营主体（企业或合作社），尽管总体转出面积没有变化；而且"三权分置"后，农户耕地转出租金有明显上升（政策确立促使转出租金上升18.5%、法律明晰促使转出租金上升6.6%）。综合来看，"三权分置"促使农户耕地转入面积减少、转出对象变化且租金率增加，后者占主导作用，进而促进农户增收。

（2）本节采用农户的农业总投资对数值（lnk_agr_{it}）、固定型农业投资对数值（$lnk\_agr\_fix_{it}$）以及移动型农业投资对数值（$lnk\_agr\_move_{it}$）作为资本要素中介变量。研究发现，农户的固定型投资与移动型投资在"三权分置"法律明晰后都有显著增长（政策效应不显著），可能是"三权分置"立法效应引起农业劳动力减少的情景下，农户试图用设施与机械替代劳动力；也可能因为"三权分置"立法效应进一步稳定了农户承包经营权，使得农户更愿意进行农业投资。本节认为，即使对于转出户而言，沟渠建设、土地机械化整理都有利于流转时获取更高租金。

（3）我们采用农户信贷总额对数值（$\ln loan_{it}$）、农户生产性信贷对数值（$\ln loan\_prod_{it}$）以及农户生活性信贷对数值（$\ln loan\_live_{it}$）作为金融要素的中介变量。尽管农户信贷（主要是生产性信贷）有利于收入增长，但是，"三权分置"总体上对农户信贷影响不显著。虽然《中华人民共和国农村土地承包法》明确了经营权可抵押，但从农户视角看，"三权分置"立法效应对农户生产性信贷和信贷总额没有显著影响。可见，"三权分置"不仅对新型农业经营主体的有效信贷没有影响，对于农户而言，也未能通过金融要素下乡促进农户增收。

（4）我们度量了农户的全要素生产率（TFP_{it}）、土地生产率对数值（$\ln s\_output_{it}$）、农业劳动生产率对数值（$\ln l\_output_{it}$）。[①] 与预期一致，"三权分置"的政策效应与立法效应都会显著促使农户的土地生产率、农业劳动生产率与全要素生产率全面提升，进而促进农户增收。

（5）本节采用农户的农业劳动时间对数值（$\ln l\_agr_{it}$）、非农劳动时间对数值（$\ln l\_na_{it}$）；以及本地非农劳动时间对数值（$\ln l\_na\_local_{it}$）作为劳动力要素中介变量。研究发现，"三权分置"会促使农业劳动时间减少（政策效应显著、但立法效应不显著），促使

[①] 本书主要关注农户种植业的生产率情况，包括粮食作物、经济作物、果桑茶作等，所使用的变量主要有农户的农业产出、中间品投入（种子、化肥、农药等）、土地和劳动投入等。在估计农业生产函数之前，我们首先需要计算农户农业生产的增加值。农业增加值等于农业总收入减去中间品投入。对于农户的资本存量，本文采用永续盘存法进行估计。最后，使用面板数据固定效应来估计农户的农业生产函数和全要素生产率，模型中的产出是农业总产出（种植业增加值），投入要素则分别包括土地经营面积、资本和劳动投入（种植业的投工量），据此，估计出农户农业生产的全要素生产率。土地生产率采用亩均农业产出来衡量（元/亩）；劳动生产率采用劳均农业产出来衡量（元/日）。

非农劳动时间增加,特别是本地非农劳动时间增加。本节拓展分析了"三权分置"对本地非农收入与外地非农收入的影响,研究发现,"三权分置"显著促使本地非农收入增加,这意味着新型经营主体发展壮大促进了农户的本地就业效应;与此同时,"三权分置"政策会显著促使外地非农收入下降。总体而言,"三权分置"主要通过本地非农就业渠道促进了农户工资性收入的上升,这应是工商资本下乡共同作用的结果。

二 农业新型经营主体和村集体经济的农户带动效应

(一)新型农业经营主体的带动作用机理

"三权分置"改革允许多元的新型农业经营主体进入,更为适合规模化、现代化经营的农业经营,客观上提升农地的生产潜力(洪银兴和王荣,2019)。"三权分置"改革鼓励农村土地经营权以入股、合作、抵押等多种方式参与经营,实际上是赋予了土地经营权更为完整的资本属性和更为丰富的市场功能(肖卫东和梁春梅,2016)。

客观上,"三权分置"改革能够带来土地交易范围的扩大,从纵向来看,流转对象不再局限于集体经济组织成员,鼓励资本下乡流转和经营土地;从横向来看,新的产权属性带来了新的市场(例如经营权抵押市场、城乡建设用地增减挂钩市场)。现代化经营的新型农业经营主体获得更多土地并从事农业生产,必然伴随着农业资本的追加投入(孙宪忠,2016)[①]。在这一资本深化的过程中,机械化、自动化的提升能够为农户创造更多的收入。

规模化经营不仅可以通过农业生产效率提升的方式来增加农业产量,通过职业化经营、市场议价力量增加等方式提升农产品价格,还能够通过将现代农业产业链(生鲜品牌、冷链物流等)介入农业生产过程中,增加农产品的附加值。但对于小农户而言,随着土地流转市场的完善,其生产效率必然低于规模化、机械化的新型农业经营主体,这会导致小农户经营性收入减少,甚至退出农业生产从

---

① 孙宪忠:《推进农地三权分置经营模式的立法研究》,《中国社会科学》2016年第7期。

事非农就业。但同时，工商资本下乡有"规模经济""知识溢出"和"社会组织"三大正面效应（涂圣伟，2014）[1]，且能够带来较高的租金和少量的非农就业机会（焦长权和周飞舟，2016）[2]。"三权分置"下，工商资本下乡（规模化经营主体雇工）能够更多增加劳动力转移带来的非农务工收。对于不同人力资本和社会资本的劳动力来说，"三权分置"对非农收入的影响有所不同。

许多学者认为以涉农企业与合作社为代表的新型农业经营主体存在一定的农户增收效应。例如，涂圣伟（2014）认为[3]，工商资本下乡带来"规模经济效应""知识溢出效应"和"社会组织效应"三大正面效应；焦长权和周飞舟（2016）指出，"资本下乡"之后，农民与企业之间主要有两方面的联系，一是土地租金，二是少量的就业机会[4]。也有许多研究表明，参与农民专业合作社对农户收入存在积极影响。例如，蔡荣（2011）利用山东省苹果种植农户调查数据，研究表明，"合作社+农户"模式能够降低农户市场交易费用并增加农户纯收入，同市场交易模式相比，"合作社+农户"模式将使农户纯收入增加约321元/亩[5]。但是，也有学者担忧，"资本下乡"的影响存在两面性，既可以推动农业产业化、帮助农民增收；也可能攫取乡村资源、侵占农户利益（周浪，2020）[6]。综合看来，"三权分置"会促进新型农业经营主体发展壮大，进而可能产生一定积极的农户增收效应，但影响仍有待检验。

（二）村集体经济组织的带动作用机理

改革开放以来，我国农村发展取得巨大成就，但集体经济逐渐衰弱。一方面，集体经济的收益较低。2020年全国约58.7%的村集

---

[1] 涂圣伟：《工商资本下乡的适宜领域及其困境摆脱》，《改革》2014年第9期。
[2] 焦长权、周飞舟：《"资本下乡"与村庄的再造》，《中国社会科学》2016年第1期。
[3] 涂圣伟：《工商资本下乡的适宜领域及其困境摆脱》，《改革》2014年第9期。
[4] 焦长权、周飞舟：《"资本下乡"与村庄的再造》，《中国社会科学》2016年第1期。
[5] 蔡荣：《"合作社+农户"模式：交易费用节约与农户增收效应——基于山东省苹果种植农户问卷调查的实证分析》，《中国农村经济》2011年第1期。
[6] 周浪：《另一种"资本下乡"——电商资本嵌入乡村社会的过程与机制》，《中国农村经济》2020年第12期。

体经济经营收益低于 5 万元，约 28.8% 的村集体经济经营收益为 0。另一方面，集体经济统一经营日渐式微。2020 年全国人均集体经济收入约 622 元，其中人均集体经济经营性收入仅为 190 元，约占 28.71%。由于集体经济的衰弱，农村集体经济组织不仅无法为农村家庭经营提供社会化服务，甚至在公共基础设施、福利保障支出等方面也日益难以为继（高鸣、芦千文，2019）[1]。农村集体土地资源匮乏一直是困扰集体经济发展的"瓶颈"（李韬等，2021）[2]。一方面，多数村集体预留的机动地较少，无法满足集体经济发展需要。据统计，2020 年，全国集体经济组织中机动地占村总耕地面积的比例仅为 4.21%；另一方面，农村集体土地所有权存在"虚化"问题（刘守英，2022）[3]。统分结合的双层经营体制下，农村集体仅有名义上的土地所有权，而占有、使用、收益等权能均已转让，农村集体承包地所有权人（集体经济组织）无法从集体土地上实现经济权益。

学界针对集体经济发展进行了大量探讨，但鲜有研究从土地制度改革的角度展开分析。有研究针对集体经济的内涵、发展方向、实现形式进行了讨论，并普遍认为，新型农村集体经济要在坚持农村集体所有制的基础上，通过盘活农村资源、建立现代企业制度来形成和发展新业态。当然，集体经济发展也面临多种困境，比如自然资源与资产性资源的匮乏、缺乏精英和专业人才带领（张瑞涛、夏英，2020）[4]、集体资产产权不清晰、缺乏政策支持（温铁军等，2021）[5] 等。目前关注"三权分置"改革的研究多为观点类文章

---

[1] 高鸣、芦千文：《中国农村集体经济：70 年发展历程与启示》，《中国农村经济》2019 年第 10 期。

[2] 李韬、陈丽红、杜晨玮、杜茜谊：《农村集体经济壮大的障碍、成因与建议——以陕西省为例》，《农业经济问题》2021 年第 2 期。

[3] 刘守英、熊雪锋、龙婷玉：《集体所有制下的农地权利分割与演变》，《中国人民大学学报》2019 年第 1 期。

[4] 张瑞涛、夏英：《农村集体经济有效发展的关键影响因素分析——基于定性比较分析（QCA）方法》，《中国农业资源与区划》2020 年第 1 期。

[5] 温铁军、罗士轩、马黎：《资源特征、财政杠杆与新型集体经济重构》，《西南大学学报》（社会科学版）2021 年第 1 期。

(朱建江，2019)①，且多从农户和经营权主体视角（周力和沈坤荣，2022)② 展开研究，鲜有研究从集体经济发展的视角展开研究。"三权分置"改革通过何种渠道影响到农村集体经济的发展？主要可能通过以下途径两条途径：

第一，土地整理规划、集体统一流转。"三权分置"强化农地的集体所有权，能够解决"两权分离"下的土地"碎片化"问题，带动集体经济的发展。一方面，集体通过统一规划、整理后，实现土地的集中连片与增值。"三权分置"开展前，由于农户承包地的分散，诸如农田水利、农田道路建设的集体投资难度较大，因为需要与所经农地的多个农户达成一致，造成"集体行动的困境"。"三权分置"改革后，村集体经济组织可以通过农业开发项目和土地整理规划，将原有的碎片化地块合并，不仅实现了地块面积扩大，还带来了水利设施和道路设施的改善。笔者针对泰州市高港区的实地调研同样发现，"三权分置"改革后，村集体普遍能够因为土地整理产生新增耕地，这部分土地资源村集体经济组织可以获得流转收益。另一方面，土地经过统一规划和集中整理后，村集体经济组织可以介入到土地流转过程中，收取一定的管理费用。

第二，新型主体带动，创新互动经营。集体经济组织在"三权分置"改革后能够通过与下乡企业、农业合作社和家庭农场等新型经营主体有效互动，引领产业发展，壮大集体经济。一方面，农村集体经济组织可以通过"三权分置"后新增的土地资源入股新型经营主体，实现集体经济收益的增加。例如，孔祥智（2020)③ 的研究指出，不少地区的村集体将"三权分置"改革后新增的土地资源入股企业，不仅获得分红收入，还能利用企业招商引资来向政府争

---

① 朱建江：《农村集体土地所有权实现与集体经济发展壮大》，《毛泽东邓小平理论研究》2019 年第 10 期。
② 周力、沈坤荣：《中国农村土地制度改革的农户增收效应——来自"三权分置"的经验证据》，《经济研究》2022 年第 5 期。
③ 孔祥智：《产权制度改革与农村集体经济发展——基于"产权清晰+制度激励"理论框架的研究》，《经济纵横》2020 年第 7 期。

取项目资金。还有的地区将集体土地作价入股,和本集体经济组织农户共同出资,创办专业合作社,实现集体经济的壮大(高海,2014;简新华、李楠,2017;苏昕等,2021)①;另一方面,村集体经济组织可以通过村企合作、组织家庭农场适度规模化经营等模式壮大集体经济。例如,周娟(2020)的研究指出,村集体具有乡村社会关系网络的先天优势,通过开展"公司+集体经济组织+农户"的经营模式,不仅可以降低企业的组织成本,还可以增加集体经济的收入②。再如,李宁和汪险生(2018)在针对上海松江家庭农场经营模式的案例研究中发现,"三权分置"后,村集体首先通过组织土地流转到村集体,再在村内部遴选农户进行适度规模经营,村集体在这一过程中通过构建良好的农业社会化服务体系进行全方位的配套支持,引导了农业生产分工、实现了村集体经济的壮大。潘璐(2021)的研究则认为,集体经济组织能够通过土地要素整合、提供技术和市场服务等方式与农户和家庭农场建立联结机制,实现村庄产业规模化和集体经济发展③。

概言之,"三权分置"改革后,村集体经济组织可以实现土地集体所有权,对分散占有的土地承包权和土地经营权加以整合,不仅可以获得新增土地的增值收益和统一集中流转的管理费,还能够在这一过程中吸引农业经营新型主体,并通过集体土地入股、合作经营等方式壮大集体经济。

(三)实证检验结果

本节进一步采用涉农企业收入($lnco\_inc_{it}$)、农民专业合作社收

---

① 高海:《农民合作社促进集体经济实现的制度解构——黑龙江省新兴村的例证》,《农业经济问题》2014年第2期。

简新华、李楠:《中国农业实现"第二个飞跃"的路径新探——贵州省塘约村新型集体经营方式的调查思考》,《社会科学战线》2017年第12期。

苏昕、付文秀、于仁竹:《互惠共生:村干部领办型合作社的成长模式——以山东省南小王合作社为例》,《经济社会体制比较》2021年第6期。

② 周娟:《农村集体经济组织在乡村产业振兴中的作用机制研究——以"企业+农村集体经济组织+农户"模式为例》,《农业经济问题》2020年第11期。

③ 潘璐:《村集体为基础的农业组织化——小农户与现代农业有机衔接的一种路径》,《中国农村经济》2021年第1期。

入（lncoop_inc$_{it}$）、家庭农场收入（lnfarm_inc$_{it}$）作为中介变量展开分析，详见表6—15所示。研究发现，"三权分置"政策显著促进了工商资本下乡，后者营业收入增长对农户也有显著的积极影响。涉农企业资本深化的过程，往往也伴随着科技、品牌、金融等现代要素下乡。本节研究发现，"三权分置"政策促使了涉农企业专利（lnco_patent$_{it}$）和品牌（lnco_brand$_{it}$）增加（但是，立法强化效应对企业专利、品牌没有显著影响），进一步看，这些现代要素下乡对农户收入产生积极影响。我们采用3公里半径重新识别了新型农业经营主体的数据，研究发现结果是稳健的。本节进一步使用了"公司+农户"订单农业销售收入展开拓展分析，研究发现，法律明晰后"三权分置"政策促使"公司+农户"订单农业销售收入增长4.6%。

表6—15　　新型经营主体与村集体经济的中介效应回归结果

	（1）		（2）		（3）	
Panel A. 新型主体	lnco_inc$_{it}$	lnhh_inc$_{it}$	lncoop_inc$_{it}$	lnhh_inc$_{it}$	lnfarm_inc$_{it}$	lnhh_inc$_{it}$
policy$_{it}$	0.065**	0.013**	0.158	0.012***	−0.022	0.014***
policy$_{it}$ * law$_t$	0.031***	0.019***	0.386	0.017**	0.031	0.021***
中介变量	—	0.006***	—	0.002***	—	0.026***
样本量	2451	118739	2451	118739	2451	118739
R^2	0.977	0.819	0.985	0.819	0.845	0.819
Panel B. 企业要素	lnco_patent$_{it}$	lnhh_inc$_{it}$	lnco_brand$_{it}$	lnhh_inc$_{it}$	lnco_credit$_{it}$	lnhh_inc$_{it}$
policy$_{it}$	0.062*	0.012**	0.10^9**	0.011***	0.072	0.011***
policy$_{it}$ * law$_t$	0.032	0.018**	0.059	0.020***	0.025	0.020***
中介变量	—	0.024***	—	0.007***	—	0.002
样本量	2451	118739	2451	118739	2451	118739
R^2	0.412	0.777	0.523	0.777	0.404	0.777
Panel C. 集体经济	lncol_inc$_{it}$	lnhh_inc$_{it}$	lncol_inc_bus$_{it}$	lnhh_inc$_{it}$	lncol_exp$_{it}$	lnhh_inc$_{it}$
policy$_{it}$	0.303*	0.018***	0.233	0.011***	0.160	0.012***
policy$_{it}$ * law$_t$	0.285	0.017***	0.258	0.019***	0.145	0.018**
中介变量	—	0.003***	—	−0.001	—	0.004***

续表

Panel C. 集体经济	(1)		(2)		(3)	
	$lncol\_inc_{it}$	$lnhh\_inc_{it}$	$lncol\_inc\_bus_{it}$	$lnhh\_inc_{it}$	$lncol\_exp_{it}$	$lnhh\_inc_{it}$
样本量	3674	166081	3674	166081	3674	166081
R^2	0.664	0.780	0.585	0.777	0.635	0.777

注：*表示在10%水平上显著、**表示在5%水平上显著、***表示在1%水平上显著。模型中还纳入农户、村庄及省份特征变量和常数项。CCAD有关新型农业经营主体的收入数据来自于2013—2019年的年报数据，因此，使用相关变量的样本区间为2013—2019年。

其次，"三权分置"政策对涉农企业的信贷（$lnco\_credit_{it}$）没有显著影响。这意味着《中华人民共和国农村土地承包法》修订后，土地经营权可抵押的金融功能对新型农业经营主体没有显著促进作用。吴一恒等（2018）认为，虽然政策允许新型经营主体利用土地经营权抵押融资，但为了减少土地流失的风险，承包农户在契约议定中不同意这项政策内容的实施（受访普通农户的回答都是"不同意拿去抵押"），致使经营主体依然无法利用手中的土地经营权进行抵押。因此，"三权分置"对于涉农企业信贷的影响可能非常有限。

此外，"三权分置"对农民专业合作社与家庭农场的影响都不显著，可能是其盈利能力与风险抵御能力相对较弱，因此政策响应不足。尽管这类"农户资本"与小农之间存在紧密的利益衔接机制，但是，"三权分置"下合作社与家庭农场的农户增收中介效应都不显著。

本节选取了村集体经济总收入（$lncol\_inc_{it}$）、经营性收入（$lncol\_inc\_bus_{it}$）和集体经济组织支出（$lncol\_exp_{it}$）作为集体经济的代理变量①。研究发现，"三权分置"政策确立对村集体经济组织的总收入有一定积极影响（但是，对经营性收入和支出没有显著影响，立法强化效应亦是如此）。"三权分置"政策确立后，村集体总收入有所提升。

---

① 村级集体可用资金的来源总体上可分为经营性收入和非经营性收入两个部分。一般认为，经营性收入的多少是衡量村级集体经济实力强弱的主要标志；而非经营性收入主要包括了各级政府补贴。

据《中国农业统计资料》数据测算，2020 年，村均集体经济收益达 117.1 万元，与 2011 年相比，增加了 105.15%，集体经济收益为零的行政村占比 22.46%，与 2011 年相比下降了 30.15%。但是，村集体经济收入主要用于经营支出、管理费用、村干部报酬等，支出负担大。据《2020 年中国农业政策与改革统计年报》显示，2020 年，村集体经济结余的可分配收益中，农户分配收益仅占 22.10%，约为 14.30 万元/村，若按户均计算微乎其微。因此，"三权分置"可能仅是逆转了集体经济边缘化的颓势，对农户增收尚缺乏有效影响。

即使在经济发达的东部省份——江苏，集体经济本身的支出压力很大、净收益有限，在沉重的负担之下，集体经济的富民效果也比较有限。江苏省有的村每年需承担 100 多项村级事务，既牵扯精力又增加经济负担。由于国家层面尚未出台相应税收优惠政策，集体经济组织按照普通企业法人纳税，涉及增值税、土地增值税、房产税、企业所得税、个人所得税等多种税种，综合税负在 20%—30% 左右，税费负担重。同时在改革过程中，集体经济组织在登记转隶、资产划转时也面临较重税负。

总体看来，"三权分置"政策促进了工商资本及其科技与品牌等现代要素下乡，进而对农户增收起到积极影响。相对而言，"三权分置"政策对农民专业合作社与家庭农场，以及村集体经济组织的影响有限，难以产生进一步的富民效应。

第三节 本章小结

本章首先对我国农地产权改革最重要的两个政策——农地确权和"三权分置"改革进行了梳理，分析了我国农地制度的形成逻辑与制度实现。其次，本章利用较新的、具有全国代表性的大样本微观调查数据，对农地确权和"三权分置"改革的政策效果进行了评估，并得出如下的研究发现。

农地确权和"三权分置"改革均是我国土地制度的革新，并取得了积极成效。

首先,本章认为农地确权与农户的耕地质量保护行为是密切相关的。新一轮农地确权后,农户对于承包地的耕地质量保护行为会明显增加,而且风险偏好效应是存在的。即农户对耕地质量进行保护的行为会更多出于投资收益角度考虑。对于转入地而言,农地确权后的经营权抵押贷款会促进农业经营者放松信贷约束,将获得的土地资源用于改良土壤。本章并未发现农地确权后带来的控制权偏好难题,即农地确权并没有因为增加租金和交易费用而抑制了耕地质量保护行为。然而,总体而言,农地确权后,耕地质量保护行为的投入仍然有限,农地确权只能解决耕地质量保护的小部分问题。未来,中国耕地质量的保护还需要依靠现代农业的发展,推进生态农场认证等制度,推进现代家庭农场的升级换代。

其次,本章研究发现,"三权分置"下农地确权对集体经济及农户收入皆有显著正向影响,但是,村集体经济对农户收入增长贡献有限。"三权分置"政策中,稳定农户承包经营权、强化集体所有权、鼓励土地流转与经营权抵押贷款等举措都起到重要的农户增收作用。从作用机制看,农地确权促使农户减少农地转入、增加非农活动,促进了总收入增加。但是从农业现代化考虑,更重要的是推动土地经营权向现代经营主体流转(洪银兴、王荣,2019)。因此,要发挥农地确权的政策效力、推进土地向新型经营主体流转,需要在村庄层面统筹推进土地产权制度改革,发挥村庄确权的积极政策效应。从农村包容性增长的视角看,农地确权能促使农民总体的收入差距有所缩小,并促进农户的共同富裕。从区域异质性看,村庄农地确权对东部地区集体经济有积极影响,对中西部地区集体经济影响不显著,集体经济发展可能进一步呈现区域不平衡发展的"马太效应"。在经济欠发达地区,以"强村"来"富民"的发展机制退化;在经济欠发达地区,"三权分置"等土地产权改革难以解决集体经济"空壳化"问题,农民增收仍主要依赖非农就业等外部机会。可见,在经济欠发达地区,需要加强集体经济组织与农民之间的利益衔接机制;而在欠发达地区,要思考壮大集体经济的路径,应在乡镇或县域，采用飞地模式，异地经营，统一管理，以克服村落资源环境与经济条件的约束性。

最后，本章原创性地分析了农地"三权分置"的农户增收效应及其影响机制。从农户视角看，"三权分置"政策确立后，农户只是调整了耕地转出对象、而转出面积没有显著变化；"三权分置"政策促使农户耕地转出租金提升、农业投资增加、农业生产率提高、本地非农就业增加，进而促进了收入增长。从关联主体的带动作用来看，"三权分置"主要通过工商资本下乡促进农户增收，而农民专业合作社与家庭农场的收入传导作用有限；"三权分置"对壮大村集体经济有一定积极影响，但目前村集体经济组织负担较重，期望以壮大村集体经济组织而富民的目标难以实现。

农民问题，是"三农"问题的核心，是中国革命和建设的根本性问题。农地"三权分置"催生出集体的"统"与农户的"放"。对集体而言，如何直接或者间接的参与农业适度规模经营，促使农村集体资产保值增值，提升"统"的实力；对农户而言，如何在承包权与经营权分离下，激发农村低收入群体的内生增长动力，促进小农户有机衔接现代农业，保障"放"的公平，这些都关乎包容性增长框架下"三权分置"的深化改革方向。当前，我国进入稳慎推进二轮延包试点的新阶段，如何由"确权"过渡到"活权"，壮大新型集体经济，并实实在在让小农户受益，是进一步深化改革的关键点。

第七章　资本下乡

上一章讨论了中国农业生产重要的要素之一——土地，本章将讨论农业生产中流动性较强的另一生产要素——资本，其流动机制及对农户增收的影响都值得展开深入分析。

近年来，政府财政资金大规模"反哺"农村，城市工商企业资本也大量涌向农村，进行土地整理、土地流转和新农村建设并从事农业经营。广义上，资本下乡可分为三种类型：一是政府部门所拥有的资本下乡投资，即部门资本下乡；二是农户通过积累或借贷的自有资本投资，即农户资本下乡；三是农户以外的、非政府部门所拥有的资本下乡投资，即工商资本下乡（罗浩轩，2018）[①]。本章将第三类，工商资本到村庄投资办企业、并从事涉农产业经营，视为狭义上的资本下乡，并围绕此类展开论述。

资本下乡过程中，如何贯彻落实发展为了农民、发展依靠农民、发展成果由农民共享的理念，让农户共享到资本下乡的红利，是探索中国式现代化进程中资本下乡道路的关键。本章首先介绍了中国资本下乡的制度背景与特征事实；以"万企帮万村"政策为例，剖析了资本下乡的驱动机制及其富民效应。

[①] 罗浩轩：《当代中国农业转型"四大争论"的梳理与评述》，《农业经济问题》2018年第5期。

第一节　中国资本下乡的制度背景与特征事实

一　资本下乡的制度背景

改革开放之后，我国工商企业经营农业大体上经历了以下两个阶段。

有条件放宽期（1979—2012年）：改革开放之初，农村要素单向抽取到城市的状况并没有得到实质性的改观。除了农业生产成本上升、金融系统对农村吸多贷少等原因之外，农村土地制度的产权模糊是制约工商资本下乡的关键（罗浩轩，2013）[①]。随着农村土地流转政策逐渐放宽，我国对资本下乡的政策开始松动。1988年，《中华人民共和国宪法修正案》正式开禁农村土地承包经营权的流转。2003年，《中华人民共和国农村土地承包法》明确了土地承包经营权可以依法采取转让、出租、入股、抵押或者其他方式流转。2011年年初，农业部发布了《关于开展农村土地承包经营权登记试点工作的意见》，首次要求在土地实测的基础上，对农户承包地进行确权登记颁证。中国土地流转政策放宽与农地产权明晰，为工商资本下乡奠定了产权基础。20世纪90年代以来，我国开始有条件地推进工商企业经营农业。1991年，《国务院关于加强农业社会化服务体系建设的通知》指出，"在国家政策允许的前提下，要鼓励农产品加工企业与原材料产地直接挂钩，与农户结成利益共同体，围绕拳头产品搞产供销一条龙服务"。2008年及之后连续五年的中央一号文件倡导在有条件的地方培育发展多种形式适度规模经营的市场环境。2011年《农产品加工业"十二五"发展规划》提出，要在财政、税收、融资和贸易政策等方面重点支持，大力培育农产品加工领军企业，这为工商资本优先进入农产品加工业提供了政策机遇。

[①] 罗浩轩：《中国农业资本深化对农业经济影响的实证研究》，《农业经济问题》2013年第9期。

但是，该时期仍然严格限制工商资本下乡的经营范围。例如，2001年，《中共中央关于做好农户承包地使用权流转工作的通知》指出，"工商企业投资开发农业，应当主要从事产前、产后服务和'四荒'资源开发，采取公司加农户和订单农业的方式，带动农户发展产业化经营。农业产业化经营应当是公司带动农户，而不是公司替代农户。为稳定农业，稳定农村，中央不提倡工商企业长时间、大面积租赁和经营农户承包地，地方也不要动员和组织城镇居民到农村租赁农户承包地。"

鼓励引导期（2013年至今）：2013年11月，中共十八届三中全会通过的《中共中央关于全面深化改革若干重大问题的决定》，提出"加快构建新型农业经营体系，推进家庭经营、集体经营、合作经营、企业经营等共同发展的农业经营方式创新。鼓励和引导工商资本到农村发展适合企业化经营的现代种养业，向农业输入现代生产要素和经营模式"。同时，中央和地方政府积极推进新一轮土地确权登记与农地"三权分置"改革，为工商资本进入农业领域提供了契机。2013年中央一号文件提出"用5年时间基本完成农村土地承包经营权确权登记颁证工作"。2014年11月，中共中央办公厅、国务院办公厅印发的《关于引导农村土地经营权有序流转发展农业适度规模经营的意见》指出："坚持农村土地集体所有，实现所有权、承包权、经营权'三权分置'，引导土地经营权有序流转。"2019年《中华人民共和国农村土地承包法》的修订施行，正式将农村土地所有权、承包权、经营权的"三权分置"以法律形式确立下来，"可转让、可抵押"的经营权得到法律的承认。从"三权分置"的分省实施政策来看，除了进一步强化农地确权之外，近乎所有地方政策都提出了鼓励发展新型农业经营主体。2013年以来，历年中央一号文件多次鼓励"工商资本到农村发展适合企业化经营的种养业"。2017年10月，党的十九大报告指出："构建现代农业产业体系、生产体系、经营体系，完善农业支持保护制度，发展多种形式适度规模经营，培育新型农业经营主体，健全农业社会化服务体系，实现小农户和现代农业发展有机衔接"。从政策层面来看，工商资本下乡已然成为我国推进农业农村现代化的着力点。

二 资本下乡的特征事实

本节采用涉农企业注册资本来估算工商资本下乡的长期趋势（按2020年价格计算）。1988年，《中华人民共和国宪法修正案》正式开禁农村土地承包经营权的流转之后，1989年涉农企业注册资本迅猛增长，达到2.48万亿元（2020年价格），约为1988年的13倍。如图7—1所示，1989—1992年期间，涉农企业资本存量基本保持平稳；1993—2001年期间，涉农企业资本存量有所下降；2001年以来，涉农企业资本存量稳步上升，特别是2013—2020年期间，呈现了快速增长趋势。自1989年中国工商资本形成稳定的下乡投资规模以来，东部地区的全国份额始终呈下降趋势，与此同时，中、西部的涉农资本存量增加迅猛。

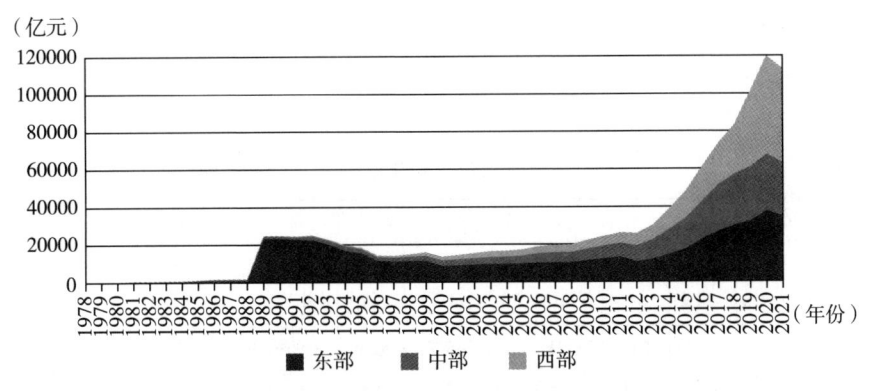

图7—1 涉农企业注册资金总额变化趋势（1978—2021年）

数据来源：浙大卡特—企研中国涉农研究数据库（CCAD），由作者整理。

从企业类型看，民营企业已成为资本下乡的主力军，而国企下乡投资的比例持续下降。如图7—2所示，2021年，民营企业占涉农企业注册资金的比例达到91.1%，三资企业占6.2%，而国有企业仅占2.7%。

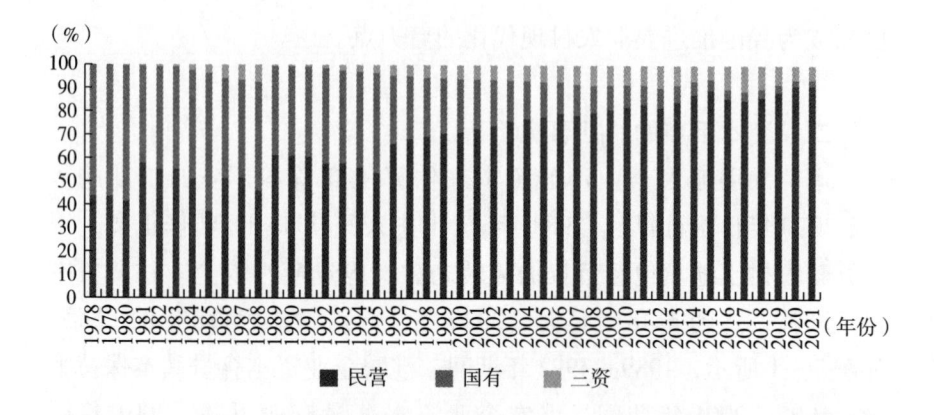

图 7—2　按企业类型划分的农业企业注册资金变化

数据来源：浙大卡特—企研中国涉农研究数据库（CCAD），由作者整理。

现阶段，涉农企业的资本深化程度（资本劳动比）逐步提升，如表 7—1 所示。另外，我国涉农企业资本产出比持续上升，即资本的单要素生产率呈现下降趋势。涉农企业的利润率基本稳定，东部地区的利润率相对较高。

表 7—1　涉农企业经营绩效

年份	全国 资本劳动比	全国 资本产出比	全国 利润率（%）	东部 资本劳动比	东部 资本产出比	东部 利润率（%）	中部 资本劳动比	中部 资本产出比	中部 利润率（%）	西部 资本劳动比	西部 资本产出比	西部 利润率（%）
2013	38.54	3.23	4.63	38.31	2.84	5.75	36.39	3.90	4.01	43.27	3.57	4.85
2014	39.54	3.23	4.30	39.45	2.84	5.75	37.09	3.88	4.17	44.32	3.64	5.12
2015	40.13	3.33	4.65	40.14	2.90	5.78	37.29	4.03	4.36	45.22	3.82	5.24
2016	40.90	3.45	4.50	41.40	3.02	5.83	37.54	4.16	4.81	45.13	3.89	5.39
2017	41.94	3.55	4.63	42.22	3.08	5.86	38.99	4.34	5.09	46.24	3.98	5.54
2018	44.10	3.62	4.45	44.74	3.14	5.90	39.31	4.44	5.06	50.40	4.09	5.71
2019	44.53	3.65	4.75	45.67	3.17	6.09	39.55	4.46	4.99	49.26	4.11	5.61
2020	44.96	3.74	4.72	45.82	3.32	6.19	40.72	4.46	5.12	49.38	4.13	5.52

数据来源：浙大卡特—企研中国涉农研究数据库（CCAD），由作者整理。

第二节 中国资本下乡的富民效应研究

上一节详细介绍了中国资本下乡的制度背景，并采用涉农企业数据深入分析了目前中国工商资本下乡的发展现状。长期以来，资本下乡都被视为贫困地区产业振兴的一个重要支撑，政府也出台了一系列政策措施鼓励工商资本帮助贫困地区加快脱贫进程，其中"万企帮万村"政策就是典型代表。该政策是否能够有效激励资本下乡以及这一过程是否能够促进农户增收，关系到中国式现代化进程中农户是否能共享到资本下乡的红利。本节将以"万企帮万村"政策为例，深入探讨资本下乡的驱动机制和富民效应。

一 资本下乡的驱动机制分析

（一）"万企帮万村"的发展历程

中国民营企业参与扶贫工作最早可追溯至《国家八七扶贫攻坚计划》时期。1995年10月25日，经国家民政部批准，中国光彩事业促进会正式成立。光彩事业是在中央统战部、全国工商联组织推动下，由我国非公有制经济人士于1994年为配合《国家八七扶贫攻坚计划》而发起实施的一项社会扶贫事业。党的十八大以来，随着中国脱贫事业进入攻坚阶段，光彩事业也随之升级换代。为坚决贯彻落实习近平总书记的精准扶贫方略，2015年9月，全国工商联、国务院扶贫办、中国光彩事业促进会出台了《"万企帮万村"精准扶贫行动方案》。该行动以民营企业为帮扶方，以签约结对、村企共建为主要形式，力争用3—5年时间，动员全国1万家以上民营企业参与，帮助1万个以上贫困村加快脱贫进程。2015年11月，《中共中央 国务院关于打赢脱贫攻坚战的决定》印发，将"万企帮万村"精准扶贫行动写入文件。截至2020年年底，"万企帮万村"精准扶贫行动，组织动员12.7万家民营企业精准帮扶13.91万个"被帮扶村"（其中，建档立卡贫困村7.32万个，约占53%）。

（二）机理分析

政府是资本全面进入农产品生产、加工和经营的主要推动者（仝志辉、温铁军，2009）[①]。"万企帮万村"政策通过帮扶企业先行下乡，产生良好的示范带动效应，进而撬动其他工商资本下乡投资。统计发现，"万企帮万村"政策下的帮扶企业基本没有在被帮扶村设立涉农企业或分支机构，它们主要是"跨区域"开展帮扶。以产业帮扶为例，按2020年价格，平均每个"被帮扶村"每年可获得产业帮扶金额14.41万元，仅为村均涉农企业注册资产的0.33%。可见，产业帮扶金额相对有限，只能起到"助推"的作用。

首先，在"万企帮万村"的帮扶企业先行下乡的过程中，帮扶企业开展的产业帮扶，在一定程度上改善农村基础设施与生产条件，吸引其他工商资本下乡；其次，帮扶企业可能通过就业和技能帮扶提升劳动力素质，吸引劳动密集型民营企业下乡投资；再次，帮扶企业可能通过集聚经济、规模经济与范围经济，吸引同类企业或产业链上下游企业下乡投资；此外，设立"被帮扶村"释放了积极的政策信号，给后续的投资者良好预期，使其相信在"被帮扶村"进行投资可能会获得优惠税率和财政支持。因此提出：

假说1："万企帮万村"政策会促进涉农资本下乡投资。

政府及市场驱动的资本下乡会对农户收入构成进一步的积极影响。一是从村庄层面看，资本下乡会带动农民专业合作社等以本地农户资本为主的新型农业经营主体发展，会通过"公司+合作社+农户"等模式形成紧密的利益衔接机制，进而促进农户农业增收；资本下乡也可能增加了村集体经济收入（比如，土地流转中介服务费、仓库或门面租赁费），富裕了村庄，进而增加了农村内部的公共投资（比如，农田基本建设、电网的建设和改造、农村道路修建、小水利投资等），促进农户农业增收。二是从农户层面看，资本下乡可能增加了本地非农就业机会，改变了农业产业结构，推进了新技术采用，

[①] 仝志辉、温铁军：《资本和部门下乡与小农户经济的组织化道路》，《开放时代》2009年第4期。

并延伸了农业产业链，进而促使农户的要素配置效率得以优化，农户的农业全要素生产率和非农劳动生产率可能得以同时提升。由于资本下乡更有利于反哺农民群体，从而缩小了农户与全国乃至城市中等收入群体的收入差距，有利于农民群体收入阶层的跨越。因此提出：

假说2：资本下乡会促进农户增收和进入中等及以上收入群体的概率。

光彩事业建立之初，由于参与企业数量有限，并且扶贫的方式也仅限于捐钱捐物的一般性慈善行为，并未引起太多关注（陆继霞，2020）[①]。"万企帮万村"政策实施以来，帮扶企业突破传统的捐钱、捐物方式，而在农村当地投资，直接立足本地开展生产经营，帮扶企业直接开展产业帮扶、就业帮扶、技能帮扶、消费帮扶，并参与乡村建设与乡村治理。帮扶企业开展的系列活动，对于农户的就业机会获得、非农技能提升、产业结构调整、产品销路拓展、农业生产率提升等都存在促进作用，对农户收入增长及阶层跃迁会产生直接的积极影响。由此提出：

假说3：除了资本下乡的中介机制之外，"万企帮万村"政策会直接促进农户增收并提高进入中等及以上收入群体的概率。

(三) 数据来源

本节采用2013—2019年的企业数据样本和2013—2018年农户数据样本进行计量分析，数据来源于如下几个渠道。首先，本节根据中华工商联合会"万企帮万村"帮扶实况图整理了帮扶政策数据。该网站详细展示了各个县区"被帮扶村"的数量、名称、贫困情况（包括"被帮扶村"的贫困人数、贫困户数、是否为贫困村）和"被帮扶村"的帮扶企业信息。使用Python软件编写接口请求代码，对"被帮扶村"的信息进行逐条抓取并删除重复的数据，最终得到119350个"被帮扶村"的数据。其中东部地区有23690个"被帮扶

[①] 陆继霞：《中国扶贫新实践：民营企业参与精准扶贫的实践、经验与内涵》，《贵州社会科学》2020年第3期。

村"、中部地区有48266个"被帮扶村"、西部地区有47394个"被帮扶村"。

其次，本节使用的涉农企业数据来自浙大卡特—企研中国涉农研究数据库（CCAD）。数据库囊括了1949年以来在各级市场监管部门登记在册的农业及相关产业企业的注册信息，覆盖范围广。2020年，有1616967家在营涉农企业。本节先将行政村所在县和涉农企业所在县进行匹配，进一步将同一个县的涉农企业与行政村的经纬度进行匹配，筛选出村委会2公里半径内的企业，由此得出样本村涉农企业的汇总数据。主要变量包括企业注册资金总额、企业数量、企业资本劳动比、企业利润率、新增专利数量、新增品牌数量等。

最后，本节使用农业农村部的全国农村固定观察点的农户数据展开分析。该数据是由中央政策研究室和农业农村部共同领导、农村固定观察点办公室组织实施的记账式数据。调查从1986年开始实施，每年从各省抽取相同数量的不同收入水平的县，在县内部以相同的规则选取样本村，并从村内部选取具有代表性的农户进行跟踪调查。除1992年与1994年外，至2019年农村固定观察点共包括32期面板数据，样本分布在全国除港澳台外的31个省，共380个县级单位、355个样本村，每年平均有2万余调查户。在355个样本村中，被纳入"万企帮万村"中的"被帮扶村"为51个。

此外，本节还使用了《中国统计年鉴》和《中国县域统计年鉴》的数据来衡量区域层面的经济发展水平。

（四）计量模型

本节采用双重差分法，以"万企帮万村"政策为准自然实验，分析资本下乡的影响因素及其对农民收入的影响，回归模型如下：

$$\ln k_{vt} = \alpha_0 + \alpha_1 \cdot treat_v \cdot post_t + \alpha_2 \cdot treat_v + \alpha_3 \cdot post_t + \alpha_4 \cdot Z_{vt} + \mu_v + \delta_t + \varepsilon_{vt} \tag{7—1}$$

其中，$\ln k_{vt}$为v村在第t年的涉农企业资本的对数值。$treat_v$为村庄v是否为"万企帮万村"的"被帮扶村"，$post_t$为2016年及之后的政策期。μ_v表示村固定效应，δ_t表示时间固定效应，ε_{vt}为残差项。

在农户收入方程中，本节采用两个变量来测度富民效应，一是农户人均纯收入，二是农户是否为中等及以上收入群体。式（7—2）展示了人均纯收入的影响方程，收入阶层（农户是否为中等及以上收入群体）模型的自变量与此一致。μ_v 表示村固定效应，μ_i 表示农户固定效应，δ_t 表示时间固定效应，ε_{it} 为残差项。在此方程中，还基于中介效应的思路纳入了村层面的涉农企业资本$\ln k_{vt}$。

$$inc_{it} = \beta_0 + \beta_1 \cdot treat_v \cdot post_t + \beta_2 \cdot treat_v + \beta_3 \cdot post_t + \beta_4 \cdot \ln k_{vt} + \beta_5 \cdot Z_{it} + \mu_v + \mu_i + \delta_t + \varepsilon_{it} \quad (7—2)$$

由于双重差分模型要求样本进入处理组和对照组的概率是随机的，本节也采用了倾向得分匹配基础上的双重差分模型，以尽量处理样本非随机的问题。倾向得分模型选择 Logit 模型形式，并将控制变量和滞后一期的村庄涉农企业注册资金总额作为控制变量进行估计。通过选择帮扶村和非帮扶村落在共同支持区域内的样本，为帮扶村选取 1 个或最多 2 个与其特征类似的非帮扶村进行匹配。本节实证研究的基本结果是基于 PSM—DID 方法，并采用稳健标准误方式回归。

（五）变量设置

（1）因变量。在资本下乡的影响因素方程中，因变量 $\ln k_{vt}$ 为村层面的涉农企业注册资金总额，该变量反映资本存量，模型中采用对数形式。所有收入相关的变量都以 2020 年为基期剔除了累计价格指数。在农户收入方程中，inc_{it} 为农户人均纯收入（元，2020 年价格）。inc_class_{it} 为农户人均纯收入是否位于中国标准的中等或高等收入群体组（0—1 虚拟变量）。杨修娜等（2018）选取全世界 200 多个国家各年份收入中位数的 67%—200%，作为定义我国当年中等收入群体的上下限[①]。借鉴此方法，将中国各年份收入中位数的 67%以上作为中国标准的中等及以上收入组。

（2）核心自变量。令 $assist_{vt} = treat_v \cdot post_t$，表示 v 村在 2016 年

---

① 杨修娜、万海远、李实：《我国中等收入群体比重及其特征》，《北京工商大学学报》（社会科学版）2018 年第 6 期。

及之后的"万企帮万村"政策期内是否为"被帮扶村"。

（3）控制变量。首先，本节考虑了劳动力工资与土地价格。其中，$labor_{pt}$表示村庄所在省农林牧渔城镇私营单位就业人员平均工资（万元，2020年价格）；$land_{ct}$表示村庄所在县的土地出让价格（元/平方米，2020年价格）。其次，在"锦标赛体制"下，地方政府可能通过税收优惠、财政投入等方面吸引工商资本投资。因此，纳入了tax_{pt}表示村庄所在省份的涉农企业实际税率（%），本节参考许敬轩等（2019）的方式，采用企业纳税总额除以总资产表示[1]；$fiscal_{pt}$表示省级农林水财政支出占省份财政一般预算支出比重（%）。最后，参考胡安俊和孙久文（2014）以及Ruan和Zhang（2014）的思路[2][3]，本节在回归中包含四类控制变量：县域人均国内生产总值；县域人口密度；交通基础设施，即省级公路和铁路里程除以总行政区域面积；以及开放度水平，即省级外资开放度和贸易开放度。

在农户收入的影响因素中，纳入重要的农户特征控制变量。其中，$labor_{it}$表示农户劳动力总人数；$capital_{it}$表示农户生产性资产原值（2020年价格），包括了役畜、大中型铁木农具、农林牧渔机械、工业机械、运输机械、生产用房、设施农业固定资产等；$land_{it}$表示农户经营的耕地面积（亩）；$gender_{it}$表示户主性别的虚拟变量，男性为1、女性为0；age_{it}表示户主年龄（岁），为连续变量，在农户收入方程中，本节还控制了户主年龄的平方项age_{it}^2；$health_{it}$为户主健康程度，分值越高、越健康；edu_{it}为户主受教育年限；$skill_{it}$为户主是否受过农业技术教育或培训（0—1虚拟变量）。此外还纳入了反映村庄特征的两个变量，$infra_{v(t-1)}$表示滞后1期的村集体亩均生产性投资（百元/亩，2020年价格），包括了农田基本建设、电网的

---

[1] 许敬轩、王小龙、何振：《多维绩效考核、中国式政府竞争与地方税收征管》，《经济研究》2019年第4期。

[2] 胡安俊、孙久文：《中国制造业转移的机制、次序与空间模式》，《经济学（季刊）》2014年第4期。

[3] Ruan J., Zhang X., "Flying Geese in China: The Textile and Apparel Industry's Pattern of Migration", *Journal of Asian Economics*, Vol. 34, 2014.

建设与改造、农村田间道路修建、植树造林生态环境建设、小水利工程修建等；$road_{v(t-1)}$ 表示滞后 1 期的村庄离公路干线距离（公里），在回归中采用倒数形式 $road_{v(t-1)}^{-1}$，数值越大表示距离越近。最后，用 $agdp_{ct}$（农户所在县人均 GDP）控制县域的经济发展水平，如表 7—2 所示。

表 7—2　描述性统计

		企业样本 均值	企业样本 标准差	农户样本 均值	农户样本 标准差
k_{vt}	村庄涉农企业注册资金总额（万元，2020 年价格）	4365.887	4653.709	4967.564	5918.123
$treat_v$	是否为"万企帮万村"的"被帮扶村"（0—1 虚拟变量）	0.252	0.434	0.225	0.452
$post_t$	帮扶政策期（2016 年及之后＝1，其他＝0）	0.598	0.490	0.462	0.236
$labor_{pt}$	村庄所在省涉农私营单位就业人员工资（万元，2020 年价格）	3.403	0.743	—	—
$land_{ct}$	村庄所在县的土地出让价格（元/平方米，2020 年价格）	892.186	1724.100	—	—
tax_{pt}	村庄所在省份的涉农企业实际税率（%）	1.454	0.833	—	—
$fiscal_{pt}$	村庄所在省农林水事务支出占财政支出比重（%）	11.297	1.205	—	—
$agdp_{ct}$	村庄所在县人均 GDP（万元，2020 年价格）	4.114	3.539	3.977	2.562
$popu_{ct}$	村庄所在县人口密度（人/平方千米）	408.995	339.071	—	—
$road_{pt}$	公路长度除以省份面积（公里/平方千米）	1.075	0.451	—	—
$rail_{pt}$	铁路长度除以省份面积（公里/平方千米）	0.027	0.011	—	—
FDI_{pt}	村庄所在省 FDI 占 GDP 比重（%）	25.909	17.043	—	—
$trade_{pt}$	村庄所在省进出口贸易占 GDP 比重（%）	18.870	12.466	—	—
inc_{it}	农户人均收入（元，2020 年价格）	—	—	19126.521	17002.472
inc_class_{it}	是否为中国标准的中等及以上收入群体（0—1 虚拟变量）	—	—	0.560	0.496
$labor_{it}$	家庭劳动力总人数（人）	—	—	2.445	1.182

续表

		企业样本		农户样本	
		均值	标准差	均值	标准差
$capital_{it}$	家庭农业生产性资产（元，2020年价格）	—	—	15044.752	41520.323
$land_{it}$	家庭耕地经营面积（亩）	—	—	8.321	16.757
$gender_{it}$	户主性别（0=女，1=男）	—	—	0.940	0.2364
age_{it}	户主年龄（岁）	—	—	56.529	11.010
$health_{it}$	户主健康程度（1—5分，5分=很好）	—	—	4.158	1.049
edu_{it}	户主文化程度（年）	—	—	6.871	2.514
$skill_{it}$	户主是否受过农业技术教育（0—1虚拟变量）	—	—	0.105	0.307
$infra_{v(t-1)}$	滞后1期的村庄亩均生产性投资（百元/亩，2020年价格）	—	—	5.364	57.547
$road_{v(t-1)}$	滞后1期的村庄离公路干线距离（公里）	—	—	2.960	8.592

二 "万企帮万村"政策背景下资本下乡的富民效应分析

（一）"万企帮万村"政策对资本下乡的影响

1. 基本结果

基于 PSM—DID 方法，研究发现，"万企帮万村"政策（$assist_{vt}$）产生了良好的示范带动效应，可以有效吸引其他工商资本下乡投资，使得村庄涉农企业资本存量提升3%左右（见表7—3第1列）。控制了滞后1期的资本存量后，发现"万企帮万村"政策的引资效果依然显著，但作用程度有所下降。本节进而纳入了一系列控制变量，研究结果依然稳健。虽然，"万企帮万村"政策下帮扶企业本身的产业帮扶规模有限（如前文所述，仅占村均涉农企业资本存量的0.33%），但是，该政策对撬动外部工商资本下乡，促进城乡要素流动，破解农村发展不充分问题具有重要意义。控制变量的估计结果显示，企业实际税率水平越高，下乡资本越少；资本下乡对劳动和土地成本、财政支农水平并不敏感；此外，人均 GDP、人口密度、公路密度、外资与外贸开放度对资本下乡都有积极影响。

表7—3 "万企帮万村"政策对资本下乡的影响（因变量：lnk_{vt}）

	(1)	(2)	(3)
$assist_{vt}$	0.0360***	0.0187***	0.0166***
	(0.0031)	(0.0023)	(0.0024)
lnk_{vt-1}	—	0.3898***	0.3891***
		(0.0014)	(0.0014)
$labor_{pt}$	—	—	0.0109
			(0.0070)
$land_{ct}$	—	—	0.0013
			(0.0009)
tax_{pt}	—	—	-0.0103***
			(0.0016)
$fiscal_{pt}$	—	—	0.0003
			(0.0008)
$agdp_{ct}$	—	—	0.0299***
			(0.0026)
$popu_{ct}$	—	—	0.0264***
			(0.0024)
$road_{pt}$	—	—	0.0230*
			(0.0140)
$rail_{pt}$	—	—	0.0102
			(0.0097)
FDI_{pt}	—	—	0.0011***
			(0.0001)
$trade_{pt}$	—	—	0.0035***
			(0.0002)
常数项	7.5974***	4.6759***	4.0366***
	(0.0011)	(0.0105)	(0.0947)
时间固定效应	是	是	是
村庄固定效应	是	是	是
样本量	1798381	1798381	1798381
R平方	0.4745	0.5878	0.5881

注：*表示在10%水平上显著、**表示在5%水平上显著、***表示在1%水平上显著。$treat_v$和$post_t$在回归中被剔除；括号中为稳健标准误。

2. 稳健性分析

本节以表7—3第（3）列为基准结果，展开一系列稳健性检验。第一，采用涉农企业的数量替代资本存量展开稳健性检验，估计结果与基准结果一致。

第二,采用县级聚类标准误回归。当误差项之间存在相关性时,OLS 所估计的标准误是有偏的。使用聚类方法调整标准误时,放宽了随机误差项独立同分布的假定,允许一个县内部各个村的干扰项存在相关性,从而增加了模型的稳健性。采用县级聚类标准误的回归分析结果与基准结果相一致。

第三,基于县域空间距离权重矩阵的空间计量分析。在变量设置上,核心解释变量修改为该县当年是否有"被帮扶村"。采用空间滞后模型(SAR),加入被解释变量的空间滞后项。研究发现空间相关系数(ρ)显著为正,估计参数为 0.4741,这说明县域间的涉农资本存量存在正向的空间相关性。控制了空间溢出效应后,"万企帮万村"政策的引资效果依然显著。

第四,剔除因变量中的帮扶企业产业帮扶金额展开分析。"万企帮万村"政策下帮扶企业会进行直接的产业投资,但额度有限。剔除了"万企帮万村"政策下帮扶企业的直接投资,将间接拉动的其他涉农企业资本存量作为因变量展开分析,研究结果与主结果基本一致。

第五,剔除了 2016—2018 年的样本,仅保留 2015 年及之前以及 2019 年样本展开分析。由于无法识别"被帮扶村"具体在哪一年被帮扶,因此,在政策期样本中仅保留了最晚年份的样本。这是因为 2019 年的实验组村庄(相比 2016—2018 年的实验组村庄而言)更高比例地被设定为"被帮扶村",也在更深程度上展开了实质性的帮扶措施。研究发现,帮扶政策的估计参数有所下降,但仍然稳健。

第六,采用该县知青数量作为政策期内是否为被帮扶村($assist_{vt}$)的工具变量进行估计。"万企帮万村"政策变量 $assist_{vt}$ 可能存在内生性问题,一方面,资本下乡与村庄被设定为"被帮扶村"之间可能存在反向因果关系,即由于村庄资本匮乏进而诱致外部帮扶;另一方面,也可能存在遗漏变量(比如,村庄宗族文化)同时影响资本下乡与村庄是否"被帮扶"。因此,本节采用村庄所在县的知青数量作为工具变量展开分析。一方面,村庄所在县的知青数量会显著提升村庄被民营企业帮扶的概率。知青对于自己青葱岁月插队的地方有一种"情怀",会通过社会网络传递被帮扶村的各类需求,联合多方力量助力于自己插队地方的脱贫与发展,知青们主要是采取扶贫扶志方式救助和帮扶"被帮扶村",其目的并非盈利;另一方面,村庄所在县的知青数量不会直接影响村庄的涉农企业投资水平。因为,知青中的富裕群体,在投资决策的时候未必选择投资农村或农业,即使进行涉农投资也未必投资自己插队的地方。可见,知青数量与村庄是否被设定为"被帮扶村"具有正相关关系,也具有一定外生性。知青数据来自全国各地区的县志,整理得出1968年至1977年全国1843个县级行政单位接收知青的总数。本节采用知青数量与$post_t$的交互项作为工具变量展开分析。研究发现,工具变量通过了外生性检验,并且显著增加了村庄被设定为"被帮扶村"的概率。采用工具变量法的估计结果仍然与主结果一致。

第七,在基准回归的基础上进一步控制国家级贫困县政策展开分析。由于"万企帮万村"政策只是精准扶贫阶段中的一个举措,控制国家级贫困县政策使得"万企帮万村"政策效果的估计更为干净。研究发现,国家级贫困县政策对资本下乡有显著正向影响,估计参数为0.0172,在1%的水平显著,控制了该变量之后,估计结果依然稳健。

第八,在基准回归的基础上进一步控制城市化水平展开分析。由于城市地区对农村资源存在虹吸效应,进一步控制了村庄所在城市市辖区人口占总人口比重,以及市辖区固定资产投资占总投资比重这两个体现城市化水平的变量。研究发现,这两个变量对资本下乡有显著的负向影响,城市地区对农村资源确实存在一定的"虹吸效应"。控制了城市"虹吸效应"之后,"万企帮万村"的估计参数依然稳健,如表7—4所示。

3. 拓展分析

本节进一步检验了"万企帮万村"政策对资本深化程度、资本产出率、利润率及其他要素的影响。其中,$\ln(k_{vt}/l_{vt})$为资本劳动比(万元/人)的对数值,表示资本深化程度;$\ln(k_{vt}/y_{vt})$为资本产出比（比值）的对数值，其倒数表示资本生产率水平；$profit_{vt}$ 表示村庄涉农企业平均利润率（%）；$\ln(patent_{vt})$、$\ln(brand_{vt})$ 分别表示村层面的涉农企业新增专利数量（个）的对数值、新增商标数量（个）的对数值，如表7—5所示。

表7—4　　　　　　　　　　　稳健性检验

	(1)	(2)	(3)	(4)	(5)	(6)	(7)	(8)
	企业数量替代资本	县级聚类标准误	空间计量模型	减去产业帮扶金额	剔除2016—2018年	工具变量法	控制国家级贫困县	控制城市化水平
$assist_{vt}$	0.0147 *** (0.0013)	0.0166 * (0.0095)	0.0283 * (0.0151)	0.0154 *** (0.0024)	0.0053 * (0.0028)	0.0986 *** (0.0217)	0.0180 *** (0.0024)	0.0206 *** (0.0025)
样本量	1798381	1798381	12272	1795920	871597	1785139	1798381	1345207
R平方	0.6673	0.8861	0.0105	0.5868	0.6676	0.5874	0.5881	0.5480

注：*表示在10%水平上显著、**表示在5%水平上显著、***表示在1%水平上显著。模型中包括常数项、其他控制变量；$treat_v$ 和 $post_t$ 在回归中被剔除；模型控制了村庄固定效应和时间固定效应。第（2）列括号中为县聚类标准误，其余括号中为稳健标准误。

表7—5　　　　　　"万企帮万村"引资效果的拓展分析

	(1)	(2)	(3)	(4)	(5)
	$\ln(k_{vt}/l_{vt})$	$\ln(k_{vt}/y_{vt})$	$profit_{vt}$	$\ln(patent_{vt})$	$\ln(brand_{vt})$
$assist_{vt}$	0.0078 (0.0062)	−0.0062 (0.0084)	−0.6292 *** (0.1772)	0.1374 *** (0.0286)	0.0425 *** (0.0095)
样本量	354826	300861	296417	83509	444223
R平方	0.0038	0.0038	0.0044	0.0303	0.0917

注：*表示在10%水平上显著、**表示在5%水平上显著、***表示在1%水平上显著。模型中包括常数项、其他控制变量；$treat_v$ 和 $post_t$ 在回归中被剔除；模型控制了村庄固定效应和时间固定效应。括号中为稳健标准误。

研究发现，"万企帮万村"政策虽然促进了工商资本的技术与品牌下乡，却导致村庄所有涉农企业的平均利润率有所下降（下降0.63个百分点），对涉农企业资本深化程度和资本产出率影响不显著。从全国来看，2020年涉农企业利润率为4.72%，若下降0.63个百分点，则相当于利润率下降了13%，其影响不容小觑。"万企帮万村"政策导致企业利润率下降，可能是因为，政策推动的工商资本下乡引起"潮涌现象",导致资源要素在某个领域被过多投入,出现区域间产业同构。当然,"万企帮万村"驱动的资本下乡,也可能带有较强的帮扶目的,盈利动机相对较弱,因此,出现企业牺牲一定利润空间,换得农民包容性增长的情况。

(二)万企帮万村政策对农民收入的影响

1. 基本结果

本节首先检验了"万企帮万村"政策($assist_{vt}$)对农户收入影响的总效应。表7—6第(1)、(2)列结果表明,"万企帮万村"政策($assist_{vt}$)可以使得农户人均纯收入显著上升3.14%,促使农户成为中等及以上收入群体的概率增加1.99%。

表7—6 富民效应检验

	(1)	(2)	(3)	(4)	(5)	(6)
	$lninc_{it}$	inc_class_{it}	$lninc_{it}$	inc_class_{it}	$lninc_{it}$	inc_class_{it}
$assist_{vt}$	0.0314*** (0.0090)	0.0199** (0.0080)	0.0304*** (0.0090)	0.0195** (0.0080)	0.0316*** (0.0100)	0.0191* (0.0076)
lnk_{vt}	—	—	0.0080*** (0.0018)	0.0036** (0.0016)	—	—
$lnk_{v(t-1)}$	—	—	—	—	0.0073*** (0.0019)	0.0034* (0.0018)
$lnlabor_{it}$	0.0249 (0.0241)	-0.0112 (0.0200)	0.0256 (0.0241)	-0.0109 (0.0200)	0.0451 (0.0292)	0.0133 (0.0248)
$lncapital_{it}$	0.0096*** (0.0018)	0.0048*** (0.0014)	0.0097*** (0.0018)	0.0048*** (0.0014)	0.0096*** (0.0020)	0.0051*** (0.0016)
$lnland_{it}$	0.0509*** (0.0058)	0.0322*** (0.0047)	0.0503*** (0.0058)	0.0320*** (0.0047)	0.0542*** (0.0067)	0.0311*** (0.0054)
$gender_{it}$	-0.0393 (0.0290)	-0.0140 (0.0233)	-0.0393 (0.0290)	-0.0140 (0.0233)	-0.0474 (0.0334)	-0.0184 (0.0281)
age_{it}	0.0304*** (0.0048)	0.0163*** (0.0039)	0.0309*** (0.0048)	0.0165*** (0.0039)	0.0288*** (0.0060)	0.0176*** (0.0049)
age_{it}^2	-0.0003*** (0.0000)	-0.0002*** (0.0000)	-0.0003*** (0.0000)	-0.0002*** (0.0000)	-0.0003*** (0.0001)	-0.0002*** (0.0000)
$health_{it}$	0.0243*** (0.0053)	0.0108** (0.0045)	0.0239*** (0.0053)	0.0107** (0.0045)	0.0226*** (0.0062)	0.0100* (0.0052)
edu_{it}	-0.0019 (0.0030)	-0.0025 (0.0026)	-0.0019 (0.0030)	-0.0025 (0.0026)	-0.0015 (0.0035)	-0.0045 (0.0030)

续表

	(1) $lninc_{it}$	(2) inc_class_{it}	(3) $lninc_{it}$	(4) inc_class_{it}	(5) $lninc_{it}$	(6) inc_class_{it}
$skill_{it}$	−0.0032 (0.0158)	−0.0037 (0.0131)	−0.0036 (0.0158)	−0.0038 (0.0131)	−0.0009 (0.0183)	0.0024 (0.0152)
$\ln(infra_{v(t-1)})$	0.0202*** (0.0038)	0.0057* (0.0032)	0.0177*** (0.0038)	0.0046 (0.0032)	0.0039 (0.0042)	−0.0000 (0.0040)
$road^{-1}_{v(t-1)}$	0.0015*** (0.0003)	0.0007*** (0.0002)	0.0015*** (0.0003)	0.0007*** (0.0002)	0.0005 (0.0003)	0.0002 (0.0003)
$agdp_{ct}$	0.0244** (0.0124)	0.0242** (0.0106)	0.0268** (0.0123)	0.0252** (0.0106)	0.0268** (0.0123)	0.0252** (0.0106)
常数项	8.5352*** (0.1420)	0.1753 (0.1190)	8.4299*** (0.1441)	0.1275 (0.1210)	8.5843*** (0.1773)	0.0700 (0.1479)
时间固定效应	是	是	是	是	是	是
村庄固定效应	是	是	是	是	是	是
农户固定效应	是	是	是	是	是	是
样本量	48562	48562	48562	48562	40922	40922
R平方	0.8217	0.7260	0.8218	0.7261	0.8221	0.7262

注：*表示在10%水平上显著、**表示在5%水平上显著、***表示在1%水平上显著。$treat_v$和$post_t$在回归中被剔除；括号中为稳健标准误。

本节进一步将资本下乡变量纳入模型中，此时，将变量 $assist_{vt}$ 的估计参数视为"万企帮万村"政策的直接影响，变量（$\ln k_{vt}$）的估计参数视为资本下乡的偏效应。研究发现［表7—6第（3）、（4）列］，在控制了资本下乡的作用效果之后，"万企帮万村"政策仍然对农户收入增长和收入阶层跃迁构成直接影响；此外，"万企帮万村"政策也会通过促进资本下乡的中介效应，间接产生富民效应。另外，本节采用资本下乡的滞后1期变量替代变量（$\ln k_{vt}$）展开分析，结果依然稳健。在控制变量中，资本、土地等生产要素，健康等人力资本对农民富裕有显著的积极贡献；农村基础设施、道路设施建设和县域经济发展也对农户增收及收入阶层跃迁产生正向影响。

2. 稳健性检验

与第四部分相似，本节开展了一系列稳健性检验，如表7—7所示。有几处不同作以下说明：（1）由于农户数据仅更新到2018年，因此，第五列仅剔除2016、2017年样本展开回归。（2）利用样本村的空间距离权重矩阵进行空间计量分析。在回归中，考虑的被解释变量是村庄农户的人均收入和村庄达到中等收入以上群体标准农户的比例，关键的解释变量仍然为"万企帮万村"政策以及村庄的涉农资本存量，控制变量则与表7—3的控制变量一致。空间计量模型考虑了村庄间的空间相关性，能够考察邻近村庄对本村庄的溢出效应。采用空间滞后模型（SAR），加入被解释变量的空间滞后项。研究发现，系列结果与基准结果相一致。

表7—7　　　　　　　　富民效应的稳健性检验

Panel A 因变量：$lninc_{it}$

	(1) 企业数量替代资本	(2) 县级聚类标准误	(3) 空间计量模型	(4) 减去产业帮扶金额	(5) 剔除2016—2017年	(6) 工具变量法	(7) 控制国家级贫困县	(8) 控制城市化水平
$assist_{vt}$	0.0327*** (0.0091)	0.0302*** (0.0045)	0.0699** (0.0215)	0.0302*** (0.0081)	0.0867*** (0.0165)	0.2817*** (0.0397)	0.0293*** (0.0090)	0.0278*** (0.0091)
lnk_{vt}	0.0302*** (0.0086)	0.0081** (0.0031)	0.0255** (0.0056)	0.0082*** (0.0016)	0.0049** (0.0024)	0.0118*** (0.0016)	0.0081*** (0.0018)	0.0078*** (0.0019)
样本量	48562	48562	1452	48562	31428	48562	48562	48562
R平方	0.8221	18,662	0.2132	0.8698	0.8546	0.8323	0.8221	0.8019

Panel B 因变量：inc_class_{it}

	(1) 企业数量替代资本	(2) 县级聚类标准误	(3) 空间计量模型	(4) 减去产业帮扶金额	(5) 剔除2016—2017年	(6) 工具变量法	(7) 控制国家级贫困县	(8) 控制城市化水平
$assist_{vt}$	0.0212*** (0.0080)	0.0194** (0.0066)	0.0596** (0.0295)	0.0194*** (0.0072)	0.0463*** (0.0140)	0.0258*** (0.0065)	0.0191** (0.0080)	0.0199** (0.0081)
lnk_{vt}	0.0217*** (0.0080)	0.0038** (0.0016)	0.0046* (0.0027)	0.0038*** (0.0014)	0.0010 (0.0022)	0.0034** (0.0014)	0.0037** (0.0016)	0.0029* (0.0017)
样本量	48562	48562	1452	48562	31428	48562	48562	48562
R平方	0.7262	18662	0.1227	0.7242	0.7766	0.7637	0.7262	0.8019

注：*表示在10%水平上显著，**表示在5%水平上显著，***表示在1%水平上显著。模型中包括常数项、其他控制变量；$treat_v$ 和 $post_t$ 在回归中被剔除；模型控制了村庄固定效应、农户固定效应和时间固定效应。第2列括号中为县级聚类标准误，其余括号中为稳健标准误。

3. 机制分析

从村庄层面看，本节采用村庄农民专业合作社数量（个）的对数值（$lncoop_{vt}$）、村庄集体经济收入（万元）的对数值（lncolle-

$tive_{vt}$）、村庄公共投资［$lninfra_{v(t-1)}$］等变量展开机制分析。研究发现，"万企帮万村"政策（$assist_{vt}$）会促使村庄的合作社增加、集体经济收入提升、村庄公共投资增加。资本下乡（lnk_{vt}）也产生了类似效果，但是对合作社的影响不显著，如表7—8所示。

表7—8　基于村样本的"万企帮万村"及资本下乡的影响机制分析

	(1) $lncoop_{vt}$	(2) $lncolletive_{vt}$	(3) $lninfra_{vt}$	(4) $lnnonfarm_{it}$	(5) TFP_agr_{it}	(6) $ln(Prod\_na)_{it}$
$assist_{vt}$	0.1144*** (0.0054)	0.3969*** (0.0364)	0.2026*** (0.0626)	0.0479** (0.0157)	0.3023*** (0.0654)	4.6952** (1.8877)
lnk_{vt}	−0.0006 (0.0013)	0.1761*** (0.0115)	0.0891*** (0.0121)	0.0112 (0.0075)	0.0325** (0.0127)	0.5356* (0.2930)
样本量	2262	2262	2262	48562	48562	48562
R平方	0.9887	0.7705	0.8411	0.8032	0.7541	0.7378

注：*表示在10%水平上显著、**表示在5%水平上显著、***表示在1%水平上显著。模型中包括常数项、其他控制变量；$treat_v$ 和 $post_t$ 在回归中被剔除；模型控制了村庄固定效应和时间固定效应。

从农户层面看，参考盖庆恩等（2017）的做法，估计出农户农业生产的全要素生产率（TFP_agr_{it}），并用劳均非农产出（元/日）来衡量非农劳动生产率（$Prod\_na_{it}$）[①]。研究发现，"万企帮万村"政策会促使农户非农就业时间（$lnnonfarm_{it}$）增加，促使农户的农业生产率（TFP_agr_{it}）与非农生产率（$Prod\_na_{it}$）都显著上升。可见，"万企帮万村"政策促使农户劳动力在农业与非农部门实现要素优化配置。在农业部门，促使农户从事更加集约化的资金密集型农业，农业生产率提升；在非农部门，提升了农户人力资本和非农就业能力，提升了非农劳动生产率。另外，资本下乡也在一定程度上促使农户农业生产率和非农生产率提升，但是对农户非农就业时间的影响不显著。

4. 异质性分析

"万企帮万村"政策的主要发起方——中国光彩事业促进会，其

[①] 盖庆恩、朱喜、程名望、史清华：《土地资源配置不当与劳动生产率》，《经济研究》2017年第5期。

成立的初衷就是为了帮扶"老少边穷"等深度贫困地区。1994年，十名民营企业家发出《让我们投身到扶贫的光彩事业中来》的倡议，号召先富起来的民营企业家到"老少边穷"地区扶贫开发，促进共同富裕。伴随着脱贫攻坚的不断深入，以革命老区、民族地区、边疆地区为主的深度贫困地区的脱贫任务艰巨性不断凸显。2017年6月，习近平总书记在山西主持召开深度贫困地区脱贫攻坚座谈会，会议上明确要求民营企业"万企帮万村"行动要向深度贫困地区倾斜。

为检验"万企帮万村"政策对"老少边穷"等深度贫困地区的影响，展开相关异质性分析。将异质性特征变量（$interactor$）分别表示为革命老区、民族地区、边境地区、国家级贫困县，采用交互项方式纳入模型中展开分析。其中，革命老区数据整理自中国老区网，以县为单位划分；边境地区数据整理自民政部，以县为单位划分；民族地区数据整理自民政部，以自治州（地级市级别）为单位划分。研究发现，在农户收入模型中，"万企帮万村"政策主要促进了革命老区、民族地区、边境地区农户的收入增长，但是，对国家级贫困县没有显著影响；相对而言，资本下乡对各类深度贫困地区影响都不显著。在收入跃迁模型中，"万企帮万村"政策主要促进了民族地区、边境地区农户的收入增长，但是，对革命老区和国家级贫困县没有显著影响；资本下乡的相关影响仍然皆不显著。可见，政府推动型的"万企帮万村"政策对民族地区、边境地区等部分深度贫困地区产生了良好的帮扶效果；但是，市场导向型的资本下乡难以带动落后地区的农户增收。

此外，本节还分析了对基期绝对贫困户和基期相对贫困户的异质性影响，见表7—9第（5）、（6）列。其中，绝对贫困标准为基期（2013年）人均收入是否低于2300元（按2013年价格折算）；相对贫困标准为基期（2013年）人均收入是否低于当年全国农村居民人均收入的40%。研究发现，"万企帮万村"政策仅对基期相对贫困户有一定增收作用（促使绝对收入提升和收入阶层提升），但是对基期绝对贫困户没有显著影响；与此同时，资本下乡对基期绝对贫困户和相对贫困户的影响都不显著。

表 7—9　　　　　　　　　　异质性分析

Panel A 因变量：$\ln inc_{it}$

	(1)	(2)	(3)	(4)	(5)	(6)
	革命老区	少数民族地区	边境地区	国家级贫困县	基期绝对贫困户	基期相对贫困户
$assist_{vt}$	0.0191** (0.0093)	0.0187** (0.0091)	0.0274*** (0.0091)	0.0298*** (0.0090)	0.0291*** (0.0090)	0.0237** (0.0094)
$\ln k_{vt}$	0.0073*** (0.0018)	0.0085*** (0.0018)	0.0089*** (0.0018)	0.0080*** (0.0018)	0.0082*** (0.0018)	0.0091*** (0.0019)
$assist_{vt} * interactor$	0.1087*** (0.0222)	0.2390*** (0.0364)	0.0548* (0.0325)	0.0107 (0.0106)	0.0297 (0.0870)	0.0306* (0.0185)
$\ln k_{vt} * interactor$	0.0063 (0.0064)	−0.0183 (0.0151)	−0.0191 (0.0148)	−0.0346 (0.0623)	−0.0151 (0.0154)	0.0054 (0.0055)
样本量	48562	48562	48562	48562	48562	48562
R 平方	0.8223	0.8228	0.8223	0.8222	0.8221	0.8222

Panel B 因变量：inc_class_{it}

	(1)	(2)	(3)	(4)	(5)	(6)
	革命老区	少数民族地区	边境地区	国家级贫困县	基期绝对贫困户	基期相对贫困户
$assist_{vt}$	0.0168** (0.0082)	0.0110 (0.0080)	0.0163** (0.0081)	0.0191** (0.0080)	0.0196** (0.0080)	0.0098 (0.0086)
$\ln k_{vt}$	0.0036** (0.0016)	0.0039** (0.0016)	0.0040** (0.0016)	0.0038** (0.0016)	0.0037** (0.0016)	0.0052*** (0.0017)
$assist_{vt} * interactor$	0.0267 (0.0185)	0.1781*** (0.0299)	0.0445* (0.0265)	−0.0041 (0.0091)	−0.0300 (0.0453)	0.0504*** (0.0131)
$\ln k_{vt} * interactor$	−0.0046 (0.0050)	−0.0067 (0.0147)	−0.0062 (0.0055)	0.0048 (0.0527)	−0.0010 (0.0078)	−0.0073 (0.0054)
样本量	48562	48562	48562	48562	48562	48562
R 平方	0.7262	0.7268	0.7263	0.7262	0.7262	0.7265

注：* 表示在 10% 水平上显著，** 表示在 5% 水平上显著，*** 表示在 1% 水平上显著。模型中包括常数项、其他控制变量；$treat_v$ 和 $post_t$ 在回归中被剔除；模型控制了村庄固定效应、农户固定效应和时间固定效应。

5. 拓展分析

本节进一步分析了收入结构及消费结构的影响因素。如表 7—10

所示，"万企帮万村"政策促使农户的农业收入（$\ln inc\_agr_{it}$）增加、本地非农收入（$\ln inc\_nal_{it}$）增加，但是对外地非农收入（$\ln inc\_nanl_{it}$）没有显著影响。"万企帮万村"政策还会促使土地租金（$\ln inc\_rent_{it}$）增加、"公司+农户"的经营性收入（$\ln inc\_com_{it}$）增加。另外，资本下乡（$\ln k_{vt}$）仅在一定程度上增加了农户的农业收入、土地租金和本地非农收入；对"公司+农户"的经营性收入（$\ln inc\_com_{it}$）的影响不显著。

表 7—10　　　　　　　　分类收入及消费的拓展分析

	(1) $\ln inc\_agr_{it}$	(2) $\ln inc\_nal_{it}$	(3) $\ln inc\_nanl_{it}$	(4) $\ln inc\_rent_{it}$	(5) $\ln inc\_com_{it}$	(6) $\ln cons_{it}$	(7) $\ln fun_{it}$
$assist_{vt}$	0.1594** (0.0654)	0.2725*** (0.0766)	0.0751 (0.0741)	0.2627*** (0.0428)	0.1369*** (0.0282)	0.0251* (0.0139)	0.1281** (0.0529)
$\ln k_{vt}$	0.0316** (0.0126)	0.0440*** (0.0148)	0.0165 (0.0142)	0.0589*** (0.0088)	0.0070 (0.0051)	0.0204*** (0.0031)	−0.0162 (0.0108)
样本量	48562	48562	48562	48562	48562	48562	48562
R 平方	0.7938	0.7204	0.7819	0.7968	0.7012	0.7524	0.7863

注：*表示在10%水平上显著、**表示在5%水平上显著、***表示在1%水平上显著。模型中包括常数项、其他控制变量；$treat_v$ 和 $post_t$ 在回归中被剔除；模型控制了村庄固定效应、农户固定效应和时间固定效应。

帮扶企业下乡可能促使农户收入增长，将农户纳入到新型农业经营主体的发展格局中，促使其生产方式转型和农业增收；但是，市场导向型的资本下乡对农户增收的影响程度较弱，更缺乏通过"公司+农户"等订单农业方式带动农户发展。

拓展分析还发现，"万企帮万村"政策下帮扶企业下乡促使农户的人均消费开支（$\ln cons_{it}$）增加，尤其是促进文化娱乐开支（$\ln fun_{it}$）增加。这也意味着，"万企帮万村"政策下，农户消费需求得到有效释放，文娱开支增加，农户的精神富裕水平有所提升。另外，资本下乡也促使农户消费提升，但对文娱开支没有显著影响。这可能是因为，市场导向型资本下乡与农民的利益链接机制不够紧密，主要增加了转出土地农民的货币性支出，对农户生活质量的改善影响不大。

第三节 本章小结

中国资本下乡是一条有为政府驱动的中国特色道路，也是中国式现代化进程中农户发展的必要支撑。在此背景下，研究资本下乡的驱动机制及富民效应具有重要的理论与实践意义。本章利用浙大卡特企研中国涉农研究数据库（CCAD）、农业农村部固定观测点的大样本数据，以及典型企业的深度案例调查数据，展开相关分析，并得出一些新结论。

"万企帮万村"政策下，帮扶企业对"被帮扶村"的直接投资本身额度有限，但是其开展的产业、就业、公益、技能等多种形式的帮扶，产生了良好的示范带动效应，撬动了其他涉农企业下乡投资，促进了技术、品牌等高端要素向农村集聚；"万企帮万村"政策会通过资本下乡的中介效应显著促进农户收入增长与阶层跃迁，其积极作用机制在于促进村庄层面的新型经营主体发展、集体经济壮大、公共投资增加，进而促使农户要素配置优化及效率提升。以往观点认为，农民跨入中等收入群体仅能依赖农户外出非农就业；但研究证明，政府推动型的帮扶企业下乡以及市场导向型的工商资本下乡，都可以在一定程度上提升农民相对于全国乃至城市中等收入群体的收入地位。资本下乡就是助力于农民实现共同富裕的有效路径之一。但需要意识到两方面的问题：一是政府推动型的帮扶企业下乡，其营利性不足，可持续性堪忧；二是市场导向型的非帮扶企业下乡，对欠发达地区和低收入群体的"造血"功能缺乏，包容性有限。打赢脱贫攻坚战，全面推进乡村振兴时，政府于2021年提出"万企兴万村"行动，标志着"万企帮万村"政策向"万企兴万村"政策转变。开展"万企兴万村"行动是党中央立足中国农业农村发展实际、着眼民营企业特色优势作出的重要决策，是推动乡村振兴和共同富裕的重要力量。

先富帮后富、推动共同富裕是中国资本下乡新征程，我国需要扎实推进农业经营体系完善，实现农户发展与资本下乡的有机衔接。

中国式现代化进程中，乡村振兴离不开资本下乡，但是，在资本下乡与在乡过程中，如何处理好与农户的经济、环境、社会效益的关联机制，仍需要政府的规范、引导和监管。如何释放资本下乡的红利，抑制资本下乡过程中潜在的消极影响，使得资本带动农户、而非代替农户发展，是中国式现代化进程中农户发展的关键一环。

第八章　非农就业

本章将重点讨论农业生产中另一流动性较强的生产要素——劳动。经济理论表明，经济的发展必然导致恩格尔系数不断下降，因而农业生产增长表现为农业收入绝对量的增长和占国民收入比重的下降。如果农民（以就业为衡量标准）占劳动力总量的份额不能与农业 GDP 的比重同步下降，农民的人均收入必然相对下降，这是农民收入问题的理论根源。因此，如何解决农业部门的剩余劳动力，促进农民非农就业，是解决中国式现代化进程中农民收入问题的关键。

伴随我国劳动力市场的逐步发展，农村劳动力非农就业对农村发展和农民增收的作用日益凸显，工业化和城镇化带来的经济结构转型，更为农村劳动力创造大量的非农就业机会。据测算，1978 年全国农村劳动力参与非农就业的比例仅为 7.6%，2020 年该比例已提升到 41.3%，工资性收入已成为目前农民增收的主要来源（国家统计局，2021）。不断释放农村劳动力、促进农民外出务工或本地创业，能够有效提升农民收入、缓解城市劳动力短缺、开拓更为巨大的消费市场，这对于正处在城镇化发展的关键时期、人口红利不断消失的中国而言意义重大。

经过 40 多年的改革开放，我国农民工的非农就业质量究竟如何？哪些因素会制约农户的非农劳动供给？非农就业对农户的影响如何？基于这些疑问，本章从如下三个视角研究非农就业问题：非农就业质量的测度、资源约束条件下的非农就业行为、非农就业对相对贫困的影响。

第一节 非农就业质量的识别与描述

一 非农就业质量的多维指标体系构建

(一) 中国农民工就业质量

党的二十大报告强调,要实施就业优先战略。就业是最基本的民生,实现高质量就业既是"十四五"时期经济社会发展的一大核心目标,也是扎实推动共同富裕的重要基础。改革开放以来,农村大量剩余劳动力通过非农就业的方式转移到了城市,推动了城镇化和工业化进程,为我国经济实现持续多年的高增长作出了巨大的贡献。但长久以来,由于农民工的先天制度地位不足,难以获得城市户籍制度身份,他们徘徊在城市和农村之间,处于"半城市化"状态。农民工的就业质量普遍不高,表现为薪酬水平较低、劳动强度较大、工作稳定性差、劳保福利缺失等,严重降低了农民工的就业幸福感。因此,提升农民工的就业质量对中国经济社会发展具有重大意义:一方面,提升农民工就业质量能够增强其城市定居能力和社会认同,加快其实现市民身份的转变;另一方面,提升农民工就业质量能够加快城镇化进程,提高城镇化质量,促进经济发展方式转变。

2021年8月,国务院印发《"十四五"就业促进规划》,强调打造覆盖全民、贯穿全程、辐射全域、便捷高效的全方位公共就业服务体系,提升劳动力市场供需匹配程度,促进高质量就业。中央城镇化工作会议明确提出:把促进有能力在城镇稳定就业和生活的常住人口有序实现市民化作为首要任务,而稳定的就业机会和更高的就业质量(工作条件、劳动强度、工作环境、劳动权益)才能保障外出农民工在城市的生存和发展能力,推动外出农民工真正融入城市,实现市民化。推进农业转移人口市民化,必须全面提高城镇的就业创业保障水平和农民工就业质量,而如何提升农民工就业质量,推进农业转移人口市民化进程也成为社会关注的热点。

(二) 就业质量的内涵

就业质量是劳动者就业状况的综合反映。关于就业质量的内涵,国际劳工组织(ILO)、经合组织(OECD)提出了具体的定义和度量指标。通常把"体面劳动"作为对就业质量"好"的一个评判准则。ILO将体面就业定义为:男女可以自由、平等地工作,没有性别歧视,能够给劳动者提供公平、合理的收入,让劳动者可以在安全的环境下,有尊严地工作。围绕此定义,ILO开发出一套指标,包括公平的就业机会、充分的收入、合适的工作时间、工作与生活平衡等10个方面的内容。ILO的指标虽然全面,但没有得到广泛应用,原因是指标太多,难以比较,ILO提出的10个维度下有52个指标,许多国家微观数据缺失,使得国际不可比。OECD简化了ILO的指标体系[①],维度减少到3个:收入公平性、社保全面性以及工作环境。指标减少到10个,如工资、失业风险、工作压力等,该指标体系得到了一定范围内的应用。

(三) 基础理论

AF双栏法[②]在Foster-Greer-Thorecke指数法的基础上衍生而来,用于计算多维贫困指数。假设共有n个劳动者,每个劳动者的就业质量有d个指标,由此构造了一个$d \cdot n$维的就业质量矩阵。x_{ij}表示劳动者个体i的第j指标。z_j表示j指标的剥夺门槛,g_{ij}^0表示个体i在j指标上的剥夺得分。当$x_{ij}<z_j$时,$g_{ij}^0=1$,表示个体i在第j指标上被剥夺,当$x_{ij} \geq z_j$时,$g_{ij}^0=0$,表示在第j指标没有被剥夺。对每个指标给予权重w_j($\sum_{j=1}^{d} w_j=1$),加总得到个体的剥夺总得分$c_i = \sum_{j=1}^{d} g_{ij}^0 w_j$,反映了个体总的剥夺情况,剥夺项目越多,分值越高,当个体所有指标都处于被剥夺时,$c_i=1$,若没有一项被剥夺,$c_i=0$。设定剥夺得分门槛值k,当个体剥夺总得分超过k时,个体属

---

① ILO. *The Measurement of Decent Work*. ILO Geneva, 2008.

② Alkire F., "Counting and Multidimensional Poverty Measurement", *Journal of Public Economics*, Vol. 95, 2011.

于多维就业剥夺。发生多维剥夺的人数 q 除以总人数 n，得到多维剥夺发生率 $H(k)$。加总的剥夺总得分除以多维剥夺人数得到平均的多维剥夺程度 $A = \sum_{i=1}^{n} c_i/q$，表明多维剥夺状态的人平均的剥夺程度。最终，多维就业质量指数 $M_0(k) = \frac{1}{n} \sum_{i=1}^{n} [c_i I(c_i \geq k)] = HA$，其中 $I(c_i \geq k)$ 是指示函数，当 $c_i \geq k$ 时，$I = 1$，否则为 0。$M_0(k)$ 综合反映了低就业质量劳动者的比例以及低就业质量的程度，是多维就业剥夺率（H）与平均剥夺程度（A）的乘积。

（四）维度、权重与门槛值

本节结合 UN、OECD、ILO 等国际机构对就业质量的定义，借鉴 Sehnbruch（2020）[①] 的方法，遵循简明、重要、数据可得性的原则，从劳动收入、工作稳定性以及工作条件这三个维度衡量就业质量。

（1）维度

劳动收入维度：劳动收入是影响就业质量的主要因素。Sen "可行能力"理论表明，公平、合理的劳动收入使劳动者及家庭的生存发展资料消费得到保证，使劳动者保持长期的可执行能力，从事生产活动，避免陷入贫困陷阱。收入门槛值的选取有两种：相对收入门槛与绝对收入门槛。OECD 设定了相对收入门槛，将国民工资收入中位数的 60% 作为劳动收入剥夺的门槛。其缺陷在于，当收入差距较大时，相对收入的剥夺标准偏高，不能识别出低收入群体的剥夺情况。Sehnbruch（2020）采用绝对收入门槛，将一篮子基本食物价格（Basic Food Basket）作为参考标准，确定 6 个基本食物篮子价格作为剥夺门槛值。本节采用绝对收入门槛，将劳动者当地月最低工资标准作为门槛值，低于最低工资视为被剥夺。最低工资标准考虑了基本生活成本、家庭赡养比、社会保障等因素，使劳动者可以维持个人和家庭的"可行能力"。

[①] Sehnbruch K., Gonzalez P., "The Quality of Employment (QoE) in Nine Latin American Countries: A Multidimensional Perspective", *World Development*, Vol. 127, 2020.

工作稳定性维度：稳定的工作能够稳定收入及未来预期，形成职业生涯积累，增加消费信心和需求，提升生活福利水平。本节用两个指标衡量工作稳定性：第一，是否签订劳动合同，若没有签订，则被剥夺。没有签订劳动合同会增加劳动者的失业风险。农村劳动力流动到城市以后，受限于人力资本和户籍等因素，相当一部分劳动者主要从事灵活就业（个体流动摊贩、临时工等），稳定性不高。第二，工作经验。从事某项工作时间越长，经验积累越多，就业质量就越高。频繁更换工作，劳动者就较难发展稳定的职业生涯[①]。对于27周岁及以上的劳动者，从事某项工作少于3年，则被剥夺。若学历为硕士及以上，年龄门槛提高到30岁。考虑初始工作年龄的因素，对于26周岁以下的劳动者，工作经验少于1年，视为被剥夺。

工作条件维度：用工单位应该给劳动者提供安全且有保障的工作环境。这一维度有两个指标：第一，是否为劳动者缴纳社保。缴纳职工社保，可以减小劳动者遇到失业、疾病等事件时的冲击。部分企业为降低成本，不给员工缴纳社保。而部分农民工也因经常变换工作地点，主动放弃缴纳社保，或在老家缴纳保障水平一般的农保，这极大降低了今后的保障程度。第二，是否存在超时工作。参考ILO（2008）的标准，将周工作时间超过48小时视为被剥夺。长期的超时工作，不利于平衡工作和生活之间的关系，影响劳动者健康，增加其对工作的厌倦情绪。超时工作在制造业较为普遍，劳动者基本工资低，必须通过加班获得更多收入。有些企业把能否承受加班，作为聘用员工心照不宣的必备条件。

（2）权重（weight）与门槛值（k）

权重选取存在主观性，不同权重会影响多维就业质量指数。借鉴多维贫困理论权重选取方式，本节采用等权重方法，即劳动收入、就业稳定性、工作条件的权重都是1/3。剥夺加总得分的门槛k的取

[①] 何文炯、王中汉：《非稳定就业者能够进入中等收入群体吗？——基于 CFPS 数据的分析》，《西北大学学报》（哲学社会科学版）2022 年第 2 期。

值范围为 [0, 1]，k 的选择主要基于经验。若 k 取 0，个体只要有一项指标剥夺，即被识别为多维就业剥夺，会高估就业剥夺情况。当 k 取 1 时，只有当个体所有指标都被剥夺时，才被认定为多维就业剥夺，则会低估实际的就业剥夺情况。因此，一般将 1/3 作为多维就业剥夺的门槛值，同时选择其他门槛作为稳健性检验。具体如表 8—1 所示。

表 8—1　　　　　　　维度、指标、权重及门槛

维度	指标（权重）	剥夺门槛值
收入（1/3）	劳动收入（1/3）	低于当地最低工资标准下折合的年收入。
工作稳定性（1/3）	合同签订（1/6）	没有签订合同或者自雇。
	工作经验（1/6）	当前工作经验不满 3 年（27 周岁及以上）或者当前工作经验不满 1 年（18—26 周岁）
工作条件（1/3）	养老保险（1/6）	没有缴纳城镇或农村养老保险，其中职工没有缴纳城镇职工养老保险。
	工作时间（1/6）	每周工作超过 48 小时。

二　中国农民工非农就业质量的多维测度及其描述

（一）数据来源与特征事实

本节微观数据来自中山大学《2018 年中国劳动力动态调查数据》(CLDS)。调查样本选取 18—64 周岁，在 2017 年有过工作且获得报酬的农村户籍劳动者。因就业质量各指标不适用于纯务农人员，故排除纯农户。

表 8—2 是样本的描述性统计。2018 年全国农民工非农就业劳动者平均年收入为 51630 元，每周平均工作约 50.1 个小时，平均从事某一工作的经验为 11.2 年，非正规就业率达到六成。

从劳动者性质来看，相较于雇员和雇主，自雇群体的收入偏低，年收入比雇员少 3355 元，周工时却多 2.4 小时。自雇群体大多从事个体工商户、摊贩等临时性工种，可替代性强，流动性大，劳动需求量波动大。这些不确定性传导到市场，表现为对临时性工种的报酬偏低、对工作经验的报酬增值也低。自雇群体虽然工作经验比雇

工多，但经验没有转化为收入。雇员层面，非正规就业率高达40.4%，四成的受雇劳动者没有与单位签订劳动合同，劳动权益无法得到保障。

表 8—2　　　　　　　　　描述性统计

	样本量（个）	样本占比（%）	收入[①]（元）	周工时（小时）	工作经验（年）	非正规就业率[②]（%）
全国	3436	100	51630	50.1	11.2	61.5
劳动者性质：						
雇员	2219	64.6	47377	49.2	9.9	40.4
自雇	1073	31.2	44022	51.6	14	—
雇主	144	4.2	173850	53.0	11	
学历：						
初中及以下	2170	63.2	41254	51.7	11.7	74.2
高中、职中及大专	993	28.9	62304	48.9	10.8	47.3
本科及以上	273	7.9	95269	42.4	8.7	12.1
年龄组：						
18—29 岁	527	15.3	50186	49.6	4	49.1
30—44 岁	1328	38.6	58720	50.5	9	56.7
45—64 岁	1581	46.0	46155	50.0	15.5	69.7

从人力资本来看，劳动力市场对教育的回报非常高，本科及以上学历（后文简称本科）在就业质量的各方面都大幅优于中专、高中学历（后文简称高中）以及初中及以下学历（后文简称初中）。本科学历的年收入是初中的 2.3 倍，高中的 1.53 倍。工作时间上，本科比初中少 9.3 小时，比高中少 6.5 小时。本科学历劳动者大多实现了正规就业，仅有 12.1% 进入到非正规就业市场。而形成鲜明

[①] 收入是指因工作而产生的报酬，雇工是工资，雇主是经营收入，对于自雇是工作或经营收入。

[②] 基于 ILO（2002）关于非正规就业的定义，同时考虑数据有限性，将雇工且无合同、自雇者视为非正规就业，将雇工且有合同、雇主视为正规就业。

对比的是，初中学历的非正规就业率高达74.2%，高中学历的非正规就业率也达到47.3%。低学历劳动者在就业市场上面临更大压力，工时长、收入低、稳定性差。

由此得出以下特征事实：第一，自雇群体的就业质量普遍低于雇员群体，个体经营、自主就业等灵活就业群体的就业压力较大。雇员的非正规就业率较高，劳动力市场合规性有待提高。第二，教育是影响就业质量的最大因素，高学历在收入、工作时长、正规性这三项就业指标方面均大幅度优于低学历者。第三，非正规就业占比较高，使劳动者在年长后面临收入下降甚至失业的风险。工作经验得不到积累，不能在劳动市场上得到合理回报。

（二）多维就业质量测算结果

2018年我国农民工多维就业质量指数M为0.34，表明农民工整体的就业剥夺程度为34%。具体将该指数分解为就业剥夺发生率（H）以及平均剥夺程度（A）。$H=66\%$，$A=51\%$，表明有66%的劳动者属于多维就业剥夺，被剥夺者平均的剥夺程度为51%，即平均有一半以上的指标是剥夺的。轻度就业剥夺率20.4%（$k=1/6$），即仅有一个单一指标发生剥夺的概率为20.4%；深度剥夺发生的概率为19.8%，即2/3及以上的指标都被剥夺的劳动者的比例为19.8%。地区间就业剥夺发生率存在较大差异，就业剥夺发生率西部最高，中部其次，东部最低。东部地区经济发展水平较高，企业规模、经营能力、优质的岗位也更多。为了追求更高的收入，中部、西部人力资本更高的人群流动到了东部地区，获得了更好的工作。经济发展水平和人口流动是东部就业质量较高的原因。具体如表8—3所示。

表8—3　　　　　农民工劳动力多维就业质量指数

	M	H	A	轻度（$k=1/6$）	深度（$k=2/3$）
全国	0.34	66%	51%	20.4%	19.8%
东部	0.31	62%	50%	21.3%	17.9%
中部	0.39	75%	52%	16.8%	25.2%
西部	0.37	71%	52%	20.5%	21.3%

如表8—4所示，从单项指标来看，是否签订劳动合同、是否缴纳养老保险以及超时工作是主要的剥夺指标，剥夺率超过了五成。东部地区的就业剥夺情况略好于中部、西部地区，5项指标中，东部地区在收入、合同、工作经验、养老保险这4项指标的剥夺率都是最低的。而中部地区有3项指标剥夺率是最高的，其中合同指标剥夺率67.5%，工作时间剥夺率为28.8%，这反映出受制于经济发展的原因，中部地区的非正规就业比例较高，签订劳动合同的比例低，加班现象比较多，超时工作较为严重。合同对就业剥夺的贡献率最高，如表8—5所示，其次是养老保险、工作时间。因此，工作稳定性和工作条件是就业剥夺的主要维度，贡献率分别为45.6%和36.5%。另外，大部分优质的农村劳动力流入到东部地区，使得中部地区农民工的人力资本较低，只能在劳动力市场上得到相对一般的工作，导致了中部地区农民工就业质量相对较低。

表8—4　　　　　各单项指标未删失剥夺率　　　　　单位：%

维度	收入	工作稳定性		工作条件
指标	收入	合同	工作经验	养老保险	工作时间
全国	17.7	57.3	24.8	53.4	51.6
东部	15.2	52.0	24.6	52.6	50.3
中部	22.0	67.5	28.8	58.5	51
西部	22.6	66.6	21.4	51.4	56.4

表8—5　　　　　各指标及维度的剥夺贡献率　　　　　单位：%

地区	东部	中部	西部	全国
指标贡献率：				
劳动收入	16.1	18.9	20.5	17.5
合同	25.4	26.5	26.8	25.9
工作经验	10.7	11.5	9.1	10.5
养老保险	25.4	23.1	21.0	24.1
工作时间	22.3	20.0	22.6	21.9
合计	100	100	100	100

续表

地区	东部	中部	西部	全国
维度贡献率：				
劳动收入	16.1	18.9	20.5	17.5
就业稳定性	36.1	38.0	35.9	36.4
工作条件	47.7	20.0	43.6	46.0
合计	100	100	100	100

（三）就业质量指数的分解

劳动者特征不同，就业质量也不同。本节从劳动者性质、就业性质、受教育程度、年龄、性别这5个方面，对多维就业质量指数进行分解，如表8—6所示。从劳动者性质来看，雇员和自雇的就业剥夺率均在五成以上。自雇的收入、工作时间剥夺率都比雇员要高，收入剥夺率超出9.7个百分点，工作时间剥夺率超出12.9个百分点，表明自雇群体普遍存在超时工作的现象且超时工作并没有带来收入提升。养老保障方面，两者剥夺率都在40%以上，这说明非正规受雇就业较为普遍，劳动力市场尚不完善，劳动者缺乏应有的制度保障。从就业性质看，正规就业的就业质量显著优于非正规就业，正规就业者的收入、工作经验、养老保险、工作时间剥夺率都要更低。教育程度越低，就业质量就越差，初中及以下者，就业剥夺率近八成。中老年群体的合同指标剥夺率较高，这意味着这部分群体面临更高的就业风险，工作的稳定性得不到保障。

表8—6　　　　多维就业质量指数的分解

	综合指数			指标剥夺率（%）			
	M	H（%）	A（%）	收入	合同	工作经验	养老保险	工作时间
全国	0.34	65.5	51.4	17.7	57.3	24.8	53.4	51.6
劳动者性质：								
雇员	0.31	57.8	52.7	15.3	40.4	27.1	59.8	47.0
雇主	0.12	33.3	36.9	1.3	0	16.0	38.9	59.7
自雇	0.43	85.8	50.2	25.0	1	21.1	42.0	59.9

续表

	综合指数			指标剥夺率（%）				
	M	H（%）	A（%）	收入	合同	工作经验	养老保险	工作时间
就业性质									
正规	0.13	30.5	42.6	8.3	0	23.2	35.4	38.5
非正规	0.45	87.4	51.7	23.6	100	25.7	64.5	59.7
受教育程度：									
初中及以下	0.41	77.7	52.5	22.6	70.4	26.5	60.3	59.1
高中、职中及大专	0.25	52.2	48.5	10.9	41.7	23.5	46.9	43.5
本科及以上	0.76	17.2	14.6	3.7	10.3	15.4	21.6	21.2
年龄：									
青年组	0.32	61.1	52.4	14.8	45.0	31.1	59.0	47.6
中青年组	0.31	61.2	50.8	12.6	51.6	28.0	50.6	51.4
中老年组	0.37	70.6	52.9	23.0	66.3	20.0	53.8	53.1
性别：									
男性	0.32	65.4	49.2	12.0	58.3	20.8	53.7	54.8
女性	0.37	65.7	56.3	25.8	55.8	30.5	54.3	47.0

注：年龄分组为青年组（18—29岁），中青年组（30—44岁），中老年组（45—64岁）。

（四）稳健性检验：不同门槛、不同权重

多维就业质量指数测算中，剥夺门槛值、指标权重的设定，存在一定主观性。如果改变门槛值和权重，剥夺水平也大相径庭，则说明结论缺乏稳健性。相反，如果改变门槛和权重，不同人群的剥夺水平只是绝对值上有变化，而相对排序没有变化，则说明结论具有稳健性。借鉴多维贫困理论关于指数稳健性的测算方法，采用斯皮尔曼相关系数（Spearman）、肯德尔b型相关系数（Kendall-Tau-b）进行衡量。斯皮尔曼相关系数以及肯德尔b型相关系数都是用来衡量两个序列排序相关性的相关系数。系数越高说明两个序列排序的相关性越强，结论越稳健。斯皮尔曼系数大于0.8说明相关性很强，肯德尔b型相关系数大于0.3且在0.05的显著性水平上显著，说明相关性很强。

（1）调整剥夺门槛值

将剥夺值总得分 k 值设为1/3，作为对照组。然后改变剥夺门槛

值 k，分别计算在不同 k 值设定下，多维就业质量指数 M 的斯皮尔曼相关系数、肯德尔 b 型相关系数。结果如表 8—7 所示。变换不同 k，斯皮尔曼相关系数在 0.8 以上，相关程度超过 80%，肯德尔 b 型相关系数在 5% 的显著性水平上显著，拒绝了相关系数为 0 的原假设，表明两序列具有相关性。

表 8—7　　　　　　不同门槛值下就业质量指数的相关性

		$k=1/3$
$k=1/6$	Spearman	0.99
	Kendall-Tau-b	0.98
$k=3/6$	Spearman	0.95
	Kendall-Tau-b	0.89
$k=4/6$	Spearman	0.83
	Kendall-Tau-b	0.7
$k=5/6$	Spearman	0.80
	Kendall-Tau-b	0.67

(2) 调整不同维度的权重

$W1$ 的权重设置为 1/3、1/3、1/3，是默认权重，$W2$ 为 1/2、1/4、1/4，$W3$ 为 1/4、1/2、1/4，$W4$ 为 1/2、1/4、1/4。调整权重后，$W1$ 和其他权重计算的 M 的斯皮尔曼相关系数在 0.9 以上，肯德尔 b 型相关系数在 5% 的显著性水平上显著，说明计算的结果具有稳健性。结果如表 8—8 所示。

表 8—8　　　　　不同权重下的多维就业质量指数相关性

		W_1 (1/3, 1/3, 1/3)	W_2 (1/2, 1/4, 1/4)	W_3 (1/4, 1/2, 1/4)
W_2	Spearman	0.93		
	Kendall-Tau-b	0.83		
W_3	Spearman	0.95	0.83	
	Kendall-Tau-b	0.87	0.71	

续表

		W_1	W_2	W_3
		(1/3, 1/3, 1/3)	(1/2, 1/4, 1/4)	(1/4, 1/2, 1/4)
W_4	Spearman	0.97	0.87	0.93
	Kendall-Tau-b	0.9	0.73	0.83

第二节 资源约束条件下的非农就业行为研究

非农就业行为受到诸多因素的制约，其中饮用水资源是重要的约束之一。农村饮水安全对改善农村居民生活和生产条件至关重要。农村饮水安全指农村居民能够及时、方便地获得足量、洁净的饮用水，水质、水量、用水方便程度等是其核心衡量指标。截至2015年年底，全球范围内约有6.63亿人无法获取到改善饮用水源，其中80%为农村人口（WHO，2015）。我国是世界上人口最多的发展中国家，农村人口众多，受自然、经济等条件制约，农村居民饮水困难和饮水安全问题长期存在。

已有研究主要聚焦于农村安全饮用水可及性对农民健康的影响，忽略了饮用水可及性对农村非农劳动力供给的影响。一方面，获取饮用水所消耗的时间会影响家庭从事非农劳动的时间；另一方面，饮用水的可及性以及水质安全性会影响家庭成员的健康水平，进而影响家庭的非农就业决策。本节将深入分析饮用水可获性对非农劳动供给的影响。

一 资源约束条件下家庭内部非农就业决策的机理分析

饮用水质量和可及性对非农就业的影响有两个方面。一方面，获取饮用水所消耗的时间会影响家庭从事非农劳动的时间，取水越不方便，走的路越远，耗时越长，家庭从事非农劳动的时间就会越少；另一方面，饮用水的可及性以及水质安全性会影响家庭成员的健康水平，并最终影响家庭的非农就业决策。在个人层面，如果健康水平不佳，则会从根本上影响劳动者从事非农就业的能力，降低其从事非农就业的机会①。在家庭层面上，如果家庭有人健康程度不佳，就需要家庭中的其他人来照顾，这一方面降低了家庭从事非农就业的人力资本，同时要照顾家庭成员，也增加了家庭的经济负担。

很多研究评估了饮水措施改进对儿童的影响。在孟加拉国的农村地区，一项针对井水管道砷污染程度对儿童学业表现的研究表明，如果家庭中的井水存在砷污染，会显著降低孩子的数学成绩②。也有许多研究发现男性与女性对饮用水可及性以及水质安全性的敏感性不同。特别是农村妇女，她们在传统上被赋予了保证家庭用水以及照顾家庭中老人、小孩的职责。女性与男性的差异主要体现在选择什么水源、每次取多少水、如何运输、如何储存、如何提取③。但是鲜有文献讨论在获得饮用水以及改善饮用水水质方面，是否会存在性别差异以及不同的家庭角色在饮用水可及性以及安全性方面是否存在差异。如果忽视性别差异以及家庭角色之间的差异，可能会导致在评估人们对水源可及性、安全性的态度时，存在遗漏变量问题，也不利于制定针对性的饮用水改进措施。

二 基于饮用水可及性及质量安全视角下的非农就业行为研究

（一）数据来源

本节数据来自中国健康与营养调查（CHNS）数据库，该调查共开展了9次，涵盖了来自9个省的49308个观测个体，每年调查的农村居民样本数在5172至7575之间。年龄在15岁至65岁之间的所有个体（非在校学生）都被视为农村劳动力。劳动时间分为四部分：（1）农业劳动时间；（2）非农劳动时间；（3）家务劳动时间；（4）其

---

① Currie J., Madrian B. C., "Health, Health Insurance and the Labor Market", *Handbook of Labor Economics*, Vol. 3, No. 50, 1999.

② Asadullah M. N., Chaudhury N., "Poisoning the Mind: Arsenic Contamination of Drinking Water Wells and Children's Educational Achievement in Rural Bangladesh", *Economics of Education Review*, Vol. 30, No. 5, 2011.

③ O'Reilly K., "Traditional Women, Modern Water: Linking Gender and Commodification in Rajasthan, India", *Geoforum*, Vol. 37, 2006.

他时间。我们用非农劳动时间份额作为因变量。

(二) 基础模型与变量

农民的劳动时间分配一直是学者研究的热点。农民将他们的劳动时间分配给农业劳动和非农劳动。为识别饮用水缺乏对农村男性和女性劳动力非农劳动时间的影响,设定如下形式的线性模型:

$$off_j^m = \alpha_0 + \alpha_1 \cdot Water + \alpha_2 \cdot Z_j^m + \alpha_3 \cdot Z_{hh} + \alpha_4 \cdot Z_{com} + \alpha_5 \cdot Z_h + \alpha_6 Z_{other} + \mu_m \tag{8—1}$$

$$off_j^f = \gamma_0 + \gamma_1 \cdot Water + \gamma_2 \cdot Z_i^f + \gamma_3 \cdot Z_{hh} + \gamma_4 \cdot Z_{com} + \gamma_5 \cdot Z_h + \alpha_6 Z_{other} + \mu_f \tag{8—2}$$

off_j^m 是男性的非农劳动占比,off_i^f 是女性的非农劳动占比。自变量包括水状况($Water$)、个人特征(Z_j^m 和 Z_i^f)、家庭特征(Z_{hh})、社区特征(Z_{com})、健康特征(Z_h)和其他二值变量(Z_{other}),如年份变量和省份变量。

农村家庭并不只是由丈夫和妻子组成。在同一性别中,不同家庭角色的行为可能不同。例如,在中国家庭中,当儿媳妇生活在同一个家庭中时,她们往往承担了很大一部分抚养孩子和打水的责任;相反,女儿的责任可能相对较少。为了反映这些影响,我们按性别和家庭身份进行了子样本回归。我们调查了两个男性家庭角色,包括户主和户主的儿子;以及三个女性家庭角色,即户主的配偶、户主的女儿和户主的儿媳妇。

按照 Chang 和 Mishra (2008)[①] 的做法,我们使用双变量 Probit 模型来分析夫妻之间做出从事非农工作决定的相关性。一个典型的模型设定是:

$$I_h^* = X'_h \beta_h + \varepsilon_h; \quad I_h = 1 \ iff \ I_h^* > 0$$

$$I_w^* = X'_w \beta_w + \varepsilon_w; \quad I_w = 1 \ iff \ I_w^* > 0$$

$$E(\varepsilon_h) = E(\varepsilon_w) = 0; \quad Var(\varepsilon_h) = Var(\varepsilon_w) = 1; \quad Cov(\varepsilon_h, \varepsilon_w) = \rho \tag{8—3}$$

[①] Chang H., Mishra A., "Impact of off-farm labor supply on food expenditures of the farm household", *Food Policy*, Vol. 33, 2008.

其中 I_h^* 和 I_w^* 是潜变量，分别代表丈夫和妻子非农就业概率。X'_h 和 X'_w 是分别与丈夫和妻子非农就业决定相关的协变量。在双变量 Probit 模型中（Greene 2003），共有四个分组：（i）丈夫和妻子都非农就业（模式 11）；（ii）只有丈夫非农就业（模式 10）；（iii）只有妻子非农就业（模式 01）；以及（iv）都不非农就业（模式 00）。每一种模式都根据 Greene（2003）的理论而设定。

$$P_{11} = \Pr(I_h=1, I_w=1 \mid X_h, X_s) = \phi(X'_h\beta_h, X'_w\beta_w; \rho)$$
$$P_{10} = \Pr(I_h=1, I_w=0 \mid X_h, X_s) = \phi(X'_h\beta_h, -X'_w\beta_w; -\rho)$$
$$P_{01} = \Pr(I_h=0, I_w=1 \mid X_h, X_s) = \phi(-X'_h\beta_h, X'_w\beta_w; -\rho)$$
$$P_{00} = \Pr(I_h=0, I_w=0 \mid X_h, X_s) = \phi(-X'_h\beta_h, -X'_w\beta_w; \rho) \quad (8-4)$$

其中 ϕ 是双变量正态分布的累积密度函数，通过应用最大似然法可以得到方程的一致估计。为了纠正自我选择偏差，有必要为整个样本中的每个决策构建广义残差，即广义逆米尔斯比率（GIMR）。将广义逆米尔斯比率（GIMR）纳入非农劳动份额方程，并应用普通最小二乘法（OLS），可以得到一致的估计。因此，使用匹配的丈夫和妻子样本，我们可以估计一个联合决策回归，如下所示。

$$off_j^h = \theta_0 + \theta_1 \cdot Water + \theta_2 \cdot Z_j^b + \theta_3 \cdot Z_{hh} + \theta_4 \cdot Z_{com} + \theta_5 \cdot Z_h + \theta_6 \cdot Z_{other} + \theta_7 \cdot GIMR_h + \mu_h$$
$$off_j^w = \eta_0 + \eta_1 \cdot Water + \eta_2 \cdot Z_j^b + \eta_3 \cdot Z_{hh} + \eta_4 \cdot Z_{com} + \eta_5 \cdot Z_h + \eta_6 \cdot Z_{other} + \eta_7 \cdot GIMR_h + \mu_w \quad (8-5)$$

最后，按照 Ito 和 Kurosaki（2009）[①] 的实证研究，我们采用多变量 Tobit 模型来描述：（i）丈夫和妻子的联合非农工作选择；（ii）包括丈夫、妻子和长子/女儿在内的三个成员的联合非农工作选择；以及（iii）包括丈夫、妻子、长子和长女/长媳（长子的妻子）在内的四个成员的联合非农工作选择。

（三）变量定义

饮用水状况从可及性和安全性两个方面来衡量，可及性用步行

[①] Ito T., Kurosaki T., "Weather Risk, Wages in Kind, and the Off-Farm Labor Supply of Agricultural Households in a Developing Country", *American Journal of Agricultural Economics*, Vol. 3, No. 91, 2009.

至水源的取水时间来衡量。安全性用是否使用未经处理的水源来衡量（Untreated water resource），未经处理的水源指非水厂的水源，包括露天井水和地表水。

饮用水状况对非农劳动供应的因果效应可能存在内生性问题。使用改良水源的家庭和不使用改良水源的家庭之间可能存在选择偏差。拥有较高非农收入的富裕家庭会有更多的资源，如果他们无法得到改良的饮用水，他们就可能会搬家（Asadullah 和 Chaudhury 2011）。本节使用工具变量（IV）方法解决这些问题。除了控制个人随机效应外，还使用了两个社区层面的工具变量。一个是"灌溉农田"，即村庄中灌溉农田的百分比（%），农业活动是氮和磷酸盐点源和非点源水污染的主要来源。另一个是"可通航河流"，它由一个虚拟变量来衡量："这个村庄是否靠近通航河流？"以反映一个地区的水文地质特征。

变量描述性统计如表 8—9 所示。

表 8—9 变量名称和定义

变量	定义	Mean	Std
时间分配			
非农劳动时间占比	非农劳动小时数/8760×100%	10.266	14.386
饮用水质量			
未处理水源	你是否饮用未经处理的饮用水？1=是，0=否	0.632	0.482
步行至水源时间	步行到水源地要多久（分钟）	4.036	6.295
灾害	省级层面成灾比例	4.758	6.772
个体特征			
教育	教育年限	6.791	3.904
年龄	年龄	39.756	13.710
学生	是否上学 1=是，0=否	0.053	0.225
婚姻状态	婚姻状态 1=已婚，0=未婚	0.764	0.425
家庭冲击			
家庭规模	家庭人口数	6.390	2.899

续表

变量	定义	Mean	Std
儿童占比	儿童占家庭总人口数	22.102	13.296
老人占比	65岁以上老年人占比	2.505	7.416
生产资本	家庭有多少生产资本（万元）	0.798	3.582
非生产资本	家庭有多少非生产资本（万元，2011年价格）	0.481	0.697
社区冲击			
男性工资	村庄平均男性工资	34.617	25.802
女性工资	村庄平均女性工资	28.645	35.341
贸易区	附近2小时车程内是否有贸易区	0.304	0.460
当地企业	当地有多少企业	2.048	4.913
到托儿所距离	距离最近的托儿所（不到3岁的儿童）多远？（千米）	2.762	8.769
到幼儿园距离	距离最近的幼儿园（3—6岁儿童）多远？（千米）	0.887	3.677
到小学距离	距离最近的小学多远？（千米）	0.475	2.164
到中学距离	距离最近的中学多远？（千米）	1.842	4.417
到车站距离	距离最近的公交站台多远？（千米）	3.116	3.132
厕所类型	家庭是否有室内水厕？1=是，0=否	0.225	0.418
灯光类型	家庭是否有电灯？1=是，0=否	0.979	0.142
道路类型	村庄是否有水泥路？1=是，0=否	0.836	0.370
健康冲击			
自身心理疾病	最近4周是否有心理疾病？1=是，0=否	0.008	0.176
家人心理疾病	除了你之外，家庭其他人有没有心理疾病？	0.005	0.186
工具变量			
灌溉农田面积	灌溉农田占村庄总耕地面积的比例	43.668	41.917
靠近通航河流	村庄是否靠近通航河流？1=是，0=否	0.143	0.350

（四）模型回归

（1）基础回归

为节省篇幅，我们在本文中没有提供第1阶段的OLS回归结果。过度识别检验表明，工具变量是有效的，并且是外生的。基本的结果呈现在表8—10中。"未处理水源"和"步行至水源时间"的系数均为负数。这说明，使用未经处理的水源将导致男性的非农劳动份额减少 4.238 个百分点，女性减少 6.096 个百分点；多走 1 分钟去取饮用水将导致男性的非农劳动份额减少 0.664 个百分点，女性减少 0.646 个百分点。

表 8—10　　　　　　　　　　2SLS Tobit 模型

	因变量：非农劳动时间占比		
	子样本		全样本
	男性	女性	
未处理水源	-4.238***	-6.609***	-6.459***
步行至水源时间	-0.664***	-0.646***	-0.620***
未处理水源*性别	—	—	1.855
步行至水源时间*性别	—	—	0.098
性别	—	—	5.935***
灾害	-0.011	-0.151***	-0.072***
教育	0.376***	0.384***	0.450***
年龄	2.113***	2.134***	2.101***
年龄的平方	-0.027***	-0.029***	-0.028***
学生	-23.299***	-21.510***	-22.277***
婚姻状态	3.416***	-3.761***	0.441
家庭规模	0.094	0.062	0.124**
儿童占比	-0.002	-0.013	-0.009
老人占比	0.012	0.045*	0.017
生产资本	0.092**	0.062	0.071***
非生产资本	1.827***	2.076***	1.939***
男性工资	0.039***	—	0.046***
女性工资	—	-0.001	-0.009***
贸易区	0.601*	0.347	0.541**
当地企业	0.438***	0.402***	0.418***
到托儿所距离	0.024	0.061***	0.040***
到幼儿园距离	0.135***	0.048	0.089***
到小学距离	0.183***	0.249***	0.212***
到中学距离	0.022	0.035	0.027

续表

	因变量：非农劳动时间占比		
	子样本		全样本
	男性	女性	
到车站距离	0.026	0.068	0.059*
厕所类型	-0.353	-1.956***	-1.017***
灯光类型	1.797*	2.907**	2.284***
道路类型	1.406***	3.644***	2.224***
自身心理疾病	-0.650	-1.321	-1.122
家人心理疾病	-1.385	0.416	-0.821
1993年	-1.473***	-0.498	-1.069***
1997年	-2.135***	1.517**	-0.747*
2000年	-1.614***	2.934***	0.203
2004年	8.961***	18.644***	12.705***
2006年	9.109***	18.375***	12.507***
2009年	9.060***	17.638***	11.802***
2011年	8.597***	19.026***	11.887***
黑龙江省	-5.111***	-5.371***	-5.232***
江苏省	1.858**	0.023	1.137*
山东省	1.270	0.089	0.896
河南省	-5.019***	-5.352***	-5.039***
湖北省	-4.064***	-2.479***	-3.306***
湖南省	-5.885***	-6.577***	-6.186***
广西壮族自治区	-0.996	2.405**	0.611
贵州省	-6.416***	-3.489***	-4.903***
常数项	-37.057***	-43.552***	-44.268***
Wald chi^2	4702.53***	6033.12***	10849.84***
观察值	24286	25022	49308
左侧删失观察值	10014	14122	24136

注：*表示在10%水平上显著、**表示在5%水平上显著、***表示在1%水平上显著，下同。

为了了解男性和女性对饮用水的可及性和质量是否有不同的反应，我们在方程中加入了虚拟变量"性别"和"未处理水源"之间的交互作用,以及"性别"和"步行至水源时间"之间的交互作用。如果受访者是男性,虚拟变量"性别"等于1,否则等于0。结果显示,交互作用在统计学上并不显著。在总体的回归中,水的获取和质量对非农劳动份额的影响没有性别差异。

(2)家庭角色回归

在表8—11和表8—12中,提供了与表8—10中相同的回归结果,但针对不同的家庭角色子样本,只报告了与未经处理的水源和与水源距离相关的边际效应。我们为男性子样本回归增加了两个角色虚拟变量("儿子""其他男性"),为女性子样本回归增加了四个角色虚拟变量("配偶""女儿""儿媳""其他女性")。男性(女性)户主子样本是男性(女性)的基线组。角色虚拟变量与未经处理的水源、步行到水源时长相互作用。结果发现,饮用水条件的影响具有很大的性别内效应。(1)男性户主和儿子都对水质和水源敏感,儿子的边际水源效应显著为正(儿子与步行到水源地的时间的交互作用为0.472,表明儿子的非农劳动活动受水源的影响比他父亲小;(2)水质和取水时间对女儿没有影响。与女性户主相比,配偶对水的获取的边际效应(配偶与步行到水源的交互作用)显著为负(-1.232),但对女儿或儿媳妇来说不显著,这表明男性户主的配偶比女性户主对水的获取更敏感。与女性户主相比,儿媳妇的边际水质影响(儿媳妇和未经处理的水源之间的交互作用)显著为负(-9.844),但对其他女性角色并不显著。因此,在饮用水质较差的地区,对劳动力供应影响更大的是儿媳妇,她不仅要取水,还要净化水。

表8—11　　　　　　　　　　2SLS 男性 Tobit 模型

	因变量:非农劳动时间占比		
	户主	户主儿子	所有男性
未处理水源	-4.387***	-3.048*	-4.012***
步行至水源时间	-0.728***	-0.651***	-0.856***
未处理水源*儿子	—	—	0.468

续表

	因变量：非农劳动时间占比		
	户主	户主儿子	所有男性
未处理水源*其他男性	—	—	-5.786**
步行至水源时间*儿子	—	—	0.472***
步行至水源时间*其他男性	—	—	1.025***
儿子	—	—	-1.523*
其他男性	—	—	-0.060
观察值	15321	7442	24286

注：*表示在10%水平上显著、**表示在5%水平上显著、***表示在1%水平上显著。

表8—12　　　　　　　　2SLS 女性 Tobit 模型

	因变量：非农劳动时间占比				
	户主	配偶	女儿	儿媳妇	所有女性
未处理水源	0.953	-5.879***	-2.945	-9.478***	-5.735**
步行至水源时间	-2.150***	-0.804***	-0.134	-0.592**	-0.046
未处理水源*配偶	—	—	—	—	1.131
未处理水源*女儿	—	—	—	—	0.341
未处理水源*儿媳	—	—	—	—	-9.844***
未处理水源*其他女性	—	—	—	—	3.540
步行至水源时间*配偶	—	—	—	—	-1.232***
步行至水源时间*女儿	—	—	—	—	0.262
步行至水源时间*儿媳	—	—	—	—	0.645
步行至水源时间*其他女性	—	—	—	—	-0.910
配偶	—	—	—	—	2.657*
女儿	—	—	—	—	5.516***
儿媳	—	—	—	—	4.721***
其他女性	—	—	—	—	-0.936
观察值	1715	15837	4101	2738	25022

注：*表示在10%水平上显著、**表示在5%水平上显著、***表示在1%水平上显著。

（3）联合决策回归

在表8—13中，我们利用样本中同时包括丈夫和妻子的样本，进一步区分了夫妻之间决策的关系。在表8—14中，我们使用关于估计参数的非线性假设的 Wald 型测试来检验变量之间是否相等。结果如下：(1) 在 2 人家庭中，丈夫和妻子之间的估计相关系数显著且为正（0.45），这表明农业工作者和配偶的非农工作决定是正相关的。通过 Mvtobit 回归控制共同决策，结果显示，使用未经处理的水源和与水源的距离对夫妻的负面影响相似，丈夫和妻子之间没有差异。(2) 在有夫妻和儿子的 3 人家庭中，"未经处理的水源"或"步行到水源的时间"将使夫妻和儿子的非农劳动份额减少。丈夫和妻子、丈夫和儿子、妻子和儿子之间没有区别。(3) 在有夫妇和女儿的 3 人家庭中，女儿是对水质或供水最不敏感的人，母亲比父亲对水质更敏感。长子和长女的年龄和教育程度相似（即分别为 21.57 岁和 20.79 岁，8.62 年和 8.01 年的教育程度）。

表 8—13　　　　　　　　多成员 2SLSmvtobit 回归

	2 个成员	3 个成员		4 个成员	
	丈夫和妻子	丈夫、妻子和儿子	丈夫、妻子和女儿	丈夫、妻子、儿子、女儿	丈夫、妻子、儿子、媳妇
丈夫					
未处理水源	-3.871***	-3.504*	-3.072	-3.179	-1.641
步行至水源时间	-0.694***	-0.700***	-0.819***	-0.756***	-0.129
妻子					
未处理水源	-5.492***	-6.063**	-15.316***	-20.189***	2.519
步行至水源时间	-0.822***	-0.898***	-0.844***	-0.810**	-0.999**
长子					
未处理水源	—	-4.628***	—	-8.122*	-4.808
步行至水源时间	—	-0.611***	—	-0.253	-0.464
长女					
未处理水源	—	—	-5.265*	-4.983	—
步行至水源时间	—	—	-0.126	-0.029	—
儿媳					
未处理水源	—	—	—	—	-8.956**
步行至水源时间	—	—	—	—	-0.701*
观察值	14667	4193	2742	1250	1117

注：*表示在 10%水平上显著、**表示在 5%水平上显著、***表示在 1%水平上显著。

表 8—14　　　　　　　　　　　　Wald 型参数检验

	2 个成员	3 个成员		4 个成员	
	丈夫和妻子	丈夫、妻子和儿子	丈夫、妻子和女儿	丈夫、妻子、儿子和女儿	丈夫、妻子、儿子和媳妇
丈夫 vs. 妻子					
未处理水源	1.68	1.18	16.25***	11.01***	0.78
步行至水源时间	1.25	0.88	0.01	0.02	2.95*
丈夫 vs. 长子					
未处理水源	—	0.22	—	1.05	0.59
步行至水源时间	—	0.18	—	2.20	0.59
妻子 vs. 长子					
未处理水源	—	0.24	—	3.60*	2.21
步行至水源时间	—	1.25	—	1.42	1.02
丈夫 vs. 长女					
未处理水源	—	—	0.46	0.14	—
步行至水源时间	—	—	9.62***	6.14**	—
妻子 vs. 长女					
未处理水源	—	—	6.79***	6.22**	—
步行至水源时间	—	—	6.04**	3.37*	—
长子 vs. 长女.					
未处理水源	—	—	—	0.41	—
步行至水源时间	—	—	—	0.50	—
丈夫 vs. 儿媳					
未处理水源	—	—	—	—	2.21
步行至水源时间	—	—	—	—	1.20
妻子 vs. 儿媳					
未处理水源	—	—	—	—	4.24**
步行至水源时间	—	—	—	—	0.25
长子 vs. 儿媳					
未处理水源	—	—	—	—	1.18
步行至水源时间	—	—	—	—	0.33
观察值	14667	4193	2742	1250	1117

注：*表示在 10%水平上显著、**表示在 5%水平上显著、***表示在 1%水平上显著。

第三节　本章小结

　　就业是最大的民生，促进农户实现非农就业，转移农村剩余劳动力，是推进城市化进程的必然要求，也是实现共同富裕的重要途径。持续而稳定的非农就业不仅能够保障农户有一个稳定的收入，也能全面提升家庭的福利，避免了家庭陷入贫困陷阱。本章围绕非农就业质量是怎么样的状况，哪些因素影响它进行分析。一方面，回答就业质量怎么样。要持续性、针对性地改善农村劳动力的非农就业状况，首先就是要把握农村劳动力非农就业的就业质量，了解就业质量的整体状况，明晰哪些方面制约就业质量的提高，为政府制定公共政策，提供针对性的决策依据。另一方面，回答哪些因素影响非农就业。在过去，有很多传统的、现实的因素会阻碍家庭提供非农劳动供给，而这些因素会在制定公共政策时被忽略。比如取水的便利程度是制约农村家庭非农劳动供给的约束条件。

　　在就业质量方面，中国农民工就业质量不高，有65%的劳动者存在多维就业剥夺，平均剥夺程度是51%。地区间存在明显差异，东部地区就业质量较高，西部其次、中部最低。不签订劳动合同、不缴纳社保、超时工作三项指标的剥夺率都超过50%，是就业剥夺的主要表现。就业缺乏稳定性、就业保障程度不高。非正规就业劳动者工作经验难以积累，形成职业生涯。劳动力市场对工作经验的回报不高。教育水平是影响多维就业质量的重要因素，教育水平越低、多维就业剥夺可能性就越高，就业质量越低。劳动力市场对农民工教育水平的回报较大，高学历者的就业质量大幅度优于中、低学历劳动者。低技能农民工在劳动力市场中处于较为不利的地位，就业质量较低。政府应优先关注农村低技能劳动者就业问题。这部分群体多数从事非正规就业，在经济下行、疫情常态化以及不确定性增加的背景下，他们的就业较易受到冲击且承受风险能力较低。应拓宽就业、再就业渠道，为农村低技能劳动者提供就业信息，引导就业，尽量减少失业。其次，针对灵活就业、自主创业等群体，政府应努力营造良好市场经营环境,提供金融、税收、社会保障等多方面的支持,扶持这部分群体自主就业。同时,政府应进一步完善劳动与社会保障制度,提高企业合规性,规范企业的用工形式。另外,政府应降低城市落户门槛,推进城乡公共服务一体化,提高农村人口的教育水平。最后,提供丰富的职业培训和职业认证体系,促使劳动者形成职业生涯体系,以提升其就业的稳定性,进而实现整个社会的包容性增长。

影响非农就业质量的因素很多,其中饮用水的可及性和安全性对非农就业产生了重要影响。这种影响存在性别的差异性,女性受饮用水状况的影响更大,但取决于具体的家庭角色或家庭结构。改善安全用水的基础设施建设对减少传统的性别偏见起到了积极的作用,使女儿、儿媳妇、母亲和婆婆之间的竞争环境变得更加平等。供水基础设施可以促进劳动力流动,减少农业劳动力的供应和农场上的家庭劳动力份额。改善饮用水状况会降低农村劳动力非农就业的机会成本,从而进一步扩展中国农村劳动力转移的空间,改善人力资源配置效率,释放经济增长的潜力。

第九章　农业绿色生产

新时期，正确处理好经济发展与生态保护的关系、实现人与自然的和谐共生对引领乡村振兴意义重大。党的十八大以来，习近平总书记关于"绿水青山就是金山银山"的理念逐渐深入人心。自2016年起，中国出台一系列推动农业绿色发展的政策。2016年中央一号文件首次明确指出，要从农业资源保护和高效利用、环境突出问题治理、农业生态保护和修复、食品安全治理等方面推动农业绿色发展。此后，每年的中央一号文件都对农业绿色发展提出相关意见。2017年印发的《关于创新体制机制推进农业绿色发展的意见》为推进农业绿色发展提供了纲领性指导。2021年发布的《关于加快建立健全绿色低碳循环发展经济体系的指导意见》再次强调了畜禽粪污资源化、农膜污染治理、化肥农药减量等与农业绿色发展相关的举措。同年，农业农村部等六部门联合印发的《"十四五"全国农业绿色发展规划》中，首次提出打造绿色低碳农业产业链。党的二十大报告指出，要协同推进降碳、减污、扩绿，推进生态优先、节约集约、绿色低碳发展，并对此做出系统部署。

农业绿色发展一方面是农业发展的底色和目标所在，另一方面是促进农民增收和农业转型升级的新路径。在中国式现代化过程中，可能对资源环境造成压力，如耕地质量问题、重金属污染问题等。面临这些生态环境约束，中国政府坚定选择农业绿色发展的实践道路。中国式现代化走的是节约资源、保护环境、绿色低碳的新型发展道路，要求提供更多优质生态产品以满足人民日益增长的优美生态环境需要。发展精准农业技术、实施耕地污染治理是破解中国农业资源环境约束趋紧、生态系统退化，以及解决农产品产地环境及食品质量安全问题的重要路径，对实现农业绿色发展意义重大。

本章关注精准型耕地保护技术扩散和外源性耕地污染治理两类绿色农业政策。在探讨精准型耕地保护技术扩散时，本章以测土配方施肥技术为例，从农户的劳动偏向型特征出发，分析了精准施肥两阶段异质性和农户采纳行为，并讨论政府推广的配方肥种类单一与否对测土配方技术的扩散及采用效果的差异化影响。在探讨外源性耕地污染治理时，本章聚焦于耕地重金属污染，并探究耕地重金属污染治理生态补偿政策选择和组合问题，以期为增强耕地重金属污染生态补偿政策的实施效果和构建污染治理长效补偿机制提供参考。

第一节 精准型耕地保护技术的农户采纳行为及其扩散政策研究

一 精准型耕地保护技术的农户采纳行为机理分析与实证检验

（一）研究背景

发展精准农业技术是解决中国农业资源环境约束日趋紧张、生态系统退化等问题的关键方法，对于实现农业绿色发展意义重大。精准农业是根据田间每个操作单元的具体条件，针对性投入生产要素，在获得最大经济效益的同时保护生态环境（李世成、秦来寿，2007）[1]。农业生产的许多环节都涉及精准农业技术，其中也包括精准型耕地保护技术。测土配方施肥技术在其中最具代表性。自2005年起，中国政府一直致力于推广这项技术以减少化肥施用量，保护耕地质量。截至2016年，中央财政在测土配方施肥技术推广方面已

---

[1] 李世成、秦来寿：《精准农业变量施肥技术及其研究进展》，《世界农业》2007年第3期。

累计投入 92 亿元，主要农作物中测土配方施肥技术的覆盖比例达到近 80%。到 2019 年，我国测土配方智能化服务网点达 3000 余个，测土配方施肥技术覆盖率达 89.3%。然而，目前中国的化肥亩均使用量仍未明显变化。也就是说，尽管目前配方肥覆盖率已经比较高，但是化肥施用强度却没有出现显著下降，其中的原因有待进一步探究。

事实上，测土配方施肥技术可以看作两个阶段，分别侧重于资金和劳动投入。而前文提到的配方肥高覆盖率和化肥施用高强度之所以得以共存，一个重要原因正是测土配方施肥技术具有两阶段异质性（周力等，2020）[1]。具体而言，第一阶段具有资金偏向属性。农户不需要在其他农资上增加投入，而是有针对性地根据自家耕地情况选取并购买合适的配方肥，支出额外的资金（杨志海等，2015）[2]。第二阶段具有劳动偏向属性。农户根据施肥方案增加施肥频率，投入额外劳动（张成玉等，2009[3]；洪传春等，2015[4]；纪月清等，2016[5]）。以水稻种植为例，科学施用与传统施肥的要求不同，农户在实际农田操作中需至少分四次施用专用品种及数量的基肥、分蘖肥、促花肥和保花肥，而这意味着农户需要增加劳动投入。

然则，劳动投入实际上是促使农户改变施肥行为的重要因素。在具备充分技术信息的情况下，风险规避和劳动机会成本被许多已有研究证实是促使农户施肥行为发生转变的主要因素。在风险规避方面，农户倾向于施用比实际需求更多的化肥，以减少气候变化和自然灾害带来的生产风险，风险规避程度与化肥施用量同方向增加

---

[1] 周力、冯建铭、曹光乔：《绿色农业技术农户采纳行为研究——以湖南、江西和江苏的农户调查为例》，《农村经济》2020 年第 3 期。

[2] 杨志海、王雅鹏、麦尔旦·吐尔孙：《农户耕地质量保护性投入行为及其影响因素分析——基于兼业分化视角》，《中国人口·资源与环境》2015 年第 12 期。

[3] 张成玉、肖海峰：《我国测土配方施肥技术增收节支效果研究——基于江苏、吉林两省的实证分析》，《农业技术经济》2009 年第 3 期。

[4] 洪传春、刘某承、李文华：《我国化肥投入面源污染控制政策评估》，《干旱区资源与环境》2015 年第 4 期。

[5] 纪月清、张惠、陆五一、刘华：《差异化、信息不完全与农户化肥过量施用》，《农业技术经济》2016 年第 2 期。

（仇焕广等，2014[①]；马骥等，2007[②]）。在劳动机会成本方面，化肥和劳动力表现出两种替代效应：其一，作为一种生产要素，化肥具有替代劳动力投入田间管理的优势（胡浩等，2015）[③]；其二，化肥施用频率和施用量之间存在替代关系，或者说，表现为反比关系，即施用次数越多，所需的劳动投入量越少（高晶晶等，2019）[④]。因此，农户对于科学施用配方肥的意愿较低的重要原因在于，当农业劳动的机会成本增加，农户宁愿增加单位耕地面积的施肥用量，也不愿增加包括施肥在内的农业劳动投入。故此，尽管目前实施的测土配方施肥政策促使农户采用了配方肥，但在实际操作中，尚未实现科学施肥。由于劳动力供给约束，农户没有遵循施肥方案采用科学施肥方法。在购买配方肥后，农户倾向于将配方肥按过去的施肥习惯进行施用，致使化肥施用强度未曾下降，但先前的研究未深入探讨此类问题。

为了填补现有研究中劳动力因素对农户采用精准型耕地保护技术影响的空白，本节从农户视角出发，以测土配方施肥技术为例，实证分析家庭农业劳动力供给和农业雇工成本对农户采用精准型耕地保护技术和是否科学施用决策的影响。其边际贡献首先是综合剖析了家庭劳动力供给和雇用农工的成本如何影响农户精准型耕地保护技术的采纳行为，其次是分析了劳动力因素对农户采纳精准型耕地保护技术和科学施用配方肥的影响，最后是考察了异质性的劳动力对不同规模农户采纳精准型耕地保护技术行为的不同影响。

（二）理论分析

本节基于理性小农理论和农业要素诱致性技术创新理论开展相

[①] 仇焕广、栾昊、李瑾、汪阳洁：《风险规避对农户化肥过量施用行为的影响》，《中国农村经济》2014年第3期。

[②] 马骥、蔡晓羽：《农户降低氮肥施用量的意愿及其影响因素分析——以华北平原为例》，《中国农村经济》2007年第9期。

[③] 胡浩、杨泳冰：《要素替代视角下农户化肥施用研究——基于全国农村固定观察点农户数据》，《农业技术经济》2015年第3期。

[④] 高晶晶、彭超、史清华：《中国化肥高用量与小农户的施肥行为研究——基于1995~2016年全国农村固定观察点数据的发现》，《管理世界》2019年第10期。

关研究。其中，理性小农理论指出，农户在既定要素约束条件下为实现效率最大化会调整要素分配；而农业要素诱致性技术创新理论表明，农户的农业技术认知需求会被其所能支配或获得的如劳动力、土地、资金等稀缺资源所激发。随着农业劳动力供给的稳步下降和农业机会成本的增加，农户根据农业劳动力投入的边际成本等于农业生产的边际效益的原则，选择资金偏向型或劳动偏向型技术。因此，在耕地等其他农业生产资源充盈的条件下，劳动力供给约束将导致农户选择以资本投入为主的新技术，减少使用以劳动力投入为主的新技术来缓解劳动力短缺。

由于测土配方施肥技术的两个阶段有不同的特点，因此，劳动力对农户两个阶段采用技术的决策有不同影响。从采纳配方肥的角度来看，农户不仅在不增加劳动的情况下更换了配方肥，而且配方肥在不影响产量和生产能力的情况下，起到了更好的促进作用（诸海煮等，2014）[①]，同时，也取代了部分田间管理的劳动力投入。由此可见，农户配方肥的采用与否取决于总生产成本的变化，取决于节约的劳动力成本和增加的资金成本之间的比较。如果劳动力供给减少且价格上升，采用配方肥的相对资金成本降低，农户的配方肥使用意愿会增加。从科学施用的角度看，配方肥的科学施用应符合植物施肥规律，即在减少基肥使用量的基础上，以"多施少量"的形式精准施肥，减少化肥的施用量。因此，在水稻需要较多养分的阶段施用肥料，既能保持产量不变还能减少肥料的投入（张丽娟等，2012）[②]。此外，由于施肥间隔时间较长，农户通常计算间隔天数以开展施肥（胡浩等，2015）[③]，而科学施肥需要耗费较多的劳动天数。因此，间隔天数的计算直接影响了农户施肥的劳动强度，即劳动力因素直接影响农户采取科学施肥的决策。当劳动力供应成本增加时，农户就不愿

[①] 诸海煮、朱恩、余廷园、田吉林：《水稻专用缓释复合配方肥增产效果研究》，《中国农学通报》2014 年第 3 期。

[②] 张丽娟、马中文、马友华、汪丽婷、朱小红、胡善宝、胡鹏：《优化施肥和缓释肥对水稻田面水氮磷动态变化的影响》，《水土保持学报》2012 年第 1 期。

[③] 胡浩、杨泳冰：《要素替代视角下农户化肥施用研究——基于全国农村固定观察点农户数据》，《农业技术经济》2015 年第 3 期。

意使用配方肥，即使使用配方肥，也不愿意以科学方式施肥。

（三）数据、变量与模型设定

1. 数据来源

本节针对 2017 年三个水稻主产省湖南、江西和江苏开展农户调研。调研地选择的主要原因是：湖南、江西和江苏均位于我国水稻主产省前 10 名，均已实施测土配方施肥技术推广政策，并且三省分别位于我国不同经济发展水平的地区，其农户样本具有较为广泛的代表性。调研参考了地方的经济状况及水稻产量，并通过分层随机抽样的方式抽选出 3 个水稻重点县，在每个重点县中筛选出 4 个稻米主产村（共计 36 个样本村），最终通过随机抽样的方式在样本村中抽取 15—25 个农户。问卷包含了农户家庭收入、劳动力结构、耕地利用及种植结构、耕地质量保护行为、水稻生产经营情况、分地块生产情况、风险偏好等信息。该调研涵盖样本农户 733 户，在剔除前后回答不一致及信息不完整的无效问卷后，余 722 户。

2. 变量选择

本节有两个核心被解释变量：是否采纳配方肥和是否科学施肥。是否采纳配方肥是指在上一季水稻种植时农户是否采用了测土配方施肥技术；而科学施用是指在上一季水稻种植时农户是否遵循测土配方施肥技术规范的标准进行施肥。各地区技术规范对基肥、追肥的施用品种、施用量等进行了严格规定，如果农户严格按照要求进行施肥，则视为科学施肥。

关于核心解释变量，本节旨在探究家庭有效劳动力供给和雇工成本对测土配方施肥技术采纳是否产生影响，因此首先需要度量农户家庭劳动力供给和农业雇工成本。本节将家庭农业劳动力数量作为家庭有效劳动力供给的指标，家庭劳动力数量是指除去长期在外地务工的劳动力，在当地实际从事农业劳动的劳动者数量；平均雇工工资作为农业雇工成本的指标，采用农户所在村农业劳动力平均工资，单位为元/天。表 9—1 为变量定义和描述性统计结果。

表 9—1　　　　　　　　变量定义及描述性统计

变量名称	变量定义	均值	标准差
被解释变量			
配方肥采纳	当年采用配方肥=1；未采用=0	0.136	0.343
科学施肥	根据技术规定要求进行施肥=1；否则=0	0.079	0.270
核心解释变量			
平均雇工工资	所在村当年平均雇工工资水平，单位：元/天	143.384	36.416
农业劳动力数	18—60岁，具有劳动力的务农人数，处在年龄以外，但仍有劳动的成员也算劳动力	3.090	1.044
控制变量			
年龄	户主实际周岁	57.151	10.220
受教育水平	大专及以上=4；高中/中专/技高/职高=3；初中=2；小学=1；户主文盲=0	2.625	0.922
自评健康	优=4；良=3；中=2；差=1；丧失劳动力=0	2.934	1.078
家庭总收入	当年家庭总收入，单位：万元	12.406	20.982
种植水稻年限	户主从事水稻种植的年限，单位：年	32.058	14.039
耕地规模	农户耕地面积的对数	2.477	1.686
是否为合作社成员	是=1；否=0	0.144	0.351
是否为示范户	是=1；否=0	0.042	0.200
是否参加培训	农户参加过测土配方施肥技术培训=1；否则=0	0.123	0.329
是否有配方卡	有测土配方卡=1；没有=0	0.054	0.226
工具变量			
工业区距离	所在村距离最近工业区的距离，单位：公里	17.420	15.947

3. 模型设定

本节所研究的农户测土配方施肥技术采纳属于典型的技术采纳逐步决策，可以视为两个阶段。第一阶段是配方肥采纳决策；第二阶段是科学施用决策。普通的二元选择模型无法解决本节的问题。参照 Khanna（2001）[1]、Amsalu 和 J. de Graaff（2007）[2]、韩洪

---

[1] Khanna M., "Sequential Adoption of Site-Specific Technologies and its Implications for Nitrogen Productivity: A Double Selectivity Model", *American Journal of Agricultural Economics*, Vol. 83, No. 1, 2001.

[2] Amsalu A., Graaff J., "Determinants of Adoption and Continued Use of Stone Terraces for Soil and Water Conservation in an Ethiopian Highland Watershed", *Ecological Economics*, Vol. 61, No. 2, 2006.

云和杨增旭（2011）[①]的研究，本节选取双变量 Probit 模型进行分析。

本节构建的农户是否采纳配方肥和科学施肥的函数分别如下，用 Y_1 表示农户是否采纳配方肥，Y_2 表示农户是否科学施肥；Y_1^* 和 Y_2^* 分别表示配方肥采纳和科学施肥的潜变量，其表达式如下：

$$Y_1^* = \beta_1 X_1 + \varepsilon_1$$
$$Y_2^* = \beta_2 X_2 + \varepsilon_2 \quad (9-1)$$

式（9—1）中，β_1 和 β_2 是两个阶段的系数向量；X_1 和 X_2 分别表示影响配方肥采纳和科学施用的外生变量；随机误差项为 ε_1 和 ε_2，假设服从 $N(0, 0, 1, 1, \rho)$ 的联合正态分布，ε_1 和 ε_2 的相关系数为 ρ。但 Y_1^* 和 Y_2^* 是不可观测的，它们与 y_1 和 y_2 的关系如下：

$$y_1 = \begin{cases} 1 & Y_1^* > 0 \\ 0 & Y_2^* \leq 0 \end{cases} \quad y_2 = \begin{cases} 1 & Y_2^* > 0 \text{ 且 } Y_1^* > 0 \\ 0 & Y_2^* \leq 0 \text{ 且 } Y_1^* > 0 \end{cases} \quad (9-2)$$

即农户先决定是否采纳配方肥（$y_1 = 0$ 或 $y_1 = 1$）；在农户采纳配方肥后（$Y_1^* > 0$），再决定是否科学施用（$y_2 = 0$ 或 $y_2 = 1$）。因而农户测土配方施肥技术采纳在形式上可表示为：

$$y_1 = 1, y_2 = 1: \text{Prob}(y_1 = 1, y_2 = 1) = \Phi_2(\beta_1 X_1, \beta_2 X_2, \rho) \quad (9-3)$$

$$y_1 = 1, y_2 = 0: \text{Prob}(y_1 = 1, y_2 = 0) = \Phi_2(\beta_1 X_1, -\beta_2 X_2, -\rho)$$
$$(9-4)$$

$$y_1 = 0: \text{Prob}(y_1 = 0) = \Phi(-\beta_1 X_1) \quad (9-5)$$

（四）实证结果

本节使用双变量 Probit 模型来分析农业劳动力供给对农户配方肥采纳决策和科学施用决策的影响，并分析了不同规模农户的异质性，实证检验了农户测土配方施肥技术采纳行为对实际化肥施用量的影响。

[①] 韩洪云、杨增旭：《农户测土配方施肥技术采纳行为研究——基于山东省枣庄市薛城区农户调研数据》，《中国农业科学》2011 年第 23 期。

1. 基准分析

本节采用双变量 Probit 模型分析农业劳动力供给对农户配方肥采纳决策和科学施用决策的影响，结果如表 9—2 所示。Athrho 的显著水平为 1%，说明了农户配方肥采纳决策和科学施用决策的残差具有相关性，证实了采用双变量 Probit 模型估计的有效性。表 9—2 列举了农业劳动供给和平均雇工工资对配方肥采纳和科学施用的影响结果。

表 9—2　农户测土配方施肥技术采纳行为的影响因素模型估计

变量	Bivariate Probit 模型估计结果			
	配方肥采纳	科学施肥	配方肥采纳	科学施肥
农业劳动力数	—	—	-0.081 (0.065)	0.147* (0.076)
平均雇工工资	0.001 (0.002)	-0.001 (0.002)	—	—
户主年龄	0.004 (0.009)	0.004 (0.011)	0.005 (0.009)	-0.002 (0.010)
户主受教育水平	0.030 (0.087)	0.295*** (0.090)	0.036 (0.091)	0.228** (0.101)
户主自评健康	0.033 (0.078)	-0.024 (0.094)	0.042 (0.082)	-0.020 (0.106)
家庭总收入	-0.002 (0.003)	-0.003 (0.003)	-0.002 (0.003)	-0.004 (0.004)
水稻种植年限	0.006 (0.006)	0.004 (0.007)	0.007 (0.007)	0.003 (0.007)
耕地规模	0.068 (0.049)	0.157*** (0.053)	0.083 (0.053)	0.144*** (0.055)
是否合作社成员	0.076 (0.181)	0.126 (0.188)	0.037 (0.206)	0.182 (0.187)
是否示范户	0.717** (0.283)	0.952*** (0.295)	0.827*** (0.286)	0.890*** (0.290)
是否参加培训	0.522*** (0.190)	0.226 (0.226)	0.538*** (0.195)	0.254 (0.194)
是否有配方卡	0.958*** (0.267)	0.200 (0.284)	0.873*** (0.273)	0.301 (0.289)
区域虚拟效应				
江西	-1.002*** (0.212)	-1.024*** (0.372)	-0.976*** (0.205)	-1.064*** (0.216)

续表

变量	Bivariate Probit 模型估计结果			
	配方肥采纳	科学施肥	配方肥采纳	科学施肥
湖南	-0.404** (0.177)	-0.350 (0.225)	-0.383** (0.155)	-0.380** (0.192)
常数项	-1.842*** (0.707)	-2.670*** (0.734)	-1.726** (0.778)	-2.697*** (0.831)
ATHRHO	15.850** (6.187)		13.547*** (2.779)	

注：*表示在10%水平上显著、**表示在5%水平上显著、***表示在1%水平上显著，本章下同，故不再对此单独说明。观测值为722。

从配方肥采纳决策来看，农业劳动对配方肥采纳的影响不显著。结果可能是由于调研区域的配方肥价格有政府补贴，补贴后的实际价格与普通化肥价格相差不多，使用配方肥不会增加额外成本，而且有利于提高产量。由此可见，劳动力供给并不是影响农户配方肥采纳决策的核心，是否有机会获得充足的技术信息才是影响农户决策的关键。从科学施肥决策来看，家庭劳动力数量对科学施肥具有显著的积极影响，家庭劳动力数量越多，农户选择科学施用的意愿越高。其原因是：有更多家庭劳动力的农户，越有能力改善耕地管理，选择科学施肥方法的可能性越大。农业雇工工资对科学施用的影响并不显著，原因可能是：现阶段大多数农户的可耕地面积较小，没有必要雇用额外劳动力来长期协助农业生产；此外，现阶段农业雇工的用工时长较短，主要为抢种抢收而雇佣，对施肥阶段的雇工需求不大。

从控制变量来看，户主受教育水平对科学施用有显著的积极影响。同时，受教育水平较高的农户能更好地理解技术要求，确定施肥的时期和用量。是否参加培训、是否有配方卡、是否为示范户对配方肥采纳均有显著的积极影响，证实了信息可得性对农户配方肥采纳决策产生较大影响，符合已有研究结论（葛继红等，2010[①]；褚

[①] 葛继红、周曙东、朱红根、殷广德：《农户采用环境友好型技术行为研究——以配方施肥技术为例》，《农业技术经济》2010年第9期。

彩虹等，2012①；文长存和吴敬学，2016②）。参加过培训、有配方卡的示范户有机会获得与配方肥相关的信息，对配方肥更为了解，因而有意愿采用配方肥。是否为示范户对科学施用有显著的积极影响，说明示范户为发挥带头作用，比普通农户更注重规范化和标准化，更愿意严格按照技术规范的要求施肥。此外，耕地规模对科学施用有显著的积极影响，表明耕地规模越大的农户更依赖农业生产，更关心耕地质量与可持续利用。同时，规模越大，通过科学施用节约的化肥投入成本也越大。因而，规模户愿意选择科学施用的原因不仅是在于耕地质量的保护，而且在于化肥用量对生产成本的节约。

2. 拓展性分析

规模户比非规模户拥有更多耕地面积和劳动压力，并且更有可能长期雇佣劳动力协助其进行农业生产。因此，不同的劳动力因素可能会影响不同规模农户测土配方施肥技术采纳。本节借鉴过往研究的划分方法（徐志刚等，2018）③，以所在县平均耕地规模的五倍分界，将样本农户划分为非规模户和规模户两个部分，耕地规模大于分界标准为规模户，小于分界标准则为非规模户，结果如表9—3所示。

表9—3　　　　不同规模农户测土配方施肥技术采纳行为的
影响因素模型估计

变量	非规模户				规模户			
	配方肥采纳	科学施用	配方肥采纳	科学施用	配方肥采纳	科学施用	配方肥采纳	科学施用
农业劳动力数	-0.109 (0.076)	0.155* (0.090)	0.004 (0.002)	0.002 (0.002)	0.111 (0.179)	0.162 (0.168)	-0.009 (0.006)	-0.015*** (0.005)
控制变量	是	是	是	是	是	是	是	是

---

① 褚彩虹、冯淑怡、张蔚文：《农户采用环境友好型农业技术行为的实证分析——以有机肥与测土配方施肥技术为例》，《中国农村经济》2012年第3期。
② 文长存、吴敬学：《农户"两型农业"技术采用行为的影响因素分析——基于辽宁省玉米水稻种植户的调查数据》，《中国农业大学学报》2016年第9期。
③ 徐志刚、张骏逸、吕开宇：《经营规模、地权期限与跨期农业技术采用——以秸秆直接还田为例》，《中国农村经济》2018年第3期。

续表

变量	非规模户				规模户			
	配方肥采纳	科学施用	配方肥采纳	科学施用	配方肥采纳	科学施用	配方肥采纳	科学施用
区域虚拟效应	是	是	是	是	是	是	是	是
常数项	-1.573* (0.863)	-2.773*** (0.998)	-1.975** (0.828)	-2.873*** (0.846)	-3.027 (2.281)	-2.484 (2.241)	-2.419 (2.348)	-1.415 (2.300)
	12.520*** (2.188)		14.041** (5.528)		13.151*** (3.005)		17.447*** (1.633)	
观测值	605	605	605	605	117	117	117	117

注：*表示在10%水平上显著、**表示在5%水平上显著、***表示在1%水平上显著。

表9—3证实了农业劳动力数对非规模户科学施用的影响为正向且显著，但对规模户科学施用的影响并不显著。在日常的田间管理中，小规模农户主要依靠家庭劳动力，因此，家庭劳动力供给直接影响了农户科学施用的决策。此外，平均雇工工资被证实对非规模户科学施用的影响并不显著，但对规模户的科学施用呈现显著的消极影响。大规模户的耕地规模较大，需要通过雇用其他劳动力满足其农业生产的劳动力需求。因此，当雇工成本高时，规模户不愿为实现科学施用而增加雇工投入，所以雇工平均工资越高，规模户越不愿科学施用配方肥。综上所述，家庭劳动力供给、农业雇工成本分别是影响小、大规模农户选择科学施用的关键因素。

二 精准型耕地保护技术的政策效果研究

（一）研究背景

尽管有大量研究关注技术的扩散机制，但目前关注政府技术推广模式对精准型耕地保护技术扩散及采用效果影响的研究较少。精准型耕地保护技术的扩散离不开政府的驱动。由于精准型耕地保护技术所需成本高昂，可能使地方政府面临沉重的财政负担。以测土配方施肥技术为例，目前政府以公开招标方式采购的配方肥无法跨县销售，而大部分复合肥企业受设备、工艺限制，产品结构单一。随着配方肥种类的增加，企业的生产成本和农户获取配方肥的交易成本均会上升。① 此外，目前配方肥的定点供销模式也可佐证农户获取配方肥交易成本较高。政府实施不同的技术推广模式，对精准型耕地保护技术的扩散及采用效果产生的影响可能会不同，然而，现有文献较少关注此类问题。

本节拟基于农户调查数据以及土壤肥力监测数据等，回答如下问题：一是政府推广精准型耕地保护技术的模式是否会对技术扩散产生影响；二是精准化推广模式是否会导致更缓慢的技术扩散，相比于非精准化推广模式，农户的技术采用率是否更低；三是政府非精准化推广耕地保护技术时，是否会对技术的采用效果形成制约。由此，本节分析政府推广的配方肥种类单一与否对测土配方技术的扩散及采用效果的影响，以期为促进以精准型耕地保护技术为代表的精准农业技术的扩散提供决策依据。

（二）理论分析

1. 精准型耕地保护技术的采用决策

根据发展微观经济学理论，当农户在某块土地上所做的生产决策与家庭的禀赋和偏好无关，而只取决于该地块的价格及其特点时，农户模型具有可分离性。在这种情境下，农户首先基于利润最大化目标做出生产决策，然后在预算约束下，基于效用最大化目标进行消费决策。

为了简化讨论，本节假定农户模型具有可分离性，仅关注农户的生产决策行为。在不影响分析政府技术推广模式对精准型耕地保护技术采用决策的影响的前提下，本节对农户模型做出三点必要的简化，包括要素投入仅考虑劳动力和肥料投入、不考虑非农就业、只关注粮食作物。基于以上考虑，本节以测土配方技术为例，设定农户施用配方肥的利润函数如下：

$$\pi_{配} = PQ_{配} - wL_{配} - r_{配}M_{配} \qquad (9—6)$$

(9—6)式中，$\pi_{配}$是农户施用配方肥所获得的水稻种植利润，P

---

① 参见《测土配肥，是不是赔本买卖?》，http://jiuban.moa.gov.cn/fwllm/jjps/200508/t20050816_439281.htm。

是水稻的价格，$Q_{配}$ 是施用配方肥生产的水稻产量，w 是劳动力价格，$L_{配}$ 是施用配方肥使用的劳动力，$r_{配}$ 是购买每单位配方肥的成本，$M_{配}$ 是配方肥的施用量。其中，$Q_{配}$ 是 $L_{配}$ 和 $M_{配}$ 的函数，即 $Q_{配} = f(L_{配}, M_{配})$。$r_{配}$ 是配方肥种类的函数，即 $r_{配} = g(N_{配})$。为保证利润最大化有解，生产函数 $Q_{配} = f(L_{配}, M_{配})$ 需满足以下 3 个条件：

$$f''_{L_{配}L_{配}} = \frac{d^2 f(L_{配}, M_{配})}{dL_{配}^2} < 0 \tag{9—7}$$

$$f''_{M_{配}M_{配}} = \frac{d^2 f(L_{配}, M_{配})}{dM_{配}^2} < 0 \tag{9—8}$$

$$\begin{vmatrix} f''_{M_{配}M_{配}} & f''_{M_{配}L_{配}} \\ f''_{L_{配}M_{配}} & f''_{L_{配}L_{配}} \end{vmatrix} = f''_{M_{配}M_{配}} \cdot f''_{L_{配}L_{配}} - f''_{M_{配}L_{配}} \cdot f''_{L_{配}M_{配}} > 0 \tag{9—9}$$

首先，考虑政府的技术推广模式（即是否为精准化推广）对农户采用测土配方施肥技术决策的影响。根据（9—6）式，$\pi = PQ - wL - rM$ 表示本节中农户施用传统化肥的利润函数设定，其中，Q 是施用传统化肥生产的水稻产量，L、M 分别表示施用传统化肥所使用的劳动力和传统化肥施用数量，r 表示单位传统化肥的成本，π 是农户施用传统化肥获得的水稻种植利润。

当推广单一种类配方肥时，政府宣传提高了农户对配方肥的预期收益（即 $Q_{配} > Q$），降低农户对肥料施用量的预期（$M_{配} < M$）。与此同时，由于政府对农户施用配方肥进行补贴，且公司大批量生产单一种类配方肥，除原料成本有所变动，转运成本、包装袋成本相比于生产传统化肥均无显著改变，即可认为 $r_{配} = r$，故农户的预期利润较施用传统化肥增加（即 $\pi_{配} > \pi$），采用测土配方施肥技术的概率上升。

根据现有政策，招标生产的配方肥无法跨区域销售。当政府推广配方肥种类数量大于 1 时，随着企业生产的配方肥种类增加，每种配方肥的生产数量相对减少，生产配方肥的原料、包装袋、生产系统运转等成本均会增加，即生产成本较生产单一种类的配方肥会增加，从而会提高农户购买配方肥的成本（即 $r_{配}$ 增加）。由于政府的补贴力度有限，农户的预期利润较施用单一种类的配方肥也可能会减少（即$\pi_{配}$减少），采用测土配方施肥技术的概率下降。

接着，考虑政府是否实施精准化推广模式对农户配方肥施用量的影响。将式（9—6）中的$\pi_{配}$分别对$L_{配}$和$M_{配}$求导，并令一阶导数为零，可得：

$$\begin{cases} \dfrac{\partial \pi_{配}}{\partial M_{配}} = = Pf'_{M_{配}} - r_{配} = 0 \\ \dfrac{\partial \pi_{配}}{\partial L_{配}} = = Pf'_{L_{配}} - w = 0 \end{cases} \tag{9—10}$$

即

$$\begin{cases} Pf'_{M_{配}} = r_{配} \\ Pf'_{L_{配}} = w \end{cases} \tag{9—11}$$

再求（9—10）式对$L_{配}$、$M_{配}$、P、$r_{配}$、w的全微分，可得：

$$\begin{cases} f'_{M_{配}} dP + Pf''_{M_{配}M_{配}} dM_{配} + Pf''_{M_{配}L_{配}} dL_{配} = dr_{配} \\ f'_{L_{配}} dP + Pf''_{L_{配}L_{配}} dL_{配} + Pf''_{L_{配}M_{配}} dM_{配} = dw \end{cases} \tag{9—12}$$

用矩阵形式表示，则有：

$$\begin{bmatrix} Pf''_{M_{配}M_{配}} & Pf''_{M_{配}L_{配}} \\ Pf''_{L_{配}M_{配}} & Pf''_{L_{配}L_{配}} \end{bmatrix} \begin{bmatrix} dM_{配} \\ dL_{配} \end{bmatrix} = \begin{bmatrix} dr_{配} - f'_{M_{配}} dP \\ dw - f'_{L_{配}} dP \end{bmatrix} \tag{9—13}$$

利用克莱姆法则求解，可得：

$$dM_{配} = \frac{(dr_{配} - f'_{M_{配}} dP) \cdot (Pf''_{L_{配}L_{配}}) - (Pf''_{M_{配}L_{配}}) \cdot (dw - f'_{L_{配}} dP)}{P^2 D} \tag{9—14}$$

式（9—13）中，$D = f''_{M_{配}M_{配}} \cdot f''_{L_{配}L_{配}} - f''_{M_{配}L_{配}} \cdot f''_{L_{配}M_{配}}$。如果仅关注配方肥施用量$M_{配}$对可变成本$r_{配}$的影响，并假定工资$w$和水稻价格$P$不变，即$dP = dw = 0$，则$\dfrac{dM_{配}}{dr_{配}} = \dfrac{f''_{LL配}}{PD} < 0$，可得：

$$dM_{配} = \frac{dr_{配} * (f''_{LL配})}{PD} \tag{9—15}$$

由于$D > 0$，且$f''_{LL配} < 0$，所以购买配方肥的成本越高，农户施用

的配方肥数量越少。随着企业生产的配方肥种类增加，原料成本、包装袋成本、生产系统运转成本均会增加，即生产成本会上升。就政策角度而言，政府招标多以价格优势为主，忽略对配方肥各项指标的要求，以及对新型配方肥产品的扶持。这使得企业对生产多配方小批量的化肥意愿较低，农户获取配方肥的交易成本也有所上升。所以随着配方数量增加，购买单位配方肥的成本上升，采用程度降低。

基于以上分析，本节提出假说1：当政府主推单一种类配方肥时，与未推广测土配方施肥技术相比，农户采用测土配方技术的概率增加；但当推广多种配方肥时，与仅推广一种配方肥相比，农户采纳技术的概率和采用程度降低。

2. 采用精准型耕地保护技术对土壤肥力的影响

精准农业基于作物生长条件随着空间的变化有所不同的特性，调整生产方式，以获得较高收益。因此，采用精准农业技术虽能带来较高的效益，但需尊重田间作物生长的空间差异性，因地制宜。若采用非精准化推广，即对农作物采用统一的处理，则与传统农业相比，就难以体现精准农业的优势。

以测土配方施肥技术为例，该技术虽然能够改善土壤肥力，但前提是要根据土壤和作物情况针对性地设计施肥方案。现阶段农户普遍采用复合肥作为主要施肥技术。复合肥一般含有氮、磷、钾三种营养元素，但出于成本考虑，复合肥比例常以1∶1∶1出现，如江苏省普遍采用的15∶15∶15复合肥。若某一行政区域仅推广一种配方肥，也就是说，仅推广比例不同的复合肥，则不能真正实现针对性施肥的初衷。故与未采用精准的测土配方施肥技术相比，以非精准化方式推广的测土配方施肥技术将不能显著地改善耕地肥力质量。

由此，本节提出假说2：若政府推广的配方肥种类单一，则与施用传统化肥相比，施用配方肥对耕地肥力质量没有显著影响，但当政府推广的配方肥种类多于一种时，施用配方肥对耕地肥力质量会产生显著正向影响。

(三) 数据来源

本节分析使用的数据来自 2017 年 11 月至 12 月针对湖南、江西、江苏三个水稻主产省的农户调研。这三省水稻产量均位于全国前 10 名,都有推行测土配方政策。此外,三省经济发展水平不同。本节根据经济状况及水稻产量,采用分层随机抽样法,在每省选取 3 个水稻重点县,每个重点县选出 4 个稻米主产村,每个村选约 20 个农户。调查问卷涵盖了农户家庭劳动力结构情况、家庭收入状况、土地利用及作物结构、耕地质量保护行为、水稻生产成本收益、分地块的农业生产情况、风险偏好等内容,涵盖有效样本 722 户。

本节分析使用的江苏省耕地质量数据囊括了 2011—2017 年来自江苏省耕地质量与农业环境保护站的数据。江苏省共建立了 300 个基本农田质量监测点,其中种植水稻的监测点有 196 个。主要监测的内容包括监测点地块的农业生产状况、作物产量、施肥量、土壤环境质量等相关参数。

关于测土配方施肥技术推广方式的数据来源于两方面资料:(1) 关于技术采用决策的截面数据,测土配方施肥技术的推广方式主要来源于 2017 年调研区域的县耕地质量与农业环境保护站(土肥站、农技中心)相关政策文件。(2) 关于技术生态效益的历史数据,测土配方施肥技术的推广方式主要根据 2011—2017 年江苏省(各市、县)政府采购网发布的配方肥招标公告整理而成。2011—2017 年县级气候数据主要来源于天气网站。

(四) 模型设定与变量选取

1. 测土配方施肥技术采用的农户决策

参照 García (2013)[①],本节采用双栏模型 (double-hurdle model) 分析政府的技术推广模式对农户是否施用配方肥以及施用量的影响,模型设定如下:

$$Degree_i = \begin{cases} x_i\beta+\varepsilon_i & \text{if } \min(x_i\beta+\varepsilon_i,\ z_i\gamma+\mu_i)>0 \\ 0 & \text{otherwise} \end{cases} \quad (9-16)$$

[①] García B., "Implementation of A Double-hurdle Model", *The Stata Journal*, Vol. 13, No. 4, 2013.

$$\begin{pmatrix} \varepsilon_i \\ \mu_i \end{pmatrix} \sim N(0, \sum), \sum = \begin{pmatrix} 1 & \sigma_{12} \\ \sigma_{12} & 1 \end{pmatrix} \tag{9—17}$$

式（9—16）中，i 代表农户 i，$Degree_i$ 表示配方肥的施用量，$x_i\beta+\varepsilon_i$ 模拟的是技术采用程度方程，其中 x_i 为影响农户配方肥施用量的变量，包括政府推广的配方数量、户主特征、农户特征等变量，β 为相应的待估计系数，ε_i 是随机扰动项。$z_i\gamma+\mu_i$ 模拟的是参与方程（即是否采用测土配方施肥技术），z_i 为影响农户是否施用配方肥的变量，包括政府推广的配方数量、户主特征、农户特征等变量，γ 为相应的待估计系数，μ_i 是随机扰动项。在双栏模型中需要假设 $Var(\mu_i)=1$，否则模型无法识别。

参照相关研究成果（褚彩虹等，2012[①]；蔡颖萍和杜志雄，2016[②]；高瑛等，2017[③]；冯晓龙等，2018[④]），本节选取了影响农户是否采用测土配方施肥技术以及采用程度的变量。其中对于采用程度的度量参照冯晓龙等（2018）[⑤]，将其设置为测土配方施肥技术施用面积占总种植面积的比例。变量的含义及其描述性统计如表9—4所示。

表9—4　　农户测土配方施肥技术采用决策模型中变量的含义及其描述性统计

变量名称	变量定义和赋值	均值	标准差
精准农业技术采用			
是否采用技术	农户是否采用测土配方施肥技术？是=1，否=0	0.12	0.14

[①] 褚彩虹、冯淑怡、张蔚文：《农户采用环境友好型农业技术行为的实证分析——以有机肥与测土配方施肥技术为例》，《中国农村经济》2012年第3期。

[②] 蔡颖萍、杜志雄：《家庭农场生产行为的生态自觉性及其影响因素分析——基于全国家庭农场监测数据的实证检验》，《中国农村经济》2016年第12期。

[③] 高瑛、王娜、李向菲、王咏红：《农户生态友好型农田土壤管理技术采纳决策分析——以山东省为例》，《农业经济问题》2017年第1期。

[④] 冯晓龙、仇焕广、刘明月：《不同规模视角下产出风险对农户技术采用的影响——以苹果种植户测土配方施肥技术为例》，《农业技术经济》2018年第11期。

[⑤] 冯晓龙、仇焕广、刘明月：《不同规模视角下产出风险对农户技术采用的影响——以苹果种植户测土配方施肥技术为例》，《农业技术经济》2018年第11期。

续表

变量名称	变量定义和赋值	均值	标准差
采用程度	水稻的配方肥施用面积占总种植面积的比例（%）	18.98	25.23
精准农业技术的推广方式			
推广的配方数量为0	农户所在县是否没有推广配方肥？是=1，否=0	0.11	0.21
推广的配方数量大于1	农户所在县推广的配方肥种类是否多于1种？是=1，否=0	0.34	0.47
户主特征			
年龄	户主2017年年底的年龄（岁）	57.26	10.32
性别	户主性别：男=1，女=0	0.95	0.22
受教育程度	户主的受教育程度：1=文盲，2=小学，3=初中，4=高中、中专、技校、职高，5=大专，6=大学本科，7=硕士，8=博士	2.66	0.98
农户特征			
家庭规模	家庭总人口（人）	4.98	2.19
家庭人均年收入	2017年家庭人均年收入（元）	16660	9508
非农收入	2017年家庭非农收入占总收入的比例（%）	57.09	31.36
老人占比	60岁以上老人占家庭总人口的比例（%）	25.60	29.29
儿童占比	18岁以下人口占家庭总人口的比例（%）	18.66	16.86
农地规模	2017年家庭人均经营的耕地面积（亩）	14.68	42.59
示范户	是否是科技示范户？是=1，否=0	0.05	0.21
加入合作社	是否加入了农民专业合作社？是=1，否=0	0.14	0.35
技术培训	家里是否有人接受过测土配方施肥技术培训？是=1，否=0	0.12	0.33
自有耕地占比	2017年自有耕地面积占家庭经营总耕地面积的比例（%）	65.48	0.46
土地产权	最大的地块是否已经拿到新一轮土地确权证？是=1，否=0	0.58	0.49
土壤肥力	农户对最大地块土壤肥力的评价：1=差，2=中，3=良，4=优	2.74	1.19
省虚变量（参照组：江西省）			
江苏省	是否属于江苏省：是=1，否=0	0.33	0.47
湖南省	是否属于湖南省：是=1，否=0	0.33	0.47

注：观测值个数为722。

2. 测土配方施肥技术对耕地肥力质量的影响评估

由于耕地肥力会受到前期状况的滞后影响，故本节建立了如下动态面板模型展开分析，模型设定如下：

$$Y_{ijt} = \alpha_{ij} + \beta_{1j}dummy_1 + \beta_{2j}dummy_2 + \phi_j Behavior_{it} + \gamma S_{it} + \delta Y_{ij,t-a} + \varepsilon_{ijt} \tag{9—18}$$

（9—18）式中，Y 是耕地肥力，下标 i 代表地块，j 代表耕地肥力质量指标，t 代表时期；$dummy_1$ 和 $dummy_2$ 均为虚拟变量，前者取值为 1 表示地块所属县没有推广配方肥，后者取值为 1 表示地块所属县推广的配方肥种类多于 1 种时，反之则各自取值为 0；$Behavior_{it}$ 代表地块 i 所属农户在该地块上的养分投入行为虚拟变量；S_{it} 代表随时间变化、影响耕地质量的其他因素；$Y_{ij,(t-a)}$ 是耕地肥力的 1~a 阶滞后项；ε_{ijt} 为扰动项。对于动态面板模型，可采用广义矩估计（GMM）解决其内生性问题。系统 GMM 在差分 GMM 基础上进一步采用差分变量的滞后项作为水平值的工具变量，使估计结果更加稳健，且可以展示不随时间变化的变量的参数值。因此，本节采用系统 GMM 估计式（9—18）。

关于变量选取，根据李娟等（2008）[①] 和温延臣等（2015）[②]，以及《江苏省 2015 年耕地质量监测报告》和《测土配方施肥技术规范（2011 年修订版）》，本节选取土壤肥力质量指标以及影响土壤肥力变化的变量。变量的选取及其描述性统计如表 9—5 所示。

表9—5　　　　　　　　　　描述性统计

变量名称	变量定义和赋值	均值	标准差
政府推广的配方数量			
推广的配方数量为 0	地块所属县是否没有推广配方肥？是=1，否=0	0.52	0.14

[①] 李娟、赵秉强、李秀英、Hwat Bing So：《长期有机无机肥料配施对土壤微生物学特性及土壤肥力的影响》，《中国农业科学》2008 年第 1 期。

[②] 温延臣、李燕青、袁亮、李娟、李伟、林治安、赵秉强：《长期不同施肥制度土壤肥力特征综合评价方法》，《农业工程学报》2015 年第 7 期。

续表

变量名称	变量定义和赋值	均值	标准差
推广的配方数量大于1	地块所属县推广的配方肥种类是否多于1种？是=1，否=0	0.15	0.21
农户养分投入行为			
氮肥施用量	氮肥（纯氮）的年施用量（千克/亩）	35.56	14.13
磷肥施用量	磷肥（P_2O_5）的年施用量（千克/亩）	9.04	5.01
钾肥施用量	钾肥（K_2O）的年施用量（千克/亩）	9.36	5.63
有机肥施用量	有机肥施用量（千克/亩）	4.32	2.06
地块土壤肥力			
全氮	土壤全氮含量（克/千克）	1.44	0.76
有机质	土壤有机质含量（克/千克）	23.91	7.68
缓效钾	土壤缓效钾含量（毫克/千克）	593.50	254.82
速效钾	土壤速效钾含量（毫克/千克）	127.63	76.33
有效磷	土壤有效磷含量（毫克/千克）	24.58	29.09
pH	土壤酸碱度	7.06	0.99
滞后期的土壤肥力			
有机质—3	滞后三期的土壤有机质含量（克/千克）	22.77	6.70
有机质—2	滞后两期的土壤有机质含量（克/千克）	23.22	7.04
有机质—1	滞后一期的土壤有机质含量（克/千克）	23.53	7.37
有效磷—3	滞后三期的土壤有效磷含量（毫克/千克）	19.83	21.94
有效磷—2	滞后两期的土壤有效磷含量（毫克/千克）	22.58	26.71
有效磷—1	滞后一期的土壤有效磷含量（毫克/千克）	23.50	28.18
全氮—1	滞后一期的土壤全氮含量（克/千克）	1.42	0.64
缓效钾—2	滞后两期的土壤缓效钾含量（毫克/千克）	599.26	233.02
缓效钾—1	滞后一期的土壤缓效钾含量（毫克/千克）	602.42	246.39
速效钾—1	滞后一期的土壤速效钾含量（毫克/千克）	125.99	72.71
pH—2	滞后两期的土壤酸碱度	7.06	0.97
pH—1	滞后一期的土壤酸碱度	7.06	0.99
区域虚变量（参照组：苏中）			
苏北	是否属于苏北：是=1，否=0	0.49	0.49
苏南	是否属于苏南：是=1，否=0	0.25	0.44
气候			
低温	对应年份的最低气温（℃）	−6.67	2.64
高温	对应年份的最高气温（℃）	36.98	1.48
土壤类型（参照组：红壤）			
水稻土	是否为水稻土；是=1，否=0	0.42	0.49

续表

变量名称	变量定义和赋值	均值	标准差
黑土	是否为黑土；是=1，否=0	0.04	0.20
褐土	是否为褐土；是=1，否=0	0.02	0.14
潮土	是否为潮土；是=1，否=0	0.37	0.48
棕壤	是否为棕壤；是=1，否=0	0.06	0.24
盐土	是否为盐土；是=1，否=0	0.08	0.03

注：除滞后期的土壤肥力外，其他当期指标的观测值个数为1372（196×7）。

有以下两点需要注意：一是根据《测土配方施肥技术规范（2011年修订版）》，本节选取了耕地地力评价时必测的全氮、有效磷、速效钾、缓效钾、有机质、pH这6项指标衡量土壤肥力。二是由于土壤肥力会受到前期土壤肥力的滞后影响，因此在模型设计时需首先判断滞后项阶数。Wintoki等（2012）[1]通过同时纳入因变量的1—4阶滞后项以及动态面板模型中的其他控制变量，并利用最小二乘法对面板数据进行回归，通过观察滞后项的显著性判断动态面板模型中应纳入的滞后项阶数，以识别动态面板模型中应纳入的滞后项阶数。上述学者的研究发现，在其最小二乘法的回归结果中，滞后项中只有滞后一阶及滞后二阶显著，故其动态面板模型中仅纳入两阶滞后项。参照上述方法，本节获得各个土壤肥力质量指标的滞后阶数。[2]

（五）实证结果

1. 农户采用测土配方施肥技术决策模型的回归结果

表9—6是式（9—16）的估计结果。从关键自变量的估计结果看，"推广的配方数量为0"对是否采用测土配方施肥技术有显著的负向影响，"推广的配方数量大于1"对两个因变量（即是否采用测土配方施肥技术及采用程度）均有显著的负向影响。这说明，与没

---

[1] Wintoki M. B., Linck J. S., Netter J. M., "Endogeneity and the Dynamics of Internal Corporate Governance", *Journal of Financial Economics*, Vol. 105, No. 3, 2012.

[2] 全氮、有效磷、速效钾、缓效钾、有机质、pH的滞后项阶数分别为：1阶、3阶、1阶、2阶、3阶、2阶。

有推广配方肥相比,当政府主推一种配方肥时,农户的采用概率上升;但推广的配方数量大于1时,与主推一种配方肥相比,农户采用配方肥的概率及程度均减少,假说1得以验证。

表9—6　农户采用测土配方施肥技术决策模型的回归结果

变量名称	是否采用技术	采用程度
推广的配方数量为0	−0.522*	4.709
	(0.285)	(12.423)
推广的配方数量大于1	−2.694***	−11.157**
	(0.314)	(5.436)
性别	−0.025	−1.996
	(0.097)	(2.603)
年龄	−0.153	5.893
	(0.384)	(8.743)
受教育程度	0.008	−0.039
	(0.010)	(0.172)
儿童占比	−0.005	−0.127
	(0.006)	(0.167)
老人占比	0.002	−0.122
	(0.004)	(0.074)
家庭规模	0.008	−0.914
	(0.047)	(1.274)
耕地规模	0.0005	0.084**
	(0.0005)	(0.032)
土地产权	0.007	−0.608
	(0.193)	(4.449)
自有耕地占比	0.291	0.104
	(0.204)	(0.078)
非农收入	−0.0003	0.0003
	(0.001)	(0.006)
家庭人均年收入	3.07e−6	0.00003
	(2.73e−6)	(0.0001)
加入合作社	−0.123	−2.039
	(0.237)	(4.929)
示范户	0.307**	15.233***
	(0.120)	(5.693)
技术培训	0.907***	−1.105
	(0.239)	(4.864)
土壤肥力	0.027	−2.601
	(0.079)	(2.170)

续表

变量名称	是否采用技术	采用程度
省虚拟变量（参照组：江西省）		
湖南省	1.166*** (0.290)	26.654** (11.282)
江苏省	3.568*** (0.356)	20.767** (9.627)
常数项	-2.336*** (0.787)	108.894*** (17.380)
观测值	722	722
对数似然值	-627.258	
Wald 卡方值	42.56***	

注：*表示在10%水平上显著、**表示在5%水平上显著、***表示在1%水平上显著。

当推广的配方肥数量大于1种时，技术采用率下降的可能原因如下，随着配方肥种类的增加，企业的生产成本增加，供给意愿下降。通过对江苏省某大型化肥企业负责人进行访谈，可以了解到政府招标的配方肥只能在一定行政区域范围内销售，配方肥种类增加意味着每种配方对应的数量减少。随着配方肥种类增加，一方面包装袋成本、原料成本、生产系统运转成本均会增加；另一方面，公司生产线每班次生产量500—600吨，小批量生产多种配方肥，不仅投料难以把控，换线、清线等也更加烦琐。因此企业小批量生产多种配方肥时，生产成本较高。与此同时，农户受主流农产品、生产要素价格的影响，支付意愿有限。以化肥为例，市场上以总养分大于等于45%（即氮磷钾复合肥料）的肥料为主，市场终端价格2300—2600元/吨。农户接受化肥的价格受农产品的价格和肥料的主流价格影响。当前情况下，当肥料超过3800元/吨时，农户的接受程度较低。这使得企业可获利润较低，供给意愿有限。前文所提到的配方肥定点销售模式亦可作为佐证。

从控制变量的估计结果看，技术培训变量、示范户变量、耕地规模变量及省虚拟变量对测土配方施肥技术采用产生显著影响。技术培训变量对是否采用有显著的正向影响，即接受过测土配方施肥技术培训的农户采用该技术的概率比较高,这与蔡颖萍和杜志雄(2016)①研究结论相符。可能的原因是接受过技术培训的农户,获取信息的渠道更加广泛。信息是创新扩散的关键因素。由于接受过测土配方施肥技术培训的农户,获得技术相关的信息更加充分,故采用的概率更高。但本节描述性分析显示,目前参加过测土配方施肥技术培训的农户比例较少,不到总样本的15%,这说明,虽然测土配方施肥技术培训对农户采用该技术有显著影响,但政策的宣传力度还不够。示范户变量对是否采用及采用程度均产生显著的积极影响。耕地规模对测土配方施肥技术采用程度产生显著的积极影响。可能的原因是,精准农业技术具有规模经济,随着耕地规模的增加,农户采用该技术的程度变大。省虚拟变量较为显著,这说明测土配方施肥技术采用有显著的地区差异,其技术效果在不同地区可能有不同的表现。

2. 采用测土配方施肥技术对土壤肥力质量的影响

表9—7展示了系统GMM估计式(9—18)的结果。与差分GMM相比,系统GMM可以提高估计的效率,并且可以估计不随时间变化的变量的系数,故本文采用系统GMM进行分析。系统GMM扰动项的自相关性检验结果表明,可以接受"扰动项无二阶自相关"的原假设,即可以采用系统GMM进行估计。表中所有回归的Sargan检验 p 值均大于0.1,表明可以接受"所有工具变量均有效"的原假设。从关键解释变量的估计结果来看,推广的配方数量为0这一虚拟变量均不显著,表明与未推广配方肥相比,推广一种配方肥并不能显著改善土壤肥力质量。②从推广的配方数量大于1这一虚拟变量的估计结果看,该变量对土壤速效钾含量会产生显著的正向影响,对土壤全氮含量及土壤有机质含量会产生显著的负向影响。鉴于江

---

① 蔡颖萍、杜志雄:《家庭农场生产行为的生态自觉性及其影响因素分析——基于全国家庭农场监测数据的实证检验》,《中国农村经济》2016年第12期。

② 之所以解释为施用配方肥对土壤肥力的影响,主要是因为:江苏省耕地质量监测点是由农业技术推广人员负责,他们既负责监测点地块的耕种,也负责农业技术推广工作。当地政府推广测土配方施肥技术时,监测点的管理人员就在监测地块上采用相应的测土配方施肥技术。

苏省测土配方施肥技术的配肥原则是"降氮控磷增钾"（氮指全氮，磷指有效磷，钾指速效钾），回归结果表明采用测土配方施肥技术对土壤全氮和速效钾含量的影响与预期相符，假说2得到验证。造成有机质含量减少的可能原因是，土壤有机质含量与全氮含量存在一定相关性，[1] 由于推广多种配方肥时，土壤中的全氮含量减少，故有机质含量也呈下降趋势。

表9—7　采用测土配方施肥技术对土壤肥力影响的回归结果

变量名称	全氮	有效磷	速效钾	缓效钾	有机质	pH
政府推广的配方数量						
推广的配方数量为0	0.043 (0.033)	0.228 (2.050)	-12.961 (11.232)	-5.736 (4.570)	0.851 (0.541)	-0.001 (0.041)
推广的配方数量大于1	-0.340*** (0.088)	-3.965 (2.688)	40.303* (21.672)	0.429 (12.834)	-2.343** (1.044)	0.112 (0.074)
滞后期的土壤肥力						
全氮—1	0.078*** (0.017)	—	—	—	—	—
有效磷—3	—	-0.098* (0.055)	—	—	—	—
有效磷—2	—	-0.042 (0.077)	—	—	—	—
有效磷—1	—	0.199 (0.141)	—	—	—	—
缓效钾—2	—	—	—	-0.016 (0.058)	—	—
缓效钾—1	—	—	—	0.279*** (0.102)	—	—
速效钾—1	—	—	0.306*** (0.069)	—	—	—
有机质—3	—	—	—	—	-0.086* (0.048)	—
有机质—2	—	—	—	—	-0.006 (0.057)	—
有机质—1	—	—	—	—	0.161* (0.090)	—

---

[1] 参见《江苏省2015年耕地质量监测报告》（江苏省耕地质量与农业环境保护站提供）。

续表

变量名称	全氮	有效磷	速效钾	缓效钾	有机质	pH
pH—2	—	—	—	—	—	-0.084***
						(0.032)
pH—1	—	—	—	—	—	0.029
						(0.025)
农户养分投入行为						
有机肥施用量	0.016***	0.003	1.410	0.605**	0.010**	0.0003
	(0.004)	(0.036)	(1.187)	(0.280)	(0.005)	(0.001)
磷肥施用量	-0.402	0.013***	11.439**	-0.358	0.065	0.001
	(0.422)	(0.004)	(5.280)	(1.204)	(0.080)	(0.005)
钾肥施用量	-0.001	0.006	17.525***	-0.461	0.062	0.008
	(0.003)	(0.347)	(5.790)	(1.113)	(0.083)	(0.005)
氮肥施用量	-0.001	0.096	0.004	-0.154	-0.020	-0.001
	(0.001)	(0.075)	(0.489)	(0.150)	(0.025)	(0.002)
气候						
低温	-0.003	0.380	3.929**	-2.081***	0.039	0.001
	(0.004)	(0.274)	(1.785)	(0.763)	(0.068)	(0.005)
高温	-8.841*	1.019	-0.003	-2.755**	0.809***	-0.0003
	(4.889)	(0.641)	(0.007)	(1.356)	(0.143)	(0.008)
土壤类型（参照组：红壤）						
水稻土	0.065	388.592	-205.290**	981.787	26.030	9.282
	(7.388)	(470.067)	(97.600)	(1352.536)	(19.701)	(7.659)
黑土	-9.322	-267.712	-206.285	3893.233	33.661	-3.057
	(14.993)	(214.303)	(463.592)	(3592.398)	(41.861)	(7.533)
潮土	1.503	514.288	-598.415	689.519	-19.016	9.191
	(5.542)	(521.662)	(910.316)	(1358.601)	(36.372)	(6.879)
褐土	-5.284	201.772	524.105	55.850	66.745	1.826
	(8.258)	(396.315)	(1339.398)	(525.492)	(346.232)	(0.834)
盐土	-3.972	165.653	1173.838	-152.030	-78.593	12.769
	(7.302)	(974.380)	(1343.096)	(877.557)	(77.216)	(11.248)
棕壤	7.143	375.842	115.446	-317.633	-16.113	3.962
	(8.835)	(638.716)	(341.704)	(1496.183)	(54.980)	(11.602)
区域虚变量（参照组：苏中）						
苏北	-4.578	-38.097	36.734	515.242	-22.706	1.482
	(6.754)	(61.102)	(98.008)	(399.742)	(27.340)	(5.141)
苏南	1.723	125.660	-152.162	443.768	-32.406	2.032
	(0.752)	(118.588)	(490.103)	(332.093)	(60.668)	(7.805)
常数项	1.120	-399.017	895.194***	-596.299	-12.976	-1.162
	(6.404)	(483.541)	(201.889)	(1222.733)	(18.736)	(7.437)
观测值	1176	784	1176	980	784	980

续表

变量名称	全氮	有效磷	速效钾	缓效钾	有机质	pH
Wald 卡方值	84.35***	50.18***	83.49***	55.96***	69.83***	60.57***
系统 GMM 扰动项的自相关性						
AR（1）	0.0234	0.0003	0.0000	0.0006	0.0000	0.0000
AR（2）	0.6119	0.3414	0.4342	0.5383	0.1570	0.5381
Sargan 检验	0.1101	0.3580	0.1002	0.1182	0.1117	0.1143

注：①系统 GMM 扰动项的自相关性和 Sargan 检验报告的是 p 值。
②*表示在10%水平上显著、**表示在5%水平上显著、***表示在1%水平上显著。

滞后一期的土壤质量对当期土壤质量产生正向影响，且除有效磷指标和 pH 指标外，所有变量显著。表明滞后一期的土壤肥力质量指标含量越高，当期的指标含量越高。温度亦对土壤质量产生显著影响。磷肥施用量指标、钾肥施用量指标及有机肥施用量指标分别对有效磷、速效钾及有机质产生显著的积极影响，与预期相符。有机肥对全氮含量亦产生显著的积极影响，可能是由于土壤全氮含量和有机质含量之间的相关性所导致。最高温度越高，土壤中的全氮含量越低，可能由于温度越高，氨氮挥发越快，土壤中的全氮含量越低。李茵等（2017）的研究也表明，极端高温会显著降低土壤中氮养分含量[①]。与此同时，随着最低温度减少，有效磷的变异增加，年份间的波动增大。

第二节 外源性耕地污染治理的生态补偿政策研究

一 外源性耕地污染治理的农户生态补偿政策研究

（一）研究背景

近年来，中国耕地重金属污染问题日益严重。根据《中国耕地地球化学调查报告（2015年）》，截至2014年，在所调查的13.86

---

① 李茵、赵杏、杨京平、钟一鸣、王小鹏：《高温与降雨对不同茶龄土壤碳氮养分及胞外酶活性的影响》，《农业环境科学学报》2017年第3期。

亿亩耕地中，重金属中重度污染面积占比2.5%，轻度污染面积占比5.7%。① 为探索有效的重金属污染防治模式，农业农村部、财政部于2014年正式批准启动"湖南省重金属污染耕地修复及农作物种植结构调整试点"，探索以农艺措施为主的耕地重金属污染综合治理试验示范，其中"VIP"稻米镉污染治理技术模式最具有代表性，治理效果较好（沈欣等，2015②；李颖明等，2017③）。

然而，现阶段农户对政府主推的"VIP"重金属污染治理模式的采纳意愿较低。尽管国家在试点地区大力推广，通过免费发放低镉水稻种子，补贴施用石灰、淹水灌溉等生态补偿政策激励农户治理耕地重金属污染。但是有研究表明，试点区农户的低镉水稻种植率仅为32.23%（李颖明等，2017）④，淹水灌溉技术采纳率仅26.4%（邓美云和李继志，2019）⑤。

采纳意愿较低的原因与"VIP"模式所包含治理技术的三个明显特点有关：其一，治理技术属于知识密集型，农户面临技术风险。无论是更换新品种还是实行淹水灌溉，都对农户的技术能力和管理水平有较高要求，需要掌握配套的农艺措施以及水分管理技术；其二，治理技术存在产量风险。采用新品种、淹水灌溉和施用石灰都增加了产量的不确定性；其三，治理技术具有较强的正外部性，农户采用行为面临难持续风险。采取治理措施获得的无镉农产品无法同普通农产品区分，农户额外支付的成本无法通过市场转化成收益。因此，重金属污染"VIP"治理模式可被视为一个知识密集—风险偏向型"技术包"，现有生态补偿政策技术的补偿不足，使试点过程

---

① 参见中国地质调查局《中国耕地地球化学调查报告（2015年）》，http://www.cgs.gov.cn/upload/201506/20150626/gdbg.pdf。
② 沈欣、朱奇宏、朱捍华、许超、何演兵、黄道：《农艺调控措施对水稻镉积累的影响及其机理研究》，《农业环境科学学报》2015年第8期。
③ 李颖明、王旭、郝亮、刘扬、姜鲁光：《重金属污染耕地治理技术：农户采用特征及影响因素分析》，《中国农村经济》2017年第1期。
④ 李颖明、王旭、郝亮、刘扬、姜鲁光：《重金属污染耕地治理技术：农户采用特征及影响因素分析》，《中国农村经济》2017年第1期。
⑤ 邓美云、李继志：《农户VIP技术采用行为的影响因素分析》，《农业现代化研究》2019年第5期。

中自然、经济风险难以彻底消除（郝亮等，2017）[①]。目前的生态补偿缺乏应对技术、产量风险的政策工具，并且未能建立农产品质量末端倒逼机制，导致政策效果不佳且持续性不强。在粮食主产区地方财政困难的背景下，长期依赖政府投入的生态补偿模式前景堪忧（隋易橦和王育才，2018）[②]，亟须探讨多元化补偿方式的构建问题。

本节在目前以现金补贴为主的生态补偿政策基础上，重点探讨农户对技术指导、产量保险、分级收购等未来可供选择的新型补偿政策的偏好以及政策间的相互作用。具体而言，在总结耕地重金属污染治理技术具备多重复杂属性的基础上，本节拓展了传统的农户技术采纳模型，从理论层面分析生态补偿中正外部性技术的农户采纳激励和补偿方式选择，并将多元补偿方式具体化为技术指导、产量保险、分级收购和现金补贴四种政策，利用选择实验方法进行实证检验，考察不同规模农户对生态补偿多元政策偏好的异质性和政策间的互补和替代效应，为耕地重金属污染治理生态补偿多元政策构建提供决策依据。

二 实验设计、实证策略和数据

1. 分析框架和实验设计

本节将耕地重金属污染治理视作农户对具有明显正外部性新技术的采纳问题，因此借鉴 Saha 等（1994）[③]、孔祥智等（2004）[④]，结合耕地重金属污染治理技术的特征对模型进行拓展以开展理论分析。

在一般的农户技术采纳模型中，农户新技术选择取决于收益最

[①] 郝亮、李颖明、刘扬：《耕地重金属治理政策研究：一个多维分析框架——以××试点区为例》，《农业经济与管理》2017 年第 4 期。

[②] 隋易橦、王育才：《耕地重金属污染治理社会化法律对策研究——基于湖南省长株潭重金属污染耕地修复综合治理试点分析》，《法制与社会》2018 年第 13 期。

[③] Saha A., Love H. A., Schwart R., "Adoption of Emerging Technologies under Output Uncertainty", *American journal of agricultural economics*, Vol. 76, No. 4, 1994.

[④] 孔祥智、方松海、庞晓鹏、马九杰：《西部地区农户禀赋对农业技术采纳的影响分析》，《经济研究》2004 年第 12 期。

大化目标下对新旧技术成本收益的比较，当采纳新技术的预期净收益大于传统技术时，新技术会被采纳。因此，在没有政策干预时，农户技术采纳的均衡条件可设定为如下形式：

$$p_1 g(s)r - [n_l + n_b + c]s \geq p_0 f(s) - cs \tag{9—23}$$

p_1 是采纳新技术的产品价格；p_0 是采纳传统技术的产品价格；$g(s)$ 是采纳新技术后的生产函数；$f(s)$ 是未采用新技术前的生产函数；s 是决策规模；c 是未采纳新技术前的生产成本；n_l 是采纳新技术新增的学习成本；n_b 是采纳新技术新增的购置成本；r 是风险函数，且有 $r \in [0, 1]$，假设其大小与新技术采纳的预期收益呈负相关关系。

根据上述均衡条件，就私人成本收益而言，耕地重金属污染治理技术必定不会被农户采纳。原因如下：首先，治理技术具有知识密集型特征，并且需要新增物质和劳动投入，因此需要较高的学习成本（n_l）和购置成本（n_b）；其次，治理技术存在较大的产量风险（r），采用新品种、淹水灌溉和施用石灰都增加了产量的不确定性；最后，市场缺乏价格识别机制无法区分无镉农产品和镉超标农产品，即 $p_1 = p_0$。这意味着农户不仅需要支付额外成本并承担风险，还无法通过市场转化成收益，因此，结果必然是农户自主采纳意愿较低。

但是，此类技术具有外部性，其采用会产生私人收益之外的社会收益，因此，在个人净收益为负时，社会净收益可能为正，此时政府就有进行生态补偿政策干预的必要。就政府而言，对农户技术采用进行生态补偿政策干预的目标是实现社会收益最大化，技术采纳的社会成本收益比较如下：

$$p_0 g(s)r - [n_l + n_b + c]s + R_s \geq p_0 f(s) - cs \tag{9—24}$$

由式（9—24）可见，考虑社会收益后，此类具有明显正外部性的技术采纳社会净收益可能为正，只要社会收益超过私人成本收益净亏损。假设政府对农户技术采纳进行生态补偿政策干预 P，具体包括：区分无镉农产品和镉超标农产品价格的价格补偿政策会促使 $p_1 > p_0$，风险补偿政策能降低农户采纳技术的风险 [$r(P)$]，学习成本补偿政策能降低农户新技术学习成本 [$n_l(P)$]，购置成本补偿政策能减少农户采用新技术的购置成本 $[n_b(P)]$。因此，在上述政策干预下，农户的私人成本收益比较变为：

$$p_1(P)g(s)r(P)-[n_l(P)+n_b(P)+c]s \geq p_0f(s)-cs \quad (9—25)$$

政策干预受政府预算约束限制：$C(P) \leq R_s$。与式（9—23）不同，政策干预下式（9—25）中左边采用新技术的私人净收益将可能超过右边净收益，从而激励农户采用治理技术。

基于上述分析框架，下文进一步分析不同生态补偿政策及政策组合对农户技术采纳行为的影响，以及在不同禀赋农户间的差异。

关于针对价格的分级收购资金补偿政策，分级收购是指对镉含量达标的稻谷进行分级定价收购，其本质是现金补贴的市场化形式。理论上，价格补偿将激励农户采用技术，但在中国，小规模农户的经济实力弱、市场谈判地位低（阮文彪，2019）[1]，分级收购这类市场化的补偿政策对小规模农户的激励效果会较弱。据此本节提出假说：随着土地经营规模扩大，农户对价格补偿类的分级收购政策的偏好程度增强。

关于针对风险的产量保险补偿政策，从抗风险能力角度来说，小规模农户生产能力不强，且抵御风险能力较弱（江鑫等，2018[2]；阮文彪，2019[3]）；从风险冲击程度来说，当生产超过一定规模后，农户的生产结构将发生变化，使得在出现系统性风险后，规模户无法利用其他渠道分散生产风险，更愿意通过购买保险提高风险保障水平（宁满秀等，2005）[4]，不同规模经营主体的决策目标存在差异，相对小规模农户而言，以农业生产为主的规模经营主体更加偏

---

[1] 阮文彪：《小农户和现代农业发展有机衔接——经验证据、突出矛盾与路径选择》，《中国农村观察》2019年第1期。

[2] 江鑫、颜廷武、尚燕、张俊飚：《土地规模与农户秸秆还田技术采纳——基于冀鲁皖鄂4省的微观调查》，《中国土地科学》2018年第12期。

[3] 阮文彪：《小农户和现代农业发展有机衔接——经验证据、突出矛盾与路径选择》，《中国农村观察》2019年第1期。

[4] 宁满秀、邢郦、钟甫宁：《影响农户购买农业保险决策因素的实证分析——以新疆玛纳斯河流域为例》，《农业经济问题》2005年第6期。

重风险目标（刘莹和黄季焜，2010）[①]。随着土地经营规模扩大，农户对风险补偿类的产量保险政策的偏好程度变化趋势有待进一步检验。

关于针对学习成本的技术指导技术补偿政策，随着土地经营规模扩大，农业收入占总收入比率上升，农业成为整个家庭收入的主要来源，农民对农业技术培训的需求提高，希望通过培训增强自己的生产力，从而追求更高的家庭收入（徐金海等，2011）[②]。随着土地经营规模扩大，农户对学习成本补偿类的技术指导政策的偏好程度可能增强。

与小规模农户相比，规模经营主体在购买农业生产资料、雇佣劳动力进行淹水灌溉和改进灌溉设施等方面具有明显的规模经济效益（江鑫等，2018）[③]，因此现金补贴对其产生的激励效果可能较弱，也就是说，随着土地经营规模扩大，农户对购置成本补偿类的现金补贴政策的偏好程度可能减弱。

多元化补偿政策必然存在政策相互作用，因此政策只有在适当组合时才能实现最佳激励效果（徐喆和李春艳，2017）[④]。耕地重金属污染治理贯穿农户生产的全过程，边生产边治理的特性使技术补偿在耕地重金属污染治理过程中尤为重要，如果农户无法得到针对性的技术指导，即使获得了补偿资金也无法采取正确的措施治理污染。因此本节猜想技术补偿和资金补偿存在显著互补性。

2. 研究方法

选择实验法可以为农户提供由不同政策方案组成的选择集，通过比较农户对不同选择集中各政策方案的取舍结果测量农户对政策

[①] 刘莹、黄季焜：《农户多目标种植决策模型与目标权重的估计》，《经济研究》2010年第1期。

[②] 徐金海、蒋乃华、秦伟伟：《农民农业科技培训服务需求意愿及绩效的实证研究：以江苏省为例》，《农业经济问题》2011年第12期。

[③] 江鑫、颜廷武、尚燕、张俊飚：《土地规模与农户秸秆还田技术采纳——基于冀鲁皖鄂4省的微观调查》，《中国土地科学》2018年第12期。

[④] 徐喆、李春艳：《我国科技政策演变与创新绩效研究——基于政策相互作用视角》，《经济问题》2017年第1期。

方案中各政策属性的相对偏好程度，这种方法被广泛应用于生态补偿政策设计与农户偏好研究（韩洪云和喻永红，2012[①]；谭永忠等，2012[②]；龚亚珍等，2016[③]）。基于随机效用理论下的效用最大化原则，决策者 i 在选择集包含的 n 个生态补偿方案中选择方案 m 获得的效用可表示为：

$$U_{im} = V_{im}(X_m, s_i) + \varepsilon_{im} \qquad (9\text{—}26)$$

式（9—26）中，U_{im} 表示生态补偿方案 m 给决策者 i 带来的总效用；$V_{im}(X_m, s_i)$ 表示生态补偿方案 m 的可观测效用，可表示为该生态补偿方案包含的各政策属性 X_m 和决策者特征 s_i 的函数；ε_{im} 是随机误差项，表示不可观测因素对决策者选择的影响。在具体分析中，可观测效用函数 V_{im} 通常采用如下表达式：

$$V_{im} = ASC + \sum \alpha_{mk} X_{mk} \qquad (9\text{—}27)$$

式（9—27）中，ASC 是替代常数项，表示维持现状或都不选择；α_{mk} 是第 m 个生态补偿政策方案的第 k 个（$k=1,\cdots,4$）政策属性变量 X_{mk} 的系数。为了检验决策者基本特征变量（例如规模）对政策选择的影响，可在式（9—27）的基础上引入决策者基本特征和属性变量的交互项：

$$V_{im} = ASC + \sum \alpha_{mk} X_{mk} + \sum \beta_{mkij} X_{mk} \cdot s_{ij} \qquad (9\text{—}28)$$

（9—28）式中，s_{ij} 为决策者的基本特征变量，在本节中具体指农户经营规模；β_{mkij} 是决策者 i 的第 j 个基本特征变量与政策属性变量 X_{mk} 交互项的系数，用来测度决策者基本特征对其政策偏好的影响。本节运用 Mixed Logit 模型分析农户经营规模对重金属污染治理生态补偿政策选择的影响。

通过预调研，可以了解到目前补偿政策主要以现金或实物补贴

[①] 韩洪云、喻永红：《退耕还林的环境价值及政策可持续性——以重庆万州为例》，《中国农村经济》2012 年第 11 期。

[②] 谭永忠、王庆日、陈佳、牟永铭、张洁：《耕地资源非市场价值评价方法的研究进展与述评》，《自然资源学报》2012 年第 5 期。

[③] 龚亚珍、韩炜、Bennett、Michael、仇焕广：《基于选择实验法的湿地保护区生态补偿政策研究》，《自然资源学报》2016 年第 2 期。

为主，缺少相应的技术指导和风险兜底补偿，目前单一的资金支持对农户的激励明显不足，亟须构建多元化的补偿体系。因此，本节最终确定了技术指导、产量保险、分级收购、现金补贴4项关键政策属性，如表9—8所示。根据政策属性水平设定，共得到128（2×4×4×4）个耕地重金属污染治理政策方案，通过部分因子设计确定15个补偿政策方案，将其按照属性水平平衡原则匹配后随机分成5个选择集，每个选择集由3个不同的政策方案和1个"不参与任何方案"选项构成。对每个选择集，受访者需要从4个方案中选择1个。表9—9是一个选择集的示例。如果农户选择方案A，说明该方案的预期效用比方案B、方案C或方案D（"不参与任何方案"）更高。

表9—8　　重金属污染治理生态补偿政策属性及水平

属性	定义	属性水平
技术指导	是否提供VIP技术针对性指导	是，否
分级收购	稻米合格时收购价高出市场价的程度	0，0.1元/斤，0.2元/斤，0.3元/斤
产量保险	采取治理措施而导致绝收时赔付额度	0，1 000元/亩，2 000元/亩，3 000元/亩
现金补贴	采取治理措施而获得的直接收入补偿	0，100元/亩，200元/亩，300元/亩

表9—9　　　　　　　　　　选择集示例

选项	技术指导	产量保险	分级收购	现金补贴	选择
A	无	1 000元/亩	市场价	100元/亩	
B	无	无	加0.1元/斤	200元/亩	
C	有	2 000元/亩	加0.1元/斤	无	
D			维持现状		

3. 数据、变量设定及描述性统计

数据来源于2017年11月对湖南、江西两省的农户调查，样本通过分层随机抽样法确定，数据采用问卷调查和实验调查相结合的方式获取。首先根据各市的重金属污染水平排序，选择污染水平高、中、低的市各一个，每市选取1个水稻主产县，每县选取4个水稻主产村，每村选 20 个农户。调查采用入户方式，调查对象是实际从事农业生产劳动的家庭成员。调查员需仔细讲解重金属污染治理补偿方案各属性及其水平的含义，在受访者能够复述方案内容的前提下，让受访者进行选择实验。此次调查保留有效样本 415 个，受访者均进行了 5 次选择实验，且每次选择均有 4 个补偿政策方案，一共得到 8300 个观测值。

本节的被解释变量是某方案是否被选中，如果某一政策组合被选中则赋值为 1，否则赋值为 0。ASC 以及政策属性作为核心解释变量。ASC 为替代常数项，每个选择集中 D 选项对应的 ASC 变量赋值为 1，A、B、C 选项的 ASC 变量赋值为 0，因此 ASC 的估计系数为正时，意味着农户退出选择的概率越大，参与意愿越低。相似的，每个选择集中 D 选项对应政策属性的属性值均为 0，A、B、C 选项则为对应属性值（或根据属性值生成的 0—1 虚拟变量）。

是否为规模户是本节关注的核心解释变量，根据 2014 年中共中央办公厅、国务院办公厅印发的《关于引导农村土地经营权有序流转发展农业适度规模经营的意见》提出的土地经营规模相当于当地户均承包地面积 10—15 倍的标准并结合调研区实际，本节将水稻种植面积超过 50 亩的农户定义为规模户。变量含义及描述性统计见表 9—10。

表 9—10　　变量的含义及其基本描述性统计

变量	变量含义和取值	均值	标准差
被解释变量			
某方案是否被选中	政策方案被选中=1，政策方案未被选中=0	0.250	0.433
方案属性变量			
维持现状（ASC）	不参与任何方案=1，参与补偿方案=0	0.250	0.433
技术指导	有=1，没有=0	0.400	0.490
产量保险	四档=保额 3000 元/亩，三档=保额 2000 元/亩，二档=保额 1000 元/亩，一档=保额 0 元/亩	1 200	1 166
分级收购	四档=加价 0.3 元/斤，三档=加价 0.2 元/斤，二档=加价 0.1 元/斤，一档=加价 0 元/斤	0.120	0.117

续表

变量	变量含义和取值	均值	标准差
现金补贴	四档=300元/亩，三档=200元/亩，二档=100元/亩，一档=0元/亩	120	116.6
农户特征变量			
水稻种植面积	2017年水稻种植面积（百亩）	0.563	1.848
是否规模户	2017年水稻种植面积是否超过50亩	0.164	0.370

表9—11汇报了规模户与非规模户选择生态补偿政策方案的属性值差异。在受访者选中的方案中，规模户和非规模户在现金补贴、技术指导和产量保险三个属性上存在显著差异。非规模户相对更偏好现金补贴金额较高的补偿方案，而规模户对包含技术指导和产量保险的补偿方案偏好程度更高。这与我们的理论预期一致。

表9—11　规模户与非规模户在方案属性变量上的差异情况

变量	规模户	非规模户	差异 t 检验值
现金补贴	157.647	176.888	-2.888***
产量保险	1573.529	1394.236	2.602***
技术指导	0.659	0.593	2.288**
分级收购	0.143	0.145	-0.246
观测值个数	340	1735	2075

注：*表示在10%水平上显著、**表示在5%水平上显著、***表示在1%水平上显著。

（三）实证结果

1. 规模分组的 Mixed Logit 模型估计结果

首先对基础模型和按照农户种植面积分组的交互项模型进行估计，估计结果如表9—12所示。从基础模型中可以看出，现金补贴政策的估计参数显著为正，意味着现金补贴政策对农户采用耕地重金属污染治理技术有激励作用，同时技术指导、分级收购和产量保险三种生态补偿政策的系数也均显著为正，表明除了现金补贴以外，农户存在多元化的生态补偿政策需求。也就是说，目前的现金补贴不能对农户耕地重金属污染治理起到最佳激励作用，从侧面说明实施多元化生态补偿的必要性。这一结果与李颖明等（2017）[①]、邓美云和李继志（2019）[②] 的研究结论相似。

表 9—12　基于连续属性值的 Mixed Logit 模型估计结果

变量	基础模型 参数值	基础模型 随机参数的标准差	交互项模型 参数值	交互项模型 随机参数的标准差
现金补贴	0.018*** (13.437)	0.016*** (14.265)	0.017*** (12.099)	0.018*** (13.713)
技术指导	2.101*** (11.729)	2.454*** (12.823)	2.072*** (10.847)	2.302*** (13.376)
产量保险	0.001*** (6.883)	0.001*** (13.898)	0.001*** (6.432)	−0.001*** (−13.821)
分级收购	4.467*** (6.358)	5.079*** (6.492)	3.656*** (4.889)	−4.978*** (−5.322)
维持现状（ASC）	0.501 (1.336)	—	0.622* (1.648)	—
现金补贴× 是否规模户	—	—	−0.006** (−2.318)	—
产量保险× 是否规模户	—	—	0.001** (2.459)	—
分级收购× 是否规模户	—	—	2.936** (1.995)	—
技术指导× 是否规模户	—	—	0.635 (1.623)	—
卡方检验值	1035***		998***	
观测值个数	8300		8300	

注：*表示在10%水平上显著、**表示在5%水平上显著、***表示在1%水平上显著。

为进一步检验不同规模农户政策偏好的异质性，交互项模型加入了是否为规模户与政策属性的交互项。模型估计结果显示，是否

[①] 李颖明、王旭、郝亮、刘扬、姜鲁光：《重金属污染耕地治理技术：农户采用特征及影响因素分析》，《中国农村经济》2017 年第 1 期。

[②] 邓美云、李继志：《农户 VIP 技术采用行为的影响因素分析》，《农业现代化研究》2019 年第 5 期。

为规模户与现金补贴的交互项系数为负,且在5%水平下显著,与分级收购和产量保险的交互项系数均为正,且在5%水平下显著,与技术指导的交互项系数为正,t值为1.623(接近显著),这表明规模户对现金补贴生态补偿政策的偏好程度显著低于非规模户,但对技术指导、分级收购和产量保险三项生态补偿政策的偏好程度显著高于非规模户。

2. 属性交互的 Mixed Logit 模型估计结果

考虑到不同政策之间可能存在互补性和替代性,本节考察政策属性的交互项,回归结果如表9—13所示。

表9—13　含有属性交互项的 Mixed Logit 模型估计结果

变量	参数值 系数	参数值 Z值	随机参数的标准差 系数	随机参数的标准差 Z值
现金补贴	0.017***	(5.863)	0.017***	(13.921)
技术指导	0.558	(0.602)	−2.619***	(−14.094)
产量保险	0.001***	(3.172)	0.001***	(13.377)
分级收购	2.482	(0.881)	−6.359***	(−6.559)
维持现状(ASC)	0.895	(1.472)	—	—
现金补贴×技术指导	0.006**	(2.561)	—	—
现金补贴×产量保险	−0.000	(−0.106)	—	—
现金补贴×分级收购	0.007	(0.706)	—	—
技术指导×产量保险	0.000	(0.681)	—	—
技术指导×分级收购	6.369**	(2.092)	—	—
分级收购×产量保险	0.001	(1.010)	—	—
卡方检验值	980***			
观测值个数	8300			

注:*表示在10%水平上显著、**表示在5%水平上显著、***表示在1%水平上显著。

从独立项的回归系数来看,现金补贴和产量保险属性的估计参数均为正,且均在1%的水平下显著,表明现金补贴和产量保险生态补偿政策可以显著提高农户采用耕地重金属污染治理技术的意愿。

从交互项的回归系数来看，技术指导和分级收购、现金补贴的交互项系数均为正，且在5%水平下显著，说明技术补偿和资金补偿之间存在显著的互补性，提供分级收购或现金补贴政策的同时提供技术指导，会使得分级收购和现金补贴生态补偿政策的作用效果得到强化。此外，技术指导和分级收购生态补偿政策的独立项系数不显著，这一结果表明，一方面，技术补偿必须配套相应的资金补偿，才能提高农户进行耕地重金属污染治理的意愿；另一方面，在探索分级收购此类市场化生态补偿政策时，必须配套相应的技术指导。否则由于市场化的生态补偿是结果控制型补偿，市场化补偿政策的激励效果可能会被弱化。如果农户不能掌握正确的降镉技术，可能导致农户付出了成本却得不到相应的回报，因此技术补偿和分级收购政策有很强的互补性。

第三节　本章小结

本章在探讨精准型耕地保护技术扩散时，以测土配方施肥技术为例，揭示了现阶段劳动力供给不足是导致农户接受配方肥但不进行科学施用的主要原因，并解释了政府不同的技术推广模式对精准农业技术扩散及采用效果的差异，为促进测土配方施肥技术扩散提供了决策依据。在探究外源性耕地污染治理政策时，本章以耕地重金属污染为例，考察不同规模农户对生态补偿多元政策的偏好及政策间的相互作用。根据上述研究，本章得出如下发现。

首先，劳动力因素对农户采用测土配方施肥技术的两个阶段存在差异化影响，是导致配方肥高采纳率和化肥施用高强度并存的关键原因。研究表明，劳动力供给不足虽不影响农户配方肥采纳决策，却制约了其采用配方肥后的科学施用行为，导致农户化肥施用强度仍处于较高水平。值得注意的是，在理论分析阶段，本节基于要素替代视角的分析，认为劳动机会成本的上升会导致换用配方肥的相对价格下降，故劳动力供给不足会促进农户采用配方肥，但实际研究并未得到这一结论。可能的原因是，由于政府补贴等因素的影响，配方肥价格并未高于普通复合肥，农户换用配方肥无须增加资金投入，因此农户是否换用配方肥不受劳动力因素的影响，更多是受配方肥技术信息可得性的制约。此外，不同规模农户的科学施用采纳决策受不同劳动力因素的影响。关于是否科学施肥的决策，规模户主要受农业雇工成本的影响，小农户主要受家庭劳动力供给的影响。

其次，政府不同的技术推广模式对精准农业技术扩散及采用效果存在差异。以测土配方施肥为例，农业部门应根据作物需肥特点、土壤养分状况、气候特征等因素，提供适宜的配方肥种类，推广精准施肥技术。与此同时，政府应加大对从事精准农业技术研发及相关产品生产的企业的扶持力度，提高精准农业技术的可获得性。精准农业技术的属性导致企业研发该类技术及生产相关产品的成本与消费者支付意愿之间存在差距，推广该技术应加大对企业的招标补贴力度，提高企业对该类技术相关产品的供给意愿。就测土配方施肥技术而言，应打破行政分割，扩大配方肥生产企业的市场份额。现有政策不允许政府提供补贴且招标生产的配方肥跨县销售。在配方肥种类固定不变的前提下，若政府提供补贴且招标生产的配方肥的销售区域扩大了，企业所占的市场份额就会增加，进而能够提高企业的生产利润。此外，其他精准农业技术在农技推广过程中也都面临与测土配方施肥技术类似的困境，忽略其精准化属性及供求失衡的本质，将不可避免地产生政府失灵——努力推广却收效甚微。农业部门需要把这类技术识别出来，设计专项资金，重点补贴供给方，降低企业研发精准农业技术及生产相关产品的成本，提高该技术的可获得性，从而使精准农业技术的生态效益得以实现。

最后，在外源性耕地污染的生态补偿政策方面，不同规模农户对生态补偿政策的偏好程度差异较大，规模户偏好技术指导、分级收购和产量保险政策，而目前试点的现金补贴政策对规模户的激励不足。此外，技术补偿与资金补偿政策之间呈现显著的互补性，尤其是市场化的分级收购补偿政策，其激励效果依赖于技术补偿，在技术补偿缺失时，市场化的补偿政策将不具有激励作用。由此得出以农艺措施为主的耕地重金属污染治理是我国中轻度污染地区的主要治理模式，需要充分调动农户的治理积极性。目前重金属污染耕地治理试点政策主要以现金和实物补贴为主，与农户需求匹配度不高，因而政策效果存在提升空间。此时需要探索技术指导、产量保险和分级收购等多元化的补偿方案，作为目前单一现金补贴的补充，以获得更好的政策效果。在农户分化和规模经营不断发展的背景下，补偿政策的制定需要考虑农户的异质性。市场化补偿政策的顺利实施还需相应的经济—社会环境，政府应重点优化重金属污染地区的粮食保护价收购政策，加快建立农产品质量末端倒逼机制，以实现优质优价。

绿水青山既是自然财富、生态财富，又是社会财富、经济财富。未来，这些农业绿色发展举措将在我国协调经济发展和生态环境保护的关系、推动经济社会高质量发展的过程中发挥不可替代的作用。

第十章 农村儿童发展

本章将从人力资本视角探讨儿童发展问题。对于农户而言，儿童的发展关系到家庭的未来，是实现收入阶层跃迁的重要途径。儿童的发展包括认知能力和非认知能力的提升两方面，其中对于中国儿童非认知能力的研究较少。本章聚焦于中国农村地区，在研究儿童认知能力的基础上，突出非认知能力的重要性。进一步探索有利于儿童发展的政策举措，为乡村振兴提供切实举措。

《中共中央、国务院关于实施乡村振兴战略的意见》指出，优先发展农村教育事业，高度重视发展农村义务教育。2021年教育部等四部门发布《关于实现巩固拓展教育脱贫攻坚成果同乡村振兴有效衔接的意见》强调"到2025年，实现教育脱贫攻坚成果巩固拓展，农村教育普及水平稳步提高，农村教育高质量发展基础更加夯实，农村家庭经济困难学生教育帮扶机制愈加完善，城乡教育差距进一步缩小，教育服务乡村振兴的能力和水平进一步提升，乡村教育振兴和教育振兴乡村的良性循环基本形成。"中国式现代化进程中，农户发展要更加重视儿童的教育和发展，努力促进教育公平，加快义务教育优质均衡发展和城乡一体化进程，满足乡村教育高质量的发展要求，提升乡村教育治理体系和治理能力现代化水平，从而满足乡村教育高质量发展的时代诉求，以高质量教育赋能乡村振兴。

本章内容分为三部分。首先，从农村儿童的认知能力出发，探讨其学业表现的影响因素与提升策略。其次，进一步探讨儿童非认知能力的作用，突出非认知能力的重要性。最后，研究提升农村儿童非认知能力的方法。这些分析有助于填补当前研究的空白，对促进中国农户长期发展具有深远意义。

第一节　儿童认知能力提升

所谓认知能力，是指人脑加工、储存和提取信息的能力，在研究中通常用计算能力、记忆力和语言能力这三个指标来度量认知能力（孟亦佳，2014）[①]。对于儿童来说，学业表现是认知能力的直接体现，学业表现决定未来的受教育机会、就业乃至收入（Currie, Thomas, 2001）[②]。因此，本节用儿童学业表现来代指认知能力。本小节主要分析了影响我国儿童学业表现的主要因素，并探讨提升家庭儿童学业表现的方法。

一　儿童学业表现的影响因素

根据第七次全国人口普查数据统计，2020年我国共有儿童（0—14岁）2.53亿人，占人口总数的17.97%。其中农村地区有儿童0.98亿人，占儿童总数的38.74%。儿童的教育一直是国家关注的重点。1986年颁布的《中华人民共和国义务教育法》及此后出台的各项相关法律法规等均规定适龄儿童必须接受九年义务教育，但是2020年我国仍有8224名适龄儿童辍学，其中农村地区有4776名[③]。可以看出农村地区儿童的辍学率更高，儿童教育的城乡差距明显。

张玉林（2019）的研究指出，中国教育制度的最大缺陷在于其二元分割性，它是一种双重的二元教育制度[④]。一是城乡二元分割，形成"农村教育"与"城市教育"的天壤之别；二是重点与非重点

[①] 孟亦佳：《认知能力与家庭资产选择》，《经济研究》2014年第1期。
[②] Currie J., and Thomas D., "Early Test Scores, School Quality and SES: Longrun Effects on Wage and Employment Outcomes", *Research in Labor Economics*, Vol. 20, 2001.
[③] 第七次人口普查数据来自《2020中国人口普查年鉴》。
[④] 张玉林：《中国乡村教育40年：改革的逻辑和未预期效应》，《学海》2019年第1期。

的分割，造成各教育阶段重点学校与普通学校的两个世界。本小节将以城乡教育差距为背景，从体质健康、父母参与和教师资源三个方面梳理影响我国儿童学业表现的因素。

（一）体质健康

目前，大部分研究认为，适量的体育锻炼有助于改善青少年认知能力，提高其学业表现。其影响机制主要体现在以下两个方面。

一方面，体育锻炼能够提高学生体质健康水平，在学习中能够投入更多的精力，从而提升其学业表现。叶浩生（2011）研究发现，青少年的数学成绩、阅读能力与心肺耐力、体脂率存在相关关系[①]。温煦等（2018）发现，学生体质健康的改善可能有助于提升其学业成绩。不同的体质要素对于学业表现的影响程度有所不同，有氧耐力对于学业成绩的影响达到了中等效应水平，而体重水平、肌肉力量、柔韧性和速度对于学业成绩的效应较小[②]。

另一方面，体育锻炼可以增强学生的注意力，使其在课堂学习中注意力更加集中，从而提升学业表现。Mahar 等（2006）通过教室内的体力活动对小学生进行了干预，结果发现，小学生不仅增加了体力活动水平，还提高了注意力水平[③]。Grieco 等（2009）在学科课程中融入了体力活动，这种新型的课程被发现能增加学生在课堂中的注意力[④]。Ma 等（2014）比较了小学生在课间进行高强度体育运动和不进行体育运动对课堂表现的影响，结果发现，在课间进行体育活动后，小学生上课时开小差（讲闲话、做小动作等）的比例

[①] 叶浩生：《有关具身认知思潮的理论心理学思考》，《心理学报》2011年第5期。

[②] 温煦、张莹、周鲁、华君：《体质健康对青少年学业成绩影响及其作用机制——来自纵向研究的证据》，《北京体育大学学报》2018年第7期。

[③] Mahar M. T., et al., "Effects of Classroom - Based Physical Activity Program on Physical Activity and on On-Task Behavior in Elementary School Children", Medicine & Science in Sports & Exercise, Vol. 38. No. 5, 2006.

[④] Grieco L. A., Jowers E. M., Bartholomew J. B., "Physically Active Academic Lessons and Time on Task: The Moderating Effect of Body Mass Index", Journal of the American College of Sports Medicine, Vol. 41, No. 10, 2009.

出现了较为明显的下降[1]。

（二）父母参与

父母参与对儿童学业表现具有重要作用。与父母在一起的教育活动时间是提高儿童认知能力的最有效投入，研究表明，亲子阅读、亲子活动和亲子交流能够提高子女的学业成绩（李波，2018[2]；王春超和林俊杰，2021[3]）。

在农村地区，研究的重点往往是父母参与的缺失问题。由于非农收入普遍高于农业收入，很多农村家庭中的父母（双方或者其中一方）会选择外出务工。父母外出务工后，农村约有40%[4]的儿童成为留守儿童（段成荣等，2014）[5]，留守儿童的学业表现是否会受到父母外出的影响，是学界讨论的重要问题。

现有文献结论基本可分为两类：其一，父母外出务工对留守儿童的学业表现产生正向影响或无影响。郑磊、吴映雄（2014）研究认为，父亲外出打工对留守儿童的学业成绩无显著影响，而母亲外出则会对留守儿童的学业成绩产生显著的负向影响[6]。其二，父母外出务工对留守儿童的学业表现产生负向影响。陶然和周敏慧（2012）认为，父母外出务工对留守儿童的学业成绩有负向影响，且这种负向影响存在性别差异，留守男孩受到的影响更大。他们还认为，这种负向影响主要是由于教养角色缺失造成的，且不太可能通过提高家庭收入来抵消，因为负向的父母照顾效应远大于正向的收入效应[7]。

---

[1] Ma J. K., Mare L. L., Gurd B. J., "Classroom-based High-intensity Interval Activity Improves Off-task Behaviour in Primary School Students", *Applied Physiology*, Vol. 39, 2014.

[2] 李波：《父母参与对子女发展的影响——基于学业成绩和非认知能力的视角》，《教育与经济》2018年第3期。

[3] 王春超、林俊杰：《父母陪伴与儿童的人力资本发展》，《教育研究》2021年第1期。

[4] 该数据由作者根据2014年第六次人口普查数据估算得出。

[5] 段成荣、吕利丹、王宗萍：《城市化背景下农村留守儿童的家庭教育与学校教育》，《北京大学教育评论》2014年第3期。

[6] 郑磊、吴映雄：《劳动力迁移对农村留守儿童教育发展的影响——来自西部农村地区调查的证据》，《北京师范大学学报》（社会科学版）2014年第2期。

[7] 陶然、周敏慧：《父母外出务工与农村留守儿童学习成绩——基于安徽、江西两省调查实证分析的新发现与政策含义》，《管理世界》2012年第8期。

（三）教师资源

除了自身健康、父母参与的因素外，教师资源是影响儿童学业表现的重要因素[①]。范先佐（2015）认为，基本实现教育现代化短板在乡村，而制约乡村教育发展的根本问题在教师[②]。教师资源的供给又可以分为数量和质量两方面。

在数量上，一般认为教师数量供给越多，学生学业表现越好。教师数量供给越充裕，生师比也相对越小，在课堂教学中平均每位学生所获得的教育关注越多，因此对成绩会有明显的提升效果。Chin（2005）评估了印度的教师补充计划对学生学业成绩的影响，发现该计划显著提升了小学生的学业成绩和升学率[③]。Urquiola和Verhoogen（2009）发现，当班级规模扩大后，学生的数学和语言成绩将显著降低[④]。

关于教师质量供给方面，通常使用教师教学经验或教师取得教师资格证作为质量的衡量指标。Rockoff（2004）等人研究也发现学校教学质量与师资队伍学历结构息息相关，越高质量的学校其高学历教师比例越高，学生学业成绩表现越好[⑤]。Lee（2019）发现教师素质对于学生学业成绩的影响会随时间产生累积效应，从而扩大由家庭背景带来的"先赋性"的成绩差距[⑥]。

目前我国城乡儿童学业表现差距很大，尽管原因很多，但根本

[①] 根据课题组在贵州省农村的调研情况来看，乡村小学硬件条件得到了明显改善，与城市学校差距明显缩小。校园环境优美，教学楼、教室桌椅和城镇类似，每个教室基本都配备了投影和电脑。

[②] 范先佐：《乡村教育发展的根本问题》，《华中师范大学学报》（人文社会科学版）2015年第5期。

[③] Chin A., "Can redistributing teachers across schools raise educational attainment? Evidence from Operation Blackboard in India", *Journal of Development Economics*, Vol. 99, No. 1, 2009.

[④] Urquiola M., Verhoogen E., "Class-Size Caps, Sorting, and the Regression-Discontinuity Design", *American Economic Review*, Vol. 99, No. 1, 2009.

[⑤] Rockoff J. E., "The Impact of Individual Teachers on Student Achievement: Evidence from Panel Data", *American Economic Review*, Vol. 94, No. 2, 2004.

[⑥] Lee S. W., Mamerow G., "Understanding the Role Cumulative Exposure to Highly Qualified Science Teachers Plays in Students' Educational Pathways", *Journal of Research in ence Teaching*, Vol. 56, No. 1, 2019.

是教师的差距。在硬件资源相对匮乏的情况下，教师在一定程度上可以弥补硬件配置的不足，教师的作用是任何其他资源都不能替代的。但是在教师资源等软实力方面，农村地区相对城市的差距还很大。因此，要实现乡村教育振兴，必须提高乡村的教学质量，提高乡村教师能力，提供优质教学资源。

综上所述，儿童学业表现受到自身体质健康、父母参与、教师资源等多方面的影响。由于教育资源等外部环境容易受到政策的调整，国家先后出台了一系列提升乡村教师质量的计划，为促进教育公平、实现乡村教育振兴提供政策保障。

二 在线教育资源供给与儿童学业表现

本章第一节讨论了影响儿童学业表现的因素，其中教师资源在城乡间的差距是影响农村地区儿童教育的重要因素。由于教育资源分配不均以及社会急剧转型带来的阶层分化，越来越多的家庭开始采用课外辅导这种有偿支付的形式，来提升子女的竞争优势。据中国教育学会于2016年发布的《中国辅导教育行业及辅导机构教师现状调查报告》显示，我国中小学课外辅导行业已经成长为一个体量巨大的市场，2016年行业市场规模超过8000亿元，参加学生规模超过1.37亿人次，辅导机构教师规模达700万人至850万人。

一方面，课外辅导能够在一定程度上起到"培优补差"的作用，是对学校教育的有益补充。不少研究发现，课外辅导对学生学业成绩具有显著的积极作用（Dang，2007[1]；Liu，2012[2]）；另一方面，课外辅导也可能进一步强化应试教育，加重学生的课业负担，削弱

---

[1] Dang H. A., "The Determinants and Impact of Private Tutoring Classes in Vietnam", *Economics of Education Review*, Vol. 26, No. 6, 2007.

[2] Liu J., "Does Cram Schooling Matter? Who Goes to Cram Schools? Evidence from Taiwan", *International Journal of Educational Development*, Vol. 32, No. 1, 2012.

学生的学习兴趣。Cheo 和 Quah（2005）[①]、Hof（2014）[②] 和 Tse（2014）[③] 等研究证实课外辅导对学业成绩具有消极影响。与此同时，综合上述两方面因素的"补习无用论"也频繁出现（Ryu 和 Kang，2013）[④]。

然而，课外辅导也日益成为当今中国社会充满争议的话题。一个重要原因是课外辅导项目（如家教）通常价格不菲，处于弱势地位的社会阶层难以获取课外辅导资源。换言之，家庭收入越低，其子女越不可能参加课外辅导（Jung 和 Lee，2010[⑤]；Liu，2012[⑥]）。因而，课外辅导对低收入家庭子女学业成绩究竟具有怎样的影响尚未可知。若该影响是积极且显著的，通过提高低收入家庭子女课外辅导教育的可获得性能够有效缓解教育不公平问题，这是研究教育机会公平和过程公平所需要关注的重要问题。

本节通过随机对照实验考察英语课外辅导对低收入家庭子女学业成绩的影响。出于以下考虑选取英语课外辅导作为研究内容。首先，让子女参加英语课外辅导是众多中高收入家庭的选择。随着全球经济一体化的发展，作为联合国官方语言之一，英语的重要性日益突出。在英语非母语的国家中，熟练掌握英语有望增加收入。我国政府非常重视国民的英语教育。教育部明确规定英语是一门必修学科，自 2001 年起学生应从小学三年级开始上英语课。其次，广义的课外辅导大致可以分为以直接提升学校成绩为导向的学术类（语

[①] Cheo R., Quah E., "Mothers, Maids and Tutors: An Empirical Evaluation of Their Effect on Children's Academic Grades in Singapore", *Education Economics*, Vol. 13, No. 3, 2005.

[②] Hof S., "Does Private Tutoring Work? The Effectiveness of Private Tutoring: a Nonparametric Bounds Analysis", *Education Economics*, Vol. 22, No. 4, 2014.

[③] Tse S. K., "To What Extent does Hong Kong Primary School Students' Chinese Reading Comprehension Benefit from After-school Private Tuition?", *Asia Pacific Education Review*, Vol. 15, No. 2, 2014.

[④] Ryu D., Kang C., "Do Private Tutoring Expenditures Raise Academic Performance? Evidence from Middle School Students in South Korea", *Asian Economic Journal*, Vol. 27, No. 1, 2013.

[⑤] Jung J. H., Lee K. H., "The Determinants of Private Tutoring Participation and Attendant Expenditures in Korea", *Asia Pacific Education Review*, Vol. 11, No. 2, 2010.

[⑥] Liu J., "Does Cram Schooling Matter? Who Goes to Cram Schools? Evidence from Taiwan", *International Journal of Educational Development*, Vol. 32, No. 1, 2012.

文、数学、英语等）辅导和以间接提升教育竞争力为导向的才艺类（绘画、音乐、舞蹈等）辅导。才艺类辅导的费用更为高昂，仅小部分家庭能够负担得起。而在语数外三门核心课程中，学生在英语上的表现相对较差，尤其是经济发展较为落后地区的学生。通过优质的课外辅导资源提高低收入家庭学生的英语成绩具有一定的迫切性和现实意义。

本节在两类研究的基础上进行延伸。一类研究基于非实验数据考察课外辅导对学生学业成绩的影响（例如，Cheo 和 Quah, 2005[1]; Dang, 2007[2]; Liu, 2012[3]; Hof, 2014[4]; Tse, 2014[5]）。这些研究未能提供可靠的因果证据，而且，也没有就结论达成一致。另一类研究采用实验经济学方法评估教育资源数量或质量提升措施的影响，代表性研究包括 Banerjee 等 （2007）[6]、Glewwe 等 （2009）[7] 等。Banerjee 等 （2007） 研究发现，雇佣女性高中毕业生为孟买成绩较差的小学生提供针对性补习指导，能够使其数学和语言成绩显著提升。在 Glewwe 等 （2009） 的研究中，实验组的 3 至 8 年级的肯尼亚学生可免费获得官方的英语、数学和科学教科书，但只有学习成绩最好的 2/5 学生的测试成绩在干预后显著提升。但是，这一类研究仍然没有将家庭收入这一因素纳入分析中。基于此，本节的边际贡献主要体现在，将随机对照实验方法应用于课外辅导效果评估，并

---

[1] Cheo R., Quah E., "Mothers, Maids and Tutors: An Empirical Evaluation of Their Effect on Children's Academic Grades in Singapore", *Education Economics*, Vol. 13, No. 3, 2005.

[2] Dang H. A., "The Determinants and Impact of Private Tutoring Classes in Vietnam", *Economics of Education Review*, Vol. 26, No. 6, 2007.

[3] Liu J., "Does Cram Schooling Matter? Who Goes to Cram Schools? Evidence from Taiwan", *International Journal of Educational Development*, Vol. 32, No. 1, 2012.

[4] Hof S., "Does Private Tutoring Work? The Effectiveness of Private Tutoring: a Nonparametric Bounds Analysis", *Education Economics*, Vol. 22, No. 4, 2014.

[5] Tse S. K., "To What Extent does Hong Kong Primary School Students' Chinese Reading Comprehension Benefit from After-school Private Tuition?", Asia Pacific Education Review, Vol. 15, No. 2, 2014.

[6] Banerjee A. V., Cole S., Duflo E., Linden L. L., "Remedying Education: Evidence from two Randomized Experiments in India", *Quarterly Journal of Economics*, Vol. 23, No. 1, 2007.

[7] Glewwe P., Kremer M., Moulin S., "Many Children Left Behind? Textbooks and Test Scores in Kenya", *American Economic Journal: Applied Economics*, Vol. 1, 2009.

回答课外辅导对低收入家庭子女学业表现的影响。

（一）实验设计

本节开展的干预是向随机选取的 120 位建档立卡贫困户（以下简称贫困户）家庭学生提供价值 5000 元的英语课外辅导课程。贫困户指年人均纯收入低于国家农村扶贫标准的家庭，2019 年的扶贫标准为年人均纯收入 3747 元。为了精准识别贫困户，有效落实帮扶措施，政府自 2013 年起为贫困户建档立卡，当年的扶贫标准为年人均纯收入 2736 元。建档立卡就是建立贫困户的相关档案，把贫困户的困难程度记录在案，并分发相应的贫困卡。

研究对象是来自中国贵州省麻江县的初中一年级贫困户家庭学生。2020 年，麻江县共有 5 所初级中学、1728 位初中一年级在校生，其中，529 位来自贫困户家庭。鉴于本节针对的是麻江县全县的贫困户家庭学生，样本具有一定的代表性，尤其是对于中西部地区低收入家庭学生。

为响应政府教育扶贫号召，某知名英语辅导机构向麻江县贫困户家庭学生提供 120 个名额的英语课外辅导课程资助。辅导课程以网课的形式开展，分为 4 个班，每个班 30 位学生，各有一位教学经验丰富的女性英语教师进行在线授课，4 个班的辅导课程同步进行。课程内容针对麻江县初中生在校英语课的教学内容量身定制，对在校英语学习起到巩固、拓展作用。巩固体现在辅导课程会重复在校英语学习的重点和难点，扩展则是在巩固的基础上进行延伸学习，提高学生举一反三、归纳总结的能力。辅导课程安排在 2020—2021 学年的第一学期，该学期的起始时间为 2020 年 9 月初至 2021 年 1 月底。辅导课程于 2020 年 10 月 10 日开始，2021 年 1 月 23 日结束，共计 16 次课，每次课持续 2 个小时（含中间 10 分钟休息），时间固定在每周六 19 点至 21 点。由于是网课，学生需要使用智能手机（或电脑）等通信设备。随着智能手机行业的快速发展，廉价智能手机的出现满足了经济落后地区家庭的使用需求。据了解，尽管贫困户家庭的人均收入较低，但仅不足 3% 的贫困家庭没有智能手机。根据各中学规定，学生不得将电子产品带入校园，周六（及周日）是休息日，学生在家中使用电子设备参与到课程学习中。

出于公平考虑，由县教科局在学生层面进行随机抽选，并将选中的学生随机分为4个班，未被选中的409位贫困户家庭学生自动成为对照组样本。学校于9月中旬通知被选中学生的家长到学校签署知情书和保证书。学校将该资助项目的详情告知学生家长，并要求家长对此保密，以免引发未被抽中学生家长的不满情绪。保证书的主要内容是学生家长负责为学生提供用于课程学习的电子设备（主要是家长自己的智能手机），并监督学生按时上网课。在此期间，学生家长按要求在电子设备中安装用于上网课的视频软件和用于课前发布通知和课后交流讨论的聊天软件。每次上课之前，老师通过点名考查学生出勤情况，并对此进行记录。

（二）模型与数据

已有研究多基于干预后截面数据（例如，Glewwe 等，2009[①]；Malamud 和 Pop-Eleches，2011[②]；Lai 等，2015[③]）测度干预效果。基于此，本节首先采用如模型（11—1）评估英语课外辅导的平均处理效应：

$$Y_i = \alpha + \beta Treat_i + \gamma X_i + \varepsilon_i \tag{11—1}$$

其中，Y_i 是干预后期末考试成绩（初一第一学期），用分数和标准化成绩表示，为结果变量；$Treat_i$ 是虚拟变量，如果学生 i 在实验组中，取值为1，反之为0；X_i 是对结果变量有潜在影响的可观测变量，包括学生性别、民族、干预前期末考试成绩等。估计出的 $\hat{\beta}$ 表示意向干预对处理组的平均处理效应。由于个体是否受到干预是随机分配的，$\hat{\beta}$ 是平均处理效应的无偏估计。在英语之外，本节还将语文、数学成绩作为学业表现指标。基于此，可以考察英语课外

[①] Glewwe P., Kremer M., Moulin S., "Many Children Left Behind? Textbooks and Test Scores in Kenya", *American Economic Journal: Applied Economics*, Vol. 1, 2009.

[②] Malamud O., Pop-Eleches C., "Home Computer Use and the Development of Human Capital", *Quarterly Journal of Economics*, Vol. 126, 2011.

[③] Lai F., Luo R., Zhang L., Huang X., Rozelle S., "Does Computer-Assisted Learning Improve Learning Outcomes? Evidence from a Randomized Experiment in Migrant Schools in Beijing", *Economics of Education Review*, Vol. 47, 2015.

辅导对其他科目的学习是否有正向或负向的溢出效应。

利用事前和事后2期数据、干预和对照2组分类，本节还采用倍差法（DID）进行干预效果评估，模型设定如下：

$$Y_{it}=\alpha+\beta Treat_{it}+\eta_i+v_t+\varepsilon_i \tag{11—2}$$

其中，t表示干预前和干预后这两个时期；Y_{it}是t期的期末考试成绩（分别是六年级第二学期和初一第一学期）；$Treat_{it}$是表示t期学生i是否在实验组中的虚拟变量；η_i为个体固定效应，表征可观测或不可观测的不随时间发生变化的个体特征的影响，如性别、民族等；v_t为时期固定效应，表示时间趋势，广泛地包含了所有只随时间变化不随个体变化因素的影响。

上述模型假定处理效应是同质的，即所有个体的处理效应都相同，但事实可能并不如此。比如，干预前学业表现较为优秀的学生的学习能力较强，能更有效地利用课外辅导资源；与此同时，干预前成绩相对较差的学生也可能取得更大的进步。为分析干预对不同群体的差异化影响，在模型（11—1）中加入分组变量G_i与干预变量的交互项，如模型（11—3）所示。

$$Y_i=\alpha+\beta_1 Treat_i+\beta_2 Treat_i \cdot G_i+\gamma X_i+\varepsilon_i \tag{11—3}$$

本节实证分析中所用的数据主要来自于县教科局提供的学生性别、民族、家庭地址、是否易地扶贫搬迁子女、父母年龄、上学期期末考试成绩、本学期期末考试成绩以及辅导课程教师提供的出勤情况、课堂表现等信息。

麻江县的5所初级中学均为公立学校，其中，仅1所为县级中学，其余4所为乡镇中学。在初一年级，全县共有42个班级，班级平均规模为41人。县级中学初一年级学生数量占全县52%，但该校的贫困户家庭学生占比最低，仅为1/4。乡镇中学贫困学生占比高达32%—42%。

529位贫困户家庭学生均来自麻江县农村地区，分布在7个乡镇的62个村。男生数量高于女生，前者占比为54%。贫困户家庭学生以少数民族居多，苗族、布依族、畲族和其他9个少数民族的占比分别为31.4%、24.2%、22.9%和11.5%。此外，共有15.1%的贫困户家庭学生为易地扶贫搬迁子女。易地扶贫搬迁是指将生活在缺乏生存条件地区的贫困人口搬迁安置到其他地区,并通过改善安置区的生产生活条件等,帮助搬迁人口脱贫,该政策自 2001 年开始试点,2013 年后成为精准扶贫政策的重要组成部分。在干预实施前,实验组和对照组的平衡性检验如表 11—1 所示。可以看出,本节关注的被解释变量和控制变量在两组之间均无显著差异。

表 11—1　　　　　　　　对照组与实验组的平衡性检验

变量	定义	对照组均值	实验组均值	均值之差
英语	上学期英语成绩	46.918	47.364	−0.446
语文	上学期语文成绩	50.224	51.636	−1.412
数学	上学期数学成绩	35.389	36.995	−1.606
英语^S	上学期英语标准化成绩	−0.005	0.023	−0.027
语文^S	上学期语文标准化成绩	−0.015	0.074	−0.089
数学^S	上学期数学标准化成绩	−0.012	0.058	−0.069
性别	性别(男=1;女=0)	0.539	0.547	−0.008
民族	是否为苗族或布依族(是=1;否=0)	0.551	0.576	−0.025
搬迁	是否易地扶贫搬迁子女(是=1;否=0)	0.149	0.163	−0.014
年龄	户主年龄(岁)	50.600	49.533	1.067

注:英语、语文、数学成绩的单位为分,以百分制;标准化成绩是指,基于原始成绩的均值和标准差将原始成绩进行标准化;初一第一学期的上学期是指小学六年级的第二学期。

需要说明的是,贫困家庭学生的学业表现明显落后于非贫困家庭学生,向贫困家庭学生提供补充教育资源有其必要性。以上学期的考试成绩来看,贫困家庭学生的英语、语文和数学成绩分别比非贫困家庭显著低 4 分、5 分和 10 分。尽管数学表现的差异最大,但这并不是本节的关注点,后续研究可以探索提高贫困家庭学生数学成绩的有效措施。

(三)结果分析

1. 基准结果

接下来采用 OLS 实证评估英语课外辅导的影响。表 11—2 汇报了干预对贫困学生英语、语文和数学成绩的影响。前3列模型未控制性别、民族、是否易地搬迁和家长年龄的影响。结果显示，英语课外辅导对英语成绩具有积极影响，且在1%统计水平上显著。如第4列所示，即使在控制了性别等因素的情况下，干预后实验组学生的英语成绩比对照组高出近11分。

表11—2　　　　　　　英语课外辅导对学习成绩的影响

	(1)	(2)	(3)	(4)	(5)	(6)
	英语	语文	数学	英语	语文	数学
实验组	14.013*** (2.85)	3.592** (1.70)	1.204 (2.17)	10.868*** (2.84)	2.595 (1.74)	1.235 (2.23)
基期成绩	1.469*** (0.07)	1.186*** (0.04)	0.990*** (0.04)	1.337*** (0.07)	1.139*** (0.04)	0.990*** (0.04)
性别	—	—	—	−10.946*** (2.40)	−4.086*** (1.44)	0.397 (1.71)
民族	—	—	—	1.538 (2.13)	0.171 (1.30)	−1.217 (1.68)
搬迁	—	—	—	9.646*** (2.95)	−0.052 (1.81)	1.229 (2.33)
年龄	—	—	—	−0.019 (0.09)	0.054 (0.05)	−0.085 (0.07)
常数项	9.378*** (3.33)	17.270*** (2.17)	25.413*** (1.56)	20.710*** (6.32)	19.248*** (3.93)	29.959*** (4.06)
样本量	529	529	529	529	529	529
R平方	0.496	0.617	0.588	0.527	0.624	0.590

注：括号中为标准误；*表示在10%水平上显著、**表示在5%水平上显著、***表示在1%水平上显著。"实验组"为分组变量，实验组取值为1，反之为0；当因变量为英语成绩时，"基期成绩"表示上学期英语成绩，以此类推。

英语课外辅导对贫困学生的语文成绩具有一定的溢出效应（第2列），但在加入控制变量后，该效应在统计上不再显著（第5列）。而英语课外辅导对数学成绩完全没有溢出效应。

在各模型中，上学期各科目的成绩对本学期相应科目的成绩具有正向影响，且均在1%统计水平上显著。这体现了学业表现来源于知识积累，具有惯性。男生在英语和语文学习上明显落后于女生，这与已有研究保持一致。在世界范围内，女生在阅读领域的整体表现优于男生已是不争的事实（OECD，2019a）[1]。易地扶贫搬迁有利于提高贫困学生的英语成绩。在现实中观察到，易地扶贫搬迁后学生能够获得更优质、更便捷的教学资源，尤其是在英语这个短板上。这些学生多数从山区搬迁到城郊，就读于县级中学，生活和学习条件会反超未达到搬迁要求的贫困学生。这是易地扶贫搬迁政策在儿童教育方面发挥的积极作用。

将因变量学习成绩进行标准化后，上述发现依然成立。如表11—3所示，在考虑了控制变量的影响下，英语课外辅导会使得标准化英语成绩提高0.3个标准差。通过与已有研究（侧重于评估更多或更优质的教育资源的影响）相比可以发现，向低收入家庭学生提供英语课外辅导能极大程度地提高其英语学习表现。本节采取的干预措施之所以如此有效，主要得益于：一方面，英语在线辅导课程与在校学习内容完全契合，是优质的补充教育资源；另一方面，学生每周六在家按时参加在线辅导课程，能够实现对补充教育资源的充分利用。

表11—3　英语课外辅导对标准化学习成绩的影响

	(1)	(2)	(3)	(4)	(5)	(6)
	英语^S	语文^S	数学^S	英语^S	语文^S	数学^S
实验组	0.402*** (0.08)	0.150** (0.07)	0.041 (0.07)	0.312*** (0.08)	0.108 (0.07)	0.042 (0.08)
控制变量	否	否	否	是	是	是
R平方	0.496	0.617	0.588	0.527	0.624	0.590

注：括号中为标准误；*表示在10%水平上显著、**表示在5%水平上显著、***表示在1%水平上显著；为简化展示，未汇报上学期各科成绩、控制变量和常数项的估计结果。

表11—4汇报了采用双重差分模型评估的干预效果。结果表明，干预实施后，实验组学生的英语成绩增幅比对照组学生高出14分，且实验组学生的标准化英语成绩显著提高0.4个标准差。此外，英

---

[1] OECD, "Where All Students Can Succeed", *Paris*: *OECD*, 2019.

语课外辅导对学生的语文学习具有显著的、正向的溢出效应。总的来看，采用 DID 估计出的干预效果更大。

表 11—4 英语课外辅导对（标准化）学习成绩的影响——基于 DID

	(1) 英语	(2) 语文	(3) 数学	(4) 英语^S	(5) 语文^S	(6) 数学^S
实验组 * 干预期	14.239*** (2.97)	3.876** (1.74)	1.184 (2.17)	0.393*** (0.09)	0.129* (0.08)	0.023 (0.08)
干预期	31.364*** (1.24)	26.608*** (0.72)	25.049*** (0.91)	−0.067* (0.04)	−0.017 (0.03)	0.005 (0.03)
R 平方	0.637	0.766	0.641	0.036	0.006	0.000

注：括号中为标准误；* 表示在 10% 水平上显著、** 表示在 5% 水平上显著、*** 表示在 1% 水平上显著；为简化展示，未汇报常数项的估计结果；性别、民族和是否易地扶贫搬迁不随时间发生变化，家长年龄与时间的变化一致，均未纳入模型中；模型中控制了农户固定效应；"干预期"是虚拟变量，干预实施后取值为 1，反之为 0。

2. 异质性分析

一些研究表明，只有干预前学习成绩较好的学生（例如，前 40% 的学生）才能从补充教育资源中获益（Glewwe 等，2009）。本节针对学生在干预前的学业表现展开异质性分析，各模型均加入了控制变量，结果如表 11—5 所示。"成绩前 40%"为虚拟变量，若上学期学生的总成绩排在全县前 40%，取值为 1，反之为 0。在英语成绩方程中（第 1、4 列），干预变量和干预变量与排名情况的交互项均在 10% 水平上显著为正。这表明学习能力相对较差和学习能力优异的学生均能从英语课外辅导中获益，只不过后者的获益程度更高。在语文成绩方程中（第 3、5 列），干预变量与排名情况的交互项在 10% 水平上显著为正，这意味着英语课外辅导会对学习能力优异学生的语文学习产生正向的溢出效应。这可能是由于英语课外辅导在大幅提高学习能力优异学生英语学习效率的同时，使其能够投入更多精力到语文学习中。还有一种可能是，学习能力优异学生能够从英语课外辅导中总结更有效率的学习方法，并将其应用到语文学习中。语文与英语同属于语言类学科，与数学具有本质差异。因而，即使是对学习能力优异的学生，英语课外辅导的溢出效应也未延伸到数学。

表 11—5　英语课外辅导对（标准化）学习成绩的影响——学习能力差异

	（1）英语	（2）语文	（3）数学	（4）英语^S	（5）语文^S	（6）数学^S
实验组	6.454* (3.75)	0.080 (2.28)	0.304 (2.96)	0.185* (0.11)	0.003 (0.10)	0.010 (0.10)
实验组* 成绩前40%	9.329* (5.18)	5.365* (3.17)	2.016 (4.22)	0.268* (0.15)	0.224* (0.13)	0.068 (0.14)
R平方	0.530	0.626	0.590	0.530	0.626	0.590

注：括号中为标准误；*表示在10%水平上显著、**表示在5%水平上显著、***表示在1%水平上显著；各模型均控制了上学期成绩、性别、民族、是否易地扶贫搬迁和家长年龄，为简化展示，未汇报相关估计结果。

学业表现的性别差异始终是备受学界热议的话题之一，随机干预实验的干预效果也常常表现出性别差异（Zhang 和 Xu，2016）[①]。在本节中，如表11—6所示，干预效果的性别差异在统计上并不显著，但这些许差异可能是限制英语课外辅导在语文学习方面产生溢出效应的主要原因。在语文成绩方程中（第2、5列），干预变量在10%水平上显著为正（3.783），干预变量与性别的交互项不显著但为负（-3.304），且在数值上与干预变量的系数基本相同。男生与女生在语文学习方面的方向变化导致英语课外辅导的溢出效应在整体上不显著。

表 11—6　英语课外辅导对（标准化）学习成绩的影响——性别差异

	（1）英语	（2）语文	（3）数学	（4）英语^S	（5）语文^S	（6）数学^S
实验组	8.375** (3.55)	3.783* (2.17)	2.233 (2.78)	0.240** (0.10)	0.158* (0.09)	0.076 (0.09)

[①] Zhang J., Xu L. C., "The Long-Run Effects of Treated Water on Education: The Rural Drinking Water Program in China", *Journal of Development Economics*, Vol. 122, 2016.

续表

	(1)	(2)	(3)	(4)	(5)	(6)
	英语	语文	数学	英语^S	语文^S	数学^S
是否为实验组 * 性别	6.942 (5.90)	-3.304 (3.62)	-2.785 (4.65)	0.199 (0.17)	-0.138 (0.15)	-0.095 (0.16)
R 平方	0.528	0.624	0.590	0.528	0.624	0.590

注：括号中为标准误；*表示在10%水平上显著、**表示在5%水平上显著、***表示在1%水平上显著；各模型均控制了上学期成绩、性别、民族、是否易地扶贫搬迁和家长年龄，为简化展示，未汇报相关估计结果。

本节针对中国某初中一年级全体贫困家庭学生开展了一项以英语课外辅导为主要内容的随机对照实验。这些学生均来自建档立卡贫困户。随机选出的120位贫困家庭学生参加了为期4个月的英语在线辅导课程，余下的409位贫困家庭学生是对照组，未受到任何干预。结果表明，英语课外辅导促使贫困家庭学生的英语成绩显著提升了11分，相当于0.3个标准差。该效应没有明显的性别差异，且学习能力相对较差和学习能力优异（前40%）的学生均能从中获益，只不过后者取得的英语学习进步更大。其次，英语课外辅导对语文学习具有一定的正向溢出效应，尤其是对学习能力优异的学生。总的来说，向低收入家庭学生提供优质的英语教学资源能显著提升其学业表现。

基于以上结论，本节认为应结合各方力量，大力提升经济落后地区的教育教学质量，并对低收入家庭学生加大教育帮扶。当前，政府在大刀阔斧全面规范校外培训行为，采取的主要措施包括从严机构审批、严禁资本化运作、严控学科类培训机构开班时间、将学科类培训收费纳入政府指导价等。为加快缩小城乡间教育水平差距、推动教育公平，教育部门应征集、开发丰富优质的线上教育教学资源，免费向学生提供高质量、覆盖各年级各学科的学习资源，并引导合规的学科类培训机构向经济落后地区的学生提供普惠性的在线教学服务。由于优秀教师的跨区流动阻力较大，线上教学资源将成为推动教育资源均衡发展的重要依托。

第二节 儿童非认知能力提升

非认识能力在解释个体学业表现和未来收入差异方面具有重要作用。然而,国内学者对儿童非认知能力的关注明显不足。习近平总书记在脱贫攻坚时期提出的以扶贫先扶志、扶贫必扶智为核心的"志智双扶"论述强调"扶志"的重要性。其中,"志"多被理解为非认知能力。本节将深入探索儿童非认知能力的影响因素及提升策略,为促进儿童全面发展建言献策。

一 农村儿童成长型思维的随机对照实验研究

有研究证明,幼年时期的非认知能力和人格特征对成年后的成就有巨大的影响,这种影响超过了认知技能和受教育年限的影响。研究还发现,非认知能力可能比认知技能更具可塑性(Kautz 等,2014)[1]。因此,对非认知能力的投入很可能有助于缩小因家庭背景、种族或性别导致的成就差距。

本节通过对中国农村小学生进行成长型思维的随机对照试验,补充了相关文献。本节调查了思维干预对态度和信念以及其他非认知能力(如毅力)、考试成绩和课堂上完成的真实困难测试(Real Effort Task,RET)的影响。

本实验的环境和干预有许多独特的特点。首先,许多学生都是留守儿童。实验样本中大约一半的学生居住在政府资助的寄宿学校。此外,本节进行了一次相对较强的干预,干预由一位具有成长型思维训练专业知识的心理学家对教师进行培训,然后由教师在五周内对学生进行一系列课程培训。此外,由于在实验环境中缺乏对成长型思维方法的认知,本节不太可能遇到随机对照试验所经常面临的

---

[1] Kautz T., et al., "Fostering and Measuring Skills: Improving Cognitive and Non-Cognitive Skills to Promote Lifetime Success", *Social Science Electronic Publishing*, No. 110, 2014.

问题:对照实验的相近替代品(Heckman 等,2006)①。

最后,实验设计使得本节在许多方面都能够得到丰富的结论:(1)实验可以研究溢出效应,既可以在课堂层面,也可以在同龄人层面,特别是在学校宿舍内;(2)实验测量父母或监护人在基期的思维观念,使本节能够更好地理解家长的影响;(3)调查了干预对考试成绩和 RET 表现的影响;(4)通过在有激励和无激励条件下执行 RET,以评估内在激励和外在激励的重要性。

实验地点是位于中国贵州省黔东南苗族侗族自治州麻江县。贵州地处内陆,是一个相对贫困的省份,人均可支配收入为全国平均水平的 2/3②。本节涵盖了麻江县所有 21 所小学的五年级学生,这些小学都是公立的。实验样本有近 2000 名学生。

每个学校的学生被随机分为三组:接受成长型思维干预的实验组;安慰剂组,该组的学生在实验进行期间观看自然纪录片;以及一个纯粹的对照组,他们可以在实验期随意做自己的事。接受干预的学生的家长也会收到关于如何支持孩子的思维培训的相关材料。对照实验在秋季五年级开始时进行,在干预完成后不久("中线")和六个月后("终线")收集结果变量。无论是在中线还是终线,学生们都会参加一项 RET,在测试中选择容易或困难的任务,尝试在有或没有激励的情况下解决任务。在学生调查中,还收集了学生自评的非认知能力(思维方式、毅力和目标设定)信息。最后,评估对照实验对学生数学和语文期末考试成绩的影响。

关于实验结果,第一个核心发现是,实验结束六个月后,实验会对思维和信念产生积极影响。与对照组相比,接受实验的学生更可能同意以下观点:"无论你的智力如何,你的智力总是可以再提高的",以及"任何人,包括我,都有可能提高自己的成绩"。第二个核心发现是,干预对毅力或目标取向不存在显著影响。然而,研究

---

① Heckman J. J., Stixrud J., Urzua S., "The Effects Of Cognitive and Noncognitive Abilities On Labor Market Outcomes and Social Behavior", *Journal of Labor Economics*, Vol. 24, No. 3, 2006.

② 该数据来自《中国统计年鉴(2021)》,中国统计出版社 2021 年版。

确实发现，在 RET 的选择中，实验对于选择更具挑战性的任务的可能性有显著的积极影响，即使这会增加失败的可能。此外，有证据表明该影响是由内在激励提升所驱动的。第三个核心发现是，实验对考试成绩没有显著的影响。在考察了学生在教室和宿舍内的行为溢出后，仍然没有发现显著影响。

（一）描述性证据

在详细阐述干预方式和实证模型之前，首先对学生的非认知能力进行了描述性分析，重点关注在性别、贫困状况、父母支持以及学校层面上的非认知能力的差异。

1. 数据

在实验前于 2020 年 9 月初进行了基准线调查，以收集以下的信息：（1）学生的思维信念；（2）学生与毅力有关的态度和行为；（3）学生与目标有关的态度。衡量毅力的方法采用了 Duckworth 和 Quinn（2009）[1] 使用的毅力量表和自我评估，而衡量思维信念的方法则基于 Dweck（2006）[2] 的研究。本节还通过对家长进行问卷调查的方式获得了学生经济状况的信息。

由于新冠疫情，在基准线中采用了在线问卷调查的方式，随后将调查数据与学校注册数据相匹配。学校注册数据信息包括：学生的年龄和性别信息；在 2021 年 1 月和 2021 年 7 月的语文和数学考试分数；家庭是否属于低收入家庭；父母是否离家工作，是否在学校寄宿。

实验在 2020 年 9 月对学生进行了基准线的调查。该调查要求提供以下信息：家庭作业时间；参加课外活动的时间；是否为学生干部（包括班长、副班长、课程代表还是班组长）；与家长的关系、家长是否帮助他们完成家庭作业；以及学生的心态、毅力，目标导向和幸福感。

---

[1] Duckworth A. L., Quinn P. D., "Development and Validation of the Short Grit Scale (Grit-S)", *Journal of Personality Assessment*, Vol. 91, No. 2, 2009.

[2] Dweck C. S., *Mindset: the New Psychology of Success*, Random House, 2006.

2. 描述性统计

表11—7显示了基准线的汇总统计数据。第（1）列为对照组。根据 A 组，即学校注册数据显示，30%的学生来自低收入家庭，近一半的学生为寄宿生，约20%的学生父母离家工作。

表11—7　　　　　描述性统计和均衡测试

	（1）对照组平均数	（2）实验组—对照组	（3）P 值	（4）样本数
A 组—学校官方数据				
男性	0.531 [0.499]	0.006 (0.026)	0.823	1680
低收入家庭	0.311 [0.463]	−0.005 (0.021)	0.828	1645
寄宿学校	0.470 [0.499]	0.009 (0.020)	0.663	1645
留守儿童	0.208 [0.406]	0.007 (0.020)	0.729	1627
语文_4_2	61.983 [20.013]	1.778* (0.942)	0.074	1680
数学_4_2	63.950 [20.800]	1.120 (1.129)	0.333	1680
语文和数学_4_2	125.933 [37.092]	2.899 (1.839)	0.131	1680
B 组—问卷调查数据				
独生子	0.133 [0.339]	0.018 (0.021)	0.415	1680
有课外辅导	0.126 [0.332]	−0.004 (0.008)	0.657	1680
有课外艺术班	0.139 [0.346]	0.015 (0.018)	0.417	1680
是班干部	0.248 [0.432]	0.004 (0.017)	0.831	1680
写家庭作业的时间	2.518 [0.879]	0.035 (0.044)	0.437	1680
有上大学的目标	3.941 [1.248]	0.048 (0.080)	0.553	1680
母亲为主要监护人	0.618 [0.486]	0.032 (0.029)	0.282	1680
父亲为主要监护人	0.586 [0.4923]	0.021 (0.032)	0.517	1680

续表

	(1)	(2)	(3)	(4)
	对照组平均数	实验组—对照组	P值	样本数
祖父辈为主要监护人	0.498 [0.500]	-0.006 (0.016)	0.734	1680
妈妈外出工作	0.074 [0.262]	-0.0004 (0.013)	0.977	1680
爸爸外出工作	0.211 [0.408]	0.00003 (0.027)	0.999	1680
父母外出工作	0.282 [0.450]	0.011 (0.020)	0.580	1680
成长型思维基数	-0.005 [1.010]	0.015 (0.074)	0.839	1680
毅力基数	-0.011 [0.995]	0.034 (0.038)	0.377	1680
目标导向基数	-0.012 [1.023]	0.032 (0.036)	0.387	1680
幸福感	8.225 [2.183]	-0.205* (0.110)	0.062	1680
父母成长型思维基数	-0.015 [0.999]	0.043 (0.055)	0.402	1445

注：方括号中为标准差，括号中的为标准误。

B组为学生调查数据，数据表明分别有12%和14%的学生参加了额外的补课和课外活动。25%的学生为班干部。学生在家庭作业上花费的时间大多数在0.5—1.5小时之间。

数据包括关于学生父母和家庭关系的详细信息，包括学生的监护人是谁，父母中是否有人离家工作，谁经常帮助他们做家庭作业，父母多久检查一次他们的作业，父母是否会与他们交流关于学校、交友或烦恼的事情。

最后，本节以成长型思维、毅力和目标导向的调查工具来为基准线调查的结果提供总结性测量。本节还总结了幸福感的测量结果，具体见在表格第1栏的后四行。

（二）成长型思维干预

1. 培训教师

成长型思维的实验项目由没有教过五年级学生的老师主导，是实验的重点对象。2020年6月，从每所学校教二年级至四年级的老师中选出2—4名，将他们随机分为两组。分配给实验组的30名教师会参加一个培训研讨会，学习如何教学成长型思维的培训课程。研讨会的第一阶段为期两天（2020年7月20日至21日），讲师是一位接受过成长型思维方法培训的心理学家。研讨会首先介绍了相关概念及其对学生发展的重要性，老师随后会学习详细的教学方法。

课程内容包括动画视频、小型案例研究和课堂活动。课程重点强调（1）人脑对先天能力的可塑性；（2）毅力在提高技能和实现目标方面的作用；（3）面对挫折失败持有积极态度的重要性；（4）目标设定的重要性。研讨会以互动方式组织。讲师指导教师们学习相关材料并组织课堂活动，旨在让他们积极参与不同的活动并理解相关概念。

一个月后（2020年8月25日至26日），研讨会进入第二阶段，由同一位讲师进行，这样做的目的是确保每位老师都熟悉课程。

2. 实施干预

在实验开始之前，五年级的学生会被随机分为三组。实验组的学生将在固定时间接受成长型思维的课程，课程由接受培训的教师进行。与此同时，安慰剂组的学生将观看BBC制作的纪录片《星球地球》。对照组的学生可以选择自学或自由活动。就持续时间和内容而言，实验的干预程度很强。培训过的教师会进行五次课程，每次长达一个半小时。大多数课程在每周三下午的最后两节课进行。这是学生相对空闲的时间。课程在秋季学期进行，到2020年11月结束。

实验还包括对学生家长的干预：鼓励他们将成长型思维理念作为育儿理念的一部分。为此，招募并培训了60名大学生志愿者。从2020年11月中旬至12月中旬，大学生志愿者每天通过微信向接受实验的学生家长发送视频、音频和论文等形式的指南。

该指南鼓励家长不要以暗示孩子具有超强先天能力的方式表扬孩子，而是建议他们强调努力在成功中的作用。该指南强调了表扬学生努力、坚持的行为和积极的学习态度的重要性。从这个意义上说，实验不仅仅是在指定时间段内的课程，还包括通过改变家长在家的长期做法来影响孩子的思维方式。

（三）实验设计与实证方法

1. 真实困难测试

RET 旨在探究毅力核心层面的影响：通过挫折寻求挑战、培养毅力。具体来说，让学生在困难任务和简单任务之间的选择，并考察选择对负面成绩反馈的动态响应。

在这些测试中，学生会完成一些任务。在中线和终线进行此类测试，这两次测试会有一些不同。在中线，容易和困难的任务在每轮中都会变得更难；而在终线，每轮的任务难度水平不变。中线的任务都没有奖励，但在终线，完成最后一轮任务会有额外奖励。

中线实验于 2021 年 1 月进行，此时教师刚完成为期 5 周的课程。走访了麻江县的所有小学，并进行衡量五年级学生努力程度或毅力的课堂实验。具体来说，学生们参加了三轮与数字相关的 RET。

在第一轮测试中，向学生展示一个包含不同数字的网格，任务目标是在 2 分钟内找到所有总和为 100 的数字组合。随机选取一半的学生，让他们在一个大网格找到三对数字组合（困难的任务）；另一半学生则在一个小网格中找两对数字组合（简单的任务）。显然，简单的任务更容易。在第二轮和第三轮中，测试册上会有两个网格，在每轮开始之前，学生可以在困难任务和轻松任务之间选择。

第一轮可以在学生没有选择权的情况下衡量测试的难度，也可以根据成功和失败的可能让学生的最初体验多样化。

在三轮测试开始之前，教师会向孩子们展示网格，并演示如何找到尽可能多的和为 100 的数字组合。这是为了让孩子们在做测试之前熟悉任务，并衡量自己完成任务的能力。

在实验的主要三轮测试中，受试者会得到一本四页的小册子。学生在第一页写下他们的学校、班级和姓名。第二页上只有一个测试任务，第三页和最后一页上有两个测试任务。在第二轮或第三轮开始之前，实验要求学生在小册子上圈出他们下一轮选择的游戏。实验会一再强调，在测试中没有正确或错误的决定，每个人都是不同的，每个学生都可以自由地做自己想做的选择。之后学生们可以打开下一页并玩他们选择的挑战难度。随后学生会在 2 分钟内，尽可能多地查找匹配的数字组合。2 分钟结束后，停止测试。在这段时间里，实验者会在课堂上四处走动，根据配对正确与否，在学生手册上圈出"成功"或"失败"。随着轮次的进行，学生可以自由切换困难和轻松的任务。

在终线实验中，学生们仍然有 2 分钟的时间来找出总和为 100 的数字组合。测试进行了四轮。在第一轮中，学生们接受一半概率为困难的测试。在接下来的三轮中，学生需要选择困难或简单的测试。测试目标都是找到三对数字组合，但困难测试中的网格比简单测试中的要大得多。

与中线测试相比，终线测试额外的第四轮任务是有奖励的。学生会根据他们在该轮中的表现获得奖励，奖品包括马克笔和灯。这些精心挑选的物品对该年龄段的儿童很有价值。学生们都清楚知道马克笔的价值明显低于灯。成功完成困难测试会获得两份奖励（马克笔和灯），失败的话则没有奖励，而成功完成简单测试只会获得一份奖励（马克笔），失败的话则没有奖励。在第四轮开始之前，学生将被告知这些规则。

2. 平衡性检验

表 11—23 的第（2）列和第（3）列评估了实验组和对照组基准线特征之间的均衡。表中的对照组包括安慰剂组。第（2）列展示了实验方法和对照方法之间的差异，第（3）列报告零假设，即影响无差异的 p 值。第（2）列报告了哑变量，即是否为实验组的回归系数，并考虑了学校固定效应和学校水平的聚类标准误。

第（2）列和第（3）列的结果表明，实验组和对照组之间在经济上的差异很小，在统计上不显著。虽然语文和数学综合成绩的差异看并不显著，但语文成绩有较为显著的差别。不过这也说明了控制初始成绩水平的重要性。部分衡量父母与孩子之间沟通的变量在实验组中也处于较高水平，同时实验组的整体幸福感水平略低。

样本损失率非常低（中线2.0%，终线4.1%），实验组和对照组的损失率相似：在中线实验组为1.2%，对照组为2.3%；在终线实验组和控制组的样本损失率分别为3.1%和4.6%。

3. 实证模型

采用线性模型、是否为实验组的哑变量和控制变量构建如下的回归模型：

$$y_{is}=\beta_0+\beta_1 D_i+\beta_2 P_i+X_i\theta+\lambda_s+\varepsilon_{is} \tag{11—9}$$

其中，y_{is}是学生i的兴趣结果（例如，成长型思维得分、RET的选择等）。D_i是学生的接受实验状态，对于那些参加实验干预的学生赋值为1，否则为0。P_i是安慰剂变量，X_i代表学生和家庭在基准线时的详细特征，包括性别、家庭收入状况、学生是否寄宿以及主要监护者的详细信息。λ_s代表学校固定效应。标准误聚类在学校一级。为了分析对考试成绩的影响，本节还对实验后的考试成绩进行对照。

研究的重点是参数β_1，它衡量实验干预对结果变量的影响。考虑到实验效果可能会受到其限制学生自由活动的影响，安慰剂干预β_2及其与β_1的区别可以排除这种干扰。这种人为限制自由时间的影响可以用β_2直接衡量，因为安慰剂组观看自然纪录片的时间与接受心理实验的时间相等。

（四）实证结果

1. 非认知能力

表11—8展示干预对成长型思维、毅力和目标导向的影响。结果表明，实验只有对成长型思维有统计学上的显著影响。此外，安慰剂实验对结果并没有影响。

表11—8　　　　干预对思维结果在终线的影响

	成长型思维		毅力		目标导向	
	(1)	(2)	(3)	(4)	(5)	(6)
实验组	0.1764***	0.1370**	−0.0115	−0.0351	−0.0578	−0.0876
	(0.0609)	(0.0556)	(0.0617)	(0.0583)	(0.0616)	(0.0600)

续表

	成长型思维		毅力		目标导向	
	(1)	(2)	(3)	(4)	(5)	(6)
安慰剂组	−0.0075 (0.0611)	−0.0180 (0.0557)	0.0135 (0.0621)	0.0153 (0.0584)	0.0254 (0.0618)	0.0264 (0.0601)
男性	—	−0.0120 (0.0507)	—	−0.0232 (0.0534)	—	−0.0662 (0.0548)
四年级语文	—	0.3068*** (0.0380)	—	0.1962*** (0.0402)	—	0.1275*** (0.0411)
四年级数学	—	0.1653*** (0.0356)	—	0.1385*** (0.0376)	—	0.0219 (0.0384)
四年级英文	—	−0.0281 (0.0348)	—	0.0029 (0.0366)	—	0.0718* (0.0378)
低收入家庭	—	0.0053 (0.0529)	—	−0.0623 (0.0552)	—	−0.0198 (0.0569)
寄宿家庭	—	−0.1134* (0.0629)	—	0.0107 (0.0659)	—	−0.0045 (0.0679)
留守儿童	—	0.0134 (0.0610)	—	0.0335 (0.0642)	—	0.1384** (0.0660)
基期因变量得分	—	0.1365*** (0.0250)	—	0.1564*** (0.0267)	—	0.1381*** (0.0255)
常数项	0.1721 (0.1996)	−0.0364 (0.3204)	−0.4809** (0.2071)	0.1429 (0.1964)	−0.0493 (0.2016)	−0.2309 (0.3448)
学校固定效应	是	是	是	是	是	是
样本量	1503	1482	1503	1483	1498	1477
R 平方	0.0871	0.2571	0.0593	0.1824	0.0690	0.1288

注：括号中为标准误；*表示在10%水平上显著、**表示在5%水平上显著、***表示在1%水平上显著；注：所有三个结果变量均基于归一化问题组的得分。

2. 真实困难测试

表11—9描述了中线和终线RET的主要结果。在中线和终线都可以发现，实验对选择困难测试的数量有显著的正面影响。在中线RET中，对照组的平均值为0.55（最大值为2），第（1）列中的实验效果为0.1，因此选择更困难任务的可能性增加了18%。在终线RET中，实验的影响较小，因为对照组平均值为1.09（最大为3），增加了0.106，均值提升了10%。此外，在终线RET中，结果仅在10%的显著性水平上显著。考虑对照组和不考虑对照组结果仍然一

致,安慰剂组实验的效果并不显著。总地来说,虽然 RET 的设计在中线和终线并不相同,但结果仍可以揭示实验效果会随着时间的推移减弱。然而,安慰剂组作为一个有效的对照组,如果将实验组与其进行比较,那么该实验将增加 17%—18% 的选择困难测试的可能性,这与中线结果相似。

表 11—9　　　　　　　　RET 中选择较难任务数量

	中线（2—3轮测试）		终线（2—4测试）	
	(1)	(2)	(3)	(4)
实验组	0.1008**	0.0865**	0.1060*	0.1011*
	(0.0412)	(0.0403)	(0.0642)	(0.0603)
安慰剂组	−0.0058	−0.0043	−0.0805	−0.0699
	(0.0414)	(0.0404)	(0.0644)	(0.0604)
男性	—	0.1702***	—	0.2176***
		(0.0366)		(0.0553)
四年级语文	—	0.0257	—	−0.0152
		(0.0266)		(0.0405)
四年级数学	—	0.1546***	—	0.3556***
		(0.0255)		(0.0384)
四年级英语	—	−0.0135	—	0.0724*
		(0.0254)		(0.0376)
低收入家庭	—	−0.0445	—	−0.0435
		(0.0382)		(0.0572)
寄宿	—	−0.0303	—	−0.0729
		(0.0448)		(0.0683)
为留守儿童	—	−0.0094	—	−0.0520
		(0.0440)		(0.0662)
常数项	0.4266***	0.1800	1.0646***	1.8251***
	(0.1397)	(0.1419)	(0.2015)	(0.3497)
学校固定效应	是	是	是	是
样本数	1615	1595	1528	1507
R 平方	0.0740	0.1326	0.1009	0.2215
对照组均值	0.554	0.554	1.088	1.088
标准差	[0.030]	[0.030]	[0.048]	[0.048]

注: *表示在10%水平上显著、**表示在5%水平上显著、***表示在1%水平上显著。中线包括三轮测试（或任务）,而终线有四轮。在第一场比赛中,学生们不能选择难度,难度是随机的。终线的第四场测试通过会有奖励。

从受试者的角度来看,接受更具挑战性的"困难"选项会降低成功率,除非实验提高了学生解决问题的能力,或使让他们比别人更有毅力。本节对此进行了验证,具体结果如表11—10所示。结果表明,实验对任务成功率有负面影响,且该影响在统计上几乎是显著的。实验引起的主要行为变化是让学生倾向于选择更具挑战性的任务,即使失败的可能性更大。该结论不一定适用以下情况:如果答对题目有奖励时,他们会倾向于不冒险。

表11—10　　　　　　　　RET 的成功率

	中线（2—3轮测试）		终线（2—4轮测试）	
	(1)	(2)	(3)	(4)
实验组	-0.0618 (0.0447)	-0.0754* (0.0443)	-0.0694 (0.0613)	-0.0857 (0.0582)
安慰剂组	0.0372 (0.0450)	0.0362 (0.0445)	0.0067 (0.0616)	0.0119 (0.0583)
男性	—	-0.0307 (0.0403)	—	0.1108** (0.0534)
四年级语文	—	0.0255 (0.0292)	—	0.0943** (0.0391)
四年级数学	—	0.0921*** (0.0281)	—	0.3145*** (0.0371)
四年级英语	—	0.0499* (0.0280)	—	-0.0092 (0.0363)
低收入家庭	—	-0.0737* (0.0420)	—	-0.0267 (0.0552)
寄宿	—	0.0177 (0.0493)	—	-0.0722 (0.0659)
留守儿童	—	-0.0313 (0.0484)	—	0.0294 (0.0639)
常数项	1.2999*** (0.1517)	1.2568*** (0.1560)	0.9448*** (0.1953)	1.0581*** (0.3378)
学校固定效应	是	是	是	是
样本量	1615	1595	1529	1508
R 平方	0.0699	0.1066	0.1052	0.2116
对照组均值	0.987	0.987	1.236	1.236
标准差	[0.033]	[0.033]	[0.046]	[0.046]

注:*表示在10%水平上显著、**表示在5%水平上显著、***表示在1%水平上显著。中线包括三轮测试(或任务),而终线包括四轮。在第一场测试中,学生们不能选择难度,因为难度是随机的。终线的第四轮测试有激励。

判断思维干预改善了学生的内在动机还是外在动机是很有意义的。学生们更可能选择有或没有明确激励的困难任务吗？表11—9的结果表明，即使没有激励，学生也会选择更难的任务。表11—11显示了终线测试的结果。为了衡量终线测试最后一轮激励的效果，学生每完成一个任务就可以得到一份奖励，但完成困难任务的奖励（马克笔和灯）的价值大约是简单任务（仅马克笔）的4倍。根据第一轮中线随机测试结果，完成简单任务的成功率大约是困难任务的4倍（77%：18%）。

表11—11　在有或无激励时终线选择困难测试的实验效果

	终线测试2 无激励		终线测试3 无激励		终线测试4 有激励	
	（1）	（2）	（3）	（4）	（5）	（6）
实验组	0.0186 (0.0296)	0.0176 (0.0284)	0.0419 (0.0287)	0.0345 (0.0282)	0.0509* (0.0293)	0.0513* (0.0287)
安慰剂组	−0.0488 (0.0297)	−0.0415 (0.0284)	−0.0058 (0.0289)	−0.0071 (0.0282)	−0.0228 (0.0294)	−0.0196 (0.0288)
男性	—	0.0791*** (0.0259)	—	0.0413 (0.0258)	—	0.0952*** (0.0263)
四年级语文	—	−0.0270 (0.0190)	—	−0.0037 (0.0189)	—	0.0159 (0.0193)
四年级数学	—	0.1651*** (0.0180)	—	0.1036*** (0.0180)	—	0.0864*** (0.0183)
四年级英语	—	0.0222 (0.0177)	—	0.0207 (0.0176)	—	0.0278 (0.0179)
低收入	—	−0.0014 (0.0269)	—	−0.0365 (0.0267)	—	−0.0057 (0.0273)
寄宿	—	0.0060 (0.0321)	—	−0.0456 (0.0319)	—	−0.0238 (0.0325)
留守儿童	—	−0.0365 (0.0311)	—	−0.0292 (0.0309)	—	0.0152 (0.0315)
常数项	0.4089*** (0.0965)	0.2571*** (0.0965)	0.4106*** (0.0918)	0.5839*** (0.1640)	0.4903*** (0.0935)	0.6377*** (0.1671)
学校固定效应	是	是	是	是	是	是
样本量	1543	1522	1539	1518	1534	1513
R平方	0.0454	0.1453	0.0578	0.1125	0.1028	0.1543

注：*表示在10%水平上显著、**表示在5%水平上显著、***表示在1%水平上显著。中线包括三轮测试（或任务），而终线有四轮。在第一场比赛中，学生们不能选择难度，难度是随机的。终线的第四场测试通过会有奖励。

研究显示了实验干预对学生在最后回合选择困难任务可能性的影响,第一轮除外。结果显示,对于第 2 轮和第 3 轮测试,实验效果积极但不显著,但对于第 4 轮测试,即有激励的测试,实验的效果显著。不过有激励和无激励的测试在结果上的系数差异并不显著。

3. 学业表现

在表 11—12 和表 11—13 分别报告了实验干预后语文和数学考试成绩的结果。学生在秋季和春季学期结束后的 1 月和 6 月接受分级考试。报告了 2020—2021 学年这两项测试的结果,将 1 月份的测试称为"中线"(实验后约 3 个月),6 月份的测试则称为"终线"(实验 8 个月后)。表 11—12 和表 11—13 都包含了考虑或不考虑控制变量的中线和终线的结果。

表 11—12　　　　　　思维实验对成绩的影响(语文)

	中线		终线	
	(1)	(2)	(3)	(4)
实验组	0.0489 (0.0564)	−0.0391 (0.0282)	0.0647 (0.0574)	−0.0096 (0.0342)
安慰剂组	−0.0181 (0.0569)	−0.0452 (0.0284)	0.0012 (0.0579)	−0.0198 (0.0344)
男性	—	−0.1567*** (0.0257)	—	−0.0758** (0.0312)
四年级语文	—	0.7376*** (0.0186)	—	0.6811*** (0.0226)
四年级数学	—	0.1159*** (0.0179)	—	0.1417*** (0.0217)
四年级英语	—	0.0574*** (0.0178)	—	0.0572*** (0.0215)
低收入	—	0.0052 (0.0268)	—	0.0883*** (0.0324)
寄宿	—	0.0232 (0.0315)	—	0.0487 (0.0384)
留守儿童	—	0.0715** (0.0310)	—	0.0460 (0.0375)
常数项	0.7958*** (0.1902)	−0.1929 (0.1700)	0.6354*** (0.1913)	0.0774 (0.2038)
学校固定效应	是	是	是	是

续表

	中线		终线	
	（1）	（2）	（3）	（4）
样本量	1647	1626	1611	1590
R平方	0.1353	0.7876	0.1265	0.6975

注：*表示在10%水平上显著、**表示在5%水平上显著、***表示在1%水平上显著。

表11—13　　　　思维实验对成绩的影响（数学）

	中线		终线	
	（1）	（2）	（3）	（4）
实验组	0.0325 (0.0518)	−0.0216 (0.0328)	0.0553 (0.0524)	0.0047 (0.0332)
安慰剂组	−0.0144 (0.0523)	−0.0155 (0.0330)	0.0266 (0.0529)	0.0287 (0.0334)
男性	—	0.1261*** (0.0299)	—	0.0981*** (0.0303)
四年级语文	—	0.1088*** (0.0217)	—	0.1523*** (0.0220)
四年级数学	—	0.5723*** (0.0208)	—	0.5580*** (0.0211)
四年级英语	—	0.1332*** (0.0207)	—	0.1099*** (0.0209)
低收入	—	−0.0024 (0.0312)	—	0.0014 (0.0315)
寄宿	—	0.0013 (0.0366)	—	0.0612 (0.0373)
留守儿童	—	−0.0612* (0.0360)	—	−0.0298 (0.0365)
常数项	0.2898* (0.1747)	−0.2454 (0.1976)	0.6980*** (0.1749)	0.0586 (0.1979)
学校固定效应	是	是	是	是
样本量	1647	1626	1611	1590
R平方	0.2703	0.7141	0.2698	0.7143

注：*表示在10%水平上显著、**表示在5%水平上显著、***表示在1%水平上显著。

总的来说，在没有控制变量的情况下，语文和数学的实验效果都是正的（0.03—0.06标准差），但并不显著。一旦增加了控制变量，估计的标准差会大大减少，但点估计的标准差也会大幅减少，从而导致影响几乎降低至 0。中线和终线都有相似结果。

本节设计了一项针对非认知能力训练的随机对照实验，该实验在中国一个相对落后的县区进行。与大多数现有研究相比，样本中学生生活条件一般，甚至比较差。许多学生的父母一方或双方都在城市工作，有一半学生住在学生宿舍，只有在周末才回家。

实验在小学五年级学年开始，进行了为期五周，共计 10 小时的课程。实验包括由专业人士设计的讲座、视频和课堂实践，并由同一所学校的训练有素的老师培训学生。实验样本总共有大约 2000 学生，他们被随机分配到实验组、对照组或"安慰剂"组中，其中对照组的学生不接受任何实验干预，"安慰剂"组的学生用与实验组学生同等的时间观看自然历史纪录片。

二 对照实验结果及对农村儿童成长型思维的影响

本节用三种方法测试学生受到实验的影响。第一，让学生回答考察成长型思维和信念的问题。第二，设计了一些测试，在课堂上让学生们解决测试的任务，并对较困难和较容易的任务做出选择。第三，测量了实验对学业考试成绩的影响。后两种结果在学年中期（1月）和结束时（5月/6月）进行测量。

结果表明，接受到实验后，学生的成长型思维发生了显著变化。在课堂实验中，即使没有激励，接受实验的学生也更有可能选择更难的任务。这种实验对男性做出冒险选择的可能性的影响是显著的。在学业表现方面，无论是语文还是数学，实验都没有显著效果。本节测试了一些子样本，但仍然没有得到显著的结论。

结果表明，实验对非认知能力有显著影响。然而至少在短期和中期内，这些变化并没有实质性得以提升考试成绩。这一发现可能有多种解释。实验的方法并没有把重点放在提升应试教育上，而是有针对性地放在学习态度上。用考试成绩衡量的实际相关性可能需要更长的时间去研究。

这就引出了一个重要的政策问题，即教师和学校管理层可能会不重视非认知能力，而去重视考试成绩，特别是如果前者对学生的学习轨迹、学习科目、成长轨迹和学校教育选择效果不能立即体现的时候。这些重要的问题需要进一步研究。

第三节　本章小结

农村儿童发展是农户收入阶层跃迁的潜在力量。在中国式现代化进程的农户发展框架中，加入儿童发展问题的分析，是对农户发展理论的有效补充。本章主要聚焦于农村儿童认知能力及非认知能力的提升两方面，对相关问题展开分析。

首先，本章研究发现，农户家庭收入是影响儿童学业表现的重要因素，与高收入家庭相比，低收入家庭儿童的学业表现较差。此外，本章的研究结果表明，向低收入家庭学生提供优质的英语教学资源能显著提升其学业表现。

其次，本章指出，贫困家庭儿童缺乏成长型思维，但更有毅力。不仅如此，虽然贫困通过提高毅力对儿童学业表现产生正向的间接影响，但由于贫困抑制了儿童的成长型思维，对学业表现产生负向的间接影响，因此贫困对儿童学业表现的综合效应为负。

最后，本章的随机干预实验表明，儿童非认知能力的提升能够缓解低收入对儿童学业表现的不利影响。学校可以通过课堂教学培养学生的成长型思维，这为创新儿童教育理念提供了现实依据。

中国在2020年全面消除了绝对贫困，这是人类反贫困史上的一个重要里程碑。但中国农村低收入人口基数大，依然面临较高的返贫风险，巩固拓展脱贫攻坚成果任务艰巨。农村家庭的发展不仅会影响其目前的生活状况，还会影响下一代的发展。因此，中国式现代化进程中的农户发展理论，除了要关注农户自身的发展问题，还应该重视家庭儿童的发展问题。本章认为，农户家庭收入影响儿童的学业表现，因此政府应继续加强就业帮扶、技能帮扶等常态化帮扶措施，以促进低收入农户的发展、提高低收入家庭学生的学业表现。此外，本章认为，儿童非认知能力的提升能够缓解低收入对儿童学业表现的不利影响。因此，在农村儿童教育中，应加入成长型思维的教育理念，帮助儿童塑造成长型思维方式。教育部门应征集、开发丰富优质的线上教育教学资源，免费向相对落后地区学生提供高质量的课外学习资源。本章的相关结论及思考对拓展农户发展理论、提高收入流动性、缓解阶层固化具有重要意义。

第十一章 迈向农业强国

党的二十大擘画了中国农业农村的发展蓝图，目标是到2035年基本实现农业现代化，到本世纪中叶建成农业强国。农业强国的国际共同特征，是实现供给保障强、科技装备强、经营体系强、产业韧性强、竞争能力强的农业现代化。而其中国特色，则体现在依靠自己力量端牢饭碗、依托双层经营体制发展农业、发展生态低碳农业、赓续农耕文明以及扎实推进共同富裕，因此，在中国式现代化进程中，推进农业农村的转型发展至关重要。坚持农业农村优先发展，不仅能够发挥乡村生产要素的相对优势，有效提升乡村的消费与投资需求，还能拓宽国家抵御经济风险的范围与空间，改善资源配置模式与宏观调控方式，从而更好地推动经济高质量发展。本章从农业生产要素投入、农业生产率提升及科技创新、农业产业结构调整、农民农村共同富裕四个视角切入，剖析了农业强国建设中需要准确把握和妥善处理的若干重大关系，希冀为农业强国建设过程中的农户发展理论与政策提供一些启发。

第一节 农业生产要素市场化配置与政府调节

一 劳动力

改革开放以来，我国农村劳动力大规模的跨区域流动迁移，为我国的经济持续增长提供了强大动力。有学者认为，让劳动力等生产要素按回报在地区间自由流动，同时，在政策导向上以地区间的人均收入均衡替代经济总量的均匀分布，就可以开启"在发展中营造平衡"的区域发展新时代（陆铭等，2019）[①]。

劳动力自由流动，必然伴随着高人力资本的劳动力大量流失。流入地区与流出地区的人均收入究竟是走向平衡还是失衡，取决于多种条件。由于农村地区的经济增长内生于人口流动（特别是高素质劳动力的流失），缩小城乡差距更需要政府逆势而为。习近平总书记指出："一些农村发展乏力，关键在于缺人才，缺发展引路人、产业带头人、政策明白人"[②]。在农业强国的建设过程中，有效市场须与有为政府紧密结合。在劳动力要素市场化配置的前提下，政府需要出台一系列政策，为农村培养一批以新型农业经营主体带头人为代表的乡村人才，并引进一批大学生到乡、能人回乡、农民工返乡、企业家入乡。同时，进一步完善农村人才的育、引、用、留政策，以人才振兴助力农业强国。

二 耕地

我国的耕地资源紧缺，后备土地资源不足。据笔者统计，全国有25%的地级市面临较大的补充耕地压力（实际耕地面积小于耕地红线目标）[③]，这些地级市主要位于东部发达地区。有学者指出东部地区建设用地的产出效率和边际生产率最高，中部其次，西部最低。早期的禁止耕地跨省"占补平衡"的政策会导致严重的效率损失（邵挺等，2011）[④]。认识到耕地指标禁止跨省配置的局限性后，2018年，国务院办公厅出台了《跨省域补充耕地国家统筹管理办法》，该

[①] 陆铭、李鹏飞、钟辉勇：《发展与平衡的新时代——新中国70年的空间政治经济学》，《管理世界》2019年第10期。
[②] 习近平：《加快建设农业强国 推进农业农村现代化》，《求是》2023年第6期。
[③] 原始数据来源于《全国土地利用总体规划纲要（2006—2020年）》及各省市《土地利用总体规划方案》。
[④] 邵挺、崔凡、范英等：《土地利用效率、省际差异与异地占补平衡》，《经济学（季刊）》2011年第3期。

政策优化了跨区域补充耕地的土地要素配置效率，规定收取的跨省域补充耕地资金全部用于巩固脱贫攻坚成果和支持实施乡村振兴战略，同步强化了对欠发达农村地区的横向帮扶作用。

在耕地资源总量的约束下，进一步引导农村土地经营权有序流转、发展农业适度规模经营是优化土地市场化供给的关键。党的十八大以来，国家陆续通过土地确权登记颁证、农地"三权分置"等政策促进土地流转。2013年中央一号文件明确提出，要全面开展农村土地确权登记颁证工作，这一举措被普遍认为能够有效保障农民的土地权益、降低交易成本，促进农户农地流转（程令国，2016）[1]。进一步研究指出，2014年确立的农地"三权分置"政策促使农户更倾向于将耕地转给新型农业经营主体，且"三权分置"后，农户获得的耕地转出租金显著上升（周力和沈坤荣）[2]。总体看来，土地流转市场呈现健康、有序的发展态势，但承包经营权的政策调整预期有可能引发经营权不稳定，因此相关政策需审慎推进。

三 资本

在"万企兴万村"等政策的引导下，工商资本下乡可以为乡村振兴提供急需的资金，促进先进理念、技术、人才和服务等与乡村资源要素的衔接整合，推动土地、劳动力、机械设备等资源的重新配置，有助于提升农业要素配置效率、促进三产融合发展，提高农村对市场的适应性，为农村经济发展提供源源不断的内生活力。

针对资本下乡对农户影响的文献已汗牛充栋。有学者认为资本下乡与农户形成良性互动、实现"共赢"。这种互动主要体现在两个方面：一是通过支付土地租金为农户带来直接的经济收益；二是为农户提供了有限的就业机会。然而，也有学者指出，当工商企业直接经营农地时，原承包农户的劳动力仅有约20%能够进入这些企业

---

[1] 程令国、张晔、刘志彪：《农地确权促进了中国农村土地的流转吗?》，《管理世界》，2016年第1期。

[2] 周力、沈坤荣：《中国农村土地制度改革的农户增收效应——来自"三权分置"的经验证据》，《经济研究》2022年第5期。

工作（涂圣伟，2014）①。另有观点认为，资本下乡促使资本替代劳动力，出现"资本家剥削小农"的局面，因此，"要鼓励社会资本下乡成为农业经营主体，但必须守住经营农业、农民受益的基本要求，防止跑马圈地"。

在迈向农业强国的进程中，我们需要更加关注资本在乡村的适应能力与经营风险。由于农业生产环节收益低、交易成本高等问题，工商资本在乡村投资中极易出现"跑路烂尾"的现象，这可能引发连锁的负面社会影响。因此，国家在引资下乡的同时，要有效防范涉农企业可能面临的规模性经营风险及其带来的社会隐患。

综上所述，有为政府需要让"人地钱"等资源要素更多汇聚乡村、服务乡村。需构建以农户为基础、新型农业经营主体为重点、社会化服务为支撑的现代农业经营体系，并加快打造高素质生产经营队伍，以解决好"谁来种地"的问题。同时，必须破除妨碍城乡要素平等交换、双向流动的制度性壁垒，构建促进城乡要素自由流动的一体化市场体系。

第二节 渐进式农业生产率与跃进式新质生产力

改革开放之初，有大量文献讨论了农业现代化应重视农业劳动生产率还是土地生产率的问题（方原，1980）②。也有学者针对科技进步贡献率的重要性展开讨论。张福山（1979）等认为，（旨在提升土地生产率的）农艺技术措施现代化和（旨在提升农业劳动生产率的）农业机械化都是我国农业现代化的重要内容。它们两者不是对立的关系，更不是取舍的关系，而是需要有机结合，共同构成我国现代化的农机农艺技术体系③。章宗礼、顾振鸣（1980）认为中国式的农业现代化应走综合发展道路，反映农业现代化的指标也应是

---

① 涂圣伟：《工商资本下乡的适宜领域及其困境摆脱》，《改革》2014年第9期。
② 方原：《我国农业现代化的基本任务应是提高单位面积产量》，《经济研究》1980第3期。
③ 张福山、王松需、张思蓦：《把农业机械化摆在农业现代化的应有位置上》，《经济研究》1979第11期。

综合性和多元性的，建议用土地生产率、劳动生产率和资金利用率三项指标来反映农业现代化[①]。柯炳生认为用劳动生产率、土地产出率和资源环境指标来表示农业现代化较为合适（柯炳生，2000）[②]。

随着实证分析技术的进步，越来越多的学者考虑用全要素生产率来衡量农业现代化水平。李谷成等采用 DEA-Malmquist 指数法测算了 2004—2016 年我国农业全要素生产率，研究结果显示，该时期年均全要素生产率的增长率为 3.1%（李谷成等，2021）[③]。但是，当"新质生产力"出现并应用于农业生产中，导致农业生产函数发生了质变时，全要素生产率这一分析范式是否仍然适用？

新时期，农业新质生产力得到了显著推进，其内容涵盖了数字基础设施建设、农业信息化、乡村数字化等方面。农业现代化过程并非总是表现为渐进式的生产率增长，也可能出现跃进式的生产率飞跃。毋庸置疑，农业强国必然要求新质生产力在农业领域被大规模的应用推广，但在迈向农业现代化、进而迈向农业强国的进程中，渐进式农业生产率进步仍起关键作用。

笔者的课题组于 2024 年 6 月对江苏省六个地级市 12 个县（区）60 个乡镇或街道展开问卷调查。调查要求每个乡镇或街道报送 5 个能够体现本地新质生产力的项目，总计回收 300 份项目调查问卷。就这些项目所展现的农业新质生产力真实技术水平而言，采用颠覆性技术（处于世界领跑或全国领跑的技术水平）的占比仅为约 8.75%，其他皆为并跑、跟跑技术。此外，在这些项目的核心技术中，拥有自主产权的仅为 44%，多数采用的技术为外包获得或者采购的他人装备，这反映出在农业科技领域仍存在基础研究薄弱、自主创新能力不强等问题。

现阶段，发展农业新质生产力主要面临着成本高、技术不够成熟等因素的制约。在江苏省农业新质生产力的调查项目中，有

[①] 章宗礼、顾振鸣：《中国式农业现代化的道路和指标》，《经济研究》1980 年第 12 期。
[②] 柯炳生：《对推进我国基本实现农业现代化的几点认识》，《中国农村经济》2000 年第 9 期。
[③] 李谷成、蔡慕宁、叶锋：《互联网、人力资本和农业全要素生产率增长》，《湖南农业大学学报（社会科学版）》，2021 年第 4 期。

32.5%的农业经营主体认为农业新质生产力在技术上尚不成熟，存在技术效率低、投入及维护成本高等问题。此外，由于新技术的使用尚处于迭代推广，技术采购或研发的成本较高，部分应用农业新质生产力的农业经营项目面临着社会投资与政府投资均不足的难题。

在农业现代化的过程中，既需要稳步推进农业全要素生产率的提升，促进渐进性的现代化；也需要鼓励颠覆性的新质生产力的研发与应用，实现跃进式的现代化。某种意义上，全要素生产率的提升，虽然没有颠覆性技术的应用，但更加"接地气"，技术更加成熟、经济成本更低，更受生产者青睐。从我国农业目前的发展阶段来看，两类技术进步将长期并存，且以全要素生产率提升为主、颠覆性技术应用为辅。当然，发展新质生产力是实现农业强国的必然要求，迫切需要政府长期、持续的投入。未来，如何依靠科技与改革双轮驱动，让新质生产力在农村大地"接地气"，是亟待完善的农业科技政策问题。此外，在新质生产力的发展进程中，也要"扬长避短"，抑制其对农村劳动力就业的挤出效应。地方政府应综合考虑客观条件，审时度势地推进新质生产力在农业领域的应用，避免新质生产力与人"争饭吃"的现象，进而促进以人民为中心的农业强国进程。

第三节 粮食量质安全与食物多元化供给

中国是世界上人口最多的国家，也是最大的社会主义国家、最大的发展中国家，我国14亿多人口在整体迈入现代化社会时，必然要求"把中国人的饭碗牢牢端在自己手中"。习近平总书记指出："确保粮食安全，不仅要着眼平时，还要提升应急保供能力，系统梳理生产、加工、流通、储备、贸易等方面可能存在的风险点。""保障粮食安全，要在增产和减损两端同时发力。""农民种粮能挣钱，粮食生产才有保障。要健全种粮农民收益保障机制，完善价格、补贴、保险'三位一体'的政策体系，完善农资保供稳价应对机制，稳定农民预期、降低生产风险。要创新粮食生产经营方式，延伸产业链条，实现节本增效。要出实招健全主产区利益补偿机制，探索产销区多渠道利益补偿办法。既不能让种粮农民在经济上吃亏,也不能让种粮大县在财政上吃亏"。①

在保障粮食数量安全的同时,需要更加关注粮食质量安全风险。早在2015年,正值国际粮食库存增加较多、仓储补贴负担较重之际,国际市场粮食价格走低,国内外市场粮价倒挂现象明显。为贯彻落实2015年中央1号文件精神和中央关于加强生态文明建设的部署,2015年农业部制定了《耕地质量保护与提升行动方案》,提出退化耕地综合治理、污染耕地阻控修复、土壤肥力保护提升、占用耕地耕作层土壤剥离利用、耕地质量调查监测与评价等重点建设项目,以加强耕地质量保护,促进农业可持续发展。然而,随着中国式现代化的不断推进,来自外部的打压遏制不断升级,各种不确定、难预料的因素明显增多,粮食的数量安全成为"国之大者",粮食的质量安全战略地位被相对弱化。

由于耕地质量保护技术的不成熟且成本高昂,当前农业生产者的采纳率并不高。根据笔者课题组针对江西、湖南水稻主产区的640户农户调研发现,镉污染防治技术采纳率很低,并呈现出下降趋势。同时,针对这些农户进行的两期土壤和稻谷的镉含量检测也发现,其防治效果并不稳健。因此,中央和地方迫切需要认真贯彻实行耕地数量、质量、生态"三位一体"的保护策略,全面推进耕地从严管控、用养结合,夯实粮食量—质安全根基,切实守护农业农村现代化的大粮仓。

农业强国走的是节约资源、保护环境、绿色低碳的新型发展道路。科学把握农业绿色发展与生态文明建设之间的关系,关键在于增加优质、安全、特色农产品的供给,促进农产品供给由主要满足"量"的需求向更加注重"质"的需求转变。

立足长远,我们还需要牢固树立"大食物观"以保障粮食安全。早在改革开放之初,有学者就提出,实现我国农业现代化的关键是在不放松粮食生产的同时,大力发展经济作物和林、牧、副、渔等

---

① 习近平:《在农村改革座谈会上的讲话》,《人民日报》2016年4月25日第1版。

多种经营,最大限度地实现农业的商品化。我国当前亦需妥善平衡粮食安全与促进高附加值农产品发展之间的关系,深入贯彻落实"藏粮于地、藏粮于技"战略。

在大食物观视域下,需要重新反思"米袋子"省长负责制对于食物多样化供给的影响。已有研究显示,相对于非粮食涉农企业,粮食主产区政策的实施仅带动了粮食企业的增长(苏子凡和周力,2024)[①]。另根据笔者测算,尽管粮食主产区的粮食供给显著高于非主产区;但从卡路里供给视角看,粮食主产区与其他区域的差异有限。粮食主产区政策往往抑制了果蔬、肉蛋奶鱼等非口粮作物的增长,从而造成了食物卡路里供给的效率损失。可见,我国需要由粮食安全政策转向多元化供给的食物安全政策,以大食物观为指导,稳步推进农业强国。

此外,在依靠自己力量端牢饭碗的同时,我国也要战略谋划农业"走出去"。加大与共建"一带一路"国家的农业合作研发投入,建立从种质资源到品种和示范应用的研发体系,打造育—繁—推—加工—贸易的协同创新链,形成互促互进的国际大循环多元化食物供给体系。

第四节　农业提质增效与农民农村共同富裕

推进农业农村现代化,必须平衡好农业增效和农民增收之间的关系,让农业经营有效益,让农业成为有奔头的产业。提高农业劳动生产率,并缩小其与非农产业劳动生产率的差距,是实现中国式农业现代化目标的关键。长期以来,我国农业全要素生产率持续增长,但是,农业劳动生产率仍显著滞后于二三产业。当前,农业经营的比较效益低下,国内粮食等农产品价格普遍高于国际市场水平,这导致农产品的国际竞争力明显不足。在农业农村现代化的进程中,

---

[①] 苏子凡、周力:《粮食主产区政策实施对涉农企业经营效益的影响》,《中国农村经济》,2024年第6期。

农产品价格走势面临两难困境：价低伤农、价高伤民。

那么，在农业提质增效的同时，想要协调好农业增效与农民增收的关系，关键在于"错位发展"。所谓"错位发展"的重点在于：农业应依托新型农业经营主体和农业社会化服务组织，促进农业节本增效、提质增效、营销增效，在适度规模经营的基础上，实现农业生产者劳动生产率的提升；而农户则主要通过就业增收，减少对农业的依赖。此外，应赋予农民更加充分的财产权益，深化农村承包地、宅基地、集体经营性建设用地入市制度改革，在依法、自愿、有偿的前提下，保障农民合法财产权益。

当然，在迈向农业强国的进程中，巩固拓展脱贫攻坚成果仍是底线任务。巩固拓展脱贫攻坚成果要求继续"做大蛋糕"，实现农民收入的稳步提升。在做好农村低收入人口常态化帮扶的基础上，过渡时期的工作重点应当放到如何激发内生发展动力上来，让农民通过自身能力的积累实现生活质量的跨越式提升。巩固拓展脱贫攻坚成果也要求"分好蛋糕"，使得成果惠及更多的低收入群体。在收入增长疲软、后疫情时代的背景下，巩固拓展脱贫攻坚成果对再分配机制提出了更高的要求。因此，我国需要针对农村低收入人口展开及时监测与帮扶，防止规模性返贫风险。此外，农业农村现代化对新时期低收入群体的促进作用不容忽视。在中国式现代化的新征程上，现代化不仅是生产力的现代化，更是生产关系的现代化。在发展多种形式适度规模经营、培育新型农业经营主体的同时，更需要注重"错位发展"的"包容性"，要使得现代化的农业生产体系、产业体系、经营体系得以发展的同时，可以通过就业收入、财产性收入乃至间接产生的转移性收入更多惠及低收入农户群体。

农业强国是农村人口物质和精神富裕水平相得益彰的过程。实现共同富裕，不仅需要缩小物质收入差距，还需要缩小精神文明差距。促进农村物质文明与精神文明的协调发展，则需要大力推进乡村建设，特别是要加快防疫、养老、教育、医疗等方面的公共服务设施建设，提高乡村基础设施完备度、公共服务便利度以及人居环境舒适度，让农村基本具备现代生活条件。2022年，中共中央办公厅、国务院办公厅印发的《乡村建设行动实施方案》进一步明确了乡村建设建什么、怎么建、建成什么样，为扎实稳妥推进乡村建设行动、持续提升乡村宜居宜业水平，进而促进农村地区实现"物质文明和精神文明相协调的现代化"提供了重要的指导和方向。

在农业农村现代化进程中，农民在农业生产中的主体地位虽然有所减弱，但他们在农村生活中的主体地位依然十分重要。在目标设定上，要结合农民群众的实际需要，充分考虑地方经济发展水平、风土人情、精神文化特点，分区分类明确目标任务，合理优化公共基础设施配置，提升基本公共服务标准。最终目标是实现农村人居环境持续改善，公共基础设施往村覆盖、往户延伸，农村基本公共服务水平和乡村治理能力稳步提升，农村精神文明建设显著加强，农民获得感、幸福感、安全感进一步增强，从而构建全面、协调、可持续的农村现代化体系。

在乡村建设的过程中，我国亟须发展壮大县域经济和农村集体经济组织，进而实现强县、强村、以富民。一方面，要以农村经济增长促进农村基础设施和公共服务的可获性、可及性；另一方面，通过稳就业等方式增加农户收入稳定性，保障农户对公共服务具有持续性的可负担能力。

我们还要看到，农民富裕往往伴随着农村居住地的集聚和消亡。随着农民收入不断提高，村庄也在不断减少。在农户向优势地区集中居住的趋势下，乡村建设要充分考虑财力可持续和农民可接受，科学规划村庄布局，防止"有村无民"造成的浪费。在规划过程中，要坚持数量服从质量、进度服从实效，集中力量优先抓好普惠性、基础性、兜底性民生建设，优先建设既方便生活又促进生产的项目，标准可以有高有低，但不能缺门漏项。

本章小结

农业强国是中国式现代化的"压舱石"与"助推器"。迈向农业强国的进程中，需要进一步准确把握和处理若干重大关系：一是需要同步改善农业要素市场化配置效率和政府调节能力，政企联合、以有为政府推动优质要素反哺农村、惠及农民；二是同步提升农业全要素生产率和农业新质生产力，探索新旧融合、因地制宜的新发展路径，避免新质生产力与农民"争饭吃"；三是同步保障粮食量质安全与食物多元化供给，质量并举、保障粮食和重要农产品供给安全，也要健全种粮农民收益保障机制，不能让种粮农民在经济上吃亏；四是同步实现农业提质增效与农民农村共同富裕，错位发展、以保增长和稳就业驱动农户多维富裕。

2024年7月18日通过《中国共产党第二十届中央委员会第三次全体会议公报》指出，"城乡融合发展是中国式现代化的必然要求""必须统筹新型工业化、新型城镇化和乡村全面振兴，全面提高城乡规划、建设、治理融合水平，促进城乡要素平等交换、双向流动，缩小城乡差别，促进城乡共同繁荣发展。要健全推进新型城镇化体制机制，巩固和完善农村基本经营制度，完善强农惠农富农支持制度，深化土地制度改革"。中国农业农村迈向现代化、进而实现农业强国的进程中，要以农民富裕为中心，在农业生产领域解放和发展生产力、在乡村建设领域统筹城乡融合发展，以保障粮食安全夯实"人口规模巨大的现代化"、以巩固拓展脱贫攻坚成果兜底"全体人民共同富裕的现代化"、以乡村建设助力"物质文明和精神文明相协调的现代化"、以农业绿色发展建设"人与自然和谐共生的现代化"、以农业走出去促进"和平发展道路的现代化"。

波澜壮阔的中国式现代化进程中，我国必须坚持发挥党的领导和社会主义制度的政治优势，坚持集中力量办大事的制度优势，加快推进农业农村现代化，以农业强国助力中国式现代化。要巩固和完善农村基本经营制度，深入推进农村综合改革，完善强农惠农富农支持制度，健全推进城乡融合发展，由"大国小农"转型为"大国富农"。

参考文献

包宗顺、徐志明、高珊、周春芳：《农村土地流转的区域差异与影响因素——以江苏省为例》，《中国农村经济》2009年第4期。

卜凯：《中国农家经济》，山西人民出版社2015年出版。

蔡昉、都阳：《中国地区经济增长的趋同与差异——对西部开发战略的启示》，《经济研究》2000年第10期。

蔡昉、杨涛：《城乡收入差距的政治经济学》，《中国社会科学》2000年第4期。

蔡晓慧、茹玉骢：《地方政府基础设施投资会抑制企业技术创新吗？——基于中国制造业企业数据的经验研究》，《管理世界》2016年第11期。

蔡颖萍、杜志雄：《家庭农场生产行为的生态自觉性及其影响因素分析——基于全国家庭农场监测数据的实证检验》，《中国农村经济》2016年第12期。

曹幸穗：《旧中国苏南农家经济研究》，中央编译出版社1996年版。

陈东、程建英：《我国农村医疗卫生的政府供给效率——基于随机生产边界模型的分析》，《山东大学学报》（哲学社会科学版）2011年第1期。

陈国生、倪长雨、张亨溢：《人力资本投资与农村非农就业关系的实证研究——以湖南省为例》，《经济地理》2015年第5期。

陈浩、丁江涛：《卫生投入结构、健康发展与经济增长》，《公共管理学报》2010年第2期。

陈佳贵、黄群慧：《工业现代化的标志、衡量指标及对中国工业的初步评价》，《中国社会科学》2003年第3期。

陈诗一、张军：《中国地方政府财政支出效率研究：1978—2005》，《中国社会科学》2008年第4期。

陈思霞、卢盛峰：《分权增加了民生性财政支出吗？——来自中国"省直管县"的自然实验》，《经济学（季刊）》2014年第4期。

陈义媛：《公共品供给与村民的动员机制》，《华南农业大学学报》（社会科学版）2019第4期。

陈奕山、钟甫宁、纪月清：《为什么土地流转中存在零租金？——人情租视角的实证分析》，《中国农村观察》2017年第4期。

陈宗胜、周云波、任国强：《影响农村三种非农就业途径的主要因素研究——对天津市农村社会的实证分析》，《财经研究》2006年第5期。

程令国、张晔、刘志彪：《农地确权促进了中国农村土地的流转吗？》，《管理世界》2016年第1期。

程敏、裴新杰：《我国地级及以上城市基础设施投入效率的时空差异研究——基于DEA和Malmquist指数模型》，《管理评论》2017年第6期。

程名望、Jin Yanhong、盖庆恩、史清华：《农村减贫：应该更关注教育还是健康？——基于收入增长和差距缩小双重视角的实证》，《经济研究》2014年第11期。

程名望、Jin Yanhong、盖庆恩、史清华：《中国农户收入不平等及其决定因素——基于微观农户数据的回归分解》，《经济学（季刊）》2016年第3期。

程名望、史清华、潘烜：《城镇适应性、技能型收益、精神收益与农村劳动力转移——基于2291份调查问卷的实证分析》，《公共管理学报》2013年第1期。

仇焕广、栾昊、李瑾、汪阳洁：《风险规避对农户化肥过量施用行为的影响》,《中国农村经济》2014年第3期。

褚彩虹、冯淑怡、张蔚文:《农户采用环境友好型农业技术行为的实证分析——以有机肥与测土配方施肥技术为例》,《中国农村经济》2012年第3期。

戴乐仁:《中国农村经济实况》,农民运动研究会,1928年版。

戴觅、茅锐:《产业异质性、产业结构与中国省际经济收敛》,《管理世界》2015年第6期。

邓美云、李继志:《农户VIP技术采用行为的影响因素分析》,《农业现代化研究》2019年第5期。

邓蒙芝、罗仁福、张林秀:《道路基础设施建设与农村劳动力非农就业——基于5省2000个农户的调查》,《农业技术经济》2011年第2期。

邸俊鹏、韩清:《最低工资标准提升的收入效应研究》,《数量经济技术经济研究》2015年第7期。

丁守海:《最低工资管制的就业效应分析——兼论〈劳动合同法〉的交互影响》,《中国社会科学》2010年第1期。

董晓霞、黄季焜、Scott Rozelle、王红林:《地理区位、交通基础设施与种植业结构调整研究》,《管理世界》2006年第9期。

段成荣、吕利丹、王宗萍:《城市化背景下农村留守儿童的家庭教育与学校教育》,《北京大学教育评论》2014年第3期。

段志民、郝枫:《最低工资政策的城镇家庭收入分配效应研究》,《统计研究》2019第7期。

方原:《我国农业现代化的基本任务应是提高单位面积产量》,《经济研究》1980年第3期。

风笑天:《英克尔斯"现代人研究"的方法论启示》,《中国社会科学》2004年第1期。

冯晓龙、仇焕广、刘明月:《不同规模视角下产出风险对农户技术采用的影响——以苹果种植户测土配方施肥技术为例》,《农业技术经济》2018年第11期。

傅强、朱浩:《中央政府主导下的地方政府竞争机制——解释中国经济增长的制度视角》,《公共管理学报》2013年第1期。

盖凯程、周永昇:《所有制、涓滴效应与共享发展:一个政治经济学分析》,《政治经济学评论》2020年第6期。

盖庆恩、朱喜、程名望、史清华:《土地资源配置不当与劳动生产率》,《经济研究》2017年第5期。

高飞、向德平:《找回集体:西藏治理深度贫困的经验与启示》,《中国农业大学学报》(社会科学版)2018年第5期。

高晶晶、彭超、史清华:《中国化肥高用量与小农户的施肥行为研究——基于1995~2016年全国农村固定观察点数据的发现》,《管理世界》2019年第10期。

高鸣、芦千文:《中国农村集体经济:70年发展历程与启示》,《中国农村经济》2019年第10期。

高瑛、王娜、李向菲、王咏红:《农户生态友好型农田土壤管理技术采纳决策分析——以山东省为例》,《农业经济问题》2017年第1期。

高颖、李善同:《基于CGE模型对中国基础设施建设的减贫效应分析》,《数量经济技术经济研究》2006年第6期。

郜亮亮、黄季焜、Rozelle Scott、徐志刚:《中国农地流转市场的发展及其对农户投资的影响》,《经济学(季刊)》2011年7月。

葛继红、周曙东、朱红根、殷广德:《农户采用环境友好型技术行为研究——以配方施肥技术为例》,《农业技术经济》2010年第9期。

龚亚珍、韩炜、Bennett Michael、仇焕广:《基于选择实验法的湿地保护区生态补偿政策研究》,《自然资源学报》2016年第2期。

郭晨、张卫东:《产业结构升级背景下新型城镇化建设对区域经济发展质量的影响——基于PSM-DID经验证据》,《产业经济研究》2018年第5期。

郭庆然、丁翠翠、陈政、陈晓亮:《教育支出、科技投入对农村劳动力非农就业的影响》,《华东经济管理》2018年第9期。

韩菡、钟甫宁:《劳动力流出后"剩余土地"流向对于当地农民收入分配的影响》,《中国农村经济》2011 年第 4 期。

韩洪云、杨增旭:《农户测土配方施肥技术采纳行为研究——基于山东省枣庄市薛城区农户调研数据》,《中国农业科学》2011 年第 23 期。

郝亮、李颖明、刘扬:《耕地重金属治理政策研究:一个多维分析框架——以××试点区为例》,《农业经济与管理》2017 年第 4 期。

何仁伟、李光勤、刘邵权、徐定德、李立娜:《可持续生计视角下中国农村贫困治理研究综述》,《中国人口·资源与环境》2017 年第 11 期。

何文炯、王中汉:《非稳定就业者能够进入中等收入群体吗？——基于 CFPS 数据的分析》,《西北大学学报》(哲学社会科学版) 2022 年第 2 期。

洪传春、刘某承、李文华:《我国化肥投入面源污染控制政策评估》,《干旱区资源与环境》2015 年第 4 期。

洪银兴:《论中国式现代化的经济学维度》,《管理世界》2022 年第 4 期。

洪占卿、郭峰:《国际贸易水平、省际贸易潜力和经济波动》,《世界经济》2012 年第 10 期。

胡安俊、孙久文:《中国制造业转移的机制、次序与空间模式》,《经济学(季刊)》2014 年第 4 期。

胡鞍钢:《中国式现代化道路的特征的意义分析》,《山东大学学报》(哲学社会科学版) 2022 年第 1 期。

胡浩、杨泳冰:《要素替代视角下农户化肥施用研究——基于全国农村固定观察点农户数据》,《农业技术经济》2015 年第 3 期。

黄宏伟、胡浩钰:《人力资本投资与农村家庭收入流动性》,《当代财经》2019 年第 12 期。

黄季焜、冀县卿:《农地使用权确权与农户对农地的长期投资》,《管理世界》2012 年第 9 期。

黄志平:《国家级贫困县的设立推动了当地经济发展吗？——基于 PSM—DID 方法的实证研究》,《中国农村经济》2018 年第 5 期。

黄宗智：《集权的简约治理——中国以准官员和纠纷解决为主的半正式基层行政》，《开放时代》2008年第2期。

黄祖辉、李懿芸、毛晓红：《我国耕地"非农化""非粮化"的现状与对策》，《江淮论坛》第4期。

纪月清、张惠、陆五一、刘华：《差异化、信息不完全与农户化肥过量施用》，《农业技术经济》2016年第2期。

江鑫、颜廷武、尚燕、张俊飚：《土地规模与农户秸秆还田技术采纳——基于冀鲁皖鄂4省的微观调查》，《中国土地科学》2018年第12期。

焦长权、董磊明：《从"过密化"到"机械化"：中国农业机械化革命的历程、动力和影响（1980—2015年）》，《管理世界》2018年第10期。

焦长权、周飞舟：《"资本下乡"与村庄的再造》，《中国社会科学》2016年第1期。

柯炳生：《对推进我国基本实现农业现代化的几点认识》，《中国农村经济》2000年第9期。

孔荣、王欣：《关于农民工收入质量内涵的思考》，《农业经济问题》2013年第6期。

孔祥智、方松海、庞晓鹏、马九杰：《西部地区农户禀赋对农业技术采纳的影响分析》，《经济研究》2004年第12期。

蓝宇蕴：《非农集体经济及其"社会性"建构》，《中国社会科学》2017年第8期。

黎蔺娴、边恕：《经济增长、收入分配与贫困：包容性增长的识别与分解》，《经济研究》2021年第2期。

李斌、尤笠、李拓：《交通基础设施、FDI与农村剩余劳动力转移》，《首都经济贸易大学学报》2019年第1期。

李波：《父母参与对子女发展的影响——基于学业成绩和非认知能力的视角》，《教育与经济》年第3期。

李芳华、张阳阳、郑新业：《精准扶贫政策效果评估——基于贫困人口微观追踪数据》，《经济研究》2020年第8期。

李谷成、李烨阳、周晓时：《农业机械化、劳动力转移与农民收入增长——孰因孰果？》，《中国农村经济》2018年第11期。

李光泗、徐翔：《技术引进与地区经济收敛》，《经济学（季刊）》2008年第3期。

李后建、秦杰、张剑：《最低工资标准如何影响企业雇佣结构》，《产业经济研究》2018年第1期。

李江一：《农地确权对农民非农业劳动参与的影响》，《经济科学》2020年第1期。

李景汉：《定县社会概况调查》，上海人民出版社2005年版。

李娟、赵秉强、李秀英、Hwat Bing So：《长期有机无机肥料配施对土壤微生物学特性及土壤肥力的影响》，《中国农业科学》2008年第1期。

李明艳：《劳动力转移对区域农地利用效率的影响——基于省级面板数据的计量分析》，《中国土地科学》2011年第1期。

李庆海、李锐、王兆华：《农户土地租赁行为及其福利效果》，《经济学（季刊）》2011年第11卷第1期。

李实、陈基平、滕阳川：《共同富裕路上的乡村振兴：问题、挑战与建议》，《兰州大学学报》（社会科学版）2021年第3期。

李世成、秦来寿：《精准农业变量施肥技术及其研究进展》，《世界农业》2007年第3期。

李颖明、王旭、郝亮、刘扬、姜鲁光：《重金属污染耕地治理技术：农户采用特征及影响因素分析》，《中国农村经济》2017年第1期。

李永友、沈坤荣：《财政支出结构、相对贫困与经济增长》，《管理世界》2007年第11期。

李哲、李梦娜：《新一轮农地确权影响农户收入吗？——基于CHARLS的实证分析》，《经济问题探索》2018年第8期。

连玉君、黎文素、黄必红：《子女外出务工对父母健康和生活满意度影响研究》，《经济学（季刊）》2015年第1期。

梁俊伟、代中强：《发展中国家对华反倾销动因：基于宏微观的视角》,《世界经济》2015 年第 11 期。

廖宇航:《健康风险冲击对劳动参与的影响——一个反事实的因果分析》,《人口与经济》2019 年第 4 期。

林毅夫:《发展战略、自生能力和经济收敛》,《经济学(季刊)》2002 年第 1 期。

林毅夫、刘明兴:《中国的经济增长收敛与收入分配》,《世界经济》2003 年第 8 期。

刘贯春、陈登科、丰超:《最低工资标准的资源错配效应及其作用机制分析》,《中国工业经济》2017 年第 7 期。

刘培林、钱滔、黄先海、董雪兵:《共同富裕的内涵、实现路径与测度方法》,《管理世界》2021 年第 8 期。

刘生龙、郑世林:《交通基础设施跨区域的溢出效应研究——来自中国省级面板数据的实证证据》,《产业经济研究》2013 年第 4 期。

刘守英、熊雪锋、龙婷玉:《集体所有制下的农地权利分割与演变》,《中国人民大学学报》2019 年第 1 期。

刘树成、张晓晶:《中国经济持续高增长的特点和地区间经济差异的缩小》,《经济研究》2007 年第 10 期。

刘同山:《农业机械化、非农就业与农民的承包地退出意愿》,《中国人口·资源与环境》2016 年第 6 期。

刘修岩、李松林、秦蒙:《开发时滞、市场不确定性与城市蔓延》,《经济研究》2016 年第 8 期。

刘莹、黄季焜:《农户多目标种植决策模型与目标权重的估计》,《经济研究》2010 年第 1 期。

刘愿:《农民从土地股份制得到什么?——以南海农村股份经济为例》,《管理世界》2008 年期。

龙方:《论政府在农业结构调整中的责任》,《农业经济问题》2000 年第 9 期。

陆继霞:《中国扶贫新实践:民营企业参与精准扶贫的实践、经验与内涵》,《贵州社会科学》2020 年第 3 期。

陆铭、李鹏飞、钟辉勇：《发展与平衡的新时代——新中国 70 年的空间政治经济学》，《管理世界》2019 年第 10 期。

罗必良：《科斯定理：反思与拓展——兼论中国农地流转制度改革与选择》，《经济研究》2017 年第 11 期。

罗浩轩：《中国农业资本深化对农业经济影响的实证研究》，《农业经济问题》2013 年第 9 期。

罗浩轩：《当代中国农业转型"四大争论"的梳理与评述》，《农业经济问题》2018 年第 5 期。

罗明忠、邱海兰、陈小知：《农机投资对农村女性劳动力非农就业转移影响及其异质性》，《经济与管理评论》2021 年第 2 期。

罗斯炫、何可、张俊飚：《修路能否促进农业增长？——基于农机跨区作业视角的分析》，《中国农村经济》2018 年第 6 期。

罗小兰、丛树海：《基于攀比效应的中国企业最低工资标准对其他工资水平的影响》，《统计研究》2009 年第 6 期。

骆永民、樊丽明：《中国农村基础设施增收效应的空间特征——基于空间相关性和空间异质性的实证研究》，《管理世界》2012 年第 5 期。

骆永民、骆熙、汪卢俊：《农村基础设施、工农业劳动生产率差距与非农就业》，《管理世界》2020 年第 12 期。

马光荣、郭庆旺、刘畅：《财政转移支付结构与地区经济增长》，《中国社会科学》2016 年第 9 期。

马骥、蔡晓羽：《农户降低氮肥施用量的意愿及其影响因素分析——以华北平原为例》，《中国农村经济》2007 年第 9 期。

马培衢：《关于农业基础建设制度变迁内在机理的制度分析——基于徐闻县的案例调查》，《中国农村观察》2009 年第 1 期。

马拴友、于红霞：《转移支付与地区经济收敛》，《经济研究》2003 年第 3 期。

宁光杰、段乐乐：《流动人口的创业选择与收入——户籍的作用及改革启示》，《经济学（季刊）》2017 年第 2 期。

宁满秀、邢郦、钟甫宁：《影响农户购买农业保险决策因素的实证分析——以新疆玛纳斯河流域为例》,《农业经济问题》2005 年第 6 期。

潘文卿:《中国区域经济差异与收敛》,《中国社会科学》2010 年第 1 期。

彭代彦、吴宝新:《农村内部的收入差距与农民的生活满意度》,《世界经济》2008 年第 4 期。

钱存阳、易荣华、刘家鹏、张华:《城镇化改造中集体经济对失地农民保障作用研究——基于浙江 9 个地区的调查数据》,《农业经济问题》2015 年第 1 期。

邱元、叶春辉、朱奇彪、米松华、黄莉莉:《我国农村劳动力非农就业影响因素研究——以全国 5 省大样本调研数据为例》,《浙江农业学报》2015 年第 2 期。

阮文彪:《小农户和现代农业发展有机衔接——经验证据、突出矛盾与路径选择》,《中国农村观察》2019 年第 1 期。

沈坤荣、马俊:《中国经济增长的"俱乐部收敛"特征及其成因研究》,《经济研究》2002 年第 1 期。

沈欣、朱奇宏、朱捍华、许超、何演兵、黄道:《农艺调控措施对水稻镉积累的影响及其机理研究》,《农业环境科学学报》2015 年第 8 期。

石智雷、杨云彦:《家庭禀赋、家庭决策与农村迁移劳动力回流》,《社会学研究》2012 年第 3 期。

双琰、王钊:《公路交通设施投资对农业生产经营结构效应的实证检验》,《统计与决策》2018 年第 10 期。

宋月萍、谭琳:《卫生医疗资源的可及性与农村儿童的健康问题》,《中国人口科学》2006 年第 6 期。

隋易橦、王育才:《耕地重金属污染治理社会化法律对策研究——基于湖南省长株潭重金属污染耕地修复综合治理试点分析》,《法制与社会》2018 年第 13 期。

孙顶强、冯紫曦:《健康对我国农村家庭非农就业的影响:效率效应与配置效应——以江苏省灌南县和新沂市为例》,《农业经济问题》2015年第8期。

孙久文、夏添：《中国扶贫战略与2020年后相对贫困线划定——基于理论、政策和数据的分析》，《中国农村经济》2019年第10期。

孙宪忠：《推进农地三权分置经营模式的立法研究》，《中国社会科学》2016年第7期。

孙欣、毕如田、刘慧芳、丁一、宁芳：《贫困山区耕地细碎化对农户生计策略的影响——以左权县清漳河流域87个村为例》，《中国土地科学》2018年第2期。

孙学涛：《农业机械化能否缩小城乡收入差距?》，《首都经济贸易大学学报》2021年第1期。

孙长忠：《试论农村远程职业教育功能定位与发展策略》，《中国电化教育》2009年第9期。

谭灵芝、孙奎立：《民族地区代际收入流动及其影响因素——基于南疆地区的实证研究》，《中国人口科学》2017年第1期。

谭永忠、王庆日、陈佳、牟永铭、张洁：《耕地资源非市场价值评价方法的研究进展与述评》，《自然资源学报》2012年第5期。

仝志辉、温铁军：《资本和部门下乡与小农户经济的组织化道路》，《开放时代》2009年第4期。

涂圣伟：《工商资本下乡的适宜领域及其困境摆脱》，《改革》2014年第9期。

万海远、田志磊、徐琰超：《中国农村财政与村庄收入分配》，《管理世界》2015年第11期。

王春超、林俊杰：《父母陪伴与儿童的人力资本发展》，《教育研究》2021年第1期。

王广慧、张世伟：《教育对农村劳动力流动和收入的影响》，《中国农村经济》2008年第9期。

王军、曹姣：《脱贫攻坚与乡村振兴有效衔接的现实困境与关键举措》，《农业经济问题》第9期。

王丽艳、季奕、王岬瑾：《城市创意人才居住选址偏好研究——

基于天津市微观调查与大数据的实证分析》,《管理学刊》2019 年第 5 期。

王娜、胡联:《新时代农村集体经济的内在价值思考》,《当代经济研究》2018 年第 10 期。

王士海、王秀丽:《农村土地承包经营权确权强化了农户的禀赋效应吗?——基于山东省 117 个县(市、区)农户的实证研究》,《农业经济问题》2018 年第 5 期。

王颜齐、郭翔宇:《土地承包经营权流转外部性问题探索——基于土地发展权的讨论》,《学术交流》2014 年第 7 期。

王艳萍:《幸福经济学研究新进展》,《经济学动态》2017 年第 10 期。

王正位、邓颖惠、廖理:《知识改变命运:金融知识与微观收入流动性》,《金融研究》2016 年第 12 期。

王志刚:《质疑中国经济增长的条件收敛性》,《管理世界》2004 年第 3 期。

王志敏、曲玮:《贫困地区农户家庭风险抵御能力实证分析——以甘肃省陇南市、定西市为例》,《西北人口》2016 年第 1 期。

王竹林:《农民工市民化的资本困境及其缓解出路》,《农业经济问题》2010 年第 2 期。

魏下海、黄乾:《教育水平对农户就业行为和收入影响的实证分析——来自中国 1546 个农户的微观数据调查》,《统计与信息论坛》2011 年第 4 期。

魏众:《健康对非农就业及其工资决定的影响》,《经济研究》2004 年第 2 期。

温煦、张莹、周鲁、华君:《体质健康对青少年学业成绩影响及其作用机制——来自纵向研究的证据》,《北京体育大学学报》2018 年第 7 期。

温延臣、李燕青、袁亮、李娟、李伟、林治安、赵秉强:《长期不同施肥制度土壤肥力特征综合评价方法》,《农业工程学报》2015 年第 7 期。

文洪星、韩青：《非农就业如何影响农村居民家庭消费——基于总量与结构视角》，《中国农村观察》2018 年第 3 期。

文长存、吴敬学：《农户"两型农业"技术采用行为的影响因素分析——基于辽宁省玉米水稻种植户的调查数据》，《中国农业大学学报》2016 年第 9 期。

吴国宝：《东西部扶贫协作困境及其破解》，《改革》2017 年第 8 期。

吴清华、李谷成、周晓时、冯中朝：《基础设施、农业区位与种植业结构调整——基于 1995—2013 年省际面板数据的实证》，《农业技术经济》2015 年第 3 期。

吴晓刚、张卓妮：《户口、职业隔离与中国城镇的收入不平等》，《中国社会科学》2014 年第 6 期。

夏怡然、陆铭：《城市间的"孟母三迁"——公共服务影响劳动力流向的经验研究》，《管理世界》2015 年第 10 期。

向攀、赵达、谢识予：《最低工资对正规部门、非正规部门工资和就业的影响》，《数量经济技术经济研究》2016 年第 10 期。

向青、黄季焜：《地下水灌溉系统产权演变和种植业结构调整研究——以河北省为实证的研究》，《管理世界》2000 年第 5 期。

肖诗顺、高锋：《农村金融机构农户贷款模式研究——基于农村土地产权的视角》，《农业经济问题》2010 年第 4 期。

肖挺：《中国城市交通基础设施建设对本地就业的影响》，《中国人口科学》2016 年第 4 期。

谢呈阳、王明辉：《交通基础设施对工业活动空间分布的影响研究》，《管理世界》2020 年第 12 期。

谢申祥、刘生龙、李强：《基础设施的可获得性与农村减贫——来自中国微观数据的经验分析》，《中国农村经济》2018 年第 5 期。

邢成举、李小云：《相对贫困与新时代贫困治理机制的构建》，《改革》2019 年第 12 期。

熊瑞祥、李辉文：《儿童照管、公共服务与农村已婚女性非农就业——来自 CFPS 数据的证据》，《经济学（季刊）》2017 年第

1 期。

徐金海、蒋乃华、秦伟伟：《农民农业科技培训服务需求意愿及绩效的实证研究：以江苏省为例》，《农业经济问题》2011 年第 12 期。

徐舒、王貂、杨汝岱：《国家级贫困县政策的收入分配效应》，《经济研究》2020 年第 4 期。

徐现祥、李郇：《中国城市经济增长的趋同分析》，《经济研究》2004 年第 5 期。

徐月娥、苏群、陈杰：《教育对农村劳动力非农就业的影响——来自中国农村的数据分析》，《江苏农业科学》2015 年第 10 期。

徐喆、李春艳：《我国科技政策演变与创新绩效研究——基于政策相互作用视角》，《经济问题》2017 年第 1 期。

徐志刚、张骏逸、吕开宇：《经营规模、地权期限与跨期农业技术采用——以秸秆直接还田为例》，《中国农村经济》2018 年第 3 期。

许恒周、殷红春、石淑芹：《代际差异视角下农民工乡城迁移与宅基地退出影响因素分析——基于推拉理论的实证研究》，《中国人口·资源与环境》2013 年第 8 期。

许婧雪、张文忠、谌丽、湛东升：《基于弱势群体需求的北京服务设施可达性集成研究》，《人文地理》2019 年第 2 期。

许敬轩、王小龙、何振：《多维绩效考核、中国式政府竞争与地方税收征管》，《经济研究》2019 年第 4 期。

许召元、李善同：《近年来中国地区差距的变化趋势》，《经济研究》2006 年第 7 期。

严斌剑、周应恒、于晓华：《中国农村人均家庭收入流动性研究：1986—2010 年》，《经济学（季刊）》2014 年第 3 期。

杨穗：《中国农村家庭的收入流动与不平等》，《中国农村经济》2016 年第 2 期。

杨穗、李实：《转型时期中国居民家庭收入流动性的演变》，《世界经济》2017 年第 11 期。

杨修娜、万海远、李实:《我国中等收入群体比重及其特征》,《北京工商大学学报》(社会科学版)2018年第6期。

杨亚平、李琳琳:《对非援助会减轻腐败对投资的"摩擦效应"吗——兼论"一带一路"倡议下中非经贸合作策略》,《财贸经济》2018年第3期。

杨玉珍:《农业供给侧结构性改革下传统农区政策性土地流转纠偏》,《南京农业大学学报》(社会科学版)2017年第5期。

杨志海、王雅鹏、麦尔旦·吐尔孙:《农户耕地质量保护性投入行为及其影响因素分析——基于兼业分化视角》,《中国人口·资源与环境》2015年第12期。

姚树洁、Lei, C. K.、冯根福:《中国大陆、香港和澳门地区的收入收敛性》,《经济研究》2008年第10期。

姚先国、张海峰:《教育、人力资本与地区经济差异》,《经济研究》2008年第5期。

姚洋:《农地制度与农业绩效的实证研究》,《中国农村观察》1998年第6期。

叶静怡、杨洋:《最低工资标准及其执行差异:违规率与违规深度》,《经济学动态》2015年第8期。

应瑞瑶、何在中、周南、张龙耀:《农地确权、产权状态与农业长期投资——基于新一轮确权改革的再检验》,《中国农村观察》2018年第3期。

于大川、赵小仕:《人力资本能否促进农村劳动力的非农就业参与——基于CHNS面板数据的实证分析》,《农业经济》2016年第7期。

余成普:《中国农村疾病谱的变迁及其解释框架》,《中国社会科学》2019年第9期。

苑会娜:《进城农民工的健康与收入——来自北京市农民工调查的证据》,《管理世界》2009年第5期。

展进涛、巫建华、陈超:《劳动力流动、收入梯度与农户家庭收入差距——基于江苏省金湖县1089个农户样本的微观分析》,《农业经济问题》2012 年第 12 期。

张彬斌：《新时期政策扶贫、目标选择和农民增收》，《经济学（季刊）》2013 年第 3 期。

张朝华：《农户农业基础设施需求及其影响因素——来自广东的证据》，《经济问题》2010 年第 12 期。

张成玉、肖海峰：《我国测土配方施肥技术增收节支效果研究——基于江苏、吉林两省的实证分析》，《农业技术经济》2009 年第 3 期。

张川川：《健康变化对劳动供给和收入影响的实证分析》，《经济评论》2011 年第 4 期。

张福山、王松霈、张思骞：《把农业机械化摆在农业现代化的应有位置上》，《经济研究》1979 年第 11 期。

张慧鹏：《集体经济与精准扶贫：兼论塘约道路的启示》，《马克思主义研究》2017 年第 6 期。

张建、冯淑怡、诸培新：《政府干预农地流转市场会加剧农村内部收入差距吗？——基于江苏省四个县的调研》，《公共管理学报》2017 年第 1 期。

张建清、龚恩泽、孙元元：《长江经济带环境规制与制造业全要素生产率》，《科学学研究》2019 年第 9 期。

张锦华、刘进、许庆：《新型农村合作医疗制度、土地流转与农地滞留》，《管理世界》2016 年第 1 期。

张静：《通道变迁：个体与公共组织的关联》，《学海》2015 年第 1 期。

张力、郑志峰：《推进农村土地承包权与经营权再分离的法制构造研究》，《农业经济问题》2015 年第 1 期。

张丽娟、马中文、马友华、汪丽婷、朱小红、胡善宝、胡鹏：《优化施肥和缓释肥对水稻田面水氮磷动态变化的影响》，《水土保持学报》2012 年第 1 期。

张沁岚、杨炳成、文晓巍、饶炯：《土地股份合作制背景下推进承包经营权确权的农户意愿、难点与对策——以广东省为例》，《农业经济问题》2014 年第 10 期。

张世伟、贾朋：《最低工资标准调整的收入分配效应》，《数量经济技术经济研究》2014 年第 3 期。

张学良：《中国交通基础设施促进了区域经济增长吗——兼论交通基础设施的空间溢出效应》，《中国社会科学》2012 年第 3 期。

张勋、万广华：《中国的农村基础设施促进了包容性增长吗?》，《经济研究》2016 年第 10 期。

张翼：《社会保险与中等收入群体的扩大》，《河北学刊》2017 年第 5 期。

张玉林：《中国乡村教育 40 年：改革的逻辑和未预期效应》，《学海》2019 年第 1 期。

张玉梅、陈志钢：《惠农政策对贫困地区农村居民收入流动的影响——基于贵州 3 个行政村农户的追踪调查分析》，《中国农村经济》2015 年第 7 期。

张昭、杨澄宇、袁强：《"收入导向型"多维贫困的识别与流动性研究——基于 CFPS 调查数据农村子样本的考察》，《经济理论与经济管理》2017 年第 2 期。

张子豪、谭燕芝：《社会保险与收入流动性》，《经济与管理研究》2018 年第 8 期。

张琢：《中国现代化若干目标分析》，《中国社会科学》1992 年第 2 期。

章奇、米建伟、黄季焜：《收入流动性和收入分配：来自中国农村的经验证据》，《经济研究》2007 年第 11 期。

章元、程郁、佘国满：《政府补贴能否促进高新技术企业的自主创新?——来自中关村的证据》，《金融研究》2018 年第 10 期。

章元、程郁、沈可：《新〈劳动合同法〉与简单劳动力成本——来自城市劳动力市场和中关村企业的双重证据》，《江苏社会科学》2019 年第 3 期。

章宗礼、顾振鸣：《中国式农业现代化的道路和指标》，《经济研究》1980 年第 12 期。

赵春雨：《贫困地区土地流转与扶贫中集体经济组织发展——山西省余化乡扶贫实践探索》，《农业经济问题》2017年第8期。

赵大伟：《中国绿色农业发展的动力机制及制度变迁研究》，《农业经济问题》2012年第11期。

赵丹、张京祥：《高速铁路影响下的长三角城市群可达性空间格局演变》，《长江流域资源与环境》2012年第4期。

赵雪雁、刘春芳、严江平：《高寒生态脆弱区农户的社会网络及其风险分担效果——以甘南高原为例》，《农业经济问题》2016年第6期。

郑有贵：《由脱贫向振兴转变的实现路径及制度选择》，《宁夏社会科学》2018年第1期。

钟甫宁、纪月清：《土地产权、非农就业机会与农户农业生产投资》，《经济研究》2009年第12期。

周春芳，苏群：《非农化进程中农村女性人力资本投资与非农就业——基于性别差异的视角》，《农业技术经济》2008年第5期。

周飞舟：《分税制十年：制度及其影响》，《中国社会科学》2006年第6期。

周京奎、王贵东、黄征学：《生产率进步影响农村人力资本积累吗？——基于微观数据的研究》，《经济研究》2019年第1期。

周力、冯建铭、曹光乔：《绿色农业技术农户采纳行为研究——以湖南、江西和江苏的农户调查为例》，《农村经济》2020年第3期。

周力、邵俊杰：《非农就业与缓解相对贫困——基于主客观标准的二维视角》，《南京农业大学学报》（社会科学版）2020年第4期。

周力、沈坤荣：《相对贫困与主观幸福感》，《农业经济问题》2021年第11期。

周南、许玉韫、刘俊杰、张龙耀：《农地确权、农地抵押与农户信贷可得性——来自农村改革试验区准实验的研究》，《中国农村经济》2019年第11期。

周强、张全红：《中国家庭长期多维贫困状态转化及教育因素研究》,《数量经济技术经济研究》2017年第4期。

周绍杰、王洪川、苏杨:《中国人如何能有更高水平的幸福感——基于中国民生指数调查》,《管理世界》2015年第6期。

周曙东、韩纪琴、葛继红、盛明伟:《以国内大循环为主体的国内国际双循环战略的理论探索》,《南京农业大学学报》(社会科学版)第3期。

朱冬亮:《农民与土地渐行渐远——土地流转与"三权分置"制度实践》,《中国社会科学》2020年第7期。

朱国忠、乔坤元、虞吉海:《中国各省经济增长是否收敛?》,《经济学(季刊)》2014年第3期。

朱梦冰、李实:《精准扶贫重在精准识别贫困人口——农村低保政策的瞄准效果分析》,《中国社会科学》2017年第9期。

朱诗娥、杨汝岱、吴比:《中国农村家庭收入流动:1986~2017年》,《管理世界》2018年第10期。

朱娅、周力、应瑞瑶:《中国农村劳动力现代化素质的经济解释——基于结构方程模型的实证检验》,《中国科技论坛》2011年第1期。

朱玉春、唐娟莉、罗丹:《农村公共品供给效果评估:来自农户收入差距的响应》,《管理世界》2011年第9期。

诸海焘、朱恩、余廷园、田吉林:《水稻专用缓释复合配方肥增产效果研究》,《中国农学通报》2014年第3期。

祝华军、楼江、田志宏:《农业种植结构调整:政策响应、相对收益与农机服务——来自湖北省541户农民玉米种植面积调整的实证》,《农业技术经济》2018年第1期。

Amsalu A., Graaff J., "Determinants of Adoption and Continued Use of Stone Terraces for Soil and Water Conservation in an Ethiopian Highland Watershed", *Ecological Economics*, Vol. 61, No. 2, 2006.

Acemoglu D., Johnson S., Robinson J., "The Rise of Europe: Atlantic Trade, Institutional Change, and Economic Growth", *The American Economic Review*, Vol. 95, No. 3, 2005.

参考文献

Adato M., Carter M. R. and May, J., "Exploring Poverty Traps and Social Exclusion in South Africa Using Qualitative and Quantitative Data", *Journal of Development Studies*, Vol. 42, 2006.

Aggarwal A., Freund K., Sato A., et al., "Are Depressive Symptoms Associated with Cancer Screening and Cancer Stage at Diagnosis among Postmenopausal Women? The Women's Health Initiative Observational Cohort", *Journal of women's health*, Vol. 17, No. 8, 2008.

Alaniz E., Gindling T. H., Terrell K., "The Impact of Minimum Wages on Wages, Work and Poverty in Nicaragua", *Labour Economics*, No. 18, 2011.

Asadullah M. N., Chaudhury N., "Poisoning the Mind: Arsenic Contamination of Drinking Water Wells and Children's Educational Achievement in Rural Bangladesh", *Economics of Education Review*, Vol. 30, No. 5, 2011.

Atkinson A. B., Bourguignon F., et al., *Empirical Studies of Earnings Mobility*, Taylor & Francis, 1992.

Banerjee A. V., Cole S., Duflo E., Linden L. L., "Remedying Education: Evidence from two Randomized Experiments in India", *Quarterly Journal of Economics*, Vol. 23, No. 1, 2007.

Barclay G. W., Coale A. J., Stoto M. A., et al., "A Reassessment of the Demography of Traditional Rural China", *Population Index*, Vol 42, No 4, 1975.

Barrett C. B., Swallow B. M., "Fractal Poverty Traps", *World development*, Vol. 34, 2006.

Barro R. J., Sala-i-Martin X., *Economic Growth*, New York: McGrawHill, 1995.

Baumol W., "Productivity, Convergence and Welfare: What the Long Run Data Show", *American Economic Review*, Vol. 76, 1986.

Behrman J. R., DeolalikarA. B., "Health and Nutrition", *Handbook of Development Economics*, Vol. 1, 1988.

Benziger V. , "Urban Access and Rural Productivity Growth in Post-Mao China", *Economic Development and Cultural Change*, Vol. 44, No. 3, 1996.

Berdegue J. , A. , Ramirez E. , Reardon T. , et al. , "Rural Nonfarm Employment and Incomes in Chile", *World Development*, Vol. 29, No. 3, 2001.

Binswanger H. P. , McIntireJ. , "Behavioral and Material Determinants of Production Relations in Land-Abundant Tropical Agriculture", *Economic Development and Cultural Change*, Vol. 36, 1987.

Blanchard O. J. , Mankiw N. G. , "Consumption: Beyond Certainty Equivalence", *American Economic Review*, Vol. 78, No. 2, 1988.

Blanchflower D. G. , Oswald A. J. , "Well-being Over Time in Britain and the USA", *Journal of public economics*, Vol. 88, No. 7, 1988.

Brown P. H. , Bulte E. , Zhang X. , "Positional Spending and Status Seeking in Rural China", *Journal of Development Economics*, Vol. 96, 2011.

Brown M. E. , FunkC. C. , "Climate: Food Security under Climate Change", *Science*, Vol. 319, No. 5863, 2008.

Caldwell J. C. , Reddy P. H. , Caldwell P. , "Periodic High Risk as a Cause of Fertility Decline in a Changing Rural Environment: Survival Strategies in the 1980–1983 South Indian Drought", *Economic Development and Cultural Change*, Vol. 34, 1986.

Carter M. R. , LybbertT. J. , "Consumption Versus Asset Smoothing: Testing the Implications of Poverty Trap Theory in Burkina Faso", *Journal of Development Economics*, Vol. 99, 2012.

Carter M. R. , LittleP. D. , Mogues T. , Negatu W. , "Poverty Traps and Natural Disasters in Ethiopia and Honduras", *World Development*, Vol. 35, 2007.

Chambers D. , Dhongde S. , "Convergence in Income Distributions: Evidence from a Panel of Countries", *Economic Modelling*, Vol. 59,

2016.

Checkley W., Epstein L. D., Gilman R. H., Figueroa D., Cama R. I., Patz J. A., et al., "Effects of El Nino and Ambient Temperature on Hospital Admissions for Diarrhoeal Diseases in Peruvian Children", *The Lancet*, Vol. 355, 2000.

Cheo R., Quah E., "Mothers, Maids and Tutors: An Empirical Evaluation of Their Effect on Children's Academic Grades in Singapore", *Education Economics*, Vol. 13, No. 3, 2005.

Clark A. E., Oswald A. J., "Satisfaction and Comparison Income", *Journal of Public Economics*, Vol. 61, No. 3, 1996.

Currie J., and Thomas D., "Early Test Scores, School Quality and SES: Longrun Effects on Wage and Employment Outcomes", *Research in Labor Economics*, Vol. 20, 2001.

Currie J., Madrian B. C., "Health, Health Insurance and the Labor Market", *Handbook of Labor Economics*, Vol. 3, No. 50, 1999.

Dang H. A., "The Determinants and Impact of Private Tutoring Classes in Vietnam", *Economics of Education Review*, Vol. 26, No. 6, 2007.

Dasgupta P., Ray D., "Inequality as a Determinant of Malnutrition and Unemployment: Theory", *Economic Journal*, Vol. 97, 1986.

DeLong J. B., "Productivity Growth, Convergence, and Welfare: Comment", *American Economic Review*, Vol. 78, No. 5, 1988.

Ding H., Fan H., Lin S, "Connect to Trade", *Journal of International Economics*, Vol. 110, 2018.

Ding J., "Comparative Analysis on Poverty Degree of China's 11 Contiguous Destitute Areas: with View of Comprehensive Development Index", *Scientia Geographica Sinica*, Vol. 34, No. 12, 2014.

Ding N., Wang Y., "Household Income Mobility in China and its Decomposition", *China Economic Review*, Vol. 19, No. 3, 2008.

Dong X., "Public Investment, Social Services and Productivity of Chinese Household Farms", *Journal of Development Studies*, Vol. 36,

No. 3, 2000.

Duckworth A. L., Quinn P. D., "Development and Validation of the Short Grit Scale (Grit-S)", *Journal of Personality Assessment*, Vol. 91, No. 2, 2009.

Dweck C. S., *Mindset: the New Psychology of Success*, Random House, 2006.

Easterlin R. A., Plagnol A. C., "Life Satisfaction and Economic Conditions in East and West Germany Pre-And Post-Unification", *Journal of Economic Behavior & Organization*, Vol. 68, No. 3, 2008.

Ellis F., "The Determinants of Rural Livelihood Diversification in Developing Countries", *Journal of Agricultural Economics*, Vol. 51, No. 2, 2000.

Enfors E. I., Gordon L. J., "Dealing with Drought: the Challenge of Using Water System Technologies to Break Dryland Poverty Traps", *Global Environmental Change*, Vol. 18, No. 4, 2008.

Ersado L., Alderman H., Alwang J., "Changes in Consumption and Saving Behavior before and after Economic Shocks: Evidence from Zimbabwe", *Economic Development and Cultural Change*, Vol. 52, 2003.

Esherick J. W., "Number Games: a Note on Land Distribution in Prerevolutionary China", *Modern China*, Vol. 7, No. 4, 1981.

Fafchamps M., Gavian S., "The Determinants of Livestock Prices in Niger", *Journal of African Economies*, Vol. 6, No. 2, 1997.

Fafchamps M., "Solidarity Networks in Preindustrial Societies: Rational Peasants with a Moral Economy", *Economic Development and Cultural Change*, Vol. 41, 1992.

Fan S., Zhang X., "Infrastructure and Regional Economic Development in Rural China", *China Economic Review*, Vol. 15, No. 2, 2004.

Feder G., Lau L. J., Lin J. Y., Luo X., "The Determinants of Farm Investment and Residential Construction in Post-Reform China", *Economic Development and Cultural Change*, Vol. 41, No. 1, 1992.

Feld J. , Zölitz U. , "Understanding Peer Effects: On the Nature, Estimation, and Channels of Peer Effects", *Journal of Labor Economics*, Vol. 35, No. 2, 2017.

Fields G. S. , Ok E. A. , "Measuring Movement of Incomes", *Economica*, Vol. 66, No. 264, 1999.

Firpo S. P. , Nicole M. F. , Thomas L. , "Decomposing Wage Distributions Using Recentered Influence Function Regressions", *Econometrics*, Vol. 6, No. 2, 2018.

Fleisher B. M. , Chen J. , "The Coast-Noncoast Income Gap, Productivity, Regional Economic Policy in China", *Journal of Comparative Economics*, Vol. 25, No. 2, 1997.

Friedman M. , "Introduction to 'a Theory of the Consumption Function", *NBER Chapters*, 1957.

Fuchs V. , "Redefining Poverty and Redistributing Income", *The Public Interest*, Vol. 14, No. 8, 1967.

FederG. , Lawrence J. L. , LinJ. Y. , Luo X. , "The Determinants of Farm Investment and Residential Construction in Post-reform China", *Economic Development and Cultural Change*, Vol. 41, No. 1, 1992.

Gachassin M. , Najman B. , Raballand G. , "The Impact of Roads on Poverty Education: A Case Study of Cameroon", *Policy Research Working Paper*, Vol. 111, No. 7, 2010.

García B. , "Implementation of A Double-hurdle Model", *The Stata Journal*, Vol. 13, No. 4, 2013.

Ghosh A. R. , Ostry J. D. , "The Current Account in Developing Countries: a Perspective from the Consumption-Smoothing Approach", *The World Bank Economic Review*, Vol. 9, 1995.

Gibson J. , Olivia S. , "The Effect of Infrastructure Access and Quality on Non-Farm Enterprises in Rural Indonesia", *World Development*, Vol. 38, No. 5, 2010.

Giesbert L. , Schindler K. , "Assets, Shocks, and Poverty Traps in

Rural Mozambique". *World Development*, Vol. 40, No. 8, 2012.

Glewwe P. , Kremer M. , Moulin S. , "Many Children Left Behind? Textbooks and Test Scores in Kenya", *American Economic Journal: Applied Economics*, Vol. 1, 2009.

Goldthorpe, John H. , "Understanding-and Misunderstanding-Social Mobility in Britain: The Entry of the Economists, the Confusion of Politicians and the Limits of Educational Policy", *Journal of Social Policy*, Vol. 42, No. 3, 2013.

Haggblade S. , Hazell P. , Reardon T. , "The Rural Non-Farm Economy: Prospects for Growth and Poverty Reduction", *World Development*, Vol. 38, No. 10, 2010.

Haggblade S. , HazellP. B. R. , Reardon T. , "Transforming the Rural Nonfarm Economy - Opportunities and Threats in the Developing World", *American Journal of Agricultural Economics*, Vol. 92, No. 5, 2009.

Hales S. , de Wet N. , Macdonald J. , Woodward A. , "Potential Effect of Population and Climate Changes on Global Distribution of Dengue Fever: an Empirical Model", *Lancet*, Vol. 360, No. 9336, 2002.

Herrerias M. J. , Ordoñez J. , "New Evidence on the Role of Regional Clusters and Convergence in China (1952-2008)", *China Economic Review*, Vol. 23, No. 4, 2012.

Hoang T. X. , Cong S. P. , Ulubaşoğlu M. A. , "Non-Farm Activity, Household Expenditure, and Poverty Reduction in Rural Vietnam: 2002-2008", *World Development*, Vol. 64, 2014.

Hoddinott J. , "Shocks and Their Consequences Across and Within Households in Rural Zimbabwe", The *Journal of Development Studies*, Vol. 42, No. 2, 2006.

Hof S. , "Does Private Tutoring Work? The Effectiveness of Private Tutoring: a Nonparametric Bounds Analysis", *Education Economics*, Vol. 22, No. 4, 2014.

Horton S. , Ross J. "The Economics of Iron Deficiency", *Food Policy*, Vol. 28, No. 1, 2003.

Huang Y. , Li J. , Gu Z. , "Rural Household Income Mobility in the People's Commune Period: The Case of Dongbeili Production Team in Shanxi Province", *China Agricultural Economic Review*, No. 4, 2016.

ILO, *The Measurement of Decent Work*. ILO Geneva, 2008.

Ito T. , Kurosaki T. , "Weather Risk, Wages in Kind, and the Off-Farm Labor Supply of Agricultural Households in a Developing Country", *American Journal of Agricultural Economics*, Vol. 3, No. 91, 2009.

Jia J. X. , Liang X. , Ma G. R. , "Political Hierarchy and Regional Economic Development: Evidence from a Spatial Discontinuity in China", *Journal of Public Economics*, Vol. 194, 2021.

Jacoby H. G. , "Access to Markets and the Benefits of Rural Roads", *Economic Journal*, Vol. 110, No. 465, 2000.

Jakobsen K. T. , "In the Eye of the Storm—The Welfare Impacts of a Hurricane", *World Development*, Vol. 40, No. 12, 2012.

Jalan J. , Ravallion M. , "Does Piped Water Reduce Diarrhea for Children in Rural India?", *Journal of econometrics*, Vol. 112, No. 1, 2003.

Jalan J. , Ravallion M. , "Geographic Poverty Traps? a Micro Model of Consumption Growth in Rural China", *Journal of Applied Econometrics*, Vol. 17, 2002.

Jalan J. , Ravallion M. , "Transient Poverty in Postreform Rural China", *Journal of Comparative Economics*, Vol. 26, No. 2, 1998.

Jalan J. , Ravallion M. , "Are the Poor Less Well Insured? Evidence on Vulnerability to Income Risk in Rural China", *Journal of Development Economics*, Vol. 58, No. 1, 1999.

Janzen S. A. , Carter M. R. , "After the Drought: The Impact of Microinsurance on Consumption Smoothing and Asset Protection," *American Journal of Agricultural Economics*, Vol. 101, 2019.

Jeon B., Noguchi H., Kwon S., et al., "Disability, Poverty, and Role of the Basic Livelihood Security System on Health Services Utilization among the Elderly in South Korea", Social Science & Medicine, Vol. 178, 2017.

Jha R., Gaiha R., Sharma A., "Calorie and Micronutrient Deprivation and Poverty Nutrition Traps in Rural India", World Development, Vol. 37, No. 5, 2009.

Jung J. H., Lee K. H., "The Determinants of Private Tutoring Participation and Attendant Expenditures in Korea", Asia Pacific Education Review, Vol. 11, No. 2, 2010.

Kautz T., et al., "Fostering and Measuring Skills: Improving Cognitive and Non-Cognitive Skills to Promote Lifetime Success", Social Science Electronic Publishing. No. 110, 2014.

Kazianga H., Udry C., "Consumption Smoothing? Livestock, Insurance and Drought in Rural Burkina Faso", Journal of Development Economics, Vol. 79, 2006.

Khan F., Bedi A. S., Sparrow R., "Sickness and Death: Economic Consequences and Coping Strategies of the Urban Poor in Bangladesh", World Development, Vol. 72, 2015.

Khanna M., "Sequential Adoption of Site-Specific Technologies and its Implications for Nitrogen Productivity: A Double Selectivity Model", American Journal of Agricultural Economics, Vol. 83, No. 1, 2001.

Krishna A., "For Reducing Poverty Faster: Target Reasons before People", World development, Vol. 35, 2007.

Krugman P., Geography Trade, MIT Press, 1991.

Kumar C. S., Turvey C. G., Kropp J. D., "The Impact of Credit Constraints on Farm Households: Survey Results from India and China", Applied Economic Perspectives and Policy, Vol. 35, No. 3, 2013.

Meng L. S., "Evaluating China's Poverty Alleviation Program: a Regression Discontinuity Approach", Journal of Public Economics, Vol. 101,

2013.

Lai F., Luo R., Zhang L., Huang X., Rozelle S., "Does Computer-Assisted Learning Improve Learning Outcomes? Evidence from a Randomized Experiment in Migrant Schools in Beijing", *Economics of Education Review*, Vol. 47, 2015.

Lau C. K. M., "New Evidence about Regional Income Divergence in China", *China Economic Review*, Vol. 21, No. 2, 2021.

Lewis W. A., "Economic Development with Unlimited Supplies of Labor", *Manchester School*, Vol. 22, No. 2, 1954.

Liu J., "Does Cram Schooling Matter? Who Goes to Cram Schools? Evidence from Taiwan", *International Journal of Educational Development*, Vol. 32, No. 1, 2012.

Lü X. B., "Intergovernmental Transfers and Local Education Provision Evaluating China's 8-7 National Plan for Poverty Reduction", *China Economic Review*, Vol. 33, 2015.

Lucas R., "On the Mechanics of Economic Development", *Journal of Monetary Economics*, Vol. 22, 1988.

Lukaski H., "Vitamin and Mineral Status: Effects on Physical Performance", *Nutrition*, Vol. 20, 2004.

Malamud O., Pop-ElechesC., "Home Computer Use and the Development of Human Capital", *Quarterly Journal of Economics*, Vol. 126, 2011.

Maystadt J. F., Ecker O., "Extreme Weather and Civil War: Does Drought Fuel Conflict in Somalia through Livestock Price Shocks?", *American Journal of Agricultural Economics*, Vol. 96, No. 4, 2014.

McKay A., E. Perge, "How Strong is the Evidence for the Existence of Poverty Traps? a Multicountry Assessment", *The Journal of Development Studies*, Vol. 49, 2013.

Mendelsohn R., Nordhaus W. D., Shaw D., "The Impact of Global Warming on Agriculture: a Ricardian Analysis", *The American Economic*

Review, Vol. 84, 1994.

Meng L., "Evaluating China's Poverty Alleviation Program: a Regression Discontinuity Approach", *Journal of Public Economics*, Vol. 101, 2013.

MEP of China (Ministry of Environmental Protection of China), National Soil Pollution Survey Bulletin, Available at http://www.gov.cn/foot/site1/20140417/782bc b88840814ba158d01.pdf, 2014.

Miguel E., Satyanath S., Sergenti E., "Economic Shocks and Civil Conflict: an Instrumental Variables Approach", *Journal of political Economy*, Vol. 112, No. 4, 2004.

Möller J., Zierer M., "Autobahns and Jobs: a Regional Study Using Historical Instrumental Variables", *Journal of Urban Economics*, Vol. 103, 2018.

Naschold F., " 'The Poor Stay Poor': Household Asset Poverty Traps in Rural Semi-Arid India", *World Development*, Vol. 40, 2012.

Nguyen M. C. and P. Winters, "The Impact of Migration on Food Consumption Patterns: the Case of Vietnam", *Food Policy*, Vol. 36, 2011.

OECD, "Where All Students Can Succeed", Paris: OECD, 2019.

Prais S. J., "Measuring Social Mobility", *Journal of the Royal Statistical Society. Series A (General)*, Vol. 118, No. 1, 1955.

Ravallion M., Chen S., "Weakly Relative Poverty", *Review of economics and statistics*, Vol. 93, No. 4, 2011.

Reardon T., Berdegué J., Barrett C. B., Stamoulis K, "Household Income Diversification into Rural Nonfarm Activities", *Social Science Electronic Publishing*, Vol. 25, No. 9, 2011.

Romer P. M., "Increasing Returns Long-Run Growth", *Journal of Political Economy*, Vol 94, 1986.

Ruan J., Zhang X., "Flying Geese in China: the Textile and Apparel Industry's Pattern of Migration", *Journal of Asian Economics*, Vol. 34,

2014.

Ryu D., Kang C., "Do Private Tutoring Expenditures Raise Academic Performance? Evidence from Middle School Students in South Korea", *Asian Economic Journal*, Vol. 27, No. 1, 2013.

Saha A., Love H. A., Schwart R, "Adoption of Emerging Technologies under Output Uncertainty", *American journal of agricultural economics*, Vol. 76, No. 4, 1994.

Schlenker W., Hanemann W. M., Fisher A. C., "Water Availability, Degree Days, and the Potential Impact of Climate Change on Irrigated Agriculture in California", *Climatic Change*, Vol. 81, 2007.

Shi X., Nuetah J. A., Xin X., "Household Income Mobility in Rural China: 1989-2006", *Economic Modelling*, Vol. 27, No. 5, 2010.

Shorrocks A., "Income Inequality and Income Mobility", *Journal of Economic Theory*, Vol. 19, No. 2, 1978.

Start D., "The Rise and Fall of the Rural Non-farm Economy: Poverty Impacts and Policy Options", *Development Policy Review*, Vol. 19, No. 4, 2010.

Strauss J., Thomas D., "Health, Nutrition and Economic Development", *Journal of Economic Literature*, Vol. 36, 1998.

Thomas A. C., Gaspart F., "Does Poverty Trap Rural Malagasy Households?", *World Development*, Vol. 67, 2015.

Thomas D., Frankenberg E., Smith J. P., "Lost but Not Forgotten: Attrition and Follow-Up in the Indonesia Family Life Survey", *Journal of Human Resources*, Vol. 36, 2001.

Tirado, M. C., M. J. Cohen, N. Aberman, J. Meerman, and B. Thompson. 2010. "Addressing the challenges of climate change and biofuel production for food and nutrition security." *Food Research International*. Vol. 43, No. 7.

Tse S. K., "To What Extent does Hong Kong Primary School Students' Chinese Reading Comprehension Benefit from After-school Private Tuition?", *Asia Pacific Education Review*, Vol. 15, No. 2, 2014.

Turvey C. G., Kong R., Huo X., "Borrowing amongst Friends: the Economics of Informal Credit in Rural China", *China Agricultural Economic Review*, Vol. 2, No. 2, 2010.

Verpoorten M., "Household Coping in War—And Peacetime: Cattle Sales in Rwa, 1991-2001", *Journal of Development Economics*, Vol. 88, 2009.

Wang J., "The Economic Impact of Special Economic Zones: Evidence from Chinese Municipalities", *Journal of Development Economics*, Vol. 101, No. 1, 2013.

Wang M. T., et al., "Friends, Academic Achievement, and School Engagement during Adolescence: a Social Network Approach to Peer Influence and Selection Effects", *Learning and Instruction*, Vol. 58, 2018.

Ward P. S., "Transient Poverty, Poverty Dynamics, and Vulnerability to Poverty: An Empirical Analysis Using a Balanced Panel from Rural China", *World Development*, Vol. 78, 2016.

Winters P., Davis B., Carletto G., et al, "Assets, Activities and Rural Income Generation: Evidence from a Multicountry Analysis", *World Development*, Vol. 37, No. 9, 2009.

Wintoki M. B., Linck J. S., Netter J. M., "Endogeneity and the Dynamics of Internal Corporate Governance", *Journal of Financial Economics*, Vol. 105, No. 3, 2012.

Yang J., Zhang T. F., Sheng P. F., Shackman J. D., "Carbon Dioxide Emissions and Interregional Economic Convergence in China", *Economic Modelling*, Vol. 52, 2016.

You J., "Risk, Under-Investment in Agricultural Assets and Dynamic Asset Poverty in Rural China", *China Economic Review*, Vol. 29, 2014.

Young A., "The Razor's Edge: Distortions and Incremental Reform in the People's Republic of China", *Quarterly Journal of Economics*,

Vol. 115, No. 4, 2000.

Zhou L., Turvey C. G., "Climate Risk, Income Dynamics and Nutrition Intake in Rural China", *China Agricultural Economic Review*, Vol. 7, No. 2, 2015.

Zimmerman F. J., Carter M. R., "Asset Smoothing, Consumption Smoothing and the Reproduction for Inequality Under Risk and Subsistence Constraints", *Journal of Development Economics*, Vol. 71, 2003.

后　　记

　　《中国式现代化进程中的农村转型发展理论与政策》一书得到了国家社会科学基金重大项目"新时代我国农村贫困性质变化及2020年后反贫困政策研究"（19ZDA117）、贵州省2021年度哲学社会科学规划国学单列课题重大课题"传统文化与乡村振兴研究"（21GZGX05）以及国家自然科学基金应急项目"脱贫攻坚与乡村振兴有效衔接的政策体系研究"（72141011）的资助与支持，课题负责人皆为周力教授。

　　本书能够顺利完成，离不开张凡、孙杰、刘馨月三位合著者的努力和辛劳付出。全书共设十一章：第一章"导论"由周力执笔；第二章"扶贫政策"由周力执笔，邹璠协助完成；第三章"贫困陷阱"由周力、孙杰执笔；第四章"相对贫困"由周力、张凡执笔；第五章"农户收入流动性"由张凡执笔；第六章"农地产权改革"由周力执笔、刘宗志协助完成；第七章"资本下乡"由周力执笔；第八章"非农就业"由周力执笔、吕达奇协助完成；第九章"农业绿色生产"由周力、孙杰、刘馨月执笔；第十章"农村儿童发展"由周力、张凡执笔，李灵芝协助完成。第十一章"迈向农业强国"由周力执笔。在此对各位的辛劳付出表示感谢。

　　全书由周力提出结构框架并总体定稿，其中有些章节内容已作为阶段性的成果在《经济研究》《中国农村经济》《农业经济问题》《财经研究》《中国人口·资源与环境》、Canadian Journal of Agricultural Economics、Australian Journal of Agricultural and Resource Economics、*Applied Economics*、*Asia Pacific Education Review*、*China & World Economy* 等国内外学术期刊上发表。

本书能够顺利付梓，还得益于诸多前辈、同事、研究生的思路建议与帮助。感谢沈坤荣、黄季焜、应瑞瑶、赵金华、胡武阳、周洁红、雷蕾、Calum G. Turvey、Iftikhar Hussain、Panu Pelkonen、Sonja Fagernäs、张寓、胡凌啸、邵俊杰、刘宗志、李灵芝、邹璠、张晶、陈晓虹、羊洋、李雪颖、吕达奇、刘蓓、苏子凡、鞠可心、陈圣捷、沈婷、肖晗煜、林祺、支晓旭、李嘉雯等人给予的帮助，感谢中国社会科学出版社给予的支持。

众所周知，发展经济学领域的教材与专著已经汗牛充栋，但就笔者所知，针对农户行为的发展经济学论著还较为缺乏。在不断深化对农村转型发展认识的基础上解决农户发展问题成为新时代中国"三农"发展的重要议题。本书基于我们团队多年的积累，形成了一些初步的理论思考与实践探索，书中难免疏漏和不当之处，恳请广大读者与学界同仁予以指正。

周力
同济大学特聘教授
2024 年 7 月